KB173724

유학
사회통론

초판 1쇄   인쇄 2018년 3월 14일
초판 1쇄   발행 2018년 3월 16일
지 은 이   천징송(陳勁松)
옮 긴 이   김승일·이영자
발 행 인   김승일
디 자 인   조경미
펴 낸 곳   경지출판사
출판등록   제2015-000026호

판매 및 공급처   도서출판 징검다리
주소 경기도 파주시 산남로 85-8
Tel : 031-957-3890~1 Fax : 031-957-3889 e-mail : zinggumdari@hanmail.net

ISBN 979-11-88783-18-2　03910

유학
사회통론

「유학사회통론」은
학술적 용기에서
비롯된 탐구정신

천징송(陳勁松) 지음 | 김승일·이영자 옮김

경지출판사

Korea Wisdom Chine

CONTENTS

머리말 I   _08

머리말 II 학술적 용기에서 비롯된 탐구정신   _16

서론 유학사회의 개념 및 그 의의

  1. 봉건사회의 개념 및 그 의의   _22

  2. 전통사회의 개념 및 그 의의   _42

  3. 유학사회 개념의 의의   _56

상편 전(前) 유학사회 - 지력(智力)의 진보 및 그 창조성의 파괴

제1장 '전 유학사회'의 지력 진보

  1. '전 유학사회'의 발전단계   _66

  2. 윤리이성과 덕성관념의 각성   _72

제2장 '전 유학사회'의 창조성 파괴

  1. '전 유학사회'의 특징, 약한 윤리적 통제   _82

  2. 약 윤리적 통제사회의 창조성 파괴   _107

제3장 '전 유학사회' 중흥기의 사회재건의 지적 반성

1. 사회 재건에 대한 공자의 지적 반성 _120
2. 맹자의 사회재건에 대한 지적 반성 _158
3. 기타 각 유파의 사회 재건에 대한 지적 반성 _188

하편 유학사회 - 질서, 정신 및 그 제한

제4장 유학사회의 흥기

1. 천하통일 의식과 유학사회의 흥기 _220
2. 황제 군현제도와 유학사회의 흥기 _228
3. 독존 유술정책과 유학사회의 흥기 _235
4. 양한시기 유학사회의 초보적 구조 건립 _276

제5장 유학사회의 주도정신

1. 유학사회의 주도정신 _304
2. 유학정신의 세 가지 사회학 명제 _312
3. 유학정신의 내재적 규정성 _332
4. 유학정신의 경전화(經典化) 및 그 의의 _340

CONTENTS

제6장 유학사회의 질서구성　　　　　　　　　　_394

　1. 유학사회의 이상적 질서　　　　　　　　　_395

　2. 유학사회의 현실적 질서(사회계층의 분화)　_402

　3. 유학사회의 사회적 연관　　　　　　　　　_421

제7장 유학사회 속 사회행동의 윤리적 통제　　　_436

　1. 군주의 사회행동 유형 및 그 윤리적 통제　　_437

　2. 관료 사대부의 사회행동 유형 및 그 윤리적 통제　_452

　3. 윤리 관계 속의 기타 행동자 및 그 윤리적 통제　_464

제8장 유학사회 속 거시적 질서의 윤리적 통제　_476

　1. 유학사회 속 가족종법의 윤리적 통제　　　_476

　2. 유학사회 속 사회 각층의 윤리적 통제　　　_484

　3. 유학사회 속 세계질서의 윤리적 통제　　　_491

제9장 유학사회의 운행상태　　　　　　　　　　_520

　1. 유학사회 속의 왕조 및 그 역할　　　　　　_520

　2. 유학사회 속의 왕조존속의 합법성　　　　　_522

　3. 유학사회의 운영상태 및 그 위기　　　　　_535

제10장 유학사회의 종결 _550

1. 윤리질서의 정치적 권위(천지군[天地君])의 전복 _556
2. 윤리질서의 사회적 권위(친[親])의 와해 _563
3. 윤리질서의 도통적(道統) 권위(스승)의 해체 _572
4. 윤리질서의 법(儒家法)적 해소 _600

제11장 유학사회의 제한 _614

1. 유학사회의 합리성 및 그 두 가지 한도 _614
2. 유학사회 속 윤리적 통제의 한도 _622
3. 유학사회 속 윤리적 연관 및 윤리이성의 기능 _667

결론 후(後) 유학사회 글로벌 사회 속의 유교문명 _692

1. "후 유학사회"의 도래 _692
2. 글로벌 사회의 도래 _706
3. 유학문명 존속의 가능성 _721

머리말 I

오늘날 사회학 문고는 대단히 많다. 이런 상황에서 중국인민대학 출판사의 부탁을 받아 사회학 문고 시리즈를 집필하게 되면서 떠오르는 의문을 떨칠 수가 없었다. 이 시리즈는 단지 기존의 문고에 숫자를 더 늘리려고 하는 것인지, 아니면 질적으로 어떤 특색을 띠고 있는 시리즈인지 하는 것이 바로 그 의문이었다. 그리하여 생각 끝에 이 문고 시리즈를 다음과 같은 네 가지 사실에 초점을 맞추기로 했다.

첫째, 이것은 하나의 연구성 문고가 되어야 한다는 것이었다. 말하자면 이 시리즈에 수록되는 저서들은 반드시 연구성과 탐구성이 있어야 한다는 것이다. 연구성과 탐구성을 가져야 한다면 그것은 반드시 모종의 새로운 것과 연계되어야 하는데, 그것은 바로 모종의 창의성을 띠어야 한다는 것이다. 따라서 자료적, 소개적, 편역적인 작품과는 구별되어야 한다고 보았다. 사회학 연구는 많은 내용을 포괄하고 있으므로 이론 연구와 경험 연구도 있고, 성격 연구와 정량 연구도 있으며, 현실사회 현상에 대한 연구가 있는가 하면, 사회학 자체의 연구도 있는 등 다양하기 그지없다. 그러나 본 문고는 진정한 의미에서의 연구에 입각한 저서들이어야 할 것이며, 동시에 사회학의 국제화와 본토화의 요구에 부응하여 중국의 국정에 따라 다음 몇 가지 면에 치중하여 서술되어야 한다고 본다.

- 변화 과정에 있는 중국사회의 인식에 따른 심화된 연구서.
- 중국특색의 사회학 이론에 대해 공헌이 있는 연구서.
- 세계 사회학의 새로운 발전과 방향에 따른 유력한 연구서.

둘째, 이는 하나의 정품(精品)성 문고이다. 말하자면 연구성 저서 가운데서 우리는 정품 저작이 되도록 해야 한다는 것이다. 정품이라면, 내용상에서 적어도 다음의 몇 가지 조건 가운데 하나 아니면 그 이상을 만족시켜야 할 것이다. 먼저 사회학의 시각에서 사람들이 일반적으로 관심을 갖는 사회 이슈에 대해 설득력 있는 분석을 해야 하고, 참된 지식과 탁월한 식견이 있어야 하며, 시간과 역사의 시련을 이겨낼 수 있어야 한다. 다음으로는 "사회 진보를 촉진시키고 사회의 대가를 축소하기 위한 사회학의 심층적 이념을 실현"하는데 도움이 되어야 할 것이다. 그 다음 사회학의 학과 건설과 이론 창설에 이바지해야 한다. 그리고 중국 사회학의 국제화와 본토화를 추구하도록 해야 할 것이다. 그러나 형식상에서 내용에 필적하는 서술형식을 취해야 하고, 심입천출(深入淺出-깊이 연구하여 쉽게 풀이한 것)을 기해 고아하면서도 알기 쉬워 일반인들도 즐겨볼 수 있도록 해야 한다.

셋째, 이는 사회학계에 대해 새로운 역량을 보강해주는 문고여야 한다.

9

말하자면 연구성 정품의 창작을 통해, 사회학계에서 지명도가 없거나 지명도가 낮은 이른 바 '무명소졸', 신생역량, 후학들이 지명도를 높일 수 있고 그들을 학계와 사회에 소개시켜줌으로써 그들이 하루 빨리 학계의 명인으로 부상토록 하게 하는 것인데, 이것이 바로 본 문고가 추구하는 것으로서 사회학 인재를 양성하는 효과적인 루트가 되어야 한다는 점이다.

주지하다시피 신진 학도들이 없거나 적은 학과나 학계는 희망이 없다. 물론 현존하는 학계의 명인들을 밀어내려는 뜻은 아니다. 그들은 우리의 가장 중요한 언덕이며, 후학들을 견인해 주어야 하는 막중한 책임도 짊어지고 있다. 그렇기 때문에 우리는 지금의 학계 명인들과 장차 두각을 나타나게 될 학계 명인들이 다 같이 본 문고가 명실상부한 명인 문고가 되고, 학계와 사회를 위해 보다 중요한 작용을 발휘할 수 있는 원천이 되어 주기를 바라마지 않는 것이다.

넷째, 다양한 학파들에 논의할 것을 제공하는 문고가 되어야 한다는 것이다. 다양한 목소리를 내지 않는 학계는 성숙되지 못한 학계이다. 나는 사회학계에서 "파벌은 적어야 하고 학파는 많아야 한다"고 늘 주장해왔다.

학파 사이에 학술문제나 학술관점을 두고 논쟁하는 것은 학술표준을 기준으로 하는 것이므로, 서로 얼굴을 붉힐 수는 있으나 끝나고 난 다음에는 여전히 동료로서 같은 길을 걷게 되는 것이다. 그러므로 학파 사이의 논쟁은 서로 선함을 권장하고 서로 논쟁하면서 학술 발전을 위해 나아가는 것이며, 또한 때로는 험악해 지기도 하고 서로를 공격하며 학술 발전을 저해하기도 하는 것이다. 만일 본 문고가 다른 관점을 가진 사회학 학파의 형성에 이바지하고, 다른 학파와 효과적인 논쟁을 하면서 응분의 작용을 하게 된다면, 우리는 매우 기뻐할 것이고 위안을 받게 될 것이다. 본 문고 또한 여러 다른 관점의 학파들을 동일한 시선으로 바라볼 것이다.

종합해서 볼 때 우리는 본 문고가 연구 성과, 정품, 명인, 학파 등을 생산하는데 도움이 될 것으로 믿어 의심치 않는다. 우리는 이러한 네 가지를 추구하는 것이 중국인민대학 출판사가 기획한 사회학 문고의 목적이라고 정의할 필요가 있다.

선인들은 이렇게 말한 적이 있다. "목표를 '상'에 두면 적어도 '중'을 얻게 될 것이며, 목표를 '중'에 두면 '하'를 얻게 될 것이다." 본 문고는 위의 '4가지'를 목표로 정했는데, 목표는 이미 '상'에 이르렀다고 생각한다. 그러나 결과적으로는 '상' 혹은 '중'에 이를 것으로 예상된다. 그러나 우리는 전자를 쟁취하기를 희망하며, 되도록이면 후자를 피하고자 할 것이다. 물론 나중에 어떤 결과를 얻게 될지는 독자들과 시간이 말해줄 것이다.

본 문고는 비상시기에 출판되었음을 지적하지 않을 수 없다.

먼저 정책과 체제환경으로 보나, 국내 분위기와 국제환경으로 보나 중국의 사회학은 중화인민공화국 성립 이래, 가장 좋은 발전시기를 맞이하고 있다. 현재 사회학의 위치는 이미 철학 사회과학의 기본학과 중 하나로서 인정받고 있다. 사람들은 갈수록 사회요소, 즉 비경제적 요소가 개혁과 발전 그리고 안정에 미치는 중요성을 인지하고 있으며, 그로부터 비경제적 요소를 입각점으로 하는 사회학도 경제요소를 연구대상으로 하는 경제학과 마찬가지로 인간의 실제생활과 밀접히 연관되는 학문이고,

개혁과 발전 그리고 안정을 추진하는 과학이며, 수많은 문제들을 사회학의 각도에서 바라보아야 한다는 것을 알게 되었으며, 사회학의 이론연구와 경험연구가 사회정책의 기본 고리에 부합되어야 한다는 것을 깨닫게 되었다. 그동안 사람들은 사회학에 대해 전혀 이해하지 못하고 있었으며, 심지어 오해하던 데서부터 점차 이해하게 되었으며, 일부 사회학 용어(예를 들면 사회구역, 사회화, 약소그룹, 사회변화, 양성운행 등)들이 일상화 보편화 대중화 되어 가고 있는 것이다. 그중 일부는 정부부처에서 받아들이고 사용하기까지 한다. 이는 중국 사회학의 발전에 유리한 메커니즘으로서 작용하며, 또한 사회적 풍토를 마련해 주고 있다. 치열한 경쟁 속에서 중국의 사회학계는 이미 제36회 세계 사회학대회의 개최권을 획득했으며, 이 대회의 주제는 "글로벌 배경에서의 사회변천"으로 2004년 7월 북경에서 개최하게 되어 있으며, 중국 사회과학원 사회학연구소에서 주최하게 된다. 구미 사회학계는 모두 중국사회의 변화와 중국 사회학의 연구에 깊은 관심을 기울이고 있다.

　의심할 것도 없이 세계 사회학 판도에서 구미의 강력한 사회학에 비하면 규모나 투입, 성과나 영향 등 많은 방면에서 중국 사회학은 여전히 약할 수밖에 없는 상황이다. 그럼에도 불구하고 강력한 사회학이 이처럼 중국사회의 연구에 주목한다는 것은 중국 사회학의 입장에선 일종의 무거운 압력이며 동시에 진일보 발전할 수 있는 거대한 동력으로 작용하게 될 것으로 생각된다. 이러한 상황에서 본 문고를 출간하게 된 것은 어쩌면 당연한 일인지도 모른다. 우리는 이러한 좋은 조건들이 헛되지 않기를 바랄 뿐이다.

다음으로는 이러한 비정상적인 것을 볼 때, 세계 사회학이 바야흐로 자아 반성과 재수정해야 하는 과정에 있음을 말해주는 것이기도 하다고 할 수 있을 것이다. 이런 자아 반성과 재수정의 추이는 허공에서 떨어진 것이 아니라 현실에 입각해서 나타난 것이다. 이것이 바로 지나간 구식 현대성의 쇠락이며, 신식 현대성의 흥기인 것이다. 구식 현대성의 쇠락 내지 신식 현대성의 흥기는 중국 사회학의 국제화와 중국 사회학의 본토화에 영향을 줄 것이라고 생각된다. 이에 대해 몇 가지 생각해 볼 것이 있다고 본다.

소위 구식 현대성이란 자연을 정복하고 자원을 통제하는 것을 중심으로 사회와 자연의 부조화, 사회와 개인의 비협력으로 사회와 자연이 이중적 대가를 지불하는 현대성을 말했다. 20세기에서 21세기로 이행하는 시기에 세계의 사회생활 모습에는 중대한 전환이 되는 각종 현상들이 나타났다.

사람들은 인류가 자연에 역행하면서 나타나는 갈수록 위험한 "녹색의 징벌"을 보게 되었고, 자연과 사람의 관계가 긴장되어 가고 있음을 보고 있다. 심지어는 "인류와 자연의 전쟁은 인류가 스스로 멸망하는 전쟁으로 나아가고 있음"을 보게 되었다. 욕심의 팽창과 자원의 결핍은 자원의 통제와 권력의 쟁탈로 이어지고, 그것은 또 가치 척도의 왜곡, 윤리 준칙의 변형, 개인과 사회관계의 악화로 이어지게 되었다. 구식 현대성은 이미 분명한 위기를 맞고 있다. 그리하여 세계적으로나 중국에서는 신식 현대성을 탐색하는 일이 일종의 추세가 되면서 필수불가결의 조류와 추세가 되었다.

소위 신식 현대성이란 사람을 근본으로 하고 사람과 자연, 사람과 사회가 협력하고 조화하면서 자연의 대가와 사회의 대가가 최저치를 기록하는 현대성을 일컫는다. 중국사회의 전이는 가속도가 붙으면서 거대한 사회진보와 각종 사회적 대가를 지불했고 우리는 정 반의 두 방면에서 신식 현대성의 깊은 의미를 체험하게 되었다.

이상의 두 가지 유형의 현대성과 사회학의 관계로 볼 때, 이전의 구식 현대성은 이전의 사회학, 그 감수력과 상상력, 가설과 심지어 그 이론적 부담과 기대치가 도달하는 한계상황까지 만들어주었다. 현대성이 중대한 변화에 직면할 경우 사회의 재구성, 개인의 재구성, 개인과 사회관계의 재구성을 불러오게 된다. 그런 점에서 사회학은 불가피하게 휘말리게 되며 예정된 근본변화, 시야의 중대한 조절, 이론의 재수립과 재생과정을 겪게 되는 것이다.

구식 현대성에 대한 반응은 신식 현대성뿐만 아니라 후 현대성에도 미치게 된다. 만일 신식 현대성이 구식 현대성에 적극적이고 전면적 의미에서의 반성이라고 한다면, 후 현대성의 후 현대주의는 구식 현대성의 소극적이고 부정적 의미에서의 반응을 뜻하게 된다. 후 현대주의가 구식 현대성의 병폐를 비판한다는 것은 정확하다. 그러나 그것의 해결방법은 병원을 도려내는 것이 아니라 현대성마저 내동댕이치는 것으로서 그로부터 극단에 이르게 된다. 사회와 지식 기초에 대한 소위 '탈구조'는 사회의 조화에 아무런 도움도 되지 못한다.

그러므로 이와 같은 구식 현대성의 몰락, 신식 현대성의 흥기라는 역사시기를 맞아 중국 사회학은 반드시 시대의 요구에 부응해야 하며, 세계 사회학의 재구성 템포에 따라 중국의 실제 상황과 결부하여 이론연구에서 참신한 학리공간을 개척해야 하는 것이다. 중국의 신속한 전향기의 독특한 경험에 힘입어 중국 사회학계의 주체성, 자각성과 민감성은 이미 대폭

제고되었으며 이 목표를 이루는 데 이로움이 되고 있다.

　우리는 진심으로 본 문고가 이상의 목표를 실현하는 과정에서 응분의 촉진제 역할을 할 수 있을 것이라고 믿어 의심치 않는다. 이상 본 문고의 머리글에 대신하며, 독자들의 지도편달을 고대하는 바이다.

정항성(鄭杭生)

2003년 8월 기화문헌에서

학술적 용기에서 비롯된 탐구정신

『유학사회통론』의 출간에 즈음하여 저자가 본인에게 머리말을 부탁해왔다. 전체적으로 보면, 이 책이 사람들에게 주는 가장 깊은 인상은 저자의 학술적 용기에서 비롯된 탐구정신이라고 할 수 있다. 그중 우리가 주목해야 하는 몇 가지 중요한 사로(思路) 내지 관점에 이런 정신이 잘 구현되고 있다는 점이다.

먼저 '유학사회'의 개념에 대한 제기와 논증은 이 책이 갖는 가장 기본적인 개념이라고 하겠다. 중국의 전통사회는 과연 "어떤 성격의 사회였을까?"라는 문제는 줄곧 논쟁이 그치지 않는 문제였다. 이는 전통사회의 속성에 대한 인식에 관계되는 문제이며, 미래사회의 건설 등 현실문제와도 관계되는 문제이다. 그러기에 신문화운동 이후 이 문제는 줄곧 중국학술계와 행보를 같이해왔고, 중국에 관심을 가진 세계학술계와도 함께 보조를 맞추며 근현대 이래 중국사회의 개량과 혁명의 문제와도 호흡을 같이해왔던 것이다. 저자가 제기한 '유학사회'라는 개념은 이와 같이 대담하고 심사숙고하게 하는 학술적 용기에서 비롯된 것이라고 할 수 있다.

저자는 사회 유형학의 연구방법에 의지해 중국 전통사회의 유형화를

'유학사회'로 했고, 유학사회의 의미, 본질적 특징, 시작단계 등에 대해 비교적 정확한 선을 그어놓았다. 저자 자신이 제기한 바와 같이 유학사회에 대한 명확한 구분은, 한편으로는 중국 사회과학 연구패턴에서 수십 년간 점유하고 있던 핵심개념인 '봉건사회'의 개념을 피하고, 또 '전통사회' 개념의 모호성으로부터도 탈피하고자 함이었다. 개념은 사물인식의 도구이다.

저자는 스스로 제기한 유학사회의 개념이 바로 전통 중국사회의 속성, 특징 및 그 역사변화를 인식하는 개념 도구로서 도움이 될 것이라 인정하고 있는 것이다. 그렇기 때문에 저자는 기타 정해진 개념으로 중국 전통사회를 인식하는 의의를 부정하지 않고 있다. 이 또한 학술연구의 개방성이 필요하다고 하는 요구에 따른 것이기도 하다.

'유학사회'의 개념에 근거해 저자는 두 가지 중요한 개념 즉'전 유학사회'와 "후 유학사회"의 개념을 제기하고 있다. 정확한 의미에서 '유학사회'의 개념 위에 『유학사회통론』은 중국 전통사회 발전과정의 유형화를 '전 유학사회', 유학사회 및 "후 유학사회"로 구분하였다. 저자의 연구에 따르면 '유학사회'(약 2046년간 지속된, '전 유학사회')는 유학이 정식으로 통치계급의 의식형태로 확립되면서 흥기한 사회인데, 그것은 한무제(漢武帝)가 제창한 "백가를 폐지하고 유가만을 숭상하는 정신"의 사회로, '유가법(儒家法)'이 끝나는 「중화민국임시약법」의 반포와 함께 끝난다고 했다. 이를 근거로 "백가를 폐지하고 유가만을 숭상하는 정책"을 펴기 전의 사회단계(약 2천여 년)를 '전 유학사회'라고 칭했다. 그리고 「중화민국임시약법」이 반포 실시된 후의 사회단계(그 시작은 알 수 있어도 그 끝은 알 수 없음)를 "후 유학사회"로 칭하였다. 이는 그야말로 대담하게 생각하는 학술적 용기라고 해야 할 것이다.

그 외에 주목할 것은 『유학사회통론』이 사상사 연구와 사회사 연구를 겸하는 저작이라는 점이다. "전통 중국사회 사상연구, 유화(儒化) 중국의 차원(維度)"이라는 기초 위에서, 즉 중국 전통사회 사상사 연구의 기초 위에서 저자는 한층 더 깊이 전통 중국사회의 특징적 개념, 즉 유학사회의 개념에 대한 인식을 제기하고 논증하였다. 이 책의 연구기초는 전통 중국사회의 지적발전에 있다고 보는 시각에 있다. 이 책은 '전 유학사회'의 지적수준을 나타내는 것이 무술(巫術), 제사 등이라 하면서, 그러한 사회는 주로 약한 윤리와 관계되어 있었고, 약한 윤리에 의해 통제되는 것으로 나타났다고 했으며, 유학정신은 유학사회의 지적 상징으로서 그 스스로가 겪은 현실화와 추상화의 과정이 의식형태화, 경전화, 법률화, 참위화, 형이상학화의 과정에서 나타났는데, 그에 의한 사회생활은 주로 강한 윤리적 관계, 강한 윤리적 통제로 나타났다고 했다.

이 책은 유학사회의 주체정신, 사회질서, 사회운행 형태 및 그 제한에 대해 비교적 철저한 분석을 진행했다고 할 수 있다. 아울러 저자는 많은 전통사회에 유익한 이론적 개념, 예를 들면 '윤리관계', '윤리이성', '왕조역할' 등의 개념을 제기하고 있다. '윤리관계(통제)' 개념을 기초로 하여 저자는 '천지, 임금, 친족, 군사'를 유학사회 운행의 질서기초로 보았고, 유학사회의 사회계층, 개체행위의 윤리통제, 사회변천 및 거시적 세계질서에 대해 충분한 사회학적 분석을 진행하였다. '유학사회의 종결'에 관여되는 문제를 토론할 경우 저자는 유학사회 운행질서의 기초인 '천지, 임금, 친족, 군사'를 역사적 분석과 추리적 분석을 결합하여 유학사회의 윤리질서가 와해되는 과정을 보여주었다. '왕조의 역할'이라는 개념을 기초로 하여 저자는 유학사회에서 왕조가 존속되는 형식적 합법성 및 실질적 합법성 등의 문제를 연구하면서 비교적 완벽하게 유학사회에서의 왕조와 유학사회의 관계를 천명했고, 유학사회 운행의 4가지 형태 및 그 난치흥쇠(難治興衰)의 특징을 연구했다. 유학사회의 한계를 고찰하면서 저자는 '윤리 관계(통제)의 한계'와 '윤리이성(유학정신)의 한계'를 구별하면서 두 가지 차원(수단 차원과 목표 차원)의 한계로 나눠보았는데, 이런 분석은 사람들이 정확하게 유학정신이 유학사회에서 작용한 의의와 현대성 전환의 의의를 인식할 수 있게 해주었다.

물론 『유학사회통론』에는 여전히 석연치 않은 부분들이 적지 않다. 예를 들면 '유학사회'의 개념이 과연 전통 중국사회의 전형적 특징을 충분히 분석한 것인지, '전 유학사회', 유학사회 및 "후 유학사회" 등으로 나누어 분석한 것이 중국사회의 역사적 발전을 제대로 분석하는 방법으로 평가할 수 있는지 등이다. 이런 것들에 대해서는 학계의 후속 연구가 불가피하다.

그 외에도 이 책은 '유학사회'의 발전에 대한 세밀한 분석이 결여되어 있고, 유학관념의 경제행위에 대한 작용 등에 있어서도 독자들에게 보다 깊은 해석을 요구하고 있다. 우리는 저자가 앞으로 보다 풍부한 연구를 통해 이런 면에서 명쾌한 해답을 주기를 바란다.

종합적으로 말해서 『유학사회통론』은 매우 높은 가치를 지닌 우수한 학술저작이라고 할 수 있다. 언어가 통속적이고, 유창하며, 참신하고 구성도 합리적이다. 비록 "유학정신 및 해당 전통 중국사회의 연구에서 '실크로드'를 개척했다"(진지량(陳志良) 교수가 저자의 박사논문 『유학사회의 윤리통제 및 그 제한』에 대한 평가에서)고는 할 수 없더라도, 본인은 이 책의 출판으로 말미암아 중국 학술계에서 중국 전통사회의 연구에 대해 관심을 갖게 할 것이며, 특히 유학사상이 중국전통사회의 사회구조에서 갖는 의의와 과정 등에 대한 사고를 재조명하게 될 것이라고 믿어 의심치 않는다.

정항성(鄭杭生)
중국인민대학 사회학 이론과 방법 연구센터
2007년 4월 22일

서론
유학사회의 개념 및 그 의의

서론
유학사회의 개념 및 그 의의

개념은 사물을 인식하는 도구이다. 유학사회의 개념은 바로 이와 같은 하나의 개념으로 이는 전통중국사회의 속성과 특징, 그리고 그 역사적 진전을 인식하는 개념도구이다.

1. 봉건사회의 개념 및 그 의의

'유학사회'를 논하기에 앞서 먼저 '봉건사회', '자본주의의 맹아', '전통사회' 등 개념들의 역사 및 그 의의를 논하는 것이 필요하다. 5·4운동 이후 대혁명시기가 다가오면서 중국 전통사회의 성질은 중국사회 사상계의 이슈로 부상했다. 1949년 이후 '봉건사회'의 개념은 중국 사회과학의 가장 중요한 이슈였고 그와 관련된 논쟁이 '자본주의의 맹아'였다.

(1) 중국 봉건사회 개념의 유래
'봉건' 개념은 세 가지 의미가 있다. 첫째, 중국 고대의 예를 들면 서주(西周)의 "봉건친척, 이번병주(封建親戚, 以蕃屛周)"에서의 봉건을 가리킨다. 둘째, 중국 사회과학에서 고대 사회성질에 관계되는 '봉건사회'라는 봉건이다. 셋째, 중세 유럽의 한 사회제도로 중국 사회과학에서의 고대 '봉건사회'의 원형을 참조한 것이다.

'봉'자의 역사는 상나라(商代)의 갑골문까지 거슬러 올라가며, '건'자는 금문에서 발견되고 있다. '봉'자의 시작은 풍년 풍(豊)자와 같았으며, 갑골 금문에서는 '흙에 나무를 심은 모양'을 하고 있었고, 식수(植樹)는 바로 경계선을 의미하는 것으로 '봉'자 역시 '기토계(起土界)', '강계(疆界)' 혹은 '전계(田界)'의 의미였다. 허신(許愼)은 『설문 토부(設文. 土部)』에서 "봉은 제후들의 땅이다"라고 했다. '봉'자는 "하나의 제도로서 '공작'은 백리이고, '백작'은 70리이며, '자작'과 '남작'은 50리"라고 했다.

왕국유(王國維), 고힐강(高頡剛)의 고증에 의하면, '봉건'이라는 낱말의 사용은 『시경 · 남송』의 '은무편'에서 처음 채택되었다. '봉건'에 대해 『시경』, 『상서』, 『좌전』, 『순자』, 『사기』 등에서 그 기록을 발견할 수 있다.

『좌전 · 환공 2년』에는 진나라 대부 사복의 말을 기록하고 있다. "내가 들은 바에 의하면 나라의 건립은 큰일이지 작은 일이 아니라 했다. 그래서 천자(天子)는 나라를 세우고 제후(諸侯)들은 가정을 이루며 경(卿)들은 측실을 두며 대부(大夫)는 조상을 모시며 학자들은 제자를 두고 서민(庶人), 공(工), 상(商) 역시 친분을 달리하는 것이다.

백성의 일을 으뜸으로 치고 함부로 대하지 않는다." 또 『좌전 · 은공 8년』은 노나라 대부 중중(衆仲)의 말을 기록하고 있다. "천자는 덕을 쌓고 백성에게 베풀어야 하며 땅을 나누어 주는 것을 본분으로 삼아야 한다.

제후들은 자(字)에 따라 겸양해야 하며 가족을 단위로 나라에 공을 세우고 가족을 잘 이끌어야 한다."

'봉건방국(封建邦國)'은 하, 상, 주 시기, 나라의 중요한 정치활동 또는 국가의 가장 중요한 정치생활방식이었으며, 천자와 이웃나라와의 정치관계를 확정하기도 했다.[1] 고힐강은 상나라 후기에 이미 완벽한 봉건제도가 있었다고 생각했다.[2] 적어도 무정지세(武丁之世)에 이미 많은 봉건국가들이 있었다. 무정은 공이 있는 무장들에게 땅을 나누어 주었고 어디에 봉하면 '후(侯)'라고 불렀는데 '작(雀)'이란 곳에 봉하게 되면 '후작(侯雀)'이라 하고 그 아들은 '자(子)'라 했는데, '정(鄭)'이라는 땅에 봉하게 되면 '자정(子鄭)'이라 했으며, '송(宋)'이라는 땅에 봉하면 '자송(子宋)'이라 했다. 그때는 땅을 떼어준 부인들도 있었는데, 그도 상응하는 봉작지에 따라 '부방(婦龐)', '부형(婦邢)' 등으로 불리었다.

상나라를 인정하는 이웃나라에 대해서도 무정은 그들 본래의 국명에 따라 봉호를 내렸는데, 주나라면 '주후(周侯)'라 했고 '정백(井伯)', '호후(虎侯)' 등이 있었다. '후', '백' 등은 작위이고, '부(婦)', '자(子)' 사이는 본래 가정관계인데 역시 작위에 해당되었다. 주왕조의 '천자(天子)'와 '만방(萬邦)' 사이의 관계가 바로 '봉건제'였다. 서주의 정치성을 띤 천자봉건 제후 이야기는 주로 서주의 무왕부터 성(成), 강(康)시기까지 이어졌다.

『사기·노주공·세가』에서는 다음과 같이 말했다. "무왕은 상나라를

---

1) 허화이홍, 『세습사회 및 그 해체』, 북경, 삼련서점, 1996, 2~14쪽.
2) 『고힐강 고사논문집』 제2권, 북경, 중화서국, 1988, 329~330쪽.

평정하고 천하를 호령하면서 사상부(師尙父)를 제영구(齊營丘)에 봉했다."
또 『사기·노주공·세가』의 기사에 따르면 "무왕주공단(周公旦)을
소호(少昊)의 곡부(曲阜)에 봉하고 '노공(魯公)'이라 했다"는 등이다.

전목(錢穆)은 주나라 사람들의 봉건을 2기로 나누었다. 1기는 무왕
극(克)은 이후의 분봉(分封)이고, 2기는 주공이 동정(東征)하여 무이(武夷),
삼감(三監)의 난을 평정한 뒤의 분봉이었다.[3]

분봉의 내용에는 주로 토지, 사람, 각종 제사들이 포함되어 있었다.
『좌전 정공4년』의 기사에 따르면 노공(魯公), 강숙(康叔), 당숙(唐叔)에게
하사된 것에는 토지도 있었고, 예기, 보물, 법전과 부역할 수 있는 부족들도
있었다. 노후(魯侯) 백금(伯禽)에 하사된 것은 6족 은나라 백성이었다.
또 위후숙(衛侯叔)에 하사된 것은 그 외의 7족 은나라 백성이었고,
진나라 숙우(叔虞)에게는 회성(懷姓) 9종(宗)이 하사되었다. 성씨의 하사,
'작토(作土)', '명씨(命氏)' 등은 봉건 과정의 3요소라고 칭해졌다.

그중 성씨의 하사는 사실상 성씨와 씨족을 분봉 받는 것이었고, '작토'는
거주지를 분봉 받는 것이었으며, '명씨'는 국호(예를 들면 노[魯], 의[宜]
등), 고계(告誡) 문사(文辭, 예를 들면 '강고[康誥]') 및 수봉(受捧)을 받은
상징(각종 복색)이기도 했다. 주나라 초기의 사람들은 넓고 황량한 땅을
가지고 있었고, 거기에서는 야수들이 자주 출몰하는가 하면, 우호적이지
못한 토족들이나 망국의 한을 품은 은나라와 상나라의 귀족들도 있었다.

따라서 땅을 책봉 받는다는 것은 당시로서는 그저 대체적인 범위에만

---

3) 錢穆, 『국사대강』, 북경, 상무인서관, 1994, 38~42쪽.

그칠 뿐이었다. 먼저 그 범위 내에 성을 건설하고 일부 중요한 거점들을 건설하여 점차 서로 이어놓았고, 나중에 하나로 만들었다. 당시 각 나라 변경은 서로 이어지지 않았었다. 고동고(顧棟高)의 『춘추열국이 성새(城塞)를 지키지 않음을 논함』이라는 책과 유정섭(兪正燮)의 『월국(越國)을 멀리서 보다』는 책에서는 모두 땅이 넓고 사람이 희소함을 서술하고 있다. 춘추에 이르기까지 열국들은 여전히 황야에서 생존해야 했다. 변방이 튼튼하지 못했고, 빈 땅이 많았기에 토지를 책봉하는 일은 늘 일어났다. 고동고의 『춘추대사(大事)표』에서는 국토를 옮긴 나라 20개를 나열하고 있다. 진반(陳槃)은 한걸음 나아가 이런 천도국들이 71개에 달했다고 밝혔다. 주나라 초기 이름난 제국들이었던 노(魯), 위(衛), 연(燕, 오(吳), 신(申), 기(紀) 등은 모두 천도국으로, 천도한 거리가 수 백리에서 수 천리에 달했다.

봉건의 목적을 보자면 혹자는 황실의 공고화를 위함이라 하고, 혹자는 주나라 왕 개인의 심리라고 하며, 혹자는 형세의 발전에 따른 것이라 하고, 혹자는 제도장치 등의 각도에서 출발하기도 하는 등 역대로 다양한 관점이 관찰되어 왔다. 황실의 공고화 각도에서 서주의 인접한 봉건국들을 보면 『상서』, 『시경』, 『좌전』 등 경전들에서 모두 "토번들이 주나라를 에워싸고", "주나라 황실을 보좌하다"라고 되어 있다. 바꿔서 말하면 인접한 봉건국들의 목적은 주나라의 황실을 공고히 하고 보호하기 위함이었다.

성왕 개인의 심적 불안이라는 점에서 봉건을 해석해 보면, 『좌전 소공 26년』의 해석을 따를 수 있다. "토번이 주나라를 에워싸다"라는 말은 "나의 문무의 공을 독차지하기 위함이 아니요, 세인들이 어려움에서 허우적거릴 때 그를 구하기 위함이다'라고 했다. 최술(崔述)은 이 기사의 의미를 다음과 같이 해석하고 있다. "문왕은 명을 받들었으나 천자는 아니었다. 무왕은 상나라를 물리치려 했으나 끝내 사방에서 알아주지 않았다. 성(成)왕인 안향지(安享之)에 이르러서는 조부와 부친의 덕을 홀로 향유하면서도 자못 불안해하여 그 녹(祿)을 형제들과 나누어 즐겼다."[4] 당시 역사에 비추어 보면 '분봉'은 부득이한 것으로 유종원(柳宗元)은 이렇게 말했다. "은나라에 돌아온 제후가 3천에 이르고 그들에 의지해 하(夏)를 멸망시켰지만 하탕(夏湯)을 없애지 못했다. 주나라에 돌아온 자가 8백에 달하고 주나라는 그들에 의지해 하(夏)조를 멸했으므로 주무왕 역시 그들을 없애지 못했다.

그들을 이용해 안정을 취하니 차츰 그에 습관이 된 탕과 무가 부득이하게 그리하지 않으면 안 되는 이유였다."[5] 다시 말하면 정세의 압박에 의한 것으로 주나라는 전에 많은 '제후'들을 폐하지 않았는데 주(周)가 할 수 있던 일은 그 봉호를 바꾸는 일이었고, 새롭게 자기의 수하에 끌어들이는 일이었다. 주나라 사람들은 본시 정치문화가 그다지 발달하지 못한 부족이었는데도 오히려 역사가 류큐하고 문화가 번영한 은나라와 상나라를 대체했으며, 후에 은나라 사람들의 반란과 내부 분열을 맞이했는데, 그들은 친족유대를 긴밀히 하고 일치하여 대외에 대항하여 기타 부족들을 어르고 감복시켜 자기들을 위해 복무하도록 할 수밖에 없었다. 제도적으로 분석해 보면 왕국유(王國維)는 『은주제도론』에서 이렇게 말하고 있다. 봉건적인

---

4) 최술, 『최동벽 유서』, 상해, 상해고적출판사, 1983. 340쪽
5) 유종원, 「봉건논」, 『전당문』 제6권, 북경, 중화서국, 1983, 5876쪽.

생각은 대체로 "적서제(嫡庶制, 적자와 서자제)-종법제(宗法制)-봉건제"의 양식을 따르게 마련이고 이런 관계로 발생하곤 한다. 봉건제는 천자의 존엄을 확립시키고 군신의 명분을 바로하며, 천자는 제후들의 수령이고, 제후들의 왕으로 '존존(尊尊)'과 '친친(親親)'으로 결합되었다. 천자, 제후들은 모두 세습적인 것에 의해 천하가 안정되고 황실이 오래가게 하기 위하려 했으며, 대부나 사(士)는 세습하지 않았는데, 이를 "현현(賢賢)"이라 했다.

왕국유에 따르면 주나라가 새로운 제도를 편 목적이 바로 "위아래로 도덕을 합쳐 천자, 제후, 경, 대부, 사, 서민 등의 도덕단체로 만들기 위함이었다."

진나라가 '군현(郡縣)제'를 실시한 후 사상적으로는 수차례 봉건에 대한 반동현상이 나타났다.[6] 또는 봉건제와 군현제가 병존하는 국면이 나타났다고 할 수 있지만, 진나라 이후 봉건은 서주의 봉건에 비해 역사적으로 약화되었음을 보여주고 있다. 첫 번째는 진(秦)과 초(楚)가 대결할 때 항우(項羽)가 초패왕으로써 의제(義帝)가 된 다음의 분봉하였다.

두 번째는 한나라 초 유방(劉邦)이 일곱 이성왕(異性王, 성이 다른 왕)과 아홉 동성왕(同性王, 성이 같은 왕)을 봉한 것으로, 이성의 왕에서는 장사왕(長沙王) 외 전부 죽었고, 동성왕들은 나중에 '7국의 난'을 일으켰다.

세 번째는 위나라 종실의 도움이 적었고, 서진(西晉)은 친척들을 끌어들이고 토번을 끌어들인 결과 8왕의 난이 일어나 형제사이에 서로 살육을 하게 되었다. 네 번째는 명나라 주원장이 갓 등극했을 때로 제자

---

6) 여사면(呂思勉), 『중국제도사』, 상해, 상해교육출판사, 1985, 435~442쪽.

39인을 봉한 것으로 궁을 마련해주고 호위병도 파견했으나 제왕들은 정사에 참여하지 못하도록 했다. 다섯 번째는 청나라 초 토번에 3차 분봉을 내렸지만데 권력을 도모하기 위한 계책이었다. 역대 여타 시기의 봉건 자제들은 대부분 작위나 봉록에만 그치고 말았다. 진나라가 '군현제'를 실시한 후 '봉건제'는 기본상 군현제로 대체되었고, 역사의 주류가 되었다.

다른 한편 경전을 숭앙하고 복고풍을 앙모하거나 현 상태에 불만이 있거나 급변하기를 바라면서 복벽을 꿈꾸던 문인, 사인들에 의해 역사상의 싸움은 봉건과 군현이의 싸움이기도 했다.

'봉건사회'라는 이 사회과학 용어는 '봉건'에 관계되는 또 다른 새로운 의미가 있는 것으로, '봉건방국'에서의 '봉건' 개념과 완전히 다른 뜻을 가진다. 봉건사회의 개념이 중국사회과학의 개념 가운데에서 정립되려면 다음 세 가지 단계를 거쳐야 한다.[7]

신해혁명 전 자본주의 개량파들은 소위 '봉건시대'의 개념을 주장했는데, 이것이 첫 단계이다. 양계초와 엄복이 그 대표인물이다. 동서방의 역사발전을 비교하면서 1899년 양계초(梁啓超)는 '봉건시대'라는 개념을 제기했다. 양계초는 중국과 서유럽 사회가 모두 가족시대, 추장시대와 봉건시대를 경과했으나 중국사회의 봉건시대는 약 2천 년 동안의 '통일시대' 또는 '무계급시대'를 겪었다고 했다. 이 영향으로 엄복(嚴復)은 사회진화는 토템사회 또는 만이(蠻夷)사회, 종법사회, 봉건시대 및 유럽의 군국사회 혹은 국가사회를 거쳤다고 여겼다. 그러나 중국사회에 대해 엄복은

---

7) 허화이홍, 「봉건사회 개념의 유래」, 『21세기』 6, 1995.

당우(唐虞)로부터 서주에 이르는 2천 년을 봉건시대로 보고, 종법 역시 이 사이에 준비되었던 것이며, 진나라는 종법사회로부터 군국사회로 전환되는 시기에 속하며, 진나라 전까지는 봉건시대이고, 진나라 이후에는 군국사회로 전환되면서도 의연히 종법사회에서 벗어나지 못하는 시대였다고 했다.

5·4운동을 거치면서 지식계에서는 중국사회의 성격에 관한 논쟁이 벌어졌는데, 그때 '봉건사회'라는 개념이 나왔고 이는 두 번째 단계에 속한다. 대혁명의 필요로부터 1929년 지식계에서 중국사회사에서 대 토론을 일으킨 것은 타오시성(陶希聖), 궈모뤄(郭末若) 등이었다. 타오시성은 경제상에서 '봉건제도'와 '봉건사회'를 정의하면서 중국의 봉건제도는 이미 와해되었고 전국 이후 중국사회는 '전(前) 또는 선(先) 자본주의사회'라고 지적했다.

궈모뤄는 서주가 아니라 주나라 황실이 동으로 천도한 뒤 중국사회가 노예사회로부터 '진정한 봉건제'로 진입했으며, 진시황은 봉건제의 절정이라고 지적했다. 궈모뤄는 『10비판서』에서 비교적 완전하게 '봉건사회'를 정의하면서 말했다. 현대의 봉건사회는 노예사회에서 벗어난 단계이다. 생산자는 이미 노예가 아니며 해방된 농민과 노동자이다. 중요한 생산도구로는 농업으로 볼 때, 토지는 이미 나뉘어서 사유제가 되었고 착취자인 지주계층이 출현했으며, 공상 방면에서는 마름에서 벗어나 기업으로 발전되었다. 이런 기초에서 건립된 국가는 지주와 공상업자들이 납부하는 세금으로 유지되었다. 이것이 우리가 현대에서 말하는 봉건사회이다."[8] 잡지인 『독서』를 중심으로 1931년부터 1933년까지 마르쿠스주의의 어록들에서 중국사회사에 대한 논쟁이 나타나기 시작했다. 1939년 마오쩌둥은 『중국혁명과 중국공산당』이라는 글을 발표하여 '봉건사회'[9]에 대해 체계적인 설명을 하면서 "만일 외국 자본주의의 영향이 없었더라도 중국은 서서히 자본주의사회로 발전했을 것"[10]이라는 결론을 내렸다. 마오쩌둥의 논술은 당시 대다수 마르크스주의 학자(예를 들면 덩투오[鄧拓], 젠보잔[翦伯贊], 뤼전위[呂振羽], 리다[李達], 화강[華剛]) 등 및 많은 애국학자들의 공동된 관점이기도 했다. 마오쩌둥(毛澤東)은 중국이 노예제도에서 벗어나 봉건제도에 진입하면서 정치, 경제, 문화의 발전은 장기간 완충상태에 처해 있었으며, 봉건제는 주진(周秦)이래 3천여 년이 지속되었고, 그 주요 특징은 경제상 자급자족하는 자연경제이고, 통치계급인 지주, 귀족, 황제는 토지가 있지만 농민들은 매우 적거나 없었기에, 봉건국가는 농민들의 무상의 노역에 의해 건립된 것이고, 사회의 주요 모순은 지주계급과 농민계급의 모순이며, 농민봉기 또는 전쟁은 사회의 발전 동력이 되었다는 것이다.

신중국이 건립된 후 중국 사학계는 "봉건사회가 왜 장기적으로 계속되었는가?" 등의 문제를 가지고 토론을 전개했는데 이것이 세 번째 단계이다. '봉건사회'라는 개념은 1949년 중국 사학과 사회과학의 새로운

---

8) 『궈모뤄전집 역사편』 제2권, 북경, 인민출판사, 1982. 16쪽.
9) 『마오쩌둥선집』 2판, 제2권, 북경, 인민출판사, 1991. 623~625쪽.
10) 위의 책, 626쪽.

실험이었고, 심지어 이는 모종의 의미에서 이미 중국사회사 및 해당 학과를 인식하는 규범이 되었다.

중국 봉건사회의 구분 또는 기원에 대해서는 주로 서주설(西周說, 사회생산의 주체-농민 또는 농노가 불완전하게 지주에게 점유당했다는 주장, 예를 들면 판원란[范文瀾] 등), 전국설(戰國說, 사회모순을 유발시킨 주요 측, 즉 지주계급의 확립으로 인한 주장. 예를 들면 궈모뤄 등), 양한설(兩漢說, 국가가 법전을 통해 봉건제를 세웠는가 하는 논리로 봉건사회의 가부를 판정한다는 주장. 예를 들면 허우와이루[侯外廬] 등)과 위진설(魏晉說, 도시의 교환경제로부터 농촌의 자연경제로의 전환에 착안하여 노동자들이 자유민과 노예로부터 부속민과 농노로 전환되었다는 주장. 예를 들면 허즈췐[何玆全] 등)이 있다. 아래 표 1을 참고할 것.

표 1) 중국사회 역사발전 단계론의 주요 관점

학자 ＼ 시대	고대 — 하 이전 (전 2205년 이전)	하 (전 2205–전 1818)	은상 (전 1766–전 1154)	서주 (전 1122–전781)	동주 춘추 (전770–전 247)	지속발전의 시대 — 전국 (전 255–전207)	한전 (206–220)	삼국·남북조 (221–588)	수 (–588–617)	당 (618–906)	정체와 쇠퇴의 시대 — 송 (960–1332)	원 (1333–1367)	명 (1368–1644)	청 (1645–1842)	당대 — 현대 중국 1842년 이후
규모뤄	원시사회			고대사회			봉건주의								자본주의
타오시성	원시씨족사회		씨족사회 중말. 원시봉건사회		원시봉건주의에서 "고대사회"로의 과도	고대사회		발달한 봉건주의		상업자본주의					반식민사회
이계	원시사회(전 1402)		아시아사회(전 1135)	봉건주의		봉건주의의 쇠락	전 자본주의의 생산방식(전 246–1839)								자본주의 생산방식
왕이창	원시사회			고대사회											자본주의
호후원	원시사회		씨족사회		봉건주의사회		전제주의				반봉건주의(동방사회)				반식민화 전제주의
기조정				봉건주의	전전봉건주의		고전봉건주의								
진샤오강	원시사회와 씨족사회			봉건주의				소작사회(소작과 고용노동)							외부자본 주의사회

11) 표는 약간의 조정을 거쳤음. 각 조대의 시대의 시간은 왕 표를 기준으로 함.

33

(2) 중국 자본주의(사회)의 맹아 논쟁

'자본주의 맹아' 논쟁은 '봉건사회' 개념에 대한 토론과 연결되어 있다.

1930년대 타오시성(陶希聖)은 중국의 봉건제도는 이미 와해되었다고 여기고 전국 이후의 중국사회를 '전 또는 선 자본주의 사회'라 칭했다. 마오쩌둥은 1939년 "만일 외국 자본주의의 영향이 없었더라도 중국은 서서히 자본주의사회로 발전했을 것"이라는 논점을 제기했다. 자본주의 맹아의 발생 시간을 판정하는 문제에서 1950년대의 제1차 토론에서는 대체로 '송원설'과 '명청설'이 있었고 1980년대의 제2차 토론에서는 '전국', '서한', '당대', '송대', '원대', '명대', '청대' 등 다양한 설들이 나타났다.

'자본주의 맹아'와 상반되는 관점에 의하면, 중국 전통사회의 메커니즘은 그 자신으로 볼 때, 자본주의가 발생될 수 없으며 자본주의가 중국에서 발생된 것은 외부의 힘에 의해서라고 주장하고 있다. 양수밍(梁漱溟)은, "윤리사회에서는 자본주의가 자연성장할 수 없으며 이는 의심의 여지가 없다"고 인정했다.[12] 중국사회가 자본주의 길을 걷지 않게 된 것은 중국사회 자체가 윤리본위의 사회인 까닭이다. 진관타오(金觀濤)는, 중국 봉건사회 자본주의 맹아의 성장 장애를 두 가지로 보았다. 하나는 강압적인 통제와 군현제도이고, 다른 하나는 중개(경제구조에서 자본주의 요소와 왕권의 결합, 신 경제요소와 의식형태의 구조상 자신의 대변인을 찾지 못함)의 부재를 꼽았으며, 이렇게 해서 출현된 것이 왕조 붕괴 전의 '가짜자본주의'

---

12) 양수밍, 『중국문화 개요』, 홍콩, 삼련서점, 1987, 197쪽.

현상 원시누적(原始累積)의 중단이었던 것이다.[13]

국내적으로 중국사의 개념에 대한 논쟁과 더불어 서방학자들 역시 비슷한 이론경향인 '충격-반응유형론'과 '근대조기중국론'을 제기했다. 충격-반응론(페이정칭[費正淸]이 주도하는 하버드 아카데미)은 주로 중국 전통제도와 의식형태에 주목하면서 인구가 침체된 경제에 대한 압력을 강조하고, 중국사회는 본질상 무변화로서 본질을 추동하는 힘은 외부에서만 온다고 여기면서 중국사회의 근대화는 당연하게 '서방의 충격'과 '중국의 반응'이라고 묘사하고 있다. 근대 조기 중국론은 국내 '자본주의 맹아론'과 비슷한데 서방의 영향을 받은 이전 수 백 년의 시기를 '근대조기'라 부른다.[14]

(3) 해당 관념에 대한 논쟁의 의의

중국사회과학에서 형성된 '봉건사회'에 대한 인지 범례의 의의는 많은 학자들이 언급했었다. 치엔무(錢穆)는 일찍이 근대중국의 사학을 전통파(기송파), 혁신파(선전파)와 과학파(고정파)로 나누면서 중국이 주진 이래의 사회가 '봉건사회'였음을 부정하고 있다. 치엔무는 다음과 같이 말했다. "정치제도로 말하면 중국은 진나라 이래, 중앙통일이 이루어 졌고 그 산하에 군·현을 두었으며 세습 봉건군주가 없었기에 '봉건'이라 할 수 없다. 학술로 말하면 진나라의 유가·묵자를 시작으로 학술은 민간에 널리 퍼졌고, 귀족세가의 독점물이 아니었으며 종교의 전유물도 아니었다.

---

13) 진관타오, 류칭펑(劉靑峰), 『흥성과 위기』, 장사(長沙), 호남인민출판사, 1984.
14) 황종즈, 『중국 연구의 규범 인식 위기』, 홍콩, 옥스퍼드대학출판사, 1994.

평민사회에 학술이 전파될 기회는 많고도 쉬웠으며 학업은 정치의 사다리 같은 것이었고, 이는 진나라 이후 줄곧 그러했다. 특수한 귀족계급이 없었기에 '봉건'이라 부를 수 없었다. 경제상황으로 보면 중국은 비록 농업국이지만 공상업도 발전해서 전국, 진, 한 이래 상당한 발전을 이루었다. 그러나 늘 제약을 받았고 도를 넘으면 벌을 받기도 했다. 세작호들이 밭을 팔고 사거나 밭주인에게 납세하는 것은 경제 계약의 일종으로 밭주인을 귀족, 봉건군주로 보아서는 안 되며, 세작호들을 농노나 사유물로 보아서는 안 된다. 토지는 독점이 없었기에 '봉건'과는 차이가 많았다.

중국은 자본주의 사회이면서 아니기도 한 것이다." 중국은 정치제도를 보면 군주가 있었고 입헌을 하지 않았으며 전문제도가 없었다. 중국의 지난 사회는 비봉건, 비공상으로 독보적인 존재였다. 이를 인류역사의 흐름으로 봐야 하지, 어찌 발을 깎아 신에 맞추는 격으로 서방학자들의 분류법에만 따를 수 있겠는가?"[15] 대개 중국 봉건사회론에서 치엔무 등은 혁신파 또는 선전파에 속한다.

다른 한 가지 관점은 중국사회과학에서 형성된 '자본주의 맹아'의 인지범례 이유를 사회과학에서의 서방 중심주의에 귀결시킨 결과로 나타난다. 황종즈(黃宗智)는 국내 봉건주의와 자본주의의 범주가 마르크스의 대 서유럽, 특히 대 영국 분석에서 비롯된 것이라고 인정하면서 자본주의 맹아는 특수한 중국 양식으로서 만일 중국이 제국주의 침략을 받기 전 단순한 봉건사회였다면 필시 서방제국주의가 중국에 근대화를

---

15) 치엔무, 『국사대강』, 22~23쪽.

가져다 준 것이라고 했다. 그러나 이러한 주장은 애국적인 중국인이라면 누구도 받아들이지 않는 것이다. '자본주의 맹아'의 도식으로부터 이 문제를 해결할 수 있다. 서방 열강들이 들어오기 전 중국에서는 이미 스스로 자본주의 발전과정을 시작했으며, 서방 제국주의는 이 흐름을 끊어버렸고 중국으로 하여금 반봉건 반식민주의 사회로 전락되게 만들었다. "자본주의 맹아론"은 스탈린의 5가지 생산방식의 공식, 레닌의 제국주의학설과 민족입장의 반제 정서에 기초한 것이다.

또 다른 관점은 "자본주의 맹아"에 대한 인식을 중국지식계의 정서로 귀결하고 있다. 리바이중(李伯重)은 자본주의 맹아 정서의 감정기초와 인식기초에 대해 토론한 적이 있다.[16] 정서는 본래 심리학 용어로 무의식 속에 깊이 감춰진 본능적인 충동을 핵심으로 하는 염원이다. 먼저 이는 일종의 특정시기 특수민족의 심태 표현으로 중국 인민들이 근 백년동안 민족평등을 주창해 온 강렬한 염원의 표현(즉, "타인에게 있으면 우리도 있어야 한다")이다. 다음으로 "자본주의 맹아"의 정서는 일종의 직선적인 진화사관의 산물이다. 단원, 직선적인 진화관은 유럽에서 기원되었고 유럽의 경험으로 인류사회 발전의 공통분모를 찾는 것이다. 헤겔이 바로 이 관점의 주요 대표(헤겔에 따르면 세계정신의 발전은 동방 왕국, 그리스 왕국, 로마 왕국과 게르만 왕국의 4개 단계를 경과했다)이다. 마르크스는 헤겔의 사관에서 합리적인 부분들을 받아들이고 유럽의 경험에 비추어 과학적으로 인류사회 발전단계에 대한 이론(마르크스는 이런 유럽경험을 기초로 한

---

16) 리바이중(李伯重), 「자본주의 맹아 정서」, 『독서』, 1996(8).

공통 규율을 굳어진 교조로 보지 않고 어떠한 민족의 발전이든 반드시 완전히 똑같은 역사발전을 경과하지는 않는다고 여겼다)으로 발전시켰다. 스탈린에 이르러 이런 공통규율은 절대화로 나아가고 말았다.

중국사회사 연구에서 '봉건사회', '자본주의' 범주에 대해 최근 많은 학자들이 의문을 제기하고 있다. 허화이홍(何懷宏)은 진한시기 건립된 봉건제도가 "기나긴 2천여 년의 중국사회가 결코 근대 산업화의 과도기적 사회일 수는 없으며 수입된 '봉건사회'라고 할 수 없다. 이는 서방 문화유형의 영향을 지나치게 의식하는 것으로 단순히 서방사회의 기준으로 중국사회를 관찰한 결과"라고 했다. "소위 '장기간 침체'나 '사회변혁을 볼 수 없다', '사회진보도 보이지 않는다'는 등은 모두 어떤 의미에서는 서방관점에 입각한 것이고 혹은 서방을 중심으로 하는 '현대화 관점'의 영향에서 비롯된 것이다."[17]

중국연구에 대한 인식규범에서 해외 저명한 일부 학자들은 많은 참신한 관점들을 내놓았다. 중국 사회학을 연구하는 해외전문가 황런위(黃仁宇)는 "중국이 서방과 대규모 접촉을 하기 전의 메커니즘이 '봉건'이었다는 것은 사실에 부합되지 않는다"고 말했다.[18] 자본주의 맹아문제에서 황런위는 감개무량하여 질문을 했다. 세상 어떤 꽃이 봉오리로 3, 4백 년을 지나면서 꽃 피지 않은 적 있었던가? 중국사회에서 자본주의가 발생되지 않은 많은 원인을 고찰한 뒤 황런위는 결론지어 말했다. "중국에서 왜 자본주의가

---

17) 허화이홍, 『세습사회 및 그 해체』, 68쪽.
18) 황런위, 『자본주의와 21세기』, 북경. 삼련서점. 2006, 16쪽.

발생되지 않았는가? 뜻이 거기에 있지 않았기 때문이다. 중국에서는 발생되지 않았을 뿐더러 그것이 발생할 뜻조차 없었다."[19] '밀집형 상품화'를 통한 개념연구에서 황종즈는 마르크스와 아담 스미스의 공동이론 인식, 즉 "상품화는 필연적으로 근대화를 이끈다"라는 명제에 질문을 던지고 있다. 황종즈는 "중국사회가 장기간 봉건사회에 침체했다"와 "중국사회의 자본주의 맹아"문제를 둘러싸고 국내외에서 학술논쟁을 벌였다. 공통적이고 자명한 가설규범 신념이, 즉 "상품화는 필연적으로 근대화를 이끌어 온다"는 것이었다.

연구에 따르면 명청 시기 붐을 일으켰던 상품화는 의심할 여지가 없는 사실로, 예를 들면 1350~1850년의 다섯 세기를 거치는 동안 거의 모든 중국 농민들은 전부 면직물(이는 상품화의 최대 구성부분으로 목화경제의 발전은 지역 내와 지역 간 무역을 동반시킨다)로 옷을 지어 입었다.

그러나 상품화와 동시에 소농생산은 연명수준에 머물러 있게 되었다. 이로부터 황종즈는 '밀집형 상품화'개념을 제기하면서 "농장면적의 감축은 농민들을 밀집화로 밀어 넣었고 단위당 노동의 낮은 보수의 절감을 대가로 단위면적의 노동투입의 증가를 환원했다"고 주장했다.[20] 밀집형으로 전통 중국사회의 발전이 없는 성장을 해석하려 했던 것이다. "인구 압력은 밀집형 상품화를 추진한다는 것은 반드시 근대발전의 질적 변화를 추진하는

---

19) 위의 책. 26쪽.
20) 황종즈, 『중국연구의 규범인식 위기』, 16쪽.

상품화와 구별되어야 하는 것이다."[21] 이로부터 황종즈는 '중국연구'에 대한 규범적 위기를 느꼈고 이 위기는 '봉건사회'개념과 "자본주의 맹아"관의 기본가설, 즉 "상품화는 필연적으로 근대화를 이끈다" 혹은 '근대화'의 신념을 동요시킨 것으로 표현되고 있다.

물론 일부 서방 이론가들은 근본적으로 봉건사회 개념으로 고대 중국의 성격문제를 논의하지 않았다. 웨버는 중국 선진을 '봉건사회'로 칭하면서 진나라 통일 후부터 청나라까지의 중국사회를 '가정형 관료제 사회'로 규정지었다. 비트포겔은 중국사회를 일괄적으로 '수리사회' 또는 '전제사회'로 규정했으며 페이정칭은 봉건이라는 낱말을 중국에 사용할 경우 그 가치가 매우 적다고 여기면서 중국사회는 봉건제도의 메커니즘으로 불릴 만한 아무런 구조도 없었다고 했다. 배링턴 무어의 『민주와 전제제도의 기원』은 근대 이전 중국사회를 '봉건사회'라고 지칭하는 것을 거부하면서 관료사회로 칭하고 있다. 바디는 주나라와 위진남북조 시기만 '봉건적' 또는 '준봉건적' 사회라고 생각했다.

종합적으로 '봉건시대'부터 '봉건사회'의 개념의 제기 및 심층 논의는 중국사회가 당시 처한 역사배경에서 비롯된 것이다. 아편전쟁은 왕조제국의 꿈을 짓부수었고 서방의 각종 사조들이 사상영역 속으로 파고들었으며, 당시 중국의 현대화 내지 근대화는 현실문제에 당착하게 되었으며, 근대화는 중국역사단계의 인식에 미치고 있었다. 양계초와 엄복이 '봉건시대'라는 개념을 제기할 당시 중국사회는 서방 사조가 기승을

---

21) 위의 책, 17쪽.

부리던 시기였고, 중국학자들은 중국의 세계 역사지위에서 일종의 학술적 자각을 가지게 되었다. 타오시성과 궈모뤄가 '봉건사회'라는 개념을 제기할 당시 중국사회는 대혁명시기로서 혁명은 사람들이 당대 사회의 성격을 인식하기를 바라고 있었고 마오쩌둥이 말한 것처럼 "중국사회의 성격을 바로 알아야 중국혁명의 대상, 중국혁명의 임무, 중국혁명의 동력, 중국혁명의 성격, 중국혁명의 전도와 전환을 알 수 있다.

그렇기에 중국사회의 성격을 안다는 것은 중국의 국정을 안다는 것이고 모든 혁명문제의 기본 데이터를 인지한다는 것이다."[22] 봉건사회의 개념에 대한 논쟁에서 궈모뤄의 관점대로 "마르크스주의 경전작가의 '봉건사회'관점과 거리가 있고"[23] 또는 "가장 '중국작풍과 중국기백'이 있어야만[24] 그것은 여전히 강력하게 시대의 제약을 받게 마련이고, 혁명시대의 산물이고 혁명시대의 학술이기도 한 것이다. 리바이중의 말처럼 이런 '오기'적인 심태는 사실상 과거 서방 제국주의자들이 선양한 종족주의에 기초하여 굳어진 발전관을 묵인하는 것으로 한 민족의 사회경제발전 수준과 그 민족의 우열과 상관되는 것이기도 하다. 또 '우등민족'과 '열등민족'은 경제발전 수준 상 차이도 변화되지 않는다. 물론 민족자존심은 학술이 자신의 과거 역사에 대한 비 존중에 영향을 미치지 못하게 할 것이다.

---

22) 『마오쩌둥선집』 2판, 2권, 633쪽.
23) 허화이홍, 『세습사회 및 그 해체』, 54쪽.
24) 위의 책. 51쪽.

설명해야 할 부분은 '봉건사회'의 개념 및 그와 관련되는 "자본주의 맹아"의 논쟁은 일찍이 중국사회과학의 포럼을 좌우한 적이 있으며, 중국 전통사회를 연구하는 전형적 범례일 뿐만 아니라 일찍이 국제 비교 의미에서의 학술개념이기도 했다. 본문의 '유학사회'의 개념은 결코 이와 같은 중국 전통사회의 인지개념을 반박하고자 함이 아니라, 중국 전통사회(내지 동아사회)의 유학화의 특색을 펼쳐보이고자 함이다.

유학사회는 중국 전통사회를 분석하는 개념으로 분석의 이상적 유형이며 개념도구이기도 하다. 이는 우리의 분석에 시공간 제한을 주게 될 것이다. 만일 '봉건사회'의 개념이 정치혁명의 의의를 띠고 있다면, 그렇다면 '유학사회'는 보다 문화인류학의 의미를 띠게 될 것이다.

2. 전통사회의 개념 및 그 의의

전통사회의 이론에 대한 관심은 줄곧 근현대 사회철학의 이론 중심의 하나로, 특히 고전사회학 이론의 중심문제이기도 하다. 근현대 사회철학의 이론 대가들은 애초부터 어떻게 전통사회와 비교하면서 현대사회(자산계급 혁명 후의 사회) 질서의 합리성, 사회변천의 내재적 데이터에 대한 논의 등 문제에 당착했었다. 전통사회와 현대사회에 파급된 이론 논의의 사상 대가들로는 주로 콩트, 스펜서, 뒤르캠, 웨버, 퇴니스, 짐멜 등이 있었다.

지력발전은 콩트에 의해 인류 진보의 결정적 힘으로 간주되었다. 콩트는 인류 지력의 발전이 선후로 세 단계, 즉 신학단계, 형이상학단계와 실증주의단계를 거쳤다고 여겼다. 신학단계에서 사람들은 자유로운 환상을 하면서 만물의 내재 본성, 현상의 근원, 최후의 원인 등을 탐색했는데 이를 위해 절대적인 지식을 요구했다. 그러나 이는 불가능한 것으로 그들은 초자연적인 힘-신에 의해 모든 것을 해석했다. 형이상학단계에서 사람들은 검증을 초월하는 추상적인 개념으로 초자연적인 신을 대체하면서 절대적인 지식을 요구했는데 다른 점이라면 그들은 독단적으로 추상적인 개념을 절대지식으로 삼았다는 것이다. 실증단계에서는 모든 지식, 과학, 철학이 모두 '실증'된 '사실'에 기초한 것으로 사람들은 "더는 우주의 기원과 목적을 탐색하지 않고 각종 현상의 내재원인을 갈구하지 않았으며" 사람들은 모든 지식은 현상에 대한 지식이고 상대적인 지식이라고 생각했다. 실증단계는 인류지식 발전의 최고단계이며 인류지력 발전의 최고단계이기도 하다.

마찬가지로 인류사회의 행태는 상응하는 세 가지 발전단계를 거쳤는데, 신학단계에서는 제사(祭司)가 통치적 지위를 차지하고 군인이 나라를 다스렸으며 전형적인 사회단위는 가정이었다. 형이상학단계에서는 목사와 법관이 통치했으며 국가는 뚜렷한 작용을 했다. 실증주의단계에서 공업관리자와 과학의 도덕적 지도자가 통치하며 인류는 효과적인 사회단위로 부상하게 된다.

생물이라는 유기체의 연구 각도에서 출발해 스펜서는 사회 유기체와 생물 유기체 사이에 많은 비슷한 점이 있다고 생각했다. 그들은 모두 성장과정이 있었고 모두 구조진화, 기능분화의 과정을 거쳤으며, 구조가 날로 발달하고 각 구조의 기능 사이에 서로 의존하고 있었다. 현대사회를 운행하는 각 조직-공업조직(예를 들면 영양시스템은 노동계급이 담당), 상업조직(예를 들면 순환시스템은 상인계급이 담당), 정치조직(예를 들면 조절시스템은 자본가계급이 담당)-사이는 마땅히 서로 조화롭고 서로 평형을 이루며, 세 계급은 마땅히 각각 그 기능을 수행해야 하며 그렇지 않을 경우 사회는 마비되고 마는 것이다. 스펜서는 우주의 보편진화의 관점에서 출발해 인류사회 역시 진화한다고 생각했다. 사회진화의 직선형 표준에 따라 스펜서는 사회를 간단하고, 복잡하고, 이중복합적, 삼중복합적 등 각종 사회유형으로 나누었다. 사회진화의 굴곡성에 따라 사회 내부관리형식에 기초해 스펜서는 사회를 군사사회와 공업사회로 나누었고, 군사사회로부터 공업사회로의 전이는 진화라고 여겼으며, 그러나 공업사회도 군사사회로 퇴화할 수 있다고 했다.

두 가지 사회는 서로 다른 관리패턴에 따라야 하는데, 그 주요 원인은 한 가지 사회는 그가 처한 환경에서 기타 사회와 관계되기 때문이다. 만일 평화관계가 유지되고 있다면 사회의 내부관리는 상대적으로 느슨하고 쇠락할 것이며, 교전관계에 처한다면 강제적이고 중앙집권적 사회통제를 야기시킬 것이다. 군사사회의 특징이 강제적인데에 반해 공업사회는 자원 협력과 개인 자아절제의 기초에서 건설되는 것이다. 스펜서에게 공업사회는 그가 처한 그 시대의 현대사회였으며, 군사사회는 강렬하고 중세적이며 전통적인 사회특징들을 드러내고 있었다.

어떻게 현대사회의 질서를 이해하고 현대사회의 질서 중 개인과 그룹의 관계를 이해할 것인가 하는 문제들은 뒤르캠의 사회이론의 중심과제 중 하나였다. 또한 그것을 기초로 해서 씨족사회와 현대사회, 유기적 관련과 기계적 관련의 비교모델도 제기하였다. 씨족사회란 개인들끼리 결합된 사회그룹으로, 이런 그룹은 한곳에 정착하면서 자기식으로 다른 그룹과 분리된 생활을 하는 것이 특징이었다. 씨족사회의 각 구성원 사이에는 비슷한 점이 있고 심지어 서로 대체가능하며 피차간 일종의 '기계관계' 또는 '기계단결'의 형식이라는 생활패턴을 보여주었다. 씨족사회는 주로 현대사회 이전에 존재했고, 특히 원시사회의 주요 특징(그러나 그 역시 일부 사회노동경제 분공이 비상히 발달한 사회에서 부분적으로 존재하는 일부 씨족구조에 가능성을 열어두었다)이기도 했다. 현대사회는 그와 상반된다. 그중 매 구성원들은 모두 개성이 있고 대체 불가성을 가지고 있었으며 사회 구성원 사이에는 일종의 '유기관련' 또는 '유기단결'에 의해 사회가 유지되고 있었다. 뒤르캠은 '기계관련 사회'와 '유기관련 사회'의 집단의식의 강약을 고찰했는데, 전자는 '형사법'의 징벌형식으로 표현되었고, 후자는 '원상복구법'의 형식으로 표현되었다.

종교사회와 정치사회학의 분석에서 우리는 웨버의 전통사회 관련 이론을 단편적으로 알 수 있다. 웨버는 주로 종교사회학을 통해 세계 특히 유럽의 전통으로부터 현대에 이르는 역사과정을 이해했다. 그 종교사회학 전체의 종지는 세계 몇 가지 대종교 교의의 이론화 정도와 과정이었고, 특히 기독교의 신교가 어떻게 기나긴 발전과정에서 점차 무술과 미신적 성분을 배제하면서 보편성을 띤 사회윤리로 거듭났는가에 관심을 가졌으며, 이런 윤리가 어떻게 사람들의 경제행위에 영향을 주고 최종적으로 현대 자본주의가 서유럽에서 발생되었는가를 고찰했다.

웨버는 각기 다른 유형의 선지자(先知者)에 힘입어 세계의 이성화 방식으로 다양한 인식을 획득했으며, 선지(先知)를 윤리선지와 모범선지로 나누었다. 또 모든 종교는 모두 속죄론을 주장한다는 인식에 기초하여 속죄의 방식을 입세와 출세로 나누었다. 이로부터 웨버는 4가지 종교, 즉 입세금욕주의와 출세금욕주의, 입세신비주의와 출세신비주의를 제기했다. 웨버는 서방종교는 윤리선지의 예언과 관련이 있다고 믿었고 이로부터 금욕주의에 속한다고 여겼으며, 동방종교는 모범선지의 예언과 관련이 있다고 믿으면서 총체적으로 신비주의에 속한다고 여겼다. 그리고 신교윤리의 생활은 최종적으로 유럽에서 자본주의의 기원을 이끌어냈다고 주장했다. 신교윤리가 유럽에서의 자본주의 발생을 추진했다는 근거는 주로 기독교의 칼뱅의 이론 중 "믿음이 곧 도리이다"라는 사관과 세속생활에서 긍정적 평가를 획득한 '천직관(天職觀)' 또는 '신소관(神召觀)'에서 비롯되었던 것이다.

"믿음이 곧 도리이다(因信稱義)" 사관은 속죄는 오로지 신앙에 기대야 하는 필수조건이며, '천직관'은 신도로 하여금 체계적이고 시종일관하게 하여 인간의 '자연상태'의 생활을 극복할 것을 요구하며 현실생활에서 각박(근면, 각고, 절약, 영리)하게 생활하고 천직을 다하는 종교생활을 할 것을 요구한다. 인간의 세속적인 직업에 대한 책임을 강조하고 평화적으로 모든 가능한 기회를 이용해 하나님의 영예를 빛낼 것을 바라며 거기에는 돈벌이도 포함된다.

천직관은 신도로 하여금 입세금욕하고 무술(巫術)을 반대하며 반정서적이고 반상상적일 것을 요구한다. 자본주의 정신은 바로 일종의 '천직'으로 여기는 임무이며 합리적이고 계통적으로 계산한 이윤을 추구하는 태도를 가질 것을 요구한다. "믿음이 곧 도리"라는 사관과 '천직관'은 세속의 생활패턴을 바꾸는 힘의 원천으로 사회실제행동의 원동력이다. 웨버의 정치사회학에서는 이를 카리스마형, 전통형과 법리형 3가지 통치유형으로 구분했는데, 전통사회의 이론에 대한 그의 태도를 단편적으로 알 수 있다.

카리스마형 통치는 '특수한 인격품덕'에 기초한 것으로 통치의 합법성은 "나에게 초인적인 천부가 있다"는 생각에서 비롯된다. 카리스마형 통치는 전 이성시대의 현상이고 반경제적 힘을 가지고 있다. 카리스마형 통치의 조직 특징은 카리스마 공동체가 정감적인 지연관계를 기초로 하는 군체이며 독단적인 인간정치인 셈이다. 전통형 통치의 합법성은 "숫로 칭하는 것이지만 타인이 믿어주는" 역대로 전해 내려오는 신성규칙도 전통에서 비롯되는 것이다. 전통형 통치의 특징은 정치상 '충효'를 강조하면서 경제상 자급자족의 경제를 숭앙하고, 주로 납공과 부역으로 경제적 수요를 만족시키며, 화폐의 사용은 소비영역에만 국한시키고, 세습제 및 특권계층은 거대 이익부문을 독점하면서 자유경쟁을 방해하고, 통치자들은 함부로 과세를 매겨 경제행위가 이성적인 기본조건을 상실하게 만든다.

조직상 효과적이고 힘 있는 기구의 결여가 특징이다. 법리형 통치의 합법성은 공동으로 제정한 법률에서 비롯되며 "법률앞에서는 만민이 평등하다"고 표방하는 일종 법률에 의지하는 관리치리의 사회이다. 법리형 통치사회에서 행정관리는 조직이 법률이 제정한 권한 내에서 이성적으로 이익을 추구하고 형식화의 규칙을 지킬 것을 요구한다. 사회생활은 전부 이성화되어 있고, 그 주요 표현으로는 경제상 복식 장부(회계)를 두고, 조직상 관료제이며, 법률상 형식주의 원칙을 취하고, 종교상 무술요소의 배제를 고취하며, 예술상 음악의 조식시스템과 상응하는 악대의 건립제도,

회화 중에 특수한 선과 색채와 투시기법의 응용 등에서 나타난다.

'공사'와 '생활'은 독일 사상가 퇴니스가 제기한 전통사회와 현대사회를 이해하는 두 가지의 기본 개념이다. '공사'는 전통적인 자연감정이 일치하는 기초 위에서 긴밀하게 연계된 사회유기체를 의미하며, 공사생활은 본질적 의지거나 정감 동기에 기초한 것으로 사람들은 전통적이고 자연적인 정감의 유대에서 생활하면서 피차 일치성을 느끼고 서로 융합하되는 것이다. '사회'는 외부적이고 합리적인 이익의 기초에서의 기계적인 결합을 가리키는데, 사회생활은 선택의지 내지 사유동기에 기초하며 사람들은 생활가운데의 정감요소를 전력으로 배제하면서 순 이지적 사유를 진행하는 개인의 목적, 이익에 대한 고민에 기초한다.

'공사'의 사회형식에서 사람들은 형식상 어떻게 갈라졌다 하더라도 서로 연관되어 있으며 '사회'라는 사회형식에서는 사람들이 어떤 형식으로 결합되었든 결국 분리되고 있다. 전자는 모자관계이고 후자는 계약관계이다. 짐멜은 군체로 형성된 기초(지리, 이익, 성별, 연령, 가치표준 등)에 대한 고찰로 출발해 현대사회와 전통사회를 비교해보면 현대사회의 사람들은 다중군체의 참여로 자유의 공간이 확대된다고 주장했다. 사회의 진화표현은 인간이 참여하는 사회교제권은 동일권(원시사회)에서 동심권(중세기)으로 발전하고 다시 교차네트워크(현대사회)로 발전한다.

이로써 개인의 자유와 자주성이 강조되고 개개인은 자신이 어느 군체에 완전히 동화되는 압력을 감내함으로써 사람들은 각자의 잠재력을 보다 잘 발휘할 수 있는 것이다.

전통적인 사회이론의 기초에서 종합한 후에 파슨스는 5쌍의 모델

변수이론, 즉 특수성과 보편성, 천부성과 자치성, 확산성과 전일성, 정감성과 중립성, 공익성과 사리성을 제기했다. 이들은 32가지 조합이 있으며, 어떠한 사회 또는 문화 유형의 특징(퇴니스의 공사와 사회는 다만 두 가지 극단적인 사회유형임)들도 기술 가능한 것이다. '전통사회'에 대한 이론을 회고하면 다음의 문제들이 토론가치가 있음을 알 수 있다.

첫째, '전통사회'에 관한 이론구조는 자산계급혁명 후의 산물이다. '전통사회'의 이론구조에 영향을 주는 주요 사회적 사건들로는 1789년 프랑스대혁명과 18세기 중엽 영국에서 시작되고 나중에 유럽과 미국으로 번진 산업혁명이 그것이다. 사상가들은 '현대사회'에서 생활하면서 '현대사회'를 보다 잘 이해하기 위해 그들만의 지혜로 '전통사회'를 도출해냈던 것이다. 다시 말하면 '전통사회'라는 개념은 사상가들이 급변하는 시대에 당착해 사회변천의 합리성을 설명하고 천명하기 위해 만들어낸 것이다.

'현대사회'는 산업화사회이고 공업화사회이다. 19세기 초에 사람들이 보았던 공업사회는 일반적으로 다음의 6가지 특징이 있다.[25]

(1) 공업은 과학노동조직의 기초에서 마련된 것이다. 생산은 습관에 의한 조직이 아니며 최대 효과와 수익을 창출하기 위한 목적으로 조직된 것이다.

---

25) [프] 레몽 아롱, 『사회학의 주요 사조』 상해, 상해역문출판사, 1988, 85쪽.

(2) 과학적으로 노동을 조직했기에 사람들은 대량으로 자원개발에 나서게 되었다.

(3) 공업생산은 공장과 향진(鄕鎭)에 노동자들이 집결할 것을 요구하며 이리하여 새로운 사회현상, 즉 노동자의 대량 공존이 가능해졌다.

(4) 노동자와 자본가, 무산자와 유산자, 직원과 고용주 사이에는 잠재하거나 공개적인 대립이 존재한다.

(5) 재부가 쌓이면서 양산되는 위기도 날로 늘어났다. 그 결과 물질의 풍요로움은 빈곤을 부추겼다.

(6) 경제제도에서 자유무역, 상인과 자본가들은 최대 이윤을 쫓는 것이 원칙이다. 이 6가지 특징들을 개괄하면 공업화, 과학화, 조직화, 모순공개화, 위기화, 자유화가 된다. 콩트, 웨버는 공업화, 과학화, 조직화라는 세 가지 특징을 현대사회를 결정하는 특징으로 여겼고, 마르크스는 자유화, 모순공개화, 위기화의 특징을 강조했으며, 스펜서는 조직화, 자유화에 주목했고, 뒤르캠은 공업화, 과학화 등에 신경을 쏟았다.

사상가들의 눈에 비친 공업화사회는 저마다 달라서 전통사회 역시 다르게 보였다. 흔히 전통사회의 전형적 특징은 몇 가지 부분으로 나타났다.[26] 농업(과 어업)은 경제에서 지배적 지위를 차지한다. 상대적으로 직업은 세분화되지 않았고 기계화 기술이 없었으며 시장에 나오는 제품

---

26) [미] 히스, 『전통을 논함』 상해, 상해인민출판사, 1991, 393쪽.

역시 극히 제한되어 있었다. 문맹 정도가 매우 높았고 글을 알아보는 사람이 매우 적었으며, 공중 여론은 개인의 행위에 대해 심각할 정도로 주도적 작용을 했다. 보편적으로 신앙이 일치했고, 기초적이고 원시적인 행정기기가 있었으며, 권위를 보편적으로 받아들였고, 신분지위는 출신에 따라 결정되었다. 생물성 혈통이 개인의 지위를 결정지었으며, 지위제도에 맹종하는 심리가 있었다. 무술신앙과 종교 신앙은 없는 곳이 없었고, 의식적인 사회변천은 극히 적었다. 종합적으로 보면 '전통사회'와 '현대사회'를 구별하는 과정에서 하나의 학과로서의 사회학 이론이 발생하게 되었던 것이다.

둘째, '전통사회'의 이론구조는 유럽 이성주의가 '전통'에 대하여 비판적이고도 직접적으로 계승한 것이다. 철학에서 몽매(蒙昧)와 이성의 대립은 사회학의 '전통사회'와 '현대사회'의 대립에 심각한 영향을 끼친다. 철학에서의 몽매는 미신, 전제제도, 낙후를 의미하고, 이성은 과학, 개명, 진보를 의미하는 것이다. 사회학에서의 '전통사회'는 이성시대 전의 기계적이고 동질적이며 토족적인 것이며, 현대사회는 이성적이고 유기적이며 이질적이고 진화적인 것(물론 개별적인 사상가들의 전통사회에 대한 낭만적인 정서도 배제하지 않는다)이었다.

계몽주의자들은 특정된 사회, 문화와 전통을 연계시킨다. 무지, 미신, 교회통치, 종교 불관용, 사회등급제, 재부분배의 불균형, 출신에 따르는 사회지위 우선권 및 기타 심태와 사회제도 등은 모두 이성주의자와 진보주의자들의 비난의 대상이었고, 전통성은 이와 같은 물건들의 원인과 결과였다. 전통성은 낡은 질서에 대한 비판자들이 모두 증오하는 대상이었다. 사람들은 전통성이 이성과 과학지식에 양보하면 그가 유지하던 사악함마저 사라진다고 여겼다. 계몽운동의 첫 임무는 바로 이런 전통성을 깨부수는 것이었다. 전통성이 와해되면 현대성은 자연스레 생겨나는 것이다. "무지와 전통이 연계되었을 때 양자는 가증스런 유럽 구질서의 구성부분이 되었던 것이다."

과학주의의 흥기는 '전통'이 악명을 획득하게 된 이유 중 하나였다. 자연과학은 논쟁의 분위기 속에서 발전했다. 먼저 17세기 기독교회는 현대과학의 일부 특성을 반대해왔고 19세기에 이르러 계몽운동의 주요 인물들은 암흑세력과의 싸움에서 자연과학의 성과를 운용하였으며, 심지어 19세기 자연과학은 대학에서 고전주의 문화연구와 유심주의 철학의 격렬한 반대를 받기도 했다. 과학은 미지의 사물을 발견하는 것으로 어떤 과학영역이든 과거로부터 답습한 지식의 유효성을 부정하곤 했다. 시험과 귀납의 방법은 과학자들을 권위성에서 해방시켜주었고, 그들은 자신의 관찰과 자신의 감각과 자신의 추리능력에만 의존해야 했다.

이런 관점은 많은 화학물질, 기체, 액체 등 현상 연구에 널리 응용되었다. 18세기의 프랑스, 이탈리아, 영국 등에서는 인류의 제도로까지 격상되었다. 콩도르세, 베카리아, 흄, 스미스, 벤담 등은 인간에 관한 과학이 만들어지기를 희망하고 있었고, 이런 과학은 자연과학과 마찬가지로 하나의 과학이 될 것이라고 확신했다. 사회과학에서 '힘'의 개념이 출현한 것은 자연과학의 관점과 방법이 사회과학 영역으로 확장되었음을 말해준다. 과학연구의 방법은 과거의 것들이 받아들여지지 않는다는 것을 의미하며, 의심, 추리와 관찰능력을 가진 전문가의 검사를 견뎌야 함을 말했다. 의심은 과학활동의 시작으로 당대인들은 의심으로부터 살아남는 것이야말로 효과적인 과학지식이라고 생각하고 있다. 과학지식은 일련의 발견으로 이루어지고 뒤따르는 발견들에 의해 그 전의 발견들은 과거형이 되어버리는 것이다. 발견자의 직책은 바로 전해 내려오는 전통을 깨버리는 것이며 다음의 과학자들에게 보다 좋은 전통을 넘겨주기 위함이다. 이때 전통은 거두절미하고 받아들여진 근거 없는 신조로 이해해도 좋을 것이다. 계몽주의, 진보주의는 대다수 사람들이 일찍이 처해있던 미신과 무지상태를 증오하면서 인류는 반드시 무단적이고 인간의 권위를 압제하는 속에서 해탈해야 한다고 여겼으며, 과학과 이성으로 인류의 나아갈 방향을 제시해야 한다고 했다.

　'전통사회'의 이론구조는 이성주의가 '전통'을 대하는 태도의 직접적 계승이고 그 뚜렷한 표현은 유럽 고전 사회학 이론이다. 계몽을 테마로 하는 이성주의 기치 하에 한편으로 이성과 과학지식이, 다른 한편으로는 전통과 무지가 있었다. 그것들은 서로 포용하지 않았다. 몽매와 이성의 대립은 현대사회 변천의 방향에서 보면 전통사회와 현대사회의 대립으로 표현된다.

　그러했기에 '전통사회'는 콩트, 스펜서, 뒤르켐, 퇴니스, 웨버, 짐멜, 파슨스 등의 사회이론에서는 신학단계와 형이상학단계, 군사사회, 기계관련 사회, 공사, 전통형 통치형식의 사회, 교제동심권의 사회, 사회구역형 사회 등으로 구별되었고, 그에 상응하는 '현대사회'는 실증주의단계, 공업사회, 유기관련 사회, 사회, 법리형 통치형식의 사회, 사회교제의 교차네트워크 사회, 사회형 사회 등으로 구별되었다. 현대사회는 과학성, 합리성, 경험성,

세속성과 진보성을 특징으로 하면서 이런 것들은 또 관습과의 전쟁에서 반드시 승리할 것이며 어떠한 전통사회의 흔적으로부터도 탈피할 수 있을 것이다.

이로부터 알 수 있는 것은 과거의 중국 사회를 두리뭉실하게 '전통사회'라고 할 수는 없다는 것이다. 그 원인을 열거해보면 다음과 같다.

첫째, 만일 '현대사회'에서 '현대'라는 뜻을 현재의, 당대의 의미로 받아들이면 '전통사회'와 '현대사회'의 구분이 사라지게 된다. '현재의'를 빼면 '과거의'가 되는 까닭이다. 만일 '전통의'가 다만 '지금의 과거' 또는 '과거의 현재'라는 뜻만 가진다면 그런 의미에서의 '전통사회'와 '현대사회'의 구분 역시 아무런 의미가 없게 되고 개념의 의의조차 사라지게 된다. 개념은 사물의 어떤 특정된 속성을 개괄하는 까닭이다. 장차 이런 의미에서의 '전통'과 '현대'는 일종의 내재하는 순환-전통을 받아들이고, 전통을 폐지하고, 전통을 창조하고, 전통을 다시 폐지하는 순환이 될 것이기 때문이다.

둘째, '전통사회'의 개념은 '현대사회'와 대립되는 사회유형이며 '전통사회'와 '현대사회'의 구분은 사회학 이론의 모종의 의식형태에 속한다. "어떤 인류사회를 '전통적'이라고 하는 것은 일종의 돌아가는 설법이다.

'원시적'이니 '사교적'이니 '야만적이니' '낙후하'느니 '무신적'이니 '야성적'이니 '단순하다'느니 하는 낱말들에 비하면 '전통적'이라는 말은 어딘지 덜 폄하되는 듯하다. '전통적'이라면 적어도 중성 정도에 속하기 때문이다. 즉 "가장 알맞고 가장 어색하지 않는 제기법이 바로

'전통적'이다"라는 말과 같은 것이다[27] 전통사회와 현대사회의 구분은 실천 속에서 개념 사용자의 가치 편애를 결정지어 준 말로 할 수 없는, 이미 기성화 된 역사적이고 자아변명이 불가한 '사회'의 이론분석은 마땅히 연구자의 가치 편애를 버려야 할 것이다.

셋째, '전통'이라는 개념 자체가 모호하기에 이것으로 '사회'를 정의하거나 수식한다면 더욱 모호할 수밖에 없다. 전통은 "그 가장 선명하고 가장 기본적인 의미로 보면 세세대대로 전해지는 것이며, 과거로부터 오늘날까지 전해지는 어떤 것이라도 다 포함하는 것이다." "전통에는 물질적인 실체가 있으며 사람들이 각종 사물에 대한 신앙, 사람과 사건에 대한 이미지, 관리와 제도 따위도 포함한다. 또 건축물, 기념비, 경물, 조각, 회화, 서적, 도구, 기계 따위일 수도 있다. 특정된 시기의 사회가 가지고 있던 모든 사물을 포함하며 이 모든 것들은 소유자가 그것들을 발견하기 전부터 이미 존재하고 있었다."[28] 전통사회는 "전통이 통치한 적이 있는 사회"지만 "세세대대로 전해진다는 논리에서 그것이 반드시 규범적이거나 강제적인 명제일 필요는 없다." 현대 자산계급사회가 출현하기 전의 대다수 사회는 전통이 통치하는 사회로 묘사되고 있었으나 사실상 그랬던 적은 한 번도 없었다.

이제 '전통사회'라는 개념을 밝힐 때가 되었다. '전통사회'보다 분석력이 강한 개념모델을 제기해야 하며 그것으로 '중국전통사회'의 역사과정에

27) [미] 히스, 『전통을 논함』 , 392쪽.
28) [미] 위의 책 15~16쪽.

대해 합리적인 해석을 해 주어야 하는 것이다. 그것이 우리가 '유학사회'라는 개념을 제기하는 이유의 하나인 까닭이다.

3. 유학사회 개념의 의의

전통 중국사회의 특징을 묘사하는 이상적 유형으로서 유학사회는 다음의 개념적 의의를 가지고 있다.

첫째, 전통사회 개념에 비해 유학사회의 개념은 가치중립적인 의미를 지닌다. 전통은 "시대가 전승해주는 것으로 과거로부터 오늘에 이르기까지 전해지는 어떤 것"[29] 이다. 이는 전통에 관계되는 비교 중립적인 의미이다.

비록 전통이 사람들마다 눈에 비치는 의미는 같지 않으나 전통과 과거는 연관되어 있기에 전통은 또한 보수적인 것과 일맥상통한다. 계몽철학에서 전통과 이성이 대립되면서 사회학상의 전통사회와 현대사회는 대립된다. 철학에서 말하는 전통은 몽매, 미신, 낙후를 의미하고 이성은 과학, 개명, 진보를 의미한다. 사회학에서 전통사회는 이성시대 이전의 기계적이며, 동질적이고, 토족적인 것이며, 현대사회는 이성적이고, 유기적이며, 이질적이고, 진화적인 의미를 지닌다. 유학사회의 개념은 전통에 대한 호불호가 엇갈리면서 산생되는 찬반의식을 피해갈 수도 있다. 유학사회는 완벽한 가치중립적인 개념인 것이다.

---

29) [미] 히스, 『전통을 논함』 15쪽.

일반적으로 전통사회는 광의적인 것과 협의적인 것으로 구분하고 있다. 광의적인 전통사회는 현대사회와 대응되는 개념으로 흔히 정치, 경제, 문화, 심리 등 각 방면에 파급되어 있다. 예를 들면 우리가 처한 사회는 바로 전통사회가 현대사회로 전향하는 단계에서 판단을 기다리고 있다면 '전통사회'라는 개념이 표현하고자 하는 것이 바로 광의적인 것이다.

협의적인 전통사회는 한 단계에서의 사회형태로서 전통이 통치하고 있던 사회이며 협의적인 '전통사회'의 개념은 흔히 특정된 정치 사회사건과 연관되어 있다. 예를 들면 신해혁명 이전 중국사회는 전통사회라고 인식되는 것 등이다. 공자는 "얼마나 다채롭고 풍부한가. 내 주나라를 따르리라"고 말했다. 서주는 중국사회에서 역사를 고찰할 수 있는 가장 이른 사회이며, 그 뒤를 잇는 춘추전국시대는 중국의 훗날 사회의 기본발전방향 내지 전통사회의 정치경제문화의 기본 틀을 기본상 마련했던 시기였다.

유학사회는 '전 유학사회'와 "후 유학사회"와 대응되는 개념이다. 시간 또는 역사의 흐름에서 보면 유학사회는 '중국전통사회'와 커다란 차이를 보이고 있다. 유학사회가 정식으로 이루어진 것은 유학이 통치계급의 의식형태로 확립된 다음부터이며, 즉 한무제가 "백가를 폐지하고 유가만을 숭앙한다"는 정책을 편 다음부터이다. 또 그것의 결속은 '유가법'의 결속(입헌운동으로 표현)으로 끝난다. 이로부터 정치생활, 경제생활, 사회생활, 사상생활 등 내용에서 유학사회와 중국전통사회는 내재적 연관이 있음을 알 수 있다. 그러나 유학사회의 개념은 전통 중국사회에 대해 분명하고 분석 가능한 역사과정으로 인식되었다.

특히 주목할 것은 형식상 유학사회는 신해혁명과 더불어 결속되었지만 깊이 연구해보면 유학사회의 정치적 기초는 결속되었다 하더라도 그 사회적 기초, 권위적 기초는 여전히 존재하고 있었다. 그렇기에 신해혁명은 유학사회를 뒤엎었지만 유학사회의 진정한 결속은 그 뒤에 일어난 신문화운동 및 지식분자들의 개조운동과 '문화대혁명'의 도래(그림 1을 참조하고 상세한 내용은 제10장 '유학사회의 종결'을 참조하라)로써 마무리 짓게 된다고 할 수 있다.

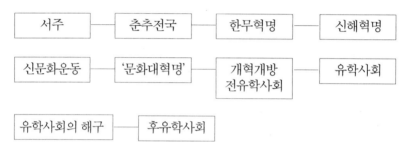

그림 1 유학사회 관련 중대사건 일람표

둘째, 유학사회는 이상 유형으로 전통사회의 유형화에 대해 연구하고 전통중국사회에 대해 연구하는 개념도구이다. 자본주의는 정치, 경제현상일 뿐만 아니라 특히 일종의 문화현상이다. 자본주의는 문화정신이고 독특한 사회노동조직의 형식이며 일종의 가치시스템이다. 웨버는 자본주의가 경제생활에서 체현될 뿐만 아니라 사회생활의 곳곳에 퍼져 있다고 했다.

그 주요 표현은 다음과 같다. 법률상에서는 형식법 및 변호사제도의 실행 등으로 나타나고, 정치상에서는 직책이 분명한 관료메커니즘으로 나타나며, 사회도덕생활상에서는 혈연, 지연으로 유지되는 군체의 윤리전통주의,

다원주의 및 특수주의를 버리고 노동을 인연으로 하는 이성주의, 일원주의 및 보편주의를 추종하는 것으로 나타나며, 예술영역에서는 독특한 하모니, 악기, 곡, 기보 방식과 풍부한 표현력을 갖춘 악대의 조직 및 합리적인 라인과 독특한 시각기술을 운용하는 등으로 나타난다. 자본주의에 상대되는 의미에서 말하면 유학을 주도사상으로 하는 사회는 일종의 문화현상이며, 이런 문화현상은 전자에 비해 보다 역사가 류큐하다. 만일 봉건사회의 개념이 정치, 경제의 각도에서 중국전통사회의 이상구조를 분석한다면 유학사회는 보다 충분히 문화각도에서 또는 문화인류학 각도에서 중국전통사회의 이상구조를 분석하게 될 것이다.

셋째, 유학사회의 연구는 대전통 연구에 속한다. 비록 전통사회의 많은 특징들이 유학이라는 마크를 달고 있지만 유학사회는 이상적 유형으로 현실생활에서 진정으로 존재한 적이 없었을 수도 있다. 예를 들면 이학(理學)대표 주회(朱熹), 오늘날 신유학대표 두웨이밍(杜維明) 등은 전통유학(원 교지주의 유학)의 입장에서 유학의 이상은 종래로 진정으로 실현된 적(그들은 상고 3대에만 유학의 이상이 진정으로 실현되었었다고 여김)이 없다고 주장한다. 그러나 유학사회의 개념은 기타 개념에 비해 우리가 전통중국사회의 일부 특징들, 예를 들면 문화특징, 조직특징, 사회통제 특징 등을 이해하는 데 도움이 될 것이다.

유학사회는 이론연구에서의 비교유형이고, 이로부터 유학사상의 실천의의를 부정하고 유학사회의 존재를 부정할 수가 있을까? 유학사회의 연구는 대 전통 범위에 속한다. 후기 인류학자와 역사학자들은 다소

고급적인 문화시스템을 처리할 경우, 문화 전체를 두개 부분으로 나누곤 한다. 1950년대 레드필드의 '대전통'과 '소전통'의 개념이 그 하나이고, 1970년대 이후의 '엘리트문화'와 '통속문화'의 개념이 그것이다. 대전통 내지 엘리트문화는 사회 상층 지식계층의 문화이고 소전통 내지 통속문화는 정규교육을 받지 못한 일반 민중을 가리킨다. 유학사회 및 그 정신에 대한 고찰은 결국 '대전통' 영역에 속하는 것이다.

해외 학자 두아라는 1900~1942년의 화북농촌에 대한 연구를 통해 "권력의 문화네트워크"라는 개념을 제기하고, 국가권력이 어떻게 각종 루트(상업그룹, 매니저, 묘회, 종교, 신화 및 상징적 자원 등)를 통해 사회 밑바닥에 침투하느냐를 상세하게 논증한 적이 있다. 향촌사회에서의 정치적 권위는 조직과 상징부호로 이루어진 틀에서 체현되며, 이것이 바로 "권력적 문화 네트워크"인 것이다.[30] 문화네트워크는 향촌주민과 외계의 연계로 소통될 뿐 아니라, 국가정권이 향촌사회에 심입되는 루트이기도 하다. 이런 루트를 통해 국가는 자신의 권력에 합법적으로 도금칠을 하는 것이다. '국가정권'은 유가사상이 지도하는 행위규범과 권위상징의 집합체로서 국가의 가장 중요한 기능은 일련의 '합법화' 프로그램, 예를 들면 급별과 명예의 책봉을 장악하고 백성을 대표하여 최고 차원의 제사의식을 거행하며 자신의 문화적 패권을 통속의 상징 위에 올려놓는 등에서 체현된다.[31]

---

30) [미] 두아라, 『문화, 권력과 국가-1900~1942년의 화북농촌』 난징, 강소인민출판사, 1996, 233쪽.
31) [미] 두아라, 『문화, 권력과 국가-1900~1942년의 화북농촌』 , 32쪽.

두아라의 연구는 유가라는 대전통이 매우 강한 생식능력을 가지고 있음을 표명했으며, 전통중국사회에서 강력하게 소전통과 통속문화에 침투하고 간섭한다. 무술, 제사 및 제자사상과 대소전통 사이의 관계는 천라이(陳來)의 연구가 우리에게 일부 참고할 가치가 있는 자료들을 남겨주었다. 천라이는 말했다. "중국의 문화발전에서 무술은 첫 분화를 거친 뒤에도(제사문화가 무술문화의 주도적 지위를 대체) 여전히 서민문화에서 소전통이 되면서 수천 년 동안 각종 기술적인 술수를 통해 소전통의 시스템을 이루어 냈다. 제사는 두 번째 분화를 거친 뒤에(예악문화로 제사문화의 주도지위를 대체함) 국가 종교 활동의 형식과 가장 보편적인 조상제사로 변화되었지만 대전통의 엘리트문화를 대표하지는 못했다. 예악문화로부터 제사사상에 이르기까지 지식분자의 정신활동은 문자표현의 권위를 빌어 형성되었고 후세의 큰 지도역할을 하는 대전통을 형성했다."[32]

넷째, 유학사회의 연구는 유학사회를 자족하는 문명시스템으로 보고 독립적으로 고찰할 수 있으며 유학사회 발전의 내재과정(합리성 내지 제약성)을 파헤치는 데 유리하다. 자본주의 사회 또는 현대사회의 존재 근거 내지 합리성을 찾는 것은 고전 사회학 이론의 중요한 이론 충동이었다. 19세기 사회학 창시인인 마르크스, 뒤르캠, 웨버 등 이론대사들도 '현대' 성격의 에너지에 대하여 단일한 해석을 찾고 찾았었다. 마르크스에게는 '자본주의' 개념이던 것이 뒤르캠에게는 '공업주의' 개념이 되었고, 웨버에게서는 과학기술 내지 신분조직의 '이성화' 개념으로 체현되기도

---

32) 진래(陳來), 『고대 종교와 윤리-유가사상의 근원』, 북경, 삼련서점, 1996, 151쪽.

했다. 웨버에 따르면 '합리성'은 애초부터 가치중립의 개념이었고 우열을 가리는 표준은 아니었으며 모든 기준을 평가하는 잣대도 아니었다. 사물 자체는 종래로 비이성적이지 않으며 오직 특수한 각도에서 보았을 때만 비이성으로 보이는 것이다. 무신론자에게 종교의 생활방식은 모두 비이성적으로 비칠 것이고, 향락주의자에게 금욕규칙은 모두 비이성적인 것으로 보일 것이기 때문이다. 이로부터 합리성은 사물 자체에 있는 것이 아니라 사물에 귀결되는 것이며, 또 연관되는 개념으로 어느 각도에서 볼 때만 사물이 합리적이거나 비합리적이라고 할 수 있다. 사회생활의 실천은 이성화 또는 이성주의가 사회생활의 각기 다른 영역에서 발전하는 것은 같이 진행되는 것이 아니며 다른 민족이나 지역에서도 어떤 방면에서는 이성화 정도가 비교적 높고 어떤 방면에서는 비교적 낮을 수 있다.

예를 들면 고대 로마에서 법률의 이성화 정도는 매우 높았다. 중국 전통사회 역시 하나의 합리적인 역사과정이 존재하지 않았을까? 중국전통사회의 역사 진전을 하나의 연속적이고 합리적인 과정으로 보고 유학정신의 내재적 합리적 운동을 찾는 것은 유학사회가 개념도구로서의 중요한 관심이다. 유학사회의 연구는 중국전통사회의 과정을 거의 합리적인 과정으로 보고 있다. 그 합리적인 과정은 유학사회의 주도사상, 즉 유학정신의 합리적인 발전으로 표현될 뿐 아니라 '전 유학사회'가 유학사회로 변화되고, 심지어 "후 유학사회"로 변화되는 것으로 표현된다. 전자는 유학사상의 현실화(예를 들면 법률화) 및 추상화(예를 들면 형이상학화)로 표현되고 후자는 사회통제의 수단의 진화로 표현된다.

다섯째, 유학사회 개념의 최종 의의는 직접적으로 유학정신이 오늘에 이르기까지 성장해온 토양을 보여주고, 일종의 정신으로서의 유학과 일종의 사회생활 형태로서의 유학사회를 분리시키며 유학사회와 "후 유학사회"의 구분을 통해 우리 자신이 생활하는 시대의 특징을 찾아내려는 데 있다. 유학사회의 연구는 유학에 일찍이 드리웠던 면사포를 벗기고 유학의 실천기능을 보여주게 된다. 전통사회와 현대사회가 대칭되고 유학사회와 "후 유학사회"가 마주 보는 것이다. 유학사회의 특징은 두말할 것도 없이 최대로 전통사회의 특징을 만들어주고 있으며 유학사회의 특징은 가장 크게는 유학정신이 배양해낸 것이다.

이로부터 한편으로 유학의 윤리 이성, 유학정신의 명제 등은 일정한 정도에서 현대사회의 요구에 대칭되는데, 바꿔서 말하면 오늘에 이르기까지 유학정신은 생명의 뿌리였으며 이것이 바로 유학사회이며 유학사회가 "후 유학사회"로 대체되는 것은 역사의 숙명인 것이다. 유학사회를 떠나 그를 치켜세우거나 폄하하는 것은 모두 적절치 못하다. 다른 한 편으로 유학정신과 유학사회는 다른 개념으로 유학사회의 종결은 유학정신의 종결이라 말할 수 없는 것이다. 만일 우리가 스스로의 어떤 전통의 소유자라고 자칭한다면, 만일 우리가 자신과 일찍 생활했던 유학사회의 선배들과 동류성 혹은 동종성 내지 동문성을 가지고 있다면, 우리는 2천년의 생명력을 가진 유학사회의 주도정신인 유학정신으로 인류의 본성에 깊이 침잠해 볼 수 있는 것이다. 현대사회가 필요로 하는 새로운 정신, 일종의 전통과 다른 유학정신과 유학정신이 현대사회에서 새로 태어난다면 반드시 모종 전환이 필수적일 것이며, 반드시 일부가 삭제되고 일부가 보충되어야 하는 것이다.

종합적으로 유학사회는 중국전통사회를 이해하는 이상적인 유형이며 전통중국사회 및 그 과정을 이해하는 독특한 개념도구인 것이다. 전통사회 등 개념에 비하면 그는 보다 많은 '가치중립'의 뜻을 가진다. 유학사회의 변천에 대한 연구는 우리가 '중국전통사회'의 역사발전과정 및 그 내재적 합리성을 이해하는 데 도움이 될 것이다.

유학사회의 연구는 우리가 현대사회의 특징을 진일보하여 이해하는 데 도움이 될 것이고 합리적이고 질서 있게 현실로부터 유학사회로, "후유학사회"로의 변화를 도와줄 것이다.

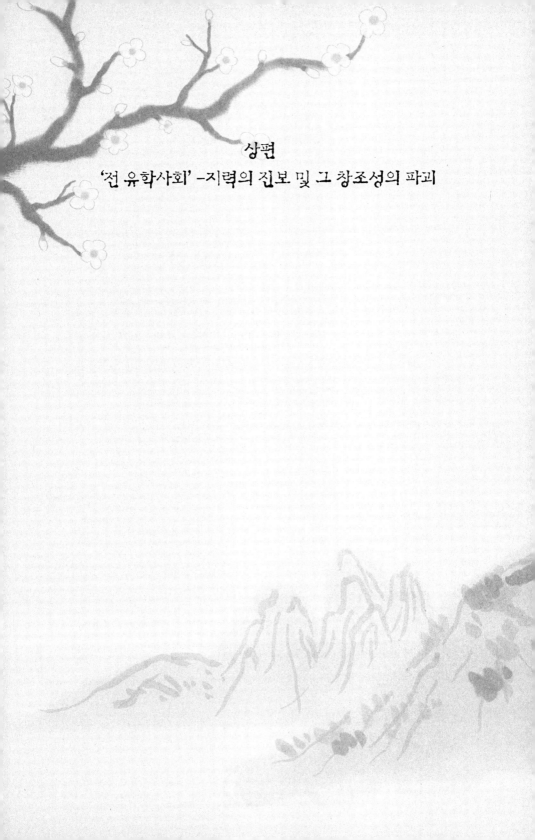

상편
'전 유학사회' —지력의 진보 및 그 창조성의 파괴

제1장
전(前) 유학사회의 지력진보

'전 유학사회'는 하, 상, 주를 거치면서 줄곧 서한 초기 한무제가 "백가를 폐지하고 유가만 숭상하라(罷黜百家, 獨尊柔術)"는 정책을 펴기까지 장장 2천여 년 동안 지속되었다. '전 유학사회'는 지력이 끊임없이 발전하는 과정을 겪었고 지력진보가 끊임없이 변화하는 중요한 표지의 하나이기도 했다. '전 유학사회'의 지력진보는 최종 유학사회의 흥기에 정신적인 준비를 해준 셈이다.

1. '전 유학사회'의 발전단계

'사전사(史前史)' 또는 문자기록이 있기 전의 역사에 대한 연구에 따르고, 최근 수십 년 간의 해외 고고학자들의 노력에 힘입어 원고(遠古)시대의 일부 중요한 문화적 시대구분이 명료해지게 되었다. 원고 중국문화의 발전은 주로 중국 유인원 문화기, 하토(河套) 문화기, 산정동(山頂洞) 문화기,

앙소(仰韶) 문화기, 용산(龍山) 문화기 등이 있다.[33] 이런 문화의 시대구분은 구석기시대와 신석기시대를 경과하며 등장했다. 그 후 중국역사는 '전설시기'에 진입했다.

중국역사에는 전설 속의 '5제(帝)'시대가 있었다. '5제'시대가 처해있던 단계는 어림잡아 부계씨족공동체 단계로서 '5제'는 씨족부락의 추장 또는 부락연맹의 연맹장 정도에 해당되었을 것이다. '5제'설은 진한(秦漢) 무렵에 나타났다. '5제'[34]는 일반적으로 황제(黃帝), 전욱(顓頊), 제곡(帝嚳), 요(堯), 순(舜)을 가리킨다. '5제'시기 제위의 전승방식은 '선현여능(選賢與能)', 즉 '선양제(禪讓制)'였다.[35] '5제' 이후 순은 우(禹)에게 선양했고, 우가 죽으면서 제위는 그의 아들 계(啓)에게 넘어갔다.

계는 중국역사상 첫 왕조인 하나라를 건립했다. 하나라의 건립은 중국 원고시대의 '선양제'가 끝났음을 의미한다. 전설의 하나라는 기원전 21세기부터 기원전 16세기까지 이어졌고, 하나라 이후 상나라는 약 기원전 16세기부터 기원전 11세기까지 이어졌다. 주나라는 기원전 11세기 중엽인 기원전 1066년부터 시작해 서주와 동주를 지나면서, 전후 약 800여 년 동안

---

33) 주곡성(周谷城), 『중국통사』 상권, 22~28쪽.
34) '5제'에 대해서는 다섯 가지 주장이 있다.
　　1. 황제, 전욱, 제곡, 요, 순(『사기 五帝本紀』).
　　2. 태호, 염제, 황제, 소호, 전욱(『周禮 小宗伯』 주).
　　3. 복희(즉 태호), 신농(즉 염제), 황제, 요, 순(『周易 繫辭下』),
　　4. 소호, 전욱, 고신, 요, 순(『帝王世紀』).
　　5. 동한 정현은 '5제는
　　6인'이라고 한다. 두젠민(杜建民), 『중국 역대 제왕 세계연표』 , 제남, 제로서사, 1995,
　　1쪽.
35) 두젠민, 『중국 역대 제왕 세계연표』 , 1쪽.

지속되었다. 그중 동주는 295년의 춘추시대(기원전 770년부터 기원전 476년)와 255년의 전국시대(기원전 475년부터 기원전 221년)를 아우른다.[36) 진시황 영정(贏政)이 기원전 221년에 중국을 통일하고 2세(전 221년부터 전 206년)를 거쳐 기원전 206년 한고조 유방에 의해 멸망했다. 한고조 5년, 즉 기원전 202년 유방은 황제에 등극하고 통일된 중앙제국을 다시 확립했다.

만일 지력진보 또는 역대 왕조(국가)에서 주도적 지위를 차지하는 통치 의식형태를 사회형태가 변화하는 구분의 기준으로 삼는다면, 아직까지 전설의 '5제'시기, 즉 황제, 전욱, 제곡, 요, 순 및 우의 시대를 확실하게 모르는, 단지 매듭을 지어 사실을 기록하던 시대에 머물러 있었을 것이다. 원고사회는 아직 '문명'의 전야이자'전 유학사회' 문명의 시기에 진입하지 못한 단계인 것이다. 현재 발견된 중국의 가장 이른 문자는 은허에서 발견된 갑골문과 금문으로 이 시기에 이미 금속 물건들이 있었고, 농경 가축 및 수공업과 상업 등 분공이 나타났으며, 정치조직, 문자 및 기타 고급문화도 창조되어 있었다. 의심할 여지없이 갑골문자의 출현은 오랜 역사 과정을 거쳤고, 하나라에는 이미 일정한 형식의 사회제도가 있었다. 공자가 말했다.

"상나라의 예의범절이 하나라에 전해졌기에 그 맥락을 잘 알 수가 있다."

---

36) 동주는 기원전 256년에 진나라에 의해 멸망한다. 만일 동주 멸망의 시간으로 계산하면 동주는 전체 25왕 515년 유지되었다. 또 동주는 흔히 춘추 전국 두 단계로 나뉘고 진시황이 기원전 221년 중국을 통일하면서 전국시대는 끝난다. 만일 전국의 결속으로 계산하면 동주왕조는 550년이 된다. 춘추 전국의 연대는 다른 주장이 있다. 공자는 노나라 역사저작 『춘추』에 근거해 주평왕 49년(노은공 원년. 기원전 722년)부터 주경왕 39년(노애공 14년. 기원전 481년)까지 각국의 대사들을 기술했는데, 이 242년 사이를 '춘추시대'라 했다. 주곡성은 이에 비추어 춘추시대를 계산했고 이로부터 전국시대(주경왕 40년부터 진시황 25년 즉 기원전 222년에 이르는 258년간)를 추산했다. 주곡성, 『중국통사』 상권, 144쪽.

여기서 말하는 '예'는 일정한 사회제도가 뒷받침되고 있거나 그 자체일 수도 있으며, 어떤 의미(어떤 내용)에서는 사회제도를 가리킨다. 공자는 또 말했다. "주나라의 예의범절도 상나라에서 전해졌으므로 그 맥락을 잘 알 수기 있다." 여기서 알 수 있는 것은 상나라의 문화는 이미 상당히 발달되어 있었다. 주나라는 예의를 숭상하는 사회로 상나라의 문명과 일맥상통한다.

중국역사는 하나라에 진입하면서 원고문명이 새로운 사회발전 시기, 즉 유학사회 시기에 진입했음을 표명한다. 하, 상, 주로부터 서한 초기, 즉 한무제가 "백가를 폐지하고 유가만 숭앙하라"는 정책을 펴기까지 약 2천년이 흘렀는데, 이 시기를 '전 유학사회' 시기라고 한다.

한무제 원광 원년, 즉 기원전 134년에 무제는 동중서가 제기한 "백가를 추방하고 유가만 숭상"하는 주장을 받아들였다. 동중서는 이렇게 말했다. "『춘추』는 천지간의 보편적 도리로서 고금에 다 통한다. 오늘날 사람마다 자기주장을 펴고 백가의 뜻이 다 다르니 이를 통일시킴이 마땅하다. 법제가 자주 변하면 사람들이 갈피를 잡을 수 없게 된다. 신이 어리석으나 그 원인은 다른 데 있지 않고 공자 이론이 그 뜻이 옳으니 그를 따라야 할 것이다. 사악한 말들을 없애고 통일시켜 법을 밝게 하면 백성이 알게 될 것이다."[37]

이로부터 유학은 중국 전통정치에서 의식형태의 '독존'적 지위를 획득하게 되었다. 또 이로부터 중국 고대사회는 새로운 시기, 즉 유학사회에 진입하게 되고, 1912년 『중화민국 임시약법』 의 반포까지 약 2046년('전 유학사회'의 존속역사와 비슷함) 계속되었다. 표 2를 보자.

---

37) 『漢書 董仲舒傳』

표 2) 중국 전통사회의 발전단계 간략표

역사 시기	원고시기 ('5제 '시기)	하, 상 및 주(서주)	주 말기		진제국 및 한제국 초기(기원전 134년까지)	한제국 (한무제 시작) 청제국	중화민국, 중화인민공화국
			춘추	전국			
통치의 원칙	제도	왕도	패도		왕도 패도의 혼용		헌제(憲制)
정치체제	선양제	분봉제			왕제군현제		공화제
문명의 분기	실매듭으로 기사하던 사회	전유학사회				유학사회	후유학사회
경과 시간	약 500년(기원전 26세기부터 기원전 22세기까지)	약 2,000년(기원전 21세기부터 기원전 134년까지)				약 2046년	미지 (1912년-)

주해

1. 동주는 기원전 256년 진나라에 의해 멸망되었다. 기원전 221년
   진시황은 6국을 멸하고 중국을 통일한 뒤 전국시대를 끝냈다.

2. 유학사회는 한무제의 '백가파출 독존유술' 정책의 집행(기원전
   134년)을 거쳐 『중화민국 임시약법』의 반포(1912년)라는 2046년에
   달하는 기나긴 과정을 지나왔다. 황제 군현제는 진시황이 기원전 221년
   군현제를 실시해서부터 민국원년, 즉 1912년에 결속되면서 2,133년을
   거쳤다.

   많은 연구를 통해 유학사회의 구조가 후속 과정을 거쳤음을 입증했고,

이런 과정은 줄곧 '문화대혁명'의 결속까지 이어졌음을 밝혀냈다.

    표에서 알 수 있듯이 역사 전설과 역사 기록에 따르면, '전 유학사회'는
하 상 주부터 서한초기(한무제 계위 초기)에 이르는 약 2천여 년에 달한다.
중대하고 의의가 큰 역사적 사건들에 따르면, '전 유학사회'는 몇 개의
중요한 단계를 거치게 된다. 중대하고 의의가 큰 역사적 사건들은 계가
하나라를 세우고 상나라가 흥기하며 주무왕이 상을 멸하고[38] 주평왕이
동으로 천도하고,[39] 진시황이 6국을 통일하고 군현제를 실시하면서 황제를
자칭하고, 한무제가 동중서의 '독존유술' 정책 건의를 받아들이는 등 '중대한
정치적 사건'들을 일컫는다. '전 유학사회'는 근 2천 년의 역사를 거치면서
상기의 여섯 가지 사건에서 네 가지 사건을 분수령으로 하여 세 개의
단계로 나눌 수 있다. 하 상 주(서주) 단계, 주나라 말기(동주) 또는 춘추
전국 단계, 진 제국 및 한 제국 조기 단계가 그것이다. 그중 매 단계마다

---

38) 주나라 선인들은 위수 유역에서 농사를 지었다. 시조 기는 후직이라 부른다. 주나라
    사람들은 수차례 천도를 거쳐 고공환부에 이르러서는 주원(지금의 섬서성 기산현)에
    정착하고 주라고 국명을 정했으며 백성들은 상나라 사람이었다. 고공환부의 아들 계역은
    상왕 태정에 의해 죽임을 당하고 계역의 아들 희창이 즉위하면서 문왕이라 했다. 문왕은
    위수 유역을 통일하고 풍읍(오늘의 섬서성 풍수 서안)로 천도했으며 그 아들 희발은
    제후들을 이끌어 동정을 했다. 목야에 진을 치고 은상을 멸했으며 호(오늘의 섬서성 서안시
    서남 풍수 동안)에 도읍을 정하고 주나라를 건립했다.
39) 주평왕 동천사건, 주나라는 주무왕부터 주유왕에 이르는 11대 12왕을 일컫는다. 기원전
    771년 주유왕은 건융에 의해 죽임을 당하고 이듬해, 즉 기원전 770년 주유왕의 태자 선구는
    호에서 낙읍(오늘의 하남성 낙양)으로 천도했는데 역사에서는 이를 동주라 한다. 동주는
    춘추시기(기원전 770년부터 기원전 476년까지)와 전국시기(기원전 475년부터 기원전
    221년까지)로 나뉜다.

모두 상응하는 정치 또는 국가의 조직형식이 있었으며, '전 유학사회'에서 중앙과 지방의 관계는 각종 다양한 형식을 거쳤다. 첫 단계는 하 상부터 서주(조기 주나라)로 '봉건방국'시대(기원전 21세기부터 기원전 771년까지 약 1400년)까지이며, 두 번째 단계는 '왕권이 유명무실하고 제후들이 패왕노릇을 하던' 시대(춘추 전국 시기 약 550년)이며, 세 번째 단계는 '황제 군현제'의 시작이 확립되던 시대(기원전 221년부터 기원전 134년까지 약 100년, 황제 군현제는 1912년 끝나면서 2133년이 걸렸음)를 말했다. 그중 제2단계는 제1단계가 제3단계로 이행하는 중간 단계로 약 550년이 걸렸다.

2. 윤리이성과 덕성관념의 각성

종교를 연구하는 일부 서방 학자들은 윤리성 원칙을 종교 또는 종교의 발전수준을 검증하는 자연척도로 삼는다. 네덜란드 학자 티에리는 일찍이 종교의 진화에 대한 분류시스템을 제기한 적이 있다. 그는 종교의 진화는 기본상 자연종교의 발전으로부터 윤리종교로 이행하는 과정을 거친다고 주장했다. 『예기』에는 하나라는 "귀신을 경외했고" 은나라는 "사람들을 이끌어 신을 존경하게 했다"는 말이 있다. 종교적 의미에서 볼 때, 은나라 사람들은 종교 신앙의 본질이 '자연종교'의 형태로 아직 '윤리종교'의 형태에 진입하지 못했다. 하 상에 비해 주나라 사람들의 신앙은 윤리 이성이 싹트기 시작했고 도덕적 관념과 결합되기 시작했다. 윤리 이성의 각성, 도덕적 관념의 출현은 '전 유학사회' 지력진보의 중요한 표지가 된다.

먼저 무왕이 "종묘에 제를 지내지 않았다"는 이유로 은나라를 정벌한 것을 보면 하 상에서 서주까지 '종묘'의식은 끊임없이 각성되었다. 윤리 이성은 윤리에 근거한 평가이며 판단능력이다. 종묘의식이란 서주 윤리 이성 또는 윤리 의식 각성의 중요한 상징 중에 하나이다. 하 상 시대에는 이미 조상의 신령에 제를 지내고 있었고 서주시기에 이르러서는 선조에게 제를 지내는 시스템이 더욱 발달되었다. 서주의 제사대상은 크게 세 가지가 있었다. 첫째, 하느님을 중심으로 하는 천신이고, 둘째, 사직을 중심으로 하는 지표이며, 셋째, 조상이었다. 주나라 사람들의 신앙은 최고 대표가 '천', '천명'이었고 서주의 천명관에서 알 수 있듯이 윤리 평가, 판단 능력, 즉 윤리 이성이 각성하기 시작했다. 사실상 무왕이 은을 정벌할 때 "암둔하여 제사를 저버리고" "종묘에 불손하다"는 것을 주왕의 주요 죄의 하나로 삼았다.

'목철'은 이렇게 말했다. "오늘 상왕이 받아들일 수 수 있는 건 아녀자의 말 뿐이다. 암둔하여 법도를 어기고 제사를 버리니 이는 조상과 지아비를 버리는 것과 같다... 이에 공행(恭行)은 천벌을 받아야 한다." 무왕은 자기가 혁명을 해야 하는 근거를 공행이 '천벌'을 행한 것에서 찾았고, '천벌'과 상왕의 덕을 버리는 어리석음, 종묘에 불손함 등을 연관시켰다. 윤리 이성 또는 윤리의식의 각성은 또 서주사회에서 형성된 예악 위주의 약한 윤리 관계와 약 윤리 통제의 사회(제2장의 "전 유학사회'의 특징, 약 윤리 통제' 부분을 참조)에서 찾아볼 수 있다.

다음 도덕적 지혜를 찾아볼 수 없었던 은상(殷商)의 점성에서 도덕관념이 극히 풍부했던 서주의 정치문헌들은 '전 유학사회'의 정치생활의 도덕적 윤리의 각성을 보여주고 있다. 서주 정치에서 천명사상 및 덕성 관념의 출현은 서주 정치에서 덕성, 윤리 각성의 중요한 내용이다.

　은상의 점성사에는 도덕 지혜에 관한 용어가 발견되지 않고 있다.[40] 은상의 점성사에서는 어떠한 도덕이상, 윤리가치, 이성지혜, 가치이성 등도 찾아볼 수 없다. 서주 전의 신령스런 관념에는 여전히 무속문화적인 많은 특색들을 가지고 있으며, 이는 자연종교에 속한다. 주나라 사람들 신앙의 최고경지는 '천'이고 때로는 '천명'이다. 문헌기록에 따르면 주공이 섭정시기 발표한 문헌에서는 도덕관념으로 은상 이래, 자연숭배로의 '천'에 대해 정치통치의 윤리화를 적당히 진행했음을 알 수 있다.

　『소고(召誥)』, 『주고(酒誥)』, 『강고(康誥)』 등 서주 초기의 고사(誥辭)들에는 주공의 우환의식, 천명미상(天命靡常)과 윤리덕성이 결합되어 있다. 주가 은을 멸망시킨 역사적경험에 기초하여 주공은 '유명부상(惟命不常)'의 '천명관'을 제기한다. '소고'에서는 다음과 같이 말했다. "우리는 하나라를 교훈으로 삼지 아니하면 안 되고, 은나라를 교훈으로 삼지 아니하면 안 된다. 나는 하나라가 천명을 받들어 얼마나 오래 되었는지 감히 알지 못한다. 나는 하나라의 국운이 얼마나 오래 갈지도 감히 알지 못한다. 다만 그들이 덕행을 중시하지 않아 너무 일찍 저들이 복운을 잃었음은 알고 있다." 『주고』에서는 천명, 민감(民監), 인간의 도덕을 더욱 연관 지어 말했다. "덕을 멀리 하고 제를 지내지 않아 백성의 원성이 크다. 주육으로 제를 지내지 않으니 하늘이 은을 망하게 하더라… 옛사람이 이르기를 '사람은 물보다 백성의 뜻을 따라야 한다.' 오늘

---

40) 호우와이루, 『중국사상통사』 제1권, 북경, 인민출판사, 1992, 23쪽.

은이 타락하여 망하니 이를 어찌 하늘의 뜻이라 하지 않겠는가?" 주공이 주왕에 보여준 행위는 도덕을 뜻하며 주왕의 행위는 사실상 '천명' 운행의 역사과정에 참여하고 있다. 주왕은 마땅히 자기의 '천명'에 대해 책임(혹은 명을 받들거나 혹은 명을 버리거나)을 져야 한다. "주서(周書) 내지 주나라 사람들이 고친 하상(夏商)의 책에서 반복적으로 나타난 주제는 '천'을 역사와 민족운명의 주재자로 보고, 이는 셈족(閃米特人)의 신앙 특징인 '역사 속의 하나님'에 보다 더 접근한다."[41] 이전의 은과 하의 혁명에 비해 주공은 은, 상의 정치실패와 천명의 관계에 대해 더욱 심각하게 반성하면서 새로운 통치자들은 반드시 "하늘을 공경하고 도덕을 지켜야" 명을 제대로 유지할 수 있다고 했다. 비록 주공이 그 정치활동에서 여전히 낡은 종교적 관념에서 벗어나지 못하고 중대한 문제를 결정할 경우 점괘를 이용하여 천명과 천의를 이해했지만, 주공은 주가 은을 멸한 역사사실을 종교와 철학의 높이로 끌어올리고 천명과 인사의 관계를 자각적으로 반성했다. 주공은 많은 고사에서 은과 상의 왕권수령(상왕은 '나의 명은 하늘이 점지하지 않았느냐') 사상에 대해 역사적 수정을 진행했다. 이는 서주 정치사상에서는 종교사유와 윤리원칙의 결합이 나타나기 시작했음을 말해준다.

서주정치에서 도덕이성 각성의 다른 중요한 표현은 '민의' 또는 여론을 정치의 향도로 삼고 정치통치의식을 '보민(保民)', '나중에 백성의 부모가 되는' 윤리의식으로 전환시키는 것이다. 서주시기 도덕윤리의 중요한 내용 중 하나가 바로 '경덕(敬德)'과 '보민'을 연관 짓게 한 것이다. 『강고』에서

---

41) 진래, 『고대 종교와 윤리』, 139쪽.

주공은 '명덕(明德)'의 중요사상을 펴고 있다. 주공은 문왕이 천명을 받은 것과 "벌을 내릴 때 신중하고 약한 자를 가벼이 여기지 않는 것"을 연계시켰다. 『강고』는 말했다. "백성들을 편안하게 해주어야 한다. 하늘보다 넓은 마음으로 백성들이 너의 은덕을 알게 해야 한다.

그리하여 왕명을 완수하게 해야 한다." 『태서(泰誓)』에서 가장 분명한 것도 보민사상이다. 『태서』는 무왕이 상나라 정벌에 나서는 대회에서 제후들에게 했던 맹세서이다. 『태서』는 말했다. "천지는 만물의 어버이요. 사람은 만물의 영장으로 총명하기에 백성을 부모로 섬긴다." 또 "하늘을 대신해 백성을 걱정한다", "하늘은 백성을 걱정하고 백성의 뜻은 하늘이 반드시 따른다", "하늘은 백성의 뜻을 자신의 뜻으로 여기고 하늘은 백성의 말을 자신의 말로 여긴다." 『태서』는 한 걸음 더 나아가 만일 통치자가 '경덕보민'하지 않는다면 "옛사람이 이르기를 '사랑해주면 나중에 좋고 나쁘게 대하면 반드시 그 화를 입는다'"라고 했다. 이와 같이 은상 이전 도무지 종잡을 길이 없던 옥황상제의 의지에도 인간 도덕이 침투되어 있고 민의가 대신하고 있다. '천명'은 선명한 인간성, 도덕성을 갖추고 있으니 '천명'이 곧 '민의'인 것이다.

『태서』가 나타내고 있는 선명한 민의는 중국문화가 성숙한 중요한 상징 중의 하나이다. '보민'과 관련되는 중요한 사상이 바로 '벌을 신중히 대하는' 것이다. '벌을 신중히 대하는' 것은 판결과정에서 신중하고 또 신중해야 하며 회개하고 잘못을 인정하는 태도를 강조하고 있다. 서주 정치문헌에서는 '벌을 신중하게 대하는 것'이 초기 유학의 덕과 형벌관계에 대한 반성에 깊은 영향을 끼쳤다고 밝혔다. 물론 다수의 사면을 받지 못하는 죄도 있는데

'강고'에 따르면 "오랑캐와 손잡고 사람 죽이기를 벌레 죽이는 것처럼 여기는" 도적, '불효불의'한 자, '흥청망청하지만' 벌을 받지 않는 제후국 관원, 왕명을 거역하거나 허세를 부리기 좋아하는 제후 등은 여기서 제외되며 필히 형벌을 가중해야 한다고 했다.

마지막으로 서주 예악사회의 형성은 '전 유학사회' 중 이성화된 사회생활이 보급되었음을 표시한다. 초기 무속문화의 발전과정에서 '무(巫)'의 기능은 분화되면서, 사무의 '축' 기능이 강조되면서 '무'와 관련되는 제사시스템이 이루어졌고, 이어서 제사시스템의 형식화, 규범화가 되면서 제사에 관계되는 '예'가 강조되었고, 결국 제사시스템과 관련되는 예악사회를 형성하기에 이른다. '예'자의 번자체는 '禮'이다.

'설문'에서는 '예'를 이렇게 해석하고 있다. "예는 '이(履)'와 통하며 복을 일컫는다. 또 행례의 기물이기도 하고 콩과 닮아 있다." 왕국유(王國維)의 『석례(釋禮)』는 더 나아가 '豊'자는 처음에 그릇에 두 줄에 꿴 옥을 담아 신령에게 제를 지내던 것을 가리켰으며, 후에 술로 신령에게 제를 지내는 것을 가리키기도 했다. 나중에는 '신에게 신봉하는 일'을 통털어 지칭하기도 했다.[42] 고고학 발견에 따르면 신에게 제를 지내는 행위는 그에 따르는 신묘, 제단, 제기 등이 있었고, 이런 것들은 모두 어떤 형식의 예의로 밝혀졌다.

서주사회는 '예제화'된 예악사회로 사회생활, 사회교제 등에 모두 높은 의식화 내지 '예의화' 특징을 드러내고 있다. 중국 고대의 '3대시기'에서 주나라는 '예악' 집대성의 시대였다. 고대 예악문화를 연구하는 주요

---

42) 왕국유, 「석례」, 『관당집림』 권6, 북경, 중화서국, 1984.

문헌은 '3례', 즉 『의례』, 『주례』, 『예기』가 있다. 일부 연구자들은 '3례'는 서주의 문헌이 아니라고도 한다. 책은 비록 주공(周公)이 만든 것이 아니지만, 예의 제도는 서주 이전부터 춘추에 이르기까지 이미 실행되었던 것이다. 서주사회의 정치생활은 이미 고도로 제사화 되어 있고, 제사는 이미 고도로 예의화 되어 있었다. 제사의 예제화 과정에서 사회생활은 형식화, 질서화, 이성화가 되었다. 후에 형식화가 심화되고 보급되면서 제사문화의 핵심은 제사로부터 예악으로 이전되었다. 원고사회에서 사회생활의 각종 예의는 제사의 과정에서 확립된 것으로, 각종 예의는 시스템으로 작용하면서 규범화되었는데, 이는 나중에 서주 예악사회의 기초를 마련해 주었다. 그렇기에 신앙의 제사시스템의 형성에 이르기까지, 또 예악사회의 형성은 '전 유학사회'의 정치, 문화 및 사회 이성화의 중요한 과정이며, '전 유학사회'에서 발생한 지력 진보의 중요한 표현이다.

표 3에서 볼 수 있듯이 동서방의 문명은 발생 초기단계(제1, 제2단계)는 비슷하며 무(巫) 또는 원생형(原生型)의 무(巫) 및 그 제사화도 모두 중요한 지위를 차지하고 있으며, 혹은 이는 인류가 자연 상태에서 문명 상태로 진입하는 표지라 할 수 있다. 이로부터 인류(각 부족)는 질서가 있는 사회생활을 시작하였고, 어떤 의미에서 말하면 생명공동체를 이루었으며, 인간은 무를 통해 자신의 미래를 장악하게 되었다. 그러나 두 문명은 제3단계에서 중대한 차이를 보였는데, 그것이 바로 웨버가 말한 동서방 문명 발전과정에 나타난 각기 다른 카리스마형 인물들이다. 동방에는 주공이 있었고 서방에는 모세가 있었다. 서주의 정초자(定礎者)인 주공은 도덕성 윤리와 역사 우환의식을 결합하여 역사(상나라 상왕)를 거울로

삼고, 모범(주문왕, 주무왕)을 빌려 은과 상의 자연종교관에 대해 개혁을 진행했다. 연속적인 고사에 천명, 천의(天意)를 주입한 윤리의 성격은 규범이 없던 군주정치에 명확한 규범원칙이 있게 했고, 주왕, 주나라 사람들은 이상적인 생활패턴을 정하고 지력반성의 사회향도(向度)와 인성향도가 나타났으며, 이로부터 유학문명 내지 중국역사의 발전방향을 초기화시켰다. 종합적으로 『역경』에 보이는 점무문본화(占巫文本化)의 도덕성윤리, 사회생활 예악화 등은 서주사회 지력의 핵심을 이루고 있으며, 제사 시스템의 예제화 혹은 서주사회의 예악화(禮樂化), 천명사상과 도덕성 관념의 결합 등은 시대의 사유수준을 대표하는 점성술, 무술 및 신령제사의 시대가 정식 또는 점차 물러가고 있음을 의미하며, 상고(上古)의 사상이 새로운 단계, 하나의 새롭고, 자위적이고, 자신의 행위에 대해 반성하거나 윤리책임을 지는 사회단계로 진입했음을 의미한다. 종합적으로 중국문명의 발생 초기에 문화의 변화는 '무(巫)'에서 '축(祝)'으로, '축'에서 '사(史)'로 발전했으며, '무', '축', '예'의 길을 따라 발전해왔던 것이다. '사(史)'의 각성과 '예'의 각성 및 그 반성은 중국 고대문화의 특색을 형성하였다. 반대로 제3단계에서 모세는 '십계'를 통하고 하느님과의 약속관계 및 하느님의 위력을 통해 셈족들에게 일종의 '일신교'적 생활패턴을 제시해주었다. 또 모세는 일신교에서 나타나는 지력으로 초기단계의 공포, 신성방향을 고도로 중요시했다. 제4, 제5단계에서는 문명의 배태가 다른 역사환경에 처하면서 나중에 동서방문명의 다른 형태를 이루게 되었다.

표 3) 동서방 문명발생의 초급단계 및 이성화의 성과

	1	2	3	4	5
	무(巫)문화 단계		무(巫)문화가 없어지는 단계		
유학문명의 발생과정	원생형 무	무(巫)의 제사화	『역경』의 출현, 주공의 종교개혁	공자, 『맹자』 등의 사회 반성	『역경』 문본화(文本化)의 유가경전 화, 동중서의 유학시스템 출현
서유럽 기독교문명의 발생과정	원생형 무	무의 제사화	유대교 등 일신교의 형성, 모세의 10계, 『성경』	고대 그리스의 철학적 돌파(플라톤, 아리스토텔레스 등)	기독교와 고대 그리스 철학의 결합, 오귀스탱, 아퀴나스 등의 종교철학

제2장
'전 유학사회'의 창조성 파괴

제2장
'전 유학사회'의 창조성 파괴

'전 유학사회'에서 서주시기는 '약 윤리관계사회'의 주요 건설시기이다. 서주의 '약 윤리관계'는 춘추 전국 및 진나라 시기의 실범성(失范性, 규범을 상실하는 것-역자 주) 파괴와 창조성 파괴를 받았다.

1. '전 유학사회'의 특징, 약한 윤리적 통제

전설 중의 '5제'시기, 즉 황제, 전욱, 제곡, 요, 순 및 우의 시기는 매듭으로 기록하던 시대였다. 원고사회는 아직 '문명'의 전야였고, '전 유학사회' 문명의 시기에 아직 진입하지 못했다. '전 유학사회'는 유학이 아직 통치의 의식형태로 올라가지 못한 사회발전단계이며 혹은 '전 유학사회'는 통치 의식형태로서의 유학정신을 만들고 있던 단계 또는 사회였다. '전'은 그 후의 모종의 것, 예를 들면 '유학사회'가 아직 존재하지 않거나 현실성이 없거나 형성되는 상태에 있는 경우를 말했다. 왕조가 바뀌는 관계로 '전 유학사회'는 하[43], 상, 주를 거쳐 줄곧 서한 초기, 즉 한무제(한무제 원광 원년 즉 기원전 134년)가 "백가를 폐지하고 유가만 숭상하는" 정책을 펼 무렵까지 약 2천여 년 동안 지속되었다. 사회관계는 사회생활이 스스로를 드러내는 일종의 방식으로, 개체 결합으로 사회 유대를 형성하고 공통의 정감, 도덕, 신앙 또는 가치관에 기초한 개체와 개체, 개체와 군체, 군체와 군체 사이의 결합 또는 흡인을 특징으로 하는 연계상태를 말했다. 이런 사회연계에 힘입어 사회는 비로소 완전한 존재와 독립적 생명을 얻게 된다. 만일 유학사회와 '전 유학사회'의 최대 공통점을 찾는다면 바로 윤리관계가 될 것이다. 윤리관계는 한 사회에서 개체와 개체, 개체와 군체 또는 군체와 군체 사이의 윤리적이고 혈연적인 결합 또는 흡인으로 특정지어 지는 연관 상태를 말했다. 사회관계는 일정한 수단으로 수호하고 수복할 것을 요구하는데, 이것이 바로 사회통제이다. 마찬가지로 윤리관계 역시 일정한 수단으로 수호하고 수복할 것을 요구하는데 이것이 바로 윤리통제이다. 사회생산력의 끊임없는 진보와 사회지력수준의 제고로 말미암아 '전 유학사회'와 유학사회는 사회관계 내지 윤리관계 사회통제수단이 일정한 정도의 차이로 나타나며, 그로부터 두 가지 유형의 사회에서 사회관계, 즉 윤리관계는 일정한 차이를 나타낸다. 유학사회에서의 사회관계의 수호와 수복 방식은 일종의 '강 윤리 통제'로 표현되며, 유학사회는 (강)윤리관계사회로 나타난다. 그러나 '전 유학사회' 사회관계의 수호와 수복 방식은 일종의

---

43) 문명사회로서의 국가형태가 출현하기 시작했다. 엥겔스는 국가의 출현을 인류사회가 문명사회로 진입하는 표징으로 보았다.

약한 윤리적 통제로 표현되며, 상대적으로 유학사회에 비해 '전 유학사회'는 '약 윤리관계사회'로 나타난다. 종합적으로 윤리관계는 유학사회와 '전 유학사회'의 최대 공통점이지만, 윤리통제의 강약 또는 윤리관계의 강약은 유학사회와 '전 유학사회'를 구별하고 있다. 윤리관계의 사회통제방식 내지 사회관리방식(인류 지력진보의 표지의 하나)으로 보면, 중국 고대사회는 약 윤리관계인 '전 유학사회'와 (강) 윤리관계인 유학사회시기를 거쳐 왔다. 그중 약 윤리관계인 '전 유학사회'의 사회통제는 많은 단계, 즉 무술, 점성 통제를 주도로 하는 하, 상 단계를 거쳐 왔고, 약한 윤리적 통제를 주도로 하는 서주 예악사회단계도 거쳤으며, 약한 윤리적 통제사회의 실범성 파괴와 창조성 파괴의 동주사회 혹은 춘추전국 단계를 거쳤고, (강) 윤리통제의 진 제국 및 서한 초기의 단계도 거쳤었다.

'전 유학사회'에서 서주사회는 '약 윤리관계사회'의 주요 건설시기였다. 사회통제의 의미에서 보면 약한 윤리적 통제를 주도로 하는 사회였다. 하, 상 보다는 무술, 점성 통제를 주도로 하는 사회였고, 하, 상은 상대적으로 서주사회에 비해 약한 윤리적 통제의 특색이 짙은 사회였다. 왕국유는 이렇게 말했다. "주나라사람들의 제도는 상나라의 그것과 큰 차이를 보인다. 먼저 입자입적제(立子立嫡制)로서 종법 및 상복제(喪服制)를 발생시켰으며 '봉건자제(子弟)의 제', '군, 천자, 신, 제후의 제'를 발생시켰다. 다음은 묘수제(廟數制)와 동성은 혼인하지 않는다는 제도이다. 이와 같은 것들을 주나라는 기강으로 삼고 천하를 다스렸다. 이리하여 상하로 도덕을 지키고 천자, 제후, 경, 사대부, 사, 서민 등이 도덕 군체를 이루었다."⁴⁴⁾ 서주사회는 윤리통제 사회의 초창기로 '약 윤리 관계형' 사회였다. 서주사회의 윤리관계 혹은 윤리통제의 특징은 그 사회의 정신적 층면과 사회생활 방면에서 점차 드러났다.

첫째, 윤리이성은 서주정치에서 점차 각성을(제1장 속 '윤리 이성과 도덕관념의 각성' 부분 참조) 하기 시작했고' 서주의 제사시스템에서 조상신의 지위가 상승하기 시작하거나 또는 조상신의 사회통제력이 강조되기 시작했다. 『예기』에서는 이렇게 말했다. 하나라 시기에는 "귀신을 존중하되 멀리했고'" 은나라 시기에는 "귀신이 만물의 지배자라고 했다." 조상신령에 대한 신앙에서 은나라 사람들의 신앙은 이미 매우 분명했다. 은나라 사람들의 황제가 신령을 위했는지 단정 짓기는 어렵지만' 조상신은 일반 자연신에 비해 더욱 중시되었다. 제사에서 은나라와 주나라는 계승과 발전의 관계에 있었고, 서주의 제사대상은 여전히 세 가지 부류로, 첫째는 황제를 중심으로 하는 천신이고, 둘째는 사직을 중심으로 하는 지표이며, 세 번째가 조상이었다. 주나라 사람들의 신앙의 최고 대표는 '천', '천명'이었지만 문왕을 대표로 하는 조상신의 지위도 상승했다. 주나라 제사시스템에서는 각종 제사법, 예제 등에 대해 더욱 엄격히 규정했는데, 예를 들면 '제법'에서는 천자는 모든 신에 제사를 지낼 수 있는 유일한 권력을 가지고 있다고 규정하고 제후들은 등급에 따라 일부 신령에 한해 제사를 지낼 수 있다고 했다.

---

44) 왕국유, 「은주제도론」, 『관상집림』 권10.

둘째, 서주의 봉건주변국들의 정치제도는 봉건 혼인을 기초로 하고 있다. 서주시기 피분봉자들은 주로 같은 동문 희성 및 그 친척들 혹은 공신들 혹은 선왕의 후손들이었다. 봉국의 군주 등급은 공작, 후작, 백작, 자작, 남작 등이었다. 표 4는 고동고(顧棟高)의 '춘추열국 작성(爵姓) 및 존멸표(存滅表)'에 근거한 것으로 열국의 성씨에 따라 통계를 낸 것이다(같은 수량의 성씨는 병렬했음).

표 4) 춘추열국 작성표

열국의 성(24)	봉국 개수(130)	순서
희(姬)	53	1
강(姜)	12	2
언(偃)	9	3
영(嬴)	8	4
사(姒)	7	5
기(己), 풍(風), 운(妘), 자(子), 기(祁)	4	6
길(姞)	3	7
간(芊), 규(嬀), 외(隗), 윤(允), 조(曹)	2	8
임(任), 만(曼), 웅(熊), 귀(歸), 칠(漆), 팽(彭), 동(董), 요(姚)	1	9

이상 전체 24성 130국으로 그 외 무성(無姓) 또는 알 수 없는 성씨의

74국까지 합치면 전체 204국이었다. 여기서 희성(姬姓) 53개는 『순자 유효(儒效)』에서 말한 "희성이 53인을 차지하고 있다"와 맞아 떨어지고, 『좌전 정공(定公)4년』에서 말한 희성이 전체 55개국이라는 주장에도 근접한다. 이로부터 서주 봉건은 주로 봉건 모계와 동성이며, 봉건제와 종법제는 상당한 부분 일치함을 알 수 있다. 2위에 랭크된 강(康)씨 성과 5위의 사(姒)씨 및 규(媯)씨, 임(任)씨 등은 모두 주황실과 혼인한 성씨들이었다. 이로부터 분봉제는 혈연혼인 관계를 기초로 하고 있음을 알 수 있다.

셋째, 왕권계승에서 적자, 장자 계승제가 점차 확립되기 시작했다. 서주왕권 계통법은 세 가지 시작하는 면을 보이고 있다. 먼저 아비가 죽으면 아들이 계승했다. 주나라 전의 왕위는 일반적으로 형제에게 넘어갔고, 상나라 성탕(成湯)부터 제신(帝辛)에 이르는 30명 중 아우가 형을 계승한 경우가 14차례였지만, 주나라에서는 아들이 계승하는 제도가 자리를 잡았다. 아우가 아니라 아들이 왕위를 계승하는 법은 주나라 시기부터 시작되었다. "무왕이 죽고 천하가 안정되지 않았을 때, 나라는 큰 아들에 의지했다. 주공, 즉 상나라 무왕이 은나라 승주(勝紂)를 공략하면서 공로가 가장 높고 덕이 가장 높아 역대의 제도대로 무왕을 이어 왕위를 계승할 수 있었다. 그러나 주공은 성왕을 만들어 섭정을 했고 나중에 다시 정계에 진출한다. 섭정자는 변하게 마련이고 성왕을 만들면 바르게 나갈 수 있다. 이로부터 아들이 왕위를 계승하는 일은 점차 여러 나라에 퍼지게 되었다."[45]

---

45) 왕국유, 「은주제도론」, 『관상집림』 권10.

다음은 적자, 서자의 구분이 엄했다. 주나라 이전에는 적자, 서자를 구분하지 않았고, 아들이 왕위를 계승하게 되서부터 적자와 서자제도가 나타났다. 어진 것을 따지지 않고 적자 중에서 큰 아들이 왕위를 계승했는데, 이 제도의 목적은 전쟁을 막으려는 것이었다. "아들 가운데 아무나 선택해서 왕위를 계승하게 하고, 다른 왕자들이 왕위를 노린다면 싸움이 일어날 수밖에 없기에 오히려 형제들 가운데 큰 아들로 왕위를 계승하게 했다. 그리하여 아들 왕위계승법이 나오게 되었고 적자와 서자의 구분도 따라서 생겨나게 되었다." 그리고 적자를 세움에 있어 장자인가를 보았으며, 어진가의 여부는 따지지 않았다. "왕위를 계승함에 있어 장자여야 하며 어진 것과는 관계가 없었다. 천하의 안정이 가장 큰 이득이고 다툼이 생기면 그보다 큰 해는 없었다. 천자를 정함에 법을 정해놓으니 다툼이 생기지 않았다. 그래서 천자 제후들은 이를 계승했고 적자를 정해두게 되었다. 후세 사람들은 사람을 기용하는 자격을 따지면서 법을 따랐기에 다툼이 생기지 않았다. 옛사람들은 천하에 이름을 떨치면 가문을 빛낸다는 것을 몰라 어진 자를 세우는 것이 적자를 세우는 것보다 이득이 컸고, 인재는 자격을 따지지 않는 것이 좋다고 생각했다. 이와 같지 않은 사람은 졸부라서 쉽게 다투기에 그 폐해가 자못 컸으며 백성은 고달프기만 했다. 그런 고로 형평성에서는 중요한 것을 선택하고 이해득실에서는 가벼운 것을 고르는 것이 바로 적자 계승법이고, 이로써 천하를 다스렸으며 이 제도는 주공이 정한 것에서 비롯된다."[46]

---

46) 위의 책.

넷째, 정치조직과 가족조직이 합일된 정치질서를 건립했다. 계통법으로 종법제를 내왔다. 권력을 종적 방향으로 전수하는 것을 계통법이라 하고, 권력을 횡적 방향으로 확장시키는 것을 종법제라 한다. 주나라는 정치메커니즘을 창조했는데 분봉의 정치관계를 가족의 혈통관계 위에 건립했다.[47] 예를 들면 부자지간의 관계와 형제지간의 관계는 모두 혈통관계이지만 천자가 분봉하는 것은 정치관계에 속했다. 천자가 죽으면 직계장자가 그 권력을 계승했고 차세대의 천자가 되었다. 차세대의 천자가 죽으면 자신의 직계장자에게 권력을 물려주어 다음 대의 천자가 되게 했다. 이렇게 1대 2대 3대… 영원히 전해내려 가는 것인데 이것이 한 가지이다. 천자의 직계 차자가 제후로 봉해지면 제후가 죽은 다음 그 직계 장자가 그 권력을 이어 받아 다음 대의 제후가 되었고, 그로부터 1대 2대 3대… 그렇게 영원히 이어갔다. 이 역시 다른 하나였다. 제후의 직계 차자가 대부로 봉해지면 '별자(別子)'라 불렸는데 그것은 '분별하여 나오다'에서 뜻을 가져온 듯하다. 별자가 죽으면 조(祖, 이를 '별자위조[別子의 祖]'라 했다)라 했고 그 직계 장자가 그 권력을 이어받으면서 차세대의 대부가 되었고 '대종(大宗)'이라 불렸다. 대종이 죽으면 자신의 직계 장자에게 권력을 넘겨주고 다시 다음 대의 대부가 되고 여전히 대종이라 불렸다. 이렇게 '백세불천(百世不遷)'이라 해서 백세 이후 백종의 시조는 여전히 본래 그 한 사람으로 이전되거나 하지 않았다. 이것이 세 번째 경우이다. 별자의 직계 차자는 사(士)로 봉해지면 죽을 때 그 직계 장자를 '니(禰)'라 불렸고, 사의

---

47) 주곡성, 『중국통사』 상권, 72~75쪽.

직계 장자는 권력을 계승하여 다음 대의 '사가 되었으며 '소종(小宗)'이라 불렸다. 이를 '니(祢)가 소종이 되다'라고 한다. 소종이 죽으면 자신의 직계 장자에게 권력을 넘겨주고 다시 다음 대의 소종이 되었다. 이렇게 내려가면서 '5세즉천(五世卽遷'라 했는데 소종이 5대에 이르면 그 존지조(尊之祖, 고조의 윗세대 조상)는 반드시 원조의 묘(廟)에 가야 했다. 이를 "조(祖는 위로 올라가고, 종(宗)은 아래로 내려간다"고 했다. 이것이 네 번 째 경우이다. '사'의 직계 차자가 다시 '사'가 되는 경우도 있고, 강등되어 서민이 되는 경우도 있었다. (그림2, 3를 참조)

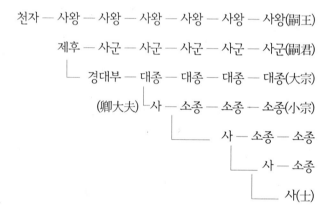

그림 2) 조, 종연역도.
자료출처: 周谷城, 『중국통사』 상권, 74쪽.

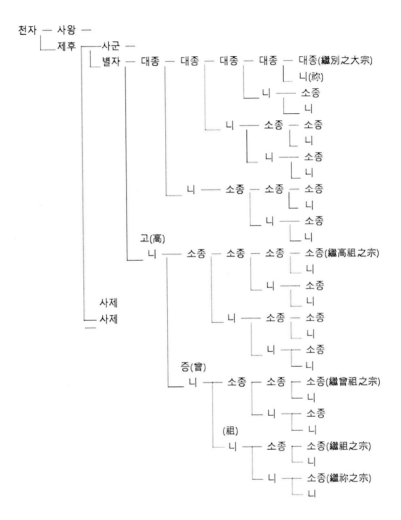

그림3) 조(祖), 종(宗) 연역도(演繹圖)(2)
자료출처 : 주곡성, 『중국통사』 상권, 75쪽.

종법의 정치능력의 발휘를 보장하기 위해 주나라는 두 가지 원칙을 설계했다. 하나는, 종자만이 제사를 주도할 특권이 있고, 지자(支子)는 그런 특권이 없었다. 『예기·왕제』는 '지자불제(支子不祭)'라 했는데 이것이 바로 그것이다. '지자'는 비록 제사를 주도하는 특권은 없었지만 조상을 존중하지 않으면 안 되었는데 ,조상을 존중하기 위해서는 종자(宗子)를 존중해야 했다. 이리하여 '종자'의 지위는 더욱 중요하게 되었다. 다음은, 소종 '5세필천(五世必遷)'의 규정이다. 이 규정은 매우 깊은 의의가 있다.

계속 이전하지 않는다면 소종의 존지조는 시간이 오래 지나게 되면, 대종의 시조와 독립적이고 평행적이 되게 되며, 소종의 지위 역시 대종의 지위와 독립평행이 되기 때문이다. 이렇게 되면 종법 내부의 종속관계가 와해될 위험이 있게 된다. 그리하여 소종은 1부터 5대에 이르면 그 존지조는 반드시 묘(廟)로 이전시켰다. 종법제는 '대부(大夫)' 이하를 위해 설계된 것이라 한다. 그러나 왕국유의 고증에 따르면 "천자 제후들은 비록 대종의 이름이 없었으나 대종의 실권은 있었다"고 했다.[48] 그렇기 때문에 천자, 제후는 최대의 대종인 것이다. 제후는 상대적으로 천자에 비해 소종에 불과했지만, 제후는 그 나라 내의 경대부(卿大夫)에 비교하면 역시 대종이었다. 이상에서 보면 천자, 제후, 대부, 사의 정치관계는 완전히 부자형제의 혈통관계 위에서 형성된 것이다. 이렇게 형성된 소종은 대종을 공양하고 제후는 천자의 정치, 종법 합일의 정치메커니즘을 공양하게 된다. "종법제는 천연적인 혈연관계에서 '존조(尊祖)'의 정서를 이용하여

---

48) 왕국유, 『은주제도론』 『관상집림』 권10.

'경종(敬宗)'의 습관을 만드는 것이다. 조상을 섬기는 일을 계속 이어가고, 제후, 지자, 서자들이 공경하도록 무형 중에 통치사슬을 만든 것이다."[49]

다섯째, 군신 사이의 차이를 확정하기 시작했다. 하, 상, 주에서 문무 두 왕에 이르는 시기에는 제후들을 전부 왕이라 불렀다. 그때 천자는 제후들에 비해 후세의 맹주였고 아직 군신의 구분은 없었다. 예를 들면 주나라 초기 『목서(牧誓)』, 『대고(大誥)』에서 제후들은 모두 우방 임금들이었다.

후에 주는 은·상을 멸망시킨 후, 소국 수십 개를 삼켰는데 그 공신은 전부 아우, 조카, 숙부의 힘이었다. 그들은 본래 주나라 신하로 왕실에서 친히 동방대국에 봉한 터라 천자의 지위는 더는 제후의 우두머리거나 맹주가 아니라 제후들의 왕이었다. 천자가 죽은 뒤 제후들은 천자를 위해 '3년 상복을 입었다.' 이때 천자와 제후의 관계는 부자관계로 나타난다. 그리하여 제후와 군신의 구분을 확정하기 시작했다. 왕국유의 고증에 따르면 "은나라 이후 천자, 제후, 군신의 구분이 정해지지 않았다. 하나라에 들어와 은의 왕해(旺亥), 왕항(王恒)은 왕이라 칭했고, 탕미(湯未), 방걸(放桀)도 왕이라 했으며, 상나라 말 주지문(周之文), 무역(武亦) 역시 왕이라 칭했다. 제후들은 천자가 내려주었고 나중에 제후들이 맹주가 되면서 군신의 구분이 없어졌다. 주나라 초기에도 그러했으며 『목서』, 『대고』에서도 제후들을 '우방군(友邦君)'이라 하여 군신의 구분을 정하지 않았다. 은나라 이후 수십 국을 멸하고 새로운 나라를 세웠으나 그 공은 전부 아우와 생질과 숙부들의 것으로 주의 신하들이었다. 노(魯), 위(衛), 진(晉), 제(齊) 4국은

---

49) 주곡성, 『중국통사』 상권, 73쪽.

왕실과 사돈을 맺어 동방대번(東方大藩)이라 했다. 하, 은 이후 고국(古國)은 멸망하고 천자가 등극하니 그를 제후의 수장이 아니라 제후의 왕이라 했다. 그가 죽으면 제후들은 천자를 위해 3년 동안 상복을 입고 자식이 부모를 섬기듯 했는데 군신이 바로 그러했다. 천자와 제후들이 군신으로 구분되기 시작한 것이 바로 그 무렵이었다. 주나라 초 통일을 하여 바른 제도들을 펴기 시작하니 바로 이것이다."[50] 다시 말하면 어찌되었든 서주의 봉건제는 객관적으로 '적서제(嫡庶制), 종법제, 봉건제'를 일체화하고 천자의 존엄을 확립했으며, 군신의 명분, '존존(存存)'과 '친친(親親)', '현현(賢賢)'을 결합시키면서 최종 "상하가 도덕을 받아들이고 천자, 제후, 경, 대부, 사, 서민이 통일된 도덕그룹을 형성했다."

여섯째, 서주사회의 예악화(禮樂化)는 서주사회 약한 윤리적 통제의 중요 상징이었다. 문헌연구에 따르면 서주사회는 예악사회에 속한다. 서주의 '예악'은 전체를 아우르는 문화시스템이었다. 주례(周禮)라 해서 경례(經禮) 3백, 곡례(曲禮) 3천이라는 주장도 있을 정도이다. 주대의 '예악문화'의 특색은 "주대는 예의, 즉 상징적 의의가 있는 행위 내지 질서로 구성된 규범화된, 개인과 타인, 선조, 부족 사이 관계를 조절하면서 교제관계를 '문(文)'화시키고 사회생활을 고도로 의식화한 사회였다."[51] 서주의 소위 '예'는 대체로 제도화된 '예'와 예의성의 '예' 두 부분으로 나뉜다.

제도화한 '예'를 보자. 『예기·왕제』의 기록에 따르면 직관,

---

50) 왕국유, 「은주제도론」 『관상집림』, 권10.
51) 진래, 『고대 종교와 윤리』, 248쪽.

반작(班爵), 수록(授祿)으로 구성된 관료등급시스템이 있었고, 각종 '전장제도(典章制道)'들인 조근(朝覲)제도, 국가제사(祭祀)제도, 귀족상제(喪祭)제도, 토지제도, 관세제도, 행정구획제도, 법률시스템, 자연보호제도, 학교양로제도 등이 있었다. 『주례』라는 책에서는 3백 직관(職官)으로 구성된 직관시스템을 위주로 하는 국가정치시스템, 정권형식, 등급관계, 기구설치, 관원직책 및 중앙과 지방의 관계 등을 국가 정전형식의 제도시스템으로 규정하고 있다. 『예기』에는 성왕이 노나라에 천자의 예악을 하사한 일이 기록되어 있다. 소위 '천자예악'이란 사실상 태묘를 중심으로 하는 최고급의 제사의례시스템으로 그중 특히 중요한 것은 제사대상과 제사용기, 희생, 수레 깃발, 악시(樂詩), 무곡(舞曲), 무구(舞具), 태묘형제(太廟形制) 및 장식품들이었다.

예의성(禮儀性)적인의 '예(禮)'를 보자. 소위 고대인들의 '예'에는 3백 가지가 있고. 소례(小禮)는 많게는 3천에 달한다고 했으며, 길경(吉慶), 제사, 영빈(迎賓, 향음(鄕飮)에서 일용되는 기거(起居에 이르기까지 예의를 따지지 않는 곳이 없었다. 『예기·왕제』에서는 '6례'라고 해서 관, 혼, 상, 제, 향(鄕), 상견(相見)을 6종류의 예로 여겼다. 『주례』에는 '5례'설, 즉 길, 흉, 제, 빈(賓), 군(軍)의 5종류의 예가 있었다. 『의례』역시 국가 1급의 예의제도로 '사(士)' 이상 귀족사회의 생활예의를 다뤘으며, 귀족생활과 사교관계의 형식을 규정하고 있다. 추창림(鄒昌林)은 『의례』,『주례』,『예기』로부터 근 90가지의 고대 전통의례를 열거하면서 다음의 3가지 유형에 대해서 개요를 설명하고 있다.[52] 첫째, 인생예의이다. 예를 들면 기자례(祈子禮), 태교례(胎敎禮), 출생례(出生禮), 명명례(命名禮), 보박례(保傅禮), 관례(冠禮), 공관례(公冠禮), 혼례(婚禮), 중춘회남녀례(仲春會男女禮), 양노례(養老禮), 상례(喪禮), 분상례(奔喪禮), 제례(祭禮), 교세자례(敎世子禮), 부례(婦禮) 등이다. 둘째, 생산(生産)예의이다. 예를 들면 적례(籍禮), 사례(射禮), 잠상례(蠶桑禮), 양수례(養獸禮), 어례(漁禮), 전렵례(田獵禮), 헌가종례(獻嘉種禮), 어례(御禮), 화례(貨禮), 음식례(飮食禮) 등이다. 셋째, 교접(交接)예의이다. 예를 들면 사상견례(士相見禮), 향음주례(鄕飮酒禮), 연례(燕禮), 향사례(鄕射禮), 대사례(大射禮), 빙례(聘禮), 공식대부례(公食大夫禮), 근례(覲禮), 투호례(投壺禮), 대맹례(大盟禮), 종례(宗禮), 우례(遇禮), 은례(殷禮), 견지례(見之禮), 맥번례(脈膰禮), 하경지례(賀慶之禮) 등이다. 이로부터 주의 사회생활은 이미 극히 발달하고 분명한 형식표현과 형식의절이 있으며 고도로 '예의화(禮儀化)'되었음을 알 수 있다.

이상 몇 가지 방면에서 '전 유학사회' 중 서주사회가 속한 약 윤리적 통제 또는 약 윤리 관계의 사회속성을 살펴보았다. 물론 '전 유학사회'(서주사회)의 윤리관계(통제)의 '약성특징'의 출현으로 약 윤리 관계의 '전 유학사회'가 창조적 파괴를 받은 후, '강 윤리관계(통제)'의 유학사회가 흥기되었다.

상대적으로 보면 '전 유학사회'(서주사회)의 윤리관계(통제)의 '약성'

---

52) 추창림(鄒昌林), 『중국고례연구』 대북. 문진출판사. 1992, 155쪽.

특징의 형성은 다음 몇 가지 점에서 살펴볼 수 있겠다.

첫째, 약한 윤리적 통제 또는 약 윤리관계의 사회유형에서 무술, 제사의 사회통제방식은 그 사회생활에서 여전히 주도적 지위를 차지한다.

하나라의 문헌은 매우 적지만 문헌기록과 이미 출토된 문물에서 볼 때, 은과 상의 문화는 이미 매우 발달한 문화로서 문화유형, 즉 하 왕조 문화의 계승자라 할 수 있겠다. 소위 "은나라는 하나라의 예를 이어받았다"고 하는데, 이는 즉 '하'와 '상' 사이에는 역사적 계승관계에 놓여 있었음을 의미해주는 것이다. 은상은 이미 제사를 중심으로 하는 사회적 진전이 시작되고 있었다. 점사(占辭)에서 발견된 은나라 사람들의 신앙에는 제(帝), 상제(上帝)의 신앙과 풍우산천 등 여러 신들에 대한 신앙이 있었다. 점사의 연구에 따르면 점사기록의 점문(占文) 내용, 제사활동 및 그 대상에서 은나라 사람들의 신령 구조가 3층, 즉 천신(天神),지지(地祇), 인귀(人鬼)로 되었음을 알 수 있다. 천신은 상제, 해(日), 동모(東母), 서모(西母), 구름, 바람, 비, 눈을 포함하고, 지지는 사(社), 사방, 사과(四戈), 사무(四巫), 산, 하천을 포함하며, 인귀는 선왕(先王), 선공(先公), 선비(先妣), 제자(諸子), 제모(諸母), 구신(舊臣) 등을 포함한다.[53] 은나라 사람들의 종교 신앙은 다음의 몇 가지 특징이 있다. 먼저 은나라 사람들의 신앙은 다신론 또는 다신교의 형태를 띠고 있다는 것이다. 그 신앙의 신령은 상하로 질서가 잡힌 신령왕국을 이루고 있다. 다음은 은나라 사람들은 이미 지상신(至上神)의

53) 진몽가(陳夢家), 『은허 점사 종술』 북경. 중화서국. 1988, 562쪽.

개념이 있었다는 것이다. 은나라 사람들의 지상신은 천시(天時를 주관하는 농업신으로 그 기능은 대체로 천시(비, 바람), 신사(神事. 제사), 인사(전쟁, 질병, 왕사) 등을 관리했다. 그리고 조상신 신앙은 은나라 사람들의 신앙 중에서 매우 뚜렷했다. 은나라 사람들의 상제는 신령을 위했는지 단정 짓기는 어렵지만 조상신은 일반 자연신에 비해 보다 중요하게 여겨졌다. 마지막으로 제와 조상신은 인간 세상에 플러스와 마이너스 두 가지 방면에서 영향을 주고 있었으며, 은나라 사람들은 명확한 선악신의 관념이 없었고 선악 2원신(元神)의 구분이 없었다.[54]

주의 제사시스템에는 아무래도 많은 새로운 문화특징이 나타났고, 그것은 다름 아닌 새로운 특징들이 중화 고대사회문화발전의 방향을 결정짓고 있었다. 그러나 서주는 여전히 제사문화를 중심으로 하는 정치 내지 사회생활내용을 벗어나지 못했고, 예라 하더라도 제사를 둘러싸고 벌어지곤 했다. 서주는 여전히 제사중심의 사회였던 것이다. 소위 "주는 은의 예를 이어받았다"는 것이 그것이었다. 즉 주나라 제사방식과 제사시스템은 은나라 사람들과 일맥상통하고 있었던 것이다.[55] 사실상 무왕이 은나라를 정벌할 당시 '혼군(昏君, 어리석은 군주)이 제사를 저버리다', '종묘에 불경하다' 등을 주왕의 주요 죄목으로 삼았으며 은상의 제사전통의 진정한 계승자로 자처했다. 주의 제사시스템에는 은나라 사람들의 제사에 비해 훨씬 엄격한 규정의 각종 제법, 예제가 있었다. 문헌 기록에 따르면 주의

---

54) 진래, 『고대 종교와 윤리』, 114쪽.
55) 류위(劉雨), 「서주 금문중 제조례」(『고고학보』 1989. 4).

사회는 이미 예제화된 예제사회였다. 고증에 따르면 예본(豫呠)은 고대 제사활동에서 기원하고 그 맥락은 원시씨족사회의 예의 무술로 거슬러 올라가며, 그 뒤에 점차 행위규칙이 되었고 사회생활의 각 영역에 널리 퍼졌다. 사람마다 반드시 그 사회지위에 따라 적당한 예와 행위를 선택해야 하고, 그렇지 않으면 '무례'한 것이 되었다. 예를 들면 『제법(祭法)』의 규정에 천자는 제사에서 모든 군신의 유일한 권력자이고 제후 이하는 등급에 따라, 단지 일부 신령에게만 제사를 지내게 되어 있었다. 『주례 춘궁·사복』에서는 주왕이 각종 제사에 참여할 때의 복색을 규정하고 있으며, 『주례·춘궁·대사악』은 서로 다른 제사에서 사용되는 서로 다른 음악을 규정하고 있다.

그러나 인류학자들은 무술의 연구를 원시문화를 장악하는 주요 경로로 삼고 있으며 무문화를 원시문화의 주도적 형태로 보고 있다. 대다수 인류학자들은, 일체의 고급종교는 모두 무술에서 변화 발전된 것으로 보고 있다. 무는 인류의 지력이 발달하지 못했을 때 발명된 일종의 통제술로 자연에 대한 통제, 인류사회 자체에 대한 통제이기도 했다. 그리고 인류의 지력이 발달하지 못했을 때의 사회관리 방식(무술은 미신과 다름)이었다.

원고 중국사회는 다른 한 사람의 인위적인 무의 사회일 수도 있었다. 인간의 지력진보에 따라 '절천지통(絶天地通)'의 중대한 정치사건이 일어났고 원고 중국사회는 무로 통제되는 사회로 진입했다. 일부 역사학가들은 상고시기가 무관합일의 시대였을 가능성을 점치고 있다.

이종동(李宗侗)은 상고시대의 '군 및 관리들은 무'에서 나왔다고 생각한다.[56] 진몽가 역시 이렇게 말했다. "무를 역사로 왕으로 하는 행정관리들에게 왕은 정치적 수령이긴 했지만 동시에 여전히 뭇 무당들의 수장이었다."[57] 하나라에는 우보지설이 있고 상나라에는 탕수의 기록가 있다. 종합적으로 하, 상 시대의 무술, 제사는 그 사회생활의 전반을 좌우하고 있었다. 상나라시기에 나타난 일련의 점사들에서 아직 윤리 이성의 각성에 대한 말들이 발견되지는 않았으나 상 및 그 전의 하조는 모두 무, 점성으로 통제되던 사회에 속한다.

서주사회는 비록 예악사회였지만 사회생활, 국가 정치생활에는 여전히 상고사회 무문화의 그림자가 비치고 있었다. 점성문화는 서주의 정치, 사회생활에서 중요한 위치를 차지한다. 상나라 시기에는 주로 거북점을 봤고 주나라 시기에는 무당점을 봤다. 주공의 '고사'에서 천명관에 대한 개조를 거쳐 서주의 고사, 점사는 그 전의 복사와 비교적 큰 차이를 보였으며 많은 사회 윤리적 원칙이 스며들어 갔다. 그러나 인간의 지적수준의 상징인 점복의 잠재력은 고갈되지 않았으며, 서주사회는 여전히 무문화, 점복문화의 영향에서 벗어날 수 없었고, 심지어 서주사회의 생활 및 의식형태에서 무문화, 점복문화는 여전히 상당한 비중을 차지하고 있었다.

둘째, 약한 윤리적 통제와 강한 윤리적 통제의 차별은 정치제도에서 왕권과 황권의 차별로 나타났다. 하, 상부터 주(동주의 천자는 명의상

---

56) 이종동(李宗侗), 『중국 고대사회사』, 118쪽.
57) 진몽가, 「상나라의 신화와 무술」, 『연경학보』 제20기, 535쪽.

여전히 천하의 공동주였음)까지는 중국역사상 '봉건방국'시대였다.

'봉건'에 대해서 『시경』, 『상서』, 『좌전』, 『순자』, 『사기』 등 문헌에서는 그 기술이 모두 남아있다. 고힐강은 상의 후기에 이미 완벽한 봉건제도가 있었다고 주장한다.[58] 적어도 무정지세(武丁之世)에 많은 봉국들이 있었던 것은 사실이다. 정치성을 띤 천자가 제후를 봉한 사실은 주로 서주의 무왕부터 성(成), 강(康) 시대에 발생했다. '봉건방국(邦國)' 세대의 존경은 '왕권'이었다. 봉건제의 건립 후, 그 제도를 수호하는 것은 먼저 '친친' 종법제도에서 체현되었고, 다른 하나는 끊임없는 긍정과 등급명분을 암시해주는 순수(巡守), 술직(述職), 책명(册命), 조공(朝貢)제도가 바로 그것이다. "제후들은 천자가 내려준 권리를 향유하면서 천자를 도와 변방국들을 순시해야 하며 반란을 평정해야 했다."[59] 책봉 받은 제후들은 일반적으로 5년에 한번 주왕을 배알해야 하고, 조정에는 일정한 규정을 두어 이를 어기지 못하게 했다. 제후들은 평소 해마다 약간의 공물을 바치고, 3년에 한 번씩 크게 공물을 바치면서 관계를 밀접히 했다. 새로 건립된 나라의 군주는 반드시 주왕의 책명을 받들어야 하며, 주왕과 군신의 관계를 맺어야 했다. 그 외 제후들은 주왕에 대해 조공을 바치고 군복무를 해야 할 의무가 있었다. 이를 '왕직(王職)'이라 했다. 제후들은 국내에서 자유로이 그 통치권을 행사할 수 있었다. 천자는 제후들에게 상과 벌을 줄 권리가 있었다. "그 영지를 둘러보아 토지를 개척하고 밭을

---

58) 『고힐강 고사논문집』 제2권, 329~330쪽.
59) 『孟子 告子』

잘 다루고 양로존현(養老尊賢)하며 준걸들이 나오면 경사스런 일로 쳤고, 그 공으로 땅을 더 주었다. 그 영지를 둘러보아 토지가 척박하고 늙은이를 존경하지 않고 어진이가 없고 건달들이 판치면 자리를 양도해야 했다. 한번 조회(朝會)에 빠지면 그 작위를 낮추었고 두 번 조회에 빠지면 그 땅을 빼앗았으며, 세 번 조회에 빠지면 군사를 일으켜 정벌했다."[60] 명관(命官)에는 중앙에도 일부 권력이 있었는데, 대국 3경(卿은 천자가 임명한 자들이고, 차국(次國) 3경, 2경도 천자가 임명한 자들이고, 1경은 당지 왕이 임명했다.[61] 어찌되었든 '봉건방국'은 하, 상, 주시기 국가의 중대한 정치활동 또는 국가의 가장 중요한 정치생활 형식이었고, 이로써 '천자'와 천하 만방의 정치관계가 확정되었다.

　'봉건방국'에 대립하여 진시황은 '군현제도'를 만들었다. 주 왕조의 '왕권'에 대해 진시황은 중국역사상 최초로 '황권제도'를 확립했다. 진왕 영정(진시황)은 6국을 멸망시킨 후, 통일된 중앙집권제도를 건립했다. 진 왕조의 중앙제국 건립은 서주 이래 윤리관계가 주도하던 사회관계를 파괴하지 않고, 유학사회는 강한 윤리적 통제로 전대미문의 정치조건, 경제조건과 문화조건을 창조해냈다. 정치에서 진시황은 '황제'의 존호를 만들어 자칭 '시황제'라 했고 전국적인 범위에서 분봉제를 폐지하고 군현제(군현제는 중앙 직속 군현의 관료통치를 황제가 조종하는 형식)로 대체했으며, 진나라 본래의 율령을 기초로 6국의 법률조목들을 흡수하여

---

60)　『孟子 告子』
61)　　주곡성, 『중국통사』 상권, 22~28쪽.

통일된 법률을 제정 반포했다. 6국의 귀족과 부호들을 관중과 파촉으로 이주시켜 그들이 분열, 복벽(復辟)활동을 하지 못하도록 방비했다. 민간에서 무기를 소장하지 못하도록 명을 내렸으며, 몰수한 무기를 소각하여 12개의 동상을 주조해냈다. 경제상으로 시황 31년(기원전 216년)에 토지를 소유한 지주와 자유농에게 정부에 보유 토지를 신고하고 세를 납부하도록 했다.

상앙(商鞅)이 제정한 도량형을 표준으로 전국 도량형제도를 통일했으며 전국화폐도 통일했고 수레바퀴도 통일했다. 함양(咸陽)부터 연나라, 제나라, 오나라, 촉나라로 통하는 길을 닦았고, 함양에서 운양(云陽, 지금의 섬서 순화서북)을 거쳐 구원(九原, 오늘의 내몽골 포두[包頭] 서쪽)에 이르는 직행로를 수리했다. 문화사상면에서 진나라에서 통용되는 문자를 기초로 소전(小篆)을 제작해 전국에 반포했으며, 시황 34년에는 영을 내려 민간에 소장되어 있던 『시』, 『서』 및 백가를 없애고 사학을 금지시켰으며 유생, 방사(方士) 400여 명을 함양에서 죽였다.

셋째, 약한 윤리적 통제는 윤리통제가 겨우 윤리관계에 대한 체현으로 표현되었고, 일상생활의 도덕윤리의 요구는 흔히 일종의 습관과 풍속이 되었다. 강한 윤리적 통제는 그와 달리 윤리관계의 사회생활 내용의 단순한 체현이 아니라, 일종의 국가의지의 강제집행이었다. 강한 윤리적 통제는 풍속이나 습관에 좌우되지 않는 일종의 법의 정신이었다. 서주시기에는 성문법화 되지 않았으나, 경제가 일정한 수준으로 발전된 다음에는 풍속, 습관에 따른 통제 내지 관리가 불가능한 사회관계로 나타났으며 열국에 변법현상이 나타났다. 기원전 536년 정(鄭)나라의 집정자인 자산(子産)은 "법을 정(鼎에다 새겼으며" 기원전 513년 진(晉)나라에서도 "정에 법을 새겨 그것을 형법서로 삼았다." 그것을 계기로 이리(李悝), 상앙, 오기(吳起) 등은 분분히 변법을 발동했다. 법가의 주장이 실제에 부합되고 추진 가능했기에 의식형태의 통치지위도 높았다. 그러나 그즈음에 진(秦)제국의 2세가 망하게 된다. 이어서 한(漢 제국이 진나라 제도를 계승하고 잡왕패(雜王覇)를 사용하게 된다. 유학사회의 주요 내용인 유학정신은 법률과 과정을 거치면서 후에 유학사회의 법의 정신을 형성하게 된다. 강한 윤리적 통제는 최종적으로 습관과 풍속을 기초로 하는 도덕요구로 체현되고 법률규범으로 승격하여, 나아가 국가폭력으로 강제집행(제5장 '유학정신의 법률화' 부분을 참조)하게 된다.

넷째, 약한 윤리적 통제와 강한 윤리적 통제의 차이는 약한 윤리적 통제는 의식형태로의 반성이 없었지만, 강한 윤리적 통제는 의식형태의 자각적인 반성을 거쳤고 반성으로 사회통제의 여론도구로 삼았다는 것이다. 약한 윤리적 통제는 겨우 습관이나 풍속에 안주하면서 보급되거나 대중의식형태에 대한 반성, 설명, 해석을 하지 않았다. 강한 윤리적 통제는 그와 달리 '축심시대(軸心時代)'의 지적 반성을 거친 결과이며, 이와 같은 지적 반성으로 의식형태가 파괴적 사회질서의 수복, 재건에 거대한 지지기능(제5장 '유학정신의 법률화' 부분을 참조)을 제공할 수 있었다.

종합적으로 보면 상기의 이유들로부터 단언컨대, 서주사회는 이미 종법혈연관계를 기초로 하고 제사와 예악을 핵심으로 하는 사회생활패턴을 마련했다고 확신할 수 있다. 왜냐하면 서주사회는 약한 윤리적 통제의 사회였고, 상대적으로 그 전의 무술(巫術), 점복을 주요 특징으로 하는 하, 상시대에 비해 '강'한 윤리통제를 특징으로 하는 유학사회였던 것이다.

서주의 '예악'은 도덕생활 수준의 사회풍속으로 더 잘 표현되었다. 서주사회는 정치제도, 사회생활 등에서 많은 새롭게 창조된 것들이 있었는데, 직계장자제, 종법제, 제사시스템의 조상신의 지위 상승, 봉건제의 친인척 유대 등이 그것이다. 이런 것들은 모두 미래 유학의 종법 윤리사회의 모태라 할 수 있다. 그리고 이런 약한 윤리적 통제의 특징으로 궤도를 벗어나고 파괴를 당했을 때, 효과적인 메커니즘으로 서주의 왕도질서를 회복하기 어려웠으며, 그리하여 500여 년에 달하던 춘추전국의 사회동난(이와 반대로 유학사회의 질서는 일단 파괴를 당하기만 하면 회복 또는 재건이 극히 신속했는데, 이는 유학사회가 전유학사회의 강한 윤리적 통제와 확연히 다름을 말해준다)을 불러왔던 것이다.

유가사상에서 발전한 내용들은 서주의 예악사회이거나 약 윤리 관계 사회에서 성장하기 시작했다. 약 윤리관계인 서주사회에서의 예제관념 및 주공이 은·상 이래의 천명관에 대한 사상 개조 등 그 후의 유가사상에 얼마간의 중요한 화두를 제공해주었고, 미래 유학사회의 기초를 마련하는데 도움이 되었으며, 유학사회의 건설과 그 발전에 정신적 동력 내지 약간의 규범적 길잡이의 역할을 했다.

먼저 유학사상의 '인애' 정신을 제공했다. 주나라의 덕성 윤리의 형성과정에서 주공의 지위는 회복되지 않았다. 예악사회의 창조자이던 주공은 강렬한 역사감과 현실감으로 일련의 고사에서 은의 자연종교관에 대해 개혁하고 천명, 천의(天意)가 윤리의 성격임을 부여하여 규범이 없던 군주정치에 명확한 규범원칙이 있게 하였다. 서주의 정치문화에서 '하늘은 누구에게만 가까이 하는 일 없이 오직 혜택을 주는 사람에게 따르기 마련이다(黃天無親 惟德是輔)', '백성들이 하고자 하는 바는 하늘이 반드시 그것을 따른다(民之所欲, 天必從之)' 등의 '민의관(民意觀)'은 유가사상이 발전한 것이다. 『태서(泰誓)』의 '민의관'과 『성경(聖經)』의 '신의관(神意觀)'은 매우 큰 차이를 보인다. 여기서부터 중국과 서방사회는 서로 다른 사회반성의 길을 걸었고 서로 다른 문명의 모태가 되었다. 서주의 핵심문화관념 및 그 후의 반성(공맹유학)은 중국문화의 미래발전방향을 결정했다.

다음, '예치'관념은 유학사회의 윤리통제에 가장 원시적인 경험을 제공해 주었다. 양수밍(梁漱溟)은 말했다. "중국은 윤리본위의 사회로서 윤리는 더 이상 말할 것도 없이 고대 종법사회에서 온 것이다. 마치 예악이 고대 종교에서 온 것과 같은 도리이다."[62] 『의례』, 『주례』, 『예기』 등의 책에서 보면 서주사회는 확실히 예악사회였다. 소위 천자예악은 바로 태묘를 중심으로 하는 최고급의 제사예의시스템이었다. 사회 군체생활에서 관례, 혼례, 상견례, 향음주례, 상례, 제례 등의 예의형식이 존재했다. 그럴 뿐만 아니라 서주의 사회생활에서는 예를 즐겁게 지켜나갔다. 예제에서 서로 다른 등급의 귀족들은 서로 같지 않은 노래와 무용이 차례대로 규정되었고, 규정을 어기면 비판을 받고 무례한 것으로 치부되었다.

그 다음, 유학사회의 군주질서의 이상유형을 제공했다. 서주사회는 "예악정벌(征伐)을 천자가 명을 내릴 지경"의 사회였다. 『시경』은 말했다. "하늘 아래는 전부 왕의 땅이요, 관할범위로서 그 땅 위에서 생활하는 자들은

---

62) 양소명, 『중국문화요의』, 114쪽.

모두 왕의 신민들이다" 하·상·주는 전국을 통일 관리하는 면에서 서로 구별되지만 모두 기복제(畿服制)를 실시했다. 천자는 하늘의 아들이요, 하늘을 대신해 백성을 다스린다고 했다. 유학이 공경하는 성자 공자도 종신토록 사회질서의 회복을 꿈꿨는데 바로 이것이 서주의 왕도질서라 하겠다.

2. 약 윤리적 통제사회의 창조성 파괴

만일 춘추시대를 하나의 '규범성 파괴'의 시대라고 한다면, 전국시대는 '창조성 파괴'를 그 시대의 상징으로 삼을 수 있을 것이다. 전국시대는 약한 윤리적 통제사회가 창조성 파괴를 당하던 시대였다. 전국은 기원전 476년에 시작되어 진시황 26년(기원전 221년)에 마감되었는데 전체 255년 동안 지속되었다. 만일 현대적 용어로 말할 것 같으면, 그것은 바로 '춘추시대'는 역사적이고 과거지향적이며, '전국시대'는 현재를 향하고 미래지향적이라 할 수 있다. 약 윤리적 통제사회의 창조성 파괴는 경제, 정치, 문화, 관념 등 각 방면에서 구현되었다.

먼저, 경제정책에서 창조성 파괴는 토지국유제의 폐지, 즉 '정전제도 (井田制度)'로 표현되었고, 토지사유제, 토지매매 허락 등으로 표현되었다. 서주에서 실행한 것은 토지국유제, 즉 주나라 왕 소유제였다. "하늘 아래는 모두 왕의 땅이요, 관할 범위로서 그 땅 위에서 생활하는 자들은 모두 왕의 신민들이다." 토지국유제는 층층이 분봉하고 매매를 허락하지 않았다. 경대부는 봉록이 없었고 다만 식량만 제공되었다. "공작은 공물에 의하고 대부는 배급에 의하며 사는 밭에 의거하고 서민은 힘에 의지했다." 국가는 땅을 '정'자 모양으로 9등분해서 가운데를 공전(公田)으로 하고 8부(여덟 집)가 경작을 도우며 수확을 전부 바치게 했으며, 공전 외의 8구역은 사전(私田)으로 나누어준 땅이었다. 남자들은 성년이 되면 땅을 분배받았고 늙거나 장애를 입거나 죽으면 밭을 되돌려야 줘야 했다. "우물 정(井)자로 네모진 밭이 9백무(畝)인데 그 정 가운데가 공전이다. 여덟 집에서 사전 백무씩을 부치고 공전을 같이 경작했다. 공전의 일이 끝나야 사전을 다룰 수 있었다." 정전제로 국군과 귀족은 민중을 착취할 수 있었고 노동력을 징발하여 국왕과 귀족의 밭을 다루게 했다. 이것은 일종의 부역을 동원해 땅을 세주는 착취방법이었다. 춘추시기 농기구의 사용, 영주의 재정위기로 인해 대량의 황무지가 개간되고 생산력의 발전을 가져왔으며 인구가 증가하기 시작했다. 주나라 초부터 춘추 중기까지 발전하면서 정전제는 사회생산력발전의 수요를 따라가지 못해 쇠락하고 말았다. 『시경·보전(甫田)』에서는 공전의 풀들은 무성하게 자랐고 "백성들은 힘들여 공전을 경작하지 않았다"[63]고 했으며, 백성들은 태업의 방법으로 귀족들의 착취에 대항했다. 마침내 노선공(魯宣公) 15년(기원전 594년)에 노나라에서는 '세무'제도를 실행하기 시작했고 역사에서는 이것을 '최초의 세무개혁'이라고 한다. 『공양전 선공15년』에서는 "초세무의 초란 무엇인가? 처음을 말했다. 세무자는 누구인가? 밭을 다루는 자가 세를 내야

---

63) 하휴주(何休注), 『공양전 선공15년』.

한다"고 말했다. 사실상 호적법을 폐지하고 밭에 따라 세를 징수했으며 공전도 사전도 나누지 않고 땅을 다루는 사람은 반드시 땅에 따라 세금을 내야 했다. 이것은 3대 이후 첫 사전의 합법성을 인정한 것으로 거대한 변화라 하겠다.

세무제도의 실행은 부역으로 세를 내던 것에서부터 실물로 세를 내는 것으로 전환했음을 나타낸다. 실물조세방식은 새로운 착취방법이었고 필연적인 것이었다. 열국들은 분분히 노나라의 '최초 세무'를 따라했고, 진나라의 '상앙변법'에 이르러 국군의 귀족(경대부)에 대한 분봉, 식량 하사 등의 제도를 없애고 매매를 통해 얻은 토지소유권을 인정하기에 이르렀다. 소위 "경전을 폐지하고 가로세로의 길을 냈고", "밭을 팔고 살 수 있었다." 그리하여 국가의 수세, 지주소작의 생산방식이 전면적으로 시작되었고 영주의 토지소유제는 지주토지소유제로, 농노는 고농(고용농)이 되었으며 장원(식읍)봉쇄가 사라지고 현과 향에 통일적인 행정건립을 위한 준비를 하기 시작했다. 노동자들의 토지와 지주에 대한 의존관계는 극히 미약해졌고 진한시기부터 중국문화는 거족적인 발전을 했다. 마르크스는 이런 중국고대의 지역경제를 아시아 생산방식이라고 불렀다. 영국, 프랑스 등은 자산계급혁명 시기에 이르러서야 영주들의 특권을 폐지하고 토지사유제를 실행했으며 『인권선언』을 통해 농노들을 해방시켜 농민이 되게 했다.

다음, 정치제도에서의 창조성 파괴는 주로 열국들의 빈번한 변법으로 나타났다. 춘추 말기에 토지제도는 이미 거대한 변화를 가져왔고 대량의 황무지가 개간되었으며 새로운 토지를 소유한 신흥 지주계층이 생겨났다.

경제관계에 변화가 발생함에 따라 새로운 생산관계가 출현했다. 새로운 생산관계를 규정하고 새로운 사회관계를 관리하기 위해, 생산을 고무하고 부국강병하기 위해, 춘추시대 이래 사회형세의 발전에 적응하기 위해 열국들은 현사(賢士)들을 널리 받아들이고 분분히 변법을 실시하고 개혁을 촉구했다. 법가사상은 춘추, 전국시기에 일어나 널리 유행했으며 사회생활의 가장 활력적인 요소로 작용했다. 그중 가장 전형적인 변법은 위(魏)나라의 이리(李悝變法), 초(楚)나라의 오기(吳起)변법과 진나라의 상앙변법이었다. 변법이 가장 철저하게 이루어진 나라는 진나라 진효공 시기의 상앙변법이었다.

위나라는 전국 초기 위문후(魏文侯)가 집정할 당시(기원전 445년~기원전 396년) 이리를 등용하여 변법을 진행했다. 이리는 『법경(法經)』 6편을 지어 이전의 각국 법률을 집대성했을 뿐만 아니라 진한(秦漢)의 법률도 받아들였다. 그렇기에 이리는 전국시기 법가의 시조로 불리기도 한다. 이리변법의 주요내용은 다음과 같다. 1) 노예주 관작세습제를 폐지하고 공로와 능력에 따라 관리를 선발했으며 지주계급의 대표가 정권을 확실히 장악하게 했다. 2) '진지력지교(盡地力之敎)'를 실행했다. 구체적 조치로는 매 무의 땅의 표준산량을 1석 5두(斗, 말)로 규정하고 농민들이 '성실하게 밭을 다룰 것'을 요구했으며, 매 무당 3두를 증산하도록 했다. 동시에 각종 알곡 작물을 심어 빈 땅을 충분히 이용하게 했으며 뽕나무를 심고 과일과 남새(채소를 심게 했다. 목적은 농작물 산량을 제고시켜 정권의 수입을 늘리기 위한 데 있었다. 3) '평적법(平糴法)'을 실행했다. 수확이 좋은 해에는 정부에서 평균가격으로 알곡을 사들이고 재해가 든 년에는 다시 평균가격으로 팔면서 곡물가격의 균형을 맞추면서 상인들이 쌀 가격을 독점하는 것을 방지하고 소농경제를 안정시키면서 지주경제의 기초를 공고히 했다.

초나라는 전국초기 영토가 가장 큰 나라였으나 정치가 부패하고 경제가 낙후했으며 국력이 쇠락했다. 기원전 402년 초성왕(楚聲王)은 폭군정치를 펴서 피살되었다. 그 아들 초도왕(楚悼王)이 즉위한 후 위, 조, 한 등 나라의 공격을 받았다. 기원전 391년 위, 조, 한이 다시 초나라를 토벌했고 초군은 대량(大梁), 유관(楡關)에서 크게 패하면서 많은 땅을 잃게 되었다. 이런 준엄한 형세에서 초도왕은 정치개혁이 간절했다. 바로 그때 오기가 위나라에서 배척을 받고 초나라에 왔다. 기원전 382년 초도왕은 오기에게 명하여 변법을 실행하도록 했다. 오기변법은 기본상 이리가 위나라에서 실행한 방법을 계승했으며 그 주요내용은 다음과 같다. 1) 무릇 봉군이 제3대에 이르면 그 작록을 거두어 들였고, 공족(公族) 중 소원한 자의 특별대우를 폐지시켰으며, 구 귀족은 황량한 곳으로 보내버렸다. 이렇게 정치와 경제상에서 구 귀족의 세력을 약화시켰다. 2) 불필요한 관직을 정리하고 지나치게 높은 관리봉급은 삭감했으며 절감한 경비는 군사훈련에 사용했다. 3) 이치(吏治)를 정돈해 관리들이 '사욕을 채우지 못하도록' 요구했으며, 영예를 따지지 않고 오로지 정권을 위하도록 요구했다.

진나라는 목공(穆公)시대에 이미 그 국세가 매우 강대했다. 그러나 『사기·진본기』의 기록에 따르면 "군자왈, '진무공(秦繆)은 땅이 넓어 국익에 이로왔다. 동으로는 진을 정복하고 서로는 융이(戎夷)를 정복했으며 제후들의 맹주는 아니었다.'" 진헌공(秦獻公)의 개척을 거쳐 진나라는 더욱 강성해졌다. 진효공(秦孝公)에 이르러서는 더욱 진작을 꾀하면서 "나라를 강성하게 만드는 계책을 내놓는 자에게는 높은 관작을 줄 것이며 땅을 준다"고 인재들을 끌어 모았다.[64] 상앙이 소식을 듣고 서쪽에서 진나라에 들어와 그 뜻을 펼쳤다. 상앙은 진나라에 오자 진효공의 총애를 받는 충신의 소개로 효공을 만났다. 처음 만났을 때 제도를 말하니 듣지 아니하고 두 번째 만났을 때는 왕도(王道)를 말하니 역시 듣지 않았으며, 세 번째 만났을 때는 패도(覇道)를 말하니 그제야 효공은 듣기 좋아하면서 이에 날이 가는 줄 모르고 며칠이나 얘기를 나누었다.[65] 진효공이 여러 대신들을 모아놓고 변법을 논의했다. 구 귀족을 대표하는 세력들이 단호하게 반대했다. 감룡(甘龍)이 "성인은 백성이 가르치는 것이 아니옵고 지혜로운 자는 변법이 아니더라도 나라를 잘 다스리옵니다"라고 말하면서 두 가지를 말했다. "예전에는 법이 없어도 세월은 태평했나이다."[66] 그들은 옛 제도대로 하고 옛 예의대로 해야 틀림이 없다고 주장했다. 상앙은 그들을 상대로 다음과 같이 지적했다. "전세(前世)는 같은 가르침(敎)이 아니었거늘 어찌 옛 법을 논하오이까? 제왕은 돌아오지 않는데 예(禮)가 어찌 다시 오리까? 복희, 신농은 가르침을 비난하지 않았고 황제 요순은 비난을 화내지 않았습니다. 문무를 통틀어 시대에 맞게 법을 세워야 하고 사리에 맞게 예를 행해야 합니다. 예법도 시대에 맞춰 정해야 하고 법령도 맞아야 합니다. 병사도

64) 『史記 秦本紀』
65) 『史記 商君列傳』
66) 『商君書 更法』

병기가 있어야 쓸모가 있는 법입니다. 신이 아룁니다. 치세는 한 가지가 아니며, 나라에 편리하면 옛 것을 따를 필요가 없나이다. 탕무왕도 그러했고 복고하지 않아도 흥했습니다. 은하(殷夏)가 멸망한 것은 결코 예를 몰라서 망한 것이 아니옵니다. 복고를 반대하는 사람이 반드시 틀렸다고 하기는 어려우며 순례자가 불필요한 것도은 아닙니다."[67] 그 뜻을 살펴보면 상탕, 주무는 옛 것을 따르지 않고도 나라를 성공적으로 다스렸고, 하걸, 상주는 예전의 예를 변화시키지 않았기에 망했다는 것이었다. 나라를 다스리는 데에 한 가지 방법 밖에 있을 리가 없으며, 나라에 유익하면 고대를 모방하지 않아도 좋다는 뜻이었다.

기원전 361년 진효공은 상앙을 등용하여 변법을 실시한다. 1) 법령 형식으로 정전제를 폐지했다. 구체적으로 말하면 본래의 정전으로 '봉쇄했던' 부분을 전부 폐지하고 새롭게 땅의 경계를 설치했으며 사사로이 고치지 못하게 했다. 땅을 농민들에게 나누어주고 토지는 매매가 가능했다. 이것이 바로 법률상 토지사유제를 옹호한 것으로 지주경제의 발전에 유리했다. 2) 군공(軍功을 장려하고 군공에 따라 작위를 봉했다. 군공은 전선에서 적의 머리를 얼마나 잘라오느냐에 따라 정해졌는데, 적장 갑사(甲士) 수급 하나에 작위 1급(級), 밭 1경(頃), 저택 9무, 하인 1인을 상으로 주었다. 적을 많이 무찌르면 그만큼 상이 많았다. "공이 큰 자가 봉록을 후하게 받고 공이 많은 자에게 높은 작위를 주는" 원칙에 따라 '군공작위제'를 건립하고 작위의 고저에 따라 각종 봉건 특권이

---

67) 위의 책

부여되었으며, 경작지 점유, 주택, 노역복무의 '하인'과 일정한 관직 등이 주어졌다. 작위가 높으면 3백 호 이상의 '세읍(稅邑)'을 획득할 수 있었고 감형특권도 있었다. 3) 왕손이라 해도 군공이 없으면 공작으로 봉하지 않았으며, 귀족의 특권을 향유하지 못했다. '군공작위제'에 따라 사람의 정치적 지위는 군공의 유무에 의해 결정되었으며, 이는 구 귀족에게 매우 커다란 타개를 가하게 되었고, 당시 신흥지주계급에게는 크게 고무적인 작용을 했다. 은주시기 존재하던 공작, 후작, 백작, 자작, 남작 등은 주로 "종법혈연관계에 따라 변방의 실제 땅을 나누어 주었으며 작위나 봉록은 세습하는 원칙에 따랐다."[68] 춘추전국시기에 이르러 공로에 따라 작록을 주는 새로운 법이 출현했는데, 예를 들면 제나라에서는 "작위를 내리고 용사(勇士라 칭했다." 그러나 상앙은 진나라에서 서민 사졸(士卒)들에게 20등급의 작위를 개방해서 철저히 집행시켰다. 상앙은 그때부터 진나라에서 대우를 받았고 효공과 효공의 아들 혜왕(惠王)까지 모시게 되었다. 한때 "진나라에서는 아녀자와 아이들까지 상앙의 법을 알게 되었으며 '대왕의 법'이라고 하지 않았다." 상앙이 실시한 개혁은 혈연신분제를 부정하고 씨족귀족의 정치특권을 폐지시켜 역사적으로 진보적 의의를 가졌다. 상앙 변법을 통해 진나라의 지주경제는 발전되었고 군대의 전투력이 강화되었으며, 전국 후 가장 부강한 나라로 급성장하면서 진나라의 6국 통일에 물질적인 기초를 다져주었다.

'전 유학사회'(완전히 전국시기는 아니지만 '전 유학사회'에 속함)에서

---

68) 고민(高敏), 『진한사론집』, 정주, 중주서화사, 1982, 3쪽.

최대의 정치적 '창조성 파괴'는 진시황이 '황제 자칭', '군현제 실행' 메커니즘의 출범이었다. 각종 '창조성 파괴'는 역사의 합력이었고, 후에 진시황이 6국을 멸하고 중국역사상 첫 중앙집권제 국가를 건립하도록 했다. (제4장의 '황제군현제도와 유학사회의 흥기' 부분을 참조)

끝으로, 약한 윤리적 통제사회의 창조성 파괴는 관념상의 갱신이었다. 전국시기 '봉건방국'시대의 정치관념은 이미 한편으로 밀려났고, 제후들의 패권다툼도 역사의 흐름이 되지 못했다. 역사의 짐이란 춘추시대 제후국들이 여전히 천하 군주, 즉 주나라 천자를 모시고 그 구호를 "황실을 존중하고 오랑캐를 배척하자"라고 하던 것을 가리킨다. 제나라 선조는 공으로 주왕의 총애를 받았으며, 진나라는 주의 친신(親臣)으로 봉해졌고, 춘추시기 주나라 황실이 쇠락하면서 공동주의 자격이 상실되자, 제(齊), 진(晉) 등 나라의 제후들은 먼저 뛰쳐나와 "황실을 존중하고 오랑캐를 배척하자"는 구호를 치켜들었다. 제환공은 '아홉 제후들을 모아' 타국의 내란을 평정했으며 오랑캐의 외환을 물리치고 주황실의 안정을 도모하면서 제후국 간의 우호를 다짐함으로써 '존왕(尊王)'으로 추대되었다. 남방의 월(越)나라는 오(吳)나라를 멸한 뒤 장강 하류를 호령했는데, 북으로는 제나라, 진나라의 서주에 이르렀고, 제, 진(秦), 진(晉), 초나라 등에 명하여 왕실을 보좌하자고 했다. 진(秦)나라가 복종하지 않자 곧 군사를 풀어 압박했다.

춘추시대에 비해 전국시대의 관념에는 선명하면서도 중대한 변화가 발생했다. 고정림(顧亭林)은 일찍 이런 변화를 이렇게 묘사한 바 있다. "춘추시기에는 예를 존중하고 신의를 중시하자 했으나 7국은 이에 따르지 않았고, 춘추시기에는 주왕을 모시자 했으나 7국이 절대 불복했으며, 춘추시기에는 제사를 엄히 했으나 7국은 그대로 하지 않았고, 춘추시기에는 종씨(宗氏)를 논했으나 7국은 모른 체 했으며, 춘추시기에는 연회에서 시를 읊었으나 7국은 못들은 체 했으며, 춘추시기에는 부고(赴告)와 책서(策書)이 있었으나 7국은 없었다. 제후국끼리 서로 교제가 없었고 우두머리가 없었으며, 이런 시기는 133년에 이르렀고 역사에서는 궐문(闕文)이라 하며 시황제가 천하를 통일하기를 기다리지 않았어도 문무의 도리가 다한 것이다."[69] 송양공(宋襄公)은 "싸움에서 상한 자를 공격하지 않으며, 머리가 허연 적군을 공격하지 않으며, 진세를 펼치지 않은 적군은 치지 않는다"고 말해서 천하의 웃음거리가 되었지만, 이는 당시 예의를 존중하고 신의를 중시하는 극단적인 예이기도 하다. 전국시기 제후국들이 할거하던 그때 시대를 지배하던 나라는 제(齊, 강씨의 제나라가 아니라 전씨의 제나라), 초, 연, 조, 한, 위, 진 7국이었다. 춘추시대의 많은 국가들은 직간접적으로 7웅에 점령당했는데, 예를 들면 송은 제나라에, 정(鄭)은 한나라에, 진(陳), 채(蔡), 노(魯), 월(越)은 초나라에 멸망했다. 제후들은 더는 '존왕'을 모시지 않았고, 경대부가 춘추시대부터 모시던 조정이 전국시대에 와서는 대리나 분점으로 변했다. 맹자가 말했듯이 "5패자는 3왕의 죄인이요, 제후들은 5패의 죄인이고 오늘의 대부, 오늘의 제후들도 죄인이다."[70]

---

69) 고염무(顧炎武), 「주말풍속」, 『일지녹집석』 권13, 석가장, 화산문예출판사, 1991, 585쪽.
70) 『맹자 告子下』.

사(士) 계층의 관념에는 창조성 파괴의 주요 표현을 두 가지 형식으로 여기고 있다. 1) 활약적인 사 계층은 작전을 짜고 적극적으로 "6국이 연합하여 진나라에 대항하는" 정책을 펼쳤다. 제후국들 사이에는 서로 정벌이 계속되면서 동주(東周)의 유명무실한 통치를 끝내고 분열된 전국의 국면을 끝내는데 동력을 제공했으며, 사 계층들은 이를 위해 '책략을 모으고', '뜻을 통했으며', '군사를 키웠다.' 그중 합종의 대표주자는 동주 낙양인 소진(蘇秦)이었고, 연횡(連橫)의 대표주자는 위나라 사람 장의(張儀)였다. 합종자(合縱者)는 연, 조, 한, 위, 제, 초의 힘을 합쳐 서쪽의 진나라에 대항했다. 연횡자는 6국을 유세하면서 진에 대항할 것을 호소했다. 2) 사 계층은 '통일'을 이론의 핵심으로 하여 사회적 반성을 흥기시켰고, 도가, 유가, 묵가, 법가, 음양가 등을 핵심으로 하는 '백가쟁명'의 국면이 나타났고, 이들은 중국문명사의 핵심이 되었다. (제3장의 '유학문명의 핵심시대의 도래' 부분 참조)

종합적으로 춘추시대를 '실범성 파괴'의 단계라고 하면, 전국시대는 '창조성 파괴'의 단계였다. '실범성 파괴'란 그런 파괴가 여전히 본래 가치의 기초 위에 건립된다는 것으로 춘추시대의 '실범성 파괴'는 주로 낡은 메커니즘으로 말할 때, 탈선 정도로 핵심가치는 여전히 '봉건 방국'시대의 가치관이었으며, 주나라 왕을 맹주로 인정하고 있었다. 그러나 전국시대의 '창조성 파괴'는 '봉건 방국'의 정치 관념을 완전히 한쪽으로 밀어버리고 제후들은 패권쟁탈로 역사의 짐을 짊어지려 하지 않았으며, 역사의 합력은 바로 진시황의 '정치제도의 창신', 즉 '황제 군현제'의 탄생을 불러왔다. 춘추시대는 역사와 과거를 지향했고 전국시대는 현재와 미래를 지향했다.

이로부터 춘추전국시대는 중국정치제도의 '창신 역사'에서 과도단계였고, '봉건 방국'이 '황제 군현제도'로 이행하던 단계라 할 수 있다. 중국 정치제도의 전반적인 발전사 차원에서 보면 '전 유학사회'는 이미 완전히 미래 중국사회 내지 유학사회의 정치제도의 제도적 창신을 실현했던 것이며, '봉건 방국제도'로부터 '황제 군현제도'로의 역사적 전환을 완성했던 시기였던 것이다.

제3장
'전 유학사회' 중흥기의 사회재건의 지적반성

제3장
'전 유학사회' 중흥기의 사회재건의 지적반성

기나긴 '전 유학사회'의 지적진보 및 그 파괴를 거친 뒤 유학문명은 자신의 소위 '축심(軸心)시대'를 맞이하게 된다. 축심시대 이론 내지 철학의 파격적 이론에 근거하면 공자, 노자, 묵자 등 제자백가들이 생활하던 춘추전국시대는 훗날 유학사회를 위해 역사적 이해, 자아적 이해라는 보편적 틀을 마련해 주었고, 근현대사회 또는 유학사회의 해체 전까지 축심시대가 낳은 반성취향, 반성개념, 반성모델로 유학사회의 정치, 경제, 문화의 가치 및 그 방향을 지배했으며, 매번 새로운 반성의 흥기는 모두 축심시대가 제공한 자아이해의 보편적 모델에서 지적 발화를 시작했으며, 매번 새로운 사회진보는 모두 축심시대가 제공한 가치의 시험을 겪어야 했다.

1. 사회 재건에 대한 공자의 지적 반성

'전 유학사회'는 앞에서 서술한 것처럼 중국의 역사발전 과정 중대략 몇 개의 문화발전시기를 포함하고 있다. 즉, 자연종교에 속하는 샤머니즘(shamanism)의 제사를 믿는 하상(夏商)시기, 종교사유와 논리원칙이 서로 결합된 예악문화인 서주(西周)시기, 예악의 붕괴 또는 백가쟁명의 춘추전국(春秋戰國)시기, '관리를 본보기로 하는' 진(秦)왕조 시기 및 황노(黃老)사상을 주체로 하는 서한(西漢) 왕조 초기가 바로 그것이다. 샤머니즘문화에서 제사문화로, 예악문화에서 유학식의 사회 반성의 흥기는 '전 유학사회'의 지적 진보의 과정을 구성하고 있으며, 또한 '전 유학사회'로부터 '유학사회'로 변천하는 기본 동력의 하나가 되고 있다. "유가문화는 봉건경제제도가 확립되는 과정 중에 또는 확립된 이후에 만들어진 것이 아니다. 그것의 통치지위는 봉건통치자들이 선택한 결과이다. 일찍이 이런 선택을 하기에 앞서 유가문화의 기본사상과 기본구조는 이미 확립되어 있었다."[71] 유학사회의 발생을 놓고 말하여도, 먼저 유학정신의 발생과 발전이 있은 후에야 비로소 유학사회가 발생되었던 것이다.[72] 유학사회 흥기의 지적인 구조설립(유학정신)은 '전 유학사회'에서 완성되었다. '포용-연속형' 문화발전방식은 중국고대문화의 연혁발전의 기본방식이다.[73] 다시 말해 은·상의 제사문화는 이전의 샤머니즘문화를 포용하여 자신의 일부분이 되게 하였고, 주대(周代)의 예악문화 역시 그

---

71) 장대년, 정의산, 『중국문화와 문화논쟁』, 북경, 중국인민대학출판사, 1997년, 156쪽.
72) 물론 이는 유학정신이 유학사회의 탄생을 결정한다는 것을 의미하는 것이 아니라 사회질서가 가장 최적화한 의식형태를 찾았다는 의미이고 이런 의식형태가 이런 사회질서의 전체 미래의 역사적 특징을 그리고 있음을 의미한다. 그렇기에 우리는 이런 사회유형을 유학사회라고 부르는 것이다.
73) 진래, 『고대종교와 윤리』, 119쪽.

이전의 제사문화를 포용하여 자기의 일부분이 되게 하였던 것이다. 사회 반성에서 맞닥뜨린 정경을 놓고 말하면, 유학 식의 사회 반성은 도학, 묵학, 법학 등 춘추전국시기 사회 반성의 상황과 대체적으로 일치한다.

그러나 각 가(家)가 반성하는 논리적 기점은 전혀 잘랐다. 유학식의 사회반성 혹은 유학적 정신발전의 논리적 기점은 '전 유학사회'의 샤머니즘 제사문화(하·상시기), 그리고 거기서 나온 예악문화(서주시기)이다.

유학정신사유의 직접적인 기본테마는 서주의 예악문화이다. 마찬가지로 문화의 '포용-연속형'의 발전 방식이 공자와 주공 사이에서 계속 되었던 것이다. 주공은 중국역사에 있어서 진짜 카리스마적인 인물이었고, 또한 중국역사에서 첫 번째 사상가이기도 하다. 주공의 개인적인 매력 사상, 그리고 그가 개척한 사업은 수 백 년 이후의 다른 한 위인인 공자에게 지대한 영향을 주었다. 주공이 남긴 정치 문화유산은 공자와 유학사상의 주요 자원이었다. 공자 이후의 중국문화는 줄곧 '주공(周孔)'을 아울러 일컬어 왔으며, 공자와 주공지간의 일맥상통한 관계를 나타내고 있었다. 공자는 다음과 같이 말하였다. "은(殷)나라는 하(夏)나라의 예를 이어받았으니 그 손익을 짐작할 수 있고, 주(周)나라는 은(殷)나라의 예를 이어받았으니 그 손익(損益)을 짐작할 수 있다. 만약 주나라의 뒤를 이어받는 왕조가 있다면 비록 백세(百歲)라도 알 수 있을 것이다."[74] 축심(軸心)시대에 공자는 주공사상의 토대 위에서 주례에 대하여 손익을 따지고 아울러 미래사회, 즉 유학사회를 위하여, 정통적이고 주도적인 의식형태인 유학사상 또는

---

74) 『論語 爲政』

유학의식 형태를 확정하였던 것이다.

공자는 이름이 구(丘)이고, 자는 중니(仲尼)이며, 기원전 551년에 태어나서 기원전 479년에 사망하였다. 사회를 재건하는 것에 관한 공자의 지적 반성은 주로 다음과 같은 것을 포괄하고 있다. 즉 당시 사회현상에 대한 총체적인 반성을 '천하무도설(天下無道說)'로 구성해 놓았고, 하·상·주 3대 이래의 정치구조에 대한 반성을 '정명(正名)이론'으로 구성해 놓았으며, 고대사회 도덕생활에 대한 반성을 '인학'과 '예론'으로 구성해 놓았고, 은·상 이래의 천명귀신관념에 대한 반성을 '천명(天命)론'으로 구성해 놓았으며, 사유와 행동방법에 대한 반성으로 '중용이론'을 구성해 놓은 것 등이다.

(1) 사회 현 상황에 대한 총체적인 반성 – 정명(正名)운동

춘추전국시기는 대변동의 시대였고, '약 윤리'가 제어하던 서주사회 또는 예악사회가 규범성 파괴와 창조성 파괴를 겪는 시대였으며, 특히 중국문명의 미래 발전방향을 열어 놓은 시대였다. 역사가 아무리 오래되어도 피비린내 나는 역사를 은폐할 수는 없다. 역사 기록에 의하면 춘추전국 시기는 이를테면 전쟁이라든가, 군주를 시해한다든가, 참례(僭禮)한다든가, 나라가 망하는 등 여러 가지 진통을 겪던 시기였다.[75] 제후로부터 귀족에 이르기까지, 천자로부터 경사(卿士)에 이르기까지

---

75) 『史記 太史公自序』

모두가 서주(西周) 건국 이래로 건립하여 놓은 예치(禮治)체계를 답습하고 있었다. 크게는 '존왕양이'로부터 작게는 생활 난륜(亂倫)에 이르기까지 전부 그러했다. 신분이 비천한 것이 존귀한 신분의 예의를 쓰는가 하면, 분수에 맞지 않는 지나친 예의를 쓰는 등 한 두 가지 현상이 아니었다.

  '예악이 붕괴되는 사회'의 국면에 대해 공자는 이렇게 크게 질책하였다. "이것을 참을 수 있다면 무엇을 못 참겠는가? 도저히 참을 수가 없다." 공자는 사회질서를 재건하는 입장에서 다음과 같이 피력하였다. "천하에 도가 있으면 예악과 정벌에 대한 명령이 천자에게서 나오고, 천하에 도가 없으면 예악과 정벌에 대한 명령이 제후에게서 나온다. 명령이 제후에게서 나오면 대체로 10세(世) 안에 망하지 않음이 드물고, 대부에게서 나오면 5세 안에 나라가 망하지 않음이 드물며, 배신(陪臣)이 국권을 잡으면 3세에 나라가 망하지 않음이 드물다. 천하에 도가 있으면 정권이 대부에게 있지 아니하고 천하에 도가 있으면 서민들이 나랏일을 의논하지 아니한다."[76] 공자는 역사발전을 '천하에 도가 있는' 세상과 '천하에 도가 없는' 세상으로 나누었다. 천하에 도가 있다는 것은 바로 천하 각 계층이 자기의 도에 맞게 있는 것으로서, '도가 있다'는 가장 중요한 체현이 바로 천자가 예악을 반포하고 정벌을 하는 것이다. '천하에 도가 없다'는 것은 천하 각 계층이 자기의 도에 맞지 않게 하는 것으로서, '도가 없다'는 가장 중요한 체현이 바로 제후 대부들이 제멋대로 예악을 반포하고 정벌하거나 또는 배신이 국권을 쥐고 흔드는 것이다. 공자의 '천하무도론(天下無道論)'은 바로

---

76) 『論語 季氏』

춘추사회변혁시기의 사회상황에 대한 총체적인 반성이었다. 개괄해 보면 공자는 바로 '예악과 정벌은 천자에게서만이 나오는' '도가 있는 세상'을 회복하고자 종신토록 노력하였던 것이다.

공자는 '천하에 도가 없는' 정치현실에 날카롭게 맞서서 '정치란 바로잡는 것'이라는 자신의 사상을 내놓았다. 공자는 '정치란 바로잡는 것이다.'[77]라고 말하면서 정치의 첫 번째 주요 임무는 바로 '명분을 바로세우는 것(正名)'이라고 하였다. 한번은 공자의 학생 자로(子路)가 "위(衛)나라 군주께서 선생님을 맞아들여 정치를 하게 된다면, 선생님께서는 장차 무엇부터 시작하시겠습니까?"하고 공자에게 물었다. 이에 공자는 조금도 망설임 없이 이렇게 대답하였다. "반드시 명분을 바로세울 것이다." "명분이 바르게 서지 않으면 말이 서지 않고, 말이 서지 않으면 일이 이루어 지지 않고 일이 이루어지지 않으면 예악이 일어나지 않고, 예악이 일어나지 않으면 형벌이 바르게 행해지지 않고, 형벌이 바르게 행해지지 않으면 백성은 손발을 어찌할 바를 모를 것이다."[78] 정치를 한다는 것은 바로 말을 해서 일을 성사시키고 예악을 행하고 형벌을 실시하여 '백성들이 손발을 어찌할 바를 모르게'하지 않도록 하는 것이다. 여기서는 공자가 정치의 내용을 규정하여 놓은 것이 아니라, 공자가 명분과 언어, 명분과 일, 명분과 예악, 명분과 형벌, 명분과 백성들의 손발을 어찌할 바를 모르게 하지 않는 것 등을 통합하면서, 아울러 명분을 우선 순위에 놓고 고려하였던 것이다.

---

77) 『論語 顔淵』
78) 『論語 子路』

'명분'은 정치를 하는데 있어서 선결적인 것이고 가장 기본적인 내용인즉 여기로부터 정치를 하는 본질이 규정된다.

무엇이 '명분'인가? 제경공(齊景公)이 일찍 공자에게 정치를 물어 본 적이 있었다. 이에 공자는 이렇게 말하였다. "임금은 임금다워야 하고 신하는 신하다워야 하며, 아비는 아비다워야 하고, 자식은 자식다워야 합니다."[79] 명분이란 바로 임금, 신하, 아비, 자식의 명분이다. 공자의 사상은 현실과 멀리 떨어진, 파악할 수 없는 '천명'에 머물러있는 것이 아니라, 서주 이래의 정치 현실을 배경으로 하고 현실속의 가장 기본적인 명분을 '군 신 부 자'로 개괄하였다. 명분은 정치를 하는 토대이며 또한 정치를 하는 본질을 규정하여 준다. 정치를 하는 본질은 즉 '바로잡는 것'에 있다. 혹자는 이르기를 정치질서를 구성하는 선결조건을 공자가 '바로잡는 것'으로 인정하고 있다고도 한다. '바로잡는 것'이란, 즉 명분을 바로잡는 것이다. 이른바 '바로잡는 것'이란 곧 명실상부한 것이다. 이른바 '명분을 바로잡는다'는 것은 곧 서주의 예제 질서 중의 '군 신 부 자'의 명분을 현실속의 '군 신 부 자'의 실제에 맞추려는 것이다. 공자는 '바로잡는' 뜻의 '정(正)'을 '정(政)'으로 해석하였고, 또 '정(正)'의 대상 또는 의미를 '군 신 부 자'의 명분으로 규정하여 놓았다. 이는 공자의 사회반성의 논리 기점이 서주 이래의 정치 사회질서였음을 표명한다. 공자의 정명사상 그리고 "임금은 임금다워야 하고 신하는 신하다워야 하며, 아비는 아비다워야 하고, 자식은 자식다워야 한다"는 관점은 가히 말해 공자가 서주 이래의 정치 사회 문화

---

79) 『論語 顏淵』

질서에 대한 손익을 평가한 중요한 방면이라고 할 수 있는 데, 이는 미래 중국사회 또는 유학사회 정치발전의 기본방향을 규정하여 놓았다.

'명분'의 사용처는 그야말로 넓다고 할 수 있다. 바로 제경공의 말과 같다. "옳은 말씀이요. 정말이지 임금이 임금답지 않고 신하가 신하답지 않으며, 아비가 아비답지 않고 자식이 자식답지 않으면, 비록 곡식이 있다 하여도 내 어찌 얻어먹을 수 있겠소."[80] 역사와 현실의 정치행위에 대한 공자의 반성은 정치질서의 권위 기반이라는 문제를 건드리게 된다. 권력 통치 합법성은 현대정치사회학의 기본 개념으로서, 모든 형식의 통치에는 모두 합법성문제와 관련되어 있으며, 권위는 권력 합법성의 근원이다. 공자의 이른바 명분이 고증되어야 할 것이 바로 권력의 합법성 문제이다. 어떻게 얻었든 합법성이 없다면, 또는 어떻게 얻었든 명분이 없다면, 그 권력은 오래가지 못한다. 바로 공자가 말한 것처럼 '예악과 정벌'이 "제후에게서 나오면 대체로 10세(世)안에 망하지 않음이 드물고, 대부에게서 나오면 5세안에 나라가 망하지 않음이 드물며, 배신이 국권을 잡으면 3세에 나라가 망하지 않음이 드물다."[81] 만약 주공이 "덕을 밝게 하고, 형벌을 삼가는" 것으로 정권 혹은 천명 변경의 합법성문제를 설명하였다면, 아직 정치적 구상(具象)의 반성단계에 있다고 봐야 할 것이다.(즉, 비교적 구체적이고 가시적인 "덕을 밝게 한다"는 것으로 비가시적인'천명'을 설명하였던 것이다) 그렇다면 공자가 '명분'으로 정치질서의 합법성기반을 설명한 것은 주공의

---

80) 『論語 顏淵』
81) 『論語 季氏』

종교개혁보다 한걸음 더 앞으로 매진한 것이다. '명분'은 "덕을 밝게 한다"는 것보다 정치적 현실의 구상에서 더 멀리 떨어져 보다 추상적인 반성 단계에 올랐음을 보여준다. 공자의 반성은 후에 정치질서의 재건에 가장 원시적인 이론적 동력을 제공하였다. 유학사회에서 그 어떤 왕조가 교체하여도 (각종 형식의 궁정 정변까지 포괄하여) 모두가 부득불 자신의 그럴듯한 명분을 애써 찾아내어야만 이른바 '명정(名正)', '언순(言順)', 즉 명분이 바르고 명령이 통할수가 있었다.

"정치는 바로잡는 것이다." 이 말은 또한 유학지식인 또는 유학적 선지자들이 삼대(三代) 이래의 정치사회문화에 대해 자각적인 반성을 시작하였음을 보여준다. '정(正)'은 바로 일종의 반성, 즉 돌이켜 생각하는 것이다. '정(正)'에는 아래와 같은 문제들이 관련되어 있다. 즉 누가 반성하는가? '정(正)'을 할 자격 그리고 '위정자'의 자격은? 무엇을 '정(正)'하여야 하는가? '정(正)'의 기준은? 어떻게 '정(正)'을 하는가? 등이다. 이른바 반성이란 곧 되돌아보는 것, 되돌아 비춰보는 것이다. 즉, 이성적 사유의 빛으로 자신 또는 사회적 활동을 재조명하는 것으로 바로 인류(정치)실천을 돌이켜보는 것이고 되비쳐보는 것이다. 공자는 '정(正)'을 '정(政)'과 결부시켜 반성하였는데, 이는 공자의 반성이 적극적이고 건설적이며 실천적인 정치적 관심과 세상일에 적극 참여하는 정신을 표현한 것이다. 정명(正名) 표현은 원시 유학 반성의 이론적 특징이다.

'정명(正名)'에 내포된 가장 심각한 의의는 바로 그것이 진정한 사회적 반성이었다는 점이다. '정명(正名)'은 공자가 인정한 그 시대의 가장 절박한 문제인 '명분이 바르지 않음'을 처리하는 것이 선결 사항임을 표명하고 있다. 공자가 내건 "정치란 바로잡는 것이다"라는 반성적 슬로건은 주공이 내걸었던 "덕을 밝게 하고, 형벌을 삼가는" 정치종교개혁과 일맥상통하나 또 많은 면에서는 매우 다르다. 다른 것 중에서도 가장 큰 것은 주공의 반성은 통치 집단 중 제1집정자의 자각적인 반성인 반면에 공자가 대표하는 유학 반성은 귀족에서 분화되어 나온 새로운 계층, 즉 사(士)계층인 귀족과 농공상(農工商)지간의 중간 계층에서 나온 것이다. 공자의 사회반성은 '전유학사회'중에서 미래유학사회의 진정한 지식인이 출현하였음을 증명한다. 다른 한 방면에서 '명분'은 또 사회에서 인간의 지위와 역할을 추상적으로 개괄하였다. '정명(正名)'은 인간의 사회적('명분') 존재와 정치적('명분') 존재를 인정하는 것을 전제로 한다. 공자는 정치를 한다는 것은 바로 자신을 바로잡고 남을 바로잡는 것이며 관건은 자신을 바로잡는 데 있다고 여겼다.

공자는 다음과 같이 말하였다. "그대가 자신을 바르게 한다면 누가 감히 바르게 따르지 아니 하리오?" 1) (『논어 안연』) "그 자신이 바르면 '영'을 내리지 않아도 실행이 되고 그 자신이 바르지 않으면 비록 '영'을 내린다 할지라도 따르지 않는다." 2) (『논어 자로』) 공자는 위정자가 오로지 자기 자신을 바르게 하기만 한다면 강제성이 없더라도 도덕적으로 영향을 주어 마치 풀숲에 바람 불듯이 능히 백성들이 우러르며 따를 수 있으며, 만약 위정자 자신이 바르지 않으면 설사 강제적 수단을 쓴다 해도 아무런 문제도 해결할 수가 없다고 여겼다.

어떻게 하면 자신을 바르게 하고 남을 바르게 할 수 있는가? 공자는 "그 자신을 바르게 하는 것"은 바로 "덕으로써 정치를 하는 것"이라고 하였다. 강고(康誥)에서 주공은 문왕(文王)이 천명을 받는 것을 "덕을 밝게 하고 형벌을 삼가며, 홀아비와 과부를 업신여기지 않는 것" 과 연계시켰으며, 새로운 통치자는 반드시 "천명과 백성을 두려워하고, 덕정을 베풀어야 하며 공경함을 항시 갖고 있어야" 천명을 받들고 보전할 수 있다고 하였다. 공자는 주공이 제출한 '명덕'사상('제1장 논리이성과 덕성관념의 각성'을 참조)을 한 걸음 더 발전시켜 "덕으로써 정치를 하는 사상"을 제기하였다. 그는 "덕으로 정치를 하는 것은 마치 북극성이 그 자리에 있고 여러 별들이 그것을 향해 돌고 있는 것과 마찬가지"라고 말하였다. 이렇게 하여 비교적 추상적이었던 '명덕'사상은 일상적인 실제 생활에서 "자신을 바르게 하는" 것으로 구체화되었고, 정치를 함에 있어서 생활적인 의미가 한층 더 구체적으로 확정되게 되었다. 총체적으로 추상적인 각도에서 보면 '명분'은 '명덕'보다 더 추상적이고, 세속화한 각도에서 보면 '명분'은 '천명'보다 더 세속화되었다고 할 수 있다. 그리하여 우리는 지력 진보의 의의에서 보면, 유학의 반성에는 두 갈래 길이 있음을 알 수가 있다. 한 갈래는 추상화하는 길이고, 다른 한 갈래는 세속화 또는 현실화하는 길이다. '천명'으로부터 '정명'에 이르기까지, 주왕의 '명덕(明德)과 신(愼罰)'으로부터 주왕(周王) 제후(諸侯) 경대부(卿大夫) 사(士) 등 각 계층을 포함한 통치자들이 '자신을 바르게 하는 것'에 이르기까지 모두가 일종의 정치논리의 보편적 각성과 더불어 점차 명확해지는 정치규범과 자기 반성적 도덕적 추세를 표명한다.

(2) 고대사회 도덕생활에 대한 반성

고대사회 도덕생활에 대한 공자의 반성은 그의 인(仁)에 관한 사상 가운데 체현되어 있다. 공자의 『논어(論語)』에는 인(仁)을 말한 곳이 무려 109곳이나 된다. 그 주요한 사회 반성을 아래 몇 가지로 나누어 볼 수 있다.

첫째, '예(禮)'와의 관계 각도에서 인(仁)을 논한 것. 공자는 "자기를 극복하고 예에 돌아가는 것", 즉 극기복례 (克己復禮)를 일러 인(仁)이라고 불렀다. 그는 왕왕 '예(禮)'와 '인(仁)'의 상호 관계 속에서 '인(仁)' 또는 '예(禮)'의 의미를 규정하곤 하였다. 공자는 이렇게 말하였다. "자기를 극복하고 예(禮)에 돌아가는 것이 곧 인(仁)이 되는 것이다. 자기를 극복하여 예로 돌아가는 날이면, 온 천하가 다 인(仁)에 돌아가게 될 것이다."[82]

'예(禮)'는 고증한 바에 의하면 본래 옛날의 제신활동에서 온 것으로, 원시씨족사회의 예의(禮儀) 무술(巫術)에까지 거슬러 올라가 볼 수가 있다. 후에 점점 부연되어 행위규칙이 되었으며 사회생활의 각 영역에 퍼지게 되었다. 서주 이래로, '예(禮)'에는 두 가지 방면의 내용이 포함된다. 먼저, 예는 일련의 외재적 의식 또는 행사로 대표되는 예제(禮制) 체계이다. 서주의 예제체계의 총체적 원칙은 바로 공자가 말한 '예악 정벌에 대한 명령이 천자에게서 나와야' 한다는 것이었다. 이것은 역시 공자가 바라는 '명분을 바로잡는', "임금은 임금다워야 하고 신하는 신하다워야 하며, 아비는 아비다워야 하고, 자식은 자식다워야 하는" 체계이다. 공자는

---

82) 『論語 顔淵』

'극기복례(克己復禮)'라고 말하였는데 여기서 다시 되돌린다는 '예(禮)'가 바로 서주 이래의 이 예제(禮制)체계이다. 둘째, '예(禮)'는 서주 이래로 예제체계가 규정해 놓은 일련의 사회생활 각 방면의 구체적 의식과 기준, 이를테면 서주 예제체계 중의 공부(貢賦), 조빙(朝聘)에 관한 규정, 산천제사에 대한 규정, 천자는 군사 6군을, 공후(公侯)는 3군을, 백(伯)은 2군을, 자남(子男)은 1군을 거느린다는 규정, 팔일무(八佾舞) 옥백(玉帛) 종고(鐘鼓) 반점(反坫) 수새문(樹塞門)따위에 관한 규정 등이다. "이른바 대례가 삼백이요, 소례가 삼천이라"는 것이 바로 이것을 두고 하는 말이다. 이렇듯 '예(禮)'는 모든 활동의 지렛대였다. 공자는 이렇게 말하였다. "공손하되 예가 없으면 번거롭고, 신중하되 예가 없으면 남이 두렵게 여기고 용기가 있되 예가 없으면 사회를 어지럽히고, 예가 없으면 급박하여진다."[83] 그럼 어떻게 극기복례(克己復禮)를 할 것인가 ? 이에 공자는 다음과 같이 말했다. "예가 아니면 보지 말고, 예가 아니면 듣지 말고, 예가 아니면 말하지 말고, 예가 아니면 움직이지 말라."[84]

공자는 한편으로는 '극기복례(克己復禮)'를 주장하면서, 다른 한편으로는 주례(周禮)에 대하여 손익평가를 하였다. 그는 이렇게 말하였다. "은(殷)나라는 하나라의 예를 이어받았으니 그 손익을 짐작할 수 있고, 주(周)나라는 은(殷)나라의 예를 이어받았으니 그 손익(損益)을 짐작할 수 있다. 만약 주(周)나라의 뒤를 이어받는 왕조가 있다면, 비록 백세(百歲)라도

---

83) 『論語 泰伯』
84) 『論語 顔淵』

알 수 있을 것이다."[85] 이 뜻은 은(殷)나라의 예(禮)는 하나라의 예(禮)를 토대로 하였기에 아울러 그 손익이 있게 되고, 주(周)나라의 예(禮)는 은(殷)나라의 예(禮)를 토대로 하였기에 아울러 그 손익이 있으며, 이로써 추론해 본다면 주(周)나라를 뒤를 이어 생긴 나라 역시 주(周)나라의 예(禮)를 토대로 할 것이고, 역시 그 손익이 있을 것이므로 이로써 백세 후의 정황도 가히 미루어 볼 수 있다는 것이다. 주례(周禮)는 하나라의 예와 은(殷)나라의 예에 대하여 어떻게 손익을 주었을까? 앞에서 말한 바와 같이 주(周)나라 사람들은 기본상 은(殷)나라 사람들의 제사체계를 계승하였다고 하지만 주공이 일련의 고사(誥辭)에다가 덕성 관념을 집어넣음으로써 종교원칙과 윤리원칙이 결부되기 시작하였다. 주례(周禮)가 은례(殷禮)에 대해 손익을 주었는데, 이런 손익의 가장 중요한 표현이 바로 주(周)나라 사람들이 은상(殷商)의 제사 관념을 생활화하고 체제화하고 체계화한 것이며, 아울러 여기에 주공(周公)이 덕성 이념을 주입해 놓은 것이다. 주례(周禮)에 대하여 어떻게 손익을 주어야 공자의 이상에 부합될 수가 있을까? 한(漢)나라 때 사람들은 이 방면에 대해 많은 문장을 썼다. 이를테면 공양가(公羊家)는 이르기를, 공자가 "『춘추(春秋)』를 지은 것은" "노(魯)나라에서 왕에게 의부하여", "노(魯)나라의 새로운 왕이 되려고 한 것이었다"고 말하였다. 즉, 다시 말해 공자는 스스로 자기가 "주(周)나라를 이어갈 사람"으로, 다음 대의 신왕(新王)으로 여기고 있었다는 것이다. 그 신왕의 예(禮)가 『춘추(春秋)』 안에 기탁되어 있기 때문에

---

85) 『論語 爲政』

『춘추(春秋)』를 '일왕지법(一王之法)', 즉 왕의 법전이라고도 한다. 물론 이는 한나라 사람들이 공자에게 추가한 것이다.[86] 공자가 서주 이래의 예에 대하여 손익은 아래 몇 개의 방면에서 표현된다.

그 첫째 표현은, 인의(仁義) 관념을 예(禮)의 의식(儀式)에서 벗겨냈는데 이로 인해 서주 말기에 굳어지고 부패해진 예(禮)가 활성화된 것이다. 공자는 이렇게 말했다. "예를 예라고 하지 어찌 옥백(玉帛)을 말하는 것이냐? 악을 악이라 하지 어찌 종고(鍾鼓)를 말하는 것이냐?"[87] 여기서 공자는 그래 옥백이 곧 예란 말인가? 그래 종고가 곧 악이란 말인가? 하면서 반문하였다. 옥백이나 종고 따위는 그저 예악의 외재적 형식일 따름이다. 예는 단지 옥백이나 종고가 아니라, 다른 면이 있으니 그것은 바로 옥백, 종고 따위를 떠나서 존재하는 것이다. 공자가 볼 때에는 옥백이나 종고에 들어있는 도덕적 정감이야말로 예악의 진정한 내용이며 영혼이었던 것이다. 자로(子路)가 이르기를, "내가 스승님의 말씀을 들으매, 상례에 있어서, 애도는 부족하나 예의는 극진한 것이, 예의가 부족하나 애도가 넘치는 것보다 못하다고 한다. 제례에 있어서도 공경함이 부족하나 예의가 유연한 것이, 예의가 부족하나 공경함이 극진한 것보다 못하다고 하셨다."[88]

그 둘째 표현은, 인(仁)을 인간의 본질적 존재의 규정성 요소의 하나가 되게 한 것이다. 공자는 또 이렇게 말하였다. "사람으로서 인(仁)이 없으면

---

86) 평유란, 『중국철학사신편』.
87) 『論語 陽貨』
88) 『禮記 檀弓上』

예의가 바른들 무엇 하며, 사람으로서 인(仁)이 없으면 악(樂)한들 무슨 소용 있겠는가?"[89] 이 말은 바로, 만약 사람이 불인(不仁)하면 어떻게 예악을 말할 수가 있겠는가라는 뜻이다. 이 이전에는 중국역사에 지식인이 있었다고는 말할 수 없었으나, 이 이후로는 중국역사에 지식인이 없다고는 말할 수 없을 것이다. 그것은 이때부터 진정한 지식인이 인성을 자각하기 시작했기 때문이다. 인간의 보편적 본질에 대한 공자의 이성적 반성은, 주공이 개척해 놓은 거무화(去巫化)한 종교개혁의 계승일 뿐만 아니라, 미래 유학사회의 정치적 사회적 문화적 토대를 구축한 것이 된다. 후에 이 사상의 계승자인 『맹자(孟子)』는 한걸음 더 나아가 "인(仁)은 사람의 마음이다."[90] "인(仁) 역시 사람이다"[91]라는 빛나는 명제를 내놓았다.

그 셋째 표현은, 더는 예를 일종의 도덕적, 풍속적인 것으로 보지 않고, 형벌보다 더 중요한 사회제어의 수단으로 간주하게 된 것이다. 예법과 형벌의 관계를 놓고 공자는 이런 말을 하였다. "법제로써 다스리고 형벌로써 질서를 유지하면 백성들이 형벌을 면하려 속이는 것을 수치로 생각지 않는다. 하지만 덕으로써 다스리고 예로써 질서를 유지하면 백성들은 잘못을 수치로 알고 바르게 될 것이다."[92] 주공이 '천명'을 받고 그것을 지키는 조건으로 '명덕'을 내세우고, 통치자의 도덕적 자각을 강조하면서 "벌을 삼가는" 것을 '명덕'과 나란히 중요한 내용으로 취급하였다면,

---

89) 『論語 八佾』
90) 『孟子 告子上』
91) 『孟子 盡心下』
92) 『論語 爲政』

공자는 정(政) 덕(德) 형(刑) 예(禮) 치(恥)를 결부하여 함께 논술하였다. 덕정(德政)과 형정(刑政)을 놓고 공자는 '형정'이 백성들에게 공포를 주고 나쁜 일을 감히 못하게 할 수는 있어도, 사람들에게 수치심을 알게 할 수는 없다고 여겼다. 그러면서 그는 그것에 반해 '덕정' 또는 '예로써 다스리는 것'은 형정으로써는 할 수 없는 것을 할 수 있는 것으로, 바로 백성들로 하여금 수치심을 알게 하고 자각적으로 착해지려 노력하게 할 수 있다고 주장하였다. 덕정과 형정의 관계에 대한 공자의 이런 주장은 훗날 유가사상 기본 핵심의 중요한 한 방면인 "덕치를 위주로 하고 형벌을 보조로 하는 관점"의 주요 근원이 되었다. 이로부터 가히 알 수 있는 것은 공자는 주공이 강조한 통치자의 도덕 자각을 '민'간 차원으로 끌어들여 '형벌을 삼가는 것'을 '예로써 다스리는 것'이 되게 하였고, 한걸음 더 나아가서 주공이 개척한 정치생활 윤리화의 방향을 더 심화시켜, 사회생활의 일체화 윤리화에 방향을 제시하였던 것이다.

둘째, 효(孝)의 각도에서 인(仁)을 논하였다. 효제(孝悌)도 마찬가지로 인을 기본으로 한다. 공자는 이렇게 말하였다. "효성과 우애가 있는 사람으로서 윗사람에게 도리에 벗어난 행동을 하는 사람은 드물다. 그리고 윗사람에게 도리에 벗어난 행동을 하지 않는 사람이 법을 어기고 사회질서를 어지럽힌 적이 아직 없었다. 군자는 기본이 되는 일에 힘써야 하며 모든 일에 근본이 서야만 도가 생겨난다. 효성과 우애는 바로 인의 기본이다."[93] 공자는 효제가 인의 근본이라고 여겼다. 그는 효제를 하는

---

93) 『論語 爲政』

사람은 위를 거스르거나 반역을 꾀하지 않는다고 하였다. 여기서 그는 '불인(不仁)'한 것을 '위를 거스르는 것'의 조건으로 예정해 놓았다. 소위 '위를 거스르는 것'이냐 아니냐는 모종의 정치질서 사회질서에서 정의되는 것이다. 여기서 말하는 '위(上)'는 주천자(周天子) 그리고 그가 대표하는 정치 사회 질서를 가리킨다. 효제는 인을 양성하는 토대이고 근본이다. 가히 알 수 있는 것은 인은 지식성이 아니고 도덕성이라는 것이다. 그래서 증자(曾子)는 이렇게 말하였다. "장례를 매우 잘하고 제사를 극진히 잘하면, 민풍이 순후해지게 된다." 만약 이렇게 된다면 '위(上)를 거스르는 것'이 쉽지 않을 것이라 여겼던 것이다.

공자는 일찍이 무엇 때문에 3년 효를 치러야 하는가 하는 물음에 대답할 때 그 까닭은 바로 일찍이 부모가 자식을 적어도 3년을 길렀기 때문이라고 하였다. 여기서 '양육'의 '양(養)'은 대개 동물의 종(種) 번연(繁衍)의 생물적인 본능을 말했다. 이른바 "개나 말도 다 기를 수 있다." 하지만 '효'는 사람과 동물을 엄연히 구별한 것으로 그 구별 기준이 바로 '공경(恭敬)'이었다.

공자는 다음과 같이 말하였다. "공경하지 않으면 어찌 (사람과 짐승을) 구별할 수 있겠는가?" 효(孝)와 양(養)은 다르다. 효는 예로써 봉양하거나 제사하는 것을 가리킨다. 이에 공자는 "살아계실 때는 예로써 섬기고, 죽은 뒤에는 예로써 장사지내며, 예로써 제사지내는 것이다"라고 말하였다.[94]

"효제는 인(仁)의 근본이다." 이로부터 공자는 한걸음 더 나아가 은상(殷商)이래로 조상을 존숭하던 실천을 일반화, 개념화, 추상화했다.

---

94) 『論語 爲政』

'양(養)'에서 효(孝)로, 효에서 인(仁)으로, 이것은 원시유학에서 인간이
인간이어야 하는 철학적 반성이며, 인간의 '생물성 코드'를 개조하여
철학적 사고의 기반에 올려놓은 것이다. 이런 윤리화된 철학사고는 훗날
중국 고대사상의 기본 양식으로 구성되었다. 유학사회에서 사람들은 먼저
도덕성이 1순위이고 그 다음에 비로소 지식을 놓았으며, 지식에서도 가장
중요한 것이 도덕적 지식이었다.

셋째, '자기가 하고자 하는 것과 하기 싫은 것'과의 유지에서 인(仁)을 논한
것이다. 공자는 이렇게 말하였다. "가까운 것을 취해 비유한다면 그것이
바로 인의 방향이라 할 수 있다."[95] 어떻게 하면 '가까운 것을 취해 비유할' 수
있겠는가? 공자는 다음과 같이 말하였다. "인자(仁者)는 자기가 서고 싶으면
남을 세워주고, 자기가 달(達)하고자 하는 마음이 생기면 다른 사람을
달(達)하게 해준다."[96] 그는 또 "자기가 원하는 것이 아니면 남에게 베풀지
말아야 한다"라고도 하였다.[97] 이로부터 욕(欲)과 불욕(不欲) 두 방면으로,
인자(仁者)는 어떻게 자신과 타인과의 관계를 처리할 것인가를 논술하면서
전자를 충(忠), 후자를 서(恕)로 규정하였다. "공자가 '삼(參)아, 나의 도는
하나로 관철되어 있다'라고 하자, 증자가 이르기를 "예, 그러하옵니다"라고
하였다. 공자가 밖으로 나가자 공자의 제자들이 "무슨 말씀입니까?" 하고
물으니, 증자가 대답하기를 "스승님의 도는 충(忠)과 서(恕)일뿐입니다"라고

---

95) 『論語 雍也』
96) 『論語 雍也』
97) 『論語 衛靈公』

하였다.[98]

이는 '극기복례(克己復禮)' 중의 '극기(克己)'와는 다르다. "자기가 서고 싶으면 남을 세워주고, 자기가 달(達)하고자 하는 마음이 생기면 다른 사람을 달(達)하게 해준다"는 인자가 지니고 있는 것은 일종의 "자기 마음을 미루어 남을 보는 것"이다. 즉 자기 마음으로 남을 헤아리는 것이라 할 수 있다. 이런 사유가 바로 환위(換位) 사고이다. 이른바 환위 사고란 바로 역지사지(易地思之), 즉 처지를 바꾸어서 타인의 입장에서 생각하여 보는 것을 말했다. 이런 사고의 전제는 바로 자신과 타인 둘 다 평등한 실천주체라는 시각으로 보는 것을 전제로 한다.

넷째, "모든 사람을 널리 사랑한다는 이른바 '범애중(泛愛衆)'"의 각도에서 인을 논하였다. "번지(樊遲)가 인에 대해 묻자, 공자는 대답하기를 '사람을 사랑하는 것이다'라고 하였다."[99] 공자는 또 이렇게 말하였다. "군자가 도를 배우려면 사람을 사랑해야 한다."[100] 공자가 제출한 "사람을 사랑한다"는 개념은 인의 개념에 비해 한걸음 더 비약한 것이다. "사람을 사랑한다"는 명제에 대하여 귀모뤄(郭沫若)은 "인간의 발견"[101]이라고까지 칭하였으니 그 의의가 얼마나 중요한지를 알 수 있다. 『태서(泰誓)』에서는 "천지는 만물의 부모이고, 사람은 만물 중 영물(靈物)이다. 진짜로 총명한 사람이 대군이 되어야 하고 인민의 부모가 되어야 한다", "하늘이 백성을 사랑한다" 등

---

98) 『論語 里仁』
99) 『論語 顔淵』
100) 『論語 顔淵』
101) 귀모뤄, 『10비판서』, 북경. 동방출판사. 1996년, 87쪽.

구절이 나온다. "사람을 사랑하는 것"은 서주 이래의 "덕을 공경하고 백성을 보호한다"는 사상의 발전이다. "사람을 사랑하는 것"의 전제는 상대를 평등한 사람으로 대하는 것이며, 타인을 사람으로 승인하는 것이며, 그리고 또한 사랑할 수가 있어야 한다. 공자의 "사람을 사랑해야 한다"는 관념은 추상적인데서 나온 것이 아니라, 효(孝)에서 파생된 것이다. 공자는 다음과 같이 말하였다. "제자는 집에 들어가면 부모에게 효도하고, 밖에 나가서는 모든 일을 삼가며, 남에게 믿음을 주며, 모든 사람을 널리 사랑하되 특히 인자(仁者)와 가까이 하여야 한다."[102]

인자(仁者)는 천하를 헤아릴 수 있어야 한다. 묵자(墨子)는 다음과 같이 말하였다. 인자는 "부모가 가난하면 방법을 마련해 부유하게 하여야 하고, 인구가 적으면 방법을 강구해 늘려야 하며, 사람이 많아 혼란하면 방법을 마련해 그것을 다스려야 한다.… 이런 세 가지 일을 하는 것이 인자가 천하를 헤아리는 것이다. …"[103] 묵자는 인자가 천하를 위해 할 수 있는 것으로 세 가지를 꼽았다. 즉 '부하게 하는 것', '많게 하는 것', '다스리는 것'이다. 공자는 '서(庶) 부(富) 교(敎)'의 주장을 펼쳤다. "환공(桓公)이 제후를 규합한 것은 병거(兵車)에 의해서가 아니다"라고 하는데 대하여 공자는 '관중(管仲)'의 힘에 의한 것으로 여겼다. 그러면서 "누가 관중(管仲)의 인함과 같겠는가?"[104]라고 찬양하였다. 관중이 인자인지 아닌지 의심하는 제자

---

102) 『論語 學而』
103) 『墨子 節葬下』
104) 『墨子 節葬下』

자공(子貢)에게 공자는 이런 말을 하였다. "관중이 환공을 도와서 제후들의 패자가 되게 하고 천하를 하나로 통일하여 바로 잡았으니, 백성들이 지금도 그 혜택을 받고 있는 것이다. 관중이 없었다면 우리들은 머리를 풀고 옷깃을 외로 여몄을 것이다. 어찌 필부필부(匹夫匹婦)들이 조그마한 신의를 위하여 스스로 개천에서 목매어 죽어도 알아주는 사람이 없는 것과 같겠는가!"[105] 공자는 "백성들이 지금도 그 혜택을 받고 있는 것이다"라고 하면서 백성들이 혜택을 받는 것을 관중이 인자냐 아니냐의 중요한 기준으로 삼았다. 이 역시 일종의 '모든 사람을 널리 사랑하는' 범애중(泛愛衆) 정신의 체현인 것이다. 공자는 열정적으로 후세의 왕을 부르며 이런 말을 했다. "만일 왕자가 있을지라도 반드시 한 세대 이후라야 세상이 인(仁)하여 질 것이다."[106]

다섯째, 인(仁)의 도덕적 책임감 측면에서 인(仁)의 실현을 논하였다. 인(仁)은 자신부터 실행한다. 인에 관하여 공자는 많은 주장을 하였는데, 주요내용은 위에서 말한 것과 같다. 즉, '극기복례(克己復禮)가 바로 인이다', '효제 역시 인의 근본이다', '인자(仁者)는 자기가 서고 싶으면 남을 세워주고, 자기가 달(達)하고자 하는 마음이 생기면 다른 사람을 달(達)하게 해준다', '자기가 원하는 것이 아니면 남에게 베풀지 말아야 한다', '인자는 사람을 사랑하여야 한다', '인자(仁者)는 천하를 헤아릴 수 있어야 한다', 인자는 능히 '공손 관대 신의 민첩함 은혜로움을 행하여야 한다', '강직하고 의연하고 질박하고 어눌함은 인에 가깝다' 등이다. 우리는 주공(周公)의 종교개혁에서

---

105) 『墨子 節葬下』
106) 『公子 子路』

종교적 관념과 윤리원칙을 서로 결부시켰음을 알고 있다. 주공은 일련의 고사(誥辭)에서 주왕(周王)에게 "명덕(明德)·신벌(愼罰)'하고, '경덕(敬德)보민(保民)"하여야 한다고 경고하였다. 『소고(召誥)』에서 "우리는 하(夏)나라를 거울로 삼지 않으면 안 되며, 은(殷)나라를 거울로 삼지 않으면 안 된다. 하나라가 누리는 천명(天命)이 얼마나 오래 가는지 나는 감히 안다고 말을 못한다. 또 하나라의 국운이 연장되지 못한다는 것도 나는 감히 안다고 말을 못한다. 나는 단지 그들이 덕을 행하는 것을 중시하지 않았기에, 일찍이 복(福)과 명(命)을 잃게 되었다는 것만 알고 있다. 그리고 은(殷)나라가 받은 천명이 얼마나 오래 가는지 나는 감히 안다고 말을 못한다. 또 은(殷)나라의 국운이 연장되지 못한다는 것도 나는 감히 안다고 말을 못한다. 나는 단지 그들이 덕을 행하는 것을 중시하지 않았기에, 일찍이 복(福)과 명(命)을 잃게 되었다는 것만 알고 있다"라고 하였다.

이 '천명(天命)'의 도덕적 책임자는 주왕(周王)이다. 그럼 인의 도덕적 책임자는 또 누구이겠는가? 공자는 다음과 같이 말하였다.

> 인이 되는 것은 자기로 말미암은 것이지 어찌 남으로 말미암은 것이겠는가?[107]
>
> 인은 멀리 있는 것이 아니라, 내가 인한 사람이 되고자 하면 곧 인에 이르는 것이다.[108]

---

107) 『論語 顔淵』
108) 『論語 述而』

하루종일 능히 어진 것에 힘쓸 사람이 있는가? 나는 아직 그렇게 하는데 힘이 부족한 사람을 보지 못하였다.[109]

사람이 도를 넓힐 수 있으나 도가 사람을 넓히는 것은 아니다.[110]

선비는 도량이 넓고 마음이 꿋꿋하지 않으면 안 되는 것이니 그 소임은 중대하고 갈 길은 멀기 때문이다. 인을 베푸는 것을 자신의 소임으로 하니 역시 중대하지 않은가? 죽은 다음에야 끝이 나니 역시 멀지 아니한가![111]

뜻있는 사(士)와 인자(仁者)는 삶을 구하여 인을 해치는 일은 없고, 몸을 희생하여 인(仁)을 이루는 일은 있다.[112]

　　사(士)의 도덕적 인격 요구는 공자의 논술에서 어디서나 쉽게 찾아볼 수 있다. 주공이 주왕(周王)에게 도덕적 인격 요구를 제시한 것으로부터 공자가 사에 대하여 도덕적 인격요구를 제시하는 데에 이르기까지 이는 축심(軸心)시대의 종교윤리를 갖춘 원칙의 세속화요구와 그것의 완성인 것이다. 일반적으로 중국고대 지식계층의 출현을 춘추시대가 전국시대로 변하는 공자시대로 보고 있다.[113] 춘추시대에 귀족들이 점차 몰락하고, 봉건사회가 점차 와해되면서, 사회에 새로운 계층이 출현하게 되었다. 이

---

109)　『論語 里仁』
110)　『論語 衛靈公』
111)　『論語 泰伯』
112)　『論語 衛靈公』
113)　위잉스(餘英時), 『사와 중국문화』, 4쪽.

계층이 관학(官學)에 보존되어 있는 예의(禮儀), 지식 또는 문화전통을 장악하고는, 사학(私學)을 설립하여 지식을 전수하고 역사를 해설하였는데, 이 계층이 바로 중국고대 지식계층의 최초 형태이다.

춘추사회가 분열, 변화되면서 원래의 사회계층이 유동하게 되었다. 그중 유동이 가장 심한 것이 바로 상층귀족의 하강과 하층서민의 상승이었고, 사(士)계층은 귀족과 서민의 중간으로서, 상하유동이 회합(會合)되면서 인구수가 크게 증대하게 되었다. 사(士)의 인구수가 증가됨에 따라 춘추시기 민지(民智)가 점차 트이게 되었다. 공자는 민지가 점차 트이는 사회에 새로운 도덕자각의 원칙을 주입하였던 것이다. 여기서 더는 서주(西周)시기 주공의 역사우환의식 천명의식이 아니라, 냉정하고 이성적인 '복례(復禮)'의식이었다. 더는 주왕(周王)처럼 개인적으로 '명덕(明德)'이라는 도덕적 책임이라든가 천명을 짊어지는 것이 아니고, 인(仁)은 자신으로부터 실행해야 하는 보통 개체의 도덕 자각으로 자리를 잡은 것이다. 주공이 서주 이래 정치생활의 윤리화 이성화 원칙을 명확하게 하였다면, 공자는 한걸음 더 나아가서 춘추 이후 사회생활의 윤리화 이성화의 방향을 틔워놓았다고 할 수 있다. 천명(天命)에서 명덕(明德)으로, 다시 인애(仁愛)원칙의 확립에서 우리는 중국고대사회 종교 관념의 세속화 인문화 윤리화의 연혁과정을 알 수가 있다.

여섯째, 인(仁)의 개념은 또한 기타 도덕요소를 많이 포함하고 있다. '자장(子長)'이 공자에게 인(仁)에 대하여 물어 보자, 공자가 이르기를 "다섯 가지를 천하에 행할 수 있는 것이 인(仁)이다"라고 하였다. 자장이 그 다섯 가지를 묻자 공자는 "공손 관대 신의 민첩함 은혜로움(恭,寬,信,敏,惠)

등 다섯 가지를 세상에 행할 수 있어야 인자가 될 수 있다"라고 하였다.[114]
공자는 또 "강직하고 의연하고 질박하고 어눌함은 인(仁)에 가깝다"[115],
"교묘한 말과 아첨하는 얼굴빛에는 인이 적으니라"[116] 등의 말을 하기도
하였다. 공자는 일상생활의 많은 면에서 모두 반성을 하였는데, 이는
일상생활에 조리가 있게 되고 신성한 느낌과 함께 방향성을 갖추게 하였던
것이다.

(3) 은상(殷商)이래의 천명(天命) 신귀(神鬼) 관념에 대한 반성

> 스승님(공자를 가리킴)의 어진 마음에서 우러러 나온 말씀과
> 천도(天道)는 얻어들을 수 없었다.[117]
> 공자께서는 이익과 운명과 인에 관하여서는 말씀하시는 일이
> 드무셨다.[118]
> 하늘이 무엇을 말하더냐? 사시가 운행되며 만물이 생겨난다.
> 하늘이 무엇을 말하더냐?[119]
> 문왕(文王)은 이미 가셨으나 그의 문(文)이 여기 남아 있지

---

114) 『論語 陽貨』
115) 『論語 子路』
116) 『論語 學而』
117) 『論語 公冶長』
118) 『論語 子罕』
119) 『論語 陽貨』

않느냐? 하늘이 이 문(文)을 버리려 하였다면 뒤에 죽을 사람으로 하여금 이문에 참여치 못하게 하였을 것이다. 그러나 하늘이 이 문을 버리려 하지 않을진대, 광(匡)땅의 사람들이 나를 어찌하겠느냐?[120]

공자가 "나를 알아주는 사람이 없구나"라고 말하니, 자공이 이르기를 "어찌 스승님을 알 사람이 없겠습니까?"라고 하자, 공자는 이렇게 말하였다. "하늘을 원망하지 않고 남을 탓하지 않고, 아래로는 인사를 배우고 위로는 천리에 통달해 가노니, 나를 알아주는 것 역시 저 하늘이리라!"[121]

"군자에게는 세 가지 두려운 것이 있다. 천명을 두려워하고 대인을 두려워하고 성인의 말씀을 두려워한다. 그러나 소인은 천명을 모르기에 두려워하지 않고 대인에게 아첨하며, 성인의 말씀을 업신여긴다."[122]

천명을 알지 못하면 군자가 될 수 없고, 예를 알지 못하면 남 앞에 설 수 없고 말을 알지 못하면 남을 알 수가 없다.[123]

장차 도가 행하여지는 것도 천명(天命)이고, 도가 행하여지지 않는 것도 천명인데 공백료(公伯寮)가 그 천명을 어찌하겠는가!"[124]

---

120) 『論語 子罕』
121) 『論語 憲問』
122) 『論語 季氏』
123) 『論語 堯曰』
124) 『論語 憲問』

공자께서는 괴이한 일, 힘쓰는 일, 난동부리는 일 그리고 귀신에 관하여서는 말씀하지 않으셨다.[125]

계로(季路)가 귀신을 섬기는 일을 묻자 공자께서 말씀하시기를 "사람을 섬기지 못하면서 어찌 귀신 섬기는 일을 할 수 있겠느냐?"라고 하였다. "죽음에 대해 감히 물어보고 싶습니다"라고 하였더니 공자는 이르기를 "삶도 아직 모르는데 어찌 죽음을 알겠는가?"라고 하였다.[126]

번지(樊遲)가 지(知)에 대하여 묻자 공자가 이르기를 "백성이 뜻하는 바에 힘쓰고 귀신은 공경하되 멀리하면 된다"라고 하였다.[127]

조상에게 제사를 지내되 조상이 살아있는 것같이 할 것이며, 신에게 제사를 지내되 신이 있는 것같이 할지니라. 공자는 이르기를 "내가 제사에 참여하지 않으면 제사를 지내지 않는 것과 같다"라고 하였다.[128]

이상은 공자가 천명과 귀신에 대하여 논한 문장들이다. 이를 아래 몇 가지 방면으로 이해함으로써 공자의 천명에 관한 견해와 귀신에 관한 견해를 알아보기로 한다.

---

125) 『論語 述而』
126) 『論語 先進』
127) 『論語 雍也』
128) 『論語 八佾』

첫째는 공자가 '천명'에 찬동하고 인정하였다는 것이다. 천명에 관한 공자의 견해를 보면 세 가지 개념이 자주 사용되는데 그것이 바로 '하늘(天)', '천명(天命)', '명(命)'이다. 이 하늘(天), 천명(天命), 명(命)은 공자의 『논어』에서 어떤 때는 서로 대신하여 쓰이고 있다. 그러나 자연은 '무위'인데 '유위'할 때 자주 쓰이는 것이 '하늘(天)'이었고, 자연은 '유위'하지만 모종의 도덕적 사명을 짊어져야 할 때 자주 쓰이는 것이 '천명(天命)'이었으며, 인간이 지배할 수 없고 모종의 것을 바꿀 수 없을 때 자주 쓰이는 것이 '명(命)'이었다. 이런 의미가 서로 교차되어 쓰일 때, 개념도 서로 바뀌어 쓰이지만 그렇지 않은 경우, 교체하여 쓰면 안 된다.

천명에 관한 공자의 견해와 입장에 또 하나 주목해야 할 것이 있는데, 그것은 바로 운명이 좋지 않을 때나 좌절을 당하였을 때, '하늘(天)'과 '명(命)'을 말했다는 것이다. 이것은 마치 사람들이 구두어에서 '오, 하나님', '아이고머니'하는 따위의 감탄사와 비슷하다. 이것은 혹시 삼대 시기의 종교 관념이 일상생활 언어중의 잔재일 수도 있으며 '시화된 언어', '미학적 언어'에 속한다고 할 수 있다.

둘째는 공자가 '하늘(天)'과 '명(命)'을 따로 사용할 경우, '하늘(天)'은 공공적이고 '명(命)'은 사인의 영역이며, 개체가 하늘에 대해 책임을 지는 것에 쓰이고 있다는 점이다. 이로 인하여 천명은 공자에게 일종의 도덕적 자각, 역사책임의 의미를 띠게 되었다. 주공의 천명관(天命觀)에서 공자의 천명관(天命觀)에 이르기까지, 우리는 여기에서도 유학정신의 세속화와 더불어 '무당과 귀신'을 배제하려는 노력을 엿볼 수가 있다.

셋째는 공자가 '귀신'을 대하는 태도가 주로 예치(禮治)주의적,

교화(敎化)주의적, 기능주의적, 현실주의적 태도였다는 것이다. 앞서 제시한, '귀신'에 관한 공자의 언론 중에서 우리는 공자가 귀신에 대하여, 인간의 사후에 또 하나의 세계가 있느냐 없느냐에 대하여 토론하지 않고 회피하는 태도를 취하고 있음을 알 수 있다. 공자는 '예(禮)'에 입각하여 '삼년 효를 치를 것'을 주장하였다. 『논어』에는 "조상에게 제사지내되 조상이 살아 있는 것같이 할 것이며, 신에게 제사지내되 신이 있는 것같이 하여야 한다. 공자가 이르기를 '내가 제사에 참여하지 않으면 제사를 지내지 않는 것과 같다'고 하였다"[129]라는 구절이 있는데, 바로 제례 때 일종 효의 감정으로 참여하라는 것이다. 이른바 예치(禮治)주의적이라고 함은, 공자가 예를 토대로 하여 귀신에 대한 태도를 말한 것이고, 이른바 교화(敎化)주의적이라고 함은, 바로 공자가 '백성의 덕이 날로 두터워지는 것'를 토대로 하여 귀신을 말한 것이며, 귀신에 대한 공자의 태도는 마치 그 제자 증자가 말한 것처럼 "부모 장례를 삼가 정중히 하고, 먼 조상을 존숭하면 백성의 덕이 두터워질 것이다[130]"라는 건지에서 비롯된 것이다. 이른바 기능주의적이라고 함은, 공자는 현실생활에서의 귀신의 의의를 두고 귀신을 말한 것이고, 이른바 현실주의적이라고 함은 공자가 귀신에 대하여 추상적인 상상과 추측을 하지 않았다는 것이다. 공자는 주례(周禮)에 대하여 '손익(損益)'만을 실시하였는데, 그렇기 때문에 우리는 공자에게 은상(殷商) 이래의 귀신관념을 철저하게 버렸어야 했다고 타박할 수는 없다.

---

129) 『論語 八佾』
130) 『論語 學而』

공자는 비록 '귀신(鬼神)'에 대하여 '놔두고 논하지 않는', 의심하는 부정주의 태도를 갖고 있기는 하였으나, '귀신에 대해 공경하되 가까이 하지 않는다'는 '경원사상'은 의심할 나위 없이 백성은 '신을 모시는 주인'이고 "먼저 백성이 된 다음에 신에게 힘 써야 한다"는 사상과는 배치되는 사상으로서 한걸음 앞서나간 '무당과 귀신'을 배제하는 그 사상높이에서 한 단계 더 올라선 것으로 볼 수 있다.

(4) 사유 및 행동방법에 대한 반성

공자의 사유 및 행동방법에 대한 반성은 그의 '중용(中庸)'사상에서 잘 드러나 있다.

중용의 덕을 행함이 덕의 극치이다.[131]
자공(子貢)이 사(師)와 상(商)은 누가 더 현명한가를 물었다. 이에 공자는 이렇게 말하였다. "사는 지나치고 상은 못 미치는구나." "그러면 사가 낫다는 말씀입니까?" "지나침은 미치지 못함과 같다.(과유불급)"[132]

---

131) 『論語 雍也』
132) 『論語 先進』

예를 사용함에 있어서 조화를 이루는 것이 가장 중요하다.[133]

군자는 남과 화합을 하지만 뇌동하지 않고, 소인은 남과 뇌동은 하지만 화합하지 못한다.[134]

내가 있단 말인가? 없다. 하지만 시골 사람이 나에게 물어오면 나는 아무것도 모르지만 문제의 양단을 캐묻는다. 그러면 문제가 밝혀지는 것이다.[135]

'중용'과 '화합'을 논하는 공자의 어구에서 아래와 같은 몇 가지를 알 수가 있다.

첫째, 공자는 중용을 일종의 지상의 덕성으로 여겼다. 중용은 바로 '용중(用中)'[136]으로, 공자가 "성심껏 중정을 지키라"는 뜻의 '윤집기중(允執其中)' 네 글자를 귀납한 것이다. 『논어·요왈』에 의하면, "성심껏 중정을 지키라"는 말은 요(堯)가 임종할 때 순(舜)에게 한 말로서 천하를 통치하는 비결을 전수한 것이라고 한다.

둘째, 중용은 화합에 비해 방법론 문제에 한걸음 더 접근하였다. 화합의 '화(和)'는 일종의 상태이지만 중용은 사물의 각 부분 각 방면이 모두 적합한

---

133) 『論語 學而』
134) 『論語 子路』
135) 『論語 子罕』
136) 유택화(劉澤華) 『중국고대정치사상사』

도를 유지할 것을 요구한다.

셋째, '예'는 중정(中正)을 지키는 기준이다. 예(禮)에 맞게 행사하면 바로 '중정(中正)'이다. "예를 사용함에 있어서 조화를 이루는 것이 가장 중요하다." '중정(中正)'의 '중(中)' 역시 '화합(和合)'의 '화(和)'를 도모하는 것이다. 따라서 '중(中)' '화(和)' '예(禮)'는 일치한 것이다. 그리고 공자는 '화(和)'와 '동(同)'을 한 단계 더 올려 '군자(君子)'와 '소인(小人)'을 분별하는 도덕평가의 눈금에 맞추어 놓았다.

넷째, 『중용』에서는 일찍이 공자의 말을 인용하여 "그 양단을 틀어쥐고 그 중간을 백성에게 돌린다"고 하였다. 공자의 "문제의 양단을 캐물어본다"는 말은 중용에 비하여 더 구체적인 방법이었다. 『논어』에서는 한 사물의 품격을 묘사하거나 서술할 때 언제나 "한 방면으로는 어떠하며 다른 한 방면으로는 어떠하다"는 구형(句型)을 쓰곤 하였다. 이를테면 '공자께서는 온화하면서도 절도가 있으시고, 위엄이 있으면서도 사납지 않으시다(子溫而厲, 威而不猛)' 따위의 구형이다. 여기서 '온'과 '역', '위'와 '맹' 모두 사물의 양단에 속한다. 오직 이 양단을 결부시켜야 비로소 가장 잘된 것으로 되는데, 소위 '과유불급'도 이 이치이다.

공자의 중용사상이 후세의 유학발전에 끼친 영향은 실로 거대한데, 송명(宋明) 이학(理學)의 도통(道統)에서 전승(傳承)되는 중요한 내용이다. 『상서 홍범』에는 일찍이 지력이 아직 개화되지 않았던 원고(遠古)시기 "의심이 있을 때 점을 쳐 결정한다"는 사실이 적혀있다. 임금이 만약

의문이 있으면 다섯 개 방면으로부터의 의견을 참조한다. 그 다섯 개 방면의 의견이란 임금 자신의 의견, 경사(卿士)의 의견, 서민(庶民)의 의견, 귀복(龜卜)으로 점친 결과, 점서(占筮)로 점친 결과이다. 그중에서 귀복과 점서의 결과에 따르는 것이 임금이나 경사 서민의 의견을 따르는 것보다 더 우세했다. 주공(周公) 때에 이르러서야 주공이 일련의 고사(誥辭) 중에 명덕(明德)관념을 통치이념에 주입하였던 것이다. 춘추(春秋)에 들어서 『좌전 소공20년』의 기록에 의하면, 안영(晏嬰)이 '화(和)와 동(同)의 관계'를 말하면서 행정적 이념과 방법을 언급한 것이 있다.

"제경공(齊景公)이 이르기를 '오직 근거가 있어야 나와 화협(和協)할 수가 있소!' 라고 하니 안자(晏子)가 대답하기를 '근거라는 것은 상동(相同)하게 하는 것일 뿐입니다. 어찌 화해만 하겠습니까?'라고 하였다. 제경공이 '화협과 상동이 같지 않소?'라고 묻자 안자는 이렇게 대답하였다. '같지 않습니다. 화협은 마치 탕을 끓일 때 물·불·초·장·소금·매실로 어육을 조리하는 것과 마찬가지입니다. 불을 지펴 삶아내고 요리사가 입에 맞게 맛을 조화시킵니다. 맛이 너무 싱거우면 조미료를 더 넣고, 맛이 너무 짙으면 물을 더 넣습니다. 군자가 이 탕을 마시면 마음이 차분해집니다.

군신지간도 역시 이렇습니다. 임금의 생각에는 된다고 하는 것 중에 안 되는 것이 있으면 신하는 그 안 되는 부분을 여쭈어서 그 되는 부분이 더 완벽하게 하고, 임금의 생각에는 안 된다고 하나 그중에 되는 것이 있을 때에는 신하는 그 되는 부분을 여쭈어서 그 안 되는 부분을 없애야 합니다.

이로 인하여 정사는 순조롭고 예의에 맞게 되며 백성들은 쟁탈하려는 마음이 없어지게 됩니다.… 소리도 맛과 같습니다. 바로 일기(一氣) 이체

(二體)·삼류(三類)·사물(四物)·오성(五聲)·육률(六律)·칠음(七音) 팔풍(八風)·구가(九歌)가 서로 어우러져야 됩니다. 청탁(淸濁)·대소(大小) 단장(短長)·환급(還給)·애락(哀樂)·강유(剛柔)·쾌만(快慢)·고저(高低) 출입(出入)·소밀(疏密)이 서로 조절되어야 합니다. 그래야 군자가 듣고서 마음이 차분해집니다. 마음이 차분해지면 덕행으로 화협할 수 있습니다.

지금의 근거는 이런 것이 아닙니다. 임금이 된다고 여기면 근거도 된다고 하는 근거뿐이고 임금이 안 된다고 여기면 근거도 안 된다는 것뿐입니다. 이것은 마치 맑은 물로 맑은 물을 조제하는 것과 같으니 누가 그것을 먹겠습니까? 마치 금슬을 늘 같은 한곡조만 타는 것과도 같으니 누가 그것을 듣겠습니까? 상동(相同)이 마땅치 않다는 이치도 바로 이러하옵니다." 안영은 맛의 '조화'로부터 정치의 '조화', 소리의 '조화'를 말하면서 '조화'의 '화(和)'란 다른 사물, 다른 방면의 상호 보충하고 상호 조제하여 총체적인 조화를 이룬다는 것을 설명하였다. 또 『국어 정어(鄭語)』의 기록에 의하면 사백(史伯)도 이 문제를 거론한 적이 있다.

"기실 조화만이, 즉 '화(和)'만이 만물을 생성할 수 있습니다. 다 같으면, 즉 '동(同)'만으로는 발전하지 못합니다. 다른 것들이 서로 화협하고 평형을 이루는 것이 바로 조화인 것으로 이로써 만물이 통일될 수 있습니다. 만약 상동한 것만 쌓아놓으면 다 쓴 다음에는 그것으로 끝일 것입니다." 사백이 한발 더 나아가 개괄하여 '화(和)'와 '동(同)'의 본질적 구별은 바로 화(和)가 만물을 생성하는 것이라고 하였다. 공자에 이르러서는 '중용(中庸)'의 사상이 제기되었다. '점으로 결정하던' 대동'으로부터 군신지간의 '조화롭지만 서로 다른' 것을 강조하는 것으로, 거기서 다시 '양단을 틀어쥐고 중간부분을 취한다'는 '중용(中庸)'에까지, 우리는 정치통치 또는 관리, 도덕수양사상이 이성화로 진행되는 과정을 볼 수 있다.

공자의 학설 또는 사회 반성이 유학사회의 구조적 결성 그리고 중국의 역사 문화의 발전에 끼친 영향을 우리는 상기의 논술을 가지고는 그것을 다 담아낼 수가 없다. 그래서 『사기 · 공자세가』에서 '지성선사(至聖先師)'의 사회 반성을 정리한 대목을 발췌하여 아래에서 인용하려고 한다.

공자(孔子)의 시대에는 주(周)왕실이 쇠퇴해져 예악(禮樂)은 폐지되었고, 『시(詩)』와 『서(書)』가 흩어졌다. 그래서 공자는 삼대(三代)의 예(禮)를 추적하여 서전(書傳)의 편차를 정하였다. 위로는 요순(堯舜)시대부터, 아래로는 진목공(秦繆公)에 이르기까지 그 사적을 순서에 따라 정리하였다. 그리고 말하였다. "하나라의 예는 내가 능히 그것을 말할 수 있지만, 그 후대인 기(杞)나라의 것에 대해서는 자료가 없어 증명하기에 부족하다. 은나라의 예는 내가 말할 수 있지만 송(宋)나라의 것에 대해서는 증명하기에 부족하다. 만약에 기나라와 송나라의 문헌이 충분하였다면 나는 그것을 증명할 수 있었을 것이다." 공자는 또 은과 하나라 이래의 예가 손익(損益)된 것을 보고 말하였다. "차후로는 비록 백세의 세월이 흐르더라도 예제(禮制)의 변천을 알 수 있는데, 그것은 은나라는 질박함을 귀히 여겼고 주나라는 문화(文華)함을 귀히 여겼기 때문이다. 주왕조는 하와 은 2대의 제도를 귀감으로 삼았기 때문에 그 문화는 참으로 풍성하고 화려하다! 나는 주나라를 따르겠다." 그러므로 서전(書傳)과 『예기(禮記)』는 공자로부터 처음으로 편찬되어 나온 것이다.

공자가 노(魯)나라의 태사(太師)에게 말하였다. "음악을 연주하는 과정은 이해할 수 있다. 연주를 시작할 때에는 5음이 조화를 이루고, 그 다음으로는 청순하고 잘 어울려 끊이지 않고 잘 이어져 여운을 남김으로써 비로소 한 곡이 완성되는 것이다." "내가 위나라에서 노(魯)나라로 돌아온 이후에 비로소 음악이 바르게 되고 「아(雅)」와 「송(頌)」이 각기 제자리를 찾았다."

옛날에는 시(詩)가 3,000여 편이었으나 공자에 이르러 그 중복된 것을 빼고 예의에 응용할 수 있는 것만 취하였다. 위는 설(契)과 후직(后稷)에 관한 시이고, 중간은 은과 주나라의 성대함을 서술한 시이며, 아래는 유왕(幽王)과 여왕(厲王)의 실정(失政)에 관한 시에까지 이르렀다. 시의 내용은 임석(衽席) 등 비교적 이해하기 쉬운 것으로부터 시작하였다. 그래서 "「풍(風)」은 「관저(關雎)」 편으로 시작하고, 「소아(小雅)」는 「녹명(鹿鳴)」 편으로 시작하고, 「대아(大雅)」는 「문왕(文王)」 편으로 시작하고, 「송(頌)」은 「청묘(淸廟)」 편으로 시작한다"라고 말하였다. 이렇게 정리한 305편의 시에 공자는 모두 곡조를 붙여 노래로 부름으로써 「소(韶)」, 「무(武)」, 「아(雅)」, 「송(頌)」의 음악에 맞추려고 하였다. 예악(禮樂)이 이로부터 회복되어 서술할 수 있게 되었고, 이로써 왕도가 갖추어지고 육예(六藝)가 완성되었다.

공자는 만년에 『역(易)』을 좋아하여 「단(彖)」, 「계(繫)」, 「상(象)」, 「설괘(說卦)」, 「문언(文言)」 편을 정리하였다. 그는 죽간을 꿴 가죽 끈이 세 번이나 끊어졌을 정도로 『역』을 읽었다. 그는 이르기를 "만약 나에게 몇 년의 시간을 더 준다면 나는 『역』에 대해서는 그 문사(文辭)와 의리(義理)에 다 통달할 수 있을 것이다"라고 하였다. 공자가 『시(詩)』『서(書)』『예(禮)』『악(樂)』을 교재로 삼아 가르친 제자가 약 3,000명에 이르렀다. 공자가 말하였다. "안 되지! 안 돼! 군자는 죽은 후에 이름이 알려지지 않을 것을 걱정한다. 나의 도가 행해지지 않았으니 그럼 나는 무엇으로 후세에 이름을 남기겠는가?" 이에 공자는 역사의 기록에 근거해서 『춘추(春秋)』를 지었다. 이것은 위로는 노(魯)나라의 은공(隱公)에서 아래로는 애공(哀公) 14년까지, 12공(十二公)의 역사를 망라하였다. 『춘추』는 노(魯)나라의 역사를 사실로 삼고, 주(周)나라를 가까이에서 언급하고 은(殷)나라를 고사로 참조하여 하, 상, 주 3대를 아우르고 있다. 그 문사(文辭)는 간략하지만 제시하고자 하는 뜻은 넓다. 그래서 오(吳)나라와 초(楚)나라의 군주가 왕을 자칭하였지만, 『춘추』에서는 그것을 낮추어 본래의 작위(爵位)인 자작(子爵)으로 칭하였다. 천토(踐土)의 회맹(會盟)은 실제로는 제후가 주(周)나라의 천자를 부른 것이지만 『춘추』에서는 그 사실을 피해서, "천자가 하양(河陽)으로 수렵을 나갔다"라고 기록하였다. 이런 사안들을 들어서 당세(當世)의 법통을 바로잡는 기준으로 삼았다. 이와 같은 제후들에 대한 폄손(貶損)의 뜻은 후에 군주가 될 사람들이 이를 참고하여 실행하게 하는 데 있다. 『춘추』의 대의가 행하여지게 되면 곧 천하의 난신적자(亂臣賊子)들이 두려워하게 될 것이다.

공자는 지난날 소송안건을 심리하였을 때에도 문사상(文辭上)의 다른 사람과 의논해야 할 때는 결코 자기 혼자서 판단을 내리지 않았다. 그러나 『춘추』를 지을 때에는 결단코 기록할 것은 기록하고 삭제할 것은 삭제하였기 때문에 자하(子夏)와 같은 제자들도 한마디조차 끼일 수가 없었다. 제자들에게 『춘추』의 뜻을 전수하며, 공자는 이런 말을 하였다. "이제 후세에 나를 알아주는 사람이 있다면 바로 이 『춘추』 때문일 것이며, 나를 비난하는 사람이 있다면 역시 이 『춘추』 때문일 것이다."

2. 맹자의 사회재건에 대한 지적 반성

공자 이후에 공자의 사상을 세상에 널리 알린, 후세 유학의 아성으로 존대를 받았던 선철은 바로 맹자였다. 맹자(기원전 371년부터 기원전 289년)는 전국시기 추(鄒)나라 사람으로 오늘의 산동성 추현(鄒顯)사람이며, 공자의 손자 자사의 사숙제자라고 한다. 송유(宋儒)는 자사가 공자의 학생 증삼(曾參)에게 배운 적이 있다 했지만 선진의 기록에서는 찾아볼 수가 없다. 공자가 죽은 뒤 유가에는 어두운 시기가 찾아들었다. 그것을 맹자는 이렇게 묘사했다. "양주(楊朱)와 묵가의 말들만 천하에 넘쳐나다."[137] 맹자는 평생의 목표를 공자를 공부하는 것에 두었다. "소원이라면 공자를 배우는 것이다."[138] 공자이론을 배우는 사람으로 자처하면서 유학을 복구시키는 데 뜻을 두었다. 학생들을 널리 받아들이고 각국을 다니며 유세를 했으며, 각국 제후들은 모두 그를 상객으로 대접했다. 자부심도 대단했는데 "천하를 다스릴 수 있는 자 오늘날 나 외에 또 누가 있으랴?"고 했다.[139] 그러나 맹자는 늘 실제로 정치에 참여할 기회를 얻지 못했다. 말년에 추나라에 돌아와 "글을 쓰기 시작하니 『시』, 『서』를 썼고, 중니(공자)의 뜻을 새겨 『맹자』 7편을 썼다."[140] 맹자는 공자의 유학사상을 계승하고 발전시켰으며, 맹자(그 후의 순자까지)는 유학을 다시 한 번 "세상에 밝히게 함으로써 유학의 성숙과 발전에 중요한 공헌을 했다. 송유는 맹자를 추앙해서 맹자를 유학에 '도통한' 계승자로 보았고 후세사람들은 공자와 맹자를 같이 일컬어 '공맹지도'라 했다.

맹자는 급변하는 시대를 살았던 사람이다. 각국 사이에는 싸움이 그칠 새가 없었다. 전국시기 제나라만 해도 주변 소국 내지 부락을 30여 개를 흡수해 버렸고 초나라는 40여 개 국을 멸망시켰으며, 진(晉)나라, 진(秦)나라는 20여 개 국을 토벌했다. 그중 정복당하거나 토벌당한

---

137) 『孟子 滕文公下』
138) 『孟子 公孫丑下』
139) 『孟子 公孫丑下』
140) 『史記 孟子荀卿列傳』

나라들이 부지기수이다.[141] 맹자가 살았던 시대는 "문무가 그 능력을 발휘하던 시대였고", "한 잔의 물로 한 수레의 나무에 붙은 불을 끄고자 했던"[142] 시대이기도 했다. 바로 그런 시대였기에 맹자는 유학을 극대화해서 발휘할 수 있었던 것이다. 맹자는 유학을 발휘함에 있어서 다음의 몇 가지 방면에서 구현시켰다. 첫째가 성선설이고, 둘째가 인정설(仁政說)이며, 셋째가 수신입명설(修身立命說)이고, 넷째가 사회분공설(社會分工說)이며, 다섯째가 군신관계설이다.

(1) 사회질서에 기대어 건립한 인성기초의 사회반성: 성선설

『논어』에서는 인성문제에 대해 공자는 단지 "인간의 본성은 비슷하나 환경에 따라 변한다"[143]는 논술을 남겼고 그 제자인 증자 역시 이렇게 말했다. "스승의 말씀인즉 본성은 천도(天道)요 쉽게 변하지 않는 것이다."[144] 묵자의 논의 중에도 인성문제를 거론하지는 않았다. 전국시기에 이르러 '인성문제'는 백가쟁명의 중요한 문제로 부상했다. 주요 관점은 '본성은 선하고 악함이 없다'는 설, '본성은 선할 수도 악할 수도 있다'는 설, '어떤 본성은 착하고 어떤 본성은 악하다'는 설, '성호리(性好利)'설 등이 있다.

---

141) 화엄(華嚴), 『쓸쓸한 제단』, 북경, 국제문화출판회사. 1988, 65쪽.
142) 『孟子 告子』
143) 『論語 陽貨』
144) 『論語 公冶長』

고자(告子)와의 논쟁에서 맹자는 '성선설'을 제기했다. 고자는 "본성은 가지고 태어난다"고 하면서 '본성'을 인간의 본능으로 여겼다. 인간의 본능으로 보면 "본성은 선하고 악함이 없다"는 것이다 '의'는 인간의 본성을 가공하고 만들 수 있다고 하면서 "인성은 인의라 버드나무로 능히 배권(杯棬, 나무를 구부려 만든 술잔 역자 주)을 만들 수 있다"고 주장했다. 또 "본성은 물과 같아서 동으로 흐르려면 동으로 가고 서로 흐르려면 서로 갈 수 있는 존재"라 했으며, 인간의 '선의'는 인도하기에 달렸고 "문무가 흥하면 사람들은 선하게 되고 유령이 흥하면 사람들이 포악하게 된다"고 했다.[145]

고자의 "본성은 선악이 따로 없다"는 설에 대해 맹자는 '성선설'을 펼쳤다. 맹자는 말했다. 물은 확실히 동으로 흐를 수도 있고 서로 흐를 수도 있다. 그러나 물의 본성은 아래로 향하는 것으로 물은 비록 산 위로 끌어 올릴 수는 있으나 그것은 물의 본성에 위배되는 것이다. 인간의 본성도 그와 마찬가지로 사람은 선을 향하게 되어있는데 확실히 어떤 사람은 선하지 않으나 이는 인간의 본성이 아니며 악한 것은 인간의 본성에 위배되는 것이다. 맹자는 한 걸음 더 나아가 인간이 악하게 되는 것은 사회환경이 만들어준 것으로 "부자의 자식들은 대개 게으르기 짝이 없고 흉악범의 자식들은 대개 포악하기 짝이 없다"고 했다.[146]

성선설의 핵심은 "인간은 누구나 연민의 마음을 가지고 있다"는 것이다. "인간은 누구나 연민의 마음을 가지고 있기에 아이가 우물에 빠지면

---

145) 『孟子 告子上』
146) 『孟子 告子上』

측은지심이 절로 생겨나는 것이며 그것은 아이의 부모뿐 아니고 이웃이나 친구뿐이 아니며 악하고 착하고를 떠나서 누구나 그렇게 된다는 것이다."[147] 말하자면 사람들은 저마다 다른 사람이 상처를 당하는 것을 싫어하고 다른 사람을 동정하는 '측은지심'을 가지고 있다는 것이다. 그렇기에 인간의 본성은 본질상 착하다고 했다. '성선'의 '측은지심'과 연관되는 것으로는 '수오지심', '사양지심', '시비지심'이 있다.

맹자는 '측은지심', '수오지심', '사양지심', '시비지심'의 '4심'을 '선'의 '4단'이라 했다. "측은지심은 '인'의 말단이요, 수오지심은 '의'의 말단이며, 사양지심은 '예'의 말단이고, 시비지심은 '지'의 말단이다. 인간은 이 네 가지 말단이 있어 사체(四體)라 한다."[148] 소위 '단'이란 시작, 맹아를 일컫는다. 만일 '4단'으로 발전하고 확장시킨다면 그것에서 인, 의, 예, 지의 열매가 맺힐 것이다. 여기서 맹자는 "인, 의, 예, 지는 마음에 뿌리를 두고 있다."[149] "인, 의, 예, 지는 외부에서 주는 것이 아니라 내가 태어나면서 가지고 태어난 것이다"[150]라고 했다. 마치 인간의 귀, 눈, 입에 공통의 호불호가 있듯이 인간의 마음에도 공통의 호불호가 있다는 것이다. 사람 마음의 호불호는 바로 이(理)와 의(義)로서 인, 의, 예, 지인 것이다.

그럼 무엇을 '인, 의, 예, 지'라 하는가? 맹자는 이렇게 말했다. '측은지심이

---

147) 『孟子 公孫丑上』
148) 『孟子 公孫丑上』
149) 『孟子 盡心上』
150) 『孟子 告子上』

인이요', '인은 인심이며'[151], '어진 사람이 사람이다.'[152] '인'은 매우 널리 쓰이며 "인간은 사람을 해칠 마음이 없어야 하지만 어진 마음은 다 쓸 수가 없도다"[153]라고 했다. 반대로 "천자가 어질지 못하면 천하가 태평하지 못하고 제후가 어질지 못하면 사직이 흔들리며 경대부가 어질지 못하면 종묘를 보존하기 어렵고 사서인(士庶人)이 어질지 못하면 '사체'를 보존하기 어렵다."[154] 맹자는 또 말했다. "인의 실질은 부모의 공양에 있다."[155] "부모를 사랑하는 것이 곧 인이다."[156] "요순부터 부모에게 효도하는 것은 기본이다."[157] '인'은 비록 사람의 마음에서 우러나지만 결국은 '효도'와 '공경'에 있는 것이다.

맹자는 '의'는 인간의 '수오지심'에서 발단한다고 여겼다. "의는 인간의 길이다."[158] 인간의 길은, 즉 인간이 걸어가야 하는 길로서 인간의 행위규범인 것이다. 맹자는 한층 더 나아가 인간이 걸어야 하는 길에는 형(兄)을 따라야 하고 어른을 존중해야 하며 왕을 숭앙해야 한다고 했다. 맹자는 다음과 같이 말했다. "의의 실질은 형(兄을 존중하는 것이다."[159]

---

151) 『孟子 告子上』
152) 『孟子 盡心下』
153) 『孟子 盡心下』
154) 『孟子 離婁上』
155) 『孟子 離婁上』
156) 『孟子 告子下』
157) 『孟子 告子下』
158) 『孟子. 告子上』
159) 『孟子 離婁上』

"어른을 존중하는 것이 곧 의다."[160] "의가 없으면 뒤가 거슬린다."[161]

맹자가 말하는 '예'란 진퇴, 사양 등의 행위규범으로 '예'는 인의의 조절과 수식에 쓰인다. "예의 실질은 예의를 잃지 말고 공손해야 한다는 것이다."[162] "예는 문이다."[163] '지'의 뿌리는 '시비지심'이고 '지'는 '인의'에 기초해 판단해야 한다.

"인은 인심이다", "어진이가 사람이다"라는 논단에 기초해 맹자는 인간다움에 대해 한발 더 나아갔다. 모든 사람은 성인으로부터 백성에 이르기까지 다 같은 족속이며 "성인은 백성에서 오기에 같은 족속이다"[164], "성인은 나와 같은 족속이다"[165], "요순도 사람이었다"[166], "사람도 요순이 될 수 있다."[167]

'성선론'에 기초해 맹자는 '진심지성설(盡心知性說)'을 내놓았다. "마음을 다 하는 자는 그 본성을 알 수 있고 그 본성을 알게 되면 그 천성을 알게 된다. 마음에 여유가 있으면 성정을 다스리게 되고 하늘이 그를 돕는다. 수(壽)를 오래 누려 수신하므로 오래 살게 된다."[168] 진심은 지성이고 지성은 천심이다. '진(盡)'은 여력을 남김없이 발휘하는 것을 말하며 '진심'은 곧

---

160) 『孟子 盡心上』
161) 『孟子 梁惠王上』
162) 『孟子 離婁上』
163) 『孟子 萬章下』
164) 『孟子 公孫丑上』
165) 『孟子 告子上』
166) 『孟子 離婁下』
167) 『孟子 告子下』
168) 『孟子 盡心上』

'측은지심'을 다하고, '수오지심'을 다하며, '사양지심'을 다하고, '시비지심'을
다하는 것을 말했다. '지성'이면 곧 "인성이 선하다"는 것을 알게 되며,
'인, 의, 예, 지'를 알게 된다. '지천'은 즉 "인, 의, 예, 지가 외부에서 나에게
주입되는 것이 아니라 나 스스로에게 본래부터 있었던 것이다", '4심'을 알게
되면 '인의예지'가 인간의 본성임을 알게 된다. 이로부터 "성정을 기를 수
있고", "수신할 수 있으며", "입명하게" 된다. 소위 '양성'은 곧 선한 성정을
기르는 것을 말하며, '수신'은 곧 스스로의 일상행위를 다스리는 것을 말하며
인간의 본성에 부합되게 하는 것을 일컫는다. 소위 '입명'은 인성의 '선함'을
극대화하는 것을 말하며 그렇게 해서 '부모에게 효도하고', '4해를 보하게
되는 것'이다. 이렇게 마음과 성과 명을 연계시켜 성정을 여유롭게 하고
다스리며 수신하고 입명할 수 있는 것이다.

'성선론'에 기초해 맹자는 '인정설'을 내놓았다. 맹자는 말했다. "인간은
누구나 다른 사람에게 연민의 마음을 가지고 있다. 고대 성왕은 다른
사람에게 연민의 마음이 있었기에 다른 사람을 너그러이 대해주고 백성을
어루만지는 정치를 펼 수 있었다. 천하를 다스림에 있어 손바닥에 놓인
물건과 같이 쉽게 다룰 수 있었으니 사람에게는 연민의 마음이 있어야 하는
것이다."[169] '인정'이란 선왕의 '진심'인 것이다.

맹자의 성선론은 다음의 몇 가지 방면에서 공자의 '인학'을 계승
발전시키고 있다.

첫째, 인간의 본질인 성이 존재함을 논증했다. 사람을 인간이라 함은

---

169) 『孟子 公孫丑上』

'인'이 있기 때문이다. 인, 의, 예, 지 네 가지 가운데 '인'을 중심으로 '측은지심'이 '4심'의 중심인 것과 같다. 공자는 말했다. "어진 자는 사람을 사랑한다." 그러나 '어진' 것과 '인간'의 관계에 대해서는 논술하지 않았다. 맹자는 말했다. "어진 것은 인간의 마음이다", "어진 자는 인간이다", "어진 이는 하늘도 관작을 내려주고 사람을 안정하게 만든다."[170] "사람의 마음은 어지다"는 것은 '인'이 사람이 지닌 '측은지심'으로 사람만이 가질 수 있는 것이기 때문이다. "어진 것은 인간이다"에서 맹자는 '인간'으로 '어짐'을 해석했는데 맹자가 보건대 '사람'과 '어진' 것은 서로를 규정한다.

"어진 자가 인간이다"에서 보면 '어지다'라는 도덕품성은 인간의 본성이 존재하기에 가능한 것이다. 맹자는 또 '인, 의, 충, 신'을 '천작(天爵)'으로 보고 '공경대부'를 '인작(人爵)'으로 보았다. '인작' 및 그로부터 비롯되는 향유는 인간 또는 사회가 주는 것이며 동시에 사라질 수도 있기에 '천작'만이 유일하게 인간의 진정한 가치를 나타내는 것이다. 인간은 "천작을 수련해 인작이 따르도록 해야 한다." 이에 맹자는 말했다. "어진 이는 천작을 내려주고 안정되게 만든다"고 하면서 '인'을 하늘이 인간에게 부여한 가장 귀중한 품성이고 인간이 안신입명(安身立命)할 기초로 보았다. 사람이 이성적인 동물이라는 것과 일맥상통하며 우리는 그로부터 "인간은 '인'성의 동물"임을 알 수 있다.

둘째, '인'이 동력적이고 심리학적인 이론 근거를 찾아냈다. 공자는

---

170) 『孟子 公孫丑上』

말했다. "인덕은 나에게 달린 것이지 다른 사람에게 달린 것이 아니다"[171], "인덕이 멀다고 생각하는가? 내가 어질어 지려고 하면 어질게 되는 것이다"[172], "어느 날부터 인덕에 힘을 쏟을 것인가? 나는 인덕에 힘들어 하는 사람을 보지 못했다"[173]는 등 그는 '인'과 개인의 노력을 강조했다. 그러나 공자가 말한 '인'과 사람의 행동 사이의 관계에는 아직 외부적인 공간이 존재한다. 맹자는 개인의 행위경험에서 출발해 사람에게는 '선'이 있다고 주장하면서 그로부터 '인의예지'에 '집(家)'을 지어주고, 개인의 수신양성, 사천입명(事天立命)에 행위의 공식을 제공해주었으며, 왕권들이 '인정'을 실행함에 심리적, 도덕적 설명을 제공하면서 공자의 '인학'이 이론적 기초를 획득할 수 있게 하고 유학이 중대한 발전을 하도록 했다.

셋째, 맹자의 성선설은 서주 이래 '천인사상'을 발전시켰으며, 유학의 중요한 이념, 즉 '천인합일'의 개념을 가동시켰다. 서주부터 사람들은 '천명'에 대해 회의를 느끼기 시작했으며, 주공은 "덕이 있는 자만이 천명을 누릴 수 있다"는 '이덕배천(以德配天)'사상을 발전시켰으며, 춘추시기 사상가들은 "백성은 신들의 주인이다"는 관념을 제기했으며, 공자는 "귀신을 대하듯이 공경하되 멀리하는" 사상을 제기했다. 사상사의 발전을 보면 하늘은 점차 사람에게 밀리고 있다. 그러나 공자시기에는 여전히 '운명과 인덕에 따랐고' 운명과 인덕 관계에 대해 공자도 명확한 설명을

171) 『論語 顔淵』
172) 『論語 述而』
173) 『論語 里仁』

하지 않았다. 맹자의 성선론은, 지성(知性)은 곧 지천(知天)이라 했다. 이와 같은 '천'에 대해 굳이 몸 밖에서 찾을 필요가 없고, 기도하거나 점복하는 것도 불필요하며, 오로지 마음을 다한다면 지성에 이를 수 있고, 지천에 이를 수 있으며, 천에서 다시 마음에 이르고, 성정에 이를 수 있다고 했다. 다른 한 방면으로 마음을 비우고 성정을 기르며 수신하는 것은 모두 하늘의 운명에 따르기 위함이다. 이와 같이 마음, 성정, 하늘은 완전통일체로서 불가분적인 것으로 이것이 바로 '천인합일'이다. 이때부터 천인합일은 중국인들이 하늘과 인간의 관계를 사고하는 하나의 모델이 되었고, 이를 통해 중국사상문화의 각 방면은 중국문화전통의 큰 특징이 되었다.[174]

넷째, 맹자의 논술에는 "성인은 백성에게서 온다", "성인은 나와 같은 족속이다", "요순도 인간이다", "인간도 요순이 될 수 있다" 등이 있는데, 이 역시 공자의 유학을 발전시킨 결과였다. "성인도 백성과 같은 족속"이라는 맹자의 이론은 모든 인성은 "태어날 때부터 평등하다"는 주장으로 겉으로 보면 성인의 지위를 떨어뜨린 것 같지만, 사실상 '인'학의 이론적 의의를 높인 것이며, '인'의 현실화에 보다 넓은 사회적 공간을 열어둔 셈이다.

(2) 유학 이상국에 대한 사회반성: '인정(人政)'의 사회이상

공자의 이상은 '예악 정벌은 천자로부터 온' 것으로 '천하에 길이 있는'

---

174) 전손(錢遜), 『선진유학』 86쪽.

사회를 회복하고자 함이었다. 맹자에 이르러 주왕조는 이미 돌이킬 수 없을 지경이 되었다. 맹자의 이상사회에는 다음의 몇 가지 내용이 포함된다.

첫째, '천하는 하나다'라는 이상이다. 대다수 동시대의 사상가들과 마찬가지로 맹자는 천하가 태평해지려면 통일을 실현해야 한다고 지적했다. 맹자가 양양왕(梁襄王)을 만났을 때 왕이 물었다. "어찌하여야 천하가 안정하겠소?" 이에 맹자가 대답했다. "하나가 되어야 합니다."[175)]

둘째, '인정'사상이다. 맹자는 "인간에게는 측은지심이 있다"고 한 '성선론'에 뿌리를 두고 '인정'학설을 제기했다. 맹자는 말했다. "인간은 누구나 다른 사람에게 연민의 마음을 가지고 있다. 고대 성왕은 다른 사람에게 연민의 마음이 있었기에 다른 사람을 너그러이 대해주고 백성을 어루만지는 정치를 펼 수 있었다. 천하를 다스림에 있어 손바닥에 놓인 물건마냥 쉽게 다룰 수 있었으니 사람에게는 연민의 마음이 있어야 하는 것이다."[176)] 또 이렇게도 말했다. "자신의 어른을 존경할 때 다른 어른들도 존경해야 하며 자신의 아이를 사랑할 때 다른 아이도 사랑해야 한다. 그래야 천하를 잘 다스릴 수 있다. 『시(詩)』에 이르기를 "자신의 아내를 시작으로 형제에 이르고 나아가 온 나라를 사랑해야 한다"는 언행은 마음으로 우러나 상대에게 전해져야 한다. 은혜를 사방에 뿌리지 않으면 가족도 지키기 어렵다. 옛사람들은 큰 잘못을 저지른 자는 안중에 타인이 없지만 '선'으로

---

175) 『孟子 梁惠王上』
176) 『孟子 公孫丑上』

그를 깨우쳐야 한다고 했다."[177] "3대가 천하를 얻는 것도 '인'에 의한 것이고 천하를 잃게 되는 것도 어질지 못한 데 있다. 나라의 흥망과도 관계되는 일이다."[178]

'왕'이 '인정'을 실행하려면 많은 표준을 만들어야 한다. 먼저 "죽이지 말아야 한다." 양양왕이 물었다. "누가 천하를 다스릴 수 있겠소?" 이에 맹자가 대답한다. "사람을 죽이지 않는 사람이 천하를 다스릴 수 있습니다", "세상에서 사람을 널리 포용하고 사람 죽이기를 즐기지 않아야 합니다.

만일 사람 죽이기를 즐기지 않는다면 천하의 백성이 모두 그를 높이 모실 것입니다. 그런 마음에는 민심이 쏠리기 마련이요 물을 따라 흐른다면 누가 따르지 않겠습니까?"[179] 맹자는 이어 정쟁을 좋아하는 사람을 통렬히 비판했다. "싸움을 즐기는 자들은 제후들도 바로보지 않을 것이며, 풀을 뜯는 사람이나 땅을 다루는 사람들도 마찬가지입니다."[180]

'인정(仁政)'을 펴는 것은 '백성을 돌보는' 것에서도 나타난다. "백성을 사랑해서 왕이지 그렇지 않으면 어찌 왕이라 하겠는가?"[181] 민심을 얻는 자 백성을 얻게 되고 백성을 얻는 자가 천하를 얻게 된다. 맹자는 말했다. "걸왕과 주왕이 천하를 잃게 된 것도 백성을 잃은 까닭이요, 백성을 잃은 것은 그 마음을 잃은 까닭이다. 천하를 얻으려면 백성을 얻어야 천하를

---

177) 『孟子 梁惠王上』
178) 『孟子 離婁上』
179) 『孟子 梁惠王上』
180) 『孟子 離婁上』
181) 『孟子 梁惠王上』

얻을 수 있다. 백성을 얻으려면 마음을 얻어야 백성을 얻을 수 있다. 그들이 요구하는 바를 그들에게 주고 그들이 싫어하는 바를 그들에게 강요하지 않는 바로 그것이다. 백성들이 인정으로 모이게 되면 마치 물이 아래로 흐르는 듯 하고, 짐승이 넓은 들을 달리는 것과 같을 것이다. 수달은 물고기를 잡기 위해 깊은 물에서 물고기를 몰아오고 새매는 참새를 잡기 위해 깊은 산에서 참새를 몰아온다. 탕왕, 무왕을 위해 백성을 몰아온 것은 하나라 걸과 상나라 주였다. 만일 천하의 군주들이 인덕을 쌓는다면 제후들은 그들을 대신해 사람들을 몰아올 것이다. 그러면 왕이 되기 싫고 천하를 얻기 싫어도 안 될 것이다. 지금 왕을 자청하고 천하를 얻으려는 사람들은 7년의 병환을 3년의 쑥뜸으로 치료하려고 한다. 만일 평소 쌓아둔 것이 없다면 평생 얻지 못할 것이다. 만일 인에 입지를 세우지 못한다면 평생 근심하고 걱정하게 될 것이다. 죽을 때까지 말이다.

『시경』에 이르기를 '어찌 일을 잘 할 수 있으랴. 같이 빠져 죽기 좋을 상이다'라는 말의 뜻은 바로 이것이다."[182] 백성을 안정시키는 중요한 내용이 "백성을 위해 산업을 마련해주는 것"이다. 맹자는 말했다. "고정자산이 없이 일정한 도덕수준이 있는 사람은 학자들이나 될 수 있다. 일반 민중들은 고정자산이 없으면 일정한 도덕기준과 행위준칙이 없게 된다. 일단 그들에게 고정된 도덕기준이 없게 되면 방탕무치하고 아무 짓이나 거리낌 없이 하게 된다. 그들이 자신의 행위가 죄라는 것을 알았을 때는 그들에게 형벌이 내려진 다음이 될 것이고 이것은 백성을 해치는 일이다. 어찌 어진

---

182) 『孟子 離婁上』

군주로서 이러한 방법으로 다스린단 말인가? 그런 고로 현명한 군주는 백성들의 산업을 마련해 주고 그들이 위로는 부모를 공경하고 아래로는 아내와 자식을 먹여 살릴 수 있게 하며 풍년이 들면 입을 것과 먹을 것이 풍복하고 흉년이 들면 죽음을 맞이하게 해야 한다. 다음은 그들에게 선을 가르쳐 가벼운 마음으로 따르게 해야 한다."[183]

그 외 맹자는 또 "형벌을 경감시키고 세금을 적게 받아야 하며", "백성과 낙을 같이 하고", "열심히 학교교육을 부흥시켜야 한다"는 등 '인정' 조치를 제기했다. 맹자는 말했다. "사방 백리면 왕이라 할 수 있다. 왕이 만일 인정을 베풀어 형벌을 경감하고 세금을 줄이며 백성들이 열심히 밭을 다루게 하고 잡초를 제거하게 하며, 젊은이들은 한가할 때 어떻게 효도해야 하는가를 알게 하면 집에 가서 부모와 형님들에게 순종하게 될 것이고 밖에서는 웃어른을 존경하게 될 것이다. 이렇게 되면 부지깽이로도 진나라, 초나라의 갑옷을 입고 병장기를 든 병사들도 물리칠 수 있을 것이다."[184] 또 이렇게 말했다. "백성을 즐겁게 하는 자는 백성도 그를 즐겁게 할 것이고 백성을 근심하게 하는 자는 백성도 그를 근심하게 할 것이다. 천하가 즐거울 수도 근심스러울 수도 있을 것이다. 그러나 왕이 아니면 모르리라."[185] "백성의 산업을 마련한" 다음에는 교화를 진행해야 한다. 맹자는 말했다.

"사람을 양성하는 학교를 만들어야 한다. 사람을 양성해야 하고 글을

---

183) 『孟子 梁惠王上』
184) 『孟子 梁惠王上』
185) 『孟子 梁惠王下』

가르쳐야 하고 활쏘기도 가르쳐야 한다. 여름학교는 하나라 시기는 '교(校)'라 불렸고 은나라 시기에는 '서(序)'라 불렸으며, 주나라 시기는 '상(庠)'이라 불렸다. 배움은 3대에 공통으로 있었던 것이고 모두 사람들에게 윤리관계를 가르치기 위함이었다."[186] 3대에 모두 전문 교육기구를 설치해 '윤리 관계를 알게 함'으로써 사람들이 "부자지간에 사랑하고 군신지간에 의를 지키며 부부사이에 살뜰하고 어린아이는 순서가 있으며 친구사이에는 신용이 있도록" 했다.[187]

맹자의 '인정사상'은 공자의 인학사상을 한층 더 풍부하게 했다. 소위 '인정'이란 '인'을 핵심으로 하는 사상정치를 실행하는 것이다. '인'의 '말단'은 '연민의 마음'에 있다. 소위 '인작'은 그 뿌리를 '사람마다 가지고 있는 연민의 마음'에 두고 있으며 왕은 '연민의 정치'를 펴야 한다. 여기서 맹자가 '인정' 정치를 위해 심리학적 근거를 찾았음을 알 수 있다. 맹자의 '연민의 정치'는 '연민의 마음'에 대한 보충이고 외부로의 전파이다. 이는 공자의 사상을 발전시킨 결과이다.

셋째, '정전제'는 '인정'을 실행하는 경제적 기초이다. "인정을 펴려면 반드시 경제부터 시작해야 한다. 경제가 바르지 못하면 밭이 균형을 잡지 못하고 봉록이 평등하지 못한다. 그렇게 되면 폭군과 탐관이 판치게 되는 것이다. 경제가 바르게 되면 밭이 균등해지고 수확도 고르게 되고 가만히

---

186) 『孟子 滕文公上』
187) 『孟子 滕文公上』

있어도 저절로 안정된다."[188] 맹자는 '인정'이 경제생활에서 제일 중요한 일이 바로 '바른 경제'라고 여겼는데 공자가 정치생활에서 제일 중요한 일이 '바른 명분'이라고 강조한 것과 같다. 서주 또는 춘추시기 귀족들이 점유했던 토지는 모두 주왕 또는 일국의 군주로부터 분봉 받은 것으로 토지는 조각조각 나뉘었는데 한 조각이 백 무였고, 그 주변에는 작은 수로를 파서 갈라놓거나 둑을 쌓아 경계를 삼았다. 이런 경계를 '경계' 또는 '천맥(阡陌)'이라 불렀고 분봉을 계산하는 단위였다. 맹자는 '경계'를 고정시키면 '분전제록(分田制祿)'하고 '앉아서도 천하를 안정시킬 수 있다'고 했다.

맹자는 '왕도' 또는 '인정'의 경제기초는 '정전제'에 있다고 여겼다. 공자가 '정명(正名)'으로 '예악정벌자천자출(禮樂征伐自天子出)'을 회복하려는 것처럼 맹자는 '정경계(正經界)'로 서주의 '정전제'를 회복하려 했다. '정전'이란 명칭의 유래는 아주 오래 전으로 거슬러 올라가며, 맹자의 '정전제'는 그의 '인정'사상의 중요한 구성부분이지만, 역사상 정전제의 구체내용이 어떠했느냐에 대해서는 충분한 역사자료로써 고증할 수가 없다. 맹자는 말했다. "밭을 정자 모양으로 나누고 900무로 해서 가운데 공전을 두고 여덟 집에서 사전 백 무 씩 둘레를 차지하고 공전을 같이 돌본다. 공사를 마친 후 비로소 사전을 돌볼 수 있다."[189] 맹자가 말한 정전제는 국가에서 땅을 '정'자 모양으로 나뉘고 한 조각을 백무로 전체 9조각으로

---

188) 『孟子 滕文公上』
189) 『孟子 滕文公上』

하며 가운데 백무는 공전이고 둘레 8조각은 여덟 집의 사전으로 한다. 여덟 집은 공전을 같이 다뤄야 하며 수입은 토지소유자에게 상납하고 공전이 끝난 뒤 사전을 경영하며 사전의 수입은 자신이 향유한다.

맹자는 또 개인의 '백 무 땅'의 용도를 기획했다. "'5무는 주택으로 하고 뽕나무를 심으며 입성을 해결한다. 닭, 돼지, 개 등 가축을 길러 먹거리를 해결한다. 백무의 땅을 잘 다루면 한 집 식구는 얼마든지 굶지 않고 살 수 있다. 사람을 양성하여 효도를 알게 하고 공짜로 먹는 자가 없게 해야 한다. 의식주를 해결하면 백성은 헐벗고 굶주리지 않을 것이요, 왕으로 이보다 기쁜 일이 어디 있겠는가."[190]

넷째, 인정사상에 기초해 맹자는 유사 이래 통치유형을 왕(王)과 패(覇) 두 가지로 나누었다. 왕, 패는 이미 춘추시기부터 거론되었고 공자, 묵자 역시 이를 사용했었다. 맹자 이전에 왕과 패는 명확한 대립이 없었고 다만 정치상 약간의 구분이 있었으며 왕은 통일된 군주를, 패는 왕의 역할을 하는 제후를 가리켰다. 왕과 패는 모두 긍정적인 것으로 정치노선의 의미는 없었다. 맹자는 처음으로 왕과 패를 다른 정치노선 개념으로 구분하기 시작했다. 맹자는 '왕'과 '패'의 근본적인 구별은 '덕'과 '힘'이라고 했다. 맹자는 말했다. "힘으로 인덕을 가꾸는 자가 패이며 패는 반드시 큰 나라에 있다. 덕을 인덕으로 삼는 자는 왕으로 왕은 크지 않아도 된다. 탕왕은 70리요 문왕은 100리였다. 힘으로 억압하는 자에게는 마음으로 굴복하지 않지만

---

190) 『孟子·梁惠王上』

덕으로 베푸는 자에게는 마음으로 승복한다. 마치 70제자가 공자에게 조아린 것과 같다."『시경』에 이르기를 "동서남북을 헤아려 보아도 마음이 없으면 굴복하지 않는다"가 바로 이런 도리이다.[191] 맹자가 말한 '힘'은 바로 폭력이고 법가는 대내적으로 법령을 발표하고 대외적으로 무력으로 합병을 추진했는데, 이는 바로 '힘으로 사람을 다스리는' 것으로 모두 '패도'에 속한다. 유가가 선양하는 예악으로 교화하는 것, 예를 들면 탕왕, 문왕, 공자 등을 맹자는 '덕으로 사람을 다스린다'고 보았고 '왕도'라고 여겼다. 이렇게 우리는 맹자의 '왕패'이론, 즉 공자가 말한 "법령으로 백성을 다스리고 형벌로 백성을 다스리는" 사상의 계승이고 새로운 형세에 따른 일종의 새로운 창조로 미래 유학사회 통치를 위해 사상유형을 확정한 것이 된다.

(3) 개체도덕생활에 대한 사회적 반성: 수신입명설

수신입명에 대한 맹자의 논술은 성선론에 기초한 것이다. 사람마다 '연민의 마음', '부끄러운 마음', '사양의 마음', '시비지심'이 있지만 소위 '인성은 선하다'라는 것은 결코 사람마다 태어날 때부터 선량한 사람이라는 것이 아니라 인성에는 선량한 싹이 있고 사람마다 선량한 뿌리가 있으며 사람마다 선량하게 자라날 수 있다는 것을 의미한다. 만일 사람들의 이런 '선량한 뿌리'를 확장시킨다면 '부모에게 효도하고', '세상을 지킬 수' 있다는

---

191) 『孟子 公孫丑上』

것이다. "이를 잘 다스리면 능히 천하를 다스릴 수 있지만 잘 다스리지 못하면 부모에게 효도도 못할 것이다."[192]

맹자는 이목구비의 욕망을 인정하지만 그것들이 상대적으로 인간의 '성선'이라는 큰 것에 비해서는 작은 것이라고 했다. 맹자는 말했다. 이목구비의 욕망은 쉽게 외부의 물건으로 비롯되며 사고의 기능을 거치지 않지만, 마음의 작용은 사상에 있으며 "사색하면 얻게 되고 사색하지 않으면 얻을 수 없다"고 했다. 사실상 사회에는 '요(堯)의 제자'도 있고 '탁(蹠)의 제자'도 있으며 '선한' 사람도 있고 '선하지 않은' 사람도 있는데 그 주요 원인은 '성선'이라는 큰 것과 인간의 이목구비 욕망이라는 작은 것 사이의 모순투쟁에 있다. 만일 이목구비의 욕망대로 발전한다면 '탁의 제자'의 길을 걸을 것이고 마음으로 감각기관의 욕망을 억제한다면 '성선'의 본능을 유지할 수 있다. 그리하여 맹자는 "마음을 다하면 지성(知性)이고 지천(知天)"이라는 이론을 내놓았다. 앞에서 우리는 이미 '마음을 다하다'는 곧 '측은지심', '수오지심', '사양지심', '시비지심'을 다 하는 것이라는 것을 말했었다. '지성'은 바로 "인간의 성선"을 아는 것이고 '인, 의, 예, 지'를 아는 것이다. '지천'은 바로 "인, 의, 예, 지가 외부에서 오는 것이 아니라 스스로의 내부에 있는 것임"을 알게 되는 것이다. '4심(四心)'을 알고 '인의예지'가 인간의 본성임을 알게 된다. 이로부터 '양성(養性)', '수신(修身)', '입명(立命)'은 가능하다. 소위 '양성'은 그 어진 마음을 기르는 것이고 '수신'은 자신의 일상 행위를 인간의 본성에 부합되게 하는 것이며, '입명'은

---

192) 『孟子 公孫丑上』

인성의 '선한 말단'을 발양하는 것으로 '부모'에게 효도하고 '천하를 다스리는' 것이다. 이런 점에서 순(舜)은 우리의 본보기라 할 수 있는 데, "순은 인간이며 나 역시 인간이다. 순이 천하를 다스려 후세에 이름을 날렸는데 나 역시 다른 사람을 위할 수 있고 걱정할 수 있다. 걱정이 무엇인가? 순처럼 하면 그만이다!"[193]

어떻게 인간의 '선한 마음'을 발휘해서 '인의예지'의 꽃을 피울 것인가?

첫째, "수치를 알아야 한다." 맹자는 말했다. "수치를 알아야 한다. 수치를 모르고서야 어찌 사람이라 할 수 있겠는가?"[194] "인간은 무치(無恥)하지 말아야 한다. 수치를 모르는 무치야말로 진짜 수치이다."[195] 맹자는 '수오지심'은 '의'의 말단으로 "의는 인간의 정도"라고 했다.[196] 길은 인간이 걷는 길을 말하고 인간의 행위규범을 말했다. 맹자는 더 나아가 인간이 걸어야 하는 길에는 형장을 따르고 어른을 존중하며 왕을 섬기는 것이라고 했다. '수오지심'은 무엇이 해야 할 것이고 무엇을 하지 말아야 할 것이며 하지 말아야 할 것에 대해 자각적으로 '하지 말아야 하며' 그것을 알아야 수치를 아는 것이라고 했다. '수치를 안다는 것은' 수신의 기초이며, '부끄러워 하는 마음'이 없으면 수신은 말할 것조차 없는 것이다.

---

193) 『孟子 離婁下』
194) 『孟子 盡心上』
195) 『孟子 盡心上』
196) 『孟子 告子上』

둘째, "욕심을 절제해야 한다." 맹자는 말했다. "인간이 짐승과 구별되는 것은 몇 가지가 있는데 군자가 바로 그 존재이다."[197] "심성을 다스리는 최상의 방법은 욕심을 버리는 것이다. 사람이 만일 욕심이 적으면 본성을 잃는다 하더라도 그것은 아주 적은 것이라 하겠다. 사람이 만일 욕심이 많으면 본성이 남아있다 하더라도 그것은 아주 적은 것이라 하겠다."[198]

셋째, "시름을 놓게 해야 한다." 맹자는 말했다. "사람들은 흔히 개나 닭을 잃어버리면 찾을 줄 알지만 본성을 잃게 되면 어떻게 찾아야 할지 모른다. 이것이 바로 '마음을 잃으면 찾을 줄 모른다는 것'이다." 맹자는 "학문의 길은 다른 것이 아니라 바로 '걱정을 하지 않는 마음'을 찾을 줄 아는 것"이라고 했다.[199]

넷째, "반대로 자기를 돌아보고 자신이 진심을 다했나를 봐야 한다." 공자는 "자기를 돌아봐야 한다"와 '자성'을 주장했다. 맹자도 "반대로 자기를 돌아봐야 하고", "사람을 사랑함에 어질어야 하고, 사람을 다스림에 지혜로워야 하며, 예를 다하면 존경을 받는다. 행동이 따라가지 않아도 반대로 자기를 돌아볼 줄 알면, 그 바른 자세로 천하를 얻을 수 있다"고 했다.[200] 문제에 봉착하면 먼저 자기의 행위가 인의예지의 규범에 맞는지를

---

197) 『孟子 離婁下』
198) 『孟子 盡心下』
199) 『孟子 告子上』
200) 『孟子 離婁上』

돌아봐야 한다. 이로부터 맹자는 한 걸음 더 나아가 "진심을 다해야 하며", "만물이 준비되었으니 진심을 다하면 이루지 못할 것이 없다"고 했다.[201] "진심을 다하는 자는 하늘이 알아준다. 진심을 생각하는 것이 인간의 도리이다."[202] '진심'이란 '실재적인 것'을 말하며 '분명한' 것을 말했다. '진심을 다하다'는 것은 자기를 반성하고, 자기의 본성, 즉 '진심', '지성'을 '진심'으로 비춰보는 것이다. '진심'은 '천하의 도리이며', '진심어린 생각'은 '인간의 도리'이다. '진심'은 훗날 유학의 발전에 중대한 영향을 미치게 된다.

다섯째, '호기로운 기상'을 길러야 한다. 맹자는 말했다. "나는 호연지기를 잘 기른다. 호연지기란 대단히 크고 대단히 강하다. 이런 기는 반드시 인의도덕과 어울려야 하며 그렇지 않으면 힘에 부칠 것이다."[203] 맹자가 말한 '기'란 도덕의 힘으로 뭉쳐진 '기'를 말하며 "천하를 집으로 삼고 천하 없이 바르게 서고 천하의 대도를 걸어가는"[204] 것을 의미한다.

여섯째, "억지로 구하지 말고", "몸을 던져 의를 구해야 한다." 공자는 "정의를 위해 희생해야 한다"고 했고 맹자는 이를 계승해 "목숨을 버리고 의를 취해야 한다"고 했다. 맹자는 명확하게 지적했다. 생명보다 중요한 것은 바로 '의'이며 그렇기 때문에 "욕심으로 살아남기를 바라는 자에게는

---

201) 『孟子 盡心上』
202) 『孟子 離婁上』
203) 『孟子 公孫丑上』
204) 『孟子 滕文公下』

바랄 것이 없고", "악을 위해 죽음을 택하는 자는 피해야 한다"고 했다.[205] 맹자는 사람은 '본심' 앞에서 평등하며 "욕심으로 살아남기를 바라지 말고 악을 위해 죽음을 택하는 자"들은 선천적으로 사람마다 있는 마음이지만 "현자들은 그를 무시한다"고 했다.

(4) 사회질서의 구성에 대한 사회적 반성: 사회분공설

학생 번지(樊遲)가 농작물에 대한 지식을 물어볼 때, 공자는 간접적으로 사회분공의 문제를 논술했다. 번지가 농사에 대해 묻자 공자가 대답했다. "나는 농사꾼보다 못하다." 이번에는 채소에 대해 물었더니 공자가 대답했다. "나는 채소농보다 못하다." 번지가 물러간 후 공자가 말했다. "번지는 참 소인배로다. 예만 중시했어도 백성들은 존경해마지 않았을 것이고, '의'만 중시했어도 백성들은 복종하지 않을 수 없었을 것이며, '신'만 중시했어도 백성들은 신심으로 대하지 않았을 리 없었을 것이다. 만일 그렇게 했더라면 사방팔방의 백성들이 자신의 아이들을 데리고 와서 위탁하려 했을 것이다. 즉 언제 스스로 농작물을 심을 필요가 있었겠는가?"[206] 『맹자·등문공』에서 맹자는 '신농의 말'을 빌어 학생 진상(陳相)과의 변론을 통해 공자의 사회분공사상을 천명했다. 맹자의

205) 『孟子 告子上』
206) 『論語 子路』

사회분공사상에는 두 가지 방면이 포함된다.

첫째, 사회생활의 정상 운행은 사회에 존재하는 교환을 기초로 하는 사회분공에 따른다. 허행(許行)이 주장하는 "현자와 백성이 같이 경작하고 먹으며 세상을 다스리는" 것은 현자와 백성이 같이 노동하고 같이 밥을 먹을 것을 요구한다. 맹자는 이런 '공동경영론'을 반대하면서 사회생활의 정상운행을 유지하려면 반드시 사회분공을 해야 한다고 주장했다 사람마다 일상생활에서는 모두 사회의 각종 사업에 종사하는 사람들의 노동이 체현된다. 따라서 "서로 다른 일을 해야 하는 것이다." '공'은 노동성과를 말하고 '통공(通功)'은 노동성과의 교환을 말하며 '사'는 사업을 가리키고 '이사(易事)'는 바꿈의 노동을 가리키며 '통공이사'는 바로 '서로의 부족함을 보완해주는 것'을 말했다.[207] 만일 사람마다 자기가 만든 물건만 쓰게 된다면 천하의 사람들은 아무리 고달프게 일해도 자급할 수 없게 될 것이다.

둘째, 맹자는 더 나아가 천하를 다스리는 것은 경작만으로 해결될 문제가 아니라고 했다. 맹자는 말했다. "나라를 다스리는 일을 농작물을 심으며 겸할 수 있는가? 관리는 관리의 일이 있고 백성은 백성의 일이 있는 법이다. 게다가 사람마다 요구하는 생필품들은 각자 장인들이 노동으로 만드는 것으로, 만일 어느 것이나 자기 손으로 만들려고 한다면 아마 지쳐서 죽을 것이다. 그렇기에 어떤 사람은 두뇌노동을 하고 어떤 사람은 육체노동을

---

207) 『孟子 滕文公下』

하며 두뇌노동을 하는 자는 사람을 통치하고 육체노동을 하는 자는 통치를 받게 마련이며 피통치자는 다른 사람을 먹여 살려야 하고 통치자는 다른 사람에 의해 먹고 살게 되는데 이것이 천하의 원칙이다."[208] 또 "군자가 아니면 백성을 다스리지 못하고 백성이 없으면 군자가 필요 없다"고 했다.[209] '천하의 일'을 보면 '관리의 일'과 '백성의 일'이 구분되며, 노동방식 역시 '두뇌노동'과 '육체노동'으로 구분되고 노동자의 사회통치지위를 봐도 '통치자'와 '피통치자'로 구분되며 먹여 살리는 관계로 보면 피통치자는 통치자를 먹여 살려야 하고 통치자는 피통치자의 공양을 받아야 하는 데, 이는 보편적 규율이다.

종합적으로 맹자의 사회분공론은 공자의 '천하의 도리'의 현실적 근거를 충실히 하였고 미래 유학사회의 통치질서에 이론적 설명을 제공한 것이 된다.

(5) 군신관계의 사회반성

'군신관계'를 처리함에 있어 공자는 주로 "임금은 임금다워야 하고 신하는 신하다워야 하며 아버지는 아버지다워야 하고 아들은 아들다워야 한다"는 이론과 그의 '인학'사상에 기초하고 있다. 한편으로는 공자는 군신대립을 주장하면서 "임금이 예로 신하를 대하면 신하는 충성으로 임금에게

---

208) 『孟子·滕文公上』
209) 『孟子·滕文公上』

보답한다"고 했고[210] 다른 한편으로는 '인학'사상에 기초해 공자는 "뜻이 있는 인의지사는 살기 위해 인덕을 해하는 일이 없으며 오직 자신의 희생으로 인의를 지킨다"[211]라는 주장을 했다. 그러나 "임금은 임금다워야 하고 신하는 신하다워야 하며 아버지는 아버지다워야 하고 아들은 아들다워야 한다"는 사상으로 공자는 간책(諫策)이 필요 없다고 여기고 듣지 않으면 그만이고 절대 임금의 뜻을 어기지 않았다. "큰일을 하는 사람은 임금이고 안 되면 그만둬야 한다."[212] 그는 "위험한 곳에는 가지 말고 어지러운 곳에는 거주하지 말라"고 주장했다.[213] "나라를 다스림이 올바르면 번영하게 되고 나라를 다스림이 그릇되면 은거한다."[214] "세상이 나를 써주면 적극적으로 노력하고 세상이 나를 써주지 않으면 은퇴하고 은거한다."[215] "세상이 바르면 나오고 세상이 그르면 은거한다."[216] 맹자는 '인정(人政)'사상에 기초해 비교적 독특한 '군신관계' 이론을 제기했다. 이는 유학사회사상에 매우 중요한 영향을 미치고 있다.

먼저 맹자는 왕, 백성, 사직(社稷) 가운데 '백성'을 가장 중요한 것으로 여겼다. 맹자는 '백성'을 매우 중요하게 여기면서 민심을 향하는 것은 정치통치의 기초라고 생각했다. "백성이 중요하고 사직이 그 다음이며 왕은

210) 『論語 八佾』
211) 『論語 衛靈公』
212) 『論語 先進』
213) 『論語 泰伯』
214) 『論語 衛靈公』
215) 『論語 述而』
216) 『論語 泰伯』

가볍다. 그런 고로 백성이 바로 천자이고 천자를 얻어야 제후를 호령할 수 있으며, 제후를 얻어야 대부를 호령할 수 있다. 제후가 사직을 위협하면 달리 처리해야 한다. 제사를 지내기 위한 희생은 예의에 맞게 놓아두고, 제사에 사용될 곡식은 이미 깨끗이 씻어두었다. 나중에 한재나 수재가 일어나면 토지신과 곡물신의 신위를 움직여야 할 것이다."[217]

다음은 '천자1인설'이다. 맹자는 『상서』를 인용해 이렇게 말했다. "하늘이 백성을 내려 임금도 만들고 군사도 만든다. 모든 것은 하느님을 돕기 위한 것이고 천하를 위한 것이다."[218] 여기서 알 수 있는 것은 맹자는 '왕권신수설'을 주장했다는 것이다. 그러나 맹자는 '천자'는 '천하' 정치, 경제의 최고 소유자가 아니며, 사회의 한 직무에 해당된다고 했다.[219] 맹자는 북궁기(北宮錡)가 주나라 관작에 대한 문제를 물어보자 "천자는 공작, 후작, 백작, 자작, 남작 5등급이다"[220]라고 했다. 맹자의 이상 속 '천자'는 덕이 있는 성인(聖人)으로 이상 속 정권 이양제도는 '선양제'였다. 선양하기 전 '천자위(天子位)'의 '성인'은 젊은 '성인'을 선택해 재상의 직위를 담당하게 하고 만일 '잘한다면' 바로 그에게 왕을 시키고 민의가 그에게 쏠리면 '이 추천은' 성공한 것이다.

그리고 '주(誅)-부(夫)설'이다. 맹자는 군신들은 마땅히 '각자의 도를 다해야 한다'고 했다. "임금이 되려면 임금의 도를 다하라. 신하가 되려면

---

217) 『孟子 盡心下』
218) 『孟子 梁惠王下』
219) 풍우란, 『중국철학사신편』 제2권, 65쪽.
220) 장경, 『공양학인론』, 심양, 요녕교육출판사, 1995, 197쪽.

신하의 도를 다하라. 이것을 지키려면 요순을 따라하면 된다."[221] 만일 임금이 임금의 도리를 다하지 않으면 임금도 벌할 수 있고 제후도 바뀔 수 있다. 제선왕(齊宣王)이 물었다. "탕왕이 걸을 놓아주고 무왕이 주(紂)를 벌할 때 제후가 있었는가?" 맹자가 답한다. "있었다고 합니다." "신하가 그 임금을 죽일 수 있는가?" "인덕을 모독한 자는 도둑이고 의리를 모독한 자는 바보이다. 바보이고 도둑인 사람이 바로 주왕이다. 주왕이 벌을 받아 죽었다는 말은 들었어도 신하가 임금을 죽였다는 말은 못 들었다."[222]

또 "제후들은 사직이 위험하면 바로 변한다."[223] 맹자가 볼 때, '사직을 따로 세우는' 것은 임금이 백성과 신하들에 책임을 다하는 것이고 '신하된 도리'의 일부분이다. 제선왕이 경(卿)에 대한 문제를 묻자 맹자는 경을 두 가지로 나누었다. "주상께서는 어떤 '경'을 물으시는 겁니까?" 왕이 묻는다.

"'경'이 다르단 말인가?" "다르지요. 귀하고 친인척인 '경'이 있고 성씨가 다른 '경'이 있지요." 왕이 묻는다. "귀하고 친인척인 '경'이 누구요?" "주상께서 잘못이 있을 때 간하는 말을 반복적으로 들으면 싫증을 내는데 그때 가만히 있는 사람입니다." 이에 왕이 대노하자 말했다. "주상께서 물으시니 신이 감히 바르게 대답하지 않을 수 없었나이다." 왕이 침착을 회복하고 다른 성씨의 경을 물었다. "주상께서 잘못이 있을 때 간하는 말을 반복적으로 듣고 싫증을 내자 그대로 가버리는 사람입니다."[224] 귀한

---

221) 『孟子 離婁上』
222) 『孟子 梁惠王下』
223) 『孟子 盡心下』
224) 『孟子 萬章下』

친인척의 '경'은 잘못이 있는 왕에 간하거나 가만히 있을 권리가 있고, 다른 성씨의 경은 간하거나 피해버리는 권리가 있다.

일상에서의 상관관계로부터 맹자는 "임금이 신하를 수족처럼 보면 신하는 임금을 심장처럼 여기고, 임금이 신하를 견마처럼 보면 신하는 임금을 백성으로 여기며 임금이 신하를 흙덩이로 여기면 신하는 임금을 오랑캐로 여긴다." 또 "죄가 없이 학자를 죽이면 대부도 달아나버리고 죄가 없이 백성을 죽이면 학자도 도둑이 된다."[225] 맹자는 한 걸음 나아가 아무리 훌륭한 임금이라 해도 그가 호령할 수 없는 신하가 있게 마련이라고 했다.

그렇기에 아무리 훌륭한 임금이라 해도 그가 호령할 수 없는 신하가 있기 마련이다. 만일 일이 있어 의논을 하려고 하면 친히 신하에게 가야 한다. 만일 임금이 이런 성의를 보이지 않고 도덕과 인의예지를 존중하는 인정을 펴지 않는다면 그와 일을 같이 할 수 없을 것이다. 그래서 상나라 탕왕은 이윤(伊尹)에게 배웠고 그를 신하로 삼으면서 손쉽게 천하를 통일했다.

환공(桓公)은 관중(管仲)을 대함에 있어 먼저 그에게서 배우고 나중에 그를 신하로 삼아 조금도 힘을 들이지 않고 제후들을 호령할 수 있었다. 탕왕이 이윤을, 환공이 관중을 신하로 삼지 않을 수 없었던 것이다.[226]

---

225) 『孟子 離婁下』
226) 『孟子 公孫丑下』

3. 기타 각 유파의 사회재건에 대한 지적 반성

공자, 맹자의 유학식 반성 또는 공자와 관련되는 사회질서의 재건방안은 전혀 다르지만 유학사회의 재건에 대해서는 중요한 의의가 있는 지적반성이 되었고, 도가, 묵가, 법가 등 유파에 대해서도 마찬가지였다. 도가, 묵가, 법가 등이 각자 관심을 갖는 주요 사회문제, 핵심 개념, 이상 질서, 숭상 시대 및 그 공동 관심사에 대해 정리가 필요할 것이다.

(1) 노자의 도학 및 그 사회 재건방안

어떤 정신은 정면으로 어떤 문제를 마주해야 비로소 드러나게 된다. 원시적인 도학정신은 노자(노담)가 역사, 사회, 인성을 독특한 시각으로 정시한 결과이다. 사회사상연구의 각도에서 보면 5천 마디에 불과한 『도덕경』은 노자의 사회문제에 대한 우환과 미래사회에 대한 동경을 피력하고 있으며, 그중에서 도학정신의 정수가 흘러넘치고 최종 도학정신의 내재적 규정성을 확정하고 있다.

노자의 인류사회 질서(즉 '인도')의 건설은 결국 세 가지 모순의 해결로 이어진다. 세 가지 모순, 즉 '유위'와 '무위'의 모순, '유욕(有欲)'과 '무욕'의 모순, '강'한 것과 '약'한 것(강약, 동정)의 모순이다. '유위'와 '무위'의 모순에 대하여 "하지 못하더라도 먼저 시작해야" 하며 '유욕'과 '무욕'의 모순에 대해서는 "개인수양과 천하를 다스리는 것은 농작물을 수확하는 것과 같다"[227] 고 했으며 '강약'(강약, 동정)의 모순에 대해서는 가슴에 자비를 품으라고 했다. 노자는 말했다. "나에게 세 가지 보배가 있으니 늘 지니고 다닌다. 하나는 자비심이고, 하나는 검소함이며, 하나는 감히 세상 사람들보다 위에 있지 아니하는 것이다." 이 '3보배'는 바로 다양한 사회문제, 사회모순에 대비해 나온 것이다 이 '3보배'로 노자는 사회문제를 해결하고 신형의 사회질서를 구축했으며 이것은 도학정신의 주요내용이기도 하다.

노자의 사회반성 및 주요 특색은 다음의 몇 가지로 귀납할 수 있다.

'인도(人道)', 즉 인류사회의 질서는 그 건설과 운행에서 모두 천도를 따라야 하고 도와 합일을 가져와야 한다. 노자는 말했다. "인류의 행위는 땅에서 오고, 지구의 운행은 우주의 법칙에 따른 것이며, 우주의 운행은 도의 법칙을 따른 것이고, 도의 운행은 자연스런 법칙에 따른 것이다."[228] 이는 사람들에게 인사(사회)는 자연의 법칙에 따라야 하고, 인류의 사회질서 역시 이에 따라야 한다고 말해주고 있다. 노자는 사회 질서를 건설하는 최고의 도리는 '인도'가 '천도'를 따르는 것이라고 했다.

'천도'는 어떻게 운행되는가? 혹은 자연 질서의 가장 근본적인 법칙은 무엇인가? 노자는 천도가 그러하고 자연이 그러하다고 주장했다. 노자는 말했다. "하늘의 도는 싸우지 않고도 이기는 것이요, 말을 잘하지 못해도 웅변하는 것이며 부르지 않아도 오는 것이고 사람에 대해 성심을 다하고

---

227) 『老子 道德經』
228) 『老子 道德經』

모략에 능해야 한다. 하늘의 도리가 세상을 덮고 있다."[229] 하늘의 도는 자연의 법칙이며 그것은 싸워서 이기는 것이 아니고 침묵이 달변을 이기고 일체는 부르지 않아도 저절로 오게 되며 책략에 뛰어나므로 자연의 도리는 이같이 거대하고 빈틈이 없다. 인류사회가 배워야 할 '하늘의 도' 또는 자연운행의 법칙이 바로 이와 같은 것이다.

그리고 노자는 사회윤리규범에 대해 직접적인 비판을 가하면서 사회동란의 뿌리를 파헤쳤다.

노자는 사회윤리규범이 인간의 욕망에 대해 억제하는 것을 보았고 그것이 사회동란 이후의 산물임을 알아냈다. 그래서 반드시 사회윤리규범의 비판을 통해 직접적으로 동란의 뿌리인 '욕'을 비판해야 했다. 노자는 말했다. "대 도리를 폐지해야 인의의 수요가 불거지게 되고 기교, 기능이 발전하는 가운데 허위와 권모가 생겨나게 되며 가정에 분규가 생겨야 효와 자애로움이 두드러지고 나라가 혼란해야 충신을 알아볼 수 있다."[230] 또 이렇게 말했다. "예라는 것에 있어 충신이 부족함은 혼란의 발단이다(夫禮者忠信之薄而亂之首,)"[231] 이것은 아무 쓸모없는 '대도리'가 폐지되면 사람들은 '인의'로 사회행위를 규제하게 되고 '6친' 사이에 조화롭지 못하면 '효자'로 정합하게 되며,나라가 동란으로 어지러우면 사람들은 '충신'이 나타나 나라를 구하고 백성을 보호해 주기를 희망하기 때문이다.

---

229) 『老子 道德經』
230) 『老子 道德經』
231) 『老子 道德經』

소위 '예'란 사람들의 충신지의가 바닥났을 때 찾는 것으로 각종 동란의 괴수이다. 인의, 효자, 충신, 예 등은 모두 사람들의 사회행위를 규범하는 것으로 동란의 원인이면서 동란의 결과이기도 하다. 동란의 결과라 할 때, 그것들은 모두 '유욕(有欲)'의 산물로 노자는 사회동란의 원인을 직접 '유욕'에 귀결시켰다. 이것이 바로 노자의 매력으로 사회에 존재하는 이러한 충돌과 모순, 즉 '유욕'과 '무욕'의 충돌과 모순을 해결하고자 했다. 즉 사회질서의 뿌리이자 인간생활의 뿌리를 더듬어냈던 것이다.

'유욕'을 제거하는 첫 걸음은 "총명기교를 버리면 사람들은 백배 좋은 점을 얻게 되고 인의를 버리게 되면 사람들은 효자의 천성을 회복하게 된다. 이득을 바라지 않으면 도둑도 없어지게 된다. 정지, 인의, 교리는 모두 사회병태를 치료하는 법칙으로 부족하며 그런 고로 사람들의 사상인식을 귀속시키려면 순결하고 순박한 본성을 유지해야 하고 사욕잡념을 감소시키며 정지예법의 부문들을 버려야 우환이 없게 된다."[232] 즉, 먼저 성, 지, 인, 의, 효, 자(慈), 교를 버려야 한다. 모든 사회충돌과 분규는 모두 사람들의 욕심에서 생겨나는 것이고 성, 지, 인, 의, 효, 자, 교는 욕망의 정교한 포장에 불과하다.

'유욕'을 제거하는 두 번째 보조로는 "외양을 보면 단순하고 내심은 소박하며 사심은 적게 가지고 욕망은 적게 가지는 것이다."[233] 그리하여 "욕심이 보이지 아니하니 민심이 혼란스럽지 않게 된다", "허심한 학습태도를

---

232) 『老子 道德經』
233) 『老子 道德經』

유지해야 하고, 끊임없이 자신을 충실히 해야 한다."[234] 노자는 '욕'과 '난'의 관계를 보아내고 '민심'이 어지러우면 사회가 어지럽고 '마음'이 어지러운 것은 '욕심이 있기' 때문이라고 여겼다. 그리하여 노자는 사람들에게 "욕심을 버리라고" 요구했다. '욕심을 버리는 것'은 '욕심을 아예 없애는 것'이 아니며 '무욕'은 더욱 아니다. 이로부터 노자가 욕망이 사회존재에 대한 필요성을 인식할 수 있으며 훗날 송조, 명조의 도학이 '천리만 남기고 인간의 욕심은 없애라'는 것과 큰 차이를 보인다. '욕심을 버리는 것'의 표준은 무엇인가? 그것은 바로 '허심(虛心)'이며 '충실'이다.

그리고 노자는 사회통제의 책략이 귀유(貴柔), 겸하(謙下), 견미(見微)에 있다고 주장했다.

노자가 볼 때, '인도'는 '천도'를 따라야 하고, 천도는 '무위'여야 한다. 인류사회는 결국 '효도하는 법'을 따를 뿐이고 진정으로 '무위상태'에 이르기는 어렵다. 개인이 사회에 진입하거나 사회를 구성하게 되면 바로 '하늘의 도'와 고별해야 하고 '무위'상태와도 고별해야 하는 것이다. 사회 전체의 각도에서 보면 '무위'는 다만 사회 관리의 일반성 원칙이다. 개체각도에서 보면 '무위'를 인류 개체의 심령이 사회질서, 사회규칙에 대한 일종의 배반이고 자연에 대한 회귀라 할 수 있으며, 이런 배반과 회귀야말로 인류 개체의 심령에 남을 공간인 것이다. '무위'는 인류 개체 심령의 적막이거나 사멸이 아니며 심령 자신의 힘이 발생하는 서식지이며 사회질서가 가져다 준 속박에서 해탈되는 것이다. 따라서 노자는 '무위'로

---

234) 『老子 道德經』

동서고금의 무수한 시인묵객들, 관청실패자들에게 '마음의 서식지'를 남겨둔 것이다.

진정한 '무위'가 현실불가능하기에 노자는 '유위'로 '무위'에 접근해 "무위가 무위가 아님"에 이르러야 한다고 주장했다. '무위'에서 '무불위'에 이르는 구체적 방법은 귀유(貴柔), 겸하(謙下), 견미(見微) 등으로 귀납할 수 있다.

귀유에 대해 노자는 말했다. "연약함은 강함을 이긴다."[235] "천하의 가장 부드러움은 천하의 가장 강함을 이긴다."[236] "반대자는 도를 움직이려 하고 약한 자는 도를 이용하려 한다." 이것은 대도가 자연스럽고 무위이며 상반되는 것을 통해 실현될 수 있기 때문이고 약자는 무위이며 그러히기에 강함에 이르고 유위에 이르러 대도의 '자연무위'의 기능을 거의 다 표현할 수 있는 것이다. 세상에서 가장 연약한 물건이 천하에서 가장 강한 물건을 움직일 수 있으며 약한 것은 강한 것을 이긴다. 노자는 우리에게 사회생활에서 '연약한' 수단을 운용하여 일체 사회문제(강한 것)를 해결할 수 있으며 이런 '연약한' 방법은 거의 '천도'에 가까워 만물을 '무위'로 만들 수 있는 방법이라고 했다. 이로부터 노자는 구체적으로 약한 것이 강한 것을 이기는 전술을 제기했다. "줄이려거든 먼저 늘려야 하고, 약하게 하려면 먼저 강하게 만들어야 하며, 폐지하려거든 먼저 한껏 올려야 하고, 얻으려거든 먼저 주어야 한다. 이것이 바로 미묘한 듯 하면서도 선명한 것으로 약한

---

235) 『老子 道德經』
236) 『老子 道德經』

것으로 강한 것을 이기는 전술이다"[237] 등이다.

겸하에 대해 노자는 자연현상에서 자연의 왕이 되려면 겸손하고 관용하는 정신이 있어야 한다고 했다. 노자는 말했다. "강과 바다가 뭇 하천이 모이는 곳이 될 수 있었던 것은 강과 바다가 낮은 곳에 있을 줄 알았기 때문이다."[238] 강과 바다가 낮은 곳에 있어 여러 하천의 왕으로 될 수 있었듯이 성인들 역시 이런 도리를 따라야 하는 것이다. 겸손과 관용은 '귀약'원칙이 진일보하도록 구체화하는 것이다. 노자는 말했다. "백성의 위에 있으려면 반드시 말을 겸손하게 해야 하고 백성을 앞서려면 백성의 뒤에 서 있어야 한다. 성인은 백성의 위에 있어도 백성이 원망하지 않으며 백성의 앞에 서도 백성에 해가 되지 않아야 된다. 천하의 즐거움을 만드는 데 적극적이어야 하고 아무하고도 경쟁하지 말아야 천하가 그와 다투지 않을 것이다."[239] 나라와 나라 사이의 관계를 처리함에 있어서도 이에서 취했던 노자는 이렇게 말했다. "대국이 소국에 겸양하면 소국의 존중을 이끌어내고 소국이 대국에 겸손하면 대국의 지지를 이끌어낸다."[240] '겸손'은 '관용'에서 오는 것이다. 그는 말했다. "성인들은 흔히 선량함으로 사람을 구하기에 사람을 포기하지 않는다. 선량함으로 물건을 구하기에 버릴 물건도 없다."[241] "사람을 버리지 않고", "물건을 버리지 않으려면" 마땅히 "덕으로 갚아야 할 것"[242]이다.

---

237) 『老子 道德經』
238) 『老子 道德經』
239) 『老子 道德經』
240) 『老子 道德經』
241) 『老子 道德經』
242) 『老子 道德經』

"계약서의 절반만 들고 빚 갚으라고 사람을 핍박하지 않는다"[243]는 넓은 흉금이 있어야 세상을 통치할 수 있고 '백곡왕(百谷王)'의 대업을 이룰 수 있다.

견미에 대해서는 진정으로 사회에 대해 효과적인 통제를 하여 미연에 혼란을 막으려면 반드시 "미세한 것에서 큰 것을 알아내는" 소질을 양성해야 한다는 것이다. 노자는 이렇게 경고했다. "아름드리나무도 작은 풀 가지에서 자라나고, 구층 누대도 흙을 쌓아서 이루어진 것이며 천리 길도 한 걸음부터 시작된다."[244] 그는 또 이렇게 말했다. "어려운 일을 해결하려면 먼저 쉬운 것부터 해결해야 하고 큰일을 해내려면 작은 일부터 시작해야 하며 천하의 어려운 일도 쉬운 것부터 시작해야 하는 법이다."[245] 치와 난의 관계에 대해 그는 이렇게 말했다. "국세가 안정되었을 때는 유지가 쉽고 일이 아직 시작되지 않았을 때는 대책을 세우기 쉬우며 사물이 취약할 때 소멸이 쉽고 일은 시작될 때 없애버려야 한다. 일이 아직 발생하기 전에 처리해야 하고 국세가 아직 혼란스럽지 않을 때 다스려야 하는 것이다."[246]

사회질서에 대한 반성에 기초해 노자는 사람들에게 이상사회에 대한 자신의 전망을 펼쳐보였다. 노자는 말했다. "나라는 클 필요가 없고 인구는 적어야 한다. 그렇게 되면 많은 도구들이 필요 없을 터이다. 백성들은 자기의 생명을 존중할 것이고 고향을 등지는 일이 없을 것이다. 배와 수레가 있다

---

243) 『老子 道德經』
244) 『老子 道德經』
245) 『老子 道德經』
246) 『老子 道德經』

하더라도 그것을 써먹을 곳이 없을 것이고 갑옷과 병장기가 있다 하더라도 그것을 놓아둘 자리가 없을 것이다. 백성들은 다시 매듭을 지어 기록하던 시대로 돌아가고 나라는 강성하고 전성기를 맞이하게 될 것이다. 사람들은 음식이 맛있음을 알게 되고 옷도 멋져 보일 것이며 집에 대해서도 만족감을 느낄 것이며 풍속습관에 대해서도 만족하게 될 것이다. 이따금 이웃 나라 백성들을 보게 되고 그들의 닭 개의 울음소리를 들을 수 있으나 죽을 때까지 서로 왕래하지 않는다."[247]

(2) 묵가의 사회반성 및 그 사회의 재건방안

묵가의 창시인은 묵적(墨翟)이다. 치엔무(錢穆)의 『묵자연표』에 의하면 생졸 연대는 기원전 479년(즉, 공자의 사망년)부터 기원전 381년(9년 뒤 맹자의 탄생)까지이다.

『회남자 요략(要略)』에 따르면 "묵자는 유학을 공자에게서 배웠다. 예가 복잡해서 좋아하지 않았고 사람이 죽어도 지나치게 슬퍼하는 것도 반대했다. 주나라의 길을 버리고 하나라의 정치를 따랐다고 할 수 있다." 묵자는 대개 먼저 유학을 배우고 나중에 가난한 사람들을 위해 복리(福利)를 펴다가 스스로 학설을 창조했을 것이다. 묵자의 사회반성은 주로 다음의 몇 가지로 표현된다.

먼저 묵자는 인류사회생활에서 발생한 기본형식을 깊이 연구했다.

---

247) 『老子 道德經』

묵자는 노동은 사람과 동물이 구별되는 근본 특징이라고 여겼다. 짐승들은 '의식주행'이 고유한 것이지만 인간은 '힘', 즉 노동에 의해 생존이 가능하며 소위 "부지런한 사람은 살아남고 게으른 사람은 죽게 된다"[248]고 했다.

묵자는 노동자가 사회재부의 창조자이고 만일 "농부가 밭을 가꾸기에 게으르고 아녀자가 방직방적에 게으르다면 천하의 먹고 입는 것들이 반드시 부족할 것이다"[249]라고 했다.

다음 묵자는 문명이 생기는 기본형식을 고찰했다. 묵자는 "법으로 다스리는 정치"를 인류문명의 시작으로 보았다. 묵자는 말했다. "옛날 인류가 갓 생겨났을 때 아직 법으로 다스리지 아니하고 사람들이 말로 의견을 내놓았기에 사람마다 의견이 각각이었다. 한 사람이 한 가지 말을 하고 두 사람이 두 가지 의견을 내고 열 사람이 열 가지 소리를 했다. 사람이 많을수록 의견 역시 많았다. 사람마다 자기의 의견이 옳고 타인의 의견은 그르다고 생각했기에 서로 싸우기 일쑤였다. 가정 내에서도 부자, 형제 사이에 늘 의견이 달랐다. 그러다보니 서로 원망하면서 갈라지고 화목하지 못했다. 천하의 백성들은 모두 물과 불처럼 또 독약처럼 서로 상처를 주면서 여력이 있는 사람도 남을 도울 수 없게 되고 재부가 남아도는 사람도 썩을지언정 남에게 나누어 주려 하지 않았다. 좋은 도리도 자기만 알고 남에게 알려주지 않았기에 천하는 혼란스럽고 짐승들의 세상과 다르지

---

248) 『墨子 非樂上』
249) 『墨子 非命下』

않다."[250] 묵자는 인류가 몽매하던 시기는 "법으로 다스리지 않던 시기"이고 "사람마다 의견이 갈리던 시기"였으며 사회 전체가 혼란하여 마치 짐승의 세상과 같았다고 여겼다. 그래서 묵자는 이렇게 말했다. "천하가 어지럽고 혼란스러운 것은 바른 법이 없었기 때문이며 현자를 선출해서 천자를 삼아야 한다. 법으로 세상을 다스리고 천자가 백성을 다스려야 한다."[251]

그 다음 묵자는 그 시대의 사회문제를 고려했다. 묵자가 관심을 가진 주요 문제는 세 가지로 분류할 수 있다. 첫째는 '정벌(征伐)문제'이고, 둘째는 '자애문제'이며, 셋째는 '민생문제'이다. 서로 다른 사회문제에 대해 묵자는 상응하는 사회치료대책을 제기했다. "묵자가 이르기를 나라에 몸 바치려 한다면 먼저 방향을 잘 잡고 사업에 뛰어들어야 한다. 나라가 혼란하면 어진 사람을 등용해야 하고 나라가 가난하면 귀족들부터 절약해야 하며 나라가 시끄러우면 음풍영월(吟風詠月)하지 말아야 하고, 나라가 예를 지키지 않으면 하늘을 존경하고 신을 모셔야 하며, 나라가 침략을 당하면 사랑을 널리 펼쳐야 한다."[252]

'공벌(攻伐)문제'는 묵자가 처한 시대의 주요문제 중 하나였다. 이에 대해 묵자는 '비공(非攻)'을 주장했다. 묵자는 '대국이 소국을 침략'하는 전쟁에 반대했다. 묵자는 전쟁이 가져다주는 파괴를 정확히 계산해내고 전쟁의 '비인도적'인 부분을 지적했다. "봄이면 농민들의 경작을 망치게 되고,

---

250) 『墨子 尙同上』
251) 『墨子 尙同上』
252) 『墨子 魯問』

가을이면 수확을 망치게 되며, 한시의 오차로 백성들이 굶주리고 추위에 죽게 될 것이며, 그 수는 부지기수에 달할 것이다. 군사가 날뛰고 화살이 어지러우며 갑옷과 창과 방패가 언제 내려쳐질지 그 수는 부지기수에 달할 것이다. 또 창, 극, 검 등이 찢고 부수고 그것에 다치는 사람이 부지기수에 달할 것이다. 소나 말은 살쪄서 나갔다가 야위어 돌아오게 될 것이며, 죽어서 돌아오지 못하는 숫자도 부지기수에 달할 것이다. 파괴된 길을 수리해야 하고 쌀 공급을 계속해야 하며, 백성이 시달려죽는 자가 부지기수일 것이다. 주거가 불안하고 밥을 제때에 먹지 못하며, 각종 질병에 죽는 자도 부지기수일 것이다. 죽은 군사는 더 말할 나위 없이 부지기수일 것이다.

국가에서 백성의 물건을 빼앗아 쓰는 것이 엄청 많을 터이고 백성들의 고생을 어찌 말로 다 하랴? 전쟁에서 이기고 득을 얻는 것이 바로 이것이다." 묵자는 또 말했다. "스스로 이겼다고 하나 아무 쓸모도 없다. 얻었다고 하나 잃은 것이 더욱 많다. 전쟁을 하는 자는 말했다. '남으로는 형오(荊吳)의 왕 북으로는 제진(帝晉)의 임금이 천하를 나누고 있는, 그 땅이 수 백리에 못 미치고 사람은 수십만에 미치지 못했다. 그러나 전쟁으로 땅을 빼앗아 수 천리에 달하고 사람이 모여 수백만에 이르렀다. 전쟁은 나쁜 일이 아니다." 묵자가 말했다. "4, 5개의 국이 이득을 얻었다고 하나 그것은 취할 도리가 아니다."[253]

전쟁에 대한 객관적 현실을 두고 묵자는 정의적 전쟁과 비정의적 전쟁으로 구분했고, 전자는 '주(誅)'라 칭하고 후자는 '공(攻)'이라 칭했다.

---

253) 『墨子· 非攻中』

'주'는 "죄가 있는 나라를 정벌하다"라는 뜻으로 우(禹)가 묘(苗)를 정벌하고, 탕(湯)이 걸(桀)을 정벌하며, 무(武)왕이 주(紂)왕을 정벌한 것 등으로 이는 모두 정의적 전쟁이며 반대하지 말아야 한다. 그러나 '공'은 이와 달리 "죄가 없는 나라를 정벌하다"라는 뜻으로 "주변 국경을 침범하고 그 농작물을 망쳐버리고 그 수림을 벌하며 그 성곽을 허물고 그 못을 메우며 짐승을 살육하고 조묘(祖廟)를 무너뜨리며 백성을 죽이는 데 늙고 약한 구별이 없으며 무작위적이다."[254]

묵자가 처한 시대에서 '자애문제'는 사회질서의 근본적 문제였다. 묵자는 사회동란의 근원이 인간의 자리(自利)와 자애에서 비롯된 것이라고 여겼다. "혼란은 어디에서 시작되는가? 서로 사랑하지 않는 데서 비롯된다. 신하와 아들이 임금과 아버지에 불효하면 난이고 아들이 자기만 사랑하고 아버지를 사랑하지 않으면 아버지에 대해 자리한 것이며, 동생이 자기만 사랑하고 형을 사랑하지 않으면 형에 대해 자리한 것이며, 신하가 자기만 사랑하고 임금을 사랑하지 않으면 임금에 대해 자리한 것이다. 이것을 혼란이라고 한다."[255]

'자애문제'에 대해 묵자는 겸애하라고 주장한다. 묵자는 말했다. "내가 듣기로 학자는 세상 사람들을 친구로 여기고 그 속에서 산다. 친구의 친구를 다시 친구로 여기며 세상을 고고하게 살아간다. 이미 은퇴한 사람이라 해도 배고픈 이에게 먹을 것을 주고 추운 이에게 입을 것을 주며 아파하는

---

254) 『墨子 非攻下』
255) 『墨子 兼愛上』

이에게는 치료를 해주고 죽으면 장사를 지내준다. 학자란 바로 이런 사람을 가리킨다. 내가 듣기로 명군이라면 먼저 만민을 생각해야 하며 만민의 뒤에 서서 비로소 명군이라 할 수 있다. 백성에 대해 배고픈 자에게는 먹을 것을 주고 추운 자에게는 입을 것을 주며 아픈 자에게는 치료를 해주고 죽은 자는 장사를 지내준다. 명군은 바로 이와 같은 사람이다."[256]

묵자는 또 '겸상애(兼相愛)'를 '상동(尙同)'의 최고 원칙으로 여겼다. 문명사의 발전과정의 기본 인식에 기초해 묵자는 '상동설'을 주장했다. 묵자는 말했다. "천하가 혼란한 이유를 알았는데 행정장관이 없었기 때문이다. 어진 사람을 선출해 천자로 삼아야 한다. 천자를 세우고 나서 그의 힘이 부족하다고 생각되면 다시 어질고 능력 있는 사람을 등용해 3공(公)으로 한다. 행정장관이 있으면 천자는 천하의 백성들을 호령할 수 있고, 선과 악을 알 수 있다. 위에 알려서 위에서 옳다고 하면 그대들은 반드시 따라야 한다. 위에서 그르다고 하면 반드시 그른 줄 알아야 한다."[257]

네 방면에서 묵자의 '상동'설을 이해할 수 있다. 1) '상동'은 '상현(尙賢)'에서 온 것이다. "천하의 어진 이를 선출해 천자로 삼는다"에서 천자는 독립적으로 다스리지 못하고 현자(鉉子), 능인(能人)을 불러 3공으로 삼고 천자를 보좌하는 것이다. 천하가 만국으로 갈라져도 현자를 세워 제후, 신들이 옹위하게 하며 나라는 다시 향리로 나누고 현자를 행정장관으로 둔다. 2) '상동'은 '상천(尙天)'에서 온 것이다. 소위 '상동'이란 통일된

---

256) 『墨子 兼愛下』
257) 『墨子 尙同上』

시비표준을 말했다. 시비표준은 어디에서 온 것인가? "의는 우매함에서 오지 않고 반드시 지적인 자에게서 나오는 것이다. 그러나 무엇이 귀한 것인가? 하늘이 귀하고 하늘이 아는 것이다. 의(義)는 하늘에서 오는 것이다."[258] 묵자가 시비를 통일하는 경로는 아래에 위와 같을 것을 구하고 층층이 구해서 천자와 백성이 같게 하는 것이며, 천자는 "천하의 의는 모두 하늘과 뜻을 같이한다." 3) '상동'은 '겸애'에서 온 것이다. 무엇을 '하늘'이라 하는가? 묵자는 말했다. "하늘의 뜻은 따르지 않을 수 없고 순종하는 자는 서로 사랑하고 서로 이익을 얻고 서로 즐기게 된다. 반대로 그것을 어기는 자는 서로 미워하고 서로 빼앗고 죄를 범하게 된다."[259] 이로부터 상동, 겸애, 천의는 최고 원칙으로서 같은 것이다. 4) '상동'은 귀신 봉공에서 온다.

묵자는 귀신은 목수의 컴퍼스와 같다고 하면서 사회생활에서 없어서는 안 되는 도구라고 했다.

민생문제는 묵자가 사고한 또 하나의 문제였다. 묵자는 사회 밑바닥에서 출생했기에 사회 반성자들 가운데 비교적 민생의 질고를 고심하는 사상가였다. 묵자는 그가 처한 시대의 "민환(民患)에는 세 가지가 있는데 배고픈 자가 먹지 못하고 추운 자가 입지 못하고 일하는 자가 쉬지 못하는 것을 꼽았다. 이 세 가지가 백성의 우환이다."[260] 묵자는 먹고 입는 것이야말로 사람이 태어나면서부터 가져야 하는 권리라고 했다.

---

258) 『墨子 天志中』
259) 『墨子 天志上』
260) 『墨子 非樂上』

'절장하(節葬下)'에서는 "먹고 입는 것이 인간의 생존욕구이다"라고 했고, 사회는 응당 매 사람의 '생리(生利)'를 보장해야 한다고 했다. 민생의 질고에 기초해 묵자는 절약하고 근검하며 떠들어 낭비하지 말라고 주장했다.

소위 '절약'이라는 것은 재물을 아끼고 낭비하지 말아야 한다는 것이다. "사용하는 만큼 주는 것이다"를 표준으로 삼고 먹거리에서 "허기를 달래고 기를 보충하며 뼈가 윤활하게 돌아가고 눈코귀입이 제대로 작동할 수 있는" 것까지만 요구하며, "오미(五味)의 맛, 방향의 조합, 이국의 산해진미" 등을 추구하지 말아야 하며 "세금을 늘여 백성에게 부담하게 하지 말아야 하는 것이 성왕이 할 일"이라고 하면서 "쓰되 절약해야 한다"[261]고 했다. 묵자는 '소박한 장례'를 주장하면서 후장(厚葬)을 반대했다. '돈을 파묻는 것'으로 보았고 '금해야 할 일'이라고 했다. 묵자는 말했다. "후장으로 부를 과시하는 것은 결국 일을 하지 않고 얻은 것이라 할 수 있다."[262] 묵자는 비정상적인 가무나 사치에 반대하면서 '비악(非樂)'을 주장했다. 묵자는 귀족들이 풍악을 울리고 가무를 즐기는 사치한 생활을 반대하면서 "나라가 반드시 가난해지고 백성이 반드시 적어지고 세상이 반드시 혼란하게 될 것"[263]이라고 했다. 묵자는 또 '비명(非命)'사상을 제기했다. 소위 '비명'이란 진취적이고 적극적이어야 한다는 것이다. 묵자는 두 가지로 나눠 생각했다. 하나는 지명론(持命論)이고 하나는 지력론(持力論)이다. 지명론자들은

---

261) 『墨子 節用中』
262) 『墨子 節葬下』
263) 『墨子 節葬下』

모든 것은 운명에 정해진 것으로 "부귀한 명이면 부귀하고. 가난한 명이면 가난하며. 자식이 많을 명이면 많고. 적을 명이면 적으며. 다스릴 거면 다스려야 하고. 혼란한 거면 혼란해야 하며. 오래 살 명이면 오래 살고. 죽을 명이면 죽는다"[264]고 생각했다. '가난한 사람'은 '내 명이 가난해서이다'라고 말하고 '폭군'은 '내 명이 그리 되어서이다'라고 말했다. 이와 반대로 묵자는 '힘'과 '강한 것'을 신봉하면서 '비명'을 주장했다. 묵자는 노동을 '힘'의 원천이라고 여기고 인간과 동물의 구분되는 표준이라고 했으며, "힘에 의지하는 자는 살아남아도 힘에 의지하지 않으면 살지 못한다"[265]고 했다. "관에는 귀한 것이 따로 없고 백성은 끝까지 천하지 않다."[266] '힘'을 정치에 쏟으면 '강해지는' 것이라고 주장했다. 묵자는 말했다. '강한 것이 다스리고', '약한 것이 다스림을 받는다'[267]고 했다.

종합적으로 묵자의 사회반성은 "세상은 의로 다스려야 하고 의가 없으면 혼란하다"[268]는 것이다. 만일 '사람마다 의로우면' 그로부터 '스스로만을 사랑하고', '서로 나쁜 것을 권하는' 혼란된 국면이 생겨나게 될 것이고 '천하동의(天下同義=尙同)'해야만 '서로 사랑하고' '서로 이득을 챙기는' 사회질서가 구축될 수 있다는 것이었다.

---

264) 『墨子 非命上』
265) 『墨子 非樂上』
266) 『墨子 尙賢上』
267) 『墨子 非樂上』
268) 『墨子 天志中』

(3) 법가의 사회반성 및 그 사회재건 방안

　유가는 공자, 도가는 노자, 묵가는 묵자를 그 대표인물로 알고 있다. 그러나 법가의 시조에 대해서는 지금까지 결론이 없는 상황이다. 관자(管子)는 일찍 법치국의 사상을 제기했지만 그 사상은 순수하지 않고 잡스러워 유가의 명례관점이 있는가 하면, 『한서·예문지』에서는 그를 도가행렬에 끼워 넣기도 했다. 관자 외에 춘추시기 법가사상과 관련이 있는 이들로는 등석(鄧析), 신불해(申不害) 등이 있다. 춘추시기 법가사상은 이미 제후국에서 개명한 관리자들의 제창을 받았고 아울러 전국시기에는 제(齊, 管仲), 위(衛, 商鞅), 정(鄭, 등석, 신불해), 위(魏, 李悝) 조(趙, 愼到), 한(韓, 韓非) 등의 국가들에 파급되었다. 소공권(蕭公權)은 말했다. "법가사상은 말기시대의 일반적 사회정황과 맞아 떨어진다. 그러했기에 여러 곳에서 같이 쓰였고 멀리 퍼질 수 있었다."[269] 이로부터 법가는 어느 한 사람이 만든 것이 아니라 시대의 조류였음을 알 수 있다.

　엄격히 말하면 법가사상은 상앙 시기에 이미 성숙되었다. 법가사상은 한비자에 이르러서는 이미 경관을 이루었고, 한비자는 최종적으로 법가를 집대성한 자가 되었다. 『사기』에는 이렇게 기록되어 있다. "한비는 한나라의 공자로 형법, 법술의 학문에 능했다. 그는 한나라의 국력이 날로 약해지는 것을 가슴 아프게 여겨 수차례 한나라 왕에게 상주했으나 왕의 관심을 받지 못했다. 이에 한비는 한나라에서 나라를 다스림에 있어

---

269) 장덕승의 『유가윤리와 질서 스토리』 97쪽에서 인용.

인재를 아끼지 않고 현명한 이를 쓰지 않으며, 반대로 허세적이고 가벼우며 음란한 자들을 실제 공로와는 무관한 높은 직위에 앉히고, 국세가 괜찮으면 허명뿐인 학자들을 총애하고 국세가 긴장국면에 이르면 갑옷에 투구를 쓰고 입을 줄 아는 자들을 등용하면서 평소 인재양성에 게을리 하고 평소에 양성해둔 사람을 전시에는 쓰지 않는 등의 폐단들을 질책했다. 청렴결백하고 정직한 사람이 간사한 무리들의 배척을 받는 일을 가슴 아프게 생각했다. 그는 이전의 실패한 경험에 비추어 『고분(孤憤)』, 『오두(五蠹)』, 『내외저설(內外儲設)』, 『설림(說林)』, 『설난(說難)』 등 56편의 약 10만여 자에 달하는 글을 썼다."[270] 이 때문에 상앙, 한비자의 법가사상은 법가정신을 대표한다고 말할 수 있겠다. 법가는 시국의 사회반성에 대해 상앙부터 한비자에 이르는 사상에서 그 일반 적인 것을 엿볼 수 있다. 주로 다음의 몇 가지로 귀납할 수 있다.

첫째, 법가를 계승한 순자의 인격에 대한 성악론이다. 순자는 유가의 중요한 대표인물이지만 법가사상의 중요한 이론적 근원이기도 하다. 순자는 "심성은 하늘이 내려주는 것이고 배우지 않고는 아무 일도 할 수 없다"[271]고 하면서 성이야말로 인간이 태어날 때부터 가지고 있는 본성이라고 했다. 이어 순자는 성(性)과 정(情), 욕(欲) 사이의 관계를 설명하면서 "성은 하늘이 준 것이요, 정은 성의 본질이며, 욕은 정의 표출이다. 때문에 욕은

---

270) 『史記 老子韓非列傳』
271) 『荀子 性惡』

구할 수 있으며 정은 피할 수 없는 것이다"[272)]라고 했다. 성의 외연은 '정'과 '욕'이며 '정'과 '욕'은 모두 성에서 비롯되는 것이며 모든 사람의 성, 정, 욕은 모두 같다. 구체적으로 말하면 인간의 성, 정, 욕은 감각기관의 욕망, 이득, 배타성과 질투심, 영광과 치욕 등 네 가지 방면을 포함한다. 이 네 가지를 순자는 모두 "태어나면서 가지고 온 것"이며 선악의 구분이 없지만 본성에는 악을 포함하고 있다고 설파했다. "오늘날 사람의 인성은 태어나면서부터 이익을 추구하기에 쟁탈이 생기고 예의가 사라졌다. 태어나면서부터 악이 고질이 되어 도둑의 삶이 성행하고 충신이 사라졌다. 태어나면서부터 이목의 욕심이 있어 소리와 색을 밝히니 음란함이 성행하고 예의나 문리가 사라졌다. 그러나 인성의 각도에서 보면 사람은 필시 쟁탈을 하게 마련이요 분란이 생기게 마련이다."[273)] 만일 본성대로라면 사양하고 충신스럽고 예의스러움이 사라져야 할 것이다. 말하자면 이런 본능들이 외부로 사라질 때 악이 생겨나는 것이다. 이런 의미에서 인성은 나쁜 것이다. 순자의 인성악론은 법가의 '정법일민(定法一民)'에 이론적 기초를 다져주었다.

한비는 순자의 학생으로 순자의 성악론을 계승 발전시켰다. 한비는 인간의 본성이 '자위(自爲)', '호리(好利)'에 있다고 여겼다. 한비는 인간의 생리기능이 인간의 '욕심을 당연케 한다'고 여겼다. "이득은 백성이 원하는 것이고 명예를 위해서 학자는 죽음도 불사한다."[274)] 한비가 볼 때, 천하는

---

272) 『荀子 正明』
273) 『荀子 性惡』
274) 『韓非子 外儲說左上』

모두 계산적이어서 "사람을 믿는 건 그를 정복하기 위함이었다."[275] 한비는 예를 들어 말했다. "부모는 자식에 대해 아들을 낳으면 서로 축하해주고 딸을 낳으면 죽여 버렸다. 왜? '나중에 이득을 보기 위한 것'이라 하겠다. 부모자식 간에도 이러할 진대 '부자지간에야 더 말해 무엇하랴?[276] 부부사이도 이와 같다. '부부라는 것은 혈육의 감정도 없고 사랑하면 결혼하고 사랑하지 않으면 바로 소원해진다.'"[277] 군신지간 역시 이와 같은 계산적인 관계로서 "군신 사이는 부자 사이처럼 친하지 않기에 계산이 나올 법하다", "신하는 죽음을 다해 임금을 모시고 임금은 높은 벼슬과 관록으로 신하를 대한다."[278] 종합적으로 한비는 인성은 악하고 사회에서 "임금과 신하는 자질구레하게 다투고 부자(父子)는 서로 같이한다"고 했는데 이(利)는 모든 가치 내지 질서의 원천이다.

둘째, 법가는 군주의 '생활'식 법치주의를 주장한다. 인성이 본래 '악'한 것이라면 사회질서는 어떻게 바로잡히겠는가? 한비는 말했다. "성인이 나라를 다스리는 것은 사람들이 자각적으로 자기가 일을 처리하는데 선행에 의거하는 것이 아니라 사람들이 감히 나쁜 일을 하지 못하는 것에 의거한다."[279] 어떻게 해야 "나쁜 일을 못하게 하겠는가?" 법가들은 법치주의를 주장한다. 법가는 양호한 사회질서는 오로지 형식적인 통제의

---

275) 『韓非子 備內』
276) 『韓非子 六反』
277) 『韓非子 備內』
278) 『韓非子 難一』
279) 『韓非子 顯學』

수단, 즉 엄형 준법만이 이루어질 수 있다고 했다.

　법가의 법치주의에는 다음의 몇 가지 뜻이 담겨져 있다. 1) 법가는 군주가 유일한 입법자라고 여긴다. 관자가 말했다. "법을 만드는 사람이 있고 법을 지키는 사람이 있으며 법에 따라 법을 만든다. 법을 만드는 사람은 군주이다. 법을 지키는 사람은 신하이다. 법에 따르는 사람은 백성이다."[280] "개명한 군주는 척도를 가지고 기준을 만들어 엄격히 지키고 백성이 따르도록 한다."[281] 2) 법을 믿지 사람을 믿지 않는다. 한비는 말했다. "법술을 버리고 주관에 따라 일을 처리하면 요임금이라 해도 나라를 잘 다스릴 수 없을 것이다. 규정을 버리고 함부로 추측하다보면 해중(奚仲)이라 하더라도 바퀴 하나 제대로 만들 리 만무하다. 잣대를 쓰지 않고 길고 짧음을 비교하는 것은 왕이라 해도 그 표준에 이르기 어려울 것이다.

　만일 약간의 재능이 있는 군주가 법술대로 한다고 하면 서투른 장인이라 해도 규정된 길이를 파악하게 될 것이고 그러면 실수가 없을 것이다. 군주가 현인이나 장인도 하지 못할 방법을 내놓는다면 많은 사람들이 실수를 범하지 않을 것이요 사람들도 힘을 다 할 것이며 공명도 자연이 이루어질 것이다."[282] 관자는 이렇게 말했다. "천하의 일은 법이 있어야 하고 법을 따라야 한다. 그래야 백성이 그것을 따를 수 있다. 현명한 군주는 법을 세워 법을 지키면 상을 내리고 법을 어기면 벌을 내려야 한다. 이것이 법제요

---

280)　『管子 任法』
281)　『管子 明法解』
282)　『韓非子 用人』

백성은 죽어도 원망하지 않을 것이다. 법의 힘으로 백성을 다스리면 공덕이 무량하리라. 다 법을 따른 공덕이다. 『명법(明法)』에 이르기를 '법으로 나라를 다스리니 틀림이 없도다.' 현명한 군주는 법도를 만들어 임금이든 신하든 바른 법을 내세우며 감히 나쁜 짓을 하지 못한다. 백성은 임금도 법을 지킨다는 것을 알게 되면 더욱 법을 따를 것이요, 백성이 그리되면 아무도 말리지 못할 것이다. 백성은 법을 지키는 관리 앞에는 무릎을 꿇게 되고 법대로 일을 처사하게 될 것이다. 간특한 사람은 주군을 속이지 않고 질투하는 사람은 도둑의 마음을 버릴 것이며 아첨하고 중상하는 자들도 그 수단을 버릴 것이다. 천리 밖에서도 감히 나쁜 짓을 하지 못하게 될 것이다. 『명법』에 이르기를 '법도가 있는 곳에서는 협잡 따위가 통하지 않는다."[283] 3) 엄격히 법으로 다스리는 것이다. 일찍이 관중은 제나라에 있을 때 제나라에서는 '십오지법(什伍之法)'을 실행했었다. 교외에 5가구를 합쳐 궤(軌)라 하고 6궤를 모아 읍(邑)이라 했으며 10읍을 솔(率)로 하고 3솔을 향(鄉)이라 했으며 3향은 현(縣), 10현은 속(屬)이라 했다. 전국에는 전체 5속이 있었다. 도읍에서는 5가구를 궤라 하고, 10궤를 리(里)라 하며 4리를 연(連)으로, 10연을 향(鄉)이라 했으며 전국에는 15향이 있었다.

법가의 선행자였던 관중은 이처럼 사람들을 조직해서 "죽은 자가 있어도 감출 수 없고, 이사한 사람도 행적이 있게 했다." 그리하여 "사람이 호적 없이 흘러 다니지 아니하고 관리들은 추적에 대해 걱정이 없게 되었다." 상앙은 진나라에서 변법으로 '십오지법'을 펼쳤으며 '연좌법'도 설립했다. 상앙은

---

283) 『管子 明法解』

"백성들을 '십오(什伍)'로 하고 서로 연좌토록 했다. 간통을 고발하지 않으면 허리를 잘랐고, 고발자는 포상을 받았으며, 은닉해준 자는 간통한 자와 같은 죄로 벌을 받았다." 또 "일가족에 죄인이 있으면 아홉이 연좌로 벌을 받았고 검거하지 않으면 10집도 연좌에 걸렸다."[284] 한비는 말했다.

"아비가 엄하면 약한 자식이 없지만 어미가 자비로우면 패가망신의 자식이 나온다. 나는 이와 같은 형세를 밀어붙여 폭력은 피하고 후덕함이 부족한 혼란도 피하고자 한다. 성인이 나라를 다스려 사람들이 자각적으로 자신의 일에 선행을 하는 것에 의탁해서는 안 되며, 그런 사람들이 감히 나쁜 일을 하지 못하도록 해야 하는 것이다. 사람들이 자각적으로 자기 일에 선행을 하는 것에 의탁한다면 국내에서는 그런 사람을 얼마 찾아내지 못할 것이다. 사람들이 나쁜 일을 감히 할 수 없게 하려면 전국이 일치해야 한다.

나라를 다스리는 사람은 다수인이 모두 법을 지키도록 조치를 취해야 하며 소수인만이 지킬 수 있게 해서는 안 된다. 그렇기 때문에 덕치를 숭상하지 말아야 하며 법치를 실시해야 한다. 천연적인 활대를 이용한다면 수천 년이 흘러도 올바른 활 하나 만들어내지 못할 것이며, 자연적으로 생장한 원목에 의지해서는 수만 년이 흘러도 차바퀴를 만들어내지 못할 것이다. 자연적으로 생장한 곧은 나무나 원목은 천년만년이 지나도 하나도 쓸모없다고 하면, 왜 모두들 차에 앉아 다니고 활로 수렵을 할 수 있겠는가? 도구와 방법을 써서 이용했기 때문이다. 비록 가공을 거치지 않고 자연 그대로의 줄기나 원목을 쓰는 경우도 있으나 훌륭한 목수는 그걸 바라지

---

284) 『史記 商君列傳』

않는다. 왜냐하면 수레에 앉는 사람은 한 사람이 아니고 활을 당겨 수렵하는 사람도 화살 한대만 쏘는 것이 아니기 때문이다. 비록 상벌이 없어도 스스로 법도를 지키는 사람도 있으나 현명한 군주는 그것을 바라지 않는다.

왜냐하면 국법은 없어져서는 안 되고 통치도 한 사람을 위한 것이 아니기 때문이다. 방법이 있는 군주라면 우연한 선천적인 선행을 따르지 않고 필연적인 정치 조치를 추진할 것이다."[285] 법가가 주장하는 엄격한 법치가 어느 정도에 달했는가를 알 수 있는 대목이다.

법 외에도 법가는 기세와 기술의 운용을 주장했다. 신도는 기세에 치중했고, 신불해는 기술에 치중했으며, 상앙은 법에 치중했고, 한비는 세(勢), 법(法), 술(術)의 이론을 집대성했다. 한비는 가장 중요한 것은 '세'로서 '세'를 떠나면 '법'과 '술'은 아무 쓸모도 없다고 했다. "명군은 나라를 다스릴 때 기세에 따른다."[286] "군주가 실세하면 신하가 나라를 얻는다"[287]고 했다. 술의 운용에서 신불해가 앞서서 자신의 주장을 내세웠고 한비자에 이르러 더욱 보충되었으며. 신하를 다스리는 일곱 가지 기술도 나왔다.

"첫째-여러 방면에서 참조하고 관찰하기, 둘째-범죄는 반드시 징벌해 위세를 떨치게 하기, 셋째-신용을 지켜 수상자에 포상하기, 넷째-건의 등을 귀담아 듣기, 다섯째-신하가 예측한 것으로 신하에게 일을 시키기, 여섯째-이미 알고 있는 일을 물어 신하의 허위를 알아보기, 일곱째-본의와 상반되는

---

285) 『韓非子 顯學』
286) 『韓非子 難三』
287) 『韓非子 孤憤』

말을 하거나 사실과 상반되는 일을 하기."[288] 3) 변혁의 수요에 기초해 법가는
역사 진보론을 주장했다. 법가는 사회현실 및 그 변법의 수요에서 출발해
일반적으로 모두 역사진화론자들로서 "적시에 입법하고 일에 닥쳐 예를
정하는 것"을 주장했다. 한비는 "선왕의 정치대로 현세의 백성을 다스리면
보수적인 면이 있다", "오늘날 나무로 불을 얻는 자가 있으면 곤(鯀) 우(禹)
시기의 사람들이 웃을 것이요, 수로(水路)를 조절하는 자가 있으면 탕
무시기의 사람들이 웃을 것이다. 만일 지금도 요 순 우 탕 무의 도리를
말하는 사람이 있다면, 필경 새로운 현인의 웃음거리가 될 것이다. 그렇기
때문에 현명한 자들은 고대의 법을 따지지 않는데, 그것은 세월이 변하고
스스로 체험해야 하는 까닭이다. 송나라에 농사꾼이 있었는데 밭 가운데
나무가 있어 어느 날 토끼가 그 나무에 부딪쳐 죽었다. 그리하여 그는 날마다
그 나무 아래서 토끼를 기다렸는데 토끼를 잡을 수 없어서 송나라 사람들의
웃음거리가 되었다. 오늘 선왕의 정치로 백성을 다스리려 하는 자는 나무
아래에서 토끼를 기다리는 자와 다를 바가 없다."[289]

『상군서』에서는 상앙이 진나라에서 변법을 실시한 이유를 기술하고
있다. "예전 정치제도는 서로 달랐거늘 어느 왕조의 법을 따라야 한단
말인가? 고대 제왕들의 법도 역시 서로 반복되지 않았거늘 어느 예법을
그대로 따른단 말인가? 복희씨, 신농씨는 주살(誅殺)을 실행하지 않았고,
황제, 요, 순 역시 주살을 실행했으나 과분하지는 않았다. 주문왕과 주무왕에

---

288) 『韓非子 內儲說上』
289) 『韓非子 五蠹』

이르러 그들은 각자 형세에 맞게 법을 세웠고 나라의 구체적 정황에 따라 예법을 제정했다. 예법과 법도는 모두 당시의 형세에 맞았고, 당시의 사회에 순응되는 것들이었다. 병장기, 갑옷, 도구, 장비 등의 제조 역시 사용에 편리하도록 했다. 그리하여 신하들은 말했다.

나라를 다스림에 한 가지 방법만 있는 것이 아니라 나라에 유리하면 반드시 고대의 방법일 필요는 없다. 상탕, 주무왕은 왕으로써 천하를 호령했는데 그들이 예전 법도대로 해서 흥기한 것이 아니고 은조와 하조의 멸망 역시 그들이 새로운 예법을 만들어내서 멸망한 것이 아니다. 그렇다면 옛 법도를 위반하는 사람이 반드시 추궁을 당하란 법은 없고 옛 법대로 하는 사람이 반드시 옳다고 할 수도 없다. 임금의 변법에 의심을 가지지 마라."[290]

춘추전국시기 각 유파들의 사상은 깊고 파벌이 복잡하기에 여기에서는 일일이 거론하지 않겠다. 장자는 『천하편』에서 '백가쟁명'을 묘사하면서 지적반성의 정세를 이렇게 말했다. "후세의 학자들이 불행하게도 세상의 순수함을 보지 못하고 옛 사람들의 전체만 보니 도술이 천하를 갈라지게 하도다." 제자백가는 모두 "스스로를 잘 돌아봐야 할 것이다"라고 했다. 『한서·예문지』는 이렇게 기술하고 있다.

유가는, 사도의 관(司徒之官)을 탄생시켰다. 임금을 도와 음양을 다스리고 교육을 명문화했다. 유문(儒文) 6경 중 인의에 뜻을 두었고, 요순을 기술하고 헌장(憲章)으로 문무를 삼으며

---

290) 『商君書 更法』

종사(宗師)로 공자를 두었으니 그의 말을 따랐다 .

도가는, 사관(史官)을 탄생시켰다. 역사적으로 성패, 존망, 화복에 대한 도리를 설명했다. 그리고 집필에 주력하여 청허(淸虛)하게 자신을 지켰다….

음양가들은, 희화의 관(羲和之官)을 탄생시켰다. 하늘에 순종하고 일월성진을 경배하며 민시(民時)를 따랐다. 그것이 이들의 장점이었다….

법가는, 이관(理官)을 탄생시켰다. 상벌이 분명하고 예를 중시했다….

『역』에서는 이렇게 말했다. "선왕이 벌을 밝혔다." 이것이 이들 장점이었다….

명가는, 예관(禮官)을 탄생시켰다. 각자 다르고 예도 서로 달랐다. 공자는 말했다. "필시 바르게 해야 한다. 명분이 바르지 못하면 언어가 바르지 않고, 언어가 바르지 않으면 일이 풀리지 않는다." 이것이 이들 장점이다….

묵가는, 청묘(淸廟)를 지켰다. 초가집에서 기거하며 근검하게 살았다. 삼로오갱(三老五更)을 두어 겸양을 했다. 사대사(士大射)를 선거해 상현(上賢)으로 삼고 스승을 엄부로 모셨다. 효를 천하의 으뜸으로 여겼고 이것이 이들 장점이었다….

종횡가들은, 행인의 관(行人之官)을 탄생시켰다. 공자는 말했다. "시경 3백여 편을 읽었으나 정사를 맞기니 알지 못하고 사방에 보내도 독립적인 대응을 못하니 읽은 것이 많은들 무슨 소용이더냐?" 권력을 맡기기에 맞지 않고 영을 받아들이기 어려워하는 것이 이들의 장점이다….

잡가들은, 의관(議官)을 탄생시켰다. 유가와 묵가를 겸하고 명가와 법가도 섞으며 나라의 체통을 알고 왕의 치하에 습관되어 있지 않다. 이것이 그들의 장점이다….

농가들은, 농사사직의 관(農稷之官)이다. 백곡을 심고 경작하며 먹고 입는 것에 만족한다. 정치를 하면 먹는 것을 중요시한다. 공자가 말했다. "백성의 먹거리를 중요시한다." 이것이 장점이다….

소설가들은, 패관(稗官)이다. 골목의 소식들에 민감하고 이런저런 말들을 만들어낸다. 공자가 말했다. "비록 골목의 소식이지만 반드시 누군가가 들어준다. 군자가 할 일은 아니다."

백가의 미래사회에 대한 지적재건은 피차 서로 비슷한 점도 있고 완전히 다른 면도 있다. 그래서 유학, 도학, 묵가, 법가 등은 각자 관심을 갖는 주요 사회문제, 핵심이념, 이상 질서, 숭상시대 및 그 공동관심사를 간단한 표로 만들면 다음과 같다. (표 5)

표 5) 춘추전국시기 사회반성의 주요유형 일람표

반성을 가지는 문제	유학	도학	묵가	법가
	사회질서(성인지치)의 건설문제(욕망과 사회질서의 관계문제)			
반성을 가지는 문제	'예' 의 문제	'위(爲)' 의 문제	'의(義)' 의 문제	'이(利)' 의 문제
핵심개념	인, 예, 효	도, 무위, 유위	겸애, 동상	법, 세, 술
이상질서	예악정법은 천자에게서 비롯되다	무위로 다스리다(소국 백성)	천자 정상제	군주 입법제
승상시대	요, 순, 우, 문왕, 주공	황제시대	우	당세(▇世)

주석: 서한의 공양학과 금문경학(今文經學) 중에 공자를 반인반신(半人半神)의 사람으로 주앙했지만 일부 묵가서 부정당하고 말았다. 유학사회에서 공자의 지위는 주로 '스승'이지 신이 아니다. 그의 최고의 청호는 '대성 지성의 스승'이며 그가 받은 최고의 정치적 대우는 '문선왕'이다.

주요관점 열거	1. 예악정벌은 천자에서 비롯된 것이라는 말은 천하의 도리이다. (공자) 2. 군군, 신신, 부부, 자자. (공자) 3. 천자가 어질지 못하면 세상을 지켜내지 못하고, 제후가 어질지 못하면 사직을 지켜내지 못하며, 경대부가 어질지 못하면 종묘를 지켜내지 못하고, 선비와 서민이 어질지 못하면 사지를 지켜내지 못한다. (『맹자』) 4. 인의 실현은 사천이로다. (『맹자』) 5. 천자 사이에도 어짊이 필요하다. (『맹자』) 6. 요순의 도리는 孝道하는 것이었다. (『맹자』)	1. 사람은 땅에서 법도를 얻어야 하고 땅은 하늘에서 얻어야 하며 하늘은 많은 도에서 얻어야 하고 도는 자연에서 법도를 얻어야 한다. 2. 예라고 하는 것은 믿음의 부족이요 화근의 시작이다. 3. 대도리를 버리면 인의가 있고 육친이 불화하면 효자가 있으며 나라가 혼란하면 충신이 있도다. 4. 작은 총명함을 버려야 백성이 백배의 이득을 얻고, 인의를 버려야 백성이 효자의 천성을 회복할 수 있으며 간특함을 버려야 도둑이 있으며 간특함을 버려야 도둑이 사라지게 된다. 5. 욕심이 없으면 민심이 어지럽지 않다. 6. 마음을 비우면 내실을 군히게 된다. 7. 나에게는 세 가지 보배가 있어 늘 간직하고 있다. 그 하나는 자비요, 둘째는 근검함이며, 셋째는 세상과 다투지 아니함이다.	1. 서로 사랑하면 서로 이득을 얻게 된다. 2. 천하의 어진이를 선택해 천자로 삼는다. 3. 천하의 이로움을 모으면 하늘과 같게 된다. 4. 천하를 다스릴 자 되면 누구다나? 천자는 우잔자는 유천하게 하늘의 뜻에 따라 천하를 다스린다. 5. 가로되, 좋든 싫든 돕는 것은 모두 왕에게 고해야 하고 왕이 옳다고 하는 것은 다들 옳다고 여겨야 하며 왕이 그르다고 하는 것은 다들 그르다고 여겨야 한다.	1. 백성은 이득을 위해 목숨을 아끼지 않고 봉사는 명예를 위해 죽음을 불사한다. (한비자) 2. 성인이 나라를 다스리는 것은 백성이 그를 위해 읽을 하는 데 의지하지 아니하고 그가 나쁜 노릇을 하지 않음에 의거한다. (한비자) 3. 법을 버리고 주관에 의해 자사한다면 요순이라 할지라도 나라를 잘 다스릴 수 없을 것이다. (한비자) 4. 즉석에서 법을 세워야 하고 일에 따라 예를 갖추어야 한다. (한비자) 5. 법을 만드는 이는 양이며, 법을 지키는 사람은 신이며 법의 다스림을 받는 자는 백성이다. (관자) 6. 밝은 임금은 도량형을 통일시켜 그것을 지키며, 백성이 그것을 따르도록 한다. (관자)
주요 포인트	1. 사회질서가 어떻게 이루어지느냐에 대한 사회관성(어지러움을 다스리는 이유) 2. 천자승배의식(천자) 3. 천하통일의식(군) 4. 협연종별의식(친) 5. 존사중도(尊師重道)의식(사) 6. 의(義)를 중히 여기고, 이(利)를 가벼이 여기는 의식			

218 유학사회통론

하편 유학사회
- 질서, 정신 및 그 제한 -

제4장
유학사회의 흥기

유학사회는 일종의 사상 유형의 사회이다. 실제 유학사회는 일종의 『논어』, 『맹자』, 『예기』 등 유가경전들을 도통의 핵심으로 하는 군주질서의 이상적 유형을 구축하고 있다. 한나라시기는 중국역사상 처음으로 유학사회에 진입한 왕조였다. 유학사회의 흥기를 상징하는 중대한 역사적 사건으로는 한무제가 반포하고 실행한 "백가를 폐지하고 유가만 숭상하는" 정책이었다. "백가를 폐지하고 유가만 숭상하는" 정책의 실시는 유학이 전통의식형태의 역사에서 최종적으로 정치무대의 최전방에 섰음을 상징한다. 따라서 유학사상은 정치, 경제, 법률, 교육, 일상도덕 등 영역에서 점차 주도적 지위를 차지하게 되었다.

1. 천하통일 의식과 유학사회의 흥기

'통일된 군주질서'의 건립은 춘추전국 시기 사상가들의 '의식형태의 공모'였고, 특히 원시 유가의 주장 중 하나였다. 춘추시기의 변화와 전국시기의 전쟁은 심각하고 전면적인 정치적 위기였고 사회규범의 위기였다. 기존의 모든 규범들이 철저히 파괴되고 주나라 예악제도는 제후, 경대부 등 사회계층의 욕망 앞에서 점차 와해되었다. 이탈자들은 기존의 사회규범에서 해탈하여 주체할 수 없는 욕망을 만끽하면서 '모든 것이 허락'되는 쾌락을 즐기고 있었다. 모든 것이 새롭게 재건되고 있었다.

한편으로 제후들은 권력 재건의 패턴을 찾고 있었다. 변법은 강해지기 위한 것이고 인재들을 불러 모으는 거동은 제후국들에게 성행했다.

그리하여 한동안은 제후들의 세상이었다. 다른 한편 춘추전국의 변화는 중국역사상 가장 빠른 지식인 군체를 형성하였다. 그중 일부 지식인들은 실용주의를 원칙(특히 전국시기)으로 제후 열강들의 각축 속에서 갈팡질팡해야 했고, 다른 일부 사상가로서의 지식인들은 널리 제자들을 받아들이고 열국을 돌아다니면서 역사와 현실을 반성하면서 하나의 통일된 이상적 패턴을 재건하고 있었다. 가장 이른 사상가로서의 지식인 군체에서 이 무렵 나온 이들로는 노자, 공자, 묵자, 관자, 맹자, 장자, 한비자, 순자 등 제자백가였고, 그들은 다투어 자신의 진리를 주장하고 사람들의 어려움을 풀어주고 시대의 병폐를 풀어나가면서 중국 사상사, 문화사에서 전무후무한 '백가쟁명'의 시대를 열었다. 그리고 그 시대는 중국 사상사, 문화사의 '핵심시대'로 부상했다.

사마천은 이 사상사 반성의 붐을 종합하여 이렇게 말했다.

"『역대전(易大傳)』에 이르기를 '천하는 일치해도 여러 가지 고민이 있고 같은 길을 다르게 가고 있다.' 음양가, 유가, 묵가, 명가, 법가, 도덕가 등이 정치에 참여하고 서로 다른 길로 알게 모르게 가고 있었다."[291] 어떻게 "천하는 일치해도 여러 가지 고민이 있고 같은 길을 다르게 가다"를 이해해야 할 것인가? 즉 세상에는 '백 가지 고민'이 있고 음양가, 유가, 묵가, 명가, 법가, 도덕가 등 각 유파들의 사상, 반성이 있고, 그들의 생각과 반성은 서로 같지 않았기에 이를 두고 '서로 다른 길'[292] 이라고 했던 것이다. 그러나 백가들은 '일치'한 면도 있었으므로 '같은 길'이라고도 했던 것이다. 백가의 '일치'하고 '같은 길'을 어떻게 이해할 것인가? 이에 대해 사마천은 "정치를 위하고 있었다"고 말했다. 우리는 다음 몇 가지 면에서 "정치를 위한다"가 어떤 의미인지를 이해해 보자.

첫째, '천하'라는 개념을 사회반성의 핵심 개념의 하나로 만들었다. 반성자의 반성에서 '천하' 관념은 '나라' 관념보다 더욱 관심을 받았다. '천하'는 반성자가 모든 정책, 행위를 반성하는 주요 참고 포인트였다. '천하'의 관념은 사상 반성자의 주장에서 빛을 발했는데, 『역전(易傳)』에서 말했듯이 "역경은 세상 만사만물의 규율을 연구해서 천하의 일들을 개괄한 책으로 천하 모든 일들의 규율을 담고 있다. 옛 성인들이 천하의 이치에 통하고 천하의 일들을 정하며 천하의 의문들을 풀이한 책이다." 이런 심리는 『시경』에서 "천하의 땅과 하천은 모두 왕의 것이요, 그 땅 위에서 생활하는

---

291) 『史記 太史公自序』
292) 유가, 도가, 묵가, 법가 등 각 유파의 '특수성'에 대해 우리는 앞 제3장에서 해석을 했고 여기서 우리는 간단하게 각 유파의 '일치' 또는 '같음'을 분석해 보자.

사람들은 모두 왕의 신하와 백성들이다"라는 데까지 거슬러 올라가거나 혹은 그보다 더 이르다. 노자는 말했다. "나에게는 세 가지 보배가 있어 늘 지니고 다닌다. 하나는 자비롭고 하나는 검소하며 하나는 앞을 다투지 않는 것이다."[293] 맹자는 '왕'과 '패(覇)'를 분리시켰고 그의 '인작(人爵)' 학설은 어떻게 '왕천하(王天下)'를 만드는가의 학설이다. "선사시대에 관한 고대전설에서 이미 이런 심리가 표현되고 있다. 비록 중국문화의 기원은 하나가 아니지만 선사시대에 이미 상당히 넓은 지역에서 통일된 중국문화가 형성되었고, 그러한 기초 위에서 이런 통일된 문화를 인정하는 공통의 민족심리가 형성되었다."[294]

둘째, '천하'와 '통일'에 대한 관념은 반성자의 미래사회에 대한 건설구상에 깊은 영향을 미치고 있다. 춘추전국시기 사상 반성자들은 모두 적극적으로 '천하통일'을 제창했다. 공자는 관중을 이렇게 칭찬했다. "관중은 환공을 보좌해 제후들을 호령하고 천하를 주름잡았는데 백성은 지금도 그 혜택을 받고 있다. 만일 관중이 없었더라면 우리는 진작 오랑캐로 전락했을 것이다. 관중이 일반 사람들처럼 작은 것이나 지키다가 시골에 들어가 자살이라도 한다면 사람들이 몰라봤을 것이란 말인가?"[295] 묵자는 이렇게 말했다. "천하를 통일시킨다는 것은 천하를 다스린다는 말이다."[296] 맹자가

---

293) 『老子 道德經』
294) 전손, 『선진유학』, 106쪽.
295) 『論語 憲問』
296) 『墨子 尙同中』

양양왕(梁襄王)을 만났을 때, 왕이 "천하가 어찌하면 안정되겠소?"하고 물으니 "통일되면 안정됩니다"[297]고 하면서 천하의 안정은 통일에 있다고 명확하게 지적했다. '천하통일' 관념은 후에 중국문화의 주도적 관념이 되었다. 동중서는 "『춘추』가 내놓은 통일은 천하의 영원한 원칙이며 고금의 공통적인 도리"[298]라고 했고 『대학』은 '평천하'를 대학의 8조목 중 하나로 삼았다.

셋째, 춘추전국시기의 사상 반성자들은 모두 "천하는 왕에 의해 통일된다"고 생각했다. 소위 '다스린다'는 무엇을 다스린다는 말인가? 한마디로 군주질서의 사회유형인 '다스림'을 말하는 것이다. 공자는 말했다. "천하에 도리가 있어 예악은 천자가 내놓은 것이다. 소위 『시』, 『서』, 『춘추』는 모두 득실의 흔적이 명확하고 왕도가 존재하며 후세에 길이 전해진다." 공자가 『춘추』를 읽은 것은 천하의 간신들이 두려웠기 때문이다. 묵자는 말했다. "천하는 유일하게 통일할 수 있는 것은 의[299]이다. 천자는 '세상 전체의 의를 천리로 여긴다', '천하가 혼란한 이유를 알았으니 행정장관이 없었기 때문이다. 어진 사람을 선출해 천자로 삼아야 한다. 천자를 세우고 나서 그의 힘이 부족하다고 생각되면 다시 어질고 능력이 있는 사람을 등용해 3공으로 삼는다. 행정장관이 있으면 천자는 천하의

---

297) 『孟子 梁惠王上』
298) 『漢書 董仲舒傳』
299) 『墨子 尙同上』

백성들을 호령할 수 있고 선과 악을 알아 위에 알릴 것이다. 위에서 옳다고 하면 그대들은 반드시 따라야 한다. 위에서 그르다고 하면 반드시 그른 줄을 알아야 한다."[300] 법가는 군주야말로 유일한 입법자라고 여겼다. 관자는 말했다. "밝은 군주는 표준을 삼고 그것을 지킨다. 이에 백성이 그것을 따른다."[301] 한비는 절대군주주의의 창도자이다. "사처에 일이 생겨도 중요한 것은 중앙이다. 성인이 집정하면 사방에서 그를 따를 것이다."[302] 군주는 "세상에 독립국을 세우고 총명하여 그를 이기지 못하리라", "신하는 위풍이 있어도 이익을 따지고 왕은 악을 다스려 왕의 길을 펼친다"[303]고 했다.

종합적으로 춘추전국시기의 핵심문제는 어떻게 천하가 통일된 사회질서를 건립할 것인가 하는 문제였으며, 공자의 말을 빌린다면 어떻게 '천하에 도가 있게 하느냐'에 주력하는 문제였다. 유가, 묵가, 도가, 법가 등은 모두 법치를 추구해 왔고 '법치'는 천하가 통일된 군주질서 위에 건립되어야 했다. "겉으로 보건대 백가쟁명은 매우 민주적인 분위기를 띠고 있다. 그러나 매 유파 사상의 실체를 분석해보면 절대 다수의 사람들은 정치상에서 모두 군주제를 옹호하고 사상 상에서 모두 백가를 폐지하고 자기의 이론만 숭상할 것을 희망했다. 말하자면 자기가 설계한 군주전권제를 쟁취하기 위한 노력이었다. 그러기에 백가쟁명의 결과는 정치를 민주적으로 추진할 수 없었고, 사상을 자유로이 이끌 수 없었으며,

---

300) 『墨子 尙同上』
301) 『管子 明法海』
302) 『韓非子 揚權』
303) 『韓非子 有度』

다만 거대한 흐름을 이루고 군주집중제의 완성과 강화에 이바지했을 뿐이다. 이것을 알게 되면 백가의 정치귀속을 알 수 있는 것이다."[304] 주곡성(周谷城)은 이렇게 말했다. 유가는 낡은 통치계급을 대변하고 법가는 새로운 통치계급을 대변한다. 즉 하나는 극우파이고 하나는 극좌파이다.

이 둘에 대비되는 것은 묵가와 도가로 묵가와 도가의 중요한 공통점은 모두 비교적 통치자의 입장에 서 있었다는 것으로 '백성을 다스림'에 있어 적극적이냐 소극적이냐 하는 구분이 있었다. 묵자는 백성과 천자가 같다고 보고 천자는 하늘과 같다고 보았으며 백성을 다스릴 수 있다고 했으며, 노자는 사람이 땅을 다스리고 땅이 하늘을 다스리고 하늘이 도를 다스리고 도가 자연을 다스리며 그런 고로 백성은 다스릴 수 있다고 했다.[305] 평론가들은 모두 자신이 생활했던 시대의 색안경에서 벗어나지 못했다. 의심할 나위 없는 것은 '통일된 군주질서'의 건립은 춘추전국시기 사상가들의 '의식형태의 공통분모'라는 것이다. 그리고 원시유학의 정치적 갈구이기도 했다. 태사공의 말을 빌린다면 이러하다. "음양가, 유가, 묵가, 명가, 법가, 도가 등은 모두 어떻게 태평치세에 이를 것인가를 연구하는 학파들로서 그들은 서로 다른 길을 걷고 있으며, 어떤 것은 선명하고 어떤 것은 불투명하다. 음양가들이 사계절의 운행순서에 대한 도리는 버리지 말아야 한다. 유가학설은 요령을 확고히 쥐고 있다. 그러나 힘을 많이 쏟아 부었으나 공로는 적기 때문에 이 학파의 주장은 설득력이 떨어진다.

---

304) 유택화, 『중국고대 정치사상사』 43쪽.
305) 주곡성, 『중국통사』 상권, 216쪽 참조.

그럼에도 불구하고 그들이 주장하는 군신부자의 예와 부부, 어른, 아이의 유별은 바뀔 수가 없다. 묵가는 근검하기에 따르기 어렵다. 그러나 절약해야 한다는 주장은 버리지 말아야 한다. 법가는 벌을 엄하게 해야 한다는 주장을 내세우지만 상하명분에 대한 부분은 바뀔 수 없는 것이다. 명가는 구속을 주장하기에 진실성이 떨어지지만 명과 실의 변증관계는 두고두고 새겨볼 일이다. 도가는 정신을 하나로 쓰게 하고 행동이 무형이지만 '도'를 지키게 하여 만물을 풍족하게 만든다. 도가의 주장은 음양가의 사계절 운행순서에 근거를 두고 있으며 유가와 묵가의 장점을 흡수했고 명가와 법가의 정수를 따왔으며 시대의 흐름과 발전에 따라 발전하면서 사물의 변화에 순응한다.

양호한 풍속을 수립하고 일처리에 응용할 수 있으며 맞지 않는 데가 없다. 간략하면서도 쉽게 장악할 수 있어 힘을 적게 들이고도 효과를 톡톡히 볼 수 있다."[306] 또 "음양가, 유가, 묵가, 명가, 법가, 도가의 덕은 통치자를 위한 것이고 서로 길은 다를지언정 듣는 말은 대동소이하다."[307]

몇 세대의 사람들의 노력과 적지 않은 잔혹한 전쟁이 진나라부터 소양왕 52년(기원전 255년)까지 이르렀는데, 이러한 상황을 진시황 26년에 6국을 멸함으로써 일소되었다. 6국이 멸망한 시기는 다음과 같다.

---

306) 『史記 太史公自序』
307) 『史記 太史公自序』

기원전 230년(진시황17년)　　한나라 멸망.

기원전 228년(진시황19년)　　조나라 멸망.

기원전 225년(진시황22년)　　위나라 멸망.

기원전 223년(진시황24년)　　초나라 멸망.

기원전 222년(진시황25년)　　연나라 멸망.

기원전 221년(진시황26년)　　제나라 멸망.

진시황 26년(기원전 221년)에 제, 초, 연, 조, 한, 위 등 6국을 통일하고 전대미문의 통일제국을 세웠다. 시황제는 6국을 멸하고 천하를 통일한 뒤, 낭야(琅琊)에 돌비석을 세워 이르기를 "6국을 통일하여 이르는 곳마다 황제의 땅이요, 인적이 미치는 곳마다 신하가 아닌 자가 없노라"[308]라고 하였다. 가장 이른 지식인 군체에 의해 '천하통일 군주'의 사회 반성이 정치상에서 실현되는 순간이었다. 형식상에서 진시황은 공자가 말한 "예악으로 정벌하여 천자가 나오다"라는 꿈을 실현했으나 '이 하나의 천자(진시황)'는 '그 하나의 천자였던 주(周) 천자'는 아니었다.

2. 황제 군현제도와 유학사회의 흥기

황제군현제도는 유학사회의 흥기에 정치적 기초를 다져주었다.

---

308) 『史記 秦始皇本紀』

소위 한나라가 진나라의 제도를 계승했다고 하는데 진나라 제도의 최대 창의 내지 특색은 진시황이 창조한 황제군현제도에 있다. 유학사회의 정치제도가 황제군현제도를 선택한 것은 두 가지 방면으로 이해할 수 있다. 먼저 개체의 이성적 선택과 집단의 이성적 선택의 각도에서 보면 유학사회의 정치제도가 황제군현제도를 취해야 했던 것은 통일천하의 황권제도의 정치국면이 5백여 년 동안의 혼란스러운 춘추전국 이후의 보편적 사회의식의 선택결과로써 받아들여야 할 것이다. 각 제후국의 정치추구의 체현이기도 하고 최하층 민중들이 보편적으로 받아들일 수 있었던 당시 사상가들의 일종의 '의식형태의 공통분모'였다. 다음으로 역사의 실제발전 과정의 각도에서 보면 군현제도는 '봉건방국제'에 비해 더욱 많이 내지 더욱 효과적으로 유학사회의 사회단결을 추진했다. 황제군현제도가 세상에 나오자 유학사회가 주도하는 정치제도가 되었다.

진시황은 6국을 통일한 후, 미래 유학사회 정치메커니즘에 영향을 미치는 두 가지 큰 사건을 저질렀다. 하나는 진시황이 '성공을 후세에 알리기 위한' 것으로 제호를 의논해 결국 '짐'을 자청하고 '황제'라 부르기 시작했다는 것이고, 다른 하나는 주왕이 실행했던 '봉건방국'의 정치관리 방식 또는 통치방식과는 달리 전유학사회에서 유학사회로 이행하는 과정에서 정치메커니즘의 중대한 전향, 즉 '군현제'의 관리방식 내지 통치방식을 실행했다는 점이다.

진은 6국을 멸하고 재상 왕관 등은 진시황에게 제자를 봉할 것을 건의했다. "연(燕), 제(齊), 형(荊)은 땅이 멀어 왕을 두지 않으면 공백이 생기나이다. 제자를 두어 관리하도록 윤허해주시옵소서."[309] 진시황은 여러 대신들로 하여금 의논하게 했는데 많은 사람들이 찬성했는데 궁중호위 이사(李斯)가 반대했다. 이사는 주나라 초기 분봉제자를 실시했을 때 같은 성씨가 하도 많아 나중에 소원해지고 서로 공격하고 토벌하며 원수처럼 되어 주의 천자가 막을 수 없었다고 생각했다. 지금은 대내적으로 모두 군현이 되었는데 제자공신들에게 상을 많이 주면 통제가 쉽게 되어 이것이 바로 천하태평을 이루게 할 수 있다고 했다. 진시황은 그의 의견을 들어주어 서주(西周의 분봉제(分封制)를 군현제로 고쳤다. 그리하여 세상을 36개 군으로 나누고 '봉건방국'의 정치메커니즘과 구분되는, 새롭고 통일된 중앙집권제국이 최종적으로 형성되었다. 군현제는 왕제 자신이 또는 중앙정권이 직접 지방 관리를 선발하고 임명하며 정기적으로 시험을 쳐 강등시키거나 승급시키고 바꾸기도 하는 제도였다. 군현제는 두 가지 방면에서 봉건제와 대립되었는데, 먼저 분열과 할거를 통일시켜 중앙집권과 군주권력을 강조했다. 다음 권력, 재부, 명예의 세습제를 타파하고 인원 유동의 관료 메커니즘을 건립해 공자의 이론을 진정으로 실현했다.

진시황은 궁중호위인 이사의 '봉건을 폐지하고 군현을 실행'하자는 건의를 받아들이면서 이렇게 말했다. "지금까지 세상 사람들이 끊임없이 전쟁을 치러왔는데 이는 모두 제후들 때문이다. 지금 조상들의 신령에 힘입어 천하가 금방 안정을 찾았거늘 또 제후국을 설립한다면 전쟁을

---

309) 『史記 秦始皇本紀』

다시 하자는 것이고 천하의 태평이 어렵게 되지 않겠느냐?"[310] 군현제의 실시는 서주의 '봉건방국'의 봉건제의 실행과 마찬가지로 부득이한 것이었다. 유학사회발전의 역사과정은 군현제가 역사의 조류에 부합됨을 증명해보였다. 진시황이 만들어낸 군현제도는 유학사회를 위해 가장 유리한 정치제도의 지지를 이끌어냈다. 그러나 이는 군현제가 이로부터 유학사회에서 아무런 저항도 받지 않았다는 것이 아니라, 그와 반대로 그 발전은 수많은 파동과 곡절을 겪어야 했다. 군현제가 '봉건방국제'를 대체한 과정은 대체로 다음의 몇 가지 단계를 겪는다.

첫째는 군현제의 초급단계였다. 진시황이 중국을 통일한 후 봉건제를 폐지했지만 군, 현의 제도에 대한 연구는 이미 춘추전국시대부터 있었다. 여사면(呂思勉)이 말했다. "진나라에서 군현제를 말하면 진나라에서 봉건제를 폐지한 것과 같은 표현이 된다."[311] 일부 학자들은 현은 춘추시기부터 있었고 심지어 서주시기에 이미 현이 있었다고 하면서, 예를 들면 춘추시기 초(楚, 진(晉), 진(秦) 3국은 모두 현이 있었다고 주장했다. 그러나 양관(楊寬)은 춘추의 현과 전국, 진, 한의 현은 성질이 다르다고 지적했다.[312] 춘추시기 초, 진, 진 3국의 현은 군주에게 직속된 변방군사 진으로서의 성질을 띠었고 국군은 현의 장관을 임명하고 세습할

310) 『史記 秦始皇本紀』
311) 여사면, 『중국제도사』 상해, 상해교육출판사, 1985, 434쪽.
312) 양관, 『전국사』 상해, 상해인민출판사, 1980, 69쪽.

수 있었는데, 예를 들면 초나라의 신현(申縣), 진(晉)나라의 원현(原縣)은 승계자가 모두 전·현 장관의 아들이었다. 그 외 군(郡의 지위는 현보다 비교적 낮게 시작되었으나 조간자(趙簡子)가 작전 시 "적을 물리치려면 상대부(上大夫)에게 현을 주고 하대부(下大夫)에게도 군을 주어야 한다"[313]고 했다. 현의 설립은 타국을 범해야 했지만 군의 설립은 황무지 개간으로 비롯되었다. 군 면적은 현보다 컸고 땅은 넓고 사람은 적었다. 나중에 인구가 늘어나면서 군 이하에 현을 설치하고 군, 현 2급과 현이 군에 귀속되는 제도가 나타났다.

둘째, 제도상, 법리상에서 군현제도의 최종적 확립을 이끌어냈다. 위에서 서술한 것처럼 진나라는 6국을 멸한 후 천하의 안녕을 위해 진시황은 이사의 의견을 받아들여 천하를 36개 군으로 나누었다. 후에 박사 순우월(淳于越)이 분봉을 건의했는데 그 이유는 황제 한 사람이 넓은 천하를 돌보기 어렵기 때문이었다. 그래서 권신(權臣)을 두면 다스리기 쉬워 오래 갈 것이라는 것이었다. 이 건의는 이사에 의해 반박을 당하고 분서(焚書)를 일으켰다.

셋째, '군현제를 실시'한 이후 역사상 수차례 봉건제가 부활되었으나 역사를 전진시키는 군현제의 작용을 막을 수는 없었다. 역사상 수차례의 봉건적 반동 내지 봉건제와 군현제의 병존이 있었으나 진나라 이후의 봉건은 서주의 봉건에 비해 역사적인 나태성을 가지고 있다.

---

313) 『左前 哀公二年』

① 진나라와 초나라의 대결에서 항우는 초 회왕(懷王)을 의제(義帝)로 삼는 분봉이 있었다.

② 한나라 초기 유방은 성씨가 다른 일곱 왕과 성씨가 같은 아홉 왕을 봉했는데, 이성의 왕은 장사왕(長沙王)을 제외하고 모두 죽었고, 동성의 왕은 나중에 '칠국의 난'을 일으켰다. 후에 한무제가 또 제후들에게 분봉해주는 일이 있었으나 '제후는 많이 두어도 힘이 없는 정책'을 펼쳐 제후들을 유명무실하게 만들었다.

③ 위(魏)나라는 종실에 대해 은혜와 도움이 적다는 핑계로 서진(西晉)에서 친척들을 일으켜 보필한다고 했으나 결국 8왕의 난이 되고 말았고 형제사이에 서로 살해하는 꼴이 되고 말았다.

④ 명나라 주원장이 천하를 통일한 후 제자 39인을 봉하고 궁을 만들어주고 호위까지 두게 했으나 제왕들은 정사에 관여하지 못하게 했다.

⑤ 청나라 초기 봉건이 있었으나 권력을 위한 정책에 불과했다. 역대 기타 시기의 봉건제자들은 대개 관작을 주고 봉록을 주는 데 불과했다.

종합적으로 한나라가 진나라의 제도를 계승한 후, 유학사회는 보다 완벽해지는 군현제로 발전했다. 비록 경전을 숭앙하고 복고를 그리워하며 현 상태에 불만하거나 급변을 바라거나 봉건제의 부활을 주장하는 문사들이 있긴 했으나, 역사상 봉건의 부활을 찬성하는 사람은 적었고 흔히 '일순간의 흥분'에 불과했다. 유학사회의 역사적 변천은 군현제가 봉건제에 비해 더욱 효과적으로 유학사회의 사회단결을 도모했음을 증명한다. 장태염(章太炎)은 역사상 봉건론과 군현론의 다툼을 이렇게 종합하였다. "봉건제는 진나라, 한나라를 거쳐 이미 폐지 된지 오래고 아무도 그 부활을 의논하지 않는다. 다만 삼국시기 조원(曹元)이 『6대론(六代論)』을 써서 제후를 주장한 적이 있었고, 청나라 왕선산(王船山), 왕곤승(王琨繩), 이강주(李剛主) 등이 봉건에 흥미를 가졌으나 그때의 기분이었다. 조원은 위나라의 혈통에 분개했고 왕, 이 두 사람은 명의 사직이 망하자 더는 펼칠 길이 없었으므로 다만 격정에 불과한 것이었다고 말할 수 있으며 태평세월이라면 나올 수 없는 주장이었다. 육기(陸機)의 『5등론(五等論)』은 뛰어나고 화려한 언사들이 많지만 깊이 파고들지 못해 부족함이 많다. 그 외 세경(世卿)도 『공양(公羊)』의 논란을 일으켰으나 그 후로는 아무도 없다.

진나라 귀족들이 그것을 참고했으나 9품 인재를 등용했고 그 외는 자연히 개인적인 주장이라고만 치부되었다. 2천 년 동안의 세경을 극력 주장한 사람은 다만 당나라 이덕유(李德裕)에 불과하다. 덕유는 진사 출신이 아니어서 진사를 뼈에 사무치도록 질투했고 진사는 가볍고 어리석은 자가 많다고 여기고 다른 사람으로 그들을 대체했다. 이는 한 사람의 개인적 생각으로 그것을 따르는 자는 없었다. '왕'과 '이'의 세대에는 반정부(청나라)라 해서 만주로 쫓겨 가기도 했다. 그렇기 때문에 만청시기에는 봉건이나 정전(井田)을 주장하는 사람을 몹시 혐오했다. 3천 년 동안 봉건, 세경, 육형(肉刑), 정전을 주장했던 이들로는 조원을 우두머리로 왕선산, 왕곤승, 이강주, 이덕유, 종요(鍾繇), 진군(陳群),

왕망(王莽), 장자후(張子厚) 9인에 불과했다."[314]

3. 독존 유술정책과 유학사회의 흥기

유학사회의 실제는 『논어』, 『맹자』, 『예기』 등 유학경전이 도통의 핵심으로 구축한 군주질서의 이상유형이다. '독존유술(獨尊儒術)'의 정책은 유학사회의 발전에 의식형태의 기초를 닦아놓았다. 『예기』에는 만년에 "명왕(明王)의 발전이 없었다면 누가 나를 대청의 두 기둥 가운데 서 있는 국군처럼 존중해 주겠는가?"라고 한탄하였다고 기록하였다. 유학사회의 발전은 정치생활의 측면에서 "한나라가 진나라의 제도를 계승하였다"라는 것을 보여줄 뿐만 아니라, 주로 동중서가 건의한 '독존유술'의 정책을 한무제가 받아들여 공자의 '종여(宗予)'의 꿈을 실현한 것으로 표현된다.

유학정신이 사회의 정치의식형태로의 승화가 있었는가 하는 점은 유학사회가 형성되었는가를 판단하는 유일한 표준이다. 그렇기 때문에 한무제의 '백가를 폐지하고 유가만을 중시하다(罷黜百家, 獨尊儒術)'는 정책은 유학사회가 역사적으로 시작되었음을 알 수 있게 하는 것이고, 신해혁명 후에 반포된 『임시약법』에 의해 유학사회가 역사적으로 끝났음을 대변해 주는 것이라고 할 수 있다.

---

314) 장태염(章太炎), 『論讀經有利而无弊』. 탕지균(湯志鈞) 편, 『당태염정론선집』 하, 북경, 중화서국, 1977, 865~866쪽.

1) 진(秦)제국의 통치의식형태에 대한 선택

춘추전국시기 제후들이 아랫사람들에게 굽실거리고 제왕이 자신을 낮추는 등 현상이 나타났는데, 그것은 중국역사상 최초로 지식인집단(특히 전국시기)들이 아침에는 진나라를 섬기고 저녁에는 초나라를 섬기며 자기에 맞는 나라를 찾아 거처를 정하여 '백가쟁명'의 형세를 이루었음을 말해주는 것이었다. 진시황이 6국을 궤멸하고 천하를 통일하고 낭야(琅琊)에 비석을 세워 "6국을 통일하여 이르는 곳마다 황제의 땅이요(六合之內, 皇帝之土), 인적이 미치는 곳마다 신하가 아닌 자가 없다(人迹所至, 無不信者)"[315]고 하였다. 진시황은 전국적 범위에서 "봉건제를 폐지하고 군현제를 실시하였다" 그리고 '황제'의 칭호를 사용하도록 하였다.

이는 진시황은 정치상에서 춘추전국 이래 사상가들이 이론상으로 추구하거나 공모하던 '천하통일'의 국면을 실현하였음을 보여주는 것이었다. 정치상의 통일을 강화하기 위해 의식형태상의 통일도 필요하게 되었다. 시황 34년(213년) 승상 이사는 학술통치제도를 실행할 것을 건의하였다. 『사기 · 진시황본기』의 기록에 의하면 이사는 다음과 같이 말했다.

"오제(五帝의 제도는 같은 것이 아니고, 하상서주의 제도 역시 똑같은 것이 아니라 모두 자기의 제도와 통치이론을 가지고 있습니다. 이것은 그들이 고의로 서로 다르게 제정한 것이 아니라 시대가 변하였기 때문입니다. … 앞에서 여러 제후들이 분쟁을 일으키고 많은 유세자들을

---

315) 『史記 秦始皇本紀』

받아 들였습니다. 지금 천하를 평정하고 법령을 왕 한 사람이 제정하니 백성들은 응당 농공 생산에 몰두하여야 하고 책을 읽는 사람들은 응당 법령을 배우고 형벌이 금하는 것을 알아야 한다. 현 시대의 유행들이 지금의 것들을 배우지 않고 고대의 것을 따라하는데 이는 지금의 시대를 비방하고 민심을 교란시키는 것이다. 승상 이사는 죽음을 무릅쓰고 진언합니다.

예전에는 나라가 어수선하고 통일되지 않았기에 여러 제후들이 들고 일어났습니다. 모두 옛 사람들을 예를 들며 지금을 방해하려 하니 허언으로 교란하는 것입니다. 백성들은 자기가 배운 지식만 알고 조정의 제도를 질책하고 있습니다. 지금 황제가 천하를 이미 통일 하였으니 옳고 그름은 모두 황제 한 사람이 결정하는 것입니다. 하지만 사학도들은 지금의 법령을 비방하고 교화된 백성들은 명령이 하달되면 자신이 배운 지식의 범위에서 해석하고 의논합니다. 조정에 들어오면 속으로 질책하고 조정에서 나가면 길가에서도 의논합니다. 군주 앞에서 자신을 자랑하여 명리를 얻으려 하고 이상한 견해로 자신을 높이려하고 백성들 앞에 나서서 유언비어를 퍼뜨립니다. 이런 일들을 제지하지 않으면 군주의 위엄이 떨어지고 당파들의 세력이 형성될 것입니다.

신은 이런 것들을 금지하는 것이 합당하다고 생각합니다. 나는 사관에게 진나라의 서적이 아닌 모든 것들을 태워버리기를 청원합니다. 박사관서(博士官所)에 보관되어있는 것 외에 시, 서, 제자백가의 저작들을 모두 지방관에게 보내 불태워야 합니다. 시, 서를 담론하면 사형을 내려 대중에게 보여 주고 옛일을 빌려 지금을 비방한 자는 온 집안의 재산을 몰수하고 참형을 해야 합니다. 관리가 사실을 알고도 제보하지 않으면 같은 죄로 처리해야 하고, 명령이 하달되어 30일이 되어도 책을 태우지 않으면 얼굴에 글을 새겨 경형에 처하고, 죄를 자백한 자에 대해서는 4년의 형을 내리고 변강에 보내 낮에는 왜구들의 침입을 막게 하고 저녁에는 성을 쌓게 해야 합니다. 의약, 점괘, 재배에 관한 서적은 금지하지 않아도 됩니다. 만약 법령을 배우려고 하면(서광이 이르기를 법령 두 글자가 있는가가 중요하다(徐广曰 一无法令二字) 관리를 스승으로 모시도록 해야 한다"[316]

강유위(康有爲)는 이사가 죽음을 무릅쓰고 진시황이 '분서'에 관하여 상서를 한 것에 대하여 이렇게 평하였다. "분서의 령은 민간 백성의 책을 불사르게 했다. 만약 박사의 직을 가지고 있는 관리가 사서백가를 소장하고 있으면 안전하였다. 의약, 복서, 나무를 심는 것에 관한 책은 예외로 하였다.

이는 진나라가 자신을 기만하는 사실이니 어찌 나라를 위하는 일이라고 하겠는가? 『사기』는 옳고 그름을 분별하며 '비박사직(非博士職)을 가진 자가 숨겨놓은' 것이라고 하여 박사직을 가진 자는 보관하도록 하여 태우지 않았으니 문명이라 하겠다. 또 '배우려면 관리를 스승으로 모셔야 하고, 관리는 박사다'라고 하였는데, 시, 서, 6예를 배우려면 박사들에게서 배우면 되는 것이었다. 경사(京師)를 중용하고 군국(郡國)을 억제하려는 의미가 있고, 중앙의 세력을 강화하고 지방의 세력을 약하게 하려는 것이다."[317]

강유위는 진시황이 이렇게 한 것은 언론사상을 통제하려는 목적이지 학술을 소멸시키려고 한 것이 아니라고 생각했다. 이것에 대하여 다음과

---

316) 『史記 秦始皇本紀』
317) 강유위, 『신학위경고』 권1.

같이 이해할 수도 있다. 진시황은 사상문화에서 지식인을 폭넓게 장악해야 한다고 생각하여 음양가, 유가, 도가 종교 신학 등 여러 학파들도 일정한 지위를 가지게 했다. 예를 들면 추연(鄒衍)의 오덕종시설(五德終始說)은 관방의 사상으로 높이 공경하였다. 오덕종시설에 따르면 주(周)를 화(火)덕으로 주를 대신하는 것은 수(水)덕이라고 하였다. 진시황은 수덕을 숭상하였고 수덕을 예의제도로 황하를 덕수(德水)로 삼았다. 진시황은 유가의 발생을 배척하지 않아 박사관은 주로 유생들이 담당하였다. 태산을 돌아볼 때 유생들을 불러 유생의 치국방법에 대해서 들었다. 그가 각지에 남긴 비석에는 충, 효, 인, 의, 예, 지, 신 등 유가사상의 성분이 진한 단어들이 쓰여 져 있다. 말년에 '진인(眞人)'으로 자칭하였지만 때로는 귀신을 멸시하고 귀신과 싸우려고 하였는데 이런 정황으로 보아 신학들에 대한 믿음도 있었던 걸로 보인다. 다른 한 방면으로 '분서정책'은 사상을 견제하기 위하여 시작한 것이었음을 알 수 있다.

이사는 "각 시기 제후들의 다툼은 유학자들을 많이 모았다"라고 역사를 긍정하면서도 "오늘의 천하는 이미 정해져 있고 법령이 내려 졌다"는 현실과 통하는 사상정책을 찾아 볼 수 없다고 했다. '비박사관직'자는 '시, 서 백가어(百家語) 등의 소장'을 금지하는 것을 주장하였고 "의약, 점괘, 재배에 관한 서적은 금지하지 않는다"를 주장하였다. 이로써 이사가 집행하려 한 것은 우매한 백성들에 대한 정책이고, 농, 임업, 의학, 무술, 기술 정책에 대한 것으로 '분서'는 학술을 모두 소멸시키려는 것이 아니었다. 물론 진시황은 그때 당시 전국적으로 문화유산을 보호하려는 의식을 가지고 있지 않아, "진나라의 기록이 아닌 서적을 모두 태우는 것"으로 해석하였는데, 이는 피할 수 없는 것이다. 셋째로 '분서'사건으로부터 알 수 있는 것은 진시황의 통치정책이 법가사상을 주체로 했다는 것을 반영해 준다는 것이다.

모종의 의미에서 보면 진시황이 건립한 새로운 정치제도나 제정된 정치정책은 "처음부터 법가의 의식과 자연적인 친화성을 띠고 있다"고 할 수 있는데, 여기에는 몇 가지 의미가 있음을 알 수 있다.

첫째, 진나라의 '무유(無儒)'의 전통적인 문화배경과 관련이 있다. 비록 고대부터 진조()秦朝)의 선조는 '좌순조훈조수(佐舜調訓鳥獸)'로 하나라 우(禹)를 협조하여 물을 다스렸다. 하지만 서주시대부터 진나라는 중원제국에게 '진나라 오랑캐'로 불렸다. 공자는 '서쪽으로 진나라에 닿지 않았다'고 하였고, 순자도 진나라는 '무유'라고 하였다. 이로부터 서쪽의 진나라는 문화적으로 서주의 영향을 적게 받았음을 알 수 있다. 황태자를 정할 때 "용맹한 자를 적장자인가 아닌가 하는 것은 중요하게 여기지 않았으므로 적장자가 태어나도 통고하지 않는다"[318]고 했다. 또 백성들은 "부자간 분별이 없이 같은 방에서 산다"[319]고 하였고, "자녀에 대한 교육이 난잡하였는데 남녀의 구분이 없었다"[320]고 하였으며, "예의 덕행을 모르고 작은 이익이라도 있으면 친척 형제의 정도 저버렸다"고 하였다.

---

318) 『春秋公羊傳 · 昭公五年』
319) 『史記 · 商君列傳』
320) 『春秋穀梁傳 · 僖公三十三年』

둘째, 서쪽 변강에 위치한 진나라는 중원 제패를 진행하기 위하여 계열적이고 가장 철저한 '변법'활동을 실행하였다. 진효공은 현자를 얻기 위하여 상앙을 진나라로 불러 도를 논하게 되는데, 처음에는 황제의 도를 얘기하여 별로 듣기 좋은 말이 아니어서 두 번째로 만나서 왕의 도를 얘기하는데 여전히 듣기 좋은 얘기가 아니어서, 세 번째로 만나서야 비로소 효공이 그 말을 들었다. 『회남자·요략(要略)』에서는 "진나라 때에 탐관오리들의 세력이 강하고 의리가 적고 이익을 추구하였다.

효공은 난폭한 기세로 여러 제후들을 병탄하였기에 상앙의 법이 통할 수 있었다"고 하였다. 이로부터 진나라가 여러 제후들을 병탄하려는 '패업'을 알 수 있었다. 진나라가 강대해져 제국을 통일할 수 있었던 것은 한 귀퉁이에 위치한 진나라가 변법을 통하여 강대해졌기 때문이었다.

셋째로, 통일된 제국을 건립한 후에도 진나라는 여전히 법의 중요성을 강조하여 법으로 나라를 다스리는 것을 피할 수 없었다. 역사발전의 관성과 타성은 이 시기에 멈추었을 수 있다. 진왕 영정은 한비의 "문서로 규정한 것이 없으면 법으로 교도하고, 선왕의 언어 없이 관리를 스승으로 한다"[321]는 문장을 읽고 "슬프도다! 과인이 이 사람과 사귈 수 있다면 죽어도 한이 없겠노라"고[322] 하였다.

이사와 한비자 두 사람은 모두 순자를 스승으로 모셨다. 이사의

---

321) 『韓非子·五蠹』
322) 『史記·노자한비열전』

'분서'상소에서 상소의 이유와 결론은 법가이론의 집대성으로 한비의 사상과 완전히 일치한다.

이사의 상소의 두 가지 이유는 법가의 주장과 일치한다. 하나는 이사의 '분서'와 법가의 역사진보관이 일치한다는 것이다. 상소에는 "많은 사람들은 현시대를 보지 않고 옛 선조를 따라 배우고 틀린 것이 성행하니 현시대를 미혹시켜 어지러움을 가져온 원인"이라고 하였다. 상앙은 자신의 개혁을 변호하며 이렇게 말하였다. "천하를 통치하고 나라를 통치하는 것 모두 융통성 없이 진행해서는 안 된다. 상탕, 주무의 시기에 예전의 제도를 따라서 흥성해진 것이 아니며 하조는 제때에 개혁을 하지 않았기에 멸망한 것이다.

예전의 제도를 반대하는 자들을 틀린 것이라고 책망할 것도 아니고 예전의 제도를 따르는 자들을 찬양할 바도 아니다."[323] 한비도 "성인은 모두 고대를 따라서 고대의 법규를 그대로 따를 것이 아니라 당대의 정황을 연구하여 알맞은 상응하는 방법을 찾아야 한다"[324]고 하였다. 둘째로는 이사의 '분서'와 한비의 '언궤우법(言軌于法)'의 사상은 일치하다는 것이다.

"사학도들은 지금의 법령을 비방하고 교화된 백성들은 명령이 하달되면 자신이 배운 지식의 범위에서 해석하고 의논한다. 조정에 들어오면 속으로는 질책하고 조정에서 나가면 길가에서도 의논한다. 군주 앞에서 자신을 자랑하여 명리를 얻으려 하고 이상한 견해로 자신을 높이려하니 백성들에게 유언비어를 퍼뜨린다"고 상소했다.

---

323) 『商君書·更法』
324) 『韓非子·五蠹』

한비는 법술과 기타 학술 특히, 유가, 묵가의 학술은 함께 병존할 수 없는 두 개의 학설이라고 하여 유가와 묵가에 대해 맹렬하게 논박하였다. 유학을 '나라의 좀벌레'라고 하고 6국의 쇠퇴는 유학의 영향을 받았기 때문이고, 진나라의 강성은 법술을 따랐기 때문이라고 하였다.

한비는 모든 백성들의 사상을 법령으로 통일하여야 하며 모든 사람들의 사상과 생활의 모든 방면은 "법도를 기본"[325]으로 해야 한다고 하면서 "백성들의 제도는 법도"[326]라고 하고 "지역 내의 모든 백성들의 말의 내용과 태도 모두 법도에 따라야 한다"[327]고 하였다. 법도를 백성들의 행위규범으로 하는 것은 선진법가의 공동주장이다. 하지만 법도를 백성들의 사상규범으로 주장한 것은 한비가 처음이다. "언행이 법도를 따르지 않는 자는 감금하여야 한다."[328] "간사함을 없애는 좋은 방법은 간사한 사상을 금지하는 것이고 다음으로는 간사한 언론을 금지하고 그 다음으로는 간사한 행위를 없애는 것이다."[329]

이사의 '분서'에 관한 상소에 적은 "학설을 배우려면 관리를 스승으로 모셔라"는 것으로부터 한비가 주장한 "관리를 스승으로 모시다"[330]라는 것은 같은 것이다. 유가 묵가 등의 학파는 서로 다른 각도로부터 성인을 스승으로 현자를 스승으로 할 것을 제창하였다. 법령을 준수하고 법령을

325) 『韓非子・飾邪』
326) 『韓非子・有度』
327) 『韓非子・五蠹』
328) 『韓非子・問辯』
329) 『韓非子・說疑』
330) 『韓非子・五蠹』

학습하는 것을 결합하기 위하여 한비는 "관리를 스승으로 모시다"라는 것을 주장하였다. 한비는 "관리들은 공평하게 집법하는 집법자이다."[331] "법은 관리들이 준수해야 한다."[332] "법령과 행정명령은 통일된 의지이며 황제 개인의 의사를 말했다", "백성을 통일적으로 관리하는 방법에서 법보다 더 좋은 것은 없다"는 정치사상을 제기하였는데 현실에서는 각종 형벌과 엄형주의로 표현되었다.

넷째, 진제국은 춘추전국 오백년의 난을 평정하고, 통일제국의 초창기에 엄격한 형벌과 법으로 귀족시대의 덕과 예를 대신하여 춘추전국시기 이래 나타난 혼돈의 국면을 수습하였다. 한편으로는 사회경제의 발전은 귀족들의 사치스러운 생활로 인한 침식과 부패, 몰락의 상황으로 표현되고, 다른 한 방면으로는 공상지주 등 새로운 계층의 출현과 함께 각자 업무의 발전으로 표현되는데, 이러한 것들로 인하여 사회관계는 더욱 복잡하여 진다. 그렇기 때문에 사회질서의 유지는 예전처럼 쉬운 일이 아니었다.

예전의 '덕', '예'는 점차 자신의 작용을 나타내지 못하니 '법'의 필요성이 나타난 것이다. "관중이 제나라를 다스릴 때 법치를 창도한 것은 제나라의 공상업의 발전으로 인해 비교적 일찍 법치에 대한 요구가 있었기 때문이고, 위앙(衛鞅)이 진나라를 다스릴 때 법치를 창도한 것은 산동의 여러 나라들에 법치의 요구가 있어서 준비한 것이다. 진한시기가 되어서 법에 대한 요구는

---

331) 『韓非子・外儲說左下』
332) 『韓非子・說疑』

더욱 많아졌다."[333]

다섯째, 각종 의식형태의 역사적 근원으로 도가, 유가, 묵가는 삼대를
표방하였으나 법가는 현실에 입각하여 개혁을 도모하였다. 상앙변법의
근거는 "당시의 상황에 의거하여 법을 정하고 사례에 의하여 제도예의를
제정한다"는 데에 있다.

진시황시대에서 제도의 창의성은 법학을 의거로 형성된다. 춘추전국시기
생산력의 발전은 인류 지혜의 진보를 촉진하였는데 사회의 새로운
생산관리형식과 새로운 사회관리 형식을 요구하였다. 춘추전국시기의 많은
사실들은 사회가 변동의 시대이며 새로운 생산력관계가 잉태되는 시대이며
새로운 사회관계가 형성되는 시기라는 것을 증명하여 준다. 진시황은
황제관리제도를 건립하여 옛 귀족으로 부터 내려온 정치제도에 타개를 주려
하였는데, 이는 새로운 생산관계와 새로운 사회관계를 정치제도로 종합한
것이 된다.

이런 예전과는 다른 새로운 제도의 설계에 대한 내재적 요구로 인해
'무위'의 도가적 의식형태를 채용할 수 없었던 것이다. 춘추전국의 난국에서
평민계층이 가지고 있는 친화적 의식형태 역시 중용을 받을 수 없었는데 그
원인은 통치자의 권리에 대한 추구와 욕망은 '언필칭인의(言必稱仁義)'의
의식형태로 실현할 수 없기 때문이었다. 사마천은 "유자들은 배운 것은
많으나 요령을 터득하지 못하였고 많은 공을 들였지만 효과는 미미하여

---

333) 주곡성, 『중국통사』 상책, 189쪽.

따를 수 없으며", "묵가의 검소함은 따라 하기 힘드니 묵가의 모든 주장을 따르기는 힘들다"고 하였다. 이런 원인들로 인해 유학과 묵학이 처음에는 자신의 자리를 찾을 수 있었으나 춘추전국 특히 진제국에 이르러서는 통치자들의 버림을 받게 된 것이다. 법가의 사회근원으로 보면 법가는 사회의 새로운 계층의 사회가 요구하는 대변인이 된 것이다.

새로운 계층은 주왕과 상대적인 신형의 제후계층, 이런 제후들과 상대적인 신형의 대부계층, 신형의 대부계층과 상대되는 신형의 무사계층 등이 있다. 각종 새로운 사회계층의 출현과 더불어 법가들의 의식형태의 새로운 목적은 새로운 사회관계, 즉 왕권과 각종의 새로운 계층 간 및 여러 새로운 계층 간의 관계를 확정하는데 있다. 왕권으로 말하면 '일(一)'을 추구하는 것으로 즉 '전제군주제'인 것이다. 각종 새로운 계층은 새로운 사회관계의 '법'에 적응하는 것이다. 법가의 핵심은 '법'을 통하여 '새로운 관리방식'을 강구하는 것이다. '변법' 혹은 '새로운 신형의 사회관계의 신법'은 변혁 혹은 변혁을 촉구하는 것이다. 법가 의식형태의 본질은 사회발전의 조류와 일치한 것이다.

이로부터 진시황이 정치제도 개혁을 진행할 때, 법가의 의식형태와 정치제도의 개혁은 역사상으로 논리상으로 내재적 일치성과 천연적인 친화성을 가지게 되었던 것이다.

2) 한 제국의 법가적 의식형태에 대한 포기

진나라의 '엄형준법(嚴刑峻法)'은 자신의 반면을 드러낸다. 명성이 자자하던 진제국은 두 세대를 거친 후 빠르게 멸망했다. 진나라의 법률은 형벌이 아주 많았다. 방략(榜掠-죄인을 매질하는 고문), 귀신(鬼薪-평생 무덤에서 땔감을 줍는 노역), 경위성단(黥爲城旦-얼굴에 칼로 새기고 먹을 칠하여 색이 없어지지 않게 하는 형), 적(謫-귀양), 적몰(籍沒-재산을 몰수하고 가족까지 벌하는 형), 연좌(連坐-연대로 처벌받는 형), 기시(弃市-사람들이 많은 번화가에서 범인의 사형을 집행하는 형벌), 육(僇-욕보이는 형), 요절(腰斬-허리를 자르는 형벌), 거열(車裂-사람의 머리, 팔, 다리를 각각 다른 수레에 묶고 그 수레를 반대방향으로 끌어서 죽이는 잔혹한 형벌), 책(磔-사지를 찢는 형벌), 촉전(鑿顚-죄인의 머리를 뚫어 사형을 실행하는 형벌), 추륵(抽肋-갈빗대를 뽑아내는 형벌), 확팽(鑊烹-물 혹은 기름으로 사람을 죽이는 형벌), 육시(戮尸-죄를 지어 죽은 사람의 시체를 관에서 꺼내 대중에게 보이는 형), 효수(梟首-죄인의 머리를 베어 높은 곳에 매달던 형벌), 구오형(具五刑-다섯 가지 형을 함께 하는 형벌), 이삼족(夷三族-삼족을 멸하는 형) 등이 있다. 진나라의 엄형준법은 춘추전국시기 귀족들이 사회질서를 유지하기 위한 유명무실한 예치를 대신하였는데, "형이 지나치게 가혹하고 어질지 못하다"는 결과를 가져오게 되었다.

많은 학자들은 진나라의 지나치게 가혹한 법률은 나라가 망하게 된 원인 중 하나로 보고 있다. "상군(商君)이 예의, 인의를 버리고 진취(進取)에만 신경을 썼다. 이렇게 2년을 실행하였는데 진나라의 사회풍속은 부패하여만

갔고, 진나라의 조금 부유한 가정의 아들들은 크면 분가하여 진나라의 가정들은 점차 가난해졌고 장년의 아들들은 데릴사위로 들어갔다. 아들이 농기구를 아버지에게 빌려주면서도 얼굴에는 큰 은혜를 주는 표정을 지었고, 어머니가 빗자루로 청소를 하여도 욕을 먹었다. 며느리는 젖 먹는 어린아이를 안고 시부모와 나란히 앉았으며, 고부 사이는 관계가 좋지 않아 자주 싸웠다. 자식만 사랑하고 재산을 탐내니 짐승과 다른 점이 별로 없었다."[334] 快癒 진 제국이 멸망한 후 초한 간에는 8년에 달하는 전쟁이 시작되었다. 불안정한 사회국면과 한나라 초의 반성하고자 하는 사회환경은 중국 고대사상 상대적으로 활동적인 역사반성시기로 들어서게 했다. 반성 후 한나라 초기의 제도는 기본적으로 '한승진제(漢承秦制)', '순이미개(循而未開)'의 정책으로 표현되며 사상과 의식형태는 황노(黃老) 및 잡다한 유학을 기초로 하였다. 한나라 초기에는 진 제국이 실행하던 법가의 의식형태를 지양하였다. 이러한 지양은 일종의 변증적인 부정이었다. 부정에서 긍정도 있으며 긍정에는 부정도 포함되어 있었다. 이러한 지양은 아래 몇 가지 방면으로 표현되었다.

첫 번째 지양은 치국의 지도사상을 바꾸는 것으로 표현되었다. 진시황은 법가사상의 지도 하에 승리를 거두었다. 진제국의 빠른 멸망은 법가에게 악명(惡名)을 가져다주었다. 진나라의 멸망을 모두 법가의 잘못이라 할 수 있는가? 한나라 초기의 통치자들은 돌이켜 반성해보았다. 통치의 지도사상으로 보면 한나라 초기에는 황노사상을 지도로 하였다. 정치상에서

---

334) 『漢書·賈誼傳』

처음 황노설로 백성을 통치한 사람은 조삼(曹參)이었다. 조삼은 제나라 재상으로 있을 때 수백 명의 유생들과 백성을 다스리는 법을 의논하였는데 모두 자신의 말만 하였다. 후에 황노지술의 개공(蓋公)을 찾아 다스리는 법을 청하였는데, 개공의 "청정을 중히 여기면 백성들은 자연히 안정될 것이다(治道貴淸靜而民自定)"라 원칙을 받아 들였다. 조삼이 재상으로 있던 9년간 제나라는 치안이 안정되었다. 조삼은 소하(蕭何)의 뒤를 이어 재상으로 있는 동안 '청정'을 전국적으로 실행하였다.[335] 조삼의 뒤를 이은 재상 진평(陳平)은 "본래 황제는 노자의 책술을 좋아하였다"라는 뜻을 지향하였다.[336] 혜제(惠帝), 여후(呂后)가 통치하던 시기에는 "군신 모두 적극적으로 하는 바가 없지 않았다."[337] 후에 문제(文帝), 경제(景帝) 및 두(竇) 태후가 장악하고 있던 조정에서 황제노자의 설을 존중하던 현상을 찾아볼 수 있다. "문제는 황제는 본래 노자의 말을 배웠으며 유술을 별로 좋아하지 않는데 통치는 청정무위를 지향하였다." "제(경제)와 태자, 여러 제후들은 부득이 하게 황제 노자를 읽었으며 숭상하였다"[338] 물론 한나라 초기의 황제 노자의 도는 춘추전국시기의 순수한 도가학설이 아니며, 유가, 법가, 음양학가, 묵가, 명가, 병가 등 많은 사상을 내포하였다. 한나라 초기 통치자의 정치지도사상은 황제 노자를 숭상하였지만 황노사상으로 독재를 실시하지는 않았는데, 유가, 법가도 한 왕조의 제도건립에 중요한 작용을

---

335) 『史記·曹相國世家』 참조
336) 『史記·陳丞相世家』
337) 『史記·呂后本紀』
338) 『史記·外戚世家』

하였다. "한나라는 주나라, 진나라의 제도를 승계하였고, 은상시대의 제도도 있으며 조상의 덕과 유사의 경(經) 등 여러 가지를 포함하고 있다."[339]

지양의 두 번째 표현은 진나라의 엄형준법을 적당히 삭제하고 보충하였다는 것이다. 한나라 초기 법률제도는 '한승진제', '순이미개'였다.

하지만 진나라에서 사용하던 잔혹한 형법에 관해서 한나라는 교정을 하였다. 한고조는 '입관고유(入關告諭)'에서 진제국의 엄형준법의 잘못을 교정하였다. '입관고유'에서는 "백성들은 진조의 가혹한 형벌의 고통에 시달린 지 오래되었다. 다른 의견을 말하면 멸족을 당하고, 어쩌다 하는 잔소리도 머리가 잘릴 이유가 되었다. 여러 제후들과 약정을 했는데 먼저 진나라에 들어간 사람을 왕으로 칭하고 백성들과 약법삼장(約法三章)을 실행했다. 살인한 자를 사형에 처하고 사람을 상해한 자와 도둑질 한 자를 처벌한다. 진조의 법령을 모두 버리고 각 부분의 담당자들은 원래와 같이 한다."[340] 『사기』의 기록에 의하면 한 제국이 건립된 후 진나라 시대로부터 내려온 잔혹한 형벌은 고조, 혜, 문, 경제에 이르러 많이 사라졌다. 한의 형법이 진나라보다 느슨하지만 통치도구로서의 형법은 더 완비됐을 뿐 버리지는 않았다. 한선제(漢宣帝)가 태자를 질책하면서 "한나라는 제도가 있기 시작하면서 부터 패왕의 도가 제도에 포함되어 있는데 어찌 순수한 도덕으로 교화할 수 있겠는가? 주대의 정치제도를 실행하려 하는가!"[341]라고

---

339) 『後漢書 · 鄧張徐張胡列傳』
340) 『史記 · 高祖本紀』
341) 『漢書 · 운제기』

하여 상세한 한나라의 법률이 출현하는 것은 당연지사가 되었다. 먼저 고조의 3장이 있었고 후에 소하의 율9장, 숙손통(叔孫通)의 『방장(傍章)』 18편, 장탕(張湯)의 『월궁률(越宮律)』 27편, 조우(趙禹)의 『조율(朝律)』 6편 등이 있다.

지양의 세 번째 표현은 유학관점을 지닌 정론자 혹은 사상가에 대한 신임에서 나타났다. 비록 유학이 진나라시기의 정치무대에서 배척을 당하고 한나라에 이르러서도 제왕들은 유가를 별로 중히 여기지 않았지만, 유학 담당자들은 묵묵히 앞으로 나아가고 있었다. 제도의 건설에서 볼 때 유방 집정시기, 숙손통이 조정에서 의논한 것, 명군신존비(明君臣尊卑) 등은 황제의 권위를 강화하는 데에 중요한 작용을 하였다. 한조초기 정치책략에 대한 유학의 영향은 육가(陸賈), 가의(賈誼)의 유학정선의 제창으로 표현된다.

육가는 유방에게 『신어(新語)』 12편을 편찬해 주었는데, 주요관점은 유가가 일관적으로 창도하는 '인의(仁義)사상'이었다. 육가는 유방에게 『시』, 『서』를 강의하며 "인자는 도의 규율이고 의자는 신성한 학문이다"[342]라고 하였고 "나라를 다스릴 때 도덕을 바탕으로 하고 행위는 인의를 기본으로 하여야 한다"[343]고 주장하였다. 덕(德)과 형(刑)의 관계에서 육가는 "진나라는 형 때문에 두 번째 세대에 망하였다"[344]고 생각했고,

---

342) 『新語·道基』
343) 『新語·本行』
344) 『新語·道基』

"성인은 높은 곳에 있으며 인의를 기본으로 한다"[345)]고 하였다. 도가가 유가의 인의사상을 흡수하였고, 유가 역시 도가의 무위사상을 흡수하였다. 육가의 무위사상의 핵심은 사회에 대한 행정적 간섭을 줄이고 노역과 부세를 줄이고, 형벌을 가볍게 하는 등의 사회관계는 도가의 사상과 완연히 달라 유가사상의 경계라고 할 수 있는데, 신하는 충성하고 자식은 효도하며 존중해야 할 사람을 존중하고 친하게 지내야 할 사람들과 친해야 하고 상하는 질서가 있어야 하며 노인들은 안일하고 젊은이들은 잘 따른다는 경지인 것이다.

한나라 초기 유가관념을 제창한 사람은 가의였다. 가의는 진나라 멸망의 경험을 결합하여 "정치는 신의를 토대로 해야 하고, 통치는 인자함을 기반으로 해야 한다."[346)] "인자하게 행동해야 하고 정의롭게 살아야 하고 덕행이 많아야 부유한 사람들을 교화시킬 수 있으니 백성들을 설득하고 벌을 내리지 않아도 백성을 다스릴 수 있다", "관청의 말을 들으니 백성들 모두 본업에 충성한다."[347)] 가의는 경제상으로 농업을 중히 여기고 쌀을 귀하게 여겨 백성들이 마음 놓고 농업에 종사할 수 있게 해야 하고, 형을 줄이고 가볍게 하는 것은 형을 중히 내리는 것보다 나으니 예, 의, 염, 치를 기본으로 교도해야 한다고 했다. 사상적 측면으로는 『시』, 『서』, 『역』, 『춘추』, 『예』, 『악』 육예를 '대의'로 교화해야 한다고 하였다. 가의는 예치를

---

345) 『新語 · 輔政』
346) 『新書 · 修政語』
347) 『新書 · 大政上』

특별히 중시하여 예는 나라를 통치하는 근본으로 "도덕인의 네 가지 미덕은 예제의 규제가 없으면 발휘를 하지 못하고 교화 훈도를 통하여 백성의 풍속을 바로 잡아야 하는데 예의제도가 없으면 완성하지 못한다. 그른 것을 바로 잡고 옳고 그름을 똑똑히 가림에 있어서 예의제도가 없으면 제대로 가르지 못한다. 천자, 대신, 상경, 상하, 부, 자, 형, 제 예의제도에 의거하지 않으면 확정지을 수 없다."[348] 가의는 예는 웃어른이나 천자에 대해서도 제약작용을 한다고 했다. 또 예의 규정으로 보면 만약 나라에 굶주림과 추위가 닥치면 '인주(人主)'는 응당 '누리지 말고', "좋은 것을 입지 말아야 한다"고 "예는 불쌍히 여겨 동정하여야 한다"[349]고 하였다. 가의는 법의 작용도 중시하였다. "예의는 사건이 발생하기 전에 작용하는 것이고 법령은 사건이 발생한 후에 작용하는 것이다."[350] 군주는 '권세법제'를 장악해야만 인의문제를 논할 수 있다고 하였다.

한나라 초기 통치자들은 진나라의 재난을 물려받았으며 학식이 별로 없었고 당시 '봉건'적인 정치구조로 인하여 군주와 신하 모두 황제 노자의 사상을 통치의 지도사상으로 삼았다. 사마천은 "도가는 사람들의 정신을 한결 같게 한다. 행동은 무형의 '도'에 부합되며 만물을 풍족하게 한다.

도가의 술은 음양가의 사시 운용순서를 근거로 한 것이고, 유가묵가의 우수한 점을 본받고 명, 법가의 핵심을 가져 왔다. 시세의 발전에 따라

---

348) 『新書·禮』
349) 『新書·禮』
350) 『漢書·賈誼傳』

발전하고 사물의 변화에 순응하며 좋은 풍속을 수립하고 사람과 사물에 응용되니 모든 것에 적합하고 간략하게 되어 장악하기가 용이했기에 적은 힘을 들여 큰 효과를 얻을 수 있다"[351]고 하였다. 종합적으로 한나라 초기에 진 제국의 통치의식형태에 대한 지양은 아래와 같은 몇 가지 요소와 긴밀한 연관이 있다. 첫째, 진조의 짧은 통치와 상관이 있다. 둘째, 서한 개국군주의 출신, 심리와 연관이 있다. 셋째, 서한 초기 '진나라 두 세대의 망한' 정치에 대한 토론과 상관이 있다. 넷째, 한 제국 건립 이전의 사회는 장기간의 전쟁과 민생이 고달픈 것과도 관련이 있다. 다섯째, 도가 혹은 황제 노자의 "음양의 순조로움은 유가 묵가의 선을 닮은 것이고 명법의 요점을 배운 것이고 시대의 흐름과 함께 사물도 응당 변화하여야 한다"는 사상과 연관이 있는 것이다.

3) '독존유술' 정책의 성립

진시황의 정치제도에 대한 창의성은 진나라의 통치를 영원이 아닌 두 번째 세대에서 끝을 맺게 하였다. 진시황의 정치제도 창의성이 적합한 의식형태에 대한 설명과 해석, 유지를 시작하기도 전에 진나라는 멸망하였다. 서한의 통치자들은 진조의 정치개혁의 성과를 계승하는 것과 동시에 의식형태의 지도원칙인 "관리는 스승이다"라는 지도사상을 버리게

---

351) 『史記 · 太史公自序』

된다. "관리는 스승이다"라는 정치의식형태를 사용하지 않은 것은 불가피한 일이지만 누가 그것을 대신할 수 있었겠는가?

일반적으로 진한시기에 국가의식형태의 학설을 놓고 경쟁할 수 있는 학파로는 유가, 도가, 묵가, 법가였다. 법가는 여러 제후들이 패권다툼에서 뼈대적인 역할을 하여 진시황이 육국을 통일한 후 관리를 스승으로 삼았다. 하지만 법가의 지지하에서 통치되던 진나라는 떨어지는 유성처럼 짧은 16년의 역사로 마침표를 찍었다. 그 이후로는 중국역사에서 통치의식형태로서의 법가의 존재를 찾을 수가 없었으니 법가도 자신의 이론을 증명할 수 있는 기회가 없었다. 도가는 서한 초기에 사회의 원기회복에 이론적 지지를 해주었다.

사회 재부의 끊임없는 축적은 통치자와 기타 사회개체 뿐만 아니라 전체 사회의 각종 욕망을 커지게만 하였다. 한무제를 위주로 하는 "군주와 신하 모두 무위를 바탕으로 한다"는 황노사상이 제정한 경지에 도취되려 하지 않았다. 이때 춘추시기에 유학과 같은 처지에 놓여 있던 묵학은 한나라 초기에 연기처럼 사라졌다. 이제 남은 것은 춘추전국시기 특히 진시황시기에 나라에 쓸모없는 것이라고 버려져 있었지만 진취정신을 가진 채 세상에 융합되려고 하였던 유학이다. 역사는 유학에게 기회를 주었다. 군신이 대책을 의논하면서 조대의 흥망과 역사의 경험으로 법, 도, 묵, 음양 등 여러 학파들의 이론에서의 득실을 종합하는 기초위에서 동중서는 한무제에게 유학이 나라에 가져다 줄 수 있는 편리를 마음껏 이야기 하였다. 원시유학의 정신을 발휘하여 조금은 어설픈 "백가를 버리고 유술만을 존중한다(罷黜百家, 獨尊儒術)"고 하는 유학이론체계를 제시하였다. 한무제의 "파출백가, 독존유술" 이후 경학의 통일을 위하여 양한의 역사에서 대형의 경학회의를 두 번 진행하였다. 선제(宣帝)시기의 석거각(石渠閣)에서 오경(五經)의 다른 점과 동일한 점을 논했고, 그 후 장제(章帝)시기 백호관(白虎觀)에서 '오경의 같은 점과 다른 점 논하면서… 『백호의주(白虎議奏)』를 지었다'[352]를 진행하였는데, 국가의 의식형태를 정하는 활동에서 유학은 최종적이고 전면적인 승리를 이루었다.

유학이 통치의식형태로 통치자의 새로운 정치적 선택이 될 수 있었던 것은 아래의 몇 가지 요소(한나라 초기 '황노의 학'이 통치 지도사상으로 될 수 있었던 원인과 교집합을 이룬다)와 관련이 있다. 첫째, 서주 이래의 정치상의 민의관, 민간심리와 관련이 있다. 둘째, 진제국의 짧은 생명과 관련이 있다. 셋째, 한무제의 출신, 심리 및 당시 통치의 내외환경과 연관이 있다. 넷째, 서한 초기에 '진 2세에서 진은 멸망했다'고 하는 정치적 대토론과 관련이 있다. 다섯째, 유학의 의론적 우세와 관련이 있다.

통치의식행태의 각축에서 유학이 가지고 있는 우세성은 다음과 같았다.

첫째, 공자, 맹자의 원시유학 중의 '인학(仁學)정신'은 진제국의 "관리를 스승으로 삼아야 한다(以吏爲師)"는 이론을 비판하는 직접적인 이론적 무기가 되었다. 한나라 초기의 나라를 다스리는 지도사상은 주로 황노의 학이었다. 황노의 학은 유학, 법학, 음양학 등 여러 학파의 이론 성과를 흡수하였는데, 춘추전국의 도가와는 다른 학파였다. 황노정치의 특징은

---

352) 『後漢書·肅宗孝章帝紀』

'청정'을 위주로 농업생산을 권고하고 가렴잡세를 줄이고 형을 줄이며, 지출을 절약하고 공정을 적게 진행하는 등을 주요 내용으로 하였다. 하지만 진제국 성패의 이론을 종합하는 방면에서 '이이위사'의 법가 의식형태에 대한 비판은 이론적 성취(무위가 무이론적 비판을 포함한 성취일 수도 있다)는 얼마 없다. 『상군서(商君書)』에서 법가의 대표인 상앙은 예악, 시서, 효제, 성신, 정렴(貞廉), 인의 등을 나라를 다스리는 '육이(六蝨, 여섯 가지 위해)'라고 하였다. "육이, 예악, 시서, 수선(修善), 효제, 성신, 정렴, 인의, 비병(非兵), 수전(羞戰)이다. 열두 가지 나라에 해를 입힐 수 있는 해충들이 있는데, 군주가 백성들에게 농작을 하게하고 전투를 하게 할 수 있는 방법이 없다면 나라는 빈곤하여 쇠약해진다. 만약 이 열두 가지 사상을 신봉하는 자들이 모여서 무리를 이루게 되면 군주의 통치가 그들의 신하를 초과하지 못하고 관부가 백성들에 대한 통치가 그들의 백성을 초과하지 못하면 여섯 가지 이(蝨)의 위해가 국가의 정책법령을 눌러버리게 된다."[353] 한비자 『비십이자(比十二子)』에서는 법학과 유학, 묵학 등을 대립시켜 유, 묵가를 '좀벌레의 무리'라고 하였다. 한나라 초기 군신들이 무력에 의존할 때 유학은 비판의 이론적 선봉으로서 역할을 담당하였다. 육가와 가의가 중요한 두 명의 대표자이다. 육가는 유방을 위하여 『신어』12편을 편찬하였다. 가의는 천고에 전해 내려온 『과진론(過秦論)』을 후세에 남겨 주었다.

---

353) 『商君書 · 靳令』

"군신의 지위를 정하고 상하 등급을 정하고 부자간에 예의를 지키고 육친 간의 존비를 준수하는 것은 하늘이 정한 것이 아니라 사람이 만든 것이다. 사람들이 이런 규정을 정한 것은 정하지 않으면 사회의 정상적인 질서를 유지할 수 없고 질서를 건립하지 않으면 사회가 혼란에 빠지고 사회를 다스리지 않으면 사회가 무너질 수 있기 때문이다. 『관자』 에는 '예의염치, 이 네 가지 원칙이 있는데 이 원칙을 확립하지 않으면 나라가 망하게 된다'고 하였다. 관자를 우매하고 무지한 사람이라고 하는 사람 빼고 조금이라도 나라를 다스리는 이치를 안다면 어찌 예의염치를 따르지 않는 것을 보고 어찌 한심하지 않겠는가! 진 왕조는 예의염치를 버렸으니 군신 관계가 혼란스럽고 육친 간 서로 학살을 하고 사악한 자들이 도처에서 혼란을 조성하고 민중이 조정을 배반하는 데 걸리는 시간은 십삼 년이니 나라가 망하게 되었다. 지금 예의염치는 아직 완벽하게 구비되지 않아 사악한 자들이 요행 세력을 얻을 수 있어 민중들이 의혹을 품게 된다. 지금 기본적인 제도를 세우고 군주가 군주답고 신하가 신하다우며 상하 등급을 정하고 부자육친들이 그들의 상응된 자리에 있게 된다면 사악한 자들이 요행의 세력을 얻을 수 없을 것이니 군신들이 충성하고 군주가 신하를 신임한다! 이 제도가 확립되면 세세대대 태평을 누리게 될 것이며 후세의 군주들도 이런 치국법도를 따를 것이다. 만약 근본적인 제도를 건립하지 않으면 강을 건너는 배에 닻과 밧줄, 노가 없는 것처럼 강의 가운데에서

큰 풍랑을 만나게 되면 배가 뒤집어 질것이다. 어찌 깊은 탄식이

나오지 않겠는가?"(『한서·가의전』)

둘째, 모종의 의미에서 보면 진시황이 건립한 새로운 정치제도는 처음부터 법가의 의식형태와 자연적인 친화성을 가지고 있었던 것처럼 공자, 맹자가 만든 원시적인 유학의 주요이념과 서주 이래의 정치상의 민의관, 사회상의 혈연종법심리와 자연적인 친화성을 가지고 있었다.

유가와 법가의 민의에 대한 태도 비교 중에서 서주 이래 우리는 유가의 민의관과 더욱 큰 친화성을 가지고 있다. 사상의 근원으로 보면 유학과 서주의 예치원칙이 가장 관련이 있다. 예악에 의한 통치하의 서주는 사백여 년 동안 존재하였으며 춘추전국시기까지 더하면 예악의 통치는 팔백여 년 동안 지속되어 류큐한 역사를 지닌 시대라고 할 수 있다. 이런 상황으로 보면 유학은 이 땅에서 근 천년의 시간을 거쳐 살아 숨 쉬고 있었던 것이다. 법가는 비교적 일방적으로 통치자의 이익을 강조하였다.

신도(愼到), 관자(管子) 등 법가는 국가의 이익이 군주의 이익 위에 있다고 강조하였다. 한비는 "국가는 군주의 수레이다"[354]라고 여기고 군주의 이익을 특별히 강조하였다. 한비는 사람들 모두 이기적인 면을 가지고 있는데 사람들의 사리를 추구하는 행위를 바꿀 필요는 없으며, 응당 이런 이기적인 것을 이용하여 최종적으로 군주를 위하여 복무하게 하여야 한다고 했다. 또 "군자는 백성의 위에 있으며 위험하고 곤란한 시기에는 죽음을

---

354) 『韓非子·外儲說右下』

무릅쓰고 싸워야 하며 평화적인 시기에는 열심히 일을 하여야 한다"[355]고 하며 백성이 존재하는 가치는 군주를 위하여 일을 하는 것이라고 하였다. 이와 반대로 유가는 "백성은 근본이다", "백성은 귀한 존재이다"라는 것을 특별히 강조하였다. 공자는 인자는 "백성을 사랑해야 한다"[356]고 하고 "군자는 백성을 사랑하는 것을 배워야 한다"[357]고 하였다. 맹자 역시 '민'을 중시하였는데 "백성이 제일 중요하고 토신, 곡신 등은 모두 그 다음이다.

그렇기 때문에 여러 백성들의 마음을 얻어야 천자가 될 수 있고 천자의 마음을 얻어야 제후가 되고 대부가 될 수 있다. 제후들 나라의 안위에 위협이 될 경우 다른 사람을 뽑아야 한다. 희생도 있고 제물이 깨끗하고 제시간에 제사를 지내도 한재 · 수재가 여전히 발생하면 새로운 신을 토신, 곡신으로 삼아야 한다"[358]고 하였다. 공자, 맹자의 '민본', '민위귀(民爲貴)'의 사상은 서주의 정치이념에서 이미 표현하였다. 『태서(泰誓)』에는 "세계는 우리를 탄생시킨 모체이고 사람은 이 세계에서 유일하게 영혼을 지지고 있다. 진짜로 총명한 사람은 대군이 되고 대군은 인민의 부모가 된다." "하늘은 백성에게 은혜를 주고 사랑한다." "하늘은 백성을 연민하고 백성들의 소망을 하늘이 들어 준다." "하늘은 백성들을 통하여 본다. 하늘이 들은 것은 백성들이 들은 것이다"라고 기록되어 있다. 『태서』는 만약 통치자가 "경애와 덕으로 백성을 보고한다"를 실현하지 못한다면 "고인(古人)이 나를

---

355) 『韓非子 · 六反』
356) 『論語 · 顔淵』
357) 『論語 · 顔淵』
358) 『孟子 · 盡心下』

아끼면 군주이고 나를 학대하면 적이다"고 하였다. 『서경』은 "하늘은 백성을 만들었고 그들에게 군왕을 탄생시켜 주고 본보기를 내려주었다. 이런 군왕과 본보기들의 유일한 책임은 하늘의 상제를 도와 백성을 사랑하는 것이다. 그렇기 때문에 천하에 죄가 있는 자, 죄가 없는 자 모두 내가 책임진다"고 하였다. "주나라 사람들이 만들어 낸 이런 민의론은 은·상과 같이 군권은 신이 내려준 것이라는 다른 규범이 없었던 군주의 통치에 명확한 규범원칙을 제시하였다. 비록 이런 규범원칙들은 법률적으로 구속력을 가지는 것은 아니지만 정치문화의 전통이 되어 도덕적 구속력을 발휘하였다. 사실상 서주 이후에 이런 민의론은 확실하게 진정으로 중국 고대 정치문화의 전통이 되었으며 후에는 유가에서 이 정치사상을 계승한 것이다."³⁵⁹⁾

'덕'과 '형'의 관계로 부터 유학의 '친민사상'을 엿볼 수 있다. 법가는 '이이위사(以吏爲師)', '언궤우법(言軌于法)'을 주장했다. 진나라 문장으로 된 법은 상앙변법 시기부터 형성되었는데 '도율(盜律), 죄율(罪律), 수율(囚律), 포율(捕律), 잡률(雜律), 구율(具律)' 등 '6률'과 연좌법이 있다. 상앙은 '이형거형(以刑去刑)'을 주장하고 형을 정할 때 경범죄도 중형을 내려야 한다고 하였다. 사마천은 상앙의 정책으로 진나라의 "산에는 도적이 없고 사람들은 자족하며 …… 향과 읍이 평온하였다"³⁶⁰⁾고 하였다. 한비는 "현명한 군주의 나라에서는 관련된 학술 문헌서적이 필요 없다.

359) 진래, 『고대종교와 이론』, 185쪽.
360) 『史記·商君列傳』

법령을 교육의 바탕으로 관리를 스승으로 한다"[361], "성인이 나라를 다스릴 때, 백성들의 자각적으로 선행을 실시하는 것에 의존하는 것을 바라는 것이 아니라 백성들이 나쁜 일을 하려 하지 못하는 국면을 바라는 것"[362]이라고 하였다. 이와 반대로 유가가 주장하는 것은 "성인과 현자를 스승으로", "자신의 덕행으로 부하를 교육하고 예법으로 부하의 행위를 규범한다", "적을 주로 형을 보조로 한다"였고 "교화를 하지 않고 살상을 하는 것은 도적"이라고 하였다. "덕을 주로하고 형을 보조로 한다"는 유가의 주장은 『강고(康誥)』에서도 찾아 볼 수가 있다. 『강고』 중에는 주공이 '명덕신벌(明德愼罰)'의 사상을 제기하였다. '명덕'의 주요 내용의 하나가 '보민(保民)'이었고, '보민'과 관련된 주요내용은 '신벌'이다. 따라서 '신벌'과 '명덕'은 서로 보완하고 도와주는 관계였다.

　유, 묵, 도, 법 등 여러 학설의 기본으로 부터 볼 때, 그들이 생장할 수 있는 근본은 혈연종법의 사회구조이다. 혈연관계는 전유학사회의 제일 기본적인 것이고 제일 실제적인 것이며 제일 절실한 사회관계이다. 혈연관계는 사회 중의 보통심리, 사회반사이며 더 나아가서 정권건설의 기초이다. 종합적으로 보면 유, 묵, 도, 법가 등 여러 학설의 반사적 사회근본은 이런 혈연관계를 기초로 한다. 예를 들면 『노자』의 '소국과민(小國寡民)'의 이상, 『맹자』의 '오무지택(五畝之宅)', '팔구지가(八口之家)'의 이상, 법가의 '연좌(連坐)''이족논죄(以族論罪)' '이남분가(二男分家)' 등의 법률은

---

361)　『韓非子・五蠹』
362)　『韓非子・顯學』

소농경제사회의 정서를 알려준다. 다른 방면으로 각 계층의 심리경향의 친화성으로 보면 도가와 구 귀족계층의 심리와 더 큰 친화성을 지니고 있다.

반대로 원시유학과 묵가는 평민계층의 심리와 더욱 큰 친화성을 나타내고 있다.(유, 묵, 도 법 등 여러 학설 중 유학만 여러 계층이고 모두 모종의 친화성을 가지고 있다) 유학은 혈연관계의 이론적 가치를 '인'으로 개괄하고 혈연관계의 행위준칙을 '예'라고 하고 왕도정치의 이상과 혈연을 기초로 하는 '가(家)'와 결합시켰는데('齊家治國平天下') 이로 미루어 보아 유가는 모든 유형의 사회반사 중 유일하게 혈연친정(血緣親情)을 제일 중시하고 자각적이고 제일 깊게 파악한 학파라 할 수 있다.

셋째, 한나라의 통치자들은 각종 의식형태들을 학습하고 선별하고 선택할 수 있는 충분한 시간이 있었다. 한나라가 진나라의 제도를 이어받은 후 장기간의 휴식기간을 가졌는데 그 시간에 경제는 발전하였고 사회관계는 복잡해졌으며, 사회관리, 이론적 지지는 새로운 창조를 요구하였다.

법학이론, 황노의 학 혹은 도가이론이 사용된 것은 사람들의 지력이 높아진 것을 의미하며 이론 창조의 현실적 표현이다. 법가는 전국시기에 흥성 발전하였으며 진제국에 이르기까지 이백 년간의 학습을 거쳐 상당한 역사경험을 축적하였다. 전설 중 황제, 요, 순, 우 시기의 "남쪽을 향해 우러르며 다스린다(垂拱南面而治)"에서 응용되었고 도가의 새로운 파별인 '황노의 학'은 한나라 초기에 고조, 혜, 문, 경제 등 역사시대의 학습을 거쳐 제국의 부흥에 중요한 이론적 기반을 제공하였다. 하지만 평화시기의 통일된 제국의 지도사상으로서의 법가이론은 16년이라는 짧은 시간을 거쳤다. 현실생활에서 제국의 지도사상으로서의 '황노의 학' 역시 70년의 시간을 거쳤을 뿐이다.

예악형식으로 주 왕조의 정치와 사회생활에 존재하였던 유학, 춘추전국, 진나라, 한나라 초기에 이르기까지의 현실생활에서 찾아 볼 수 있었던 유학의 그림자로 부터 볼 때 유학정신은 항상 존재하였다. 이런 면에서 보면 이것은 유학으로서 행운인 것이다. 유학은 이렇게 심후한 역사적 자원을 가지고 있으면서 풍부한 현실경험(법가, 황노 세상을 다스린 경험과 유학이 겪은 현실 경험)을 통하여 종합하고 시기를 기다리고 부름을 기다렸던 것이다. 한나라 초기 군신들은 '무위'로써 '황노의 치'를 실행한 짧은 시간을 거쳤고, 한무제 때에 이르면서 유학의 시대가 오게 되는 것이다.

넷째, 도, 법, 묵 등 여러 학파의 이론을 비교하여 의식형태를 결정하는 과정에서 유학은 자신의 이론적 우세를 어김없이 발휘하였다. 춘추전국시기 유, 묵, 도, 법, 음양 등의 학파는 각자 다른 각도로 새로운 사회질서를 건립하는 주장을 펼치거나 새로운 유형의 사회질서, 즉 군주질서를 만들려고 하였다. 이 과정에서 유학은 자신의 이론적 우세를 가지고 있었다. 간단히 말하면 유학은 도가의 '유(柔)', 묵가의 '인(仁)', 법가의 '강(强)'을 가지고 있었는데, 도가보다 많은 적극성과 입세(入世)의 품격(법가의 '강')을 가지고 있었고, 묵가보다는 '친왕'의 경향을 더 가지고 있었으며(묵가의 친민-'인'), 법가보다는 인간세상의 온정(도가의 '유(柔)')을 지니고 있다.

도가와 비교하면 유학은 적극적이고 사회융합을 추구하는 성격을 가지고 있다. 도가가 최종적으로 국가 의식형태의의 지위를 얻을 수 없는 원인은 너무 깊은 철리를 가지고 있어 일반 백성들이 이해하기 힘들다는 데 있고, 더 중요한 것은 도가는 반사회적 경향을 지니고 있었기 때문이다.[363] 노자의 『도덕경』은 '성인의 치'에 관한 주장이 많았다. 하지만 원시 도가의 사상은 춘추전국시기 은사들의 생활방식에서 나왔는데 당시의 은사들은 당시의 시국과는 '불합리한' 태도를 가지고 공자의 "급하게 시대에 맞춰 지신이 추구하는 바를 실행코자 하는 태도(汲汲求售)"에 반대하였다.

　『논어』는 당시의 은사들에 대해 다음과 같이 기록하였다. "초나라의 광인 접여(接輿)가 노래하며 공자의 마차 옆을 지나가면서 '봉황아, 봉황아, 너의 덕운은 왜 그리 쇠약한 거니? 지난일은 이미 돌이킬 수 없으니 앞으로 개정할 기회가 있음에도 말이다. 그만드거라, 그만드거라. 지금의 집정자여 자신의 안위나 생각하거라!' 공자는 마차에서 내려 그와 말하려고 하자 그가 다급히 자리를 피하는 바람에 대화를 하지는 못하였다." 자로는 이런 은사들에 대하여 이렇게 말하였다. "관리를 하려 하지 않는 것은 그릇된 것이다. 어른과 어린이 사이의 관계는 버려서는 안 된다. 군신의 관계 역시 버릴 수 있겠는가? 자신이 청백함만 바라고 군신의 근본적인 윤리 관계를 파괴하였다. 군자가 관리를 하는 것은 군신의 의를 실행하려는 것이다."[364] 이상사회에 대하여 노자는 "나라가 작아지고 백성이 적어지면 각양각색의 기구도 실용적이지 않다. 백성들이 죽음을 중시하고 멀리 가지 않으니 배가 있고 차량이 있어도 매 번 앉을 필요가 없다. 무기가

---

363) 장득성, 『유가윤리와 질서정결』, 136~147쪽.
364) 『論語 · 微子』

있어도 전쟁을 할 곳이 없고 인민들은 원고시기의 자연 상태로 돌아간다. 나라를 잘 다스리고 백성들이 잘 먹고 잘 입고 안일하여 생활이 즐겁다. 나라와 나라사이는 서로 보이고 닭의 울음소리와 개의 짖음 소리마저 들리지만 백성들은 죽을 때까지도 서로 왕래하지 않는다"[365]고 하였다. 이런 이상사회는 노자의 학설로는 가능하지만 현실에서는 비현실적인 것이고, 역사적으로 볼 때 비역사적이고 반진화론적인 것이다. 유학의 이상사회는 '천하위공(天下爲公)'이라 하는데 '천하위공'의 사회는 '다 지난일'이 되어 인류사회는 이미 만회할 수 없이 '소강(小康)'사회에 들어섰다. 유학은 현실에 대하여 진취적이며 참여하려는 태도를 가지고 있다. 역사적으로는 개량적이고 증감적인 진화주의 태도를 취하고 있다.

묵가와 비교할 때 유가의 출발점은 '나라의 임금(주왕)은 백성을 사랑한다'는 것이지 간단한 '민의를 따르라'는 것이 아니다. 묵자는 상동(尚同, 같음을 숭상하는 것 역자 주)의 사회질서를 건립하려 했다. 그 사상에는 겸애, 상동, 존천(尊天), 우귀(右鬼) 등 여러 가지 조치가 포함된다. 묵자의 정신은 가난한 백성들에게 복리를 가져다주는 것이다. 만약 공자가 통치자의 질서, 즉 군신부자의 질서를 재건하려 하였다고 한다면, 묵자는 하층 백성들의 이익을 더 중요시하였다. "묵자의 세상을 구하려는 정서는 공자의 정서보다 더 하였다."[366] 묵자가 제기한 '상현(尚賢)', '절용(節用)', '절장(節葬)', '절락(節樂)' 등의 주장에서 표현된다. 묵가 이론은 '빈곤한

---

365) 『老子·道德經』
366) 장덕승, 『유가윤리와 질서정결』, 113쪽.

백성에 근거하다'는 경향이 있어 그 이론이 통일을 이룬 후에 등급 혹은 정영(精英)들에게 금전적인 보탬을 주지 못했는데, 이것은 묵자이론이 통일된 후 쇠퇴할 수밖에 없는 중요한 원인 중 하나이다. 묵학의 치명적인 결함은 묵학이 보통 백성들의 구미에만 치중하고, 정영들의 문화와 전혀 어울리지 않은 것이다. 묵자는 철두철미한 고행자였다. 그의 절용, 박장(薄葬), 비악(非樂)의 주장과 호화로운 연회, 아름다운 음악, 성대한 장례, 의식에 신경을 쓰는 것 등은 정영문화의 전통과 완전히 상반되기 때문에 전통 정영문화의 보유자들과 전파자들의 총애와 자연적으로 어긋나 전통적인 등급사회에서 자신의 정신적 담당자를 찾기 힘든 것이다.

묵학이 주장하는 '겸애'와 다르게 유학은 '자신의 사랑을 널리 알리는 것'을 주장하였다. 묵자의 '겸애'는 사(私)를 버리고 공(私)을 요구하는 것이고, 유가의 '추애(推愛)'는 사(私)로 시작하여 공(公)으로 이루어지는 것이다. '추애'는 특정 역사적 조건하에서 아래 몇 가지 방면에서 '겸애'보다 등급사회의 지력요구와 더 적합한데, 이것은 유학이 진제국 시대에 배척을 받았음에도 여전히 자신의 생명력으로 자신의 빛을 발산할 수 있었던 원인이었다. 첫째, '추애'는 특히 '왕자', 귀족의 정취를 가지고 있다. '추애'는 이런 '애'에 대한 도덕적 책임의 무게, 심오함을 명시해 주었다. 둘째, '추애'는 더 많은 양지(良知)에 대한 탐색성을 가지고 있다. 셋째, '추애'는 등급성을 더 많이 강조하였다. 넷째, '추애'는 더욱 강한 심리적, 보편적 적합성을 가지고 있다. 다섯째, '추애'는 실천적 활용성을 가지고 있다. 제일 아쉬운 것은 지식인들의 무시에 대해 묵자가 이성적 의미의 논리학 이론을 방치한 점이다. 만약 묵자가 주장한 '묵변(墨辯)', '삼표(三表)'가 공자의 저작,

경험주의, 과학정신에 작용하였다면 동방에서 빛을 발휘할 수 있었을까?

　법가와 비교할 때 유학은 더 깊은 민간의 심리적 기초와 역사적 근원을 가지고 있고, 법가는 단편적으로 통치자의 이익(앞에서 이미 서술하였다)을 대표하였다. 유학은 왜 의식형태의 주류가 되었는가? 연구자들은 중국전통사회의 사회구조는 일체화의 특색을 띠고 있고 일체화는 의식형태 구조의 조기능력과 정치구조의 조직력상의 결합, 소통으로 슈퍼조직역량을 형성하였다고 생각한다. 일체화는 국가의식 형태의 이론은 사회에 입각하여야 하고 장래성이 있어야 하는 특색을 요구하고 있다. 선진의 학설 중 법가는 제일 먼저 사회에 입각한 학파이지만, 법가는 사회관, 가치관과 철학관이 일체화한 체계(법가가 육가의 하나로 될 수 있었던 주요 원인은 사회변혁 중에서 발휘한 중요한 작용과 나라를 다스리는 '법', '술(術)', '세(勢)' 이론을 건립한 데에 있다)와 융합되지 않았다.[367] 법가의 안중에는 인성은 극도로 이기적이어서 악(惡)이라 하고, 인류사회는 "군신이 서로 계략을 꾸미고 부자가 서로 이용하는" 사회이고, 일체 가치의 원천은 이익이고 이런 사회질서는 형식통제의 수단, 즉 엄형준법으로만 실현할 수 있다고 했다.

　"한비는 제일 진실하게 군신, 군민간의 관계의 장막을 열어제쳤다. 이 막을 열지 않아 쌍방 모두 자각성이 부족하게 되고 화를 입어도 원인이 무엇인지 모르게 되지만, 이 막이 열어지면서 쌍방은 오히려 공포에 휩싸이게 되어 군주의 통치를 유지하는 데 부작용을 가져다주었다."[368]

---

367) 金觀濤, 劉靑峰, 『興盛與危機』, 236~273쪽.
368) 劉澤華, 『중국고대정치사상사』, 154쪽.

법가와 달리 유학은 극기(克己), 추기(推己), 인애, 예의 등을 주장하여 법가의 눈에 비추어진 싸늘한 현실에 따뜻한 면사포를 씌워주었다.

만약 유학이 다른 기타 이론적 우세를 가지고 있다면 그것은 유학이론의 초기에 나타난 것이라고 하겠다. 유, 묵, 도, 법 등 여러 학파 이론 중에서 유학의 이론이 제일 어설펐다. 묵학의 이론과 비교하면 유학은 명확한 이론체계를 가지고 있지 않고, 도가의 이론과 비교하면 유학은 우주의 발생론에 대한 제시가 없었으며, 법학의 이론과 비교하면 유학은 자신의 이론 목표를 실현하는데 필요한 강력한 활용성을 가지고 있지 않았다.

유학은 통치의식형태의 각축에서 늦게 나타났지만 주도적일 수 있었던 것은 위에서 말한 기타 학가들과 비교해 이론적 우세가 있었을 뿐만 아니라, 유학이론의 깊고 두터운 역사적 자원, 원시적인 거침성, 담당자의 자각성, 이론의 개방성 등이 중요한 작용을 하였다. 이 모든 것은 유학이 미래사회에서 이성화(理性化)가 다르게 된 원인이다.

격동의 시기가 오기 전에 모든 현실성은 가능성으로만 존재하고 필연성은 기다림일 뿐이다. 유학이 역사의 무대 앞으로 나올 수 있었던 것은 위에 말한 유학 자신의 우세 외에도 유학의 외재적 기회이다. 이런 외재적 조건은 주로 아래 세 가지가 있다.

첫 번째는 '칠국의 난' 이후 한제국은 중앙집권제를 강화해야 했다. 혜제 4년 '협서령(挾書令)'을 없애버린 후 백가의 부흥으로 음양오행, 신(申), 상(商), 한(韓)과 다른 학설들이 광범위하게 퍼져나갔는데, 사상문화의 다원화와 제국집권의 모순도 나오기 시작하였다. 모순은 여러 문인유사들이 지방 제후들에 초빙되어 정치에 참여하는 경로의 다양성으로 표현되었다. 문인유사들은 지방 분봉세력에 의거하여 제국의 통일 및 군권의 안전에 불리하였다. 때문에 한나라 초기의 황노의 학은 정치지도사상으로서 합당한 조정이 절박하였던 것이다.

두 번째로는 의식형태간의 투쟁, 경쟁으로 보면 유학이념의 영향을 받은 사람들은 유학이념으로 사회를 다스리기를 바라게 되는데 유학, 도학 간의 의식형태의 지위 경쟁은 새로운 조건에서 다시 시작된 데에 있다. 유생 원고(轅固)는 두 태후가 『노자』에 관하여 의견을 구할 때, 각박하게 "이것은 하등인들이 하는 말이다"고 답하였는데 하마터면 죽음을 당할 뻔하였다. 또 한무제 집정초기 '유학을 좋아하는' 승상 두영(竇嬰), 태위(太尉) 전분(田蚡), 어사대부 조관(趙綰), 낭중령(郎中令) 왕장(王臧)등은 유학을 추진하려고, 속백(束帛)이며 옥벽(玉璧) 등 귀중한 예물을 네 대의 마차에 싣고 당시 『시』의 대학사이며 유생인 산동에 있는 신공(申公)을 조정에 데려와서 '명당(明堂)'[369]을 지으려고 하였는데 당시 황노의 학에 미혹되어 있던 두 태후의 강력한 반대로 실패했다. 그 결과 신공은 고향에 내려가게 되고 조관(趙綰), 왕장(王臧)은 자살의 형을 받고 두영, 전분은 면직되었다.

---

369) 명당은 천자의 정치를 행하는 장소이며 하늘에 제사를 지내는 장소이다. 명당을 건립하는 것은 유가의 정치이상의 하나이다.

세 번째로는 한무제가 즉위한 초기 통치의 지도사상과 두 태후가 신봉하는 황토지학과 모순이 생겨 이론적 창신으로 지도사상변화의 합리성을 설명해야 했기 때문이다.

유학을 역사무대 앞으로 내보낸 사람은 유학의 담당자였던 동중서였다. 원광(元光) 원년(기원전 134년) 한무제의 책문에 대답하던 동중서는 '파출백가, 독존유술'을 주장했다. 소위 "『춘추』에서 말하는 대일통(大一統)은 천지의 영원한 도리이고 고금을 막론하고 관통하는 도리이다. 지금 스승께서 말하는 도리는 서로 다르고 사람들이 의논하는 것이 서로 다르니 여러 백가의 연구 방향도 다르고 의지도 다르다. 그렇기 때문에 위에 계신 군주는 통일의 표준을 장악하지 못하고 법령제도가 여러 번 바뀌어 지금의 백성들이 어느 것을 따라 준수해야 할지를 모르고 있습니다. 따라서 신은 6예의 과목에 속하지 않고 공자학술과 다른 것들을 모두 금지하고 발전을 금해야 한다고 생각합니다. 사악하고 궁벽한 학설이 소실되어야 학술이 통일 되고 법령제도가 명백하니 백성들이 복종해야 할 대상이 생기게 될 겁니다."[370] 동중서는 『춘추』만 '일통'을 주장하고 '일통'을 숭상한다고 여기고 다른 '사악하고 궁벽한 학설이 소실되어야' 한조의 '통일된 법률'이 진행될 수 있기 때문에 "신은 6예의 과목에 속하지 않고 공자학술과 다른 것들"의 정치적 줄로를 끊어야 한다고 하였다. 유학은 '대일통'을 추구하는 '일존(一尊)'이라고도 볼 수 있다. 춘추전국시기 사상 영역에 여러 학파들이 병존하여 백가쟁명의 시대가 열렸는데 매 학파들은

---

370) 『漢書 · 董仲舒傳』

다른 학파를 자신이 존재하는 조건으로 생각하여 존중한 것이 아니라 자신의 견해만 주장하여 다른 학파들의 설을 금지하였다.[371] 이것은 이사가 진시황에게 상서 하여 실시한 '분서'의 정책과 같은 것으로 문화정책의 독단이었다. 다만 이번의 발언권이 유가의 손에 있었을 뿐이었던 것이다. 한무제는 동중서의 건의를 받아들였다. 그리하여 동중서의 "파출백가, 표창육예"는 유학 발전사상 새로운 시대를 여는 최초의 시도였다.

유학을 역사의 무대 앞으로 나오게 한 정치적 정책 입안자는 한무제였다. 『예기』에 공자는 만년의 애탄을 이렇게 기록하였다. "명왕(明王)의 발전이 없으니 천하에 누가 나를 대청안의 국군을 존중하듯이 존중하겠는가?" 맹자도 제선왕에게 당시의 시대는 '인정(仁政)'을 행하기 쉽고 혹은 '왕도'를 행하기에 가장 적합한 시기라고 하였다. 무엇 때문인가? 그것은 "백성들이 폭력정치의 압박을 받았는데 이 보다 더한 시기는 없었다. 기아로 인하여 백성들은 아무거나 먹을 수밖에 없었고 목이 말라 어떠한 물이라도 마셨기 때문이다." 이런 상황에서는 조그마한 인정이라도 백성들의 마음을 얻을 수 있다. "지혜가 있어도 형세를 따르는 것보다 못하다", "옛 사람들의 절반만 행하여도 고인들 성과의 배가 되는 공적을 이를 수 있다고 하는데

---

371) 묵자는 『비유』로 유가 묵가의 대립을 형성하였고, 맹자는 양주, 묵, 신농지학, 병가지언 등을 배척하였으며, 순자의 『미십이자』에서는 십이자를 여섯개 파로 나누었으며, 『장자천하』역시 육파사상이 있고, 한비의 『현학』은 유가, 묵가를 '방지독'으로 여겼으며, 서한의 사마담은 『논육가요지』에서 이론으로 매 파를 구분하는 표준을 명확히 하였다. 사마담은 육가를 음양, 유, 묵, 법, 명, 도덕으로 나누었다. 반고는 사마담을 기초로 종횡, 잡, 농, 소설 사가를 추가하였다. 역대 학자들은 사마담, 반고의 분류법을 받아 들여 지금까지 응용하고 있다.

바로 지금이라 하겠다."[372] 표면상으로 보면 공자의 이론은 당연한 일인 것 같았으나 누가 마음대로 되게 하겠는가? 통치자들은 자신의 통치수요에 따라 적합한 정치지도사상을 선택한다.

일찍이 동중서의 대책이 있기 전인 한무제 즉위 초기에 '숭유(崇儒)'에 대한 애호를 보여주었다. 인재를 등용할 때는 문학 유생을 기용하였는데, '유술을 좋아하는' 두영(竇嬰)을 승상으로 전분(田蚡)을 태위(太尉)로 임용하였다. 건원 5년(기원전 136년) '입(立)오경박사'와 유학전적을 국가 교재로 사용하였다. 건원 6년(기원전 135년) 두(竇) 태후 사후 정치상 간섭이 사라지자 한무제는 유학숭배의 발걸음을 재촉하였다. 원광 원년(기원전 134년)에 군, 국에서 효자와 청렴한 자를 추천하게 하였다. 현량을 추천하고 동중서, 공손홍 등을 선발하였으며, 동중서가 제기한 '파출백가(罷黜百家), 독존유술(獨尊儒術)'을 계기로 유학은 '황노의 학'을 대체하여 관방의 정치지도사상이 되었다. 원삭(元朔) 5년(기원전 124년)에 오경박사들을 위하여 제자원(弟子員)을 두었다.

기원전 110년(원봉 원년)에는 '태산을 등정하여 봉선'을 행하였다. 기원전 106년(원봉 5년) "명당을 두고 교례를 행하였다." 태초 원년(기원전 104년) 역법을 수정하여 "정월을 한 해의 시작으로 하고 황색을 숭상하고 숫자 오를 기용하고 관명을 정하고 음률을 화합하였다." 정치선전 방면으로 한무제는 교화의 작용을 중요시 하였는데 유학의 덕을 위주로 형을 보조로 하는 사상을 받아들였다. 그는 "나라를 바로잡고 백성을 인도하는 데에는

---

372) 『孟子·公孫丑上』

덕이 제일 필요하다"[373]고 하고, 덕치의 작용은 "예로써 하늘을 섬기고, 의로써 입신하는 것이고, 효로써 어버이를 모시고, 인으로써 백성을 다스린다(事天以礼, 立身以義, 事父以孝, 成民以仁)"[374]는 것이다. 체제건설 방면으로는 태학을 설립하고 오경박사를 세웠으며, 예관(禮官)을 설치하고 중앙 정부에 인의도덕선화(宣化)의 중심을 형성하였다. 중앙과 지방의 관리들에게 백성을 교화하는 책임을 다하라고 훈계하였다.

사회기층 방면으로 한무제는 삼노(三老), 효제(孝弟, 역전(力田) 등으로 지방관리를 교화하였는데, 원수(元狩) 6년에 조서를 내려 "삼노, 효제를 백성의 스승으로 한다"고 하였다. 종합적으로 보면 유학은 한무제의 힘으로 역사의 무대에 오르게 되었다. 이런 면으로 볼 때 한무제(기타 유학정신을 실시한 군주를 포함하여)는 유학정신의 담당자라고 볼 수 있디고 본다.

진시황이 6국을 통일한 후 전례 없던 성대한 공적은 국가적인 토목공사를 대대적으로 진행하였으며, 대외적으로는 대대적인 정벌을 하였다. 진시황은 즉위 37년 만에 생을 마감하였고 2세가 즉위하였다. 같은 해인 기원전 210년에 진승(陳勝), 오광(吳廣)의 병변폭동이 일어난다. 막 건립된 제국(합 16년)은 순식간에 와해되었다. 학자들은 진제국의 '관리를 스승으로'하는 정책을 그 원인으로 보고 있다. 진나라 말에 유방은 항우와 8년에 달하는 전쟁을 거쳐 고조 5년(기원전 202년)에 황제로 즉위하여, 다시 통일제국이 건립되었다. 고조 유방으로 부터 두 태후의 독재정치에 이르기까지

---

373) 『漢書·武帝紀』
374) 『漢書·武帝紀』

한제국의 '황노의 학'은 혜, 문, 경제를 거쳐 6, 70년간 실시되었다.

한무제의 '독존유술', '입오경박사'(기원전 136년)로 부터 유자영(儒子嬰)의 거섭(居攝)원년(기원 6년)에 왕망의 가짜황제에 이르기까지 한제국은 무(武), 소(昭), 선(宣), 원(元), 애(哀), 평(平) 등 142년에 달하는 황제의 집정을 거쳤는데, 전, 후 모두 합하면 총 207년이나 되었다. 동한을 서한 제국의 연속적 의미로 계산하면, 통치의식형태로써의 유학은 역사무대에서 의식형태의 통제권과 발언권을 확고히 장악하여, 한 왕조의 장기적 안정을 실현하였다.

이런 현상은 예전의 어떠한 의식형태와 비교하여도 전례 없는 것이었다(법가 16년, 황노의 학 6, 70년). 종합적으로 반세기에 달하는 휴식을 거쳐 한제국은 춘추전국 및 진나라 말기의 동란에서 벗어나 번영하고 강대해졌다. 제국은 또 한 번 통치의식 형태을 선택해야 하는 기로에 들어서게 되었다. 이번에는 역사와 현실이 유학의 손을 잡아 주었다. 유학담당자들의 끊임없는 노력과 동중서의 개인 능력, 최고 통치자 한무제의 선정을 거쳐 한무제는 '황노의 학'보다 더 합당하고 걸 맞는 정치지도원칙을 찾게 되었다. 그리하여 유학은 무제시기에 두각을 나타내기 시작하여 정권의 환심을 사고 통치의식형태의 보좌에 올랐다. 이로부터 유학의 정치적 지위는 예전과 완연히 달라져 유학은 백가의 대표가 되어 통치의식형태 영역에서 최고의 지위를 차지하게 되었다.

유생의 사회적 지위는 유학의 정치적 지위가 결정하는데 유학은 선비들이 정치적 출로를 찾고 이익을 도모하는 최적의 경로가 되어 "천하의 학사들이 따라하는 풍속이 되었다."[375] 양한 제국의 '독존유술'을 거쳐 장기간의 학습(제5장 '유학정신의 합리화 및 경로'의 '유학정신의 법률화' 부분을 참조)을 통하여 유학은 유학사회에서 왕조 통치자들에게 의식형태의 선택 경로를 제공하였다. 만약 춘추전국시기 통치자의 각종 의식형태의 경쟁을 백 미터 달리기에 비유하면, 이 경주에서 법가는 우승을 차지했던 것이고, 마라톤에 비유한다면 유가가 마라톤의 마지막 우승자였던 것이다.

'파출백가, 독존유술' 정책의 실시는 중국고대사회가 새로운 시기에 진입했음을 나타낸다. 이 새로운 시기란 바로 '유학사회'이다. '유학사회'는 발전하기 시작하여 『중화민국임시약법』을 반포하기 전까지 약 2천여 년 간 지속되었다. 이는 강렬한 특징을 지닌 중국전통사회를 만들었고 동아시아사회의 특징을 형성하였다.

4. 양한시기 유학사회의 초보적 구조 건립

양한 왕조는 유학사회 구조의 건립에서 볼 때, 아주 중요한 시기로 유학사회에서 제일 중요한 건축시기이다. 중국인들이 '그 은혜'로 한인(漢人), 한민족(漢民族), 한자(漢字), 한어(漢語), 한자(漢子) 등을 사용하는데, '한'은 중국과 같은 의미로 사용되고 있다. 만약 유학으로 중국 고대사회발전의 문화 방향을 개괄할 수 있다면, 그 방향은 한무제 시기에

---

375) 『史記 · 儒林列傳』

확정해 놓은 '독존유술(獨尊儒術)'이라는 정책방침이다. 만약 유학사회로 중국고대사회의 문화 특징을 개괄한다면 유학사회가 발전하기 시작한 것은 양한 시기라고 하겠다. 양한 시기는 유학사회에서 제일 중요한 건립의 시기인데 이하 몇 가지 방면으로 해석할 수 있다.

첫째, 한무제 이후 한대의 군주들은 유학을 존중하고 경서를 숭배하고 옛 일들을 고찰하고 예의제도를 정하였는데, 이처럼 군주들이 유학을 연구하고 학습하는 것이 역사적 전통이 되어 양한 군주들은 점차 유생화(儒生化)되었다. 황제 독권제도 하에서 유가는 군주의 자아교육을 매우 중요시하였다. 초기 유가경전에는 천자, 제후 그리고 왕세자(태자, 세자)들의 교육이 기록되었으며, 이런 교육을 숭상하였다. 『주례』에서는 주대 국군의 '육예지교(一曰五礼,二曰六樂,三曰五射,四曰五馭,五曰六書,六曰九數)', 즉 '일일오예(오예는 길례, 흉례, 빈례, 군례, 가례 역자 주), 이일육락(육락은 대함, 대소, 대하, 대확, 대무- 역자 주), 삼일오사(오사는 백실, 참련, 주, 상치, 경의, 역자 주), 사일오어(오어는 명화난, 축수곡, 과군표, 무교구, 축금좌 역자 주), 오일육서(육서는 상형, 회의, 전주, 처사, 가차, 화성 역자 주), 육일구수(구수는 방전, 율미,차분, 소광, 상공, 균수, 방정, 영부족, 방요 역자 주)'라고 하였다.

한나라 초기 고조 유방은 유학에 흥미를 잃기 시작하였다. 유생 육가(陸賈)는 "만약에 진나라가 천하를 얻은 후 어짊으로 나라를 다스리고 고대 성현군주들을 본받았다면 전하가 어떻게 천하를 얻었겠사옵니까?"[376]라고 하며 나라를 얻자마자 나라를 통치하려고 하면 안 된다고 하였다. 고조는 흠칫 놀라며 오만방자한 성격을 자제하게 되었다고 한다. 육가의 『신어』 12편, 『신어』의 중요 관점은 바로 유가가 제창하는 '인의(仁義)' 사상이다. 육가는 유방에게 『시』, 『서』를 설명해 주면서 "인의가 있는 사람은 그것을 자신이 추구하는 이상으로 하고 행동하는 표준으로 삼으며, 정의를 지향하는 사람은 정의를 고상한 사무로 추종하고 따른다(仁者道之紀,義者圣之學)"[377]고 하였다. "나라는 도덕으로 다스리고 인의를 근본으로 일을 처리해야 한다"[378]를 주장하였다.

유생 숙손통은 조정에서의 의식을 통하여 고조가 황제로서의 진정한 의미를 알게 하고 유학에 대한 흥미를 불러일으키도록 했다. 그 후 천하에 "현사나 대부 중 나와 함께 할 자에 대해 나는 존중할 것"이라고 알리고 다음해에 "태뢰(太牢)의 예로 공자의 제사를 거행하였다."[379] 이런 정황으로 보아 고조는 만년에 큰 깨우침을 받은 것으로 보인다. 한나라 초기 다른 유가관념의 창도자인 가의는 진나라가 멸망하게 된 경험으로부터 "정치보다 신의를 우선해야 하며, 통치보다 인덕으로 나라를 다스려야 한다"[380]고 하였으며, "어진 마음을 가지면 선량할 것이오, 큰 덕으로 부를 얻으니, 장려하지 않아도 백성들은 용감하게 나아갈 것이오, 형벌이 없어도

---

376) 『漢書 · 陸賈傳』
377) 『新語 · 道基』
378) 『新語 · 本紀』
379) 『漢書 · 高帝記』
380) 『新書 · 修政語』

백성들은 무서워 할 것이다", "군자가 나라를 다스리는 일에 전념하므로 백성 모두가 본분을 지키지 않는 자가 없다"[381]고 하였다. 역사적으로 효문제는 "좋은 형명의 뜻이며"[382], "좋은 도가의 학문"[383]이라고 했다. 경제 시기의 유학은 조정과 민간에서 발전한다. 경제는 선후하여 유술가인 두영, 위관을 태사의 태사부로 임명하였다. 하지만 경제의 모친 "두 태후는 황제 노자의 말을 따랐기에 황제와 태자는 황제 노자의 책을 읽어야 했고 그 유술을 존중한 것"이라고 하였다.[384]

'독존유술' 이후 유학은 점차 한 제국 군주들이 주로 연구하고 학습하는 대상이 되었다. 무제, 소제(昭帝), 선제(宣帝)시기에 정식으로 군주가 유학을 배우는 전통을 수립하였다. 그들은 태자일 때부터 유가경전인 『춘추』, 『상서』, 『논어』, 『시』, 『효경』 등을 학습하였는데, 태자태부(太傅), 소부(少傅)들은 한 가지 혹은 몇 개의 경서를 위주로 공부하였는데, 이런 현상으로 보아 당시 유학을 배우는 열기가 여간 대단하지 않았음을 알 수 있다. 한무제 이후 한대의 군주들은 유학의 경의를 통달하였고 일부 군주들은 정통의 경지에까지 이르렀다. 한무제는 『공양춘추』를 숭상하였고, 『상서』와 『시』를 학습하였는데 그의 유학소양은 높은 수준에 도달하여 동중서는 '천인삼책(天人三策)'은 한무제의 계발 하에 완성한 것이라고 생각했다. 소제는 "짐은 『보부전(保傅傳)』, 『효경』,

---

381) 『新書·大政上』
382) 『史記·儒林列傳』
383) 『史記·禮書』
384) 『史記·外戚世家』

『논어』,『상서』 등을 통하여 고대 제왕들을 연구한 것"[385]이라고 하였다. 소제가 죽은 후, 선제를 왕위에 올릴 때 집정대신 곽광(霍光)은 "효무 황제의 증손자가 병으로 죽은 후 궐내에서 자랐으며 금년에 십팔 세이다. 스승의 밑에서 『시』,『논어』,『효경』 등을 배웠으며 검소하고 사람을 대할 때 자애롭다. 그리하여 효소(孝昭) 황제가 계승할 수 있다"[386]고 하였다. 원제(元帝)는 태자일 때,『논어』,『효경』 을 통달하였으며 즉위한 후에는 『시』 를 즐겨 읽었다. 원제는 선제에게 "형(刑)을 지나치게 쓰게 될 때 유생을 등용하라"[387]고 충고하였다. 유학에 대한 숭배와 존경을 표하기 위하여 공자의 후예들에게 대거 상을 내렸는데, 공자 제 13대손인 공패(孔霸)를 관내후(關內侯) 식읍(食邑) 팔백호를 내리고 성군으로 칭하였으며 황금과 택지를 주었다. 공패가 병으로 죽은 후 원제는 두 번이나 소복을 입고 공패의 장례를 치렀으며 "열후의 예를 갖추고 열군의 시호를 내린다"고 하였다. 성제(成帝)가 태자일 때, 광형(匡衡)은 『시』 를 학습하여 "태자태부로 모셨다", "위현(韋玄)은 『시』,『논어』 로 이름을 날렸으니 태자태부로 임명한다"고 하였다. 왕망(王莽)은 어려서부터 경을 읽고 경의를 숙달하였으며, 특히 『주례』,『좌전』 등 고문경전을 즐겨 읽었으므로 대표적 유생이라 할 수 있다.

동한의 광(光), 명(明), 장제(章帝) 시기에는 군주가 유교경전을 읽는

---

385) 『漢書·昭帝紀』
386) 『漢書·宣帝紀』
387) 『漢書·元帝紀』

새로운 단계에 이르러 경을 읽는 범위가 서한보다 더 컸다. 중흥 한황실의 동한 왕조시기에 광무제 유수(劉秀)는 경술을 숭상하고 경으로 나라를 다스리는 방침을 실행하였기에 주위의 문무백관들 모두가 경학의 영향을 받아 통치집단에는 유가의 기상이 가득하였다. 역사적으로 "광무가 친히 경을 가르치니 숙종 이후에는 모두 유학을 존중하였다"고 했다. 동한의 명제(明帝)도 유학을 깊이 연구한 유학황제라고 할 수 있다. "아홉 해에 거쳐 도를 배웠으니", "경의 의미를 통달하고 고금을 구경한다"고 기록되어 있다.

중원 원년기간에 명제는 명당에서 예를 행할 때에 "황제가 스스로 강의를 시작하였는데, 많은 유학도들이 있고 관모를 쓴 벼슬아치들도 있었으며 교문을 에워싸고 경을 듣는 사람들이 무수하였다"[388]고 한다. 동한시기에 유사들을 불러 경서를 읽는 것을 중요시하였는데 경을 읽은 활동을 군주의 중요 활동으로 여기고 기록하게 하는 제도도 있었다.

양한의 군주들은 유학을 배우는 전통이 있었는데 이것은 군주의 문화소질과 정치소질을 높이는데 깊은 영향을 주었고, 군주의 사회행동에 일정한 규제 작용도 하였다. 군주는 유학공부를 시작하고 경을 읽기 시작한 후 황제의 조칙에 유가경전을 인용하는 기풍이 성행되었다. 『한서』의 여러 황제들의 기록에는 서한의 조서가 약 180편정도 기록되어 있는데 35차례나 경문을 인용하였다. 그중에 무제는 8차례 응용하였고, 성제는 10차례 인용하였다. 『후한서』의 여러 황제기록 중 동한의 조서는 120편이 기록되어 있다. 경문을 50여 차례 인용하였는데, 장제가 가장 많이 20차례나

---

388) 『後漢書‧儒林列傳』

인용하였다. 제일 많이 인용된 경서로는 『시경』과 『상서』였다. 경언을 인용한 주제는 광범위하였는데 주로 농업을 중히 여기고, 현자를 선발하며, 관리를 다스리며, 형을 줄이고, 재해를 줄이고, 좋은 기운을 얻고, 은혜로운 정책을 실시하고, 예를 심리하고, 윤리를 제창하며, 겸손함을 알리는 등의 유학으로 나라를 다스리는 법을 반영하였다.[389]

백성을 기본으로 덕으로 나라를 다스리는 유가사상으로 양한의 정치는 농민을 중요시하고 가렴잡세를 줄이고 농민들의 재산을 규정하여 농업에 영향을 주지 말아야 한다는 것을 강조하였다. 양한 정치는 '조의(朝議)'의 정의를 중요시하였는데 양한의 통치자들이 『상서』에 대한 연구와 학습을 했기 때문이다. 유학경전인 『상서』는 많은 언론을 듣고 정사를 의논하는 제도가 있어야 한다고 강조하였다. 군자가 하늘을 받들어 자신을 낮추어 말하고 이론으로 질책하는 유가사상으로 황제는 '죄기(罪己, 자기를 책망)'라고 조서에 썼고, 한대의 황제들은 조서에 '짐이 심히 부끄러워', '… 는 짐이 잘 알 수 없는 것이다'라는 '구사(惧词-염려하는 단어)'를 많이 사용하였다.

둘째, 양한의 군주들은 유가정치학설로 상층구조에 대한 개혁을 실행하였다. 한무제는 정권을 장악한 후에 학술적으로 유술을 숭상하였을 뿐만 아니라 유가에서 기대하던 상층구조의 예의제도의 개혁을 실시하였는데, 봉선(封禪)을 행하고 달력을 개정하고 복장의 색상을

---

389) 유후금(劉厚琴), 『유학과 한대사회』 19~20쪽. 제남, 제로수사. 2002. 참조

바꾸고 관리의 명칭을 정하고 음악의 가락을 정하는 등이었다. 진시황이 6국을 통일한 후 태산에서 봉선을 하였다. 한무제가 재위하던 시기 원봉 5년(기원전 106년), 태초 3년(기원전 102년), 천한 3년(기원전 98년), 태시 4년(기원전 93년)과 정화 4년(기원전 89년) 이렇게 다섯 차례 봉선을 하였다.

봉선은 천지에 제사를 지내는 특수한 의식인데 너무 오래전의 의식이라 참고할 수 있는 문헌으로는 한무제의 봉선의식을 기록한 유가경전인 『상서』, 『주관』 등이 있다. 사마상여(司馬相如)는 임종 전에 아래와 같은 문장을 남겨 천자가 봉선을 행하도록 권하였다. 상고시기 봉선의 제왕은 72명이며, 문왕의 제도 개혁, 상양부(上梁父)가 태산에 오르고 제왕의 창업하여 이룬 기업을 후세에 전해야 한다. 대한(大漢)의 덕행이 주나라보다 훨씬 높아 상서로운 조짐이 여러 번 나타났지만 덕행이 부족하다고 여겨 봉선을 감히 하지 못하였는데, 이것 역시 하늘의 좋은 뜻을 저버리는 것으로 왕도의 잘못이라 하였다. 이로부터 봉선은 유학의 '정통' 관념과 일치했다. 황족 이외의 사람이 공을 인정받아 왕의 직위를 가지게 될 때에는 태산에 올라 봉선의식을 행하여 천지의 덕에 보답하여야 했다.

태초 원년(기원전 104년)에 한무제는 『태초력(太初歷)』을 반포했다. "여름 오월, 역법을 개정하니 정월을 한해의 시작으로 하고 황색을 소중히 여기며 관인(官印)을 사용할 때 숫자 5(五)를 사용한다"고 한 것은 한나라 초기 진나라의 역법, 복장의 색상, 제도 등을 사용하던 상황에서 벗어나 한나라 자신의 역법, 의복의 색상, 제도를 확립하여 한조의 예악제도를 수립한 것을 의미한다. 한무제가 정한 『태초력』은 건인지월(建寅之月)을 정월로 하였는데 1911년까지 사용하였다. 1912년 중화민국이 탄생하여 양력으로 바꾸었다. 왕망이 한나라 왕실을 차지하고 실시한 개혁들이 실패로 돌아갔지만 왕망이 바꾸어 놓은 체제는 유가경학의 정치이상의 구체적인 실천으로 보고 있다. "매번 무언가를 만들 때면 고대인의 이름을 빌려 개혁을 할 때 경문이 따랐다."[390] 종합적으로 양한의 정치 실천은 경으로 나라를 다스리고 『우공(禹貢)』으로 강을 다스리고, 『홍범(洪範)』으로 변화를 관찰하였고, 『춘추』로 판결하고, 『시』로 임금에게 충고하게 된다. 이것이 "경으로 나라를 다스린다"는 전형적인 형식이었다.

셋째, 양한시기 인재 선발 표준의 유학화는 유학사회발전의 중요한 상징이었다. 한무제의 '존유(尊儒)' 이후로 한대에서 관리를 선거하는 방식은 점차 유학 화 되었다. 한 왕조 시기 관리를 선발하는 방식과 과정에서 중요한 것은 박사제자과시(博士弟子課試), 정벽(征辟), 찰거(察擧)였다. 박사제자과시는 유학 혹은 경학의 한대 관리제도에 미친 영향을 보여준다.

한무제 시기 태학을 개설하여 오경박사가 제자를 가르쳤다. 박사제자시험은 사책(射策)의 형식인데 경의에 대한 해석이나 견해를 명백히 밝히는 것이 아니라, 두 가지, 세 가지, 네 가지, 다섯 가지 경을 통달한 자로 나뉘는 것으로, 통달한 경의 개수에 따라 상응하는 관직을 수여했다. 정벽은 황제 혹은 관부에서 유명한 인사에게 직접 주는 관직인데, 사상 즉 유가경학을 지도하는 것이다. 찰거는 한대의 주요 정치계에

---

390) 『漢書 · 王莽傳』

진입하는 경로이며 방식으로 관리를 선거하는 방식이다. 법가는 "관리를 본보기로 삼는다"를 제창하였는데 유가, 묵가에서의 성인을 본보기로 하고 현자를 스승으로 하는 것과는 다르다. 유학은 '친친', '존존'을 주장하며 '존현'을 제창했다.

유사의 영향 하에 한 고조는 기원전 196년에 조서를 내려 현자들을 모집하였다. 그 후 혜제, 여후(呂后)들도 '효제역전(孝弟力田)'의 추천제도를 제시했으며 문제는 현향한 사람들과 책략을 묻기도 하였는데, 한 왕조 초기의 찰거제도의 시작이라고 할 수 있다. 한무제 이전의 찰거제도는 경학정신을 주체로 하는 제도가 형성되지 않아서 완전하지 못했다. 무제가 즉위한 후 찰거제도는 경학과 결합되어 점자 완전하게 되었다. 찰거제도는 '상과(常科)'와 '특과(特科)'가 포함된다. '상과'는 효렴(孝廉), 무재(茂才)를 포함하는데 효렴을 주로 했다. '특과'는 현량방정(賢良方正), 현량문학, 명경, 동자과(童子科) 등이 있다. 찰거의 내용 중 경학과 관련이 없는 것이 없었다.

그중에서 효렴은 유학가가 제창하는 효자와 청렴한 관리의 행위 준칙과 비슷하다. 현량방정은 경학의 요구와 일치하는데 덕재를 겸비한 인재를 말했다. 한대 문학과 유경은 기본적으로 동일한 의미를 가지고 있다. 유학 혹은 경학에 의거하는 선거제도의 실행은 유학사회에서의 문관제도 확립을 나타내며 후세 과거제도 수립의 기초를 마련하였다.

넷째, 양한의 중앙, 지방 관리들의 유생화는 유학사회 발전의 중요한 징후 중 하나이다. 양한 군주의 유학전통의 형성은 인재선발 표준의 유학화의 정도가 깊어짐에 따라 양한의 중앙, 지방 관리들의 유학화도 더 심해졌다. 한편으로는 중앙행정과 지방행정은 유사들에 의하여 통제되었다. 서한 초기 천자의 경사들은 거의 모두 포의였다. '포의경상지국(布衣卿相之局)', 한무제 시기의 '독존유술'부터 중앙정부 관원 중에 유사들을 더 많이 찾아 볼 수 있었는데 동한 초기에는 유수군신(劉秀君臣)들의 '유자기상'을 형성하였다.

"무제로 부터 효를 배우는 것이 유행하여, 공선홍이 유상을 맡았다. 그 후로 채의(蔡義), 위현(韋賢), 현성(玄成), 광형(匡衡), 장우(張禹), 책방진(翟方進), 공광(孔光), 평당(平当), 마궁(馬宮)과 자인(子晏) 등이 유종의 재상자리에 앉아 유생의 옷을 입고 유생의 모자를 썼으며 선왕의 말을 전달하였다(自孝武興學, 公孫弘以儒相, 其后蔡義,韋賢,玄成,匡衡,張禹,翟方進,孔光,平当,馬宮及当子晏咸以儒宗居宰相位, 服儒衣冠, 傳先王語. 其醞藉可也.[391] 동한의 승상들 중 경술을 행하는 사람들이 많았다. 다른 한편으로는 '존유'이후의 한대 지방정부는 점차 유생이 통제하게 되었다. 현존하는 문헌의 역사자료 통계에 따르면, 고(高), 혜(惠), 여후(呂后), 문(文), 경(景) 시기의 지방 관리들은 군공(軍功), 사공(事功), 장자(長者), 치리(治吏), 중앙관외조(中央官外調), 혹리충임(酷吏充任)을 위주로 기록하고 있고, 유생의 임직(任職)에 대한 기록은 없다. 무제시기부터 지방관리들의 유생화 경향이 나타났는데, 『사기』, 『한서』의 기록 중에 28명의 지방관리의 자료를 분석해 보면, 유생의 자격으로 관리를 한 사람들이 12명에 달하여 42%에 달했고, 군공, 치공(治功) 혹은 기타 다른 경로를 통하여 관리직을 한 사람이 16명으로 58%를 차지하였다. 한대에 지방 정부는 점차 유생이 통제하는 과정을 겪었다. 첫째로 군현의

---

391) 『漢書·匡張孔馬傳』

장관인 수(守), 상(相), 영(令), 장(長)의 유생화이다. 태학과 찰거제도의 확립으로부터 원, 청시기에 많은 장리(長吏)를 유생들이 담당하였다. 그 뒤로 동한의 지방관리들도 유생화가 완성되어 직접 지방의 정무를 처리하고 '문리'들의 통치로 전환하여 점차 유생으로 대체하는 상황이 많아졌다.[392]

지방 관리들의 유학화의 완성은 지방행정운행체제를 개선하였다. 진나라와 한나라 초에는 '문법(文法)의 관리'가 지방관리들이 중시를 받았는데, 황제-문리-서민의 운행체제를 형성하였다. 한무제 혹은 한 왕조 중기 이후 유학의 영향 하에서 황제-유생-서민의 운행체제가 형성되었다.

두 가지 체제의 중요한 구별은 '문리'와 '유생'의 차별이다. '문리'는 일종의 기능을 가진 관리로 정치 혹은 경제적 공리를 목적으로 하는 경향이 있다. '유생'은 유가경전의 훈도를 받아 '인애(仁愛)'의 정서를 가진 교화를 중요시하고 백성의 재산을 규정하고 농사일을 하게 하는 등의 유가 경향을 지니고 있었다. '문리'는 상급정책을 중요시하고 집행하지만 백성의 실질 상황을 상급에 보고하려 하지 않아 정책조절기능을 가지고 있지는 못하였다. '유생'은 이와 달리 지방정부를 관리하고 지방의 실제 상황에 따라 '조교(條教)'를 제정하였는데, 불합리한 정책이 하달되면 유생들은 백성을 위하여 상부에 보고를 하는 훌륭한 역할도 하였다. 이로부터 유생이 관리하는 지방행정은 정책조절의 기능도 가지고 있는 것이다. 종합적으로 '유경'의 통달은 지방 행정관리의 문화 소질을 높이고 행정 소질(효, 염 등)의 향상에도 큰 도움을 주었다. 다른 한 방면으로는 백성의 생활과 밀접한

---

392)   劉厚琴, 『유학과 한대사회』, 36~37쪽. 참조

관계의 위치에 있는 지방장리, 관리들의 유학화는 민간의 보통 사람들의
유학화 경향을 촉진하였다.

다섯째, 입법, 사법제도로 유학 법사상의 지도 작용과 통치 지위를
확립하였다. 한대 입법으로 유학이 한결같이 주장하던 덕주형보
(德主刑輔)의 사상을 실현하였다. 입법적으로 한나라 유학은 예법의 결합
혹은 덕형병용, 덕주형보를 주장하였는데, 진나라의 '이형거형(以刑去刑)'의
입법원칙하고는 완연히 다르다. 한나라 초기에 가의는 '예'는 발생하기 전에
예방을 하는 것이고 형은 발생한 후에 벌을 하는 것이라고 하면서, 예와 법
어느 것도 폐지하거나 한쪽으로만 치우쳐서는 안 된다고 하였다. 가의는
예로 법을 행하는 것을 주장하였는데 "대부는 형을 받지 않을 특권이 있다"는
것의 의미는 '존군지세'에 있다고 하였다.[393] 사마천은 "예의는 인심을 이끄는
것이고 음악은 사람의 정감을 조절하는 것이고 정령은 사람의 행위를
통일시키는 것이고 형벌은 사악한 행위를 방지하는 것이다. 예의, 음악,
정령, 형벌의 최종 목적은 같은데 모두 민심을 통일시키고 안락한 사회를
실현하려는 도리를 가지고 있다"[394]고 하였다. 사마천은 "인의로 유도,
인도하고 형벌로 속박한다"[395]는 것을 강조하여 "통일을 도모하고 만민이
신복을 총칙으로 삼는다"는 것이다. 동중서는 "음과 양의 힘이다"라는

393) 『新書 · 禮』
394) 『史記 · 樂禮』
395) 『史記 · 禮書』

것으로 덕을 주로 형을 보조로 하는 원칙을 증명하였다. "군자가 성과를 얻으려고 한다면 하늘의 허락을 받아야 한다. 천도는 음양을 최우선으로 한다. 양은 덕으로 음은 형으로 형은 살생을 의미하고 덕은 생을 말했다. 그렇기 때문에 양은 한여름에 있어 생육, 양육을 주로 하고, 음은 추운 겨울로 공허하고 작용을 일으킬 수 없는 곳에 있으며, 천은 덕교를 많이 사용하고 형벌을 남용하지 않는다"[396] "천의 의지는 음은 공허한 곳에 있다가 필요할 때에 양을 도와주게 된다. 그렇기 때문에 형은 덕의 보조자이다. 음은 양의 보조이다."[397]

한나라 법률과 진나라 법률의 구분은 진나라의 법률은 법가사상을 입법과 사법의 주요 근원으로 하고, 한나라의 법과 사법의 사상원칙이 유가경의라는 것이다. 한대 유학은 경학의 형태로 존재하고 발전하였다. 독존유술은 바로 독존경학이다. 모든 중요한 입법, 사법과 법제의 문제는 경서에서 찾을 수 있다. 『예기』, 『의례』, 『주례』 (즉, 『주관』)를 '삼례'라고 한다. '삼례'는 대략 한나라 때에 책으로 만들어 졌는데, 유가사상의 중요한 작품이다. 한나라는 많은 안건을 처리 할 때와 조서를 내릴 때에 모두 『주례』, 『예기』에서 그 근거를 찾았다. 한대의 유가경의는 사람들의 정치, 생활의 방향이고 준칙이다. 그리고 안건을 판결하고 사건을 판결하는 것으로 '경의결옥'의 역할을 한다. 그중에서 『춘추』에 의거하여 안건을 판결하고 사건을 심의하였다. 『춘추』가 사건을 심의하는 총 원칙은

---

396) 『漢書 · 董仲舒傳』
397) 『春秋繁露 · 天辨在人』

'원심논죄' 혹은 '원정정죄'라고 하는 것이다.[398] "『춘추』에는 사건을 심의할 때, 안건의 사실에 근거하여 행위인의 동기를 찾아야 한다.

동기가 사악한 자에 대해서는 미수에 그치고 죄가 작다고 하여도 형벌을 면할 수 없으며 죄를 지은 우두머리는 엄하게 처벌하여야 하며 주관적으로 악념이 없으면 경하게 처벌할 수 있다."[399] 『춘추』에 의거하여 형을 정할 때 "가정의 행복이 기초이다(親親之道)", "부친은 자식을 위하여 은닉하고 나쁜 행적을 감추어야 한다(父爲子隱)", "존자, 현자, 친자의 과실, 수치, 부족 등은 적게 말하는 것이 옳다(爲親者, 尊者諱)" 등 원칙이 있다. "『춘추』를 의거로 형을 정할 때 먼저 사법의 영역에서 유가법사상의 지도 작용과 통치 지위를 확립하고, 그와 동시에 판례가 비슷한 '결사비(決事比)'의 영향을 빌려 입법의 영역을 차지하여 점차 진나라의 법가입법과 법가

---

398) 이것은 『춘추』에서 나온 원칙이다. 춘추시대 허나라의 태자 지는 병에 걸린 부친에게 약을 드릴 때, 먼저 먹어 보지 않고 부친에게 먹이는데 부친이 그 약을 먹은 후 죽게 되었다. 태자는 부친을 죽인 죄를 지었다. 『춘추』에 따르면 만약 한 사람이 큰 죄를 범하면 목을 지르게 된다. 만약 죽이지 않았더라도 이후의 경문에 그 이름이 다시 나오지 않으면 죽었다고 판단 할 수 있다. 하지만 태자의 이름은 그 이후의 경문에서도 출현한다. 왜일까? 한대의 유생은 이 사실로부터 '군자는 원래 마음 착하니, 죄를 용서하고 목을 자르지 않는다'는 의미를 알게 된다. 그것은 비록 태자가 부친을 죽인 죄를 지었으나 부친에게 약을 드리는 것은 효심의 표현이고 그가 약을 먼저 먹어 보지 않은 것은 과실일 뿐 부친을 죽이려는 의도는 아니었기에 『춘추』는 그의 죄를 묻지 않은 것이다. 이것이 바로 『춘추』 결옥에서 말하는 '원심논죄'이다. 후에 한나라의 유사는 '원정(原情)' 혹은 '논심(論心)'이라는 주요 의거를 제시하는데, 이것이 바로 유학이 제창하는 종법윤리이다. 『예기 · 왕제』에서는 "다섯 가지 죄행에 대해 소송을 심사할 때 부자간의 정을 따져야 하며 군신의 의로 판단하여야 하는데 이는 범죄 경위의 경중을 논증하려는 것으로 범죄의 깊이에 대해서 신중하게 평가하여 다르게 대하여야 한다. 자신의 총명한 재질을 사용하여 자신의 충심과 사랑의 마음을 발휘하여 사건을 해결해야 한다"고 하였다. 이로 보아 '원심논죄'는 '원효논죄', '원충논죄'로 변하였다.
399) 『春秋繁露 · 정화』

사법을 대체하였다."[400] 『춘추』를 통하여 형을 정하고, 사법, 법률해석과 판례법의 방식을 통하여 한나라 유학은 점차 법률의 가치 지향이 되었고 유가경전의 최고법률통치지위를 수립하였다. 이경결옥(已經決獄), 이경석률(已經釋律)을 통하여 일부 에의제도의 원칙과 규칙을 법률로 정하여 법률규범으로 운용하였다. '『춘추』 결옥'의 시작은 한무제 시기부터 시작하였는데 독존유술의 법률제도상에서의 표현이고 법률유가화의 중요한 과정이다.

진나라의 법률과 비교할 때, 한나라 법률의 강목이론은 사법에 대한 구속력이다. 진나라 법률의 큰 특징인 강상이론은 사법에 대한 구속력이 분명하지 않은 것이다. 공자는 '친친상음', '부자상은' 등 진나라 법률이 확정하지 않은 법률 원칙을 널리 선전하였다. 진나라의 법률도 부모자식간을 처벌하고 다스리는 권리를 명확히 하였는데 관부는 "자식이 부모를 고발하고 신하와 첩이 주인을 신고"(非公室告, 勿聽)하는 것을 받아들이지 않는다고 하였지만 '불효'의 죄에 넣지 않았을 뿐만 아니라 진나라의 법률은 아내가 남편을 고발하는 것을 장려하였다.[401]

한나라의 통치자는 가족의 예를 중시하였는데 가족의 윤리 때문에 면죄하거나 경하게 처벌하였는가 하면 가족의 윤리를 이유로 중죄는 더욱 엄하게 처벌하였다. 한나라는 진나라 상앙이 장려한 분가정책과 달리 가족은 공동체로 함께 살며 화목하게 지내야 한다고 하였다. 혜제는

---

400)   兪榮根 , 『유가법사상통론』 , 南寧, 광서인민출판사, 1992, 576쪽.
401)   『睡虎地秦墓竹簡 · 法律問答』 , 북경, 문물출판사, 1978.

조서를 내려 친족들이 함께 생활하며 함께 생산하는 것을 장려하였다. "관리의 봉록이 6백석 이상일 경우 부모처자와 함께 생활해야 하며 …군인이 있는 가족에 상을 하사하고 직계인원이 아니면 주지 않는다."[402] 관리는 가족의 구성원들에게 토지와 재산에 대한 분쟁이 일어 날 때, 응당 권고하고 중재하여 분쟁을 줄이고 원래처럼 화목하게 지내게 해야 한다고 가족공동재산 분쟁에 대하여 규정하였다. 한나라 시기에는 가정의 윤상(倫常)관계를 중요시하였다. 공자는 "자식은 부친을 위하여 진상을 숨겨야 한다. 솔직함이 여기에 있다"고 하였다. 선제는 조서를 내려 부자, 조손, 부부가 죄가 있을 때 은닉하면 죄를 면할 수 있고 죽을죄를 지었을 경우 감면하여 형을 내린다고 하였다. 한 왕조는 가족에는 존비상하질서가 있고 남녀가 유별하며 부부는 부부의 의미가 있다고 규정하였다. 특히 조손부자의 예를 어기거나 부모 혹은 조부모에 불효할 경우 엄중히 처벌한다고 하였다. 비록 한대의 법률이 진나라의 법률보다 조금은 느슨해졌지만 한대에서 주창하는 유학의 '인의효교'는 진왕조의 "늙은 부친을 살해하여 남의 자식을 고아로 만들고 사람의 손발을 자른다"[403]는 형벌보다는 많이 문명화했다.

여섯째, 유학이 흥성한 것은 유학사회가 나타나게 된 징후의 하나이다. 중앙정부가 전국적 범위에서 유학을 보급시켜 유학교육이 유행하였다.

---

402) 『漢書・惠帝紀』
403) 『史記・張耳陳餘列傳』

첫째로 중앙정부는 공자를 존중하고 유학을 숭상하는 것을 주창하였다. 역대 군주가 유학경전을 연구하고 학습하고 중앙 정부는 존공숭유를 대대적으로 제창하여 사회적으로 유학을 배우는 열풍을 일으켰다. '존유'를 위하여 한나라의 통치자들은 여러 차례 직접 혹은 대신을 파견하여 곡부에 가서 공자의 제사를 지내게 하고 공자의 후대들에게 상을 내리고 관직을 내려 주었다. 천자는 직접 유경을 읽고 논하였는데 유경을 배우는 것이 사회의 유행이 되었다. 한명제 시기 "기문우림(期門羽林)의 사(士)들도 『효경』의 구절에 통달하였고 흉노에서는 자식들을 보내 유학을 배우게 하였다."[404] 한화제 시기에는 "군자의 좌우 근신들은 『시』, 『서』를 외울 수 있었다. 덕으로 교육하고 인자함으로 합리적인 용서를 하여 백성들이 안강하고 여러 나라들이 화합하였다."[405] 다음으로 관아의 학교에서는 모두 경학으로 학생들을 가르쳤다. 한대 학교는 관학과 사학으로 나뉜다. 관학은 중앙의 태학과 군국의 지방학교가 있었다. '독존유술'이 교육방면에서 큰 영향을 미친 것은 관학교, 특히는 중앙관학-태학의 건립이었다. 한무제는 공손홍(公孫弘) 등의 요구를 받아들여 원삭(元朔) 5년인 기원전 124년에 박사제자들을 제자원(弟子員)으로 하는데 이것은 유학사회의 관방 교육활동의 시작이었다. 사람들은 고대의 '태학'으로 불리는 박사제자제는 바로 유가경전에서 말하는 '대학'이다. "옛 사람들은 여덟 살에 밖으로 나가 소예(小藝)를 배웠으며 소예를 다 배우면 대학을 배울 수 있고 대학을

---

404) 『後漢西 · 유림열전서』
405) 『東觀漢記 · 목종효화황제기』

배워야만 대절을 배울 수 있다."[406] '태학' 혹은 '대학'은 공자가 주장한 "지식과 재주를 모두 익혔으면 응당 벼슬에 나가야 한다(學而优則仕)"는 것과 유학에서 말하는 "심신을 닦고 집안을 정제한 다음 나라를 다스리고 천하를 평정한다(修身齊家治國平天下)"는 주장의 제도를 초보적으로 건립하였다. 중앙은 태학을 국가의 최고 학부로 만들고 국가의 모범으로 삼아 유가경학을 가르쳤다. 태학에서는 얼마나 많은 경을 터득하였는가에 따라 상응하는 직무를 주었다. 후에 역대의 통치자들은 한대의 학교제도를 계승하였다.

지방의 학교에 대해서 군국에서는 학, 재현(在縣), 도, 읍으로 하고, 제후국에서는 교(校)라 하고 향에서는 상(庠)이라고 하고, 거의 학교를 서(序)라고 하여 경사(經師) 1인을 두었다. 이런 학교의 주요 임무는 유가경학을 배우고 교화를 널리 알리며 예악을 형성하는 것이었다. 사학에서는 『효경』, 『논어』를 주로 공부한다. 한대 사학의 발달 정도는 관학을 초월하여 많은 유학가들이 문하생을 받아들여 사교육을 실시하였는데, 이름이 있는 경사들의 문하생은 천 명, 만 명에 달하기도 했다. 유학사상은 사회계몽의 주요 원천이 되었고 '몽학(蒙學)'은 『효경』, 『논어』를 주요 내용으로 했다. 사학은 유학의 전파 경로를 넓혀 주었고 혼란스럽고 무질서한 현실사회생활을 경전화, 목표화, 신성화, 유가화하였다. 물론 유학의 전파과정 중 명리를 추구하지 않고 곤란을 두려워하지 않고 고상함을 추구하는 유자(儒子)도 있었지만 공명부귀를

---

406) 『大戴禮記·保傅』

추구하여 유경을 배우는 자도 있었다. 공자가 말한 것처럼 "배움 그 자체에 행복이 있다"는 것이었다.[407] 경으로 나라를 다스리는 정책이 실행되면서 부터 한대의 저명한 사상가, 법학가, 문학가, 사학가, 예술가, 과학가, 의학가 모두 유자로부터 시작하였다.[408] 유생은 당시 지식인의 대명사였다.

일곱째, 양한사회가 실행한 '효화(孝化)교육'은 유학사회 발전의 기초였다. '효'는 유학의 핵심관념의 하나이며 유학사회 윤리 관념의 기초이다. 『백호통의(白虎通義)』는 『효경』을 나라를 다스리고 백성을 평안하게 하는 법전으로 여겨 통치자들이 '널리 효도'하게 하였다. 참위(讖緯)신학의 발전은 '효'라는 인간의 윤리 관념을 신비화하기도 하였다. 한 왕조가 표방하는 "효로 천하를 다스린다"는 것은 바로 '독존유술'이 제일 실질적으로 사용한 것이다. "효로 천하를 다스린다"는 한 왕조의 치국방침이고 구호였는데 다음과 같이 표현되었다. 한고조 유방, 동한 세조 유수(劉秀) 외의 모든 한 황제가 표방한 '효'로, "진정한 효는 다른 사람이 완성하지 못한 사업을 계속 노력하여 완성하는 것이고 다른 사람의 유익한 언론과 고상한 행위를 천하가 알게 하는 것이다."[409] 안사고(顏師古)는 "효자는 친인의 마음을 헤아려 부모의 뜻을 계승하여야 한다. 한나라 왕실의 시호는 혜제 이후로 모두 효(孝)자를 붙였다."[410] 이로부터 한 왕조는 자기왕조의 혈연 혹은 생물적 의미상의 '만세'를 바라던 진 왕조와는 달리 '효'로 만세를

407) 『論語·衛靈公』
408) 『유학과 한 대사회』, 256~257쪽.
409) 정현, 「균인」, 『주례주』 권14.
410) 『漢書·惠帝紀』

통일하려는 것을 알 수 있다. 둘째는 한대의 통치자들은 『효경』을 태자 정치교육의 기본 교재로 삼았다. 그 뿐만 아니라 한대의 관방학교와 사학교 모두 『효경』, 『논어』를 읽고 필수 과목으로 삼았다. 셋째로는 관리를 임용함에 있어서 '효렴(孝廉)'을 관리 선발의 표준으로 삼았다. 한대에서 인재를 선임할 때, 윤리도덕을 중요한 조건으로 삼았다. 효렴은 '효'를 입신의 근본으로 하고 '염'을 정치의 기본으로 삼았다. 한무제는 효를 선거하지 않고 염을 조사하지 않으면 관리의 실책적 행위라고 하였다. 통치자들은 효렴이 전국에서 합리적으로 분포하기를 희망했고 효렴의 인수와 군현의 인구수를 결합시켰다. 효렴은 '존유'를 실질적으로 행한 것이다.

넷째로 효도행위를 장려하였다. 양한시기에 전국적으로 사회상의 효도, 효제(孝悌)행위를 장려한 것이 수 십 차례나 된다. 지방에서의 장려는 더욱 많았다. 다섯째는 "효로 천하를 다스리다"를 표방하여 양로활동을 중시하였다. 유가경전 『예기』의 『곡예상(曲禮上)』, 『문왕세자(文王世子)』, 『내칙(內則)』, 『옥조(玉藻)』, 『학기(學記)』, 『제의(祭義)』, 『방기(坊記)』, 『대학』, 『향음주의(鄕飮酒義)』등에 옛 사람들이 경로, 양로의 예의를 기록하였다. 한대의 황제는 모질(耄耋, 8~90세의 나이)의 노인들에게 특별히 쌀, 술, 고기, 천 등을 하사하였다. 문제 원년 3월에는 "노자는 옷이 없이 어찌 따뜻하고 고기가 없이 어찌 배부를 것인가? 금년 년 초에 사람을 보내 장로들을 위문하지 않고 천, 술, 고기를 장려하지 않는 다면 어찌 천하의 자손들로 하여금 친인들을 공양하라고 하겠는가? 오늘 관리들이 이르기를 묽은 죽이나 묵은 밥 따위를 나누어 주었다고 들었는데 이 어찌 양로라고 할 수 있겠는가! 구체적인 조령을 내린다. 관련된 관리들은 각 현, 도에

통지하라. 80세 이상의 노인에게 한사람 당 매월 쌀 일석, 고기 20근, 술 5되; 90세 이상의 노인에게는 비단 두 필, 솜 서 근; 그리고 90세 이상의 노인에게 양로 물품을 전달할 때 현령이 직접 검사하여야 하며, 현승(縣丞)이나 현위(縣尉)가 직접 가져다주어야 한다. 90세가 안 되는 노인에게는 농정관원, 영사(令史)가 가져다준다.

고층관원은 덕행이 있는 관리를 보내 순찰하게 하여야 하며 제대로 조령을 집행하지 않는 자들을 조사하여 처리하여야 한다. 2년 이상의 형을 받은 죄인은 이에 해당되지 않는다"[411]는 조서를 내렸다. 이것은 서한시기의 진정한 양로령을 개괄한 것이었다. 서한 효혜제, 효무제, 효선제 등은 모두 조서를 내려 양로 문제에 관심을 가졌다. 여섯째, 부자간 서로 잘못을 감추어주는 것을 장려하였는데 이것은 부자지간에 서로 흠집을 들추어내는 진왕조의 '연좌'법과는 다르다. 서한 선제가 조서를 내려 "부자간의 친연관계, 부처 간의 예의 관계는 모두 당연한 이치이다. 후환이 있더라도 죽어도 영원히 존재한다. 이렇게 충성과 효도, 너그러움과 친절함이 세심한데 어찌 위반하겠는가! 금후에 자녀는 부모를 은닉해 주어야 하며 아내는 남편의 죄를 감추어 주어야 하고 손 자녀 역시 조부모의 잘못을 덮어 주어야 한다. 그들이 범한 비호죄, 일반 범죄는 형사책임을 지지 않는다"[412]고 하였다. 일곱 번째, 향촌사회에서는 기층관원들이 '효화' 교육을 실행하게 하였다. 『한서 · 백관공경표』의 기록에 의하면 서한 현급

---

411) 『漢書 · 文帝紀』
412) 『漢書 · 宣帝紀』

행정단위인 현, 도, 국읍이 모두 1,587개 있었으며 향이 6,623개 있었다.

양한은 이런 향촌사회에 향, 이, 정을 관리구조로 하고 향 일급기구에 삼노(三老), 효제(孝弟), 역전(力田) 등 기층 관원을 두었다. '삼노'의 직책은 '장교화(掌敎化)'인데 백성들을 효화하는 직책을 수행하였다. "무릇 효자(孝子), 순손(順孫, 순한 손자), 정녀(貞女, 정조가 있는 여인), 의부(義婦, 의로운 부인)가 있으면 재물을 주어 우환으로부터 구제해 주며, 아울러서 백성들에게 법식(法式)이 될 만한 학사(學士)가 있으면 모두 그의 집(문)에 편표(扁表, 편액을 걸어 표창함)함으로써 선행(善行)을 밝힌다"[413]고 하였다.

종합적으로 '효로 천하를 다스린다'는 표방 하에 '교화' 교육을 장기적으로 실행하였는데 춘추전국, 진제국시기의 사회와 양한의 사회 풍모는 많이 달라졌다. 고염무(顧炎武)는 후한의 양호한 사회의 도덕기풍을 말할 때, "삼대(하상, 주, 전국 세 개 조대) 이후, 풍속이 순후하고 아름다운 조대는 동한의 동경(東京)이라 하겠다"[414]고 하였다.

여덟째, 유학사회발전에 영향을 주는 중요한 경전들은 다수가 양한 시기에 완성되었다. 유학사회 이론구조에 영향을 주는 중요경전들로는 『상서』, 『역경』, 『시』, 『춘추』, 『논어』, 『맹자』, 『주관(周官)』, 『의례』, 『예기』, 『예운』, 『중용』, 『대학』, 『효경』 등이 있는데 그중에서 『주관』, 『의례』, 『예기』, 『예운』, 『중용』, 『대학』, 『효경』 은 양한시기에 이미 책으로 만들어졌을 가능성이 있다. 이런 경전은 유학사회의 이론구조에 중요한

---

413) 『後漢書·백관오』
414) 고염무, 「주말풍속」, 『일지록집석』 권14.

이론적 근거를 제공하여 주었다.

서한시기 『의례』, 『예기』, 『대대(大戴)예기』의 학관을 설립하고 『주례』가 민간에서 유행하였는데 왕망시기까지 학관이 있었다. 『예기』에 기록된 주요 내용은 예의에 대하여 광범위하게 논하였으며 제도를 서술 해석하였고 유가이상을 널리 알렸는데 유가사상의 경전이라 할 수 있으며 유가예치주의 정치주장과 사회이상을 대표한다. 한대에 적지 않은 안건을 처리하고 조서의 초안을 만들 때에는 『주례』, 『예기』에서 근거를 찾았다. 『예기』는 비록 늦게 나온 유가경전으로 정현(鄭玄)이전에는 학술상 누구도 중요시 하지 않았는데 중국 고대사회의 유학정도가 깊어짐에 따라 『예기』는 학술적으로 점차 중요한 위치를 차지하게 되었다. 동한의 정현은 『예기』에 주해를 달기 시작하였는데, 이것이 주해 『예기』의 시작이다. 그 후 역대로 많은 학자들에 의해 『예기』의 주해를 확립하고 해설하는 저작들이 끊임없이 나타났다. 『예기』가 유학사회에 미치는 주요 의미는 『예기』가 존주(尊周), 존왕, 존공, 존예의 사상을 반영한 것에 있다. 존주는 유학사회의 구조에 역사 근원을 찾아 주었고, 존왕은 유학사회의 구조에 정치적 이상의 유형을 찾아주었고, 존공은 유학사회에 성교(聖敎) 혹은 도통(道通)을 찾아 주었으며; 존예는 유학사회의 구조에 제일 합당한 사회의 관리방식과 수단을 찾아 주었다. 『예기』는 사회제도의 방식으로 유학의 이상사회유형을 나타냈다.

아홉째, 유학사회의 많은 예의, 도덕, 풍속은 양한시기에 이미 발전하였다. 한대의 예의는 법률의 규제력을 갖추고 있었다.

숙손통(叔孫通)은 서한 초기의 예학가(禮學家)이다. 한나라의 『예의』,
『방장』과 『한예기제도』등을 제정하였다. 『예의』,『방장』은
실질적으로 법률제도이다. 『한서·예락지』에는 "숙손통이 편찬한
예의는 법령과 함께 수록되어 있으며 예관이 보관하였다"고 적고 있다.
안사고(顏師古)의 주해에는 "예관이 바로 법관이다"라고 하였다. 한대의
'예'는 법률의 규제력을 가지고 있음을 알 수 있다. 유학사회의 중요한
도덕근원은 '삼강오상(三綱五常)'이다. 삼강오상의 기본원칙은 양한 시대에
확립된 것이다. 반소(班昭)의 『여계(女誡)』 7장은 유교경전을 인용하여
서술하였고 여기에 내포된 뜻을 상세히 밝혔고, 부녀는 7조항의 규범을
준수하여야 한다고 하였다. 또한 '부위처강(夫爲妻綱)'이라는 도덕표준을
더욱 구체화하였다. 혼인 중의 '삼종(三從)'[415], '사덕(四德)'[416], '칠출(七出)'[417],
'삼불거(三不去)'[418] 등 관념이 차츰 나타나기 시작하였다. 『예기』는
한편으로는 주대사회의 생활을 진술하였고, 다른 한편으로는 한대사회의
생활을 묘사한 것이다.

---

415) 여자는 어려서는 아버지를, 결혼해서는 남편을, 남편이 죽은 후에는 자식을 따라야 한다.
    최초로 『儀禮 喪服』에 기록되었다.
416) 부덕(정조를 지키고 남편에게 순종), 부언(아름답고 바른 말씨), 부공(베 짜기, 자수),
    부용(단정한 의복과 외모). 최초로 『周禮·天官』에 기록되어 있다.
417) 시부모를 잘 섬기지 못하는 것, 아들을 낳지 못하는 것, 부정한 행위, 질투, 나병 간질
    등의 유전병, 말이 많은 것, 훔치는 것 등 아내를 내쫓는 일곱 가지 사항. (『大戴禮記
    本命』)
418) 시부모를 위해 삼년상을 치른 경우, 혼인 당시 가난하고 천한 지위에 있었으나 후에
    부귀를 얻은 경우, 이혼한 뒤에 돌아갈 만한 친정이 없는 경우는 도의상 그런 아내를
    버려서는 안 된다는 것이다. (『大戴禮記 本命』)

종합적으로 말해서 양한시기는 유학사회의 중요한 구조형성의 시기였다. 유가가 진정으로 현실정치에 개입하고, 현실사회에 침투하고, 정치, 사회생활에 영향을 미치는 '실제정치과정 중 혹은 실제생활 중의 유가'가 되는 역사과정은 한대에서부터 시작되었다. 정확하게 말하면 한무제의 '독존유술'로부터 시작되었다고 할 수 있다.

제5장
유학사회의 주도정신

제5장
유학사회의 주도정신

유학에 바탕을 둔 중국 고대의 정치, 경제, 문화, 사회적 지위는 문명
시대에 진입하면서 중국고대사회는 '전 유학사회'단계와 유학사 회단계로
나뉘게 된다. 매 유형의 사회, 심지어 동일유형의 사회일지라도 다른
발전단계에서 모두 주도적 정신이 있었다. 유학사회의 주도정신은
유가정신이다.

1. 유학사회의 주도정신

중국의 역사가 하나라 시대에 진입하면서 원고(遠古) 문명은 새로운
사회발전 시기에 들어서게 된다. 하, 상, 주로부터 서한 초기 한무제가
'파출백가(罷黜百家), 독존유술' 정책을 반포하기까지 장장 2천여 년이
걸렸는데, 이 시기를'전 유학사회'라고 일컫는다. '전 유학사회'에서 인간의
지력은 성숙의 과정을 거치게 된다. 무문화(巫文化)는 원시문화의 주도
형태이다. 간단하게 말하면 중국 상고시대에서 '무'(巫)의 발전은 세 개

단계를 거쳤다. 첫째는 민심불잡(民心不雜), 민심이업(民心異業)의 단계이고, 둘째는 민신잡유(民神雜糅), 가위무사(家爲巫史)의 단계이며, 셋째는 절천지통(絶天地通), 무상침독(無相侵瀆)의 단계이다. 추측하건대 가장 이른, 원생태의 '고무(古巫)'시대가 '가가위무'(家家爲巫)의 '무문화'(巫文化) 시대이며, 이 시대는 자연 앞에서 사람마다 평등한 시대였다. 후에 인구의 성장과 지력의 진보에 따라 교통이 번잡해지고 점차 분쟁이 증가하였다. 지력의 진보는 '절천지통'을 요구하게 되었다. 이때 나타난 '신령부체' 혹은 '통신령(通神靈)'의 대무(大巫), 예를 들면 우, 탕 등은 한발 더 나아가 무의 대권을 잡았고 따라서 사무(司巫)가 출현하여 이른바 '무관합일(巫官合一)'의 세대가 열렸는데, 이로부터 초기 국가 내지 문명이 출현하였다. 사회정권의 안정에 따라 대무, 사무가 기능화 되었고 일정한 제사체계를 이루게 되었다. 아울러 윤리의식이 각성하기 시작했고 이로부터 고대 무신제사사회가 제사와 밀접한 관계가 있는 예악사회로 진입하게 된다. 서주 예악사회의 정치의식 중에서 제사시스템의 예제화 혹은 예악화, 천명사상과 덕성관념의 결합 등의 경향이 나타나기 시작했으며, 이로부터 긴 세월을 지배했던 사유수준의 점복, 무술 및 신령제사의 시대가 이미 혹은 물러나기 시작했다. 그렇게 해서 상고사상의 새로운 단계인 하나의 새롭고 자위적인, 능히 자기의 행위에 대해 반성하거나 윤리적 책임을 감당하는 사회단계가 시작되었다. 이러한 사례들을 '소고(召誥)', '주고(酒誥)', '강고(康誥)' 등 서주의 초기의 고사나 문헌에서 가끔 찾아볼 수 있다. 지력의 진보와 상하 소통에 따라 서주 말기, 즉 춘추전국 시기 고대 중국에 노자, 공자, 묵자, 맹자, 장자 등 제자백가가 나타나게 된다. 이러한 제자백가사회의 반성은 그 "후 유학사회"가 역사적 이해를 진행하고 자아의 이해를 진행하는 데에 보편적인 틀이 되었다.

종합적으로 '전 유학사회'의 지력의 진보는 세 단계를 거치게 된다. 지력 수준 저하상태에 처했던 '가가위무'가 '절천지통'의 시대로 진입하여, '점복문화'로부터 '윤리의식의 각성'에 진입했고 통치자의 '윤리의식의 각성'으로부터 일상생활 속의 사대부 계층의 '인'에 대한 자각적인 의무단계(지력반사)로 진입했다. 각 차례의 변화들은 '전 유학사회'의 지력에 중대한 진보 작용을 발휘했다. 서주예악사회의 정치의식 중에서 유학정신은 유학사회의 주도정신이며 여기에서 유학사회와 '전 유학사회'의 구별이 생긴다. 유학사회 연구의 시각에서 보면 양한 사회에서 유학사회가 일어나고 주요 틀이 만들어졌으며, 3국 시대는 양한 사회를 그대로 이어 받았다. 양진(兩晉)은 유학사회의 주도정신을 한걸음 승화시켜 유학정신을 자아반성의 단계로 끌어올렸다. 남북조의 유학사회(정치, 경제, 문화, 생활방식)는 내부 확장의 시기였고, 수, 당은 외부확장의 시기였다. 5대 10국에서부터 송, 원까지는 유학사회가 새로운 자아반성을 하고 내부 확장을 하는 시기였으며, 명, 청의 유학사회는 새로운 외부확장의 시기였다. 역대의 실제 과정을 보면 유학사회는 한무제의 '파출백가, 독존유술'로부터 신해혁명의 '중화민국임시약법'이 발표되기까지의 중국 고대사회를 의미하는데 그 기간이 2,046년이 된다. 유학정신은 중국고대사회의 특징을 심각하게 부각시켰을 뿐만 아니라 동아시아 지역의 사회특징도 잘 보여주었다. 유학사회의 주도정신은 유학정신인데 이를 세 가지 방면에서 고찰해 볼 수 있다.

첫째, 유학정신은 사회의 통치의식형태를 확정하는 유학사회유형의 유일한 표준이다. 바로 이런 까닭에 한무제의 '파출백가, 독존유술'이 유학사회의 역사 기점이라면 신해혁명에서 반포한 '임시약법'은 유학사회의 역사적 종결점이 된다. '독존유술'은 미래의 유학사회의 각 통치자들에게 의식형태를 선택할 길을 열어주었다. 유학이 의식형태, 왕조통치와 왕조정치와 결합함으로써 각 왕조들이 장구한 통치를 이어갈 수 있었다. 이러한 상황으로부터 보면 유학사상은 종래의 그 어떤 의식형태와 비교할 수 없는 전대미문의 의식형태라고 할 수 있다(법가 16년, 황로지학(黃老之學) 670년)

둘째, 유학사회의 주도정신은 유학정신으로서, 유학사회에서 공공질서의 건립이나 개인의 일상생활이 모두 유가의 기본 정신의 인도 내지 지도를 받는다. 혹자는 유학사회의 총체적인 생활이 모두 유가의 기본 이념에 귀결된다고 말했다. 유학사회의 실제는 『논어』, 『맹자』, 『예기』 등 유가경전을 핵심으로 구축된 군주질서의 사회유형이다. 한무제가 확립한 '파출백가, 독존유술'의 정책 이후, 유가는 점차 전통 중국사회에서 통치계급의 의식형태로 그 자리를 굳혔다. 따라서 유학정신이 정치, 경제, 법률, 교육, 일상도덕 등의 영역에서 점차적으로 주도적 지위를 갖게 되었다.

『25사(二十五史)』 중의 『형법지』는 역대의 입법, 사법, 법제 건립 및 법률 사상을 반영하여 한나라가 건립한 이후 중국 고대사회가 유학사회단계에 진입했음을 분명하게 반영하였으며, 특히 유학사회의 주도정신이 유학정신임을 명백히 밝혔다. '형법지'의 기본 바탕은 '덕주형보,

의례솔법'이다. 즉 유가의 법의식이 지도사상이다. 『한서 · 형법지』는 『25사』 13편 '형법지'의 제1편이다. 『한서 · 형법지』는 철두철미하게 유학의 기본정신을 관철하였다. 전편에서 직접 공자나 『논어』를 인용한 부분이 10곳에 달하며 순경(荀卿)의 말이 두 곳에 나오고 『시』, 『서』, 『주관(周官)』등 유학경전의 어록이 10곳에서 나온다. 후에 각 왕조의 '형법지'는 『청사고(淸史稿) 형법지』가 나오기 전까지 대부분 비슷하였다. 『청사고 · 형법지』에 이런 말이 나온다. "중국에서는 책이 나온 후부터 예교로 천하를 다스렸느니라. 노자는 정치가 예라고 했고 광은 형법이 곧 정권이라고 했느니라. 정치는 곧 형법이다. 그러므로 예교를 떠나서는 모든 것을 할 수 없느니라." 통치의 의식형태로서의 유학은 역사무대에서 의식형태의 통제권과 언어권을 튼튼히 장악하였으며, 유교는 수천 년 동안 정치, 경제, 법률, 교육, 일상도덕영역 등에서 주도적 지위를 차지하다가 중화민국에서 『임시약법』을 반포, 실시하고 나서야 종말을 고하게 되었다.

셋째, 유학사회의 주도정신은 유학정신인데, 이는 유학사회의 총체적인 생활로 설명할 수 있다. 유학사회의 흥기가 양한시기지만 유학의 이상이 한대에서 완전히 실현된 것은 아니다. 특히 유학사회의 역사 진전 중에서 유학의 이상과 실제 정치과정에서의 군주전제의 요구가 완전히 종합된 것은 더욱 아니다. 한편으로 통치자들은 유가사상을 치국정책을 실시하는 이론 의거로 삼으려 하였다. 그러나 모 왕조나 모 통치자들이 전부의 정책을 제정하는 과정에서 순수한 유술과 유학을 실시할 수 없었다. 왜냐하면 현실정치 중에서 부득불 '패왕도잡지(霸王道雜之)'의 책략을 취하지 않을 수 없었기 때문이다. 심지어 통치자들은 어떤 땐 유학의 겉옷만 걸쳤을 뿐이다. 예를 들면 한무제는 유학을 숭상했지만 유학정신의 순수한 반성자가 아니라 추상적인 각도에서 유학을 대하였으며 유학을 모든 정치 정책 결정의 출발점으로 삼지 않았다. 한무제는 유학중의 신신, 부부, 자자의 관념, 예제의 의식 덕치교화의 사상이 통치에 도움을 주기에 유가의 사상을 받아들였다. 덕화 교육을 강조하는 한편 폭력과 징벌도 함께 사용하였다. 형벌로 관리들과 백성들을 다스리는 것이 한무제 치국의 특징 중 하나이다. 한무제는 이렇게 말하였다. "형벌을 강화해야 만이 간신을 방비할 수 있다."[419] '형벌'과 '덕화'는 제왕의 치국지도이다.

한무제의 덕주형보(德主刑輔), 외식덕화(外飾德化), 내중형폭(內重刑暴)의 통치방식은 훗날 군주정치의 기본 바탕이 되었다.

사마광은 이렇게 말하였다. "한무제는 비록 유가를 좋아했지만 이름만 좋아할 뿐 그 본질을 몰랐으며 화려함을 숭배하나 본질을 버렸다."[420] 각 왕조의 통치자들은 통치의 수요에 따라 어떤 땐 유가, 석가, 도교 순서로 자리매김하여 유교를 중시하였다. 유학은 때론 통치자들의 신앙적 영역에서 차용적인 위치에 처하였다. 예를 들면 이당 왕조에서는 유가, 석가, 도교를 병행적 위치에 놓았지만 사실상 도교와 불교가 형식상에서 유교를 크게 초과하였다. 그러나 이에 반해 원조의 통치자들은 유학을 통치를 유지하는 관방철학으로 삼고 유교를 칭송하였다. 원무종은 공자를

419) 『漢書 武帝紀』
420) 사마광, 『온국문정 사마공문집』 권12.

'대성지성문선왕'(大聖至聖文宣王)이라고 최고의 평가를 했으며, 원 왕조의 통치자들은 유교를 '국시'(國是)로 정하였다. 조정의 시험부터 주, 현 학교의 교학내용에 이르기까지 일률적으로 정주가 공맹이론을 해석한 주해에 준했으며, 주희의 '사서집주'를 '성경장구'(聖經章句)라고 높이 평가하였다.

그러다가 원조는 원세조부터 시작하여 역대의 황제와 후비들이 라마를 스승으로 삼고 가르침을 받았으며 따라서 라마들이 특별한 대우와 존경을 받았다. 유학사회의 왕조교체로 왕조의 존재의의를 말했다면 어느 왕조대가 유학정신을 충분히 발휘하면 그 왕조는 장구하게 유학사회의 영예를 향유했고 통치를 지속할 수 있었으며 나라가 태평할 수 있었다. 그러나 유학의 이상과 군주전제주의의 현실 사이에는 큰 거리가 있었다.

모 왕조 혹은 모 통치자는 전부의 정책을 제정하는 과정에서 순수하게 유학이나 유술을 사용할 수 없었고 일종 학설이 원래 모습 그대로 정치무대나 사회생활 중에 그대로 반영될 수 없었으며, 특히 무수한 왕조 교체를 거치는 과정에서 중원의 유학사회는 소수민족들이 환영하는 정책과 전후가 일치하는 유학정책을 집행할 수 없었다. 통치자들과 군주들은 자기에게 가장 이롭거나 왕조에 가장 유리한 각도에서 정치통치를 집행하였다.

다른 방면에서 살펴보면 현실생활에서 많은 사람들이 유학을 공부했으나 모든 사람들이 유학의 원시적인 경지에 귀의하지 못하였다. 그 중에는 유학을 자신의 이익을 위해 공부하는 자도 있었고 심지어는 유학을 헐뜯는 자도 있었다. 이런 현상을 두고 반고는 이렇게 말하였다. "유술을 백만 마디

말을 하면 알아듣는 자가 천 여 명이고 모두 벼슬과 이익만 노린다."[421]

유학사회의 역사에서 보면 진정한 유가 혹은 원교지주의의 유가는 필연적으로 자신의 이상적 정치 양식이나 사회 양식에서 출발하여 현실의 정치나 사회의 폐단에 대해 비판하며 심지어는 멸시하고 부정한다. 그러므로 군주전제주의와 유가원교지주의 간에 불가피하게 모순이 존재하며, 모순의 극단적인 해결에서 흔히 유학 이상주의자는 유학의 순장자가 되며 혹자는 유학의 이상으로 왕조를 뒤엎으려던 시도를 완전히 포기해 버린다.

종합적으로 유학사회의 주도정신은 유학정신이다. 주로 유학사회 중에서 공공질서, 개체의 일상생활이 모두 유학정신의 인도를 받는다. 혹자는 총체적 생활의 전부가 유학정신에 귀의한다고 말했다. 유학사회의 공공질서는 주로 성씨와 연계되며 혹은 천하위외(天下爲外)의 특징을 가진다. 황제 군현제도(혹은 황제관료제도)의 실질적 내용은 왕조질서이다. 촌락거주는 외재적 특징이며 종법윤리의 실질적 내용은 향토적 질서이다.

유학사회에서 일상생활은 주로 개체가 사회질서의 건설에 참가하는 과정에서 매 개채가 발동하는 생활의 형식으로서, 주로 수신, 치가, 치국, 평천하 등의 내용을 담고 있다. 이른바 사회의 총체적 생활은 사회생활의 총체성 혹은 각 방면을 가리키는데 그것은 사회의 정치, 경제, 문화가치관념 및 사회심리 등의 각 순서를 지칭한다. 총체성의 한 방면은 사회운행의 목표와 수단으로 설명되는데 사회생활의 구체적 부분을 세밀하게 연구하지

---

421) 『漢書 儒林傳』

않는다. 다른 방면의 총체성은 그 사회의 주류 가치로 설명이 되는데 사회생활에서 다르게 나타나거나 혹은 확실히 나타난 주류 가치의 모종의 탈귀현상을 세밀하게 연구하지 않는다.

2. 유학정신의 세 가지 사회학 명제

연구자들이 로마교회의 교의에 대해 몇 번이나 고쳤지만 신앙적 핵심 특징은 시종 같았다. 이것은 마치 한 폭의 회화거나 예술작품이 전승 과정을 겪으면서 일부 퇴색하거나 변질하지만, 의연하게 원래 모양의 예술적 풍격을 보존하는 것과 마찬가지 도리이다. 문화도 그러하다. 일단 형성된 문화 관념이나 철학 관념이 전승 과정에 문화의 수정자들에 의해 수정되고 심지어는 파괴자들에 의해 파괴되지만 전승되는 주제의 연속성과 전승을 담당하는 자의 자각성으로 말미암아 그것들은 모종의 '변이된 변체련'(延傳的變体鏈)을 형성한다. '변이된 변체련' 중에서 기본적인 요소는 보존되고, 모종의 상징적 부호와 형상은 계승된다. 변화과정에서 새롭게 해석되고 원 모양이 바뀌어 기타의 새로운 요소와 결합되어 일종의 새로운 변체가 된다.

그러하다면 유학의 정신도 '변이된 변체련(變體鏈)'이라고 할 수 있을까? 유학정신의 신앙적 핵심특성이 여전히 시종 변함없다고 할 수 있을까? 공자는 자칭 '술이부작'(述而不作)이라고 했다. 공자 이후에

'유분위팔(儒分爲八)'[422]이 나타났고 또 그 후에는 더욱 많은 발전과 변천이 있었다. 이를테면 동중서의 공자, 주희의 공자, 왕양명의 공자, 강유위의 공자 등을 모종삼(牟宗三), 두유명(杜維明) 등은 유학의 발전을 선진유학, 송명유학, 현대 신유학 등 세 단계로 나누었다.[423] 장대년(張岱年)은 이렇게 말했다. "유학은 순수하고 또 순수한 철판과 같은 것, 모든 문제가 시종일관하게 관통된 계통이 아니라 상대적으로 안정한 구조를 갖고 있으며 풍부하고 복잡한 내용이 역사의 진행 중에서 부단히 변화된 계통이다."[424]

모종삼은 일찍이 시로 유학정신의 발전 과정과 그 의의를 읊조렸다.

중서에는 성스런 철학이 있어(中西有聖哲)

사람들은 그것을 행의미의 근거로 삼았노라(人極賴以立)

원교는 여러 가지 설이 있지만(圓敎種種說)

공자의 말씀만이 실체를 가졌더라(尼父得其實)

노래를 수영에 비추어 말하면(歌以泳之曰)

유성은 조용히 천도를 간직하고(儒聖冥寂存常天)

맹가는 일월의 빛을 새로이 열어놓았노라(孟軻重光開.日月)

주장은 명도의 절차를 바로잡았지만(周張明道開弗違)

주자는 의천에서 도리어 망망한 감을 느꼈네(朱子伊川反渺茫)

---

422) 『韓非子 顯學』
423) 『모종삼 신유학론저 개요』,북경. 중국라디오텔레비전출판사. 1992, 1~31쪽.
424) 장대년, 정의산, 『중국문화와 문화논쟁』, 145쪽.

상산에서 맹자를 읽으니 스스로 깨달음이 많고

(象山讀孟 而自得)

양명의 신규 또한 막힘이 없어라(陽明新規亦通方)

사유와 사무는 주변에 구비되어 있지만(四有四無方圓備)

원교는 용계에서 전파되어야 하네(圓教有.待龍溪楊)

똑같은 한 책이 실로 같기도 하여(一本同体是眞圓)

명도의 오봉 찾기가 쉽지 않구나(明道五峯不尋常)

덕과 복은 하나같이 둥그니(德福一致渾圓事)

상제의 주장이 어찌 필요하지 않으랴(何勞上帝作主張)

내 오늘 큰 선을 다시 선전하며(我今重宣最高善)

중니에게 머리 숙여 헌장을 남기노라(稽首仲尼留憲章).[425]

유학사회의 주도정신은 유학정신이다. 이로부터 유학사회와 '전 유학사회'가 구별된다. 그러나 유학정신은 불변하는 것이 아니다.

유학정신은 연변과정을 거쳐 원시유학, 경전유학, 해석유학으로 발전하였다. 원시유학의 주요 표현은 공자, 맹자가 주장한 유학정의이다. 그것은 실질적으로 '전 유학사회'중에 포함되어 있으며 '전 유학사회'는 유학사회 이론의 바탕이 된다. 경전유학은 주로 유학정신을 담당하는 자들의 게으름 없는 노력에 의해 이룩되었다. 피본문화(被本文化), 경전화(經典化)의 유학, 유학문본(文本)화, 경전화는 진한시기에

---

425) 『모종3 신유학론저 개요』 . 656~657쪽.

형성되었다. 해석유학은 주로 유학정신의 계승자들이 원시유학의 경의를 발전시킨 해석적 유학을 의미한다. 해석유학은 주로 양한 및 그 이후에 발생하였다. 예를 들면 동중서의 유학, 왕필(王弼)의 유학, 주희의 유학, 왕양명의 유학, 강유위의 유학 등은 모두 일종의 해석유학에 귀결시킬 수 있다. 종합적으로 유학정신의 기본 특징은 춘추전국, 진한시기에 기본적으로 형성되었고 양한 이후부터 현대 이전까지는 유학의 기본정신이 발휘되는 단계였다고 말할 수 있다. 춘추전국시기, 진한 시기, 양한 후부터 근대 이전까지 각종 유학의 형태는 공통적으로 유학발전의 연속체와 유학정신의 '변이적변체련'을 구성하였다.

만약 순수한 이론형태로 말했다면 그리고 유학의 실제 생활 중의 의의를 고려한다면 혹자는 유학정신에 대하여 일반 사회학식의 분석을 해야 한다고 말할 것이다. 그렇다면 유학정신에 대해 혹자는 유학정신의 시종여일함, 불변의 내함을 말할 것이고, 세 개의 원칙으로 구성되었다고 주장할 것이다.

유학을 구성하는 기본 정신의 3대원칙 혹은 주장은 인(仁)이 기초이고 예가 수단(현실사회에서 윤리적인 통제가 곧 수단이다)이다. 이외에 왕이 목적이다. (탈화로써 군주의 질서를 건립하는 것) 이른바 유학정신에 대해 사회학식적 분석을 한다는 것은 유학정신이 갖고 있는 사회학적 요소를 탐구하는 것이다. 예를 들면 유학은 왜 건립되었는가, 이상적인 사회질서란 무엇인가, 어떻게 그러한 질서에 도달할 것인가, 유학의 현실생활에서 실제결과나 효과가 어떠한가를 탐색하는 것이다. 유학정신의 실질을 완전히 파악하려면 유학정신이 성장한 사회형태, 즉 유학사회의 질서구조, 사회변천 등에 대하여 깊이 있는 분석을 해야 하며, 유학사회가 존재하는 기초, 유학사회의 사회관계형식, 유학사회의 역사적 해체 등에 대해 깊은 탐색을 해야 한다. 이른바 군주질서의 목적이란 유학이 이상적으로 건립한 일종의 '천하유도'(공자의 말)의 질서 혹은 일종의 '왕도'(맹자의 말)의 질서이다.('천하유도'는 곧 "예악으로 정복해야 천자가 나온다"다는 의미이고 '왕도'란 군주질서의 이상적인 질서를 뜻한다.)

인애를 기초로 건립된 '천하유도(天下有道)' 혹은 '왕도' 질서의 기본 원칙은 인애이며 인애는 사회질서를 건립하는 기초이다. 소위 윤리통제수단이란 인의 질서를 기초로 한 군주질서의 실제적인 예(禮)이다. 인의 핵심내용은 예이다. 만약 인애를 왕도 이상의 외침이라고 한다면 윤리적 통제는 군주질서가 건립한 통제수단이며 사회의 실제 수요에 부합되는 것이다. 유학정신의 3가지 사회학 명제는 상호 연결되어 있다.

그 중에서 인애를 기초로 한 유학정신은 추상적인 이상이고 군주질서를 목적으로 한 유학정신은 현실목표이며 윤리통제는 양자가 실현하려는 필요조건이다. 이로부터 윤리통제는 유학정신에서 가장 실천적 의의가 있는 내용이라고 할 수 있다. 윤리통제를 수단으로 한 예는 사회통제의 수단이기도 하다. 예는 공자에게 '군군, 신신, 자자'로 표현되고 동중서는 '3강'을 주장했고 '백호관통의'에서는 '3강5상'을 내놓았고 현학가들은 '명교'를 제창하였고 주희(朱熹)는 더욱 승화시켜 '천리'를 주장하였다.

유학사회의 실제는 『논어』 등 유가경전에 들어있는 이른바 '사서오경'은 도통핵심으로 구축된 군주질서의 이상유형이다. 비록 『논어』에 군주질서란 말이 없지만 확실히 군주질서를 총체적인 틀로 삼아 만들어진 책이며 가장 중요한 시작이다. 비록 유학의 가장 핵심적인 개념이 인이지만 공자는 유학이 군주질서를 위해 일해야 한다는 것을 표방하지 않았다. 그러나 유학은 현실생활에서 확실히 이러한 실제 결과에 도달하였다. 어떤 사람들은 유학이 중국의 전통현실 생활에서 크게 실패했다고 인정하고 있다. (예를 들면 주희는 유학의 이상이 지금까지 진정하게 실현된 적이 없다고 하였고, 신 유가도 역시 적극적으로 유학의 진정한 정신을 정치화한 유학과 분리시켰다) 어떤 이는 유학은 낭만주의가 충만한 환상이고 실제적이 아니라고 인정하였다.

문화 급진주의자들은 다만 유학과 군주질서의 상관성만 보았고 아울러 봉건성, 봉폐성, 보수성만을 보았다. 이에 반해 문화 수성(守成)주의자들은 왕도 이상의 추상성, 초월성, 진화성만을 보았다. 유학정신의 사회학식의 이해는 우리가 양자의 편면성을 극복하는 데 도움을 줄 것이다. 우리는 송, 명의 이학가들과 같이 유학을 이해함에 있어서 그 표준과 차이점을 도통과 비도통의 방법을 취하는 데 두어서는 안 된다. 이 뿐만 아니라 강유위, 담사동처럼 현실의 수요에 근거하여 역사를 재단하는 방법을 취해서도 안 된다. 특히 문화대혁명 때처럼 제멋대로 몇 개의 어록을 가지고 유가사상의 진수를 욕되게 해서는 더욱 안 된다. 우리의 임무는 냉정하게 객관적으로 유학의 상대적 온정성의 구조를 찾는 것이다. 비록 유학이 끊임없이 해석을 받아왔지만 그 중의 세 가지 명제 혹은 요소는 변하지 않았다.

친친(親親)윤리는 인간(人類) 혹은 사회관계의 기초이다. 왕도질서 혹은 군주의 질서는 인(人)이거나 사회의 이상 질서이다. 인(仁愛)은 인(人類)이며 활동할 줄 아는 기본 동력이다.

1) 군주질서를 위한 목적

이상이 없는 사회는 황폐하고 삭막하다. 춘추가 갈라져 한 가닥 연기로 사라진다. 통일된 군주(왕도 혹은 패도) 질서를 건립하는 것은 시대의 요구이다. 군주질서는 일종의 공통 책략이 있다. 유학은 이 총체적인 책략의 기획자이며 가장 중요한 기획자이다. 유학사회에 대한 사회학적 분석은 유학의 이상이 어떠한가를 탐색하는 것이 아니라 많게는 이러한 유학정신이 현실생활 중에서 어떤 결과와 효과가 있는가를 고찰하는 것이다. 특별히 귀띔할 것은 신유가, 이를테면 두유명(杜維明) 등은 "반드시 일종의 정치의식형태로서의 유학사상과 일종의 생활방식으로서의 유가사상을 구별하여야 한다"고 말하였는데 이런 관점은 정확하다. 그러나 만약 현대 이전의 유학을 이렇게 정의한다면 유학사회의 모범(典范)은 조선이지 중국의 명, 청이 아니다. 심지어 유가사상의 전통이 이미 중국에서 실패했다고 말할 수 있다.[426] 이것은 유가정신의 정수를 파괴했다는 것을 의미한다.

먼저, 군주질서를 목적으로 한 유학정신이 공자의 '정명(正名)' 사상에서 기초화하였다. 춘추시기의 거대한 사회변천이 가져다 준 문제에서 공자가 깨달은 것은 여러 가지 특별한 월례(越禮)행위였다. (예를 벗어난 행위) 이러한 '예붕악괴'의 국면의 현실에 직면한 공자는 다음과 같이 종합하였다.

---

426) 두유명, 『싱가포르의 도전—신 유가윤리와 기업정신』, 북경, 삼련서점, 1989, 179~183쪽.

"천하에는 도가 있어야 한다. 예악으로 정복하면 천자가 나온다."[427] 공자의 "예악으로 정복하면 천자가 나온다"는 세계를 회복하기 위해 평생을 노력하였다. 이른바 정명에 대해 공자는 "정치가 정이다"[428], "명이 바르지 않으면 말이 불순하고, 말이 불순하면 일이 이루어지지 않으며 일이 이루어지지 않으면 예악이 흥기할 수 없고. 예악이 흥기하지 않으면 형벌이 가중되고 형벌이 가중되면 백성이 고생하게 된다"라고 했다.[429] 제경공이 한번은 정치에 대해 공자에게 물었다. 공자가 대답했다. "군군, 신신, 자자." 제경공이 기뻐서 말했다.

"선재로다! 임금이 임금답지 않고 아버지가 아버지답지 않고 아들이 아들답지 않으면 설사 밥이 있다고 하더라도 내가 어찌 먹을 수 있겠는가?"[430] 풍우란은 정명에 대해 이렇게 해석했다. 정명이란 군신부자가 모두 군도, 신도, 부도, 자도를 지킬 것을 요구하는 것이다. 만약 사람마다 자신의 도를 지키면 '천하유도'가 되고 그렇지 않으면 '천하무도'가 된다.[431] 사회학의 각도에서 보면, 명은 사회학술 중의 지위에 해당되고 정명은 환원 혹은 새롭게 만들어진 지위와 상관된 규범적 요구를 말했다. '군군, 신신, 부부, 자자'에서 뒤의 군신부자가 곧 일종의 규범이다. 혹자는 군신부자의 이상적 유형을 말하기도 한다. 앞의 군신부자는 현실생활 중의

---

427) 『論語 季氏』
428) 『論語 顏淵』
429) 『論語 子路』
430) 『論語 顏淵』
431) 풍우란, 『중국철학사편』. 제1권. 140쪽.

군신부자이고 실제적으로 각색된 군신부자이다. '군군'의 뜻은 군위에 있는 각색된 군이며 군이 지켜야 할 일체 규범을 말했다. 신, 부, 자도 역시 그러하다. '군군, 신신, 부부, 자자'는 예와 합쳐진 군주질서의 형태이다.

플라톤은 현실의 근거는 이념이며 현실의 사물은 이념의 모조품이라고 주장하여 유럽의 개념사와 사회역사의 발전에 그 기틀을 만들었다. 공자는 중국역사의 발전을 위해 일종의 질서유형 그리고 질서유형과 상관되는 개체유형을 주장하였다. 후기 유학의 발전이 어떻게 하나의 유형을 충실화 하겠는가, 어떻게 현실화, 구체화 할 것인가를 고민하였고, 그렇게 하여 유학 구조와 사회질서의 상상력이 규정화되었고 따라서 유학의 상상력이 이때에 이르러 이미 격식화되었다. 진의 통일, 중국의 대통일의 질서는 "예악으로 정토하면 천자가 나온다"는 이론의 현실화였다.

다음으로 유학의 '내성외왕'의 이념과 군주질서의 내재적인 일치이다. '내성외왕'이란 말은 제일 처음 『장자 · 천하론』에서 제기되었는데 후에 유가의 이상이 되어버렸다. 내성외왕학(內聖外王學)은 공자가 초보적인 규범을 만들었고 그 후 맹자의 '이덕정왕(以德定王)', 순자의 '이왕정성 (以王定聖)', 창현(彰顯)의 '대학'의 '3강령'과 8조목이 나오면서 점차 체계화되었다. 어떠한 이상을 묘사했든 그들은 모두 이상적인 군주질서와 왕의 이상적인 인격을 서술했다. 김요기(金耀基)는 이렇게 말했다. "공자의 제자들이 기본적으로 추구한 것은 항상 현실적 사회생활이었다. 어떻게 세속적인 화해질서를 건립해야 하는가가 유학자들의 앞에 놓인 기본적인

이론문제와 실천문제였다.[432]

다음으로 유학이 추구하는 것은 군주질서를 위해 가장 믿음직한 사회기초를 찾는 것이었다. 공자가 이르기를 "사람이 되자면 효제를 알아야 한다. 효제를 모르면 잘못을 범한다. 군자의 본분은 도를 행하는 것이다. 효자는 인을 근본으로 한다."[433] 여기에서 '효제'와 '잘못을 범한다'를 직접 연결시켜 이후의 군주질서에 가장 직접적인 기초를 구축하고 있다. 서양학의 핵심은 자유평등의 이성원칙과 민권원칙을 주창하는 것이고 중국학이 가리키는 원칙은 "고대 선비들의 언론을 따라 배우는 것"이다.[434]

사실상 유학은 군주질서의 획책과 실제 운행 중에서 기타 어떠한 사상도 할 수 없는 작용을 했다. 공묘제도의 변천은 일정한 정도에서의 고찰이고 유학정신과 군주질서 간의 상관성을 탐색하는 것이다. 곡부의 공자묘에 역대의 황제들이 찾아와 공자를 찬양하는 비문을 쓴 것을 보면 군주질서의 획책과 군주질서의 운행 중에서 일으킨 유학의 작용이 얼마나 큰가를 알 수 있다. 그중에서 원왕조의 비문이 가장 간명하면서도 요점을 똑똑히 밝히고 있다. "황제의 성지, 들으니 공자보다 앞선 성인은 공자가 아니라면 그 뜻을 밝히지 못했고, 공자보다 나중에 나온 성인은 공자가 아니라면 본받을 수 없었다고 한다. 이른바 요순의 도를 이어받아 서술하고 문무의 법도를 밝혀, 백왕의 모범과 만세의 상징이 되었다. 짐이 왕위를 이어받고 그 풍모를

432) 김요기, 『중국사회와 문화』 홍콩, 옥스퍼드대학출판사, 1993년, 머리말.
433) 『論語 學而』
434) 『신해혁명 전 10년 간 시론선집』 제1권 상, 북경, 삼련서점, 1960년, 68쪽.

우러러 존경하여, 옛날의 훌륭한 규범을 좇아 추봉(追封)의 성전(聖典을 들어서 대성지성문선왕(大成至聖文宣王)의 시호를 내리고, 공자의 고향인 궐리(闕里)에 사신을 파견하여 태뢰(太牢)로 제사를 드리노라. 아! 부자간의 친정과 군신간의 의, 성인의 가르침을 영원히 따르네. 천지의 드넓음과 일월의 밝음이 어찌 명언의 오묘함을 다하랴. 신의 조화에 힘입어 우리 원나라 황실에 복이 있도다. 이를 따를지어다."[435] 또 이 비문을 보면 유학과 군주질서가 깊은 상관성을 갖고 있음을 알 수 있다.

2) 윤리(예)를 통제 수단으로 삼다

오직 이상만 있는 사회는 허황된 것이다. 유학의 이상은 왕도정치 위에 건립되었으므로 천하유도를 중요시하였다. 어떻게 이러한 사회를 건립할 수 있겠는가? 유학의 요구하는 것은 '위국이례'이다.[436] 동중서의 공자, 주희의 공자, 강유위의 공자는 비록 다른 점들이 있었으나 윤리에 대해서는 모두 관심을 기울였다. 주희는 이렇게 말하였다. "도는 곧 이(理)이다. 그 목적은 군신, 부자, 형제, 부부, 붕우 간의 관계를 돈독히 하는 데 있다."[437]

유가는 "하늘이 변하지 않으면 도(道)도 변하지 않는다"고 여겼다. 그

---

435) 소천작(蘇天爵) 편, 「가봉 공자제」, 『원문류』 권11, 상해, 상해고적출판사, 134쪽.
436) 『論語 先進』
437) 주희, 『주문공문집』, 49쪽.

'도'는 윤리와 강상을 의미한다. "변하지 않는 것은 윤기고 법제는 변한다. 성도는 기계가 아니고 심술(心術)은 공예가 아니다. 법은 때에 따라 변하며 같을 수가 없다. 도는 뿌리로서 없어서는 안 된다. 공부자가 말한 도, 본자(本者), 3강(綱)4유(維)가 바로 그러하다."[438] 1901년 1월 29일 서안에 유배된 나라씨가 변법을 반포하였는데 거기에도 하늘이 변하지 않으면 도도 변하지 않는다는 내용이 있다. 양한 이후 유가의 윤리본위관념은 변하지 않았다. 다만 조건이 변함에 따라 서술 방식과 강조하는 면에서 다소 차이가 있었을 뿐이다.

군주질서는 일종의 집체의식의 모색이다. 유학은 이 모색에 참여하였고 인애를 기초로 한 자신들의 왕도이상을 주장하였다. 그러면 어떻게 이상을 실현하겠는가? 공자는 '정명'(正名) 사상을 주장하였다. 정명이란 사회 중의 개체에 대한 안치와 사회질서에 대한 안치를 의미한다. '정(正)'은 윤리강상 중의 '명분'을 말했다. 어떻게 '정명'에 도달하겠는가? 유학이 자신의 목표에 도달하기 위해 어떻게 해야 되겠는가? 이것은 의심할 바 없이 사회통제방식의 선택에 대해 언급하게 된다. 만약 유학이 예를 통해 정명에 도달하고 윤리강상의 안배로 정명에 도달한다면 군주질서의 유학사회가 윤리통제를 선택했다고 가히 말할 수 있으며 양자는 상호 일치하게 된다.

유학이 예를 선택한 것은 유학 중의 인애정신의 핵심이 예이기 때문이다. 유학사회가 윤리통제를 선택한 것은 유학사회가 윤리본위 혹은 혈연관계의 본위 사회이기 때문으로 그 사회통제의 실질은 윤리통제이다. 유학으로 볼

438) 장지동, 『권학편』, 정주, 중주고적출판사, 1998.

때, 예에 부합되어야 이(理)가 있게 되는 것이다. 유학사회에서 합리(合理)가 곧 합례(合禮)이다. 공자는 미래 유학사회의 선지적 선각자이며 예의의 화신이며 "한 부의 걸어 다니는 예전(禮典)이다."[439] 공자의 일거일동이 모두 예의 요구에 부합되었고 사회질서의 모범적 요구에 부합되었다. 공자는 말했다. "나는 15세에 학문에 뜻을 두었고 30에 자립했으며 40세에 불혹, 50에 지천명, 60에 이순, 70에 종심소욕하여 평생에 법을 어기지 않았다."[440] 공자가 여기서 말한 것은 모두 자기의 경력, 즉 학례(學禮), 입우례(立于禮), 불혹우례(不惑于禮), 지례(智禮), 순우례(順于禮), 불유우례(不逾于禮) 등을 말하고 있다. 그럼 어떻게 해야 모든 개체가 이러한 수준에 도달할 수 있는가? 공자는 사람들에게 이렇게 요구하였다. "예가 아니면 보지 말고 예가 아니면 듣지 말고 예가 아니면 말하지 말고 예가 아니면 행동하지 마라."[441]

이렇게 하자면 용이하지 않다. 이러한 요구는 사람들이 생활 중에서 시시각각 극기(克己), 추기(推己) 해야만 가능하다. "극기복례는 인이다. 일일극기는 복례고 천하가 인에 귀의한다." 극기, 추기사상은 후에 유학에서는 수신으로 발전한다. 수신은 또 사친(事親)에 귀결된다.

"효자는 인에 근본을 둔다"[442], "인자는 사람이므로 친친(親親)이 가장

---

439) 장덕성, 『유가윤리와 질서정결』, 65쪽
440) 『論語 爲政』
441) 『論語 顔淵』
442) 『論語 學而』

크다" 그러므로 군자는 수신을 하지 않으면 안 된다.[443] 『대학』에서는 '치지격물(致知格物)'을 강조한다. '치지(致知)'는 주요하게 윤리를 안다는 것이고 '격물(格物)'은 주요하게 인사, 사유에 대한 인식과 파악을 말했다.

"천자로부터 서민에 이르기까지 모두 수신을 근본으로 하여야 한다." 그리고 '수신치가치국평천하'를 편정(編程)하여 부단히 전진하면서 정서(程序)를 개방하고 이로부터 윤리통제형식이 체계화되고 절차화되었다.

3) 인애를 기초로 하다

공자 맹자의 '인학'사상은 집중적으로 유학과 유관한 "인애를 기초로 한다"는 명제가 사회질서를 구축하는 원칙이 되었다. 공자가 『논어』에서 '인애'를 말한 것이 107차례나 된다. 맹자는 공자의 인학 사상을 발휘시켜 주로 '성선론(性善論)'의 논단을 제출하였다. 유학의 인애의 주장은 주요하게 아래의 몇 가지를 포괄한다.

첫째, 극기이다. 공자는 이렇게 말하였다. "극기, 복례가 인이다. 하루를 극기복례하면 천하가 인에 귀결된다."[444] 한마디로 극기가 곧 인이다. 맹자는 유학의 발전에서 주요하게 인성선의 이론을 주장하였다. 맹자는

---

443) 『中庸』
444) 『論語 顔淵』

인성은 본시 착하다고 인정하면서도 사람의 귀, 눈, 입, 코에 욕심이 있으며 그것들은 상대적으로 인간의 '성선'의 대체에 지나지 않으며 대성(大性)으로 말하면 '소성(小性)'이고 '소체(小体)'라고 하였다. 맹자는 귀, 눈, 입, 코의 욕심은 용이하게 외부사물에 끌리며 그것은 사고가 없는 기능으로 마음의 작용은 사고에 있다고 인정하였다. "사고를 하면 얻고 사고하지 않으면 얻지 못한다." 사실상 사회에는 '요지도(堯之道)'도 있고 '척지도(跖之徒)'도 있고 '위선(爲善)'자도 있고 '위불선(爲不善)'자도 있다. 그 주요 원인은 '성선'의 대체, 대성과 귀, 눈, 입, 코의 욕심을 가진 '소체', '소성' 간의 모순투쟁에 있다. 만약 귀, 입, 눈, 코의 욕심을 따라간다면 '척지도'의 길을 걸을 것이고 만약 욕망을 마음의 감각으로 누른다면 '성선'의 본능을 유지할 것이다.

맹자는 또 '진심, 지성, 지천' 이론을 주장하였다. 어떻게 해야 '진심, 지성, 지천'의 경지 도달할 수 있는가? 그 중 지치(知恥), 과욕은 중요한 요소이다. 오직 극기해야만 '소체'가 '대체'를 알게 되며 오직 극기해야만 '소성'이 '대성'에 이을 수 있다. 극기를 현대 사회학의 용어로 표현한다면 인간은 마땅히 자신의 욕망을 억제하고 사회질서가 요구하는 규범에 따라 사회규범에서 요구하지 않는 것들을 보지 않고 듣지 않고 말하지 않고 하지 않는 것을 의미한다. 만약 사람마다 이렇게 한다면 인도가 천하에 행해질 것이다.

둘째, 추기(推己)이다. 공자가 이르기를 "인덕을 갖춘 사람은 자신이 일어서기 전에 남을 먼저 일어서게 하며 자신이 사리에 통달하려면 다른 사람이 먼저 사리에 통달하게 해야 한다."[445] 또 이르기를 "자신이 싫어하는 일을 상대방에게 강압적으로 시키지 말아야 한다"[446]고 했다.

맹자는 성선론의 각도에서 사람마다 모두 착할 것을 주장하였다. "불행한 사람을 동정하는 마음은 누구에게나 있다." 맹자는 말하였다. "인은 사람의 마음이다." 이 말의 뜻인즉, 다른 사람의 불행을 동정하는 것이 곧 인이라는 것이다. 다른 사람의 불행을 동정하는 마음이 곧 인의 종자이다.

후에 『대학』에서 이렇게 말했다. "상급이 나를 밉게 보더라도 하급은 상급을 미워하지 말아야 한다. 당신의 하급이 당신을 미워한다 해도 당신은 하급을 미워해서는 안 된다. 전에 나를 미워한 사람일지라도 후에 그것을 따지지 말아야 한다. 후에 누가 나를 미워할지라도 이전의 일을 따지지 말아야 한다. 오른쪽 사람이 왼쪽 사람을 미워할지라도 왼쪽 사람은 오른쪽 사람을 미워하지 말아야 한다."[447] 이런 것을 일컬어 결구(潔矩)지도라고 한다. 이것도 공자, 맹자의 추기사상이 발휘된 것이다.

셋째, 인간에 대한 사랑이다. "번지(樊遲)가 공자를 보고 인이 무엇인가"라고 물었다. 공자가 "사람을 사랑하는 것이니라"[448]라고 했다. 공자가 또 이르기를 "군자의 도는 사람을 사랑하는 것이다."[449]

---

445) 『論語 雍也』
446) 『論語 衛靈公』
447) 『大學』 제10장
448) 『論語 顔淵』
449) 『論語 顔淵』

"환공구합(桓公九合) 제후들이 병차(兵車)를 사용하지 않는다"에 대하여 공자는 "관중(管仲)의 힘이도다"라고 하면서 "이것이 인이도다, 이것이 인이도다"[450]라고 하면서 칭찬을 아끼지 않았다. 공자는 "인자는 다른 사람을 사랑한다"라고 하였는데, 인(仁)과 인(人) 간의 내재적인 관계는 논술하지 않았다. 맹자가 진일보하게 "인(仁)은 곧 사람이다"[451]라고 말했다. 또 '인'은 인간만이 갖고 있는 것이며 인성의 존재는 인간의 본질적인 것이라고 말하였다.

넷째, 위인유기(爲仁由己)이다. 공자가 이르기를 "인덕을 수행하는 것은 자신에게 달린 것이니, 어찌 다른 사람을 의지할 수 있겠는가?"[452] 또 이르기를 "인이 우리와 멀리 떨어져 있는가? 오직 우리가 인에 도달하려고 하면 인은 스스로 오는 것이다"[453]라고 하였다. 공자는 사회에 새로운 도덕자각의 원칙을 주입시키고 있다. 공자에게는 서주시기 주공식의 역사우환의식과 천명의식이 없으며 냉정하고 이성적인 '복례'의식만 있다. '명덕'을 제창한 주왕처럼 개인의 도덕성과 천명계승의 사상이 더는 없고 '위인유기'의 보통 개체, 즉 '사'(士)의 도덕적 자각을 주창하고 있다. "사람은 본디 선량하다"에 기초한 "인(仁)은 곧 사람이다"[454]라는 논단은

---

450) 『論語 憲問』
451) 『論語 盡心下』
452) 『論語 顔淵』
453) 『論語 述而』
454) 『論語 盡心下』

맹자에 이르러 인간동류설로 발전한다. 모든 사람, 성인으로부터 서민에 이르기까지 모두 동류에 속한다. "성인으로부터 서민에 이르기까지 모두 같다"[455], "성인과 나는 동류이다"[456], "요순과 사람은 동류이다"[457], "사람은 누구나 요순이 될 수 있다."[458] 이렇게 맹자는 공자의 '위인유기'설을 한층 높은 단계로 끌어올렸다.

후에 유학의 중요한 경전이 된 저작들을 예를 들면 '순자', '중용;' '대학', '효경', '예운'등은 '논어'와 '맹자'의 인애사상을 계승하고 발전시켰다. 예를 들면 '극기복예', '기소불욕물시어인'의 '기'는 개인의 사욕을 말하며 사회질서와 대립된다. (후에 순자가 악(惡)이라고 천명하였다)

'추기'의 '남을 먼저 세워주고 자기가 달성하고자 하면 남을 달성하게 해 주는 것(己慾立而立人)'에서의 '기'는 사회질서의 요구와 일치한다. (이 기는 후에 맹자에 의해 선을 말하는 '4단(四端)' 혹은 선량의 의지로 발휘되었다.) 이로부터 유학은 '욕'과 '불욕' 두 방면으로부터 인자가 어떻게 자신과 타인의 관계를 처리해야 하는가를 서술하였다. 여기에서 인학 정의의 주연성을 알 수 있다. 다른 한 방면으로부터 "인자는 사람을 사랑한다", "인자는 사람이다"는 관념을 공자와 맹자는 최종적으로 사회질서를 건립하는 개인주의 원칙, 즉 '극기'와 '추기'의 원칙을 보편적 원칙으로 상승시켰다. 이것이 공맹 후에 발휘된 이른바 '문수일부(聞株一夫)' 이론의 근원이다.

455) 『論語 公孫丑上』
456) 『論語 告子上』
457) 『論語 異類下』
458) 『論語 告子下』

종합적으로 인은 일종의 보편적인 사회질서의 기초이다. 두유명은 말하였다. "오늘 대다수 신학자들은 모두 이렇게 주장한다. 무릇 일종의 종교는 반드시 구체적인 사회문제에 대하여 풍부하고도 창조적인 해답을 줄 수 있는 능력이 있어야 한다. 그것은 반드시 사람들이 어느 때 어디에서 중대한 요구가 있는가를 반영하는 윤리여야 한다. 아울러 하나의 윤리라면 사람들이 더욱 높은 이해와 수준으로 자신의 심령을 개방하려는 데 도움을 주지 못하고 사람들이 어느 때 어디에서 유한의 공리를 초월하려는 데 도움을 주지 못한다면 그것은 다만 유한한 범위 안에서만 작용을 발휘하게 되며 따라서 무슨 성과나 성숙된 윤리체계를 입에 올릴 수 없다."[459] 유학은 "어느 때 어디에서 중대한 필요가 생기는가를 반영하는 윤리"로 발전하였다. 이것을 입증해 주는 것이 '군군, 신신, 부부, 자자'의 윤리이다.

이러할 뿐만 아니라, 유학은 사람들을 도와 공리를 초월하게 하며 유한의 범위를 초월하게 하며 또 사람들을 도와 "더욱 높은 수준으로 자기의 심령을 개방하게 한다." 사람들을 도와하여 유한적인 공리와 유한적인 범위를 초월하고 사람들을 도와 '더욱 높은 수평으로 자기의 심령을 개방'시키는 것이 곧 '인자는 사람을 사랑하고', '인자는 사람이다'라는 유학명제이다.

인자가 어디에서 왔으며 이러한 사회질서의 최종 근거가 무엇인가에 대해 공자는 말하지 않았다. 공자는 다만 인에 가히 도달할 수 있다는 말만 했다. 이것이 공자가 창조한 유학이 이후 발전에 남겨놓은 상상의 공간이다. 동중서는 "천인이 감응(天人感應)한다"고 말했고 송, 명 이학설에서는

---

459) 『두유명신유학논저집요』. 147쪽.

'천리(天理)'를 말했다. 이 모두는 인류사회질서에 대한 최종적인 관심이다.

인과 예는 공자유학정신의 핵심이다. 풍우란은 "공구는 어떤 때에는 인으로 예를 정하였고 어떤 때에는 예로써 인을 정했다. 이것은 그의 사상 중에서 인과 예가 완전한 도덕적 품질로 통일되었기 때문이다. 인과 예는 서로 모순된다. 인은 개인의 자유에 속하는 것이고 예는 사회제재의 한 방면이기 때문이다. 인은 자연적인 예물에 속하는 물건이며 예는 인위적인 예술에 속하는 물건이다. 자연의 예물과 인위적인 예술은 대립된다. 대립은 필연적으로 상반된다. 상반은 곧 모순이다. 그러나 상반이 어울리면 모순되면서도 통일된다. 내용이 진정으로 느껴지는 예는 없다. 다만 빈 형식뿐이다. 엄격히 말하면 예가 이루어 지지 못한다. 예가 없는 절제된 진정한 감각은 엄격히 말해서 인을 이루지 못한다. 그러므로 진정한 예는 반드시 인을 포함하여야 한다. 완전한 인 역시 예를 포함하여야 한다.

이것은 두 대립이 상호 침투된 것이다. 그러므로 완전한 도덕품질은 예와 인의 통일이다. 하나의 완전한 인격은 통일의 체현이다."[460] 인과 예는 갈라놓을 수 없다. 인을 떠나 예를 말하는 것은 굳어진 일종의 형식이며, 예를 떠나 인을 말하는 것은 인을 텅 빈 허울로 만드는 것이다. 사회학적인 각도에서 보면 예는 손익(損益)이 있을 수 있으나 인은 손익이 있을 수 없다. 인은 일종의 형식이고 예는 일종의 조작화이다. 인은 일종의 이상적인 사회질서이고 예는 다만 사회질서 운행 중의 일종의 규범화에 불과하다. 공자가 이르기를 "은나라는 하나라의 예를 배워 손익을 알게 되었고,

---

460) 풍우란, 『중국철학사신편』 제1책. 145쪽.

주나라는 은나라의 예를 배워 손익을 알게 되었다. 주나라를 계승한 자들은 백세를 알게 되었다."[461] 인은 곧 공자의 3대의 예에 대한 손익과 승화이며 주나라를 계승한 백세성전으로서 유가정신의 핵심개념이 되었다.

위의 서술에서 인은 유학정신의 기초이고 군주질서는 유학정신의 현실적 목적이고 윤리통제는 유학정신의 조작 수단임을 밝혔다.

3. 유학정신의 내재적 규정성

유학정신의 세 가지 원칙에서 혹자는 유학정신의 내재적 규정성이 윤리성이라고 말했다. 윤리이성은 윤리와 관련된 판단이나 평가능력을 말했다. 윤리는 인류사회에서 인간과 인간 간의 관계, 행위와 법규를 가리킨다. 윤의 이(倫理)는 수의 이(數理), 물의 리(物理) 등과 다르다. 윤리는 선명한 민족성을 갖추고 있다. 유학사회에서 사회관계형식의 표현은 윤리와 관련이 있다. 유학정신은 유학사회 중의 윤리이성의 집중적 표현이다. 그것은 유학사회와 관련된 민족의 특성을 선명하게 표현한다.

비교적으로 말하면 유학사회의 윤리이성은 아주 발달하였다. 유학사회 중의 '윤(倫)'은 일상생활 언어에서 말하는 '배분(輩分)', '윤분(倫分)'을 말했다. 유학사회 중의 '윤'은 일반적인 인간관계를 지칭하는 것이 아니라, 혈연, 종법, 등급을 내용으로 한 인간관계의 네트워크를 말했다. 이것은

---

461) 『論語 爲政』

혈연관계를 기점과 핵심으로 삼아 외부로 확산되어 형성된 인간관계이다. 유학정신의 내재적 규정성이 윤리 이성이라는 것을 어떻게 인식해야 하는가? 유학의 3대 명제와 사회이상 중에서 유학의 인애가 윤리 중의 인애이며, 예에 부합되는 인애라는 것을 알 수 있으며, 군주질서의 합리성이 예성에 부합되며, 유학사회의 대동이상과 소강이상이 '친친'의 윤리에 건립되고 있음을 알 수 있다. 윤리를 떠나거나 윤리의 통제를 떠나면 인애의 원칙, 현실적 사회질서인 군주질서, 이상적 사회질서, 대동과 소강 등을 전개시킬 수 없다. 종합적으로 원시유학이든 경전유학이든 해석유학이든 결국은 그 주장 혹은 이론이 윤리이성 중에서 생겨난다. 특히 종법윤리 중에서 생겨난다.

유학정신의 윤리 규정성(윤리이성)과 유학사회의 윤리 관계의 특징은 합이위일(合二爲一)이다. 개괄하면 대략 아래의 몇 가지가 포함된다.

첫째, 유학은 인류의 가장 원시적인 생물적 비밀번호인 '효'(대를 이어 내려옴)와 최고의 철학사상이 결합된 것이다. 『주역』 에서 이렇게 말하고 있다. '남자와 여자가 있은 다음에 부자가 있고 부자가 있은 다음에 군신이 있고 군신이 있은 다음에 상하가 있고 상과 하의 이후에 예의가 있다.

혈연가족은 유학윤리의 뿌리이다. 이로부터 생겨난 도덕표준인 '효'는 유학사회의 행위에서 선악을 판단하는 근거가 된다. '효'의 관념은 모 방면에서 시작된다. 인류는 대를 잇기를 요구하며 생명력이 정상적으로 번창할 수 있는 생물적 관념을 요구한다. 유가의 윤리 중에서 가장 기본적인 관계는 친자관계(즉 부모와 자식관계)이다. 이러한 비상한 원시성, 비상한 직각적 감정이 교묘하게 결합되어 유가전통에서 가장 깊은 철학사고의 기초를 형성한다. 현대 언어로 표현하면 이것은 생물적 비밀번호와 철학적 비밀번호가 융합되어 생성된 사유방법이다. 또한 유가가 체현한 일종의 독특한 사고 양식, 즉 윤리사유 혹은 윤리성이다.

둘째, 유학이 주장하는 윤리조직사회는 국가생활이다. "이 세상에서 부모에게 효순하는 사람과 어른을 존경하는 사람이 매우 적다. 반면에 법을 위반하는 사람이 많다. 법을 위반하지 않더라도 반란을 좋아하는 사람들이 있다. 이런 일이 절대 있어서는 안 된다. 사람이 되려면 근본부터 시작되어야 한다. 근본이 수립되면 도가 나타난다. 부모에게 효도하고 스승과 윗사람을 존경하는 것이 사람이 되는 근본이다."[462] 이로부터 효제와 '범상(犯上)'이 직접 연계되어 훗날의 군주질서의 가장 직접적인 기초가 구축된다. 양수밍이 말하였다. "상관관계를 말하면 부자, 부부, 형제, 붕우, 군신은 모두 상관관계의 양면성을 갖고 있다. 그들은 상호 상대방을 중히 여긴다. 남녀가 만나 마음이 통해 자식을 낳게 된다. 가정에 부자가 있게 되니 이는 천연의 기본관계이다. 고로 윤리는 가정에서 제일 중요하다. 부모는 언제나 최우선이고 다음으로 형제, 자매이다. 부모가 있기 때문에 자녀가 있게 된다. 종족처당(宗族妻黨)도 이렇게 해서 생긴다. 사회에 나와서는 스승과 제자가 있게 되고 경제에서는 패거리가 생기며 정치에서는 군신과 관민이 있게 된다. 살다보면 이웃과 친구가 생기게 된다. 사람은 나이를 먹으면서

---

462) 『論語 學而』

생활이 시작되고, 점차 사면팔방으로부터 여러 가지 관계를 맺게 된다. 모든 관계는 모두 윤리이다. 윤리의 시작은 가정이다. 윤리는 가정에서 시작된다. 전 사회의 사람들은 서로 사슬처럼 얽혀 있으면서 무형의 조직을 형성한다."[463] 중국인은 가정 관계를 추종하고 발휘시켜 윤리조직사회를 만들었다.

셋째, 유학은 이상사회를 묘사함에 있어서 유학의 윤리본성의 제한을 받았다. 유학의 이상사회의 최고 경지는 '천하위공'(天下爲公)이다. 유학의 이상사회의 다음 경지는 '천하위가'(天下爲家)이다. 천하위공사회의 기본 표준은 "친인을 친인으로 대할 뿐만 아니라 친인이 아닌 사람도 친인으로 대해야 한다." 상응하는 소강사회 혹은 천하위가의 기본 표준은 "자기의 자녀를 친인으로 대할 뿐만 아니라 다른 사람의 자녀도 친인으로 대해야 한다"이다. 사회의 경계가 다르면 친자관계도 다르다. 그러나 궁극적으로는 친자관계식의 친친윤리의 시야에서 벗어날 수 없다. 이로부터 이상사회의 윤리구조가 분명하게 된다.

넷째, 유학이 건립하려는 왕도 이상은 수신(修身) 이 두 자에 귀결된다. 유학이 강조하는 명덕과 지선은 수신, 즉 수례(修禮)이다. 『대학』에서 말했다. "대학의 도는 명덕이요 친민이고 지선이다. 이것을 알게 되면 마음이 고요해지고 마음이 고요해지면 안녕이 따르고 안녕해지면 사고하게

---

463) 양소명, 『중국문화요의』 79~80쪽.

되고 능히 얻는다. 만물은 뿌리가 있고 논쟁은 시작과 끝이 있다. 선후를 알면 도에 가까워진다. 고로 명덕으로 천하를 얻으려면 먼저 나라를 다스려야 한다. 나라를 다스리려면 먼저 가정을 다스려야 한다. 가정을 다스리려면 그 자신이 스스로 수신을 해야 한다. 먼저 마음을 바르게 가져야 하고 마음이 바르게 되면 뜻을 성사시킨다. 뜻이 있으면 치지에 이르고 치지는 곧 격물이다.

격물이 치지에 이르고 치지 후에 뜻이 이루어진다. 뜻이 선 다음에 마음이 바르게 된다. 마음이 바르게 되려면 수신을 해야 한다. 수신 후에 가정을 다스리고 가정을 다스린 다음 나라를 다스려야 한다. 나라를 다스리면 천하가 태평하게 된다. 천자로부터 서민에 이르기까지 모두 수신을 해야 한다."[464] 치지격물은 유학에서 규정한 수신이 지선에 이르는 기초이다. 여기서 말하는 '격물'은 외적 세계에 대한 인식과 연구이고 '치지'는 외적 세계를 통해 얻은 인식이며 연구하여 얻은 지식이다. 그것은 자연계의 인식도 포함한다. 예를 들면 물에 대한 맹자의 인식이 바로 '격물'이다. 《역전(易傳)》에 이런 구절이 있다. 옛사람인 포희씨(包犧氏)가 왕으로 천하를 호령할 때 위로는 하늘의 상을 우러렀고 아래로는 땅의 법도와 짐승들과 땅의 화합을 굽어봤으며 가까이는 몸에서, 멀리서는 사물에서 획득했으며 8괘를 시작으로 신명의 덕과 만물의 정에 통했다."[465] '관상우천(觀象于天), 관법우지(觀法于地)', '근취제신(近取諸身),

---

464) 『大學』 제1장.
465) 『周易 繫辭下』

원취제물(遠取諸物)' 여기서는 '격물'을 말하고 있다. '치지'는 격물의 결과이다. 대외 세계에 대한 인식 후에 얻어낸 지식이다. 격물의 대상이 자연계를 포괄한다면 치지는 당연히 자연계에 대한 지식과 응용을 포괄한다. 예를 들면 '역전'에서의 복희씨가 만든 팔괘, 신농씨가 나무를 찍어 만든 보습, 요순 황제가 만든 나무배 등은 모두 일종의 '치지'이다. 그러나 유학으로 말하면 '격물치지'에서의 '격'의 주요 대상은 자연계가 아니며 따라서 '치'의 '지'도 역시 자연계에 대한 지식이 아니고 사회윤리 관계방면의 지식이다. 맹자는 '물(水)'의 관찰을 통해 '성선', 즉 '치지'를 알았다.

유학의 격인 '물(物)'은 더욱 많은 사회윤리 방면과 관련된 관계와 행위의 체험을 갖는다. 유가에서 사실 마땅히 얻어야 할 가장 기본적인 지식은 수신에서 오는 것으로 수신을 근본으로 삼는다. '수신위본'은 천자로부터 서민에 이르기까지 모두 행해야 할 가장 중요한 지식행위이다. 이것은 최고의 지식이고 이른바 '지본'이며 '지지지야(知之至也)'이다. 유학은 유학사회 중의 사회생활과 정치 혹은 국가생활을 환원시켜 개체의 극기로 수양하고 깨닫게 한다. 즉 성심과 정의(正意)에 이르게 한다.

신유학은 유학을 '위기지학(爲己之學)'이라고 여긴다. 위기지학은 두 가지 방면, 즉 수신과 사상 혹은 마음에 대한 훈련으로 먼저 수신이다. 수신은 몸에 대한 양성의 개념과 유학의 육예(六藝)에 관한 학습을 포괄한다. 신체는 부모가 준 것이므로 아끼고 잘 보양해야 한다. 이것 외에 유학의 육, 즉 예, 악, 사, 어, 서, 수 등은 모두 수신의 내용이다. 예는 신체를 훈련하는 일종의 형식이다. 그것의 용의는 신체를 전환시켜 일반적인 일상생활에서 자아를 적당히 표현하려는 데에 있다. 예의 실천은 청소를 한다든가, 응답을 한다든가, 앉는 자태 등의 간단한 실천을 포괄한다. 훈련을 통해 사람은 충분하게 사회활동에 참여할 수 있고 상규적인 의무를 실행한다. 예는 또한 언어교류이면서 언어교류가 아니기도 하다.

음악, 무용도 신체를 훈련하는 일종의 방법이다(조선과 일본에서는 이것이 아주 잘 진행되고 있다). 서법, 기마, 심지어 산술 등도 신체를 훈련하고 지력을 훈련하는 것에 포괄된다. 자아수신은 개체 예의화의 형식으로서 아이들을 정확하게 인도해 줄 뿐만 아니라 확실하게 자기를 표현한다. 또한 그들로 하여금 예술심미방면에서 자기를 표현하게 한다. 학습하는 것은 사람이 되게 하는 과정이다. 즉, 자연물체의 개체가 감각과 정서의 미로 전환되는 미학적 표현이다. 그 다음으로 사상이나 마음의 훈련이다. 맹자는 물망물조(勿忘物助)와 개인의 고통을 덜어줄 것을 요구하였고 "자기를 수양함에 있어서 호연한 기개가 있어야 한다"[466]고 말하였다.

다섯째, 유학이 주장하는 중용의 도는 주로 합리적인 일종의 도덕적 욕구를 말했다. 중용에 대해 공자는 이렇게 설명하였다. "중용은 도덕이며 최고이다. 여러 사람들은 이미 오래 동안 이것이 결핍하였다."[467] 그리고 "언행이 어느 쪽으로도 기울지 않는 것이 중용이다"[468]라고 하였다.

---

466) 두유명, 『싱가폴의 도전-신유가윤리와 기업정신』, 62~67쪽.
467) 『論語 雍也』
468) 『論語 堯曰』

주희는 『중용』을 공문(孔門)을 전수받는 심법이라고 인정하였다. 주희는 『중용장구서』에서 중용은 요황제에서 순황제로 전수되어 '윤집기중'(允執其中)이라는 4자경을 만들었다고 말했다. 순황제는 우황제에게 전수하여 우황제가 금에게 전수하여 '인심유위, 도심유미, 유정유일, 윤집궐중(人心惟危 道心惟微 惟精惟一 允執厥中)[469]'라는 16자를 만들었다. 대체적인 뜻을 말하면 인심은 예측하기 어렵고 도의 진의도 알기 어렵다는 것으로 중점은 '윤집궐중' ― "사람이 언행이 아무 쪽에도 치우지지 않아야 정도(正道)에 이른다는 것이다." 공자가 손자의 사상이 와전될 것을 두려워해 『중용』을 썼다는 설도 있다. 이정이 해석해 이르기를 기울지 않으면 중용이요, 쉽게 흔들리면 용(庸)이라고 했다.

중용은 천하의 정도이다. 용자는 천하의 정리이다. 주희기 말하였다. "용은 보편적인 도리이다. 만고만세에 이르러도 쉽게 변하지 않는다. 중용만이 가장 정확한 도리이다." '중'은 '중용'이라는 두 가지 의미를 갖고 있다. 하나는 "희로애락이 나타나지 않는 것이 중"이고 두 번째는 "두 끝을 쥐면 그 중간이 백성이다"라는 의미다. 전자의 중은 의심할 바 없이 "조용히 움직이지 않는다"는 것으로 고요하고 맑은 경계를 가리키고 후자의 중은 두 끝이 대립되는 개념이다. '중간'은 가장 알맞고 좋은 곳이라는 의미다. 『중용』에서는 "성실함은 천도의 법칙이고 성실하게 되는 것은 인도의 법칙이다", "사고하지 않고도 도리를 터득하고 중용의 도에 이르면 성인이다"라고 하는데 결국은 '윤집기중'의 '중'은 수양론의 경계가 되며

---

469) 『尚書 대우막』

실제정책을 제정하고 집행하는 과정에서 실수를 피할 수 있는 하나의 방법론이 되기도 한다. 중용의 방법론의 기본 원칙은 '윤집궐중'이다. 대체적인 뜻은 일처리에 집중하고 적당히 한도를 지키며 사물의 평형을 유지하고 사람들의 언행이 도덕표준에 맞아야 한다는 것이다.

4. 유학정신의 경전화 및 그 의의

원시유학, 경전유학 및 해석유학 등 각종 유학의 형태는 공동으로 유학발전의 연속체를 구성하였다. 원시유학은 유학의 정의(精義)을 말하고 경전유학은 유학이 문본화(文本化), 경전화, 해석유학은 유학의 정의를 진일보하게 발휘한 합리화된 유학을 말했다.

유학의 경전화는 유학의 발전과정에서 빠뜨려서는 안 될 구성부분이다. 유학의 경전화는 주로 진(晉)나라로부터 양한(兩漢)시기에 완성된다. 그러나 유학사회의 발전은 부단히 자신의 내용을 풍부하게 만드는 과정이었다. 즉 경전화는 지속적이고 부단한 과정에서 완성되었다. 유학의 경전은 4종으로부터 5종, 6종, 7,종, 9종, 13종 등으로 확장되면서 각종 다른 설법이 있게 되었다. '13경의 구성은 한 번에 이룩된 것이 아니었다. 전국 전에는 『시』,『서』,『예』, 『악』 4종이었고, 전국 이후에는 『역』 과 『춘추』 가 첨가되어 6종이 되었으며, 한나라에 이르러 『악』 은 노래일 뿐 경이 아니라고 하여 그것을 없애 5종이 되었고, 거기에다 『논어』 와 『효경』 를 첨가하여 7종이 되었다. 당대에 와서 『의례』,『주례』,『예기』 가 생겨났고 거기다 『춘추』의 3종을 합하고 또 『역』, 『서』, 『시』를 합쳐 9종이 되었다. 송대에 와서 당의 9종에 『논어』, 『효경』, 『맹자』, 『이야』를 합쳐 13종이 되었다. 결국 '13경'은 5차례의 변천을 거쳐서야 완성되었다.[470] 유학의 정신체계에서 유학사회 질서의 발생에 중요한 영향을 미친 『논어』, 『맹자』 외에 (원시 유학에 귀결됨) 적어도 『주역』, 『춘추』, 『예기』, 『대학』, 『중용』, 『예운』, 『효경』 등 중요한 유학경전이 있었다는 것을 지나쳐서는 안 된다. 종합적으로 말해 유학정신은 춘추전국, 진한을 경과하면서 유학자들의 부단한 노력에 의해 점차적으로 경전화되었다. 유학정신의 경전화의 의의는 주로 아래의 몇 가지이다. 첫째, 유학사회의 흥기에 이론적인 논증을 제공하였다. 둘째, 군주를 포함한 통치계급에 이론적 훈도(訓導)를 제공하고 통치자들의 이론사유의 수준과 인성화의 수준을 제고시켰다. 셋째, 유학사회의 개체들의 일상생활에 명확한 도덕방향을 제시하고 사회의 총체적인 생활에 명확한 이성화의 방향을 제시하였다.(표6 참조) 바로 이렇기 때문에 유학경전이 완비되게 되었고 유학이 모종의 비교적 완선한 구조사회체계의 요소를 구비하게 되었으며 최종적으로 의식형태의 통치지위 과정에서 동요가 없었다.

---

470) 고힐강, 『진한의 방사와 유생』, 상해. 상해세기출판그룹. 2005년, 43쪽.

표 6) 유학정신의 경전화 및 유학사회에 영향을 준 주요영역

유학경전	영향을 미친 주요 영역
『논어』	통치원칙, 윤리원칙 등
『맹자』	윤리원칙
『대학』	정치강령 등
『중용』	도통건축 등
『시경』	문학 등
『예기』	제도건립, 일상생활 등
『주역』	철학영역, 일상생활 등
『춘추』	사학, 유가법의 건설 등
『효경』	일상생활 등

1)『주역』의 경전화 및 그 의의

　『주역』은 『역경』(易經)과 『역전』(易傳)을 포괄한다. 『역경』은
중국역사 문헌 중에서 가장 빠른 경전이라고 말할 수 있다. 『역경』의
출현으로 인하여 원래의 구체적이고 산만하고 점무사송(占巫辭頌)적인
기록이 문본 계통으로 변하게 되었다. 무사의 문본화는 신비라는 외적 의미
아래, 다만 경험 중에서 보편원리를 추구하던 것이 문자의 파악으로 응결된
보편형식의 이성화의 노력임을 나타낸다. 원고의 점복(占卜)으로부터

『역경』의 출현에 이르기까지에서 우리는 일종의 복무(卜巫) 계통내의 이성화 혹은 지력화의 진보를 알 수 있다. 『역경』의 체계와 실천은 "그 의의를 원시사유의 의의에서 이해할 것이 아니라 마땅히 그것을 주(周)문화, 『구제무매(驅除巫魅)』 과정의 일부분으로 보아야 한다."[471]

『역경』이 만약 『역전』을 떠난다 해도 여전히 한부의 점무책 (占巫册)에 불과할 뿐이다. 만약 사회반사를 의미하는 『역전』이 없다고 해도 『역경』은 여전히 『역경』이다. 『역전』이 나타나 후, 『역경』의 의의를 흔히 『역전』에서 찾았다. 『역전』은 주역의 일부분이다. 『전(傳)』은 『경(經)』과 상대적이며 『경』의 해석이다.

『역전』에는 단사(彖辭), 상사(象辭), 문언(文言), 서괘(書卦), 설괘(說卦) 등 편장들이 있다. 모두 10편인 일명 『십익(十翼)』이라고도 하며 통칭하여 『역전』이라고 한다. 『사기 · 공자세가』의 기록에 의하면 『십익』이 공자의 작품이라고 한다. 근대학자들의 연구에 근거하면 『십익』혹은 『역전』은 개인의 창작이 아니며, 어느 한 시대의 작품도 아니다. 『역전』이 만들어진 연대에 대하여 어떤 사람은 전국 중기라고 하고 어떤 사람은 전국 말기라고 하고 또 어떤 사람은 진한시기라고 하고 또 혹자는 전국시기로부터 서한에 이르는 시기에 만들어졌다고 한다. 현재는 일반적으로 『역전』이 춘추전국 시기에 많은 『역학』 애호자들이 공동으로 만든 것이라고도 하는데, 『역전』이 대체 누구에 의하여 만들어졌는지 고증할 방법이 없다. 『역경』에서 『역전』이 되는

---

471) 진래, 『고대종교와 윤리』, 88쪽.

과정을 『좌전』과 『논어』에서 약간의 실마리를 잡을 수 있다. 공자로부터 순자에 이르기까지 『역경』의 해석과 열독이 이미 문본화되었으며 아울러 하나의 이성주의 해석의 길로 걸어왔다. 순자 시대에 이르러 '착한 사람은 남을 침범하지 않는다'고 주장했다. 복무(卜巫) 시대는 유학자들이 주목을 받지 못했다. "춘추가 망한 후 사람들이 『역경』과 복무(卜巫)를 분리시켰으며 『역경』을 직접 열독하는 문본으로 삼았다. 『역경』은 이러한 역사과정에서 경전화 되었고 최종적으로 철저한 문본화를 완성하였다. 이리하여 '문본해석'은 순수한 정신활동을 위한 개벽의 길을 걷게 되었다."[472]

『역전』은 유학정신의 발전과 유학구조의 건설에서 여타의 유가경전에 비할 수 없는 작용을 했다. 『역경』으로부터 『역전』에 이르는 데에는 과정이 있었다. 이 과정이 바로 『역경』 문화해석의 과정이다. 『역전』은 『역경』의 해석으로서 문본화 과정에서 작자유가화(作者儒家化)의 논점을 주장하였고 유학이성화 혹은 '구제무매'(驅除巫魅)의 노력을 반영하였다. 『역경』의 출현은 서주사회생활 이상화의 중요한 종착점이고 『역전』의 출현으로 서주사회생활 이성화의 방향을 지속하였다.

유학은 자신의 이상화 주장과 도덕을 가장 고루한 전적(典籍)에 의탁하여 중국고대사회의 이성화와 이지화(理知化)방향을 지속하였다. 유학의 발전과정에서의 『역전』의 실제의의는 진일보하게 서주 이래의 지력의 진보 중의 이성화 경향을 촉진한 것에 있다. 『역전』이 사회반사를 통해

---

472) 진래, 『고대종교와 윤리』, 89쪽.

유학발전사에 남긴 중요한 의의는 아래의 몇 가지 방면에서 표현된다.

첫째, 『역전』은 『역경』을 한 부의 인류의 자각적인 의식의 결과로 보았으며 자각적으로 『역경』에 경전의 의의를 부여하였다. 왜 『역경』을 만들었었는가? "공자 왈, 역경이란 무엇인가? 역경이란 만물의 근본을 알고 거기서 인간이 성공할 수 있는 비결을 찾는 일이로다. 천하의 모든 도가 다 이러할 뿐이다. 고로 옛 성인들은 천하를 다스릴 웅지를 품었고 천하를 평정하는 대업을 이룩하였고 천하를 의심하기도 하였느니라."[473] 『역경』은 또 어떤 책인가? "고대 포희씨가 왕이 되어 천하를 얻었을 때 머리를 들어 하늘을 관찰하고 고개를 숙여 땅을 관찰하고 만물의 도리를 알았다고 한다. 각종의 생물들이 가까운 데서는 스스로 얻고 먼 데의 것을 얻는 데에는 문제가 있었으니 이때로부터 팔괘가 시작되어 신명(神明)의 덕과 만물의 지정이 통했다는 것이다."[474] 『역경』이 어느 때에 만들어졌는가? 『역경』에 대해 예측을 해 보았다. "역경이 흥한 것이 중고대시기가 아닌가? 그렇다면 역경의 작자는 누구인가?" 또 "역경이 흥한 것이 은나라 말세이니 주나라의 성덕이 사(邪)가 아니겠는가? 문왕이 주를 토벌한 것도 사가 아니겠는가?"

---

473) 『周易 繫辭上』
474) 『周易 繫辭下』

둘째, 『역전』은 처음으로 사회발전의 역사를 성인(聖人)이 창조한 역사라고 인정하고 황당하고 몽롱한 원시세계를 역사로 끌어들인 책이다. 『역전』은 성인을 대대적으로 찬양하고 있다. "그러므로 자연이 생산한 신묘한 사물은 성인을 본 받은 것이다. 자연계의 각종 변화도 성인을 모방한 것이다. 천공에 드리운 하늘의 상(象)은 길흉의 징조를 나타낸다고 하고 황하에 나타난 하도(河圖), 낙수에 나타난 낙도(洛圖)는 모두 성인을 표방한 것이다", "덕재가 초인한 성인은 천지 자연세계의 변화 정황을 알아내고 모든 행동이 자연의 규율에 부합된다. 그는 일월의 운행 정황을 알고 그의 행동이 빛의 광조(光照) 규율에 부합된다. 그는 사계절의 변화를 알아내고 그의 행동은 계절교체규율에 부합된다. 그는 현묘 막측한 물체를 이해하고 훗날의 행동에서 나타날 수 있는 길흉을 예측한다. 앞의 천시 행동과 뒤의 천시가 위배되지 않으며 후의 천시 행동과 천시가 위배되지 않는다. 이런 사람이 바로 성인이로다 ! ", "성인은 사물을 깊고도 세밀하게 연구한다.

깊이 연구하기에 천하를 통달하려는 뜻이 있고 세밀하기에 천하의 일을 능란하게 처리한다. 깊이가 있기에 뛰지 않아도 빠르고 행하지 않아도 도달한다."

『역전』은 문명의 역사를 성인의 창조사로 보고 있으며 성인사관(혹은 영웅)을 주장한다. "고대 포희씨가 왕이 되어 천하를 얻었을 때, 머리를 들어 하늘을 관찰하고 고개를 숙여 땅을 관찰하고 만물의 도리를 알았다. 각종의 생물들이 가까운 곳에서는 스스로 얻고 먼 곳의 것을 얻는 것에서는 문제가 있었다. 이때로부터 팔괘가 시작되어 신명(神明)의 덕이 만물의 정과 통하게 되었다. 실을 꼬아 그물을 만들고 물을 가두어 고기를 길러 여럿이 나누어 먹었다", "포희씨가 죽은 후 신농씨기 뒤를 이어 나무를 베어 쟁기를 만들었고 농사를 지어 천하에 보급하니 모든 사람에게 이익이 있게 되었다.

저자가 생겨나고 많은 사람들이 교역을 통해 서로가 이익을 챙기니 천하 사람들이 웃으며 즐겼다. 신농씨가 죽은 후, 요순이 황제가 되자 더욱 큰 변화가 일어났다. 천하가 태평해지고 즐거우니 사람들은 요황제를 신이라고 불렀다. 무릇 궁하면 변하고 변하면 통하고 통하면 오래 간다. 요순 황제가 옷 제도를 만들어 천하를 다스리니 천하의 질서가 잡히기 시작했다. 나무로 쪽배와 노를 만들어 멀리까지 갈 수 있으니 세상 사람들이 따라 했고 말에다 무거운 짐을 싣고 멀리까지 가니 역시 모든 사람들이 그대로 하였다. 나무를 파서 절구를 만드니 모든 사람들이 따라 배웠다. 나무를 휘어 활을 만들고 나무를 깎아 화살을 만드니 짐승을 잡기가 잘 되어 천하 사람들이 그것을 본받았다. 예전에는 사람들이 굴을 파고 굴속에서 살았지만 그 후 성현들이 나무를 짓고 그 안에서 사니 천하의 사람들이 그것을 본받았다. 옛날에는 사람이 죽으면 벌판에다 묻었지만 성현들이 관을 만들어 땅에 묻는 것을 보고 그대로 따라 하였다. 옛날에는 채찍으로 사람을 다스렸지만 후에 성인들이 책을 만들어 그것으로 문무백관을 다스리고 백성들을 살피니 세상이 모두 그것을 따라 배웠다."[475]

셋째, 『역전』은 유학에 우주발생론과 세계적 도식을 제공하였다. 초기 유학은 우주, 천지, 만물, 사회가 어떻게 발생하였는가에 대해 제시하지

---

475) 『周易 繫辭下』

않았다. 『역전』이 출현하면서 『역경』의 점무(占务) 체계와 결합하고, 도학의 음양학 이론 성과를 도입하여 천지, 만물, 사회 산생의 질서를 제시하였다. 『역전』은 "역은 태극에서 생기고 태극은 양의(两仪)에서 생기며 양의는 사상(四象)에서 생기며 사상은 팔괘에서 생기고 팔괘는 길흉을 정하며 길흉에서 대업이 이루어 진다"[476]고 한다. "역은 태극에서 양의가 생긴다"는 것은 '역'체계의 총 원칙이다. 『역전』은 또 "역이란 일음일양을 뜻한다"고 하는데 이것은 일체의 사물이 생성하고 발전하는 총 규율이다. 『역전』은 또 천지가 가장 근본이라고 보며『건, 곤, 단, 사』에서는 이렇게 말했다. "역은 크게 말하면 건의 근원이고 만물의 시작으로서 천하를 통치한다. 그리하여 구름이 흘러가게 하고 비가 내리게 하여 만물의 모양을 만든다." "만물은 네가 있어 비로소 시작되나니 위대하도다 건곤이여! 하늘이 있어 구름이 흐르고 비가 내려 땅을 적시며 만물이 각기 다양한 모습을 갖추고 있으며 태양의 운행에 시작과 끝이 있도다. 6효는 시간을 얻어 형성되고 시간이 6용을 얻어 어가를 천도하도다. 건의 도가 변화하니 만물이 각각 본성과 명리를 바르게 정하고 태화의 기를 보전하니 비로소 이정(利贞)하도다. 만물이 자라나기 시작하고 만국이 모두 평안하도다." 57자로 된 글은 전체 문장에서 적극적으로 '건원'의 덕과 대자연의 기원, 만물의 성장, 아울러 사물 일체의 원본을 노래하고 있으며 또한 인류사회의 뿌리와 서민들을 노래하고 있다.

또한 인간이 탄생한 생물학적 현상과 천지만물의 배합 및 만물의 성장을

---

476) 『周易 繫辭上』

비유와 유추로 설명하고 있다. 『역전』은 모든 사물은 모두 음양 두 가지 기의 교감으로 생성되며 하늘은 가장 큰 양이고 땅은 가장 큰 음이라고 하고 있다. "하늘이 있은 다음 만물이 생겼도다. 천지 사이를 채우는 것은 오직 만물뿐이로다."[477] "천지가 화순하니 남녀가 짝짓기를 하고 만물이 생겨났도다."[478]

『역전』은 또 팔괘로 동서남북, 사방을 만들고 사계절을 정했으며 공간과 시간 두 방면으로부터 세계가 생산한 모델을 구축했다. "황제가 가르치매 태양이 동쪽에서 솟아오르니 동방이 진동하여 봄이라 부르고 일 년의 시작과 하루의 시작으로 하였느니라. 오래지 않아 그것의 양향을 받아 만물의 능력으로 표현되어 만물이 성장하였느니라. 부드러운 바람이 부는 쪽을 동남이라 하고 봄과 여름을 구분하였느니라, 여름에 이르러 만물이 충분히 자랐노라. 해가 서쪽으로 기울거나 혹은 여름의 끝자락을 가을의 시작이라고 했느니라. 자연계가 생기발랄할 때 곡식을 거두고 곤(坤)을 땅이라 불렀느니라. 해가 떨어지거나 일 년 중에서 중추의 경상이 나타나면 음이 시작되고 일체가 음의 경지에 들어서기 시작하였느니라. 밤이거나 깊은 가을이 되면 양은 능히 건괘로부터 음(陰)의 경(境)에 들어섰느니라. 깊은 밤이거나 깊은 가을이 되면 양은 음의 경지에 들어가고 음양은 서로 교체되었느니라. 깊은 밤이거나 겨울이 되면 만물은 제 자리로 돌아가고 극음(極陰)의 경계에 양이 들어서는데 이는 새로운 전기가 되느니라. 밤이

---

477) 『周易 序卦』
478) 『周易 繫辭下』

지나거나 겨울이 끝나면 우주에서는 양이 다시 맹렬하게 동하여 새로운 양이 시작되었느니라."[479] 역경의 팔괘 중에서 건곤이 천지를 의미하고 그외 여섯 개는 산, 호수, 우레와 바람과, 물과 불이다. "팔괘가 교착 발생되면 육십사괘가 되며 자욱한 안개 속으로부터 만물이 생성하노라."[480] "천지가 자리를 정해주니 산과 호수가 통하고 우레와 바람이 서로 어울려지고 수화는 상극이 되느니라. 이것이 바로 팔괘의 상착이다."[481] "만물을 움직이게 하는 것이 우뢰이고 만물을 달리게 하는 것이 바람이다. 만물을 태우고자 하는 것이 불이고 만물을 키우는 것이 비이다. 만물의 무성함이 곧 만물의 시작이다. 그러므로 수화는 상극이 되고 우뢰와 바람은 서로 다투지 않으며 산과 호수는 서로 통하고 건(하늘) 속에 곤(땅)이 감추어져 있다."[482] "수화는 상극이고 우뢰와 바람은 다투지 않고 물과 호수는 서로 통한다. 이리하여 나중에 변화가 생기고 만물이 이루어진다."[483] 『역전』에 따르면 만물은 동쪽에서 시작되며 이때를 봄이라고 하고 동남을 봄과 여름의 교차점이라고 보며 정남을 떠나면 여름이다. 곤을 서남이라고 부른다. 이때를 가을과 겨울의 교차점으로 본다. 감(坎)은 정북을 가리키는데, 이때를 겨울이라고 한다. 간(艮)은 동북을 가리키며 이때를 겨울과 봄의 교차점이라고 한다. 유학사회에는 종교의식이 많지 않지만 천지 숭배의식은

---

479) 『周易 說卦』
480) 『周易 說卦』
481) 『周易 說卦』
482) 『周易 說卦』
483) 『周易 說卦』

충분히 체현되어 있다. 『역전』에 있는 천지숭배의 의식이 유학사회에서 가장 큰 관심을 받았다.

『역전』은 사회관계와 우주만물이 융합된 일체이다. 『역전』은 "천지가 있은 후에 만물이 있게 되었고 만물이 생긴 후에 남녀가 생기고 남녀가 생긴 후에 부부가 있게 되었고 부부가 있은 다음에 부자가 있게 되었고 부자가 있은 다음에 군신이 있게 되었고 군신이 있은 다음에 상하가 있게 되었고 상하가 있은 다음에 예가 있게 되었다"[484]고 한다. 여기에서 천지, 만물, 남녀, 부자, 군신, 사회(상하, 예의)는 우주발생론의 순서를 말했다. "고로 태극이 있게 되었고 태극에서 양의(兩儀)가 생겼고 양의에서 사상(四象)에서 팔괘가 나오고 팔괘에서 길흉이 나오고 길흉에서 대업이 생겨났다"고 말했다.

여기에서 말하는 태극, 양의, 사상, 팔괘, 길흉의 결합은 실제상에서는 그것이 우주의 생성법칙과 사회질서의 최후의 것이다. 또 이렇게도 말했다. "건(乾)은 하늘과 아비를 가리키며 곤(坤)은 땅과 어머니를 가리킨다.

진(震)은 제일 먼저 낳은 남자로서 장남을 뜻하며 선(巽)은 제일 먼저 낳은 여자로서 장녀를 뜻한다. 두 번째로 낳은 남자를 중남, 두 번째로 낳은 여자를 중녀, 세 번째로 낳은 남자를 소년, 세 번째로 낳은 여자를 소녀라고 한다."[485]

넷째, 『역전』은 진일보하여 유가의 '인도'관념을 『역경』의 점무체계와

---

484) 『周易 序卦』
485) 『周易 說卦』

우주체계에 관철시켰다. "『역경』은 책으로서 많은 것을 담고 있으니 천도(天道)가 있고 인도(人道)가 있고 지도(地道)가 있다. 3재(才)는 세 가지를 더 합하여 6도(道)가 되며 3재의 도리이다. 도는 변하지 않으므로 요(堯)라고 하고 요는 만물을 의미한다. 물상은 복잡하므로 문(文)이라고 한다. 문은 길흉을 말하는 것이 아니다."[486] 또 이렇게 말하기도 한다. "이전에 성인들이 만든 책이 역이다. 역은 순명의 이치를 말했다. 천도는 음양을 말하고 지도는 유연함과 강함을 말하며 인도는 인(人)을 말하며 3재로부터 6서의 괘가 만들어진다."[487]

『역경』은 도덕적 욕구를 함유하고 있으며 대량의 괘와 요사(堯辭)에 인간행위의 도덕적 의의를 부여하고 있다. 예를 들면 『乾』 괘 중에 이른바 '원향이정'(元亨利貞), '무구(無咎), 유회(有懷),' "군자가 처음에 중용을 받을 때는 종일 정신을 떨치고 분발노력 해야 하지만 일단 저녁이 되면 바르게 되고 수명이 결정되고 만물이 자라나고 세상이 아름답고 조화롭게 된다. 위험이 닥친 것처럼 항상 고삐를 늦추지 않아야 한다. 이래야만 재화를 피하고 순리롭게 발전할 수 있다" 등으로 혹자는 전반 『건』 괘의 도덕에 대해 평가하고 혹자는 군주의 도덕에 대해 귀띔하고 혹자는 군주가 일상생활에서 갖추어야 할 법도를 말하고 있다. 『역전』은 『역경』을 해설 할 때 단, 상, 문언을 괘, 용에 삽입시키면서 일상생활 행위에서의 도덕평가에 치중하고 있다. 예를 들면 『건』 괘의 『단(象)』 에서는 다음과

---

486) 『周易 繫辭下』
487) 『周易 說卦』

같이 말하고 있다. "위대하도다, 건이여", "건도가 변하면 만물의 본성과 수명이 결정되고 태화의 기를 보전하고 세상이 아름답고 안녕하게 된다." 『상』 괘에서는 또 이렇게 말했다. "천도가 이룩되면 군자는 자강 분발한다. 용(龍)은 하는 일이 여의치 않으면 잠시 호수에 숨어 있어야 한다.

일단 성공하면 천하에 덕을 베풀어야 한다. 그러나 좋은 일이 오래 못가니 항상 경계하고 신중해야 한다. 우두머리가 되려는 것은 그렇게 좋은 것이 아니다." 『문언(文言)』에는 이런 구절이 있다. "성심 속에 게으름과 사욕이 있다. 선하면 남에게 당하지 않는다." 군자의 덕에 대하여 공자는 이렇게 말하고 있다. "군자는 덕을 닦아야 한다. 충심으로 덕을 닦아야 대업을 이룰 수 있다", "건도는 혁명이다", "용이 하늘을 나는 것을 천덕(天德)이라고 한다", "군자는 실제 행위로 덕을 쌓아야 한다", "군자는 부지런히 공부하여 많은 지식을 쌓아야 한다. 누가 무엇을 물으면 답변할 수 있어야 하고 마음이 넓어야 하며 인을 행동의 준칙으로 삼아야 한다", "대저 대인은 천지의 의지에 부합되고 일월의 광채가 있고 사계절의 질서를 알며 귀신의 길흉에 따른다. 천의(天意) 전에 행사하면 천의가 그를 반대하지 않고 천의 후에 행사해도 천리에 순응하는 것으로 여기거니 과연 신묘하도다! 신묘하도다", "알고 전진하거나 알고 후퇴하면 망하지 않거니 이는 오직 성인만이 할 수 있는 일이로다", "원(元)은 모든 선의 수령이고 향(享)은 그 중에서도 뛰어난 사람이고 시(是)는 인(仁)의 집합이고 정(貞)은 사업이 성공하는 근본이다", "모든 것은 착함에서 비롯된다. 착하면 통하고 통하면 모이고 모이면 화애롭게 되고 일을 잘 할 수 있다. 군자는 네 가지 덕을 행하여야 한다. 그러므로 건을 원향리정(元亨利貞)이라고 한다."

『역전』은 『역경』을 서술 할 때, 『역경』이 갖고 있는 '미언대의'(徵言大義)를 더욱 발휘시키고 있다. 즉, 『역경』의 괘와 요사의 도덕 의의를 발휘시키고 있다.

64괘의 『상사(象辭)』는 먼저 모종 괘의 특징을 말한 다음 "군주 왈…", "선왕께서 왈…" 이런 식으로 전개되면서 군자가 응당 어떻게 법을 지켜야 되며, 어떤 도덕품질을 갖추고 행할 것인가를 말하고 있다. 예를 들면 『건괘』의 상을 설명할 때, 이렇게 시작된다. "군주는 마땅히 끊임없이 분발하고 노력하여야 한다." 『곤괘』의 상을 설명할 때 "지세는 곤이다. 군자는 두터운 덕으로 만물을 키워야 한다. 『역전』에서는 심지어 '덕'을 가지고 각 괘 괘명의 의의를 해석하고 있다. 행하는 것은 덕의 근본이고 겸손함은 덕의 자루이다. 복(復)은 덕의 근본이고 항(恒)은 덕의 견고함이며 손(損)은 덕의 수양이다. 익(益)은 덕의 충만함이며 곤(困)은 덕의 분별이고 정(井)은 덕의 땅이며 선(選)은 덕의 제도이다"[488] 등이다. 소위 말하는 "64괘, 384의 요는 모두 순명의 도리이며 도리의 변화이도다."[489] 군자들을 경계하여 이르기를 "적선하면 반드시 기쁨이 따를 것이요, 그렇지 않으면 반드시 재앙을 면치 못할 것이다", "공자 왈, 대저, 소인은 부끄러움을 모르고 겁을 모르고 의를 모르나니. 이것은 소인의 복이니라. 덕을 쌓지 않으니 이름을 날리지 못하고 악을 쌓지 않았으니 화를 당할 위험도 없다.

소인은 작은 선을 행하니 남에게 도움을 주지 못하고 서인은 작은

---

488) 『周易 繫辭下』
489) 주희, 『주역본의서』

악을 행하나 남을 해치지는 않는다. 고로 악적을 감추지 못한다. 설사 죄가 크더라도 크게 논할 바가 못 된다."[490] 인, 의, 위(位;황제)에 대하여 『역전』에서는 이렇게 말하고 있다. "천지가 커서 덕을 낳는다. 성인은 천지로부터 보귀한 황제의 보위를 얻는다. 그러하다면 그 자리를 어떻게 지켜야 하는가? 공자가 이르기를 인이다. 어떻게 사람들을 모이게 하는가? 공자 이르기를 재(財)이다. 이재(理財), 정사(正辭) 백성들을 이롭게 하는 것을 의(義)라고 한다."[491]

다섯 번째, 『역전』은 『역경』을 해석하는 과정에서 때 유학이 제창하는 '중용'의 방법을 섞어 넣었다. 『논어』에서는 이렇게 말하고 있다. "중용의 이러한 덕은 최고이다. 여러 사람들은 오래 동안 덕이 부족하 였다."[492] '중용'의 방법은 가장 높은 것이다. '윤집기중'은 마음이 어느 쪽에도 치우치지 않고 중간을 택하는 것인데 이는 유학에서 통일적으로 인정하는 '이심전심(以心傳心)'의 심법이다. 중용의 기본 원칙은 『중용』에서 공자의 '과유불급'(過猶不及)'의 사상을 중점적으로 논하였고 사람들이 '화이불류', '중립불의'를 추구할 것을 요구하였다. '중용'의 방법은 비록 미묘하나 실제 생활 중에서 반드시 체현되어야 한다. 은조 이래의 사회생활 중 중요한 활동의 하나가 점복이다. 점복은 위로는 왕공귀족, 중간으로는 신형의

---

490) 『周易 繫辭下』
491) 『周易 繫辭下』
492) 『論語 雍也』

선비계층, 아래로는 서민에 이르기까지 모두 점복활동에 참여하였다. 『역경』은 은조 이래 사회생활에 가장 광범위하게 섭렵된 가장 중요한 경전이며, 『역전』에 대한 해석에서 시종 해석적 원칙인 '과유불급'을 견지하였으며, 『역전』의 최고 원칙인 '중', '정중', '중용'을 찬송하였다. 『역전』의 해석은 점무의 구체적인 개채의 매 하나의 점무 활동을 '과유불급'의 심경으로 감수하였으며, 이로부터 진정한 좌우 각개 계층의 일상생활의 심리가 반영되었다.

여섯 번째, 『역경』은 그 본신이 '수(數)'의 관념을 갖고 있다. 그러나 『역경』의 수는 다른 『역경』을 만드는 과정에서 『역전』이 한발 더 나아가 이러한 관념을 문체화, 체계화, 우주화하였을 가능성이 크다.

『계사전(系辭傳)』에서도 그리스 피타고라스의 학파처럼 숫자가 일종의 신비한 의의를 갖고 있다[493]고 여겼다. 이리하여 『역전』은 수를 강조하고 응용하면서 『역경』의 이성화 방향을 이어나갔다.

수의 관념에 대해 『역전』은 "수를 모르고 따르는 자는 일이 순하게 풀리고 그것을 아는 자는 반대가 된다. 그 이유는 역은 순에 반대되기 때문이다"[494]라고 하였으며, 또 "옛날 성인들이 최초에 주역을 만들 때 다른 사람들을 돕기 위해 신묘하고 난해한 도리를 알게 되었다. 이리하여 시초(蓍草)가 생겨났고 시초로 수학 계산을 하게 되었다. 천의 숫자는 3이고 지의 숫자는 2이며 이 숫자에 의해 수학계산을 하게 되었으며, 음양의

---

493) 풍우란, 『중국철학사신편』 제2책. 330쪽.
494) 『周易 說卦』

변화는 도리와 현상을 관찰할 때 괘명과 괘상을 확립하였다. 사람과 물건의 묘리를 말함에 있어서 강함과 연의미 도리를 취함으로써 요사(爻辭)가 발생하였고 화해가 도덕에 따르는 이치와 순리가 도의에 따르는 개념이 생겼다. 도리가 궁해지면 본성이 궁해지고 이로부터 만물의 발전은 일정한 추세가 있음을 알게 된다. 이렇게 변화 발전하는 추세를 가리켜 명을 만드는 것이라고 한다(作命)."『계사전』의 기록에 의하면 "공자가 이르기를 무엇에 대해 안다는 것은 변화의 도리이도다. 변화의 도리를 알고 있는 사람은 신의 도리를 알 필요가 없다"고 했다. 이것은 『주역』의 '계사' 중에서 무점 방법과 관련이 있는 해석이다.[495] "2편지책(二篇之策)에서 1만 1천 5백 2이 있으니 이것이 만물의 숫자이다." 이 말은 일만 일천 오백 이십의 숫자가 곧 만물의 수목을 대표한다는 뜻이다. 『계사전』은 특히 '수'에 대해 말한 것이 있다. "천은 1이요, 지는 2이며 천이 3이면 지는 4이다. 천이 5이면 지는 6이다. 천이 7이면 지는 8이다. 천이 9이면 지는 10이다. 천의 수는 5이고 지의 수도 5이다. 5위 자리수가 서로 각기 합하여 천수가 25, 지수가 30을 이루며 모든 천지의 수는 55이다. 이러한 변화는 신령의 뜻으로 귀신이 행하기 위해 만들어진 것이다."

　『주역』은 후세에 중국의 역사와 문화발전을 연구하는 데에 중요한 가이드와 같은 역할을 했다. 『주역』의 연구 과정은 중국사회의 전통사상이 유지되고 전진하는 과정 중 가장 중요한 과정의 하나이다. 주경의 과정은 대략 복희의 선천주역으로부터 주문왕의 후천주역, 춘추의 공자 주역, 한

---

495) 무점방법의 구체 해석은 풍우란을 참조하라, 『중국철학사신편』 제2책. 328~330쪽.

경방의 주역, 위진 왕필의 주역, 북송 '5자 주역(주돈의, 소옹, 장재, 정의, 정경 등 5명)에 이른다. 한대 이후 2천여 년 역사의 흐름 중에서 역학은 상수와 의리파 이렇게 두 개의 대 이론파로 나누어지게 되었다. 대체적으로 말하면 한대의 역학은 상수파를 주류로 하였고 위진의 역학은 의리파를 주류하였으며 송, 원 ,명, 청에 와서는 상수파와 의리파가 병진하면서 발전하였다. 이른바 상수와 의리는 사실은 『주역』의 형식과 내용이다.

형식과 내용은 갈라놓을 수 없으므로 상수와 의리는 긴밀하게 결합되었다. 상수의 목적은 의리를 천명하는 것이었고 의리를 말할 때, 상수의 표현 을 떠날 수 없었다. 형식과 내용은 대립되면서도 통일된다. 두 개의 관계를 처리할 때 내용이나 의리를 첫 자리에 놓는다면 상수파는 표현 의리를 표현할 때 의리파의 경향을 나타내고 반대로 상수파가 상수를 이론 근거로 세계의 도식에 착안점을 두게 되면 의론이나 내용이 상수의 형식 중에 인입되어 상수파의 영향이 나타나게 된다.

『역경』은 한부의 무서(巫書)이며 『역전』은 한부의 철학경전이다. 『역전』의 철학사상은 『역경』 속에 있는 점무의 특수한 구조를 이용하여 만들어진 책이다. 이리하여 『역전』은 의리와 수상, 내용과 형식이 기묘하게 결합한 책이 되었다. 양한 시기에 『역전』은 모든 경을 누르고 점차 수위를 차지하게 되었다. 반고가 만든 『한서 예문지』 중의 『역』은 6예를 뿌리로 하여 이 계급에 속하는 사람들의 역학에 대한 견해를 전형적으로 표현하였다. 장제 시기에는 백호관에서 경학회의를 열고 『백호통(白虎通)』을 편찬하였다. 『백호통』은 동한의 국헌(國憲, 나라의 헌법. 역자 주)이 되었다. 국헌의 주요 내용은 유가문화의 가치와 이상으로 설계한 예악제도와 윤리범위 및 음양 술수의 원리로 만든 이론 논증이다. 그 중에서 태반이 맹경(孟京)의 역학과 『역위』(易緯)의 괘괘설에서 따온 것이다. 종합적으로 유학정신의 계승자들은 『서』,『서』,『탄』,『계』, 『설괘』,『탄』,『계』,『상』,『문언』을 연구하는 과정에서 유학이 주장하는 '덕성'관념과 심지어 유학의 '인'의 개념까지 『역경』의 해석에 주입시켰다. 아울러 고왕금래의 역사, 성인이 창조한 역사도 처음으로 해독의 대상이 되었으며, 이때부터 반사, 관조의 대상으로서의 역사가 발걸음을 떼기 시작하였다. 유학관념을 주장하는 사람들은 『서』,『서』,『탄』,『계』, 『설괘』,『탄』,『계』,『상』,『문언』을 계승하는 과정에서 『역경』에서 시작된 '구제무매'의 노력에 박차를 가하였다. 다른 한 방면에서 보면 은주 이래의 사회생활에서 가장 중요한 활동의 하나인 점복이 『역경』에 체현되어 역경은 은주 이래 사회생활에서 가장 광범위하고 가장 보편적이고 가장 중요한 경전이 되었다. 『역경』의 보편성, 문본성의 특징에 『역전』에 있는 사화반사 경향, 도덕적 관심의 경향, 도덕적 방식으로 새롭게 우주를 만들려는 주장 등이 모두 괘의 방식 혹은 점복의 방식으로 첨가되어 『역경』이 더 충실화되고 완벽화 되었다. 유학은 『역경』을 해석하는 과정에서 혹은 책으로 만드는 과정에서 유학이 창도한 주도관념이 은주 이래의 옹군 사회의 정치, 경제, 문화에 새로운 방향을 제시하였다. 이 방향이 바로 옹군 사회를 유학화의 세계로 변하게 하였다. 이로부터 이전에 규범화 되지 않았고 보편적 반사를 거치지 못했던 생활이 조리화, 체계화, 반사화 되었다. 『역전』은 『역경』의 본문화에 대한 해석 기능에 대해 아주 똑똑히 알고 있었다. "성인은 역괘를 설치하고 괘상과 요상을 관찰한다. 괘사와 요사는 괘중에 길흉이 있음을 알려준다. 양강(陽剛)과 음유(陰柔)는 상호 추동하며 여러 가지 변화를 일으킨다.[496]

2) 『예기』의 경전화와 그 의의

『예기(禮記)』의 전승을 두고 여러 가지 주장이 있다. 『예기』의 전승 노선은 지금에 와서는 이미 오리무중에 빠지고 있다. 아울러 기록된 내용에도 많은 오류가 존재한다. 그렇다고 하여 『예기』가 한부의 경전으로서 유학의 발전과 유학사회발전사 중에서 갖는 의의에서는 전혀 영향을 받지는 않는다. 『예기』는 대개 전국으로부터 진한시기까지의 유가논설 혹은 예의 제도를 해석한 문장을 모은 것이고 최종적으로 책이 만들어진 것은 서한 중기이다. 『예기』가 책이 되기까지 비록 좀 늦기는 했지만 많은 내용들이 이미 선진시기에 이미 존재하고 있었으며 그 중의 많은 사상, 이야기는 유학사도들에 의해 오래 동안 전승되어 왔다. 『예기』는 전국시기부터 서한시기까지의 유학자들의 사회반사의 결정이라고 말할 수 있다. 『예기』는 정현(鄭玄) 이전에는 사람들의 관심을 받지 못하였다. 동한 때 정현이 처음으로 『예기』에 주해를 달았고 그 후 역대의 학자들이 『예기』에 주해를 달고 고증하고 해설하는 저작들이 끊임없이 이어져 왔다. 『예기』 중에서 비교적 저명한 것으로는 당대의

---

496) 『周易 繫辭下』

공영달이 정현의 주해에 기초하여 편찬한 『예기정의』(禮記正義), 송대의 위식이 편찬한 『예기집설』(禮記集說), 원대의 오등(吳登)이 편찬한 『예기찬언』, 명대의 호광이 편찬한 『예기대전』, 청대의 손희단이 집필한 『예기집해』 등이다. 『예기』와 『의례』, 『주례』를 통칭하여 '3예'라고 한다. 이른바 『사서오경』에서 『예기』가 그중의 하나이다. 후에 유학자들이 유가경전을 『9경기』, 『13경』, 『예기』로 편찬하였는데 그 안에 예가 모두 들어 있다. 후세에 유학의 주요 대표인물인 이정이 제일 처음으로 『예기』중의 『대학』, 『중용』과 『논어』, 『맹자』를 통칭하여 '사서'라고 부를 것을 주장하였다. 남송의 주희가 또 『사서장구입주』, 『사서혹문』을 집필하였다. 명대 초기에 영락황제가 『사서대전』을 편찬하여, 『오경대전』과 병립하게 되었고, 『사서』는 이때부터 유가경전의 그 지위를 확보하였다. 남송부터 명, 청 이래의 6, 7백년간에 이르면서 『사서』는 줄곧 유학자들의 기본 서적이 되었다. 여기서 유가경전에서의 『예기』의 중요한 의의를 알 수 있다. 『예기』는 유가예치주의의 주장과 사회이상을 대표하며 이러한 사상은 중국고대사회에서의 유가화 정도가 심해짐에 따라 필연적으로 나날이 중시를 받게 되었다.

　『예기』에 기록된 주요 내용을 보면 상고 3대부터 진한 문화에 이르는 모든 영역을 섭렵하고 있어 가히 한부의 고대문화의 백과전서라 할 만하다. 이 책은 광범위하게 예의에 대한 논설과 찬역제도, 유가이상을 선양하는 내용을 담고 있다. 만약 『역전』이 점무의 형식으로 유가의 사회이상을 서술했다면 많은 것들이 철학의 범주에 속한다. 그렇다면 『예기』는 사회제도의 방식으로 사람들에게 유가의 이상사회를 나타냈으므로 현실에 대한 묘사나 구술(追述)에 속한다. 『예기』가 유학사회의 건립에 미친 의의는 주로 존주, 존왕, 존공, 존예의 사상을 반영한 것에 있다. 존주는 유학사회의 구조적인 건축을 역사의 뿌리에서 찾았고, 존왕은 유학사회의 구조적인 건축을 정치의 이상 유형에서 찾았으며, 존공은 유학사회의 구조적인 건축을 성교(聖敎) 혹은 도통(道統)에서 찾았다. 존예는 유학사회의 구조적 건축을 찾는 것에서 가장 적당한 사회 관리의 방식이고 수단이다.

존주(尊周)는 두 가지 방면에서 나타난다. 하나는 문왕과 무왕에 대한 사업을 추구하는 것으로 표현된다. 『예기』는 문왕과 무왕에 대해 세자 때의 효행에 대해 상세하게 기록하고 있다. 둘째, 주 왕조 왕제도의 존행을 쓰고 있다. 왕제란 곧 3대(하, 상, 주) 이래의 국가의 정책제도로 그 중에서도 주조의 제도를 위주로 하고 있다. 구체적 내용은 선왕 반작, 수전, 순수, 조근, 상제, 전렵, 학교, 형정, 양로 등 고대 사회의 대경대법이다. 6예, 7교, 7정을 포괄한다. 6예에는 관, 혼, 상, 제, 향, 상견이 있고 7교에는 부자, 형제, 부부, 군신, 장유, 붕우, 빈객이 포괄되고 8정에는 음식, 의복, 사무, 이별, 조, 양, 수, 제가 포괄된다.

존주는 유학사회의 구조적 건축을 역사의 뿌리에서 찾고 있다. 정치 영역 중에서 『주례』와 『예기』는 종묘, 분봉, 관직, 행정기구, 학교 등에 대한 대량의 제도를 규정하였으며 후세의 형식과 명칭에 얼마간 변화가 있었지만 실질적으로는 모두 일치하였다. 예를 들면 당대에 정해지고 명, 청까지 줄곧 이어온 3성 6부제와 『예기』에서 제기된 사도, 사관, 사공 등 관원의 책임은 모두 비슷한 데가 있다. 후세의 태학, 국자감 등도 역시 『예기』 중의 대학 기초와 비슷하다.

이른바 존왕은 주왕의 인격과 권력에 대한 숭상을 말했다. 먼저 『예기』에서는 천자의 호칭과 제후의 호칭이 상세하게 구분되어 있다. 예를 들면 『곡예(曲禮)』에서는 천자의 자아 칭호를 규정하였다. "천자 왈조정의 제후들의 직무는 천자가 그들의 공을 보고 결정하였다. 천작, 제사, 내사를 효왕모라고 하고 제후, 진우귀신 등을 천왕모보라고 한다. 복은 천자의 복위를 말하며 고상은 천자의 석지묘, 입지주는 임금을 말했다. 천자의 상이 끝나지 않았으면 소인이라고 부른다."[497] 마찬가지로 천자의 죽음과 제후, 대부, 사의 죽음도 칭호가 같지 않다. "천자가 죽으면 붕이라고 하고 제후가 죽으면 훙(薨)이라고 하고 대부가 죽으면 졸이라고 하고 선비가 죽으면 불록이라고 하고 서민이 죽으면 사라고 하였다."[498] 『예기』에는 천자의 비에 대한 칭호도 같지 않다. 천자의 비(妃)를 후(后)라고 하고 제후의 여자를 부인이라고 하고 대부의 처는 유인라고 하고 선비의 아내를 부인이라고 하고 서민의 아내를 처라고 하였다. 제사를 지낼 때의 제물도 달라야 했다. "왕의 제사에는 만만한 송아지 고기를, 제후의 제사에는 큰 소의 고기를, 대부의 제사에는 수수한 쇠고기를, 선배의 제사에는 양이나 돼지고기를 올리게 했다." 다음으로 존왕은 '천자가 아닌 사람'은 제사 때 예악을 할 수 없다고 강조하였다. 『예기』의 사상 내용은 집중적으로

---

497) 『禮記 曲禮』
498) 『禮記 曲禮』

유가의 정치주장과 사회이상을 반영하였다. 이러한 예치의 사회에서 군주는 인자로서 만백성을 사랑해야 하고 신하는 충심으로 자신의 직책을 다해야 했다. 국가의 모든 제도는 모두 조례가 정연했고 위로부터 아래에 이르기까지 등급이 선명하고 서로 화해하며 어울리니 천하가 태평하였다.

　존공(尊孔)은 공자와 공자의 사업에 대한 숭상을 말했다. 먼저 『예기』에서 공자를 성인이라고 하면서 유학의 『도통』 구조를 세우려고 했다. 자하는 공자가 죽었을 때 한탄하며 말했다. "성인이 어찌 사람의 장례를 할 수 있겠는가? 사람이 성인의 장례를 치러야 한다."[499] 『예기』에서는 주문왕과 주무왕의 효도에 대해 기술하고 있는데 사실은 후세 유학자들이 말한 '도통', 즉 문왕과 무왕, 공자의 계통을 말하고 있다. 다음으로 말하게 되는 존공은 『예기』에 있는 공자와 그의 문인들, 그리고 문인들 사이에서 오고 간 말들을 대량으로 기술하는 것으로 표현되고 있다. 현재의 말로 표현하면 공자와 그의 문인들의 장악한 화어권(話語權)이다. 다음으로 『예기』에서는 자각적으로 유자를 도덕의 계승자로 실천자로 서술하고 있다. 『예기』에서 말하는 유자는 사회계층의 도덕을 자각적으로 각성한 사람을 말했다. 공자와 노애공의 담화에서 이런 문제가 나타나고 있다. 『예기』는 유자의 행위를 '유행'으로 보고 있다. 『예기』에는 유자의 품덕, 행위, 목적 등 여러 가지 특징이 서술되고 있다. 예를 들면 자립, 용모, 비예(備豫), 근인, 특립독행, 사, 우사, 관용, 거현, 원능, 임거, 규약, 교우, 존낭 등이다. 여기에서 유자를 하나의 도덕의 계승자로

---

499) 『禮記 檀弓上』

보지 않고 모종의 사회의 도덕적 사명을 짊어질 수 있는 사회계층의 한 사람으로 보고 있다. '유행'은 『예기』가 이런 계층이 규범화된 요구이다.

존례(尊禮)는 '예'를 사회관계의 준칙이라고 강조하고 있다. 『예기』는 생산과 작용에 대하여 역사 이래 가장 전면적인 반사를 하고 있으며, 사회생활 중의 예의 제도에 대하여 가장 상세하게 묘사하고 있다. '예'의 서술로부터 보면 『예기』는 한 부의 '예경', 즉 예의 성경이라고 할 수 있다.

첫째, 『예기』는 '예'의 발생 원인에 대하여 반사를 하고 있다.

『예기』는 순자의 관점을 계승하여 예의 발생 근원을 경천지, 종선조(宗先祖), 융군사(隆君師)등 세 가지로 나뉘었다. 『예기』는 예의 발생 근원을 두 가지로 보고 있다. 하나는 자연 질서의 체현이다. 자연과 사회는 동일한 구조이며 인류문화의 준칙과 자연의 규율은 일치한다. 그러므로 "성인들은 자연의 법칙을 따르고 천지를 근본으로 삼아야 한다", "예는 선왕께서 하늘의 도를 계승하여 얻은 것이고 그것으로써 천하를 다스린다"[500], "큰 즐거움은 천지와 함께 하고 큰 예는 천지와 함께 한다", "악은 천지의 조화를 말함이요 예는 천지의 질서를 말함이다"[501]라고 말하였다.

둘째, 『예기』는 '예'를 인류와 동물을 구별하는 가장 근본적인 표준으로

---

500) 『禮記 禮運』
501) 『禮記 樂記』

삼았다. "예의를 가진 자는 마음이 넓고 크다"[502], "사람을 사람이라고 하는 것은 예의가 있기 때문이다."[503], "예의가 없으면 짐승과 같다."[504]

사람이 동물과 구별되는 점은 사람에겐 문화준칙이 있고 동물에게는 없기 때문이다. "앵무새는 말을 하지만 나는 새에 불과하고 성성이는 말을 하지만 금수에 불과하다."[505] '예'는 인간이 인간으로 되는 근본이며 인간이 금수와 구별되는 본질이다. "고로 인간은 천지의 덕을 갖추고 음양의 교차를 알며 귀신과 만나고 오행의 기를 통하게 한다."[506] '예'는 인간이 구비하고 있는 일종의 사회성이며 본질적인 존재이다.

셋째, 『예기』는 예를 인간과 인간 간에 맺어지는 일종의 순수한 사회내왕의 형식, 즉 사교라고 보고 있다. "반드시 올 사람이 오지 않아도 예가 아니고 반드시 갈 사람이 가지 않아도 예가 아니다. 사람이 예를 갖추면 평안하고 예를 갖추지 못하면 위태롭다. 그러므로 예가 있는 사람이 되기 위해 부지런히 배워야 한다. 예를 갖추면 남들로부터 존경을 받는다."[507]

『예기』는 인간과 인간 간의 각종 내왕의 방식을 규범화하고 있다. 일상생활에서의 언어, 음식, 청소, 응대, 진퇴 등 각종의 세세한 문제까지 언급하고 있다. 예를 들면 '곡예'에서는 '효자지행', '인자지행', '장자지행',

---

502) 『禮記 禮運』
503) 『禮記 관의』
504) 『禮記 郊特性』
505) 『禮記 曲禮』
506) 『禮記 禮運』
507) 『禮記 曲禮』

'주객의 교왕' 등 각종의 예의에 대해 언급하고 있다. 또한 남녀구별의 행위규범까지 언급하고 있다. "고모, 누나, 누이동생 등이 출가했다가 친가에 오면 형제들은 그들과 동석을 하지 말아야 하며 같은 밥그릇을 함께 사용해서도 안 된다", "남녀는 함께 다니지 말아야 하며 이름을 알려고 하지 말아야 하며 서로 사귀거나 친하지 말아야 한다."[508]

모든 예 중에서 『예기』가 『제례』와 『혼례』를 많이 다루고 있다. 『예기』는 20권에 49편인데 대량의 선진시대의 사회 자료를 보존하고 있다. 49편 중에서 혼상제례(婚喪祭禮)를 다룬 것이 17편이나 된다.

예를 들면 『거상지례』, 『분상지례』, 『제사지례』 등이다. 유학은 조상 내지 생존자들이 모두 대자연에서 왔다고 인정하고 자연에 대해 일종의 심후하고도 지구적인 정감을 갖고 있었는데, 이것이 바로 유자들이 말하는 효이다. 유자들은 이러한 정감을 아꼈으며 이로 인하여 제사를 중시하였고 제사의 여러 가지 절차에 대해 매우 강조하였다. 하지만 근본적으로 보면 결국은 인심으로 귀결된다. 그들은 제사를 외재적인 형식이 아니라 내재적인 심령의 표현으로 보았다. 서주 사회는 종교 조직의 사회였으므로 특별하게 상복제도를 중요시하였다. 상복의 차별이 주로 산 자와 죽은 자 간의 모종의 중요한 친척관계를 대표하였다. "혼인하는 두 사람은 두 성씨가 만나는 것으로 위로는 종묘에 관계되고 아래로는 후세에 관련되므로 군자는 이를 중요시했다."[509] 『예기』는 혼례에 대해서도 매우

---

508) 『禮記 曲禮』
509) 『禮記 昏義』

중요시하였으며, 심지어는 예의 근본으로 보기까지 하였다. 한편 부녀들의 교도에 대해 특별히 강조하였다. 『예기』는 여자들이 '부덕, 부언, 부용, 부공'을 갖추어야 한다고 하면서 여러 가지 요구를 제시하였다. '예'는 가정의 일상생활에까지 깊이 들어갔다. 이 점에서 기타 유가경전은 『예기』와 비교하지도 못한다. 예를 들면 『예기』는 용모, 음식, 청소, 응대, 진퇴, 상장, 효경, 취처, 아내와 남편, 시어머니와 며느리의 예절규칙 등에 대해 대량으로 기술하고 있다. 후세에 유가의 보급 서적이 된 『3자경(三字經)』, 『여아경(女兒經)』이 모두 이러한 내용을 반영하고 있다. 오늘에도 우리는 민간의 혼상예의, 효경존장, 시어머니와 며느리의 관계 등에서 의연히 『예기』 정신의 그림자를 알 수 있다. 『예기』는 3대 이래의 사회제도의 기술로서 생활의 각 방면에 '예'의 형식이 미치고 있으며, 사람들에게 '예'가 생활을 통솔하는 이상적 사회유형을 제시하고 있다.

넷째, 『예기』는 최종적으로 유학의 예치주의 주장을 확정하고 있다. 『예기』는 예를 문명의 상징으로, 모든 사회제도의 기초로 보고 있다. 광의적인 의미에서 말하면, 『예기』는 인류사회의 모든 문화현상과 각종 규칙 및 각종 문화현상과 규칙의 근기(根基)가 되고 있는 가장 기본적인 원칙을 포괄하고 있다. 이른바 "도덕과 인의는 예가 없이는 이루어지지 못한다. 서민을 교육하려면 예가 없이는 안 된다. 분쟁과 소송을 해결할 때 예가 없이는 해결하지 못한다. 군신, 상하, 부자, 형제는 예가 없이는 정해지지 못한다"[510] 등이다. '예'는 인류사회의 질서의 기초이다. 그리하여 '예'는 가까운 것과 먼 것을 가려내고 혐의를 해결하고 같음과 다름을 분별하며 옳고 그름을 판단하는 기본 표준이 된다. 우리는 『예기』를 통해 국가의 반작(班爵), 수록(授祿), 종법(宗法), 제사, 순수(巡守), 조근(朝覲), 전렵(田獵), 형정(刑政), 학교, 양로, 일상생활 중의 언어, 용모, 음식, 청소, 응대, 진퇴, 규방(閨房)에서 벌어지는 시어머니와 며느리 사이에서 벌어지는 일들이 모두 '예'의 범위 안에 있음을 알 수 있다. '예'는 교화의 의미를 갖추고 있다. 『예기』는 "예는 교화를 통해 얻어지나니 사악이 형체를 드러내지 못하게 하며 사람들이 착함을 알게 되어 죄를 멀리하게 한다. 이것은 선왕의 말씀이니라."[511]

예치주의는 흔히 '천리'와 '인욕'을 대립시켜 문제를 사고한다. 『예기』에 이런 말이 있다. "만물의 이치를 알면 좋고 나쁨을 가려낼 수 있다. 좋고 나쁨은 인간의 마음속에 유혹은 몸밖에 있다. 그러므로 물화가 인화가 되고 인화가 물화가 된다. 인욕을 멸하지 않으며 천리가 멸하게 된다."[512] 이로부터 우리는 후세에 주희가 "천리가 존재하자면 인간의 욕심을 멸해야 한다"고 말한 것이 근거가 있음을 알 수 있다.

예치주의자들은 예는 마음 밖에 있고 악(樂)이 거기에서 생겨난다고 보았다. "무릇 음악은 마음에서 생겨난다. 마음이 움직이면 거기에서 자연히

---

510) 『禮記 曲禮』
511) 『禮記 經解』
512) 『禮記 樂記』

이치가 생겨난다. 이치가 사람을 감동시키고 이에 소리가 생긴다. 소리에 상응하여 변화가 생기니 그것을 음악이라고 한다. 음악은 사람들에게 즐거움을 준다."513)

『예기』는 '악'을 6예의 하나로 보았다. 유학의 예치주의자들은 예와 악이 모두 인간의 욕심을 극복하는 데 도움을 준다고 인식하기 때문에 『예악』을 중요시한다. 예의 목적은 인류사회의 질서를 건립하는 것이고 악의 목적은 모든 개체들이 이 질서 속에 도취되게 하는 것이다. 다른 말로 하면 인심을 통일하는 것이고 이풍역속을 하는 것이다. "악을 알면 원한이 없어지며 예를 알면 다툼이 없어진다. 예악이 천하를 다스린다. 예악이 있으면 폭도들이 난을 일으키지 않고 제후들이 검소한 옷을 입으며 형벌이 필요 없고 백성들이 근심이 없고 천자가 노하지 않는다.'

예치주의자들은 『5형』 중에서 "아버지와 아들은 원래부터 가까우며", "충심과 사랑을 다 하려는 의를 가지고 있다", "무릇 다섯 가지 소송 안건을 심사할 때 반드시 부자지정을 따져 보아야 하고 군신지의에 따라 판단하여야 한다. 그 목적은 범죄의 경중을 가늠하고 죄의 크고 작음을 신중하게 판단하고 분별하려는 데에 있다. 되도록 자신의 총명과 지혜를 운용해야 하며 전력으로 자신의 충애지심을 발휘하여 안건을 어느 쪽에서도 원망하지 않도록 잘 처리하여야 한다."514) 『예기』는 '4주(四誅)', 즉 네 가지 유형의 사람을 죽여야 한다고 주장하였다. 사주에 속하는 자, 나라의

---

513) 『禮記 樂記』
514) 『禮記 王制』

법률을 파괴하는 자, 이름을 고치고 해로운 일을 하는 자, 도의를 어기는 자, 귀신으로 가장하고 복무(卜巫)로 민심을 유혹하는 자들이 속한다.[515] 주공은 "밝은 덕으로 신중하게 법을 다스려야 한다"고 주장하였고 공자는 "덕과 예로 죄를 다스려야 한다"[516]고 주장였다. 그리고 『예기』에서는 예와 악(樂)으로 죄를 다스리는 『예악형별제도』를 주장하였다. 그 후 이런 관점이 발전하여 유학으로 나라를 다스리는 예치주의, 즉 덕주형보(德主刑補)의 주장으로 굳어지게 되었으며 최종적으로 유가 윤리의 출현에 역사적 근거와 이론적 근거를 제공하였다.

다섯째, 『예기』또 '예'로 운행되는 사회역사관을 제공하였고 유학사회에 '예'를 중심으로 하는 이상사회 구상을 제공하였다. '예'와 '운(運)'의 역사관이 집중적으로 반영되어 있는 현재의 『예운편』에서는 '대동'(大同) 과 '소강(小康)'의 구분점에 대해 자세히 설명하고 있다. 다시 말하면 '예'는 '운'에서 생긴다. '예'에 이런 구절이 있다. "대도를 행하면 천하가 공평하게 되고 현명한 군주가 있으면 만백성의 신임을 얻고 세상이 화목하게 된다. 대도를 행하게 되면 친하지 않던 사람도 친해지고 외롭던 사람도 외롭지 아니하고 늙은이는 임종까지 편안히 살 수 있고 장년들은 즐겁게 일을 하고 어린이들은 마음 놓고 자라며 과부거나 질병이 있는 사람은 위로를 받는다. 도둑이 없어지니 밤에도 잠글 필요가 없다. 이것이 대동세계이다."

---

515) 『禮記 王制』
516) 『예기 爲政』

또 이르기를 "대도 리는 숨겨져 있나니 천하를 집으로 삼는다. 군주는 군주답고 신하는 신하다우며 부자간에 정답고 형제간에 화목하며 부부간에 화애로우며 사람마다 친절하다. 알맞은 제도를 설치하니 농사가 잘 되고 현명한 자들이 용기와 지혜를 떨치고 공을 세운다. 우, 탕, 문, 무, 성왕, 주공 등 여섯 사람이 바로 예로 이름을 날린 성현들이다."

이로부터 알 수 있는 바는 유학이 주장하는 사회 건설이 바로 '소강사회'이며 이 '소강사회'는 『예』 와 『운』 에서 뿌리가 돋은 것이다.

3) 『대학』의 경전화의 그 의의

『대학』 의 저자는 정호 (程顥)인데 그는 『대학』 이 "공씨의 유언을 적은 것"이라고 말했다. 주희는 "경의 1장은 공자의 말을 증자가 서술한 것이고, 전 10장은 증자의 뜻을 여러 문인들이 적은 것"이라고 주장한다.

청나라에 들어서 학자들은 "『대학』 은 절대로 진나라 이전의 유학자들이 지은 것이 아니"라고 주장한다. 당대에 와서 어떤 학자들은 『대학』 이 진한 교체 시기의 유학자들의 작품이라고 하고 어떤 학자들은 전국시기 유학자들의 작품이라고도 한다. 보다시피 『대학』 의 작자가 누구인지 오늘에 이르기까지 분명치 않다. 『예기』 가 유학경전이 된 후, 비록 『예기』 에 주해를 다는 작업이 지속되어 왔지만 넓고도 깊은 뜻을 가지고 있는 『대학』 이나 『중용』 에 대하여 후학들이 큰 관심을 기울이지 않았다. 이러한 현상이 당대에 와서야 비로소 변화가 발생하기 시작했다.

당조의 한유와 이고(李翺)는 유학의 학설은 맹자 이후에 실전되었다고 하면서 『예기』 중의 『대학』과 『중용』의 중요성을 특히 강조하였다.

그들은 『대학』과 『중용』은 『맹자』,『역경』과 마찬가지로 중요하다고 생각하였다. 북송 신유학의 대표인 정호(程顥)와 정이(程頤) 두 형제는 한유와 이고를 뒤이어, 『대학』,『중용』을 몹시 숭상하였다. 그들은 『송사·도학전·서론』에서 이렇게 쓰고 있다. "『대학』과 『중용』두 편은 『논어』, 『맹자』와 병행의 위치에 놓아야 한다. 위로는 제왕들이 그 깊고도 오묘한 뜻을 공부하여야 하고 아래로는 학자들이 덕에 입문하는 책이 되어야 한다." 『송사·정이전』에서 정이는 이렇게 말하고 있다.

『대학』,『논어』,『맹자』,『중용』을 중심으로 하여 『6경』에 도달하여야 한다.

남송의 주희는 정호와 정이를 공자와 맹자의 도통(道統)을 이어 받은 계승자로 보았고 이울러 『중용』과 『대학』을 『예기』에서 뽑아내고 새롭게 교정하고 더 첨가하였으며 주해를 달았다. 주희는 『중용』에 대해 "의미가 심장하고 원견이 있고 언어가 맑고 자상하고 역대 성인들이 만든 책으로 이 책에는 수많은 비밀들이 숨어 있다"[517]고 평가하였다. 송광조 소희(昭熙) 원년(기원 1190년)에 주희는 모든 심혈을 기울여 『논어집주』, 『맹자집주』,『대학장구』,『중용장구』를 집필하고 동시에 출간하였다. 그리하여 이 책들을 사서(四書)라고 부른다. 주희가 『사서집주』(四書集注)를 내 놓으니 세상에 널리 알려졌고 통치자들의 관심을 불러

---

517) 『中庸章句 序』

일으켰다. 보경(寶慶) 3년(기원 1227년) 송리종(宋理宗)이 조서를 내려 『사서집주』를 '유보치도'(有補治道)라고 찬양하였다. 원조가 과거제도를 회복하자 『사서집주』를 시험조목에 넣었다. 이때로부터 『사서집주』는 과거를 보는 사람들의 필독서가 되었고 과거시험의 표준답안이 되었으며 이제가지 과거 교육에서 오경(五經)이 농단하던 지위를 대체해 버렸다. 명나라 초기 영락 황제가 『사서대전』을 편찬하여 사서와 오경이 병립하는 추세에 들어섰다. 이때부터 『사서집주』는 유가경전의 그 지위를 확보하였다.

송왕조의 정호, 정이 형제는 『대학』에 대해 "학자들이 덕으로 들어가는 문이며 학자들이 반드시 배워야 할 책"이라고 높이 평가하였다.

이리하여 정씨 형제는 『대학』을 『예기』에서 뽑아내고, 개편하고 분별하여 『개정대학』을 출간하였다. 이때부터 『개정대학』은 유가의 중요한 경전의 하나로 자리를 굳혔다. 주희는 『대학』을 새롭게 정리하여 『경』1장과 『전』10장을 만들었다. 『대학』이 유학사회의 질서를 구축하는 것에 공헌한 의의는 주로 아래의 두 방면으로 표현된다.

첫째, 『대학』은 유학사회에 아주 높은 도덕적 경계를 제공하였다. 『대학』을 『소학』에 비교하여 말할 때, "훈시가 섬세하고 구구절절이 명료하다"는 식의 『소학』이 아니라 치국, 안정으로서의 『대학』이다.

『대학』은 어른들의 책이다. 『대학』의 주지는 사람들로 하여금 미덕을 얻어 현명해지고 진보와 혁신을 하고 욕심과 폐단을 없애며 선의 경지에 도달시키려는 데 있다. 즉, "대학의 도는 명덕을 얻고 서민들과 친밀하며 착함에 이르는 것이다." 명덕은 광명정대한 덕목을 말하고 신민은 사람들이 낡은 관념을 버리고 새로운 것을 건설함을 뜻한다. 지선이란 가장 좋은 경계에 도달함을 뜻한다.

『대학』에서는 '지(止)'를 강조하고 있다. '지'는 정지, 한계, 도달 등을 지칭한다. 『대학』은 "대학지도(大學之道)는 착함에 이르는 것이다"고 표명하는데, '지선(止善)'이야말로 우리 행위의 한계이며 종점이다.

『대학』의 목적은 바로 지선에 도달하는 것이다. '지'는 어떤 곳에서 머무는 것을 의미하고 '소지(所止)'는 마땅히 멈추어야 할 곳을 의미한다. 구체적으로 말하면 천자로부터 서민에 이르기까지 마땅히 정지하여야 할 곳, 혹은 마땅히 준수해야 할 어떤 규범을 말했다. 『대학』에서는 이렇게 말하고 있다. "임금은 인에서 멈추어야 하고 신하는 경(敬)에서 멈추어야 하고 아들은 효에서 멈추어야 하고 아버지는 자애에서 멈추어야 하고 국민들은 믿음에서 멈추어야 한다." 『대학』에서 인식하고 있는 '지'나 '지기소지'(知其所止)는 매우 중요하다. 『대학』에는 또 이런 구절이 있다. "멈출 곳을 안 다음 마음을 정하면 후에 심성이 고요해지고, 고요해진 다음에는 평온하고, 평온한 다음에는 사고하게 되고, 사고한 다음에는 일을 성사시킬 수 있다.'

둘째, 『대학』은 유학사회 중의 일상생활과 정치생활 그리고 내재적 수양과 외재적 사물 사이의 관련을 설명하고 있다. 뜻을 천명한 다음에 『명명덕』, 『친민』, 『지지지선』 이 세 가지 강령을 여덟 개의 보조로 나누어 『격물』, 『치지』, 『성의』, 『정심』, 『수신』, 『치가』, 『치국』, 『평천하』에 도달한다.

밝은 덕으로 천하를 다스리자면 먼저 나라를 잘 다스려야 한다.

'치국'을 하려면 먼저 '제가'를 잘 하여야 하며 '제가'를 잘 하려면 반드시 먼저 '수신'을 하여야 하며 '수신'을 하려면 먼저 마음을 바르게 하여야 한다. 마음을 바르게 하자면 먼저 성의를 가져야 한다. 성의를 가지자면 반드시 치지를 하여야 한다. 치지를 얻자면 반드시 먼저 격물을 알아야 한다. 격물 후에 치지에 이르고 치지 후에 성의가 생기며 치국 후에 천하가 태평하게 된다. 격물치지란 사물의 원리를 연구하여 지식을 얻음을 말했다.

성의란 "자신을 속이지 않는 것"을 말했다. 정심(正心)이란 곧 자기의 심사를 단정하게 함을 지칭한다. 수신이란 자신의 수양을 강화하고 자신의 수양소질을 제고함을 뜻한다. 여덟 가지 보조는 네 가지 방면으로 나누어 볼 수 있다. '치국'과 '평천하'는 맹자가 말한 "원칙으로 천하를 구하는" 외재적 방면이고 '치국'과 '수신' 은 맹자가 말한 "뜻을 이루지 못했을 때는 깨끗한 마음으로 자신의 개인 품덕 수양을 해야 하고 뜻을 이루었을 때는 천하가 모두 이렇게 된다"는 것으로 내재적인 방면이다. '정심', '성의'는 개인의 심리차원에 속하며, '격물'과 '치지'는 외부에서 지식을 얻는 방면이다. 네 가지 방면은 서로 일치하며 한 걸음 한 걸음씩 전진한다. '경'의 제 일장의 마지막에 작자는 다음과 같이 강조하고 있다. "천자로부터 서민에 이르기까지 모두 수신을 근본으로 삼아야 한다." 그 뜻은 매개 사회성원, 특히 통치자들의 도덕수양의 좋고 나쁨에 따라 사회의 흥망성쇠가 결정된다는 것이다.

세 가지 강령, 8개 항목은 겨우 26자이지만, 『대학』 의 정수를 도출해 내고 있다. 책의 기타 내용도 모두 이런 핵심적인 주지를 둘러싸고 세밀하고 치밀하게 분석하고 상세하게 논술을 하고 있다.

『대학』이 성문화 된지 이미 2천여 년이 되며, 『사서집주』가 간행된 지도 2백여 년이 된다. 『대학』은 수많은 세월을 거치면서 유학사회의 독서인들에게 깊은 영향을 주었다. 『수신』,『제가』,『치국』,『평천하』는 사람들이 끈질기게 추구하던 목표와 이상이었다. 한무제가 『파출백가, 유학독존』을 제창한 후 6예가 칭찬을 받았고, 『오경』이 학관에서 교재가 되면서 『대학』은 통차사상의 경서가 되었다. 『시』,『서』,『예』, 『역』,『춘추』는 모두 관심을 받았지만 통치 사상으로 볼 때 강령적인 것이 부족하였다. 그리하여 주회가 『대학』을 『예기』에서 뽑아내 첨가하고 개조하여 오래 동안 먼지가 쌓여있던 사상에 새로운 활력소를 불어넣어 통치계급 사상에 강령적인 설명을 제공하였다.

4) 『중용』의 경전화의 그 의의

『중용』은 『예기』 중에서 제13편이다. 전편이 모두 33장이고 글자 수는 3,545자이다. 『중용』의 작자와 창작연대에 대해 역대로 논쟁이 있었다. 사마천은 『공자세가』에서 "공자의 아들 자사가 『중용』을 지었다"고 했고, 주회도 "『중용』은 자사와 그의 문우들이 지었다"고 하였다. 그러나 후세에는 "『중용』은 절대로 자사가 지은 것이 아니"라고 단언하였다.

근대의 학자들 중에서 어떤 사람은 주요 내용과 언어로 보아 성문화가 된 연대는 마땅히 전국시기라고 주장하고 어떤 사람은 『중용』이 진한 교체시기의 작품이라고 주장하고 있다.[518] 주희는 『예기』에서 뽑아 새롭게 교정을 하고 장구(章句)를 첨가하고 주해를 달아 『사서』의 하나로 만들었는데 많은 시간을 들였다. 『중용』의 재료의 진위와 창작 연대 그리고 작자의 문제는 하나의 경전으로서 유학발전사에서의 지위 및 유학 사회의 정치, 사회, 문화생활에 『중용』이 미친 의의에는 전혀 영향을 주지 않는다.

첫째, 『중용』은 뒤의 송명 유학이 도통(道統)을 발휘하는 데 대하여 서술하였다. 『중용』은 공자를 숭상하였고 유학이 후에 맞이할 도통의 맥락을 암시하였다. "중니는 조상인 요순을 썼고, 헌장과 문무, 위로는 하늘의 법칙과 천시, 아래로는 물의 범람과 수토…천하가 지성에 이르게 하였으며, 내 소원은 남은 생에 농부가 되어 농사를 지으며 청풍명월을 품에 안고 원숭이와 학의 울음소리를 들으며 거문고를 치는 것이어라. 천도가 변화무상하니 운수를 가늠키 어려워라. 성패는 인간의 모략과 충심에 달렸거니 장부가 이 세상에서 큰 뜻을 이룩하려면 서민들에게 올바른 정치를 펴야 하느니라. 갔다고 오는 것이 내 숙원이거니 남은 생에 백성들과 더불어 농사를 짓고 청풍명월을 품에 안고 원숭이와 학의 울음소리를 들으며 거문고를 치리라."

둘째, 『중용』은 사회반사를 견지하면서, 수신, 제가, 치국, 평천하

---

518) 양헌방을 참조하라, 『중국철학통사』 제2권, 북경, 중국인민대학출판사, 1988년, 54쪽.
임계유, 『중국철학사』 제2책, 북경, 인민출판사. 1985, 18, 22쪽.

등의 관념을 일관적으로 주장하였다. 『중용』은 수신을 기초로 보았다. 『중용』이 주장한 치국, 평천하의 9가지 원칙은 수신, 존현, 친친, 경대신, 휴군신, 자서민, 내백공, 유원인, 회제후이다. 『중용』은 수신과 사친, 지인지천을 상호 의존하는 계열로 보았다. "수신을 알면 치인을 알 수 있고 치인을 알면 천하의 국가를 다스리는 것을 알게 되도다." 『중용』은 정치로써 수신하고 수신으로써 효에 도달할 것을 강조하였다. "군자는 수신을 하지 않으면 안 된다."

셋째, 『중용』의 사회반사의 특수 의의는 '중'의 독특한 점을 논술한 데에 있다. 『역전』은 『역경』에 대하여 해석을 할 때, '중' 혹은 '중정'의 사상을 더욱 강조하고 있다. 『역전』에 있는 '중'과 '정(正)'은 서로 관련되어 있다. '중'은 곧 '정(正)'이며 혹은 '중정'이다. 예를 들면 『역전』 중에 "93은 중강이므로 중간에 있지 않다"고 했고 "94에서는 중강이 중간에 있지 않다. 위에 하늘이 없고 땅에 밭이 없고 사람에게도 중간이 없다"고 했다. '몽(蒙)', '향(享)'이니 향이 움직일 때 정중(正中)이다.(『수(需)』괘) "상(象)왈, 92는 정결하니 중이 행하고 정(正)하도다" 등이다. '중정(中正)'을 놓고 많은 논쟁이 있다. 예를 들면 "크도다 건곤이여! 강건하니 중정이요, 순수한 정이로다"('건'괘 『문언』). "상에서 노래하노니 으뜸이 길함이요 중정이여라"('송'괘), "강이 중정이니 제위가 오래 갈 것이고 광명하도다"('동인'괘) 등이다.

『역전』에서는 '중'과 '중정'을 강건함이나 고상한 도덕으로 보았다. 이 외 『역전』에는 '중도(中道)'라는 관념이 도처에서 보이고 있다. 예를 들면

'이(離)'괘 62요의 '상(象)' '사(辭)', '해(解)'괘 92요의 '상(象)' '사(辭)', '고(皐)'
괘 92요의 '상' '사' 등 다섯 곳에서 '중도'를 언급하고 있다.

유학의 종사인 공자는 '중'과 '정'을 아주 강조하였다. "공자가 이르기를
용덕은 정중자이다. 용언을 믿고 용행은 소심하며 한가하므로 성실함이
있고 선함이 가볍지 않으며 덕이 깊다."[519] 공자는 '중'이나 '정'을 군주질서를
구축하는 중요한 수단이라고 인식하였다. 『중용』은 공자에 의해 일종의
수양론(덕성론)의 방법으로 진술되고 있다. 공자는 『중용』을 하나의
고상한 덕으로 인지하였다. "중용이 세상에 널리 퍼져야 백성들의 평온한
생활이 오래 갈 수 있다." 공자는 또 『중용』을 군자와 소인을 구별하는
두 개의 다른 덕성으로, 한 사람을 평가하는 도덕성의 표준으로 삼고 있다.
"자공이 물었다. 선비와 상인 중에서 누가 더 현명하나이까? 이에 공자 왈,
선비이다. 상인은 선비에 미치지 못한다. 그럼 선비는 어떠합니까? 공자
왈, 과유불급이로다."[520] 공자는 『중용』을 방법론의 도구라고 인식하였다.
"내가 알소냐? 모른다. 범부가 나에게 물으니 아무 것도 없다 했노라.
나는 두 끝을 배알할 따름이다."[521] '중용'은 머리를 쳐들고 두 끝을 갈망할
따름이다. '중'은 『중용』에서 두 가지 기본적 의미를 갖고 있다. 하나는
"군자는 희로애락을 겉으로 드러내서는 안 된다"이고 다른 하나는 "두 끝을
쥐고 백성들에게서 중간을 취하라" 이다. "희로애락을 겉으로 드러내지

---

519) 『周易 乾卦』
520) 『論語 先進』
521) 『論語 子罕』

말라는 것"은 『중용』에서 중의 개념에 대한 중요한 발휘이고, "두 끝을 쥐고 백성들에게서 중간을 취하라"는 것은 요황제의 치민술(治民術)에 감탄하고 기술한 것이다. 『중용』에는 본체론적인 논술, 수양론적인 논술, 반영론적인 의 논술이 하나로 융합하고 관통되고 있다.

본체론을 기술할 경우 '중'은 적막부동하고 담연청명한 상태거나 경계에 이른다. 『중용』에서의 '중'이나 '중용'은 해석의 지위를 획득하였다. 『역전』도 『중정』을 중시하기는 하였지만, 『역전』 중의 '중'이나 '중정'은 본질에 이르지 못하고 덕성만 강조되었고 흔히 신비로운 괘사 속에 감추어져 있었다. 그러므로 '중'이나 '중용'은 단지 『주역』 64괘에서 해석하는 개념에 불과하였다. 공자도 역시 『중용』을 다만 하나의 지고한 덕으로 찬양했을 뿐이다. "『중용』은 덕을 말하는 것이니 거기에 이르러야 한다." 『중용』의 해석에 다른 견해들이 많아짐에 따라 『중용』 속 '중'의 개념은 해석자가 아니라 해석을 받는 대상이 되어버렸다. 즉 『중용』 속 '중'이나 '중용'은 피 해석자의 지위를 획득하였다. '중'이나 '중정'의 기본 의미는 첫째, "군자는 희로애락을 겉으로 드러내서는 안 된다"는 것이고, 다른 하나는 "적막부동하고 담연청명한 상태거나 경계에 이르는 것"이다.

『중용』은 '중'에서 본체론적인 인식을 획득하였다. 『중용』 속의 '중'은 '화'보다 더 본체적인 경계로 향상되었으며 유학발전사에서 처음으로 '중'을 '화'보다 더 원시적인 상태로 보게 되었다. '화'에 대한 사상의 인식은 이미 『역경』과 『상서』에 나타났다. 『역경』에서 '화'가 두 번 출현하고, 『금문상서』(今文尚書)에서 26번 출현하고, 『고문상서』에서 18번 출현했다. 『상서』에서는 '화'가 하늘에 오르는 의미로 존귀한 대접을 받았고 사회관계를 처리하는 수단이 되었다. 춘추전국 시기에 이르러서는 '화'에 대한 인식이 더욱 심각하고 구체화되었다. 『좌씨춘추』에서는 '화'를 '의덕화민'의 중요한 의의를 인식하고 '이덕화민, 불문이란'(以德和民, 不聞以亂)이라고 기술하였다. 뜻을 풀이하면 덕과 화로 백성을 다스리면 나라가 태평해지고 혼란상태가 없어진다는 것이다. 『좌전』에서는 영영(嬰嬰)과 제경공이 '화'와 '동(同)'을 가지고 이야기 하는 것을 통해 '화'가 정치에 미치는 중요성을 밝히고 있다. 『국어』의 기록에도 서주 발전의 역사를 '화'의 논점에서 출발하여 쓰고 있는데, 주유왕의 『거화취동』의 혼용정치를 비판하고 있다. 이렇게 '화'는 일종의 이상적 사회질서의 상태로 인식되어 왔다. 공자는 기본적으로 은주 이래의 '화' 사상을 계승하였다. 공자는 정치에 대해 응당 '관맹상제'(寬猛相濟)가 되어야 한다고 보았다. 이로부터 '정시이화(政是以和)', 즉 정치의 목적은 '화'에 있다고 인식하였다. 『예』의 공용(功用)에 대하여 공자는 예를 중시하는 것은 '화'가 귀중하기 때문이라고 하였다. 개인의 품격을 운운함에 있어서 공자는 "군자는 어울리면서도 같지 않고 소인은 같으면서도 어울리지 않는다"고 하였다. 『중용』은 은조 이래의 '화'와 유관한 사상을 계승하였지만 어떻게 인식할 것인가에 대해서는 관점이 부족하였다. 『중용』에서 '중'을 해석할 때는 "군자는 희로애락을 겉으로 드러내서는 안 된다"고 했고 '화'를 해석할 때는 "중은 모든 중절에 있으니 그 것이 곧 화이며 성을 내지 않는 것이 화"라고 했다. 미발(未發)은 '중'을 의미하고 '발'은 '중절(中節)'을 의미하며 '화'를 뜻한다. 『중용』에서는 '화'에 비해 더 원시적인 상태가 '중'의 경계점이라고 했고 '중'을 갖춘 자는 천하지대본'이라고 했다.

수양론에서는 말하는 '중'은 '성지자'(誠之者)나 혹은 '사성자'(思誠者)의 '택선고집자'(擇善固執子)를 말했다. 사성자란 반성을 통하여 성심을 얻는 자를 말했다. 수신양성을 통해 성심의 경지에 이르면 능히 천하의 일에 참여할 수 있고, 다른 사람을 도와 교화시킬 수 있다고 하여 "지성에 이르면 능히 타인을 교육하고", "지성에 이르면 신묘해 진다."

『중용』에서의 '중'이 사회반성 중에서 더욱 특수한 의의를 갖게 되는 까닭은 '중'과 '성'의 개념이 결합하여, '중'의 본체론, 덕성론의 의미를 갖고 있기 때문이다. '성'의 개념은 원래 맹자의 사회반성의 중요한 내용이다. 맹자는 이렇게 말하였다. "성신이 바로 하늘의 도이도다"[522] 『중용』은 개종명의에서 천명은 "성(性) 이다, 성을 도라고 한다, 수도란 교육을 말했다"고 했다. 또 이르기를 '성심은 하늘의 도이다', '성자는 중용을 알며', '생각하지 않고도 중용의 도리를 아는 그것이 바로 성인이니라', '성자는 스스로 이루어진다', '성자는 만물의 시작과 끝을 알며 성의가 없으면 만물의 법칙에 대해 알 수 없노라', '성심이 있는 자는 인간의 도리를 아느니라', '아무 쪽에도 기울지 않는다(允執其中)'에서의 '중'은 『중용』의 주장에서 '인의의 도'로부터 '천의의 도'로 상승한다. 공자는 실천론(덕성론)에서의 '중'은 『중용』에서 본체론적인 '중'으로 변한다. '중'과 '성실'은 천지의 경계이며 성인의 경계이다. 천의지도에서의 '성자(誠者)'는 상대적으로 호응하여, 인간의 도 법칙이 '성의지자'가 된다. "성자는 원래부터 성실한 사람으로 구태여 억지로 하지 않아도 중용을 알게 된다"면 마땅히 "선을

---

522) 『孟子 異類上』

383

고집하는 사람", "배우지 않아도 스스로 중용을 아는 사람으로 되어야 한다". 여기서 전자는 본체론도 후자는 방법론이고 수양론이다. '성'의 의의는 매우 중요하다. "천하의 사람들이 성실하게 자기의 모든 노력을 다 해야 만이 성을 얻고 그 성을 충분히 발휘하면 인성을 얻고 인성을 충분히 발휘하면 사물의 성질과 법칙을 알 수 있고 사물의 법칙과 성질을 알면 천지를 찬양하고 배움을 얻게 된다. 천지를 찬양하고 배움을 얻게 되면 능히 천지의 일에 참여할 수 있다." 이 뜻은 사람이 만약 성의 경계에 도달하면 사람의 본성과 만물의 본성을 알게 되며 모르는 것이 없게 되고 못하는 일이 없게 된다. 아울러 천지와 더불어 병립하게 되며 우주의 생활을 돕게 된다. 성심은 천지만물이 모두 의존하는 존재의 뿌리이다. 사람들은 도덕적 수양과 공부를 잘 하여 '성의자'가 되어야 한다. 그러므로 "택선을 고집하고, 많이 배우고 많이 물으며 신중하게 사색하고 시비를 분명히" 가려내고 충실하게 행동하여야 한다.(도를 갖춘 사람은 반드시 도에 어긋나는 일을 하면 안 되고 도에 어긋나는 일은 도가 아니다) 고로 군자는 반드시 자신의 품덕에 대해 주의를 기울여야 한다. 조금도 소홀히 해서는 안 되며 설사 다른 사람이 주의하지 않더라도 자신의 품성을 보존하여야 한다. 이것을 '신독(愼獨)'이라고 한다. 이로부터 보면 본체론적 의의에서의 '중'과 방법론에서 말하는 『중용』 및 도덕 수양론에서 말하는 '성'은 상호 관통한다.

일종의 행동적 방법론으로 보면 '중'의 "두 끝을 쥐고 중간은 서민들에게서 취하라"는 것은 보통 말하는 『중용』이거나 '용중(用中)'이다. '중'은 의심할 없이 두 끝과 대립되는 개념으로서 '중간'이 '가장 합당한 곳'이라는 것이다.

정호와 정이 형제는 『중용』의 의미에 대해 "어느 한쪽으로 기울지 않으면 중이요, 그렇지 않는 것이 용이다. 중은 천하의 정도이다. 용은 천하에 이미 정해진 이치이다"라고 했고 주희는 "용은 흔히 보는 이치이고 만고 만세를 두고 변하지 않는 도리이며 가장 밑에 있는 도리이다. 중이야말로 가장 훌륭한 도리이다"라고 했다. '중'은 모순되는 쌍방의 연관점을 이해하고 있다. 모순되는 쌍방이 존재하려면 공존하야 하며 공존하려면 어떠한 연관점이 필요하게 된다. 그 연계점이 바로 '중'이다. '중'은 능히 대립되는 쌍방을 '공존' 혹은 '공화'하게 할 수 있다. 사회생활에서 말하면 중간을 취하면 일을 성사시킬 수 있고 백성들에게 이로운 일을 할 수 있다. 요순 황제는 "두 끝을 쥐고 그 중간은 백성들에게서 취하라"고 했다. 요순 황제는 모순되는 쌍방에 대해 인식할 줄 알았고 모순되는 쌍방을 연결시키는 것이 『중』에 있다는 것도 알고 있었다. 아울러 서민들을 이용하여 공업(功業)을 이룩할 줄도 알았다. 『중용』의 방법론의 기본 원칙은 중간을 취하는 것이다. 즉, 적당한 한계를 파악하고 사물의 평형을 유지하고 사람들의 언행이 이미 정해진 도덕 표준에 맞게 하는 것이다.

『도통론』을 논술한 이정(정호와 정이)과 주희는 『중용』에 대해 "공자 문하들이 전수받은 심법(心法)"이라고 하면서 높이 평가하였다. 요황제는 순항제에게 '운집기중'라는 네 글자를 전수하였고 순황제는 우황제에게 '인심유위, 도심유휘, 유정유일, 윤집궐중'이라는 16자 구결(訣句)을 전수하였다. 현대 한어로 옮겨 놓으면 다음과 같다.

사람의 마음은 위험하다. 욕망을 품었기 때문이다. 욕망이 많으면 실패한다. 도심은 작지만 인간의 이성이다. 욕망이 이성을 누를 수 있다.

욕망이 강렬하지 않을 때 이성이 나타난다. 그러므로 정체를 파악하여 어느 한 방면만 생각하지 말아야 한다. 어느 쪽에도 편중하지 않고 중간을 택하는 것이 가장 현명한 처사다. 이렇게 하려면 부단히 자신과 싸우고 그 싸움을 견지해야 한다. 위의 글에서 가장 핵심적인 것이 '윤집기중'(아무 쪽에도 기울지 말고 중간을 잡으라)이다. '윤집기중'은 유학도통의 비결이며 심전(心傳)이다. 『중용』은 송명 유학자들의 창조적인 해석을 통해, 최종적으로 유학의 항도와 형이상학적 사상 이론의 근거가 되었으며, 이로부터 유학사회건설과정에서 나타났던 형이상학적인 도통의 결함을 미봉할 수 있었다.

종합적으로 유학의 경전화 과정에서, 특히 송, 명 이학자들의 노력으로 인하여 『중용』은 특수한 의의를 갖게 되었다.

5) 『효경』의 경전화 및 그 의의

『효경』은 진시황의 분서시기에 다른 유가경전들과 함께 액운을 면치 못했다. 『효경』의 저자에 대해서도 여러 주장들이 있다. 『효경』은 편폭이 짧고 글자의 수가 2천 자도 되지 않지만 내용은 매우 풍부하고 심오하다. 후세의 효에 관한 책들은 『효경』을 초월할 책들이 극히 적다. 『효경』은 공자와 증자의 문답 형식으로 효 사상을 천명하고 있다. 『성경』이 유럽 고대사회의 깨우침에 결정적 역할을 했다면, 『효경』은 유학사회에서 수신에 필요한 『성경』이었다. 물론 『효경』은 근거 없는 것이 아니며 원시 유교의 정의로부터 비롯된 유교 정의의 경전화의 전형이라 할 수 있다. 『효경』의 경전화가 유학사회 구축에 대한 의의는 다음의 몇 가지에서 살펴볼 수 있다.

첫째, '경전'의 형식으로 '수신'이 가능한 장소를 제공하고 있다. '수신'은 굉장히 어려운 것이 아니며 '수신'은 또한 명상도 필요하지 않으며 '수신' 자체는 바로 현재의 '사친'과 '친친' 가운데 있다. 유학사회는 사회의 인간들을 천자, 제후, 경대부, 사 및 서민 등 몇 개의 등급으로 나누고 있다. '효'는 사회의 매 계층마다 모두 가장 중요한 의무가 된다. 유학사회는 이른바 "천자로부터 서민에 이르기까지 모두 수신을 기본으로 해야 한다"고 강조한다. '수신'의 첫째가는 임무는 '사친'에 있다. 도교의 '신중수', 불교의 '출가수'가 있다면 유교에서는 '가중(효친)수'를 강조한다.

둘째, 『효경』은 유학사회에서 '효로 나라를 다스리는 방향'을 제시하고 있다. 『효경』을 살펴보면 치국을 담론한 대목이 매우 많다. 『효경』은 '효'로 규범화된 정치생활, 상하관계의 협력 등을 주장하고 있으며, 한 마디로 『효경』이 주창하는 것은 효로 치국하는 것이다. 하나는 『효경』에서 수차례 논했듯이 '효로 나라를 다스리는' 것이다. '효'를 '하늘의 도리요 땅의 의무'라고 보았다. 다음 선왕, 명왕, 성인의 예를 다수 열거해 천자가 효로 나라를 다스리는 의의를 설명했다. "선왕은 덕에 이르는 길이 있다." 소위 "덕에 이르는 길"이란 바로 효도인 것이다. "옛 사람들은 명왕이 효로 천하를 다스렸다고 한다고로 태어나면 친인들로 안정되고 제사를 지내면 귀신이 누렸다. 천하의 평화로 재해가 일어나지 않았고 분란도 일어나지 않았다."[523]
그 다음 『효경』은 천자의 효를 강조했다. 천자는 반드시 "사친에 사랑을
다해야 한다"고 했고 "천자는 존중을 받더라도 그래야 한다"고 했다. 또 각
계층은 사회에서 담당하는 역할이 다르기에 '효'의 내용에도 다소 차이를
보이고 있다. 이른바 "사친에 사랑을 다해야 하고 백성을 덕으로 교육해야
하며 형벌에 차이가 없어야 만이 효스러운 천자라고 했다."[524] 제후들의
효는 천자와 달랐는데, 제후들은 "높이 있어도 교만하지 말고", "절제하고
겸손해야 한다"[525]고 했다. 임금을 보좌하는 경대부들은 그 언과 행에서 효가
체현되어야 했고 언행을 바르게 해야 했다. "선왕의 법에 어긋나는 말은 하지
말 것이며, 선왕의 덕에 어긋나는 행은 하지 말아야 한다"[526] 이렇게 해야
종묘사직을 보존할 수 있었다. 사의 효는 충과 순으로 개괄할 수 있겠다. 즉
『사장』에서 말하는 "충순을 잃지 말고 일을 으뜸으로 하라"이다. 서민들의
효는 위의 모든 사람들과 달랐고 그들은 "하늘의 도리를 따르고 땅의
이득을 나누며 근신절약하면서 부모를 공양"[527]하는 것으로 다시 말해서
춘생동장의 룰에 따라 일을 하고 근신절약으로 부모를 공양하는 것이 바로
서민들의 효였다. 마지막으로 『효경』은 '효친'과 '충군', '형벌'과 '불효'를
직접 연관시켜 '5형벌에는 3천 가지가 있고 가장 큰 죄는 불효'라는 원칙을

---

523) 『孝經 孝治章』
524) 『孝經 天子章』
525) 『孝經 諸侯章』
526) 『孝經 卿大夫章』
527) 『孝經 庶人章』

제기했다.

셋째, 『효경』은 서민들의 일상생활에 윤리의 의미를 부여하였고 일반적이고 잡다한 일상생활을 이론화, 체계화, 조리화, 신성화시켰다.

일상생활 속 서민들로 말하면, '효'는 주로 사친에서 구현되는데 부모에 대한 봉양이 바로 그것이다. 이른바 "하늘의 도리를 따르고 땅의 이득을 나누며 근신절약하면서 부모를 공양"[528]하는 것이다. 어떻게 봉양해야 효라고 할 수 있는가? "평소 기거할 때 공경해야 하고, 봉양할 때 즐겁게 해드려야 하며, 병환에 계시면 그 근심을 덜어드려야 하고, 세상을 떠나시면 상복을 입고 제례를 갖추어야 하며, 제사는 엄숙하게 치러야 한다. 이 다섯 가지를 충분히 하고 난 다음 사친을 논해야 한다."[529] "살아 계실 때 공경하고 사망되셨을 때 추모해야 한다."[530] 바꿔 말하면 사랑과 존경의 마음으로 생존해 계시는 부모님을 봉양하고 애석하고 존경하는 마음으로 구천에 계신 망령을 위로해 드려야 한다는 말이다. 『효경』은 물질공양만 중시하고 친인에 대한 정신적인 위안을 중시하지 않으면 '효'가 아니라고 했다. '효'의 일상적 의미는 '순'에 있지만 『효경』은 무작정 '순'만 강조하는 것이 아니다. 부모의 그릇된 주장이나 행위에 대해 제지시키거나 권유를 하지 않는다면 부모님이 반드시 불의에 빠지게 될 터인데 이것은 불효라고 했다. 글에

---

528) 『孝經 庶人章』
529) 『孝經 紀孝行章』
530) 『孝經 喪親章』

이르기를 "불의에 대해서는 자식이라 해도 부모와 논쟁하지 않을 수 없고 신하라 해도 임금과 다투지 않을 수 없다. 불의를 보고도 나서서 싸우지 않는다면 어찌 효도라 할 수 있겠는가?"[531] 사랑과 존경의 마음으로 부모를 봉양하는 것 외에 사친자는 마땅히 기타 수양과 품행을 쌓아야 한다. 먼저, 자기의 신체를 잘 보호해야 하는데 이는 부모가 준 것으로 손상되지 말아야 하는 것으로 이른바 '신체발부, 수지부모, 불감훼상, 효지시야(몸은 부모가 준 것으로 상처를 입히지 않는 것이 효도의 시작이다)'[532]인 것이다.

다음, 입신행도하여 자신의 양호한 이미지를 구축해야 하며 명성을 천하에 떨쳐 부모를 빛내는 것을 효로 삼아야 하는 것으로 이는 효의 가장 훌륭한 표현방식으로 '효지종야(효의 최종목표)'인 것이다. 그 다음, 부모 외의 사람을 대함에 있어 존중해야 하고 죄를 범하지 말아야 한다. 즉 "애친자는 타인에게 악을 행하지 말아야 하고, 경친자는 타인에게 태만하지 말아야 한다"[533]는 것이다. 그리고 환경이 어떻게 변하든 교만하지 말고 어지럽히지 말며 다투지 말아야 하는 것으로 "위에 있어도 교만하지 않고 아래에 있어도 혼란을 조성하지 않으며 동배들과 다투지 않는다"[534]는 것이다. 이렇게 해야만 각종 우환을 피할 수 있다는 것이다. 아니면 "위에 있으면서 교만하면 망하게 되고 아래에 있으면서 혼란을 조장하면 형벌을 받게 되며 동배들과 다투게 되면 병란이 일어나게 된다. 이 세 가지를 지키지

---

531) 『孝經 諫爭章』
532) 『孝經 開宗明義章』
533) 『孝經 天子章』
534) 『孝經 紀孝行章』

않으면 하루 세끼 고기로 봉양한다 하더라도 불효"[535]라고 할 수 있다. 상기 네 가지를 구비하면 자기 자신을 상하지 않게 하고 부모를 공양하는 것이 가능해지는 것이다. 아울러 부모의 인품을 높여드리고 정신적으로 부모를 위안하고 그들이 즐겁도록 해드릴 수 있는 것이다. 종합적으로 『효경』은 "효는 사친에서 비롯되며 사군에 치우처야 하고 입신이 최종인 것"이라고 주장한다. '사친'부터 '사군'을 거쳐 '입신'에 이르러야 하고 '신체발부'를 '훼손하지 말아야 하며', '입신행도하여 후세에 이름을 남기는 것'이 바로 『효경』에서 주장하는 서민들의 일상생활에 대한 규범인 것이다. 바꿔 말하면 모든 사회생활이 모두 효를 해석하고 점검하는 척도가 될 수 있다는 것이다. 일상생활 가운데의 '자아' 윤리통제를 통해 『효경』은 서민들의 일상생활을 이론화, 체계화하고 일종 신성한 의의를 획득하게 하며 이로부터 유학사회의 일상생활의 윤리화와 합리화의 방향을 확정하게 된다.

넷째, 『효경』의 외향전파는 동아사회의 유교화의 방향을 추진시켰다. 『효경』은 한족들에게 영향을 미쳤을 뿐 아니라 일부 소수민족, 예를 들면 선비족, 고창족, 서하족, 여진족, 몽골족 등에 영향을 끼쳤다. 일부 소수민족이 건립한 정권에서 관방학교든 상층사회든 모두 『효경』을 전수받았다. 그 외 이미 당나라시기에 『효경』이 조선, 일본에 전해졌다. 그중 일본에서 『효경』에 대한 연구가 가장 잘 진행되었다.

---

535) 『孝經 紀孝行章』

제6장
유학사회의 질서 구성

제6장
유학사회의 질서 구성

양한 사회는 유학사회가 흥기하고 발전한 중요한 시기이다. 한무제의 '독존유술'의 장기적인 학습을 거쳐 유학은 미래유학사회의 각 왕조의 통치자들에게 의식형태를 선택할 수 있는 길을 제공해 주었다. 유교는 의식형태와 왕조정치의 결합이다. 그는 하나 또 하나의 왕조의 장기적인 안정을 실현했는데 이러한 정황은 예전의 임의적 형태의 의식형태로는 실현될 수 없는 것이었다.(법가 16년, 황로지학 67년) 양한과 왕망의 '신'왕조, 전체 426년이다. 양한 이"후 유학사회"는 삼국, 양진, 남북조, 수당, 오대십국, 송, 원, 명, 청 등을 거친다. 유학사회의 연구 측면으로 볼 때, 삼국은 양한 사회의 계속이고 양진은 유학사회의 주도정신, 즉 유학정신의 자아반성을 한 단계 끌어올렸다. 남북조는 유학사회 자아(정치, 경제, 문화, 사회, 생활방식)의 내부 확장[536]의 시기였고, 수당은 유학사회 자아의

---

536) 내부확장이란 유학사회의 각 민족의 대융합을 가리킨다. 이는 소수 민족이 유학사회 제도 수립과 의식형태를 배워 마지막에 유학사회에 융합되는 것으로부터 체현된다. 예를 들어 북위(北魏) 효문제(孝文帝)의 한화개혁(漢化改革)과 원조(元朝) 때에는 '한법(漢法)'(한법이란 완정한 선진적 생산방식과 그에 상응하는 모든 상부 구조를

외부확장[537)의 시기였다. 오대십국에서부터 송원까지는 유학사회의 새로운 단계인 자아반성과 내부 확장의 시기였고, 명청은 유학사회의 새로운 단계인 외부확장의 시기였다. 유학사회의 발전 과정에서 중원에 발을 들인 소수민족들이 유학사회의 생활방식에 동화되어 마지막에 유학사회 자아확장의 역사발전에 융합된 것이라고 할 수 있겠다. 이것은 남북조, 오대십국, 원, 청 등 왕조의 정책집행에서 알 수 있다. 혹은 주변의 속국들이 천국을 따라 주동적으로 혁신하여 유학사회의 각종 제도를 그대로 받아들인 것이라 할 수 있겠다. 이것은 유학사회의 문명방식이 한반도와 일본열도, 류큐(琉球) 지역으로의 전파되는 과정에서 알 수 있다. 혹은 예로부터 전해 내려온 것이라 할 수 있겠다.

1. 유학사회의 이상적 질서

'파출백가, 독존유술'(백가를 배척하고 유가만을 중시한다)의 정책으로부터 『중화민국임시약법』이 반포되기까지의 2,000여 년은

포함한다. 이는 보수적이고 낙후한 몽고의 '낡은 풍속'에 대립적인 존재이며, 비교 가운데 생성된 일종 개념이다. 한법의 채용은 당시 몽고인과 한(漢)민족 간에 미치는 영향이 새로운 경지에 달했다는 것을 보여주며 원(元) 왕조의 통치가 한(漢)족 지주계급의 지지를 얻은 것이다.)

537) 외부확장이란 유학사회의 제도수립을 다른 나라가 채용 혹은 모방하는 것이다. 예를 들면 조선, 일본 등의 나라가 수당(隨唐)문화를 모방하고 명나라가 정화(鄭和)를 일곱 번 서양에 파견한 것들이다.

유학사회의 연속이었다. 유교 정신은 중국고대사회의 특징이었고, 또한 동아시아 사회의 특징이기도 하다. 유학은 여러 왕조를 거쳤지만, 2,000여 년 동안 그 문명의 지속이었으며 세인들에게 유학문명의 통일성을 보여준 것이다. 유학문명의 통일성의 실제는 유학사회의 어떤 질적(質的)인 통일성에 있다. 유학 등 백가(百家)들이 함께 만들어낸 천하 통일적 군주질서(황제군현제도는 그 현실적 표현일 뿐이다)는 유학사회의 발전, 각 왕조(朝代)가 바뀌는 방식, 장기적 통치에 정치적 기초를 만들어 주었다. 유학정신은 정치, 경제, 법률, 교육, 일상도덕 등 영역에서 주도적 지위는 '유가법(儒家法)'의 종말, 즉 『중화민국임시약법』의 반포와 그것의 시행까지 지속되었으며, 각 왕조의 유학사회의 동질성에 대해 의식형태의 기초를 제공하였다.

　　『여씨춘추(呂氏春秋)』에는 이러한 우화가 있다. 형 나라 사람 중 활을 잃은 자가 있으나 찾고자 하지 않으며, 이르기를, "형 나라 사람이 잃었으니 형 나라 사람이 얻을 것인데 어찌 또 찾으리요?"라고 하였다. 공자가 이를 듣고 이르기를 "그 '형'자를 뺀다면 좋겠구나"라고 하였다. 노자가 이를 듣고 이르기를 "그 '사람'이라는 단어를 빼면 좋겠구나"라고 하였다. 이는 유교이상과 도학이상의 내적 차이를 반영한다. 유학이 바라는 이상적 사회는 유학의 부단한 사회 경험의 과정에서 구축된 것으로서, 『논어(論語)』·『맹자(孟子)』·『대학(大學)』·『중용(中庸)』·『예기(禮記)』 등 유가문헌에 포함되어 있다. 유학의 이상적 사회질서를 간단히 말하면, 공자에게는 '천하유도(天下有道), 맹자에게는 '왕도(王道), 『대학』에서는 '지위지선(止于至善)의 경지, 『중용(中庸)』에서는

'구경(九經)'지치, 『예기(禮記)』에서는 '천하위공(天下爲公)'의 대동사회와 '천하위가(天下爲家)'의 소강지세 등이다.

유학사회의 이상적 질서의 수립은 일종의 동일성을 갖고 있다. 『예기(禮記)』에 따르면, 유학사회의 이상적 질서[538] 혹은 이상적 왕국은 두 가지 단계로 구성되었다. 첫째는 '천하위공'의 대동사회이다.

『예기(禮記)·예운(禮運)』에 따르면, "큰 도가 행해지면, 천하를 공(公)으로 하여, 어진 이를 뽑고 능한 자를 골라서, 믿음을 추구하고 화목함을 닦았다. 사람은 마땅히 자신의 친인척들만 친인으로 대하지 말고, 자신의 아이는 아이로만 생각해 교육하지 말고, 노인들은 만년을 행복하게 해 드리고, 중장년들은 그들로 하여금 삶의 가치를 느끼게 하고, 청년과 아이들은 자기의 재능을 발휘시키고, 동반자를 잃은 사람·외로운 사람·장애인과 병든 자들이 모두 생활해 나갈 수 있게 해야 한다. 남자는 직무가 있고 여자는 돌아갈 곳이 있어야 한다. 사람들은 땅바닥에 재화를 버리는 것을 싫어하고 줍더라도 사사로이 보관하지 않는다. 사람들은 모두 공공의 일에 전심전력으로 힘쓰길 원하나 자신의 사사로운 이익을 취하지 않는다. 고로 간사한 모의는 꿈도 못 꾸고 도둑질, 반역, 남을 해하는 행위가 다시는 흥하지 않게 되고 집집마다 대문을 잠그지 않아도

---

538) 유학이 제창하는 이상적 사회질서와 유학사회의 현실적 질서는 조금 다르다. 유학사회의 현실질서는 유학사회에서 실질적으로 운행되는 질서를 말하며 유학반성자들의 이상에만 있는 것이 아니라, 여러 왕조의 황제관료정책의 집행과정에 은폐되어 있었으며, 유학정신의 감당자의 구체적인 사회생활 중에서 표현된다. 유학사회의 현실질서는 성씨 혹은 가천하의 외재적 특징으로 표현된다. 황제군현제도를 왕조의 질서로 촌락 집거를 외재적 특징으로 하는 종법이론을 실질적 내용으로 하는 향토 질서 등이 있다.

된다. 이것이 바로 대동인 것이다."『예운(禮運)』은 공자의 어투를 빌려 예전에 아름다운 고대사회가 존재하였는데 그 사회에서는 대도가 유행하였고 천하위공(천하는 모든 사람들의 천하다)이며, 현인들과 유능한 인재를 선거하였으며 사람들은 신용을 지키고 화목하게 지냈다고 하였다. 사람들은 자신의 부모와 자녀만 관심을 갖는 것이 아니라 다른 사람의 부모와 자식들도 관심을 갖는다. 이런 사회에서는 중 노년들은 몸과 마음을 보양하여 장수하며 장년들은 자신의 재능을 발휘할 수 있는 기회가 있으며 어린이들은 양육을 받으며 홀아비와 과부와 고아와 무자식의 노인들, 장애인들과 질병이 있는 경제능력이 없고 의지 할 곳도 없는 사람들도 보살핌을 받을 수 있다. 이 사회의 남자들은 사, 농, 공, 상의 구분이 있으며 여자들은 좋은 집에 시집갈 수 있다. 사람마다 재물을 낭비하는 행위를 싫어하고 재물을 자신의 소유로 할 필요가 없으며, 노동을 하지 않는 행위를 혐오하며 그 노동이 자신만을 위한 것은 아니다. 이러한 사회에는 사기도 강도도 없으며 집을 비워두어도 자물쇠를 잠글 필요도 없다. 이것이 곧 대동의 세계이다.『예운』의 작가는 대동사회가 이미 지나갔다고 여기고 있다. 그렇기 때문에 공자의 말을 빌려 '소강사회'의 건립을 주장한다. 『예기(禮記)』에서는 "지금의 세상은 대도는 이미 사라지고 천하를 개인의 집으로 생각하여 각각 자기의 부모만을 사랑하며 각기 자기의 자식들만 사랑한다. 재물과 노동은 자기만을 위한 것이다.

대인(大人)은 세습을 예(禮)로 삼았으며, 성곽을 쌓고 못을 파서 굳게 지키고 예의를 만들어 기강을 세웠다. 그제야 군신(君臣)이 바로잡히고 부자가 돈독하고 형제가 화목하고 부부가 화락하게 되었다. 또한 이러한 예(禮)로써 제도를 만들고 전제(田制)를 수립하고 지용을 겸비한 사람을 써 그 공을 자기 것으로 한다. 모략은 여기서 생겨나고 전란도 여기로부터 생겼고 우·탕·문·무·성왕·주공 육군자도 여기로부터 생긴 것이다. 이 육군자들 중에 예를 힘쓰지 않은 자가 없었다. 즉, 마땅함을 드러내고 믿음을 쌓고 허물을 밝히고 어진 마음을 본받아 겸양토록 예를 가르침으로써 백성들에게 관례를 보여준다. 만약 이러한 도를 따르지 않는 세력가는 제거하게 되는데 백성들도 이들을 재앙이라고 여기게 된다. 이것을 일러 소강(小康)이라 한다." 소강사회는 '대도은몰, 천하위가(천하의 물건들은 사유물로 자신의 자손들에게 물려준다)'가 되었다. 소강사회 중에서 사람들은 자신의 부모와 자식들만 보살피고 재물은 개인 소유물이 되었으며 노동은 자신 만을 위한 것이다. 그렇기 때문에 예제를 제정하는 천자 제후들이 나타나 견고한 성곽을 쌓고 도랑을 파게 된다. 예의를 기강으로 군신의 구별이 있으며 부자가 돈독하고 형제가 화목하며 부부가 화목해야 한다. 제도를 세우고 전제를 수립하고 현명하고 지용을 겸비한 사람을 등용한다. 그렇기 때문에 사람들은 모략을 세우고 전쟁을 일으키게 된다. 우, 탕, 문, 무, 성왕, 주공 이 육군자들이 나타나게 된 것도 이런 원인에서이다.

이 육군자들은 모두 예에 따라 행동하고 의리를 지키며 신용을 지킬 뿐만 아니라 능한 사람들을 장려하며 법도를 따지고 어진 마음을 가지고 백성들에게 관례를 보여주었다. 만약에 위의 다섯 가지를 행하지 못하면 천하 백성들은 나라를 그르치고 백성에게 해를 입히는 군주라고 여기여 그 직무를 해임할 수 있다. 소강사회 건립의 기초는 '예'이다. 전체적으로 볼 때 '대도'의 구체적인 내용은 너무 불분명한 것이다. 하지만 대도의 유행과 대도의 은몰은 비교적 명백하게 알린다. '천하위공'이 그 유행의 표현이고 '천하위가'가 은몰의 표현인 것이다. '천하위공'과 '천하위가'의 구분의 표준은 사회에 있으며 자신의 부모형제를 사랑하는 유일한 대상인가 아닌가에 있다. 소강사회를 묘사할 때 『예기』는 국가제도의 기초가 "예의를 기강으로 군신의 구별이 있으며 부자가 돈독하고 형제가 화목하며 부부가 화목해야 한다"에 있다고 하였다. '예'는 소상회의 질서를 안정시키는 기초인 것이다. 이런 것들은 유학사회 이상 질서의 논리적 특색이다.

이후 한왕조의 유학자 동중서는 '춘추삼세설'을 제기하였다. 동한 말년에 공양가(公羊家) 하휴(何休)는 동중서의 '춘추삼세'를 역사진화의 세 단계 '쇠난세(衰亂世)', '승평세(昇平世)', '태평세(太平世)'로 나누어 해석하였다. 대동으로 부터 소강, 소강으로 부터 삼세, 이것은 중국인의 생활 이상을 반영한다. 태평을 누리고, 쇠퇴와 난세를 거부하며 태평을 바라는 것은 유학사회 사람들의 생활에 대한 끊임없는 추구인 것이다. '태평성세'는 현실생활에 대한 최고의 찬송이다. '천하위공'의 사회이상을 홍수전(洪秀全)은 인용하였고 강유위(康有爲)는 찬미하였으며 손중산(孫中山)은 온몸을 바쳤다. 유학사회의 이상적 질서는 유학의 이상이며 유학사회의 질서인데 높이 걸린 맑은 거울처럼 길을 안내하고 속세 사회와 질서를 바로잡아 준다.

유학사회의 이상적 질서와 현실적 질서의 비교를 표 7을 참조하라.

표 7) 유하사회의 이상적 질서와 현실적 질서

	유하사회의 이상 질서		유하사회의 현실 질서
	대동사회	소강사회	
대도지행	대도지행, 천하위공	대도개은, 천하위가	왕패도겸의 황제관료제도
친자관계	자신의 친척들만 친척이라 하지 않고 자신의 자식이라 하지 않는다. (신양)	재물은 자신의 소유로 할 필요가 없다. 각자 자신의 친척들만 친척인 것이고 자신의 아들만 자신의 아들인 것이다.	재물은 각자의 소유이다. 친지군신사 등으로 구분되어 종법가신제를 구성하였다.
사회규범	도둑질을 하지 않아 집을 나갈 때 문을 잠글 필요가 없다. 현명하고 능력 있는 자를 발탁하며 신용을 지키고 화목을 도모한다. (선양)	성벽을 쌓고 도랑을 파며 예의를 기강으로 한다. 예를 신중히 여겨 않는 자가 없다. 음모들이 나타나고 전쟁도 일어난다. 이(예의)를 따르지 않는 자는 권세가 있는 자라고 하여도 쫓아낸다.	삼강오상의 사회조직원리 하늘을 숭배하고 땅을 모시고, 군주에 충성하고 친척친우들에게 효를 행하며 스승을 존경하고 정도에 의거해야 한다.
해당 시대(왕조)	황제, 요, 순	우, 탕, 문, 무, 성왕, 주공 등 시대	양한(한무제부터) 청나라까지의 왕조

2. 유학사회의 현실적 질서(사회계층의 분화)

유학사회중에서 왕조 건립의 현실질서는 주로 성씨와 가천하를 외재적 특징으로 하고 황제군현제도를 실질적 내용으로 하는 왕조의 질서이며 촌락 집거를 외적 특징으로 하고 종법논리를 실질적 내용으로 하는 향토 질서이다. 유학사회는 역대왕조 건립의 현실적 질서 역시 동일성을 가지고 있다. 왕조질서나 향토질서 모두 유학사회는 영원불변하는 사회분층의 체계를 가지고 있다. 이런 사회분층체계는 유학사회의 질서의 동일성을 성명해 주는 것이다. 유학사회의 사회분층체계는 기본적으로 천지, 군, 친, 사로 구분되며 사회분층체계의 기본 원칙은 하늘을 숭배하고 땅을 모시고, 군주에 충성하고 친척, 친우들에게 효를 행하며, 스승을 존경하고 정도에 의거해야 한다는 삼강원칙이다.

'천지', '군', '신', '친', '사'는 유학사회질서의 기초이며 유학사회의 다섯 가지 논리적인 속성을 가지고 있는 사회분층계급이다. 순자는 "예에는 세 가지 근본이 있다, 천지는 생존의 근본이며, 선조는 종족의 근본이며, 군장은 정치의 근본이다. 천지가 없이 어찌 생존을 논하며, 선조가 없이 어찌 종족의 생산을 논하며, 군장이 없으면 천하태평을 논할 수 있겠는가? 이 세 가지 근본 중 어느 하나라도 부분적으로 소실되면 백성들이 안녕할 수 없다. 그렇기 때문에 예는 위로 천을 받들고 아래로 지를 받들어야 하며 선조를 존중하고 군장을 추종해야 한다. 이것은 예의 세 가지 근본이다"라고 하였다.[539] 『효경·오형장』에는 이렇게 적혀있다. "무력으로 군조를 협박하는 자의 눈에는 군주가 존재하지 않으며, 성인을 비방한 자의 눈에는 법규가 없으며, 효를 행하는 자를 비하하고 공경하지 않는 자의 눈에는 부모가 존재하지 않는 것이다. 이 세 가지를 행하는 자들은 천하대란의 근원이다." 동중서는 『춘추번노』에서는 '황도삼강'에 대하여 이렇게 얘기하였다. "군신, 부자, 부부의 뜻은 모두 음양으로 이야기 할 수 있다.

군자는 양, 신하는 음, 부는 양, 자는 음, 남편은 양, 아내는 음…, 인의제도 역시 하늘에 따른 것이다. … 왕도의 삼강 역시 하늘의 뜻인 것이다."[540] 『백호통의』는 삼강을 "나라의 군주는 신하의 준칙이며 부친은 자식들의 준칙이고 남편은 아내의 준칙이다"라고 하였다. 『백호통』에서는 유학사회의 운행기초의 세 요소는 '군, 친, 사'라고 하였다. "하늘의 이치는 세 가지가 있다. 하늘의 세 가지 빛 - 해, 달, 별; 땅의 세 가지 형태 - 높고, 낮고 평평함, 인간이 갖추어야할 세 가지 존중 - 군자, 부모, 스승에 대한 존중이다."[541] 유학사회에서 '천지', '군', '신', '친', '사'는 지위, 신분, 표지로 개별화된 분층이다. 이런 분층들이 비교적 견고하고 지구적인 유학사회의 분층 체계를 이루고 있다. 사회 분층의 방면으로 보면 유학사회가 견고성을 지니고 있었던 것은 유학사회에서의 생산력 수준이 사회분층체계를 넘어설 수가 없었기 때문이다. 유학사회의 분층체계는 유학사회질서의

539) 『荀子·禮論』
540) 『춘추범노·기의』
541) 『백호통·봉공후』

기초이다. 유학사회의 분층체계는 몇 개의 원칙적인 구성을 가지고 있는데, 천인원칙, 군신원칙, 부자원칙, 사도원칙 등이다. 천인원칙은 신학원칙이며 군신원칙은 정치조직원칙이고 부자원칙은 사회조직원칙이고 사도원칙은 문화전승의 원칙이다. 이 몇 가지 원칙들은 서로 결합되어 있는데, 천지, 군, 친, 사는 유학사회에서 제일 견고한 신분등급 체계를 이루고 있다. 이 체계는 유학사회의 사회분층체계에서 제일 분명한 특징을 지니고 있다. 물론 유학사회의 신분등급은 이외에도 많다. 예를 들면 병사, 농민, 공인, 상인 등 사회신분체계 등이다. 많은 신분등급에서도 유학사회의 분층체계의 특징을 가지고 있는 것이 바로 '천지', '군', '친', '사'이다. (그림 4를 참조)

천(지)―――――인
　　군―――신(민)
　부(친)―――――자
　　　사(師)

그림 4) 유학사회중 사회분층구조 해설도

천지는 유학사회의 사회분층체계의 하나의 분층이다. 유학사회에서 천지는 전체 사회체계 혹은 사회분층에서의 중요한 분층으로 사회의 참여자이다. 유학사회에서 천지의 주요 관념은 동중서의 유학에 상세히 설명되어있다. 천지는 의지가 있으며 희로애락도 있다. 천지는 인간사회에 직접 참여하며 인간사회가 의존하는 요소일 뿐만 아니라, 천지와 인간은 서로 감응할 수 있다. 천은 그의 아들인 '천자' 혹은 유학사회의 군주를 통하여 인간을 다스린다. 유학사회에서 '천지' 숭배 현상은 하·상·주 삼대의 문화 관념에서도 찾아볼 수 있다. 궈모뤄(郭末若)는 『선진천도관지진전(先秦天道觀之進展)』에서 은상시대에 '천'이라는 단어를 찾아 볼 수가 있다고 하였다. 진몽가(陳夢家)는 서주 시대에 이미 '천'이라는 개념이 형성되었다고 하였다. 어찌 되었든 '천'이라는 관념은 선진(先秦) 시기의 문화에서는 중요한 내용인 것이다.

　제가백가(諸子百家-춘추, 전국, 진한시기의 각종 학술 파벌에 대한 총칭)중에서 묵가의 '천지' 관념과 유가의 '천명관'은 비슷하다. 묵가는 '천지'를 기초로 '겸상애(兼相愛)'의 사회를 구성하였다. 도가의 '도덕관'과 유가의 '덕행관'이 비슷하다. 도가의 창시자인 노자는 '천'을 기초로 '도'의 관념을 제기하여, '이도통천(以道統天)'이라 하였다. 노자가 이르기를 "인류의 행위는 지구의 물리적 운행법칙을 따라야 하고 지구의 운행은 전체 우주의 운행법칙을 따라야 하며 우주의 운행법칙은 도의 법칙을 따르며 도는 자연의 법칙을 따른다(人法地, 地法天, 天法道, 道法自然)"라고 하였다. 또 "도는 만사만물을 생성하게 하고 덕은 만사만물을 양육하고 만사만물은 여러 가지의 형태를 지니고 있으며 환경은 만사만물을 성장하게 한다. 만사만물은 도른 따르고 도를 귀하게 여긴다"라고도 하였다.[542]

　'천(지)'에 대한 숭배적인 관념 역시 유학정신의 중요한 내용의 하나이다. 유학역사맥락 중에 '천(지)'에 대한 숭배관념은 시종 뚜렷하였다. 비록

---

542)　『老子·道德經』

『논어』에서 "선생(공자)께서 이르기를 인성과 천도의 이론은 귀로 듣는 것으로 터득할 수 없다고 하였다"[543]라고 쓰여져 있지만 공자 역시 천명에 대하여 말로 표현할 수 없는 칭찬을 하며 허락하는 태도를 보여주었다.

공자의 천명관 중에서 세 가지 관념이 자주 사용 되는데, 바로 천, 천명, 명이다. 자연적으로 아무것도 하지 않는 것은 많은 것을 하는 것이라고 하는데, 이것이 '천'이다. 무언가를 하여서 일종의 도덕사명을 지니고 있으면 '천명'이다. 인간이 무언가를 지배하지 못하고 개변하지 못하는 경우를 '명'이라고 일컫는다. 의미가 교차되어 사용할 때 그 개념도 상호 대체할 수 있다. 유학의 주요 경전인 『주역』의 곳곳에서 '천(지)'에 대한 숭배사상을 엿볼 수 있다. 『주역』의 첫 괘가 바로 '건', 두 번째 괘는 '곤'이다. '건'괘는 '천' 행건으로 군자는 응당 스스로 힘을 쓰고 몸과 마음을 가다듬어 쉬지 아니하여야 한다고 하였고 '곤'괘인 '지'는 군자는 덕후함으로 만물을 껴안을 필요가 있다고 하였다. 『주역』은 천지를 기본으로 사회 질서를 건립하였다. "천은 위로 존귀한 것이고 지는 아래로 비천한 것이다.

천지 건곤은 확정 되어 있다. 천과 지의 비천과 고귀는 명확하다, 인간 신분의 존비귀천의 지위 역시 확정되어 있다"[544] "천도는 음양의 결합으로 우주만물은 음양 두 가지 원소가 있다. 우리가 생존하고 있는 환경은 강인함과 유연의미 결합이다. 사람과 사람의 교제에는 어짊과 의로움이

---

543) 『論語·公冶章』
544) 『周易·繫辭上』

첫째이다"[545] 유학의 발전과정에서 순자는 "자연(천)과 인간(인)을 구분해서 바라보아야 한다(天人相分)"와 "천명을 파악하면서 그것을 활용해야 한다(制天命而用之)"는 사상을 제기하였다. 하지만 순자는 여전히 "사람의 명은 하늘에 달렸다(人之命在天)"고 여겼다. 인간의 본성, 예락제도의 최종적인 근거는 여전히 '천'인 것이다. 유학사회에서 정치, 사회생활을 좌우하는 '천'의 관념은 동중서의 '천'관념이다. 동중서의 '천'관념에서 인류사회의 기본적인 요소는 천, 지, 인이라고 하였다. 따라서 인류사회의 창조자는 하늘이며 인간과 하늘은 '상부(相副)'하는 것이며 하늘은 인간을 위하여 천자를 세우고, 천자와 하늘사이에는 감응이 있으며 하늘은 상서로움과 복을 하사할 수 있고 경고를 해줄 수도 있다.(하늘이 제왕, 인간 사물에 전달하는 의견은 자연현상을 통하여 전달한다. 제왕의 행위가 하늘의 뜻에 부합할 때 '아름다운 상서로움'으로 장려하고 만약 제왕의 행위가 하늘의 뜻에 어긋나면 재앙을 내려 경고를 나타낸다.) 인류사회의 행정 역시 '천'을 본받아야 한다 등이 있다. 종합적으로 볼 때, 관념형태상 유학사회에서의 '천'은 주로 다음과 같은 의미를 내포하고 있다. 하늘의 신인 천, 만물생성의 근본인 자연의 천, 악을 처벌하는 신명의 천.

군(君)은 유학사회 분층의 한 층이다. 유학사회의 정치절서는 군주질 서이다. 군주질서에서 군주통일천하에 대한 강조는 선진 백가사상에 대한 공통된 인식과 공통양식이다. 유학사회 중에서 군주질서의 중심은 '군'이다. 군주는 군주질서 중에서 최고 통치자의 이익을 실현한다.

---

545) 『周易 · 설부』

이는 천과 백성 사이의 매개체이다. 공양학가에는 천자일작(天子一爵)의 설이 있다.[546] 소위 작(爵)이란 바로 위(位)이다. 즉 통치질서 중에서의 등급서열이다. 천자일작은 천자의 통치 질서 중 한 등급의 위치이다. 이 등급을 떠나서 신성하게 존재하는 것이 아니다. 공양학 연구에 따르면 천자일작은 공자에 의하여 변화되었다. 하휴가 해석한 『춘추』에서 "천자는 작위라고 칭한다(天子者, 爵称也)"라고 하였다. 사마천이 동씨의 말을 서술 할 때, 공자의 『춘추』는 "제왕을 비평하고 제후를 질책하고 대부를 토벌하는 것은 왕도를 달성하기 위한 목적이다"을 위한 것이라고 하였다. 그 중에서 '폄천자'는 천자를 폄하하는 것과 천과 동질적인 신성한 지위이며 천자를 깎아내리는 것은 한 세속적 통치 질서 중의 등급순위이다. 맹자는 '천자일위(天子一位)'라고 하고 순자는 '천자는 제일 숭고한 자리이다(天子者執位至尊)[547]고 하였다. 전제군주제의 역량이 날로 강대해져 '천자일작'에 이르렀다. 유학사회에서 천자는 천의 명의로 '백성을 다스리다(牧民)'고 '천자'는 천에 그 책임을 진다. 천지의 권리는 천자에게 있으며 다른 사람들은 월권하지 못한다. 종합적으로 '군'은 유학사회의 사회분층체계 중의 핵심적인 분층이다.

군의 지위와 대립되는 지위는 신이다. 신은 유학사회 분층체계 중의 하나이다. 은작삼등, 즉 공후백, 주작오등은 즉 공후백자남이다. 사마천은 "석오제이제(昔五帝异制), 주작오등(周爵五等), 『춘추』 삼등 등은 각기

546) 장경(蔣慶), 『공양학인론』 191~206쪽 참조.
547) 『荀子 · 正論』

다른 시기에 다른 존비 서열을 이루었다"고 했다.[548] 진나라 이전에 '관'으로 직무의 높고 낮음을 결정하였고 '작'으로 존귀 비천의 서열을 정하였다.

진나라 시기의 관과 작이 하나로 되어 공사(工士)로 부터 철후(徹候)까지의 12가지 작의 순위를 이루었다. 양한에 이르러 관과 작이 또다시 분리되어 농(俸)과 직위가 되었다. 위진남북조 시기에는 '구품(九品)'으로 관리계급을 분류하였는데 직위의 높고 낮음과 등급으로 존귀비천을 구분하는 중요한 표준이 되었다. 당나라 이후에는 구품에서 '정(正)', '종(從)' 18급, 18급을 고, 중, 저 세 가지로 구분을 두었다. 4품 이상은 고급관리로 구분되고 5급부터 7급까지는 중급관리이며 7품이하는 저급관리라고 하였다. 이 세 가지 등급은 명청시기까지 그대로 전해 내려왔다.[549] 작위, 관위, 직위가 어떻게 변화되든 유학사회에서는 "솔토지빈, 막비왕신(率土之濱 莫非王臣)-모든 왕토의 사람들 모두 왕의 신하이다"라는 것이다. 신이 되었을 경우 군이 될 수 없으며 그 신분에 걸맞은 권리를 행할 수 있으며 월권할 수 없다. 유학사회의 정치질서에서 유학사회의 신분등급은 세 가지 층이 있는데 천지가 하나의 층이고 군이 하나의 층이며 신이 하나의 층이다.

군주질서에서의 사회기초는 '친(親)'이다. 친은 유학사회의 군주질서 중에서 제일 견고한 현실적 기초이다. 유학사회는 "부자가 먼저이고 다음이 군신이다(有父子然后有君臣)"라는 것을 인정하고 있다. '부자'관계가

---

548) 『史記·三王世家』
549) 갈승옹(葛乘雍), 『중국고대등급사회』, 서안, 섬서인민출판사. 1992, 4~5쪽.

먼저이고 군신관계가 그 후인 것이다. 유학사회에서 부는 사회지위의 한 가지를 대표하고 있다. 유학사회중에서 여러 가지 유형의 회사 혹은 사단의 구성은 가족의 구성(소위 말하는 "부자는 같은 혈통이고 연장자와 연유자 간에는 선후와 존귀비천의 구별이 있다")과 같은 것이다. '군부(君父)', '사부(師父)' 등은 모두 친자관계 중에서 '부(父)'의 역할, 지위의 연장이다. 이로 미루어 볼 때 '부' 역시 유학사회 분층체계의 한 층이다.

'부자'의 혈연관계에서부터 '군신'의 직업 혹은 정치관계로의 변천은 인류문명발전의 필연적인 결과이다. 부자와 군신 간의 연결고리는 '사(師)'이다. 사 역시 유학사회 분층체계중의 한 층이다. 유학사회 중에서 사는 '도통(道統)'을 대표한다. 도는 본래 무형지물로 성현의 몸을 통하여 형태를 가지게 된다. 모양을 가짐으로서 통으로 불린다. 사의 주요로 선생님, 사군, 도사, 은사, 사부, 사장, 부자, 세유, 업사, 본사, 점사, 서석, 서빈, 문객, 문관, 학구, 산장, 동주, 원정, 교습, 교두, 교련 등에 대한 호칭이다. 유학사회에서 '도통'은 '정통'의 구축자, 해석자, 순화자, 유호자, 교정자 그리고 도덕역량의 래원이다.

첫째로 유학사회에서 '도통'은 '정통'의 구축자이다. 춘추전국시기 제후각국은 통일된 왕조에서 분리되어 나온 것으로 '천하의 모든 토지는 제왕의 것이고, 천하의 모든 백성은 제왕의 신민이다(溥(普) 天之下莫非王土率土之濱莫非王臣).'인 것이다. 춘추오패, 전국칠웅은 약소한 나라들을 병합하여 천하를 통일하게 되는데 이것은 당시 상황에서의 필연적인 결과라고 할 수 있다. 제후들이 '무기의 비판'으로 분쟁을 하게 되는 시대로 되고 사상가들은 '비판의 무기'가 되어 천하통일을 그리고 있었다. 군주질서는 춘추전국 시기의 지식인들의 '공모'라고 볼 수 있다.

유학의 지성 선사인 공자 역시 군주질서 공모자의 일원으로 제일 중요한 공모자인 것이다. 공자는 '정명'을 수단으로 군주질서의 기본적인 명제인 "군자는 군자다워야 하고 신자는 신자의 모양이 있어야 한다. 부친은 부친다워야 하고 아들은 아들다워야 한다(君君,臣臣,父父,子子)"는 군주질서의 기본명제를 제시하였다. 서한 동중서는 "기타 사상을 폐지하고 유가 사상만을 존중한다(罷黜百家, 獨尊儒術)'를 제시하여 유학사회에서 군주질서의 정치적 실천에 합당한 이론적 도구를 마련하여 주었다. 유학의 경전인 『예기』『대학』『중용』『효경』 등은 유학사회 군주질서의 건립에 제일 기본적인 이론 근원이 되었다.

둘째로, 유학사회에서 '도통'은 '정통'의 주요 해석자이다. 매 정치권력의 실현은 일정한 합법성을 가지고 있어야만 한다. 유학사회 중에서의 '정통' 역시 예외가 아니다. 주공은 '천명', "덕을 존중하고 백성을 보호한다(敬德保民)"로 '정통'의 합법성을 설명하였다. 이로부터 '천명을 받들다(奉天承運)'는 유학사회에서 왕조형식의 합법성의 근원이 되었다.

"덕을 존중하고 백성을 보호한다(敬德保民)"는 유학사회 왕조의 실질적 합법성의 근원이다. 동중서는 '삼통' 순환과 하늘의 뜻을 표현하는 사람들에게 유익한 자연현상과 길한 징조(祥瑞休符) 등으로 군주질서를 아름답게 장식해 주었다. "양이 주도하고 음이 보조한다(陽主陰輔)"로 "덕을 주로 하고 형을 그 보조로 한다(德主刑輔)"를 이론적으로 설명해

주었다. "천은 불변이며 도 역시 불변이다(天不變道亦不變)"라는 명제로 유학사회에서 군주질서의 영원함에 제일 유력한 해석을 해주었다.

주희는 이렇게 말하였다. "도는 바로 이치이다… 그 강목은 군신, 부자, 형제, 부부, 친우지간으로 다른 것이 아니다."[550] 이 천리로 유학사회의 군주질서에 제일 추상적인 이론논증을 제시하였다. 강희가 말한 것처럼, "만세의 도통은 만세의 치통이고 서로 연결되어 있는 것이다(万世之道統, 卽万世治統所系)"인 것이다.[551]

셋째로, 유학사회에서 '도통'은 '정통'의 순화자이고 수호자이다. '도통'의 순화와 수호가 없었다면 '정통'의 운행은 백주가 없는 기나긴 암흑이었을 것이다. 진나라 말기 농민전쟁이 폭발한 후 유방은 패현 현령을 죽이고 무장혁명을 일으키게 된다. 유방은 민간인으로 시작하여 정장(亭長)의 직을 하였고, 항우로 부터 천하를 빠른 시일에 얻을 수 있었던 중요한 원인의 하나가 바로 장량, 소하, 진평 등 많은 지식인들이 보조하였기 때문이다. 유방은 유생인 육가(陸賈)가 매번 『시』 『경』 등을 사용하여 유방과 말하는 것 때문에 천하를 빠른 시일에 얻을 수 있다는 것은 시나 책과 아무런 관련이 없다고 욕하였다. 하지만 유방이 황제의 자리에 오르게 된 후, 한 연회에서 "여러 신하들이 술을 마시며 공을 쟁하고 취하거나 마구 소리

---

550) 「答王子合」, 『주문공문집』 49권.
551) 재인용 나후립(羅厚立), 「도통과 치통지간(道統与治統之間)」, 『독서(讀書)』, 1998(7).

지르며 검을 빼들어 기둥을 지르니" 유방은 매우 걱정하게 되었다. 유생 숙손통(叔孫通)은 "유생들은 적을 진공하고 승리를 쟁취할 수는 없지만 전쟁의 성과를 유지할 수 있을 것이니 신이 여러 유생들을 모아 신의 제자들과 조정의 예의를 제정할까 합니다"라고 유방에게 건의하였다. 숙손통은 조정의 예의를 제정하고 유방의 검사를 받았다.

유방은 기뻐서 "내가 금일 황제의 귀함을 알았다"고 하였다.[552] 유술의 힘은 사소한 일에서도 그 전체적인 영향력을 알 수 있었다. 순자는 "유자들이 조정에서 관리를 하게 되면 멋진 정치가 되고 민간에서 생활한다면 순박한 민속을 보여 줄 것이다"라고 말하였다.[553] 명조를 세운 주원장이 경쟁자들을 물리치게 된 데에는 유기, 진종룡, 도안, 주승, 이선장, 범상 등 많은 지식인들의 도움이 있었기 때문이다. 유기는 '공자가 이르기를' 등으로 주원장을 일깨워주었다. 주원장도 자각적으로 많은 현명한 인사들을 모으고 "공자묘를 찾아가고 유사들을 파견하여 노인장들을 위로하였다." 일부 소수민족들은 중원에서 생활할 때 유학, 유술, 유사들의 이용에 많은 주의를 기울였다. 예를 들면 청나라 귀족들이 중원에 입성할 때, 청나라로 귀순한 유생들을 많이 받아 들였는데 유생들의 환심을 사기 위하여 숭정 황제의 제삿날에 상복을 삼일 입고 예장을 치렀으며 공자묘에서 제사를 치를 때 유생 방면의 공작을 적지 않게 하였다.

---

552) 『史記·劉敬叔孫通列傳』
553) 『荀子·儒效』

네 번째, '도통'은 '정통'의 도덕 역량의 원천기도 하다. 유학사회중에서 군은 일종의 '정통'을 대표한다. '정통'에서 제일 중요한 원칙은 바로 '군존신비(君尊臣卑)'원칙이다. 하지만 유학사회에는 다른 '통'도 존재하는데 그것이 '도통'인 것이다. '군존신비'의 관념과 다르게 존재하는 관념은 '도고위위(道高于位)'이다. 선진 유가학자들은 '군주일통'을 꾸몄을 뿐만 아니라 '도통'도 계획하였다. 춘추전국시대에는 새로운 분층인 '사(士)'가 나타나게 되는데 '사'들이 바로 '도'를 지니고 있는 자들이라고 떠들며 각자 통치자들에게 자신의 '도'를 선전하였다. 공자가 먼저 '사'는 '도'를 감당하는 자들이라고 하고 "자신의 먹고 입는 생활의 사소한 일들을 따지는 사람은 원대한 지향이 있을 수 없으니 이런 사람들하고 도를 논할 필요가 없다"[554], "천하에 도가 있으면 모습을 드러내되, 도가 없으면 몸을 숨겨라"[555]라고 하였다. 공자의 제자인 증삼(曾參)은 '사'가 '도'에 대한 추구를 "책을 읽는 선비는 뜻이 크고 의지가 강인해야 하니 그 책임이 무겁고 갈 길 또한 멀다. 인을 자신의 임무로 삼으니 어깨가 무겁지 않은가? 죽은 뒤에야 멈출 수 있으니 갈 길이 멀지 않겠는가?"라고 전례 없이 높이 해석하였다.[556] 맹자의 '사상지(士尙志)'의 '지(志)'는 바로 "어짊과 정의일 뿐이다(仁義而已)"라고 하며, 사와 군의 관계는 구체적으로 사, 우, 신 이 세 개의 측면이 있다고 하였다. 순자는 "도를 따르는 것이지 군을 따르는 것이 아니다"라는 관념을

554) 『論語 · 里仁』
555) 『論語 · 진백』
556) 『論語 · 진백』

제기하고 유학사회에서 '군존신비'의 관념과 상대되는 '도고어위'라는 관념을 형성하였다. 중국역사상 '도통'이 제일 만족하는 시기는 춘추전국시기라고 하겠다. 더욱이 전국시기의 제나라의 직하학파(稷下學派)의 발전을 그 대표로 한다. 제후, 귀족들은 전쟁을 하는 과정에서 확실히 '도통'에 대한 존중을 지켰다. 『사기‧전경중완세가(史記 田敬仲完世家)』에 의하면 "선왕(宣王)이 문학유사들을 좋아해, 추연(騶衍), 순우곤(淳于髡), 전병(田駢), 접여(接子), 신도(愼到), 환연(環淵) 같은 무리 76명 모두에게 집을 하사하고, 상대부(上大夫)로 삼고, 관직에 얽매이지 않고 자유롭게 토론하게 했다. 이리하여 제나라의 직하(稷下)에는 학자들이 많아져서, 그 수가 수백 명에서 천 명을 넘어섰다"고 기록되어 있다. 전국시기 제후들의 '존사중도'는 정통에 도통의 지지가 있어야 하며 단순히 폭력을 기초로 하는 것이 아니라는 것을 설명해 주었다.

다섯째, '도통'은 '정통'의 비판자이며 교정자이다. 유학사회에서 '사(師)'의 직책은 '전도'를 하는 것이다. 한유(韓愈)는 "사(師)란 도를 전하고 수업을 하고 궁금한 것을 풀어주는 사람이다"[557]라고 하였다. '도통'의 '정통'에 대한 비판, 교정은 '도통'의 담당자에 대한 자아신분에 대한 자각과 담당으로 표현되고 있다. 철학이 발전한 이래 지식인들 가운데 신분에 대한 자각이 발생되었고 정신적 기반을 찾기 시작하였다. "기원전 4세기 이래 지식인들이 도통의 관념을 대표하기 시작하면서부터 점차 정통 방면의

---

557) 「사설」, 『한창이집』 12권.

승인을 받게 된다."[558] 도통의 정신적 안위를 기반으로 유학지식인들은 자신들의 항쟁 정신을 여지없이 발휘하여 군권의 방향을 교정하게 된다. 유학지식인들의 항의 정신은 주로 세 가지 방면으로 표현된다. 첫째, 정권 자신의 내부검출계통이 되는 간의제도이다. 둘째, 태학생 신분으로 민심을 선동한다(동한 말기, 삼만 명에 달하는 태학생들이 경성에서 정치운동을 시작하면서부터 강유위(康有爲)의 '공처상서'까지)이다. 셋째, 지방에서의 강연(동림학자 등)이다. 이외에도 각지에 은거하여 있는 인사들과 전직 관리들이 항의 정신을 발휘하였다.

종합적으로 보면 천지, 군, 친, 사가 유학사회에서 제일 공고한 신분 등급체계를 이루고 있으며 유학사회 사회분층체계의 분명한 특징이 되었다. 천지군친사와 상관되는 윤리요구인 경천명(경천사지), 충군효친, 존사종도와 함께 유학사회의 양성운행의 기초가 되었다.

군주질서의 실질운행의 형태로 볼 때, '천자'는 최고의 신, 만물을 배양하고 있는 천, 신명의 하늘과 지상의 대표인 것이다. 군주질서 실현 방면에서의 최고통치로써의 황제, 군주나 천자는 하늘의 질서와 백성들 사이의 중개자로써 천, 천도의 명의로 국가에 대해 통치를 하였다. 천자가 나라를 다스리고 여러 계급의 관리들이 전국적인 관료기구를 조성하여 정치, 경제, 사회와 밀접히 연관되어 있는 신성한 기구이다. 군신, 부자를 그 내용으로 하며 인간사회의 윤리질서는 신성한 천도질서이다. 황제의 모든 행위는 모두 '천'에 책임을 진다. 천지는 유학사회에서 백성들이 추구하는

---

558) 『위잉스신유학논저집요(余英時新儒學論著輯要)』 161쪽.

행복이고 안녕과 화합이며 최종적인 관심인 것이다. 유학사회가 이르고자 하는 경지는 바로 군주질서건립의 동력 근원이다. 이런 의미로 보면 군주질서의 양성운행은 군주(군주와 모든 백성)의 '경천명'을 요구한다.

군주는 천명을 받들었다고 자칭하는 천자이다. 천자는 군주질서의 최고층에 있으며 최고 통치자이며 백성들과 하늘 사이의 중개자이다. 친은 유학사회에서 군주질서를 제일 공고하게 실현할 수 있는 기초이다. 천지를 군주질서역량의 원천이라고 한다면 친은 소농경제를 위주로 하는 사회의 신념인 것이다. 친은 사람들이 행복조화를 추구하고 안녕을 바라며 이상의 경지에 도달할 수 있도록 이끄는 역할을 한다. 군주는 군주질서의 전제이고 친은 군주질서의 가장 견고한 기초이다. 군주질서에서 황제는 '천명을 받든 자'라고 가칭하고 기타 사람들을 자신의 자식처럼 여기는 백성이라고 여기였다. 군주는 황제에 대한 충성, 즉 군주에 대한 충성은 당연한 도리라고 여기고 있었고, 군주의 백성들은 역시 영원히 바뀔 수 없는 이치라고 생각하였다. 군주질서의 최종실현의 근원이 바로 친이라고 하는 가정이다. 군주질서는 '가(家)' 혹은 '친(親)'을 기반으로 건립되었는데 가정이나 친인 모든 소농민들이 피할 수 없는 귀착점이다. "집을 다스리고 나라를 다스리고 천하를 편안하게 한다(齊家, 治國, 平天下)"는 유학사회에서 군자의 이상이다. 집을 잘 다스려야 나라를 다스릴 수 있는 것이다. '제가'의 중심내용은 '사친(事親)'이고 '치국(治國)'의 중심내용은 '충군(忠君)'이다. '치국'은 '제가'를 기초로 하기에 '충군'은 '사친'을 기초로 하는 것이다. "충신은 효자에서 나온다(忠臣出孝子)"는 '사친'이 제일 충분한 사람이 '효자'이고 군주가 제일 신뢰하는 '충신'인 것이다. 그렇기 때문에 '충군효친'은 유학사회에서 사회질서의 양성운행의 내재적 요구이다.

사(師)는 군주질서의 '도덕옹호자(위도자·衛道者)'이다. 군주질서 혹은 '도'의 해석자이다. 유학사회 중에서 '군주'는 '정통'의 담당자이며 '사'는 '도통'의 담당자로 이들의 관계는 강희(康熙)가 말한 것처럼 "도통을 이어나는 것은 치통을 이어나가는 것과 이어져 있다"인 것이다. 전통적인 중국사회는 군신관계, 친자관계 외에 사생관계, 사도관계가 있다.

『예기』에서는 "군자는 아래 두 가지 경우에서 자신의 신하를 신하로 대해서는 안 된다. 하나는 제사(祭祀) 중에서 신하가 제주(祭主)일 때이고, 다른 하나는 신하가 스승일 때이다"라고 했는데 스승의 존엄성을 엿볼 수 있다. '태사(太師)'는 군자의 스승이고 유학사회에서 사유의 최고 이상이며 영광이다. "단 하루의 스승이 삼생의 부모이다!" 유학사회에서 '사'는 군, 부와 신성한 동맹을 맺으며 도덕옹호자의 역할을 하고, 다른 한 방면으로 '사'는 유학사회의 인도자이고 군주질서의 발전방향을 교정하는 교정자이다. 종합적으로 '사'는 유학사회 사회질서의 양성운행에서 대체할 수 없는 중요한 역할을 하고 '존사종도'는 유학사회 사회질서의 양성운행의 내재적 요구 중 하나이다.

'천지군친사(天地君親師)'에 대한 숭배는 유학사회와 기타 유형의 사회와 구분되는 중요한 특징 중 하나이다. 청말, 민초에 이르러서도 많은 지방에서 '천지군친사'의 위패를 가정이나 집의 묘에 모시고 아침저녁으로 향을 피우고 예배를 하였다. '천지군친사'의 위패숭배는 비교적 후에 일어난 현상이지만 그 분화는 하 상 서주 삼대, 심지어 그 이전의 원고 문화에서도 찾아 볼 수 있다. '천지군친사'의 권위 숭배는 『봉신연의(封神演義)』

중의 한 단락으로 개괄할 수 있다. 『봉신연의』 중에 희창(姬昌)은 이렇게 아뢰었다. "신이 비록 우매하나 위로 천이 있고 아래로 지가 있으며 그 가운데에 군이 있으며 몸을 낳아 주신 부모도 있고 훈고를 하시는 스승이 있음을 알고 있습니다. '천지군친사', 이 다섯 자를 신이 어찌 감히 잊겠습니까?" 간단히 말하면 천지, 군, 친 사는 유학사회질서, 즉 군주질서의 실제구성의 네 가지 요소이다. 천지는 유학사회에서 사람들이 추구하는 행복이고 조화로움이고 평안의 최종적 배려이다. 유학사회가 최종적으로 실현하려는 세계인 것이고 군주질서 구조의 동력 원천이다. 천자는 천명을 받들었다고 자칭하고 군주질서의 현실구조의 최고 통치자이며 천과 백성간의 중개자라고 한다. 친은 유학사회에서 군주질서의 견고한 현실 기초이다. 사는 군주질서의 옹호자이고 군주질서의 해석자이다.

노신은 중국구대문화의 근원은 도가에 있다고 하였다. 어쩌면 공자의 도는 중국문화의 형식적 표방일 뿐 중국문화의 많은 특징은 도가문화에서 만들어 진 것이라는 의미일 수도 있다. 중국문화는 '백가쟁명'의 단계 이후인 양한 시기에 도학의 종교화 과정이 나타났다. 도학종교화과정에서 나타난 주요 경전으로 『노자상이주(老子想爾注)』와 『태평경(太平經)』이 있다. 『상이주』는 '노자'의 '도'를 인격화하고 신격화하여 신의 생성설을 널리 주장하였으며 이상적인 세상의 존재를 논증하였다. 『태평경』은 신선계통의 창립을 시도하였으며 "장수할 수 있으며 통치할 수 있다"는 것을 강조하고 '학도(도를 배움)'와 '득도(도를 얻는)'를 인생의 최종목표로 하였다. 도교는 '천군(天君'을 모시고 도교의 삼청존신(三淸尊神)을 원시천존, 영보천존, 도덕천존이라고 칭하는데 이후에 천궁의 지존 신인 '옥황대제'가

진화되어 나온다. 이 뿐만 아니라 도학은 종교화 과정에서 유가의 일부 사회행위의 논리규범을 도교에 포함시켜 백성들의 속세행위를 통제하였다.

이것은 도학 혹은 도교가 사회질서를 유지하는 중요한 전환점이다. 『태평경』은 '천지군사부' 숭배를 주장하였다. 천지군친사의 의지를 어기는 행위를 "대역으로 이치를 어긋나는 자"라고 하였다. '학도'는 먼저 군주에 충성하고 스승을 존경, 부모에 효도를 하여 덕을 쌓아야 한다. "배움에 있어서 무엇이 제일 급한가?… 상복을 입고 효를 행하는 것이 먼저이다."

"상을 하면 장생하고 하늘과 같은 정기를 받을 수 있고 효도를 하면 점차 땅과 같은 소리를 낼 수 있다." "효도하지 않는 자는 도자가 아니고 효도를 하지 않는 자는 하늘의 뜻을 받지 못한다." "부모는 생의 근원이고 군자는 영광과 존중을 받는 길이다. 스승은 지혜의 근원이고 끊임없는 길이다. 이 세 가지가 도덕의 문호이다." 이로부터 '존천(지)' 방면에서의 유학은 도학에서 따온 것이고 '존군친사' 방면에서의 도학은 유학에서 발전하여 창대해진 것이다.

마지막으로 지적해야 할 것은 천지군친사는 유학사회질서의 기초인데, 이것은 최종적으로 천지군친사가 유학사회의 구조가 된 것이다. 유학사회 질서구조의 본질은 유학사회 분층체계의 와해와 이 분층체계의 유학사회이론의 소멸로 표현된다. 유학사회가 실질적으로 그 구조가 와해되는 과정으로 보면 신해혁명, 『중화민국임시약법』의 공포, 신문화운동과 '문화대혁명'등 몇 개의 단계 혹은 몇 개의 중요한 역사적 사건을 거쳐 이루어 졌다. 그중 신해혁명은 논리적 사회질서의 정치기초(천지군)의 끝을; 신문화운동은 논리 사회질서의 사회기초(친)의 와해를; '문화대혁명'은 논리사회질서의 권위(사)의 해체를 상징한다.

유가법이 『중화민국임시약법』의 공포로 뒤집어지고 사회생활방식의 하나로써의 유학사회는 이미 사라져 갔다는 것을 의미한다. (제10장 '유학사회의 종결'을 참고)

3. 유학사회의 사회적 연관

유학사회는 논리적 관련을 위주로 하는 사회이다. 논리적 관련은 사회관계의 한 가지 유형이다. 사회학자 에밀 뒤르켐(mile Durkheim)은 사회관계 혹은 사회단결은 개체를 하나로 결합하는 사회 연결의 고리이며 공동의 정감, 도덕, 신앙 혹은 가치관을 기초로 하고, 개체와 개체, 개체와 단체, 단체와 단체는 결합 혹은 흡인을 특징으로 하는 연계상태이다 라고 하였다. 이런 연계를 바탕으로 사회는 완전하게 존재하고 독립적인 생명을 가지게 된다. 사회관계의 기초는 집체 양심 혹은 집체 의식적인 사회성원들이 공동으로 가지고 있는 가치관 혹은 신앙이다.

모든 유형의 사회는 각자의 독특한 사회관계 형식을 가지고 있다. 사회진화론의 기본 관점을 기초로 에밀 뒤르켐은 사회관계 혹은 사회단결을 기계적 관련(단결)과 유기적 관련(단결) 이렇게 두 가지 형식으로 구분했다. 서로 비슷하기에 생성된 관련이다. 기계적인 것이 지배하는 사회에서 개인들 간의 차이는 크지 않고 비슷비슷하고 같은 감정과 같은 도덕표준, 같은 신성사물을 가지고 있다. 이런 사회는 "개개인이 분화지 않은"

기초위에 건립되어 조화를 이루었다. 유기적 관련은 사회성원들의 이질성과 서로의 의존성을 기초로 건립된 관련이다. 유기적 관련은 사회 구성원들 간 서로 같지 않기에 형성된 관련이고 각 개인은 서로 다르다. 유기 관련은 '개인분화'의 기초위에서 건립되어 조화를 이루었다.

기계 관련과 유기 관련을 구분하는 표준은 사회 집중체 의식의 강약이다. 집체의식은 일반 사회성원들의 공동 신앙과 감정의 총합으로 생명의 특정체계를 가지고 있다. 에밀 뒤르켐은 집체의식은 사회정신의 상징이고 자신의 특성과 생존환경, 발전방식을 가지고 있다고 여기고 있다. 다른 사회에서 집중체 의식의 표현방식(외연 혹은 역량)은 다르다. 기계 관련의 사회에서의 집체의식은 대부분의 의식 활동과 행동을 제어하고, 유기 관련 사회에서의 집체의식의 작용은 상대적으로 쇠약하여 개인이 사회에 대한 해석의 여지가 확대되었다. 기계 관련사회에서 집체의식은 '형사법'을 통한 징벌의 형식으로 자신의 역량을 과시하고 유기 관련사회에서 집체의식은 '회복원상법'의 형식으로 표현된다. (표 8)을 참조.

표 8) 사회관계 유형에 관한 에밀 뒤르켐의 구분

	사회유형	사회협조일치의 기초	집체의식	법률수복방식
기계관련	전통사회	사회개체 간 동질성이 존재한다	강하다	형사법
유기관련	현대사회	사회개체 간 상호 분화되어 있다	약하다	회복원상법

자료출처, [법]에밀 뒤르켐, 『사회분공론』 북경, 삼련서점, 2000.

사회관계 혹은 사회단결은 사회생활의 자아 양상의 방식이다. 다른 사회에서 각종 요소들이 결합되어 사회에서 주도적 지위를 차지하는 관련방식 혹은 사회단결의 방식으로 각자의 특징을 보여준다. 만약 우리가 기능론, 유기론의 속박에서 벗어나 사회관계의 자아양상의 역사, 순수한 현상특징으로 사회관계형식을 구분한다면 무술(巫術) 혹은 신성(神性), 논리성 관련과 계약성 관련 이렇게 세 가지로 나눌 수 있다. 논리 관련은 사회의 개체와 개체, 개체와 집체, 집체와 집체는 논리적이고 혈연적으로 결합되거나 서로 끌리는 것을 특징으로 하는 관련 상태이다. 신성 관련은 사회의 개체와 개체, 개체와 집체, 집체와 집체는 서로 모종의 신성 혹은 무술을 부여하여 상호 결합 혹은 서로 끌리는 것을 특징으로 하는 관련 상태이다. 계약 관련은 사회의 개체와 개체, 개체와 집체, 집체와 집체는 서로 계약의 형식(권리와 의무)으로 상호 결합 혹은 서로 끌리는 것을 특징으로 하는 관련 상태이다. 한 사회에는 여러 가지 다른 사회관계의 형식이 동시에 존재할 수 있다. 만약 사회에서 어느 것이 주도적 위치에 있는가 하는 것으로 구분한다면 사회는 무술 혹은 신성사회관계가 주도하는 사회, 논리관련이 주도하는 사회와 계약관련이 주도하는 사회로 나눌 수 있다. 예를 들면 『국어(國語)』 중 관사부(觀射父)의 말과 이후의 고고연구에서 표명하다시피, 중국 상고의 원시종교는 백성과 신이 뒤섞이지 않고 서로 다른 일을 하는 시기; 백성과 신이 혼잡하고 집집마다 무사인 시기; 통천이 절경에 도달하고 무상이 천시당하는 시기 등 세 단계로 구분된다. 중국 상고시대에는 '집집마다 무사'인 시기가 있었는데 집집마다 무사의 일을 하고 가가호호 박수이고 무녀였다. 이런 사회유형에서 개채와 개체, 집체와 집체, 개체와 집체 사이의 사회관계형식은 무술형이다.

신학이 발달된 사회 혹은 일신론의 사회에서 사람들의 최종적 관련 형식은 신이 결정하는데, 이런 발달된 고급적인 무술형 관련 사회로는 기독교 사회 등이 있다. 계약형 사회관계는 미국사회생활에서 발달하였다. 미국사회는 계약 관련을 주로 하는 사회이다. 물론 미국사회에 논리관련이 존재하지 않는 것이 아니다. 다만 가정, 친정 등 논리관련 사회형식이 계약 혹은 법률의 종합하에 있다는 것이다.

유학사회 윤리 관계의 특징을 잘 보여주는 것으로는 아래의 몇 가지가 있다. 첫째, 유학사회에서는 '윤'을 특별히 강조하는데, 유학사회의 매 개체는 '윤'속에서 존재한다. 사람과 사람의 관계를 중국에서는 '인륜'이라고 한다. 윤은 무엇을 말하는 것일까? 윤리의 의미는 무엇인가? 동한의 정현(鄭玄)은 "윤은 비슷한 것이고 이는 구분된 것이다"라고 하고, 당나라 공영달(孔穎達)은 "음양만물은 모두 윤유분리(倫類分理)이다"라고 했고,

단옥재(段玉裁)는 『설문학자주』에서 '윤(倫)'을 '유(類)'로 순화시키고 '유'를 '배(輩)'로 순화시켰다. 비효통(費孝通)은 '윤'을 '등급(차서-差序)'이라고 하여 "자신 혹은 자신과 사회관계가 있는 사람들이 발생하는 물결무늬의 등급이다"[559]라고 해석하였다. 유학은 개체를 하나의 고립된 존재라고 생각하지 않았고 반대로 사람은 사회성에 의하여 존재하는 '윤'의 존재라고 하였다. 유학사회의 질서는 바로 '윤' 혹은 '오윤'을 기초로 하는 것이다. '윤'은 '서'라고도 하는데 일종의 질서를 표시하고 사회관계의 규칙을 조직하고 규제하는 것이라고도 해석한다. 의, 친, 별, 서, 신 등이 있다.

유영근(兪榮根)은 "윤리는 실질적으로 고대종학사회에서 혈연가족을 기초로 하는 인륜존비의 등급 순서이다. 윤상, 혹은 인륜상도로도 불린다. 나아가서 우주만물의 큰 규칙이고 인류사회의 정치질서이다"[560]라고 하였다. 공자는 "군자는 군자다워야 하고 신자는 신자의 모양이 있어야 한다. 부친은 부친다워야 하고 아들은 아들다워야 한다"[561]고 하였고, 맹자는 "계(契)에게 사도직을 맡겨 백성들에게 인간의 도리를 알려주고 부자는 친정이 있어야 하고 군자와 신하는 예의를 갖추어야 하며 부부가 서로 다르고 어른과 어린이 사이에는 엄격한 순서가 있고 친구 사이에도 신용을 지켜야 한다"[562]고 하였으며, 순자는 "군신, 부자, 형제, 부부 사이는 시작이 끝이고 끝이 시작인 것으로 천지와 같은 이치이고 만세와 함께 오래갈 것이며, 제일

---

559) 비효통, 『향토중국』 26~27쪽.
560) 유영근, 『유가법사상통론』 132~133쪽.
561) 『論語·顏淵』
562) 『孟子·滕文公上』

큰 근본이다"[563]라고 하였다. 이상은 모두 유학사회 윤리 관계 성질에 대한 묘사이다.

둘째, '윤'의 존재를 국가, 사회의 조직원칙으로 승화시켰다. 유학사회에서는 정치의 구조, 이상과 이상에 도달하는 과정 등 모든 것을 윤리로 해석한다. 예를 들면 정치 구조에서 국군을 대종자(大宗子)라고 하고 지방 관리를 부모라고 하여 나라를 큰 가정이라고 하였다. 정치적 방면으로는 "도덕원칙으로 나라를 다스리고", "갓난애를 돌보듯 보호해야 한다"고 하였으며 이상적 방면으로는 "마음을 수련하고 집안을 다스리고 나라를 통치하여 천하태평을 도모한다(修齊治平)" 등이 있다. 유학사회는 국가, 사회의 조직생활원칙을 '삼강오상'으로 삼았다. '오상' 혹은 '오륜'은 통상적인 다섯 가지 역할 - 군신, 부자, 형제, 부부, 친구를 가리킨다. '오상'은 유학사회의 다섯 가지 인간관계로써 유학사회의 기초이다.

유학사회는 '오륜'으로 사회를 조직하고 하늘 아래 모든 것들은 오륜을 기본으로 서로 연결시킨다. '오상'에는 각자의 의무가 있다. 『대학』 에는 "군자는 인애의 경지에 도달해야 하고 신하는 공경의 경지에 이르러야 하며 자식들은 효도를 행해야 하며 부모들은 자애로워야 하며 사람들과 교제할 때는 신용을 지켜야 한다"고 하였다. 유학사회는 '오륜'으로 사회생활을 조직한다. 다섯 가지의 윤리 관계는 모두 등급 존비관계이다. 그중에서 부부, 부자, 형제는 혈연관계와 종법관계이고 군신은 정치관계이다. 오윤에서

---

563) 『荀子 王制』

군신관계는 친자관계의 연장이고 친구관계는 형제관계의 연장이다. 이로부터 볼 때, 오윤 관계는 혈연, 종법, 등급을 결합시키고 나라와 가정을 결합시키며 정치생활과 일상생활을 결합시킨 것이다. 오윤은 유학사회 단결 혹은 사회관계의 구조 원리이다. '삼강'은 세 가지 견지이다. '오상'에서 제일 강조하는 것이 바로 군신, 부자, 부부 세 가지 윤이다. "나라의 군주는 신하의 준칙이며 부친은 자식들의 준칙이고 남편은 아내의 준칙이다"라는 세 가지를 견지하는 것이다. '오상'으로부터 '삼강'으로의 발전은 원시유학으로부터 의식형태화로 변화한 유학현실화 과정을 반영한다. 동시에 유학사회가 지닌 사회질서에 대한 견지와 집착을 보여주는 것이다. 양수밍(梁漱溟)은 중국과 서방의 차별은 '종교'라고 하면서 중국이 도덕을 종교라고 하는데 사실은 '윤리교'라고 하였다.[564] 비효통은 중국사회의 특징을 '등급구조(差序結构)'라고 개괄하였다. 그는 '윤'을 '등급'이라고 보면 되는데 등급차이가 있는 신분질서라고[565] 하였다. 중국사회의 윤리특징을 제일 잘 개괄한 것은 『예기』의 "만물의 근본은 하늘에 있고 사람의 근본은 선조에 있다"는 말이라고 하겠다. 이것으로 중국 사람들의 개체생활에 있어서 윤리의 중요성을 알 수 있다.

셋째, 유학사회는 윤리 관계의 사회이다. 유학사회의 사회관계는 자각반성의 유학정신을 핵심으로 표현되며 내재적 규정성은 윤리이성이다.

---

564) 양수밍, 『중국문화요의』, 79쪽.
565) 비효통, 『향토중국』, 27~28쪽.

윤리이성은 윤리적 판단, 평가에 관한 능력이다. 유학의 세 가지 명제와 사회이상 중에서 우리는 유학의 인애는 윤리(등급)의 인애이며 예의 인애에 적합한 인애이다. 군주질서의 합리성은 그의 합예성(合禮性)이고 유학사회의 대동이상과 소강(小康)사회의 이상은 모두 '친친'의 윤리를 기초로 한다. 윤리를 떠나서 혹은 윤리의 제어를 떠나서 인애의 원칙, 현실사회의 사회질서, 즉 군주질서, 이상사회의 사회질서인 대동과 소강 등에 연연할 수가 없는 것이다. 종합적으로 원시유학, 경전유학, 해석유학의 조장 혹은 이론은 모두 윤리이성에서 나온 것이라고 할 수 있는데 종교법윤리에서 나온 것이라고도 할 수 있다. (제5장 '유학사회의 주도정신'의 '유학정신의 내재적 규정성'부분을 참고.)

넷째, 유학사회의 윤리 관계는 윤리 관계가 파괴되면 그것을 회복 수복할 때 유가법적 수단이 필요로 한다는 것에서 표현된다. 유학사회에서 법 혹은 유가법은 도덕 혹은 윤리의 법이다. 중국 고대의 성문법은 형법을 중심으로 한다. 법전의 편찬은 사회에서 장기간 유행되어 내려온 도덕규범을 정리하고 편집하는 데에 국한되었으며 기타 행위규범으로 사람들의 행위를 규제하지 못할 때에 법률에 의거하게 되고 법률 조항을 사용할 경우가 아주 적었다. 종합적으로 보면 중국 고대사회는 높은 수준을 자랑하는 여러 가지 법전이 있었으나 전통적인 중국사회는 법률로써 사회를 조절하는 사회가 아니다.[566] 유가윤리법에서 흔히 말하는 "죄가 너무 커서 용서할 수

---

566)   [미] 더크 보드(Derk Bodde), 클라렌스 모리스(Clarence Morris), 『중화제국의 법률』

없다(十惡不赦)", "범죄자의 동기를 주요로 형을 정한다(原心論罪)", "신분, 지위가 다르면 대우도 다르다고 명확히 규정하였다(各位不同, 礼亦不同)" 등은 모두 유학사회윤리의 관계를 나타낸다. 윤리관계 사회가 희망하는 것은 "소송이 없다(无訟, 윤리가 조화로운)"는 사회이다. 공자는 "소송을 맡고 안건을 수리할 때면 나도 다른 사람과 같기 때문에 소송이 다시는 없기를 바란다."[567] F. 뮐러리어(F. Muller Lyer)의 『사회진화사』에서는 "중국은 천천만만의 만족하며 성실히 본분을 지키는 인민에 의하여 유지되었으나 유럽의 국가들은 무력으로 유지하지 않은 나라가 없었다"[568]고 하였다. 양수밍(梁漱溟)은 "고대 인도문명에서 제일로 경이로운 것은 그들의 종교 출세법(出世法)이 특별히 홍성한(이 역시 인도문명의 성과이다) 것이고 근대로부터 지금에 이르기까지 서양문명에서 제일로 경이로운 것은 자연을 이용하고 자연으로부터 시작된 과학기술의 발달(이 역시 서양문명의 제일 큰 성과이다)이다. 고대 중국문명에서 제일 경이로운 것은 큰 강제성이 없이 사회질서가 변함없이 유지된 것이다"라고 하였다.[569] 어찌 '강제의 힘이 없이' 가능했는가 하는 것은 '윤리 관계가 없이' 가능했는가 라는 뜻이다.

다른 사회유형에서 사람들의 해방 정도는 표 9를 참조하라.

2쪽.
567) 『論語 · 顔淵』
568) 양수밍, 『중국문화요의』, 204쪽, 재인용.
569) 양수밍, 『중국문화요의』, 204쪽, 재인용.

표 9) 사회관계의 세 가지 유형과 사람의 해방 정도

	사회협조일치의 기초	사람의 해방정도	사회 유형	전형적인 사회 참조	중국사회의 변천과정
신성관련	사람들은 모종의 신성으로 상호관련된다	자연의 속박으로부터 점차 해방된다	신권 사회	근대 이전의 서유럽사회	무술-제사의 원고사회
윤리관계	사람들은 모종의 혈연성으로 상호 관련된다.	신(혹은 무술)의 속박으로부터 점차 해방된다.	윤리 사회	근대 이전의 중국사회	약한 윤리적 통제하의 예락사회
					강한 윤리적 통제하의 유학사회
계약관련	사람들은 공동의 계약으로 상호 관련된다	사람(혹은 신)의 속박으로 부터 첨차 해방된다	법치 사회	현대화 이후의 사회	후유학사회 혹은 현대사회

표 9로 부터 우리는 다음과 같은 몇 가지 결론을 얻을 수 있다.

첫째, 에밀 뒤르켐의 유기관련과 기계관련의 구분과 각 상태의 집체의식의 설명에서 현대사회와 전통사회의 특징이 일정한 이론적 의미가 있음을 알 수 있다. 하지만 '기계적', '유기적'의 개념 모두 목적론을 중심으로 삼는 가치편향성을 가지고 있어 사회학연구현상학론의 원칙에서 조금 벗어났다.

둘째, 에밀 뒤르켐의 개념구분을 근거로 유학사회를 기계 관련 사회로 구분할 수 있을까? 결론은 부정적이다. 에밀 뒤르켐의 기계 관련과 유기 관련의 구분과 설명은 진화론과 유기론을 이론 기초로 한 것으로 그가 처한 근현대 서유럽사회에 대한 선의적인 칭송이다.

셋째, 인류가 발생된 이래 제일 기본적인 관계는 인간과 자연, 인간과 인간의 관계였다. 그중에서 인간관계의 기초는 자연과 사람의 관계이다. 인류사회에서 사람과 사람 관계의 발생역사를 보면 세 가지 유형이 있는데, 사람과 사람은 신성으로 서로 역할이 바뀔 수도 있고 사람과 사람은 혈연관계로 서로의 역할이 되돌림이 될 수도 있고 사람과 사람이 공동의 계약으로 상호 변환되는 등이다.

넷째, 신성관련에서 제일 전형적인 사회는 근대 이전의 서유럽사회, 즉 기독교 통치하의 사회이다. 윤리 관계에서 제일 전형적인 사회는 근대 이전의 중국 고대사회로서 약한 윤리적 통제사회인 서주 예락사회와 강한 윤리적 통제사회인 유학사회이다. 약한 윤리적 통제사회인 예락사회가 출현되기 이전의 중국 상고사회에도 신성관련의 사회, 즉 무술-제사형 사회와 비슷한 사회가 출현하였다.

다섯째, 인류의 해방 정도로 볼 때, 지금까지 인류의 사회생활은 자연의 속박, 신 혹은 무술의 속박, 인간사회관계의 속박 등 세 가지 형식의 속박에서의 해방이 포함된다. 중국사회의 역사발전은 순서대로 위 세

가지 사회관계형식을 거쳤다. 한 방면으로 춘추전국과 진통일제국시기에 서주사회의 약한 윤리적 관계사회 기반에 강렬한 혼란을 일으켜 중국역사상 약한 윤리적 관계의 동요기에 진입한다. 진왕 옹정은 육국을 평정한 후 통일된 중앙 집권제도를 건립한다. 진 왕조는 두 번째 세대에 멸망하게 되는데, 진조의 멸망과 더불어 진시황이 건립한 강통제(의식형태의 강통제)는 한순간에 사라진다.

후세에 사람들은 진왕조 멸망의 원인이 엄중한 형벌제도, 은덕이 없는 것을 각박하게 대하고, 관리를 본보기로 한 것 등이라고 한다. 진나라 법률제도의 특징은 형과 덕의 관계에 있어 너무 형에 치우친 것이다. 상앙은 "형으로 형을 제거(以刑去刑)"할 것을 주장하여 경범죄도 엄하게 처벌하였다. 사마천은 상앙이 주장한 정책으로 말미암아 진나라는 "산에는 강도와 도적이 없고 백성들은 행복하게 지냈다", "사회관리가 성과를 거두었다"[570]고 하였다. 상앙의 '이형거형'의 원칙은 유학이 주장하는 '덕주형보'와 완전히 다른 것이었다. 종합적으로 진나라 중앙제국의 건립은 춘추전국 이래, 서주의 약한 윤리적 관계에 대한 파괴의 연속이었다.

다른 방면으로 진통일제국의 확립은 약 윤리 관계사회의 종결이고 강 윤리 관계유학사회의 출현에 직접 혹은 간접적인 조건을 만들어 주었다. 하지만 진이세로 진나라가 멸망하고 '한나라가 진나라의 제도를 승계'하게 되고 한무제의 '유술만을 존중'하는 제도 때문에 유학은 통치의식의 형태로 승화된다. 유학은 약 윤리관계의 서주(西周)사회의 일상도덕, 풍속습관,

---

570) 『史記·商君列傳』

심리 등 집체 무의식의 자각적 반성이다. 유학의 '독존'은 최종적으로 유학사회의 강 윤리 관계사회에 도덕적 변호를 해주는 것이다.

제7장
유학사회 속 사회행동의 윤리적 통제

제7장
유학사회 속 사회행동의 윤리적 통제

유가 정신의 현실화 운동 및 그 추상화 체계 구조에 대한 연구 목적 중 하나는 유가정신이 높은 계층을 속박하는 그 어떤 장식물이 아니라 일반적 인륜 생활에 개입되고 이미 모든 개체의 일상심리와 추상적으로 깨우친 자의 정신세계가 되었다는 것이다. 구동조(瞿同祖)는 이렇게 말했다. "법률 연구는 항목의 분석을 떠날 수 없는데 이는 연구의 근거다. 그러나 항목만 연구해서도 안 된다. 우리는 법률의 실효성 문제에도 주의를 기울여야 한다.

조목의 규정과 법률의 실시는 서로 다른 문제이다. 어떤 법률은 집행되지는 않지만 문서로 작성된다. 사회현실과 법률조목의 사이에는 늘 일정한 거리가 있다. 만약 조목을 중시하고 실제정황을 고려하지 않는다면, 조목, 형식, 표면적인 연구가 되며 활동적이고 기능적인 연구가 아니게 된다. 우리는 반드시 사회적으로 법률의 실제 정황이 유효한가를 알아야 하며 보급된 정도가 어떠하며 인민의 생활에 어떤 영향을 주었는가 등을 알아야 한다."[571] 유가정신에 대한 연구도 유가학설을 터득한 자의 정신세계에 대한

---

571) 구동조, 『중국법률과 중국사회(中國法律与中國社會)』 북경, 중화서국, 1981.

탐구에만 머무르지 말고 유가정신이 실제생활에 개입된 정도에 대해서도 깊이 들어가 연구하여야 하는데 이것이 바로 유가학설의 윤리적 제한에 대한 연구목적이다.

1. 군주의 사회행동 유형 및 그 윤리적 제한

진시황 이전에는 '황(黃)'과 '제(帝)'라는 칭호가 있었는데, 예를 들면 '3황', '5제'와 같은 것이다. 전국시기의 제민왕(齊緡王)과 진소왕(秦昭王)은 각각 '동제'와 '서제'로 불렸다. 기원전 221년 진시황은 제, 축, 연, 조, 한, 위 등 6국을 멸망시키고 통일대업을 완성한 후 전에 없는 제국을 건립하였다. 그는 대업이 세세대대로 전해지게 하기 위해 신하들로 하여금 제호를 의논하게 하였다. 그 결과 천자의 명을 제(制)라 하고 천자의 영(令)을 소(昭)라 하였으며 자기를 가리켜 짐(朕)이라 부르고 국호를 황제(皇帝)라 정했다.

이로부터 하 시기에 '후(后)'라 불렸고, 은주시기에 '왕(王)'이라 불리던 전통이 '황제'라는 칭호로 대체되어 중국역사상 최후의 황제에 이르기까지 칭해졌으며, 진시황은 역사상 가장 처음으로 황과 제를 붙여 '황제'로 칭하게 되었다. 기원전 221년 진시황이 6국을 통일하고 건립한 황제제도는 1911년 청나라 선통황제가 퇴위하기까지 총 2133년 간 제왕의 칭호(지방할거로 제왕이 된 사람 포함)를 사용한 사람은 280여 명에 달했다.[572]

---

572) 서련달(徐練達), 주자언(朱子彥), 『중국황제제도(中國皇帝制度)』, 광주,

황제제도는 유가학설의 중요한 제도적인 시설이며 군주는 황제제도의 중요한 수행자이다. 일반 사람들은 황제가 한 말이 곧 법률이고 모든 사람의 생사대권을 움켜쥔 못하는 일이 없는 그런 사람이라고 생각할 것이다. 유학사회에서 군주의 행동이 통제를 받거나 혹은 윤리의 통제를 받았는가? 유영걸(劉永杰)은 『중국현대화도론(中國現代化導論)』 에서 이렇게 말하였다. "체계적인 관료제도는 중국정치생활의 주체이며 황제는 이런 제도의 명의상 대표이고 휘호와 간판일 뿐이다. 극소수의 영명한 황제들만이 이런 관료체제를 효과적으로 이용하여 자신의 권력을 행사한 것 외에 대부분의 평범한 황제들은 강대한 관료체제의 제한을 받아 마음대로 하지 못했을 뿐만 아니라, 그들의 견제를 받기까지 하였다. 자기 마음대로 권력을 행사한 황제들도 방대한 관료 계통의 제약을 면치 못하였는데 이런 제도와 관료계급의 이익을 대표할 때만이 권력을 행사할 수 있었다.

만약 그들의 이익을 대표하지 않으면 가벼우면 억제와 반대를 받았고 무거우면 황위를 박탈당하거나 죽임을 당했다."[573] 양임공(梁任公)도 이렇게 말했다. "그를 옹립하여 군주라 칭하나 역사를 틀리게 기록하는 경우가 있고 밥을 먹을 때에도 각종 규칙을 지켜야 하고 백성의 고충을 헤아려야 하며 간언을 장려하고 역사와 시를 줄줄 외워야 하며 간언서를 소리 내어 읽어야 하며 대부로부터 모략을 배우고 위사로부터 민간에 떠도는 이야기들을 들어야 하는 등 온갖 행위가 제한을 받도록 기관을 설치하니 자기 마음대로

광동교육출판사, 1996, 16쪽.
573) 유영걸(劉永杰), 『中國現代化導論』 보정, 하북대학출판사, 1995, 52쪽.

행동할 수 없었다. 반드시 성인의 가르침대로 해야 하니 세상에서 가장 자유롭지 못한 이가 군주가 아닐 수 없었다. 자신의 부족한 점을 걱정하고 고대의 미신심리를 무제한 반복하며 세상의 온갖 재난과 괴이함이 온 몸을 누르니 늘 두려움으로 자신을 반성해야 했다. 붕어하면 하늘이 시호를 내리고 명예가 가득하니 이름하여 저승이라 세세대대 고칠 수 없다."[574] 여기서 볼 수 있다시피 '군주 되기가 어렵다'[575]면 '성군'이나 '명군'이 되기는 더욱 힘들었던 것이다.

유학사회에서 군주의 의의가 있는 전형적인 사회적 행동은 주로 통치를 계승하고 집정, 제사, 처벌, 존사 창학, 궁내 생활 같은 것이다. 군주의 사회행동이 가져온 실제적인 역사적 결과에 따라 이미 전에 진행된 연구들에서 역사 속의 군주들을 개국황제, 중흥황제, 수성황제, 망국황제 등의 유형으로 분류하였는데 이런 구분방법은 이미 오래전부터 있었다.

예를 들면 『여씨춘추(呂氏春秋)』에서 군주를 성군, 중주(中主)와 폭군 세 가지 유형으로 분류한 것과 같은 것이다. 군주의 행동유형에 대한 구분은 기실 군주의 행동에 대한 평가로서, 이 또한 군주의 행동에 대한 외부적인 제한이 된다. 유가학설 사회에서 군주의 행동에 대한 윤리적인 통제는 주로 아래와 같은 몇 가지 방면으로 표현되었다.

---

574) 량계초(梁啓超)『中國前途之希望与國民責任)』, 『飮冰室合集』 제3책, 북경, 중화서국, 1989.
575) 『논어 자로(論語 子路)』

첫째, 유학사회는 이상화의 고대 황제를 현실 속 군주의 모범으로 설정하여, 본보기(윤리모범)로써 현실 속 군주의 정치방향을 통제했다.

선진제자(先秦諸子)의 저작에는 고대 황제의 이상화 혹은 성왕화를 거친 하나의 과정이 반영되어 있다. 위정통(韋政通)이 연구한 결과에 따르면, 『노자(老子)』는 고대 황제의 이름을 취급하지 않았고 『장자(庄子)』는 간혹 요임금을 미화하는 부분이 있지만 대부분은 비판이었으며, 한비자는 아예 때가 지난 고사의 언급을 반대하였다.

선진제자들 가운데 고대 황제를 이상화하는 일에 참여한 유가는 공, 맹 위주였고, 순자는 '법 다음의 왕'을 주장했다. 그 외 묵가의 묵자도 있다. 공자가 고대 황제를 이상화한 내용은 대부분 공허한 빈말들이고, 맹자는 고대 황제를 기원으로 도통추형(道統雛形)을 완성하였다. 유가학설 윤리로 고대황제를 이상화한 것에 근거하면 주로 '내성(內耍)'외왕(外王), 예악실행, 기물발명, 역법개정, 상현(尙賢), 상검(尙儉), 백성교육(敎民稼穡), 오교수립, 효' 등의 특질이 있다. (도표 10 고)

표 10) 고대 황제 이상화의 특질

특징 / 고대황제	내성	외왕	예악실행	기물발명	역법개정	상현	상검	백성교육	5교수립	효
요	있음	있음	있음	있음	있음	있음	있음			
순	있음	있음	있음	있음		있음		있음	있음	있음
우	있음	있음					있음			
탕	있음	있음				있음				
문	있음	있음				있음				있음
무	있음	있음								있음
주공	있음	있음	있음							있음

자료출처, 위정통, 『유가와 현대중국(儒家与現代中國)』 상해, 상해인민출판사, 1990, 6~13쪽.

표 10을 보면 선진시기 '고대 황제 이상화 특징'에 관한 결과에서 내성, 외왕 두 특징은 모든 황제들이 공통으로 가지고 있는 것임을 알 수 있다. 고대 황제의 이상화 특징 가운데 유가학설은 자기 정신의 실현을 위해 하나의 최고의 전범을 농축시켰는데 그것이 바로 '성왕'이다. 유가의 내성, 외왕에 관한 학설은 공자의 '인학'에 그 뿌리를 두고 있다. 후에 맹자가 '왕'의 의의를 밝히면서 '덕으로 왕을 정하는 것'에 무게를 두었다. 맹자는 이렇게 말했다. "힘이 있고 덕이 없는 자를 패라고 하는데 패는 반드시

대국을 얻고, 덕을 베푸는 자는 왕이라 하고 왕은 너무 크지 않다."⁵⁷⁶⁾ 순자는 '성'의 의의를 밝혔는데 '왕으로 성을 정하는 것'에 무게를 두었다. 순자는 이렇게 말하였다. "성자는 윤리를 다하는 자요. 왕은 직무를 다하는 자라 이 두 가지를 다하면 천하는 태평하리라. 고대 학자들도 성왕을 본보기로 삼았느니라."⁵⁷⁷⁾ 이로서 유학학설의 '성왕'개념이 그 형태를 갖추었다.

『예기』『대학편(大學篇)』에 이르러 3강령과 8조목이 제시되면서 유가의 '내성외왕'학설이 서로 관통되게 되었다. 유가학설이 이상의 군주 유형을 성왕으로 만드는 중요한 의의의 중 하나는 바로 후세의 군주들에게 하나의 이상적 유형을 제공하여 그들로 하여금 "비록 그에 미치지 못하나 마음으로 비교해 볼 곳"이 있게 하기 위함이다. 경, 자 등 고대 서적에서 도통의 인물(요순우탕문무주공)과 관련된 기록은 유학사회의 현실 가운데 개인행위의 도덕적 역량의 근원으로, 그로부터 유학사회 질서의 윤리적 제한에 도덕상의 증명을 하게 되었다.

두 번째, 초인간적인 윤리의 힘을 빌려 군주의 행위능력을 제한하였다. 인간질서는 윤리적인 제한만으로는 부족하므로 반드시 초인간적인 역량을 이용하여야 한다. 인간질서의 윤리적 제한의 부족은 일반적으로 두 가지 방면으로 표현된다. 즉, 인간 윤리질서가 군주의 권력에 대해 통제할 수 없거나 군주의 도덕역량이 인간의 세속적 역량에 대해 통제할

---

576) 『孟子 公孫丑上』
577) 『荀子 解蔽』

수 없는 경우이다. 어느 형식의 부족함을 막론하고 모두 초인간적인 역량을 이용하게 된다. 전자의 경우에는 군주에게 경제적 작용을 할 수 있는 천인감응론을 이용하고 후자의 경우 각 왕조의 군주들은 짙은 윤리적 의의가 있는 정치적 행위들, 이를테면 하늘에 제사를 지내거나 연호를 바꾸거나 혹은 태산에 올라 하늘과 땅에 제사를 지내는 등을 이용하였다.

전자는 군주가 윤리질서에 묶여있었음을 말해주고, 후자는 군주가 윤리질서에서의 적극적인 작용을 보여주었으나 양자는 또 공동으로 군주의 하늘과 땅에 제를 지내는 행위가 유학사회에서 차지하는 윤리적 의의를 보여주기도 하였다. 종합적으로 제왕의 생활이 윤리적 통제를 핵심으로 하는 유학사회에서 한 방면으로는 그들의 개인생활과 정치생활이 윤리적 제한을 받았고, 다른 한 방면으로는 그들이 주동적 혹은 자각적으로 이런 사회적 제한을 이용하였다는 것이다. 유학사회의 윤리는 인격적 신인 '하늘'(땅)과 관련이 있다. 유학사회에서 황제는 하늘의 아들로서 하늘의 뜻에 따르고 하늘과 대화를 하는데, 이는 일종의 유학사회의 제도설치이며 또한 유학사회의 보편적인 심리이기도 하다. 유학사회의 제도설치이고 보편적인 심리인 '하늘'은 동중서(董仲舒)가 그려놓은 하늘이다. 동중서의 하늘은 하나의 의지력이 있는 하늘로서 자연과 인류사회의 창조자이다.

하늘은 인류사회에 최고 권력을 가진 '군주'를 세워준다. 황제는 하늘을 대신하여 상벌을 주는 지고무상의 권위를 누린다. "왕은 하늘의 뜻에 따라 움직인다", "하늘은 천하에 요순을 내리고 요순은 하늘의 명에 따라 천하를 다스렸다."[578] 천인감응의 이론은 유학사회가 군주의 행위에 대한 일종의 윤리적 통제형식이다. 신하가 자식의 신분으로 군주를 섬기는 것처럼 유학사회에서 황제는 자식의 신분으로 하늘을 섬긴다. 이른바 "하늘의 명을 받고 하늘의 뜻에 따르며 국호를 천자라 하고 하늘을 어버이처럼 모시며 하늘에 제사 올리는 것이 효도라"[579] 하였으니 천자와 하늘의 관계는 일종의 인간윤리 관계의 굴절이며 반응이다. "나라가 서울을 잃고 멸망하게 되면 하늘은 먼저 재해로 경고하느니라."[580] "그 악함이 백성을 해하면 하늘이 다스린다."[581] 유가학설의 사상가들은 유가 이론의 사유궤적을 따라 하늘과 사람을 하나의 커다란 우주의 윤리계통 속에 가두고 황제의 지고무상의 권위는 매우 합리적인 윤리법칙의 체계 속에 넣고 장악하였다.

동중서에 이르러 하늘을 인격적 신으로 만들고 하늘과 사람은 상호 감응할 수 있으며 선을 행하면 복이 오고 악을 행하면 화가 떨어진다고 생각하였다. 천자가 통치하는 국가에서 각급 관리들로 구성된 전국적인 관료기구는 매우 신성한 집단으로 황제의 모든 행위를 '하늘'에 책임지도록 요구한다. 군주가 덕을 쌓으면 무리가 따르고 모든 일이 순조롭게 풀리며 군주가 덕을 쌓지 않으면 무리가 따르지 않고 '우레가 울고 번개가 치'며 사직이 위태롭게 되고 백성이 재난을 입게 된다. 이는 하늘을 노했기 때문이다. 해마다 음력설이 되면 황제는 문무백관을 거느리고 서울

---

578) 『春秋繁露 堯舜不擅移湯武不專殺』
579) 『春秋繁露 深察名号』
580) 『漢書 董仲舒傳』
581) 『春秋繁露 堯舜不擅移湯武不專殺』

시교에 가서 제를 지내는데 기도의식을 통해 하늘이 복을 내리고 화를 쫓기를 기원하였다. 이러한 서술을 살펴보면 양한 시기에는 유가정신의 학설이 무당을 제거하려던 이성화의 과정이 저지를 당했음을 알 수 있다. 유가학설은 자신의 추상화 과정에서 점차 동중서의 '천인감응'의 관념에서 벗어났는데, 송, 명에 이르러서는 '천'이 '이(理)' 혹은 '천리(天理)'로 대체되었다. 그러나 유가학설이 처해있던 역사배경, 즉 유가학설이 진한시기에 당면했던 조작화의 비판 같은 것을 잊지 말아야 한다. 이로부터 천인감응론은 유가사상가들이나 혹은 깨우친 자들의 기도였으며, 제왕의 입법을 위한 중요한 구성부분이라는 것을 알 수 있다. 만약 '천인감응'으로 유가학설을 터득한 자들이 "군주를 억제하고 하늘을 주장"했다거나 혹은 '군주를 억눌렀다'는 등으로 윤리적 통제의 기반을 마련하였다면, 군주가 '태산에 올라 하늘과 땅에 제를 지낸' 것은 유학사회에서 군주가 자각적으로 '하늘'을 이용하여 사회에 대한 윤리적인 통제 목적에 도달한 것이 된다.

태산에 올라 제사를 지내는 의식은 군주와 하늘과 땅 사이, 군주와 백성 사이의 윤리적 제한관계를 체현한 것이며, '왕권은 신이 주고', '하늘을 대신하여 백성을 거느리는' 윤리정치의 관념을 표현한 것이다. 고대 제도에 따르면 천자만이 천하를 순방하고 오악과 사독(四瀆)(강, 회, 하, 제)에 제를 지낼 수 있고, 제후는 자신의 관할지역내에서만 산천에 제를 지낼 수 있으며, 대부는 문, 집, 우물, 부엌, 낙수 물에 제를 지낼 수 있으며, 일반인들은 선조에게만 제를 지낼 수 있었다. 제환공(齊恒公)은 "여러 제후들과 손잡고 천하를 바로 잡은" 후 노나라 경내에 가서 태산에 오르고 싶어 했지만, 관중이 분수에 넘치는 행위로 여겨 말렸다고 하며 또 "계씨가 후궁과 신하들에게 조정을 맡기고 태산을 유람하자 중니가 비웃었다"고 한다. 사마천이 관자(管子)를 발췌한 의론에 따르면 전설속의 복희씨 이전의 무회씨부터 태산에 올라 제를 지냈다고 한다. 그 『봉선서(封禪書)』는 고대 제왕의 봉선(태산에 올라 제를 지냄)은 순임금시기부터 시작되었다고 논하고 이야기까지 전개했다. 진정한 봉선은 사실 진시황 때부터 시작되었다. 역대 태산에 봉선한 황제는 진시황(영정), 한무제(유철), 동한 광무제(유수), 당고종(이치), 당현종(이융기), 송진종(조환)이다.

그 외 무측천이 고종의 봉선예의로 숭산에서 봉선하였다. 이른바 태산에 봉선하거나 혹은 '태산에 올라 양부를 제지내는 것'은 태산의 높이로 양부의 기틀을 두텁게 한다는 뜻으로 황천후토에 생명을 준 은혜에 보답한다는 말이다. 그래서 태산에 올라 천지에 제를 지내고 깍듯한 예로 산천의 제신에 제를 지내는 것이다. "태산에 흙으로 단을 쌓아 하늘에 제를 올려 하늘의 공덕에 보답하는 것을 '봉'이라 하고 태산 아래 작은 산위의 흙을 깎아 땅의 공덕에 보답하는 것을 '선'이라 한다." 즉 태산 위에서 하늘에 제를 올리는 것을 봉이라 하고, 산 아래에서 땅에 제를 지내는 것을 선이라 한다.

혹은 봉은 책봉의 뜻이 아니라 사실은 '인봉(印封)', 봉매(封埋, 기도문을 땅에 파묻는 것)를 말하며 흙을 깨끗이 쓸어 제를 지내는 것을 선이라고 말하기도 한다. 봉선은 왜 반드시 태산에 가서 하는 것인가? 태산은 '대종(袋宗)'이라고도 불리며 '오악의 첫째'다. 오악에 대해 비교적 일찍이 언급된 고서인 『얼아 석산(爾雅 釋山)』은 "태산(泰山)을 동악이라 하고, 화산(華山)을 서악이라 하며, 곽산(霍山)을 남악이라 하며, 항산(恒山)을 북악이라 하며, 숭산(嵩山)을 중악이라 한다"고 기록하였다. 왜 대종이라 했겠는가? 『풍속통의(風俗通義)』는 이렇게 해석했다. "태산지존은 일대 대종이다. 대는 시작이요. 종은 자람이라. 만물의 시작이요, 음양의 교대이기 때문에 오악의 첫째이다. 따라서 왕자의 명을 받아 늘 봉선할지어다." 음양이 교대되는 산을 가리켜 '대'라 하고 오악의 첫째를 '종'이라 부른다는 말이다. 사회생활에 부부의 도가 있듯이 자연계에도 음양이 만나고 만물이 태어나는 곳이 있고 사회에 크고 작은 구별이 있듯이 자연계에도 첫째와 같은 것이 있다는 말이다. 이것이 바로 유가학설의 상상력-윤리적 통제의 상상력이다.

만약 그중 복잡한 미신사상과 신선에 영생을 비는 등의 성분을 빼면 봉선은 유학사회 정치생활에 있어 매우 중대한 내용이며 유학사회의 윤리적 통제의 중요한 표현이다. 역대의 봉선을 살펴보면 그 윤리적 통제의 의의는 주로 아래 몇 가지 방면이다. 첫째, 역대 통치자들은 '등극하고 봉선'하는 것을 매우 강조하였다. 봉선이 "군주의 권력을 신으로부터 받고" 천하를 통일한 상징이 되었다. "공덕에 보답하고 성공을 알리며" 하늘과 땅에 '권력을 준(授命)' 은혜에 보답하고 거기에 "백성들의 복을 기원한다."

봉선 활동은 한차례 성대한 의식이다. 사마천은 매우 애석하고 비분한 마음으로 태사공 사마담이 한무제와 함께 태산에 봉선하지 못하자 분노한 나머지 병을 얻고 한을 품은 채 세상을 하직한 사실을 기술했다. "태사공이 손으로 얼굴을 가리고 소리를 내어 흐느끼며 가로되 '소인은 선주의 태사이나이다…오늘 천자가 천세의 계통을 잇고 태산에 봉선하는데 소인을 따르지 못하게 하오니 오호라, 명이로구나, 명이로구나'…" 둘째, 제국의 부강과 강성을 나타냈다. "사해를 정복하고 그 힘을 외국에 과시했다"라는 말로 '황위를 영원히 이어가고', '만수무강'을 기원했던 것이다. 봉선 활동은 마치 한차례의 군사연습과도 같았다. 송진종(宋眞宗)은 신하들과 함께 '하늘이 내린 신서(天降神書)'를 만들어 봉선을 강행했는데 이로써 북방의 거란 등 소수민족의 통치자들을 위협하였다. 셋째, 봉선 활동은 속국들이 화하문명을 배우게 되는 중요한 기회로서 천조의 속국들에 대한 윤리적 통제를 강화하였다. 광무제의 봉선으로부터 시작하여 당, 송의 황제들의 봉선에 토번이나 동이 등 나라의 사절들과 변경의 부락 추장들이 황제를 따라 태산에 올라 봉선의식에 참가하였다는 미담이 전해진다.

광무제의 『태산각석(泰山刻石)』의 명문에는 "번왕이 12번이나 와서 함께 제를 지냈다"[582]고 기록되어 있다. 당고종, 당현종이 봉선할 때에는 '융, 적, 이, 만, 강, 호(戎,狄,夷,蠻,羌,胡)' 등 공물을 바치는 나라들이 소문을 듣고 천자를 호위하여 봉선의식에 참가할 것을 분분히 요청하였다. 은혜를 입어 수행이 비준되면 무상의 영광으로 생각했으며 만약 국왕이나 추장이 올 수 없으면 자기 자식을 보내 봉선에 참가하게 했는데, 의식이 끝나면 모두들 봉선비에 자신의 이름을 새길 것을 요청했다. 시대가 다름에 따라 각 왕조의 예의는 일정한 구별이 있었지만 봉선은 늘 역대 윤리정치의 큰 사건이었으며 매우 성대한 정치활동이었다. 넷째, 봉선과 성지순례는 매우 큰 관계가 있었다.

동한의 광무제 때부터 봉선을 한 황제들은 반드시 환궁할 때, 곡부에 들려 공자를 참배하였는데 예의는 갈수록 장중하였다. 당고종이 봉선한 후

---

582) 『後漢書 제사상』

환궁하면서 곡부에 들려 공자묘를 참배하였는데 공자를 태사로 추봉하고 사당을 수리하였으며, '소뢰(小牢, 양과 돼지를 잡아)'로 제를 지내고 공자의 자손들의 세금을 면제하였다. 당현종은 환궁할 때, 친히 공자의 집에 가서 제를 올렸으며 개원 27년 8월에는 성인에게 '문선왕'의 시호를 내리고 '왕의 곤룡포와 면류관의 복장을 한' 공자상을 남쪽에 앉히고 십철은 동서방향으로 열을 세웠다. 송진종은 성지를 순례할 때 공림에 짐을 풀고 곡부를 직접 방문하였으며 공자에게 '현성문선왕'을 추가 제수하였는가 하면 제사도 '대뢰'(소, 양, 돼지)로 진행했으며 돌아가기 전에 큰 예를 한 번 더 하였다.

공자의 세손과 친척들에게는 관직과 돈, 비단을 내렸으며 사환 10호에 명하여 공자의 무덤을 지키게 하였다.

세 번째, 유가학설은 일부 특수한 방식, 예를 들면 익호 등을 통해 실제 생활 가운데 군주의 행위를 윤리적으로 통제하였다. 익호는 군주가 죽은 후 염장의식을 거행 할 때 신하들이 그의 일생을 한 글자 혹은 두 글자로 집약하여 개관 사정하는 것을 말하는데, 죽은 군주에 대한 평가와 미래 군주에 대한 경계의 작용을 한다. 이는 주문왕, 무왕 혹은 주공이 예와 악을 제작할 때부터 생긴 법이라고 한다. 『예기·악기』 는 "그의 익호를 들으면 그의 행실을 알 수 있다"고 했으며 『사기·익법해』 는 "익은 행적이요, 호는 공덕의 표"라고 했다. 진이 6국을 통일한 후 주나라의 익법은 아들이 아버지를 논하고 신하가 군주를 논하는 것은 군신부자의 체통에 어긋난다고 생각하여 영을 내려 익법을 폐지하였으며 시(2세, 3세 끝없이)황제 칭호를 채용하였다. "짐이 들건대 태고시절에는 호만 있고 익이 없었으며 중고

시대에는 호가 있고 죽은 후에 행실로 익을 내렸느니라. 이러할진대 아들이 아비를 평가하고 신하가 군주를 평가하기에 체통에 어긋나니 짐은 이를 폐지하노라. 오늘부터 익법을 없애고 짐을 시황제로 후세는 이를 이어 2세 3세 나아가 만세로 끝없이 이어가리라."[583] 그러나 진2세에서 멸망하였다.

한나라가 흥기한 후 진법을 폐지하고 익법을 회복하였는데 그때로부터 각 왕조를 이어 내려왔다. 익호는 일반적으로 세 가지 유형인데 찬미(襃揚), 연민(愛矜), 비난(貶責) 등이다. 찬미는 문, 무, 성, 강, 소, 목, 선, 평, 경, 혜, 환, 장(文, 武, 成, 康, 昭, 穆, 宣, 平, 景, 惠, 桓, 庄) 등이고 연민은 상, 애, 민, 도, 회(殤, 哀, 愍, 悼, 懷) 등이며 비난은 려, 양, 영, 료(勵, 煬, 靈, 繚) 등이다.

유학사회는 '효로 나라를 다스린다'를 창도하였다. 유가학설의 주요 경전인 『효경』은 효를 5등급으로 나누었는데, 바로 천자의 효, 제후의 효, 경대부의 효, 사(양반)의 효, 서민의 효이다. 『효경』은 천자와 서민은 "존귀하고 비천함은 다르나 부모에 대한 효는 다름이 없다"고 했으며 그 『감응편(感應篇)』은 천자가 부모에 효를 다하면 하늘과 땅이 명찰하고 신명의 보호를 받는다고 했다. '천자의 효'는 "부모에 대한 효를 다하는 것으로 백성에게 덕을 가르치고 은혜를 만민에게 내리는 것"이다. 한나라 황제들 중 고조 유방 이외의 모든 황제들은 죽은 후, 익호에 하나같이 '효'자를 붙였는데, 이는 한 왕조가 효로 나라를 다스리는 이상을 나타내는 것이다. 예를 들면 효혜제, 효문제, 효경제, 효무제 등이다. '효'의 익호는 훗날 역대 왕조들의 중시를 받아 널리 사용되었다. '효'의 일법(溢法)은

---

583) 『史記 秦始皇本紀』

유학사회가 황권에 대한 모종 윤리적 통제의 방식을 반영했던 것이다.

넷째, 유학사회에서 군주의 행위에 대한 윤리적 통제는 군주에 대해 진행하는 유가식 의식형태화의 교육에서도 나타난다. 유가학설이 이상적 군주의 유형을 성왕으로 하는 중요한 의의는 유학사회라는 이런 윤리사회에서 사회적 윤리통제의 주요 방식이라는 것에 있으며 정통적인 경전을 학습하는 것을 통해 계속 이어왔다. 유학사회에서는 유가경전에 대한 경연(經筵)을 통해 황제에게 유가식 치국방략을 주입시켰다.

경연은 서한 시기에 나타나기 시작하여 동한시기부터 '시강(侍講)'이라는 이름으로 불렸으며, 당나라 때에는 정식으로 직급을 가졌다. 송나라 때에는 제도로 만들어져 강관을 설치하고 시간과 장소를 고정하였으며 명나라 때에는 일강제도(매일 강연)를 창립했다. 경연과 일강의 내용은 주로 유가경전이었으며 그 주요 목적은 황제의 수신양성을 추동하고 유가가치 표준에 부합되는 군주를 만들기 위한 것에 있었다. 경전에 대한 학습과 제도화된 결과를 통하여 유가학설이 이상화한 성왕은 전형화되었으며 후세를 평가하는 표준이 되었다.

종합적으로 유학사회에서 군주 혹은 황제의 자유는 제한적이었다. 비교적 성공적인 황제는 아침 일찍 날이 밝기 전에 심지어는 4, 5시에 반드시 기침하여야 하며 조정에 나가야 한다. 그 생활의 모든 움직임-의, 식, 주, 행 심지어는 성생활과 오락 등 일상생활도 기록되는데 기록가 매우 상세하여 한발작도 잘 못 내디디면 안 되며 그에게 제공되는 공간도 극히 적었다. 두유명이 말한 것처럼 "중국의 전통에서 황제는 대부분 심리학적으로 억눌림을 받은 인격을 가지고 있었으며…절대 대부분의 중국황제는 모두 중국사회의 각종 다른 통제시스템의 구속을 받았다. 왜냐하면 제도 본신이 전제였고 황제 본인도 전제제도의 통제를 받는 성원이었기 때문이다."[584]

2. 관료 사대부(臣僚士大夫)의 사회행동 유형 및 그 윤리적 통제

유가학설을 터득하고 제시한 이상적인 인격의 최고 전형인 '성왕'은 후세의 군주들을 위해 이상적인 유형을 제공했을 뿐만 아니라, 유학사회의 중요한 행동가들인 신료사대부계층에도 중요한 인격적 유형을 제공했다. 『대학』의 3강령, 8조목은 유가 지식인들이 말하고 공을 세우고 업적을 쌓는데 순서를 설정해 주었고, 성왕이 되는 구체적인 과정, 즉 수신제가하여 나라를 다스리는 과정을 제시하였다. 『대학』이 확정한 최고 목표는 명덕(明德), 친민(親民), 치선(致善)인데, 기본 방법은 지(止), 정(定), 정(靜), 안(安), 려(慮)후에야 얻을 수 있으며 기본 보조는 그것의 역순이다. 즉 덕행을 천하에 남기려면 먼저 나라를 다스리고 나라를 다스리려면 먼저 자기 가정을 잘 다스려야 하며 자기 가정을 다스리려면 먼저 수신해야 하며 수신하려면 먼저 성실해야 하며 성실해지려면 먼저 알아야 하고 알려면 사물의 이치를 깨우쳐야 한다는 것이다. 이런 의의에서 말하면 유학사회가 그 구성원들 특히 그 사회의 지식인 혹은 사대부 계층의 인생 실현에 일정한

---

584) 두위명, 『신유학논저집요』, 129쪽.

목적과 수단을 규정해 놓았으며 이런 수단과 목적은 바로 본질적으로 유학사회의 윤리적 통제의 특색을 표현했다는 것이다.

수신(修身), 개체의 자아생활 방면에서 말하면 유학사회의 윤리적 통제는 자아 통제술의 수련으로 표현되며 윤리적 예의로 사람의 마음속의 욕망을 억제시키는 것으로 나타난다. 유가학설은 교인들이 어떻게 자아통제를 할 것인가의 학문이고 방법이다. 맹자는 "사람들이 늘 하는 말에 '천하가 나라이다'라고 했는데 천하의 근본은 나라이고 나라의 근본은 가정이며 가정의 근본은 몸이다"[585]라고 말했다. 『대학』에서는 "천자부터 서민에 이르기까지 첫 번째는 모두 수신을 근본으로 한다"고 기록되어 있다.

수신해야 한다는 것은 사람의 몸에 있는 일종의 '자기'가 자각적으로 통제하고 극복할 것을 요구하기 때문이다. 공자는 사람들에게 "욕심을 누르고 예의범절을 따르라"고 가르쳤다. 자공이 공자에게 물었다. "무슨 말이 일생동안 봉행할 만합니까?" 공자가 대답했다. "용서이다! 자기가 갖고 싶지 않은 것을 기어이 다른 사람에게 강요하지 말아야 한다"[586] 수신해야 한다는 것은 사람의 몸에 있는 일종의 '자기'가 자각적으로 발양하고 빛낼 것을 요구하기 때문이다. 공자는 "내가 남에게 사랑을 주어야 남도 나에게 사랑을 주며 내가 남을 용서해야 남도 나를 용서한다"고 주장하고, 맹자는 사람마다 '연민과 동정심', '수오지심', '사양지심', '시비지심'이 있다고 주장하면서 그러나 소위 "인성이 선량하다"는 말은 사람마다 천생

---

585) 『孟子 離婁上』
586) 『論語 衛靈公』

선인이라는 말이 아니며 인성 가운데 선의 맹아가 있고 사람마다 선의 뿌리가 있으며 선을 지향한다는 말이라고 해석하였다. 만약 사람에게 있는 '선의 뿌리'가 굵고 실하다면 능히 "부모를 잘 섬기고", "천하를 보호할 수 있다", "사람과 짐승의 다른 점은 매우 적다. 일반 사람은 그것을 버렸지만 군자는 그것을 가지고 있다."[587]

유가학설은 수신은 정신수양보다 크지 못하고 정신수양은 과욕 (寡欲)보다 선하지 못하다고 생각한다. "욕망이 매우 적은 사람은 그 내면에 잃는 부분이 있을지라도 극히 적으며 욕망이 매우 많은 사람은 얻는 부분이 있을지라도 극히 적다."[588] 공자는 '명분'을 제시했고 맹자는 '정경계(政經界)'를 제시했는데, 『대학』에서 진일보하여 '정심(正心)'을 제시했다. 『대학』은 수신이란 바로 '정심'이라고 인정했다. 정심은 '성의'와 '멈출 곳에 멈추는 것'에 있다. "이른바 수신하여 정심을 얻으려는 자는 마음에 분노가 있어도 얻지 못하며 두려움이 있어도 얻지 못하며 즐기기만 해서도 얻지 못하며 근심이 있어도 얻지 못하느니라." '정심'이란 바로 분노, 두려움, 즐기기, 근심이 사람의 마음을 유도하는 것을 극복하는 것을 말했다. 『중용』은 송명시대의 유가에는 유가학설의 심법으로 읽혔다. 심법이란 사람으로 하여금 어떻게 극복하고 어떻게 수신하고 어떻게 정신수양을 하는가의 방법이다. 『중용』은 '중(中)'과 '화(和)'를 이야기한다. '중'은 먼저 '금욕'의 심리상태 혹은 일종의 '자기억제'의 심리상태를 가리킨다.

---

587) 『孟子 離婁下』
588) 『孟子 盡心下』

'희로애락을 나타내지 않는 것을 중'이라 하며 '중'은 곧바로 '멈춤'이고 '자기억제'는 만물의 본성이기 때문에 '중은 천하의 대본'이 된다. '화'는 일종의 상태로서 '자기억제' 후에 '자기 마음대로 폭발하는' 상태를 말하는데 '폭발' 가운데 '절(節)'이 있으면 '화'라고 했다. '절'은 일종의 절제와 규범으로 '격노하거나 폭발하는 과정의 절제를 가리켜 화'라는 것이다. '희로애락'과 '격노'가 규범이나 예의에 의해 절제되면 바로 '화'가 된다는 말이다. '화'는 일종의 '알맞게 멈추는' 상태로 모자라지도 남지도 않아 일종 현실적인 '중'으로 '도'의 경로에 접근한다. 그렇기 때문에 '화는 천하의 달도(達道)'라고 말했다. 『중용』은 천지의 이치도 '중화'에 있으며 만물이 자라는 이치도 '중화'에 있다고 말했다. 송명시대 신유가 시기에 들어서 개체의 자아수신, 자아통제술이 더 발전하여 '징분금욕(懲忿窒欲)'이 된다. 송명시기 유학은 '도심(道心)'을 '천리天理'로, '인심(人心)'을 '인욕(人欲)'으로 보며 '도심'과 '인심', '천리'와 '인욕'을 논리적으로 대립시킨다. 주돈이(周敦頤)는 "성인이 정한 중정인의(中正仁義)는 욕망이 없는 마음의 안정이니 이는 사람의 최고표준"이라고 생각하였다. 다시 말하면 성인이 사람들에게 중정인의를 규정해 주었으며 욕망을 버리는 것이 최고표준이다. 무엇이 정(靜)인가? 주돈이는 "욕망이 없으면 정하다"고 말했다. 정고(程頤)는 "사람의 마음은 욕망이요, 도의 마음은 하늘의 도리이니라"라고 말했다. 주희는 "사람의 마음에 욕망이 가득하면 위태로워지고 도를 닦으면 하늘의 이치를 얻어 더욱 심오해진다"[589]고 말했다. 주희는 또 "성현의 천만마디는 사람을

---

589) 『珠子語類』 78권.

455

깨우쳐 하늘의 이치를 알게 하며 사람의 욕심을 멸한다"[590]고 말했다. 육구연(陸九▓)은 "마음을 먹고 욕망을 버릴 것"을 제창했다.

왕양명(王陽明)은 "성인이 6경을 저술한 것은 사람들의 마음을 다스리기 위함이고 하늘의 이치를 남기기 위함이며 사람들의 욕심을 버리기 위함"[591]이라고 말했다. 도통화의 신유가학설은 유가학설의 윤리를 늘 도통, 도심, 천리 등의 형식으로 존재시키며 인생, 인심, 인욕과 대립시켜 세인들에게 "하늘의 이치를 따르고 인간의 욕심을 버리게" 요구하였다.

제가(齊家), 제가는 효친을 제일 기본적인 원칙으로 한다. 제가는 유학사회의 가장 기본적인 윤리 관계, 즉 부자관계의 윤리통제를 반영한다.

유학은 수신의 근본은 효친에 있다고 본다. 맹자는 "도는 가까이에 있는데 멀리 가서 찾고 아주 간단한 일을 어렵게 해결하려 한다. 사람마다 자기의 부모를 사랑하고 어르신을 존경하면 천하는 곧 태평해진다."[592] 『효경』은 아무리 임금이라 하여도 반드시 부형을 존경하고 종묘에 제를 지내야 한다고 했다. "… 고로 존귀한 임금이라고 해도 필경 존경해야 할 사람이 있는데, 그가 바로 그의 부친이며 반드시 그보다 먼저 태어난 사람이 있으니 바로 형장이다. 종묘에 제를 올려 공경하는 것은 자기의 친인을 잊지 않기 위함이며 수신하고 마음을 닦는 것은 일처리에 조심하여 혹여 자기의 과실로 선인들이 모욕을 받을 것을 우려해서이다. 종묘에 제를 올려

---

590) 『珠子語類』 12권.
591) 『傳習錄』 상
592) 『孟子 離婁上』

경의를 표하면 신명이 나와서 향유할 지어다." 부자관계는 유학사회에서 가장 중요한 윤리 관계이고 군신관계는 친자관계의 정치화이며 사제관계는 부자관계의 업연이다. 일찍이 춘추시대에 제경공이 공자에게 정치를 묻자 공자는 "군군, 신신, 부부, 자자"라고 대답했다. 유가는 시종 부자의 윤리를 인륜 규범의 첫 번째 근원으로 보았다.

유학사회에서 가장 중요한 윤리행위로서의 효친 행위는 유학사회의 윤리적 통제의 특징을 충분히 표현했다. 부모에게 '효'도를 다하는 내용은 매우 광범위한데 주로 아래와 같다. 첫째는 부모의 의지에 순종하고 부모의 염원을 따라야 한다. 효는 순이며 효순은 잠시도 분리해서는 안 된다. 생전에 그의 뜻을 따랐다면 사후에 그의 의지를 따라야 한다. 공자는 이렇게 말했다. "아버지 생전에는 그가 행하는 바를 살피고 아버지의 사후에는 그 자리를 이어받아 자신의 권리를 행사하더라도 아버지가 행하던 바를 3년 동안 변함이 없이 행하면 가히 효라 할 수 있다."[593] 둘째는 가정 일상으로 부모에 대해 응당 어떻게 예의로 대하고 극진히 보살펴야 하는가이다. 유학사회에서 효자의 칭호는 매우 영광스런 칭호로 사람마다 얻고 싶어 하기 때문에 매우 많은 불가사의한 효자의 행동이 연출된다. 예를 들면 효심이 강도를 감동시켰다거나 심지어 뼈를 깎고 간을 꺼내 부모의 병을 치료했다는 등이다. 셋째는 대를 잇는 문제다. 가족의 불씨를 이어가기 위하여서는 아들딸을 낳아 가통을 이어가야 한다.

맹자가 "불효에는 세 가지가 있는데 후대가 없는 것이 가장 크다"고

---

593) 『論語 學而』

말했다. 이는 후대가 없으면 효도를 계속 진행할 수 없기 때문이다. 넷째는 자신의 몸을 아끼는 것인데 몸은 부모가 준 것이기 때문이다. 머리털 한 올이나 손가락 하나라도 모두 부모의 소유다. 즉 자기의 몸이라지만 자식은 사용권밖에 없고 소유권이 없다는 것이다.

증자가 죽기 전에 자신이 가장 아끼는 제자를 불러 손시늉으로 자신의 손과 발을 들어 올려 제자들에게 보이게 하였다. 이렇게 한 것은 부모가 자기에게 준 신체에 대한 존중을 표시하기 위함이다. 그의 뜻은 "내가 능히 일생 중의 이런 높은 단계까지 온 것은 나 혼자만의 노력뿐만이 아니고 부모가 나에게 준 몸의 노력도 함께 있다. 그것은 일종의 신성한 그릇"이라는 말이다. 유가학설의 옹호자들은 '삭발'로 출가를 주장하는 승려들을 공격하였고 이런 이유로 환관이 죽으면 궁형으로 자른 '기물'을 함께 합장하여 완전한 몸으로 역대 조상들을 만나게 한다. 다섯째는 자신의 능력을 충분히 발휘하면 부모와 조상들의 영예를 더해주며 이를 가리켜 가문의 영광이요, 조상을 빛내준다고 말했다.

사람들은 늘 "부귀해지면 고향에 돌아가지 않는데 화려한 옷을 입고 밤길을 걷는 것과 같기 때문이다"라고 말했다. 『효경』은 "사람이 세상에 태어나서 인의도덕을 배워 성공하여 명성을 후세에 남기면 부모에게 혁혁한 영광이 돌아가니 이것이 바로 효의 최종 목표"[594]라고 말했다.

사대부들은 왕왕 명리를 추구하고 벼슬길에 오르고 궁궐에 들어가는 적나라한 공리행위를 사회의 제일가는 도덕원칙인 효의 아래 자리에 가져다

---

594) 『孝經 開宗明義章』

놓는다. 여섯 번째는 부모상 정우제도(丁憂制度　부모상제도)의 설치이다. 유학사회의 의식형태가 '효'를 이용하여 민간사회의 윤리적 통제를 시도한 제도 설치는 정우제와 정표제(旌表制) 등이다. 유학사회에서 부모가 죽으면 아들은 반드시 고향에서 부모거상을 3년 동안 해야 하는 것으로 효도를 다해야 하는데 이를 '정우'라고 한다. 『당률(唐律)』에는 관리가 부모를 위해 상복을 입는 27개월은 반드시 관직을 사직해야 한다고 규정했지만, 청나라 때에는 1년으로 줄였다. 당률은 그 어떤 사람을 막론하고 부모를 위해 상복을 입는 27개월 안에는 절대로 아이를 낳지 못한다고 규정했는데 이를 어기면 1년의 도형에 처했다. 정우제는 하나의 매우 가혹한 제도로서 그 관품이나 급별, 관직의 고하를 막론하고 그 대상에서 제외되지 않았다. 사정을 숨기고 보고하지 않으면 일반적으로 면직시키고 영원히 다시 쓰지 않았으며 심지어 더욱 엄한 벌을 내렸다. 이는 관료들(혹은 서로 간에 혹은 소극적으로 황제에 항의하기 위하여)에게 일종의 투쟁의 무기가 되기도 하였다. 일곱 번째는 유학사회는 효친의 원칙에 근거하여 효자의 행위에 대해 매우 많은 보충적 규정이 있었는데 예를 들면 부모가 있을 때 높이 앉지 못하고 강변에 가지 못하며 멀리 유람을 가지 못한다는 것 등이다.

　여덟 번째는 문화적이나 심지어 법률적으로 일부 효로 일어난 반사회적 행위를 종용하였다. 예를 들면 유가학설의 관념상 보편적으로 도둑은 덕을 잃는다고 인정하나 부모를 먹여 살리기 위해서였다면 효자가 되고 살인은 대역죄로 인정하나 부모를 대신하여 복수하면 영렬이라 칭한 것 등이다.

　천하를 다스린다. 천하를 다스리는 일은 제후나 천자의 일만이 아니다. 유학은 경직된 직위나 군주의 보좌를 얻는 것을 '천하를 다스리는 조건'으로 삼지 않고 대신 '천하를 다스리다'로 '광명한 덕성으로', '자신을 편달하여', '완벽한 지경'에 이르는 경로로 삼았다. 수신제가하여 천하를 다스린다는 내재적으로 연결되어 있으며 그 전후와 고하, 경중을 구분하지 않는다.

그렇기 때문에 수신은 내성이며 외왕(外王)이고 제가 역시 내성이며 외왕이 된다. '천하를 다스리다'는 일종의 내성외왕의 다른 표현일 뿐이다. 관료사대부들의 '외왕'에 대해 말하면, '제가' 외에 또 하나의 중요한 외왕성 사업이 있다면 바로 '출사'다. 관료사대부들은 외왕성 사업을 추구하는 과정에서 늘 의식적, 무의식적으로 유학사회의 윤리적통제의 제약을 받게 된다. 이런 제약은 두 가지 방면에서 표현되는데 첫째는 관료사대부가 자기와 군주의 관계에서 '충성'을 다하는 행위를 처리할 때고 둘째는 관료사대부가 동료와의 관계에서 '붕당' 행위를 처리할 때다.

충(忠)은 유학사회에서 관료사대부 정치행위의 최고규범으로 황제관료제 아래에서 사대부 정치행위에 대한 최고 요구이다. 무엇을 충이라 하는가? 옹정(雍正)은 이렇게 말했다. "성실한 자는 충성스러운데 이는 사람의 신하가 되는 근본이다. 천하에 뿌리 내린 나무에 잎과 가지가 나지 않는 법이 없다."[595] '충'자는 황제에게 자신의 모든 것을 다 바치고 사심이 없는 것이다. 충의 동력과 심리는 어디에서 오는가? 충은 효에서 온다. 집에서는 부모에 효를 다하고 벼슬길에 나서면 임금에 충성을 다한다. 충은 효친에 뿌리를 두고 임금을 위해 일하는 것에서 꽃이 핀다. 만약 임금에 충성하는 것이 일종의 정치행위가 포함되었다면 임금을 부모를 모시듯 한다는 것은 완전한

---

595) 『옹정조한문주필상소문회편雍正朝漢文朱批奏折匯編』 제16책, 589쪽.

윤리행위이다. 군주 질서에서 황제는 '하늘의 뜻을 받들어'라고 자칭하는데 군주는 백성을 자신의 자민으로 여긴다. 황제에 대한 충성, 즉 충군은 황제 본인도 완전히 당연한 일이라 생각하고 백성들도 완전히 당연한 일이라고 생각한다. 유학사회에서 '삼강오상'의 첫 번째 강은 바로 '군위신강'으로 군은 신하의 전체이고 명맥이다. 유학사회의 '용서하지 못할 죄질의 열 가지' 중의 첫 번째 악이 바로 불충불효이다.

군주전제하에서 관료 사이의 관계는 또 어떻게 서로 뒤바뀌고 연관되는가? 유학사회 속의 윤리통제가 여기에서는 유학사회의 붕당정치로 표현된다. 붕당은 정당이 아니다. 정당은 근대 정치투쟁의 산물이고 붕당은 전제 정치의 산물이다. 붕당은 전제 정치에서 여러 가지 원인으로 분열되고 대립된 정치파벌이다. 비록 군주가 대권이 남의 손에 넘어가지 않게 하기 위하여 신하들의 붕당, 상호 배척을 엄금하고 신하들도 입을 조심하였지만 과거 붕당정치의 연구결과를 보면 요 · 순 · 우 시대에 이미 붕당현상이 싹텄다. 거의 매 왕조마다 모두 피할 수 없이 붕당의 싸움에 빠져들었고 그것은 또 모든 왕조를 멸망시켰다. 붕당의 형식은 각양각색인데, 이를테면 엄당(閹黨, 宦黨), 척당(戚黨), 후당(后黨), 제당(帝黨), 역당(逆黨, 奸黨) 및 관료사대부당 등이다. 윤리통제는 관료사대부들의 붕당의 싸움에서 분쟁이 그 어떤 원인에서 기인하는 지를 막론하고 군자당이든 소인당이든 관료사대부들이 당을 이루는 것은 왕왕 좌주(坐主, 과거시험 시험관), 문하생, 부주(府主), 동료, 동년, 동향, 동종, 동족의 관계로 상호 맺어진다는 것으로 나타난다. 다시 말하면 매 왕조에서 관료사대부들의 붕당 간 싸움은 내용이 어떠하든, 잔혹성이 어떠하든, 결과가 어떠하든 그 투쟁의 조직형식은 모두 같았다. 즉 주로 혈연관계와 그것으로 인한 지연관계와 협소한 업무관계가 조직의 외재적 형식이었던 것이다.

유학사회에서는 소유의 사회관계가 혈연화 되었기 때문에 유학사회의 관료사대부들의 붕당의 싸움은 모두 윤리화 되었으며, 유학사회에서의 관료사대부들의 정치행위는 잠재적으로 윤리 혹은 준 윤리의 제약을 받았다. 윤리관계를 조직의 원칙으로 하는 유학사회에서 일종 준 윤리 관계를 맺는 것은 하나의 자원, 예를 들면 권력, 재부 등을 얻는 것과 같다. 예를 들면 당헌종 시기에 최군(崔群)은 재상이 된 후 과거시험의 주시험관이 된 기회를 이용하여 자신의 손으로 합격시킨 문하생들로 하나의 조직을 만들었다. 그의 부인 이씨는 한가할 때면 늘 그에게 가옥과 밭을 사라고 졸랐다. 자손들을 생각해서 미리 준비를 하려는 심산이었다.

최군이 웃으면서 "나에게 가장 좋은 장원 30개가 있고 양전이 천하에 널렸는데 부인은 왜 우려를 하시오!"하고 말하자 이씨가 놀라면서 물었다. "저는 당신에게 그런 가업이 있는 줄을 지금까지 들은 적이 없습니다." 최군이 대답했다. "당년에 내가 주 시험관을 맡았을 때 뽑은 30명의 진사가 어찌 나의 상등 전답과 장원이 아니겠소?"[596] 종합적으로 유학사회는 소농경제사회에 속하며 그 사회에서 처리하는 주요 관계는 가족내부의 각종 관계와 가족을 초월하는 제국 내부의 군신, 동료관계로 표현된다. 어떻게 이런 관계를 처리하는가 하는 것은 하나의 사회의 조직형태를 반영하는 것이며, 유학사회의 윤리통제 특색 역시 여기에서 현저하게 나타난다.

---

596) 주자언, 진생민, 『붕당정치연구』, 상해, 화동사범대학출판사, 74쪽.

유학사회에서 붕당정치의 행위 양식은 관료사대부의 정치성 활동이 늘 공공연히 혹은 남몰래 윤리와 준 윤리의 제약을 받았다는 것을 증명해 준다.

한편으로는 역대 신료들이 붕당에 대해 입을 다물고 눈을 감았다면, 다른 한편으로는 역대 군주들이 관료들의 붕당정치 경향을 엄밀히 통제하고 방지를 강화했으며, 신료들이 당을 형성하는 것을 절대로 허용하지 않았다.

황제가 효과적으로 황권을 행사하고 국가를 통제할 수 있으면 제일 엄격한 수단으로 붕당에 대해 제재를 가했다. 붕당은 신료들을 징벌하는 제일 무서운 죄명이었다. 유학사회에서 적관, 종법혈연, 혼인친속, 좌주문생 등은 모두 관원들 사이에 관계를 발생시키는 유대의 방법이 되었다.

관원들이 윤리관계 혹은 준윤리 관계로 상호 관련되거나 사사로이 당파를 조직하는 것을 방지하기 위하여, 유학사회의 제도 설치는 적당한 반윤리 관계의 상관 조치를 건립하는 것을 허락하였다. 그중 주요 조치는 관리를 선발하고 임용할 때 일반적으로 회피제도를 채용하는 것으로 표현된다. 서한시대 이미 "종실은 3하의 관직을 맡을 수 없고 왕숙은 9경을 두지 못한다", "중관의 자제는 목민을 관리하는 직을 맡지 못한다"와 같은 규정을 세웠다. 청조에 와서 비교적 완전한 회피제도로 발전하였는데 거기에는 지역회피, 사회관계회피와 특정직무회피 등이 포함되었다.

붕당정치는 윤리관계를 발생시켰기에 군주는 반윤리 관계로 붕당정치의 자발적인 경향을 통제하려 하였다. 그러나 일단 '붕당'이 형성되면 붕당을 타개하기 위하여 황제가 채용한 조치는 여전히 윤리 관계의 제약을 벗어날 수가 없었다. 붕당정치를 타개할 때, 부득불 윤리 관계에 기울어지는 조치를 사용하였다. 윤리적 통제를 이용하여 붕당정치를 타개하는 것은 주로 당인을 감금하고 당적을 날조하는 등으로 표현되었다. 동한 말년은 환관이 정사를 관장하고 정치가 어두웠다. 통치계급 가운데의 일부 식견이 있는 관료와 대학생들이 정치를 의논하고 인물을 평가하였다가 '구당(鉤党)'으로 모함당했다. '구당'을 타개하기 위하여 '구당'의 우두머리와 핵심 관계자를 처형하고 당인들을 멀리 유배 보냈다. 거기에 당인의 문하생이나 옛 동료, 부자형제 및 5촌 이내의 친속은 일률적으로 면직당하고 감금되었다.

송휘종 시기에 채경이 조정을 장악하고 사마광, 문언박(文彦博) 등을 간당으로 몰자 송휘종은 친히 당인비(黨人碑)를 세웠다. 명 천계 연간에 엄당(환관들의 당)은 동림당(東林黨)을 타개하기 위하여 동림당의 당적을 날조하였다.

종합적으로 말하면 유학사회의 붕당정치는 군주전제제도 하에서 신료들의 정치적 활동 혹은 벼슬활동은 윤리관계의 제약을 받았음을 반영하며, 다른 한편으로는 역대 황제들이 모두 붕당에 대해 방비했거나 타개하는조치를 취했음을 반영한다. 이는 유학사회에서 정치행위의 윤리제약성을 설명해준다.

3. 윤리관계 속의 기타 행동자 및 그 윤리적 통제

1. '부위처강(夫爲妻綱, 남편은 아내의 벼리,)'의 윤리통제

『주역』은 "하늘과 땅이 있은 후에 만물이 생기고 만물이 있은 후에 남녀가 생기며 남녀가 있은 후에 부부가 생기고 부부가 있은 후에 부자가 생긴다. 부자가 있은 후에 군신이 생기고 군신이 있은 후에 상하가 생기며 상하가 있은 후에 예의가 갖추어지니라"라고 했다. 유학사회에서 부부는 일체 사회관계와 인륜관계가 발생하는 원점이라고 생각한다. 유학사회는 부부사이의 인륜관계를 매우 중시하는데 유학경전 『예기』에서 가장 중시하는 제도는 혼인제도다. 유학사회에서 여성의 사회행위의 윤리통제 원칙은 '남편은 아내의 강'이다. 그의 실현은 주로 아래와 같은 몇 가지 방면을 거친다.

첫째, 남녀지위의 구별이 의식형태화 되었다. 소위 "하늘이 건이 되고 땅이 곤이 되매 건은 양이요, 곤은 음이라, 양은 남자로 되고 음은 여자로 되니 남성은 강이요 여성은 유라, 남자가 주동적이어야 하고 여자는 피동이여야 하니라" 등이다. 동중서가 창도한 '삼강'의 하나가 바로 '남편은 아내의 강'이다. 『백호통 가취(白虎通 嫁娶)』에 쓰여 진 "음은 비천하여 자기 스스로 후손을 만들 수 없으니 반드시 양을 만나야 하느니라"는 말은 유학사회에서 부녀의 지위와 가정에서의 지위를 지배하는 기본관점이 되었다.

둘째, 유학사회의 종법관념 가운데, 여성은 '자(子)'밖으로 밀려났다. 종법사회에는 제일 특수하고 제일 불평등한 관념이 있으니 바로 부인은 '자'가 아니라는 것이다. '자'는 생장번식의 뜻으로 남자의 특권이며 대를 이어 갈 수 있다. 부인(婦人)은 남자에 의탁하는 사람이며 부인(夫人)은 남자를 부축해 주는 사람일 뿐이다. 인(人)은 제3자로 타인이며 때문에 부인(婦人)은 다른 사람에 의탁하는 사람이며, 부인(夫人)은 다른 사람을 부축하는 사람으로 독립성이 없다. 비록 '여자'도 자로 칭하나 그 사용 뜻은 남자의 '자'와 구별된다.[597] 『대대례기 본명(大戴礼記 本命)』에서는 "여인은 예속물이고 남자는 번식을 한다, 여인이 된 자는 남자의 말을 듣고 그 뜻에 따라 처사해야 하니 고로 부인이라 한다"고 기록했다.

셋째, 여성을 남성의 예속물로 보았다. 여자의 일생은 두 개의 계단, 세 개의 부분으로 나누는데 출가하기 전과 출가한 후의 두 계단, 아버지를 따르고 남편을 따르고 아들을 따르는 세 부분이다. 유학사회는 부녀가 가정에서 출가하지 않았을 때는 아버지를, 출가하면 남편을, 남편이 죽으면 아들을 따라야 한다고 요구했다.(최초로 『의례 상복』에 기록되었다) 가정에서 여성의 지위는 그의 사회에서의 지위를 결정한다. 사회에서 부인(婦人)은 이름이 없이 남자의 성을 따르며 익호 없이 부인(夫人)의 작위를 따른다.

넷째, 여성에 대해 많은 단방면적인 윤리적 규범의 요구를 주장한다. 유학사회에서 여성에 대한 윤리적 규범의 요구는 주로 소위 '사덕'(최초 『주례・천관』에 기록), '칠거'(『대대례기 본명』), '삼불거'(『대대례기 본명』)에 나타난다. 그중 '사덕' 가운데 부공(실을 뽑고 천을 짜다)을 제외하고 부덕(정순하다), 부언(언어가 아름답다), 부용(유순하다) 등은

597) 참고, 진동원의 『중국부녀생활사』 2쪽, 상해문예출판사, 1990.

윤리적 요구와 관계가 있다. '칠거'가운데 '나쁜 병이 있는 것, 말이 많은 것, 도둑질 하는 것' 등을 제외한 시부모에 순종하지 않는 것, 행실이 음탕한 것, 자식을 낳지 못하는 것, 질투심이 많은 것 등은 모두 윤리적 요구와 관계된다. '삼불거', 즉 "돌아가서 의지할 데가 없거나, 부모의 삼년상을 함께 치렀거나, 가난할 때 같이 고생하다가 뒤에 부귀하게 된 경우 내치지 못한다" 중에 "부모의 삼년상을 함께 치렀으면 내치지 못한다" 역시 윤리적 요구와 관계된다.

다섯째, 여성에 대한 윤리성 요구 중에 가장 중요한 것은 '정조(貞)'에 대한 강조이다. '정'자는 매우 오래전에 출현했다. '정'이 『역경』에는 세 가지 뜻이 있다. 하나는 '현처양모'를 '정'이라 했고 두 번째는 '오랜 덕성'을 '정'이라 했으며 세 번째는 여자가 교잡(雜交)하면 '부정'하다고 했다. 유학사회 윤리적 통제의 점진적인 심입과 더불어 유학사회는 여성의 '정조'에 대해 갈수록 많은 요구를 하였다. 유학사회에서 여성의 '정조'에 대한 요구와 남성 정치행위인 '충성(忠)'에 대한 요구는 일치하는 것으로 혹자는 유학사회가 '충성'에 대한 질서를 일상적 윤리에 더욱 끌어들였다고 말했다. '수절'이 바로 일상 생활 중에 여성행위에 대한 중요한 윤리통제이다.

부녀의 수절에 대한 요구는 범세계적 현상이다. 여성의 수절을 요구하는 금자물쇠가 지금도 대브리텐 박물관에 보관되어 있다고 한다. 수절은 중국에서 매우 일찍 제창되었으나 처음에는 일반화되어 부드러웠다. 진시황은 비교적 일찍이 정조를 중시하였는데 몇 차례 모두 이를 언급하였다. 양한 시대는 유가학설의 중요한 형성시기로서 유가학설의 윤리화를 일상생활에 심입시킨 중요한 시기이다. 전한시기 유향(劉向)의 『열녀전』 후한시기 반소의 『여계(女誡)』, 『예기』 등은 부녀들에게 '삼종사덕'을 요구했고 동중서는 '남편은 아내의 강' 등을 주장하기도 하였다.

거기에 서한 시기부터는 열녀에게 비단을 하사하여 격려하였다. 그러나 '정조관념'은 한, 삼국, 수당시기에도 여전히 희박하여 주류를 이루지 못했다. 한나라 때 평양공주가 재가했고 당왕조 때 고종이 태종의 비를 맞아들이고 현종이 며느리를 비로 맞아들였는가 하면 당나라 때만 하여도 재가한 공주가 27명이나 되었다.[598] 이른바 '추한난당(臭漢爛唐)'이란 말은 이와 관련이 있을 것이다. 수절이 이학(理學)에 대두되기 전까지 여전히 일종의 관념성 운동으로 표현되었다.

이학이 불러온 '흥천리, 멸인욕(興天理, 滅人欲)'이란 설 앞에서 유가학설은 또다시 종교화 경향의 요구에 직면하였다. 여자의 동정에 대한 중시는 송대부터 시작되었는데 송명이학은 "굶어 죽는 것은 작은 일이나 정조를 잃는 것은 큰 일이다"라는 명제를 제시하였다. 명조시기 "여자는 재간이 없는 것이 덕이다"[599]라는 논점이 출현하였고 열부의 '정표현상(열녀에게 패방을 세우거나 편액을 달아 표창하는 현상)'도 제도화 하였다. 패방을 세우거나 편액을 내린 수절한 열녀는 그 전에도 무수히 많았으나, 상규적인 규장제도를 세운 것은 명나라 때부터였다. 홍무 원년에 주원장이 "민간의 과부가 수절하여 50살이 지나도록 재가하지

---

598) 사영, 『중국문화중 홀어미부양현상』
599) 『중국부녀생활사』 30쪽.

않은 자에게는 문틀을 높여 표창하며 본가의 부역을 면제하노라"는 조서를 내렸는데 이것이 그 근원이다. 명조 때부터 열녀현상이 크게 늘었다. 『고금도서집성(古今圖書集成)』에 기록된 역대 절부열녀의 통계에 따르면 명대부터 청나라 강희말년에 이르기까지 절부는 36,623명에 달해 총수의 98.37%를 차지했고 열녀는 11,529명에 달해 총수의 94.83%를 차지했다.[600] 여성의 수절에 대해 크게 제창한 것은 실제상 조정이 윤리통제를 수단으로 기층 사회를 통제하려는 꾸준한 노력을 나타내는 것이다. 바로 이런 의미에서 수절에는 유학사회의 완전한 사회질서 구성에 대한 요구가 포함되어 있다. 그렇기 때문에 윤리통제의 의의에서 효, 충, 절이 일치한 삼위일체이며 이 일체가 바로 유학사회의 윤리질서에 대한 요구인 것이다.

정절 혹은 남편이 아내의 전부라는 윤리통제의 중요한 현실적이 결과가 바로 중국문화에 나타나는 과부가 고아를 부양하는 현상이다. 유가 윤리는 부녀의 윤리적 지위가 '남편을 돕고 아이를 가르치며', '남편이 죽으면 아들을 따르고', '처음부터 죽을 때까지'에 있다고 생각한다. 유학사회에서 향약(鄕約)과 사학(社學) 등을 통한 사회조직은 아무리 평범한 사람들일지라도 유가 전통의 구성원이 되게 하며 그중 상당 부분을 차지하는 글자를 모르는 부녀들의 행동은 유가정신의 인격을 나타내었다.

그녀들은 일종 매우 특수한 역량에 의거하여, 문자로 자신의 염원을 표하지 않고 구두전승, 즉 신교(身敎, 몸으로 가르치다)로 유가 정보를 전달하였다. 매우 흥미로운 것은 유가문화의 시조인 공자와 맹자도 이렇게

---

600) 진준걸, 『명청사인계층 여자 수절현상』

부탁했다는 것이다. 특히 '맹모지교'라는 이야기는 유학사회에서 누구나 다 아는 이야기이다. "옛날 맹자의 어머니는 아들의 교육을 위해 이웃을 골라 이사하였으며 아들이 배우려 하지 않자 직포기의 실을 끊어 훈계하였다." 홀어미가 고아를 부양하는 것은 '정절' 관념의 현실적인 거울이라 할 수 있다.

유학사회에서 남편은 가정의 근본이며 남편을 잃으면 왕왕 경제적 근원을 잃어 살아가기 어렵게 된다. 그러나 일부 고아들은 부친을 잃은 상황에서 학업에서 성취를 거두고 성공하였다. 고증에 따르면 근현대의 성공한 28명 작가, 예를 들면 노신(14세), 호적(3세), 노사(2세), 이숙동(5세), 전한(9세), 그리고 53명의 학자들 예를 들면 강유위(5세), 엄복(14세), 진독수(3세)[601] 등은 모두 '홀어미가 고아를 키운' 은혜를 입어 인재가 되었다.

'홀어미가 고아를 부양하는 현상'은 두 가지 원인이 있는데 한 가지는 부녀가 외부에서 오는 속박과 압력을 받아서이고 다른 한 가지는 고아의 성공과 어머니에 대한 절대적인 효순은 '어린 시절의 불행한 경력'에서 나오는 것으로 어머니에 대해 일종의 상호 의존하는 감정이 생겼다는 것이다. '고아의 보답'은 '홀어미 부양'의 자연적인 결과 중 하나이며 유학사회의 또 하나의 도덕적 요구, 즉 '효'의 윤리적 통제를 반영하는 것이다. 고아의 성공은 하나의 반포이며 또한 하나의 큰 효이다. 노신이 일생동안 사용한 필명중 제일 많이 사용한 것은 '노신'인데 '노'자는 어머니의 성에서 따온 것이다.(그의 어머니 성은 노이고 이름은 서이다.) 노신은 이렇게 말했다. "모성애의 위대함은 매우 두려운 것으로 거의 맹목적이다."

---

601) 사영, 『중국문화중 홀어미부양현상』

호적은 어머니를 '고리대를 놓는 주인' 등으로 비유하였다.

　근현대사에서 예교를 비난한 선봉장들이 이러할진대 옛날의 윤리통제하의 유학사회는 더 말할 나위도 없다. '홀어미의 고아 부양현상' 속의 홀어미들은 일반적으로 중국 부녀의 우수한 품덕, 이를테면 선량하고 깨어 있고 온순하며 근검하고 고생을 참고 견디는 등의 정신을 완비하게 갖추었으며 자신의 청춘과 심혈을 묵묵히 외아들을 키우는데 바침으로써 의식적, 무의식적으로 유학사회 윤리통제의 기능을 고스란히 이행하였다. 중국 여성의 전통미덕은 바로 이런 잔혹한 생존환경 속에서 무심코 드러나 있다. 의심할 바 없이 '홀어머니의 부양' 현상은 유학사회의 '삼종사덕' 예교의 윤리통제를 나타내는 것이다.

2. 종사여부(從師如父)의 윤리통제

　유학사회에서 '도통'은 '정통' 도덕의 힘의 근원이다(제6장 '유학사회의 질서구성'의 '유학사회의 현실질서'를 참고). 스승은 하나의 '도통'을 대표한다. 도는 본래 존재하지 않는 것으로 성현의 몸에 기탁한다. '사(師)'는 도(군주질서의 정의적인 원칙)의 설명자이자 전파자로서 군주질서의 도덕적 역량의 해석자이다. 『상서·태서(尚書·泰誓)』에는 "하늘이 백성을 도와 군주를 세우고 스승을 세웠다'고 적혀있다. '사'는 중국 전통사회에서 최초 형태의 하나인 '사(士)'이다. 공자가 먼저 '사(士)'를 가리켜 '도'의 책임자라 하면서 '글 읽는 자가 진리를 추구하지만 자기의 입고 먹는 것이 청빈함을 부끄러이 여기니 그와 어찌 진리를 의논하리오"[602], "천하의 정치가 밝으면 나와서 자신의 포부를 실현하고 천하의 정치가 어두우면 곧 은퇴한다"고 말하였다.[603] 맹자는 "벼슬하는 사람의 수양은 자신의 지향을 고상하게 한다(士尙志)"고 생각하면서 '지(志)'의 내용은 '인의'라고 말했다. 순자는 한발 더 나아가 "진리를 따를 뿐 군주를 따르지 않는다"는 등의 관념을 제시하였는데 이로부터 점차 유학사회에는 "임금은 존귀하고 신하는 비천하다(君尊臣卑)"는 관념과 대치되는 '진리가 임금보다 높다'는 관념이 형성되었다.

유학사회에서 스승과 아버지 양자는 동일한 도덕적 구속력을 가지고 있다. 유학사회에서 군신관계, 부자관계를 제외하고 제일 중요한 관계가 바로 사생관계, 사도관계인데 심지어 사생관계, 사도관계는 군신관계와 부자관계 가운데의 관계라고도 말할 수 있다. 현재 잔존하는 문헌을 자세히 살펴보면 주나라 초기의 명신 강태공은 최초로 '사부(師父)'로서 존경을 받은 사람이다. 강태공은 성은 여이고 이름은 상이다. 전하는 바에 의하면 그가 위하에서 낚시를 하다가 수렵을 나온 주문왕을 만나 즐겁게 이야기를 나누었는데 "나 태공이 그대를 기다린지 오래 되었다"고 말했다고 한다. 그래서 주문왕은 그의 호를 '태공망'이라 하고 스승으로 삼았다. 무왕이 즉위한 후 그를 '사상부(師尙父)'로 높이 받들었다. 『시경·대아·대명』의 '유사상부, 시유응양(維師尙父,時維鷹揚)'이라는 구절을 해석한 전한 시기의

---

602) 『論語 里仁』
603) 『論語 泰伯』

유향은 "강태공은 부친의 스승이고 또한 나의 스승이니 고로 사상부라 부른다"고 하였다. 또 『예기 문왕세자』의 '악정사업, 부사사성(樂正司業, 父師司成)'이라는 구절에 대해서는 "악정은 주 태자에게 시서를 가르치는 것이요, 부사는 주 태자가 거둔 덕행이다"라고 해석하였다. 『예기』에서 말한 "임금이 신하를 대하는 예절로 부하를 대하지 못하는 두 가지 경우가 있는데, 한 가지는 제사를 지낼 때 제주를 맡은 신하에게 신하의 예로 대해서는 안 되고 다른 한 가지는 임금의 선생을 대할 때 신하의 예로 대해서는 안 된다"를 보고서도 가히 스승에 대한 존경을 알 수 있다.

정치상, 여론상에서 '도통'은 왕왕 '정통'에 비해 더욱 효과적인 호소력을 가졌다. 『예기 · 학기』에는 이렇게 쓰여 있다. "배움의 길에서 스승을 존경하는 일이 가장 어렵다. 스승이 존경을 받아야 진리도 존중을 받는다", "사람은 부모가 낳으나 스승이 가르친다." 공자는 이렇게 말했다. "효는 일체 도덕의 근본이다. 소유의 품행과 교화는 모두 효에서 나온 것이다."[604] 유학사회에서 누구나 다 알고 있는 계몽적 서적인 『삼자경』에서는 스승과 진리는 서로 연관된다고 말했던 것이다.

"하루를 가르쳐 준 스승은 삼생의 부모와 같다"는 유학사회의 유행어처럼 스승과 임금, 부모는 신성한 동맹을 맺었다. 85년 한장제가 곡부에 와서 공묘에 제를 지내다가 뛰어나와 답례하는 공자의 후예 공희에게 물었다. "오늘의 대회가 그대 공씨 가문에 하나의 영광이 아닌가?" 이에 공희는 이렇게 대답했다. "소인이 듣건대 현명한 성주들은 스승을 존경하고

---

(604) 『孝經 開宗明義章』

진리를 존중하였다 하나이다. 현재 황상께서 임금이 되어 친히 저희 누추한 집을 찾았으니 이는 스승을 숭경하여 예로 대함이니 성덕이 더 빛나는 것입니다. 저희 가문의 영광이라니 감히 받아들이지 못할 뿐입니다."[605] 『자치통감』 제47권에는 황제가 공묘를 찾은 것은 성덕을 빛내는 것이라 했는데, 다시 말하면 통치의 합법성이 증가했을 뿐이다.

명태조가 맹자의 글에서 "임금이 신하를 초개같이 여기면 신은 임금을 원수로 본다"라는 구절을 읽고 대노하여 맹자를 공묘 밖으로 내쫓고 위사를 시켜 활을 쏘게 하였다. 신하들이 동의하지 않을 것을 고려하여 그는 간하는 자는 불경죄로 다스리겠다고 어명을 내렸다. 그 결과 유신 전당이 진리를 위해 몸을 바칠 각오를 하고 간청하였다. "신은 맹가를 위해 죽으려 하옵니다. 죽어도 영광스럽나이다." 명 태조는 당장 맹자를 모셔들어 공묘에 앉힐 수밖에 없었다.[606] (『독서』에 게재 1998년 7호) 종합적으로 유학사회에서 스승은 윤리통제의 중요한 일환이었다.

---

605) 『한기39숙종효장황제하』
606) 라후립, 『도통과 치통·지간』

제8장
유학사회 속 거시적 질서의 윤리적 통제

제8장
유학사회 속 거시적 질서의 윤리적 통제

유학사회에서 가정 혹은 종법의 통제는 욕망을 억제하는 기능을 가지고 있다. 그 외 유학사회의 윤리통제의 특징은 사회 계층분류와 변천의 윤리통제 및 구역질서(천조예치체계)의 윤리통제로 표현되기도 한다.

1. 유학사회 속 가족 종법의 윤리적 통제

가정은 유학사회 군주질서의 기본적인 조직단위이다. 중국의 '가정'은 마치 마르크스의 '상품'과도 같다. 상품은 자본주의경제의 세포이다. 마르크스는 상품이라는 사람들이 가장 익숙한 개념을 통해 자본주의 생산관계를 해부하였다. '가정'은 유학사회의 세포이고 '가정'을 이해하면 순차적으로 유학사회의 각종 사회관계를 이해하게 된다. "중국사회에 대한 그 어떤 엄숙한 연구도 가정으로부터 시작되며 혹자는 가정으로 끝난다. 중국의 가정 제도는 줄곧 사회의 안정, 역사의 연속과 개인 안전의 근원이었다. 동시에 이는 또 긴장, 좌절과 고통을 이끌어내는 원인기도 하였다. 상대적으로 기타 인소를 놓고 말하면 가정은 줄곧 사회의 일치성을 보장하며 개인의 능동성을 억누르는 중요한 도구였다."[607] 위잉스는 "우리가 중국 전통사회에 대한 이론을 연구할 때, 반드시 두 가지 기본 요소를 착안해야 하는데, 하나는 가치가 있고 자각능력이 있는 개인이고 다른 하나는 자연관계에 의해 구성된 '가정'이다. 이외 혹은 이상의 군체, 예를 들면 '족', '국', '천하'는 모두 가정의 확대이며 향당, 종교단체, 강호무리 역시 예외가 아니다"[608]라고 말했고, 진관타오는 "중국 고대사회는 조직구성상 근대 이전의 서유럽과 매우 큰 구별이 있는데 그것이 바로 중국의 국가와 개인 간에 존재하는 강대하고 튼튼한 중간 층, 즉 종법의 가족, 가정이다"[609]라고 말하였다. 유가의 정신세계에서 개체는 지금까지 고립된 존재로 나타나지 않았고 반대로 사람이 사회의 존재를 결정하였다. 유학사회의 개체적 이상은 수신제가 치국평천하인데 수신하는 자는 내성이요, 천하를 다스리는 자는 외왕이다. 외왕의 사업 기초는 '제가(齊家)'이고 내성의 기초는 효친이다. 여기에서 볼 수 있듯이 '가정'은 개체 정신을 양육하는 뿌리이고 국가 의지를 배양하는(충군, 애국 등) 깊은 토양이다. 유학사회에서 자효(子孝), 부종(婦從), 부자(父子) 윤리 관념이 건립한 가정 관계는 바로 민순(民順), 신충(臣忠), 군인(君仁)의 국가 사회관계의 축소판이다. 앞에서 지적한 바와 같이 사회통제의

---

607) 미국. D. 부디, C. 모리스, 『中華帝國的法律』, 182쪽.
608) 『위잉스 신유학 논저 집요』, 34쪽.
609) 진관타오, 류징펑, 『흥성과 위기』, 46쪽.

각도에서 보면 윤리통제의 대상은 직접적으로 개인의 사회적인 행동을 가리키는 것이 아니라, 개체행위의 사회환경 통제를 가리킨다. 윤리통제는 일종의 환경통제로서 그물식 통제로 나타난다. 가정 혹은 종족(대가정)이 바로 윤리통제의 그물과 그물코이다. 중국의 향토적 질서는 바로 무수한 윤리통제의 그물로 구성되었고 가정 혹은 가족으로 실현된 것이다. 그러나 가정 및 가족의 윤리통제는 주로 혼인(조건, 목적 및 가정재산 계승 등), 사당(祠堂, 族田), 가장의 집법특권(법률이 부여함) 등의 형식으로 실현된다.

윤리통제는 일종의 보편적인 사회 혹은 정치적인 의식으로서 가정관계의 건립으로 체현된다. 우선 부권의 확인에서 체현되고 다음은 모종 혼인관계의 인가 혹은 부정에서 체현된다.(해방 후 중국은 최초로 대법을 반포하였는데 바로 '혼인법'이다. 기실 혼인 결정권은 내재적으로 부권에 포함시켰다.)

유학사회의 가정은 부권 가장제다. 아버지는 통치의 대뇌로 모든 권력은 그의 손에 집중되었다. 가정의 모든 인구 그의 처첩자손, 미혼의 딸과 손녀, 동거하고 있는 방계 친척과 노비까지 모두 그의 권력 하에 있었다. 유학사회의 법률은 부권의 지위를 인정하였는데 징계권, 송징권(送懲權)(생사권은 박탈함), 재산권, 혼인결정권, 제사권 등이다. 향토중국에서 법률은 왕왕 종법조직의 역량을 빌려 개인의 행위를 단속하였는데 가장에게 일정한 집법권이 있었다. 『여씨춘추』는 "만약 가정에 매와 욕이 없다면 심부름꾼 아이나 어린 자식들이 잘못을 범하는 일이 수시로 나타날 것"이라고 했고, 『안씨가훈』에는 "만약 가정에서 질책과 체벌 등의 수단을 사용하지 않으면 어린 아이들의 과실이 점차 드러난다. 마치 한 나라에서 법률이 적당하지 못하면 백성들이 어찌할 바를 모르는 것과 같다. 가정을 다스리는 척도와 표준은 나라를 다스리는 것과 다를 바 없다"고 했다. 자손이 가칙을 위반하면 할아버지와 할머니는 욕하고 때릴 권한이 있으며 법에 따라 벌을 줄 수도 있으며 벌을 받다가 죽어도 무죄가 된다. 유학사회에서 소위 "천하에 옳지 않은 부모가 없다"는 말은 부모의 교육과 징계 앞에는 '시비'의 문제가 없으며 이는 윤리상의 문제라는 말이다. 효의 윤리 하에서 '시비'와 그가 말하는 것은 행위가 아니라 신분이라는 것이다. 『당률소의』에 따르면 유학사회에서 혼인이 성립되는 필요한 조건은 모두 '부모와 윗 어른의 명'이며 혼인의 목적은 가족의 번식과 대를 이어 조종의 피를 이어 가는 것이다. 이혼의 법정 이유는 '칠출(七出)'과 다섯 가지 '의절(義絶)'인데 '출'과 '절'은 모두 부처관계에서 출발하지 않고 가족을 중심으로 종법가족의 일상관계로 출발하는데 『예기 · 혼의』에서는 "혼인은 이성이 좋으며 위로는 종묘를 돌보고 아래로는 후대를 잇는" 윤리적 요구에 도달하면 된다고 했다. 가정의 재산방면에 관하여 『당률소의』에 따르면 윤리통제를 받는 유학사회는 자손들이 따로 문호를 세우거나 재산을 모아두지 못하게 하였는데 어기면 처벌했고 적자를 세우는 법을 위반하는 것을 엄금했으며 자손들이 가칙이나 교령을 위반하고 공양을 게을리 하면 3년 도형에 처하는 등 벌을 내렸다.[610]

서진 『태시율(泰始律)』은 유가사상에 기초하여 처음으로 "법률로 예교와 사회의 윤리 관계를 보호하며 오복제에 준하여 그 죄를 다스린다"는

---

610) 구동조 『중국법률과 중국사회』, 15~16쪽.

죄양형의 원칙을 확립했다. 법률보호의 의거를 유가경전인 『주례』의 '오복제도'에 두었다. 이는 예의를 법률화한 중요한 상징이며 윤리통제의 중요한 체현이다. "유학사회의 특수한 사람과 사람사이의 긴장관계는 가정 구성원의 등급차별에서 제일 뚜렷하게 표현된다. 이런 등급의 차별은 오복제에 근거하여 정확하게 도량을 정한다."[611] '오복'은 혈연 친속관계의 멀고 가까움에 따라 규정한 5종의 상복을 입는 제도이다. 중국 전통 부계가족의 혈연 친속의 범위는 위로는 고조부로부터 아래로는 현손에 이르는 9대 체계로 9족이라 통칭한다. 이 범위내의 직계 혈친과 방계인척은 모두 유복 친속으로 복제규정에 따라 모두 상복을 입어야 한다. 상복을 입는 기한의 길고 짧음, 상복의 질량과 제작은 모두 다르며 참최(3년), 재최(1년), 대공(9개월), 소공(5개월), 시마(3개월) 등 다섯 개의 등급으로 나누기에 '오복'이라고 한다. 규정에 따라 가까운 친척은 무겁고 어두운 옷을 입고 먼 친척은 경복을 입는데 순서에 따라 가볍게 한다. "오복제에 준하여 그 죄를 다스린다"는 말은 9족 이내의 친척 간에 상호 침해한 범죄행위를 말하는데 오복이 표시하는 멀고 가깝고 친하고 친하지 않은 등급에 따라 죄의 형을 정한다. 복제가 가까울수록 범법자에 대한 처벌이 경하고 범법자에 대한 처벌이 중할수록 복제가 멀다.

족은 가정의 종합체이다. 연구에 따르면 송명 이후 고대의 부권제 종법관계는 점차 가족제도로 이행한다. 통상적으로 말하는 가족은 공동의 선조에 제를 올리는 약간의 대의의 분류가 혈연 친속관계로 연결된 군체

---

611) 미국. D. 부디, C.모리스 , 『중화제국의 법률』 , 182쪽.

단원을 말했다. 가족의 경제적 유대는 족전, 족산이고 문화 표징은 족보와 그와 상응되는 가묘(종사)와 선조의 무덤이다. 동일 가족의 온정을 도모하기 위하여 많은 가족들에는 모두 수량이 다른 족산과 족전이 있다. 광동 매현(梅縣) 현지의 19세기 당지의 사회정황과 민속에 대한 묘사를 보면 종족의 자금은 후대의 교육에 사용했을 뿐만 아니라 60이 넘은 노인들은 해마다 보조의 수단으로 나눠주는 쌀을 탈 수 있었으며, 선조에 제를 지낼 때면 일정한 수량의 고기도 분배하였다. 족 내의 일부 매우 빈곤한 자와 종신장애자와 같은 성원은 해마다 이러한 보조를 향유할 수 있었다.

　족 내 일부 혼상(婚喪) 비용을 부담하기 어려운 사람들에게도 일정한 보조를 해주었다. 어떤 종족은 '의장(義莊)'이나 '의창(義倉)'이 없는 것도 있었다.[612] 위원이 말한 것처럼 "곡간의 쌀을 내어 주족(周族)의 빈자와 노약자, 아녀자와 과부에게 나누어 주고, 남은 쌀을 팔아 돈을 만들어 좌족(佐族)의 처녀들과 총각들 그리고 돈이 없어 못 배우는 자와 상사가 났지만 묻지 못하는 자들에게 나누어"[613]준 것이다. 각지의 농호들에서는 일반적으로 땅을 팔 때, 첫째는 본가 집, 둘째는 본성, 셋째는 이웃, 넷째는 본촌에 파는 순서를 지켜야 했다. 만약 사사로이 높은 가격으로 다른 촌의 다른 성씨에게 팔면 족인들의 견책과 심지어는 족규의 제재를 받는다.

　수절관념을 강화하는 과정에서 가족제도는 역시 중요한 역할을 했다. "통상적으로 가족은 과부에게 무휼금을 주는 것으로 수절을 권하는데,

---

612)　『만청향토의식』, 76쪽.
613)　『려강장씨의장기』, 『위원집(魏源集)』 하, 북경, 중화서국, 1976, 502쪽.

이른바 절부가 아이를 돌보며 출가하지 않고 수절하면 달마다 양곡은 물론 추우면 겨울옷이요, 죽으면 관은 물론 묻힐 무덤까지 있다는 것이다. … 만약 본 가족의 여성이 남편을 잃은 후 재가하면 엄한 징벌이나 괴롭힘을 당해야 한다."[614] 구동조(瞿同祖)는 중국 고대법률은 가족이 수절하지 않은 여성을 처벌하거나 죽음을 내리는 것을 묵인하였다고 하였다. 가족제도는 여성의 수절행위를 매우 강화하였다. 족장은 종족의 질서를 유지하는데 매우 큰 권력을 가지고 있었다. 예를 들면 제사권, 족 내의 분쟁해결권, 족 내의 가법을 위반한 족인들에 대한 징벌권, 체벌권, 제적권 등 권리다. 그중 가족제를 사회화하는 것은 족장의 모든 권력의 상징이다. 나라에 종묘가 있고 가정에 선조의 영패가 있듯이 가족에는 사당과 조상제가 가족을 이어가는 표지이다. 상례제사에서 질서를 세우고 멀고 가까운 친척에 구별을 둔 것은 권력분배와 재산계승에서 있어서 가족의 실제 이익을 나타낸 것이다. "중국의 가족은 조상을 숭배하는 것에 치중하는데, 가족의 만연과 모든 가족의 단결 윤리는 모두 조상숭배를 중심으로 한다. 우리는 심지어 가족의 존재는 조상의 숭배뿐 이라고 말할 수 있다."[615] 국가 역시 왕왕 종족의 부세를 징수하는 것으로 치안을 유지한다. 많은 종족들이 모두 "세금을 납부하고 양식을 공양하는 것"을 족인들의 의무로 명확히 밝혀 족규에 써넣는다. 평화시대에는 종족을 단위로 안정된 생활을 누리고 동란의 시대에는 종족을 보호하거나 족장이 모든 가족성원을 이끌고 모종의

---

614) 진준걸, 「명청버슬계층 녀자 수절현상」, 『21세기』, 1995. 2호.
615) 구동조 『중국법률과 중국사회』, 5쪽.

정치세력에 가담한다. 만청시기에 이르러서도 화북의 농촌 마을들에는 보편적으로 안에 가묘가 있고 밖에 담장을 두른 집이 많았다. 촌락은 가묘와 토성을 통해 자연집단의 교화, 징벌, 신앙과 자위기능을 집행하였는데 집단의 응집력과 방어력을 나타내었다.[616] 구동조가 말한 것과 같았다. "가법과 국법, 가족질서와 사회질서의 관계에서 우리는 가족은 정치, 법률의 실제적인 단위이고 정치, 법률조직은 겨우 이런 단위의 조합일 뿐이라고 말할 수 있다. 이는 가족본위 정치법률의 이론적인 기초이며 역시 제가 치국의 일련의 이론의 기초로서 각 가족마다 유지할 수 있는 단위 내의 질서로 국가에 대해 책임진다면 모든 사회의 질서는 저절로 유지된다."[617]

종합적으로 개체의 일상생활 측면에서 말하면 유학사회의 윤리통제는 가족의 종법통제로 표현된다. 유학사회에서 가정 혹은 종법통제는 욕망을 억제하는 기능이 있다.[618] 그렇기 때문에 볼테르가 동방에 찬탄을 금치 못하여 "우리 이 소수인들이 아페니노의 삼림을 거닐 때 그들의 제국은 이미

---

616) 『만청향토의식』, 35쪽.
617) 구동조, 『중국법률과 중국사회』, 27쪽.
618) 문명은 모종 정도에서 훈화, 제욕, 억제 혹은 사회통제에서 온다. 인류의 지력은 총체적으로 부단히 진보 혹은 진화하는 추세를 보이는데, 이와 일치한 것은 사회질서와 적응되는 통제 혹은 사회통제의 수단도 부단히 진화한다는 것이다. 통제 혹은 사회통제는 왕왕 억압적, 소극적, 단방향적으로 나타나지만 모종 의미에서 보면 향상하고 적극적이며 쌍방향성이다. 그렇기 때문에 역사의 여정을 놓고 말하면 통제 혹은 사회통제는 필요한 것이며 모종의 역사적 합리성을 띤다. 이로부터 인류역사 발전의 다른 계단에서 다른 통제수단, 이를테면 무당술수, 종교적인 것, 윤리적인 것, 법적인 것 등이 출현한다. 만약 문명이 필요한 억눌림의 승화에서 온다면 윤리통제의 중국 전통사회 역사과정에서의 작용은 종교가 서방문명에서 일으킨 작용과 비슷하다.

한 가정처럼 잘 다스려져 있었다"[619]고 말했던 것이다.

2. 유학사회 속 사회분층(分層)의 윤리적 통제

모든 사회에는 모두 일정한 사회분층이 존재하고 있으며 사회분층은
하나의 사회존재 방식이다. 사회분층은 일정한 사회적 의의를 가진 속성인
한 사회의 구성원이 높고 낮은 순서로 다른 등급, 차원으로 나뉘는 과정과
현상이다. 유학사회의 사회분층은 두 가지 특징이 있다. 첫째는 사회분층의
일관성을 유지한다. 유학사회가 그렇게 길게 존재하고 추세가 온당한 것이
그 주요 원인이다. 그 어떤 사회 동란이나 농민 전쟁에 의해 뒤엎어진 것은
겨우 현존하는 어느 가정의 천하일뿐이고 이미 존재하는 사회분층체계는
털끝 하나 다치지 못했다. 둘째는 사회분층의 윤리적 통제성이다.

유학사회는 윤리통제형 사회로서 이런 윤리통제의 성격은 필연적으로
사회분층의 체계에서 나타난다. 유학사회에서 사회분층의 두 가지 특징은
일관된 것으로서 서로 관련된다. 전자는 표상이고 후자는 본질이다.

유학사회 사회분층의 윤리통제의 본질적 특징은 아래 몇 가지 경로로
이해할 수 있다.

첫째, 유학사회는 사회분층을 강조하는 사회다. 이전의 유학사회는 이미

---

619) 주유정, 『중세기를 지나』, 상해, 상해인민출판사, 1987, 14쪽.

매우 농후한 사회등급의 관념을 형성하였다. 예를 들면 『좌전』에서 말한 바와 같다. "하늘에는 열개의 태양이 있고 사람은 10개의 등급이 있으니 하급은 상급을 모시고 상급은 신명을 모신다. 따라서 왕은 공을 대신으로 여기고 공은 대부를 신하로 여기며 대부는 지방 관료를 신하로 여기고, 지방 관료는 관원을 신하로 여기며, 관원은 수레 몰이꾼을 신하로 여기고 수레 몰이꾼은 예(隷)를 신하로 여기며 예는 요(僚, 예 아래에서 심부름하는 노예)를 신하로 여기고 요는 복(僕, 요의 아래서 뛰어다니며 일하는 자), 복은 탁자(台)를 신하로 여기며, 말을 먹이는 자도 있고 소를 먹이는 자도 있다."[620] 이러한 등급은 제마다 할 일이 따로 있다.

"제가 듣기론 국가를 건립하는 근본원칙은 주요 부문(농업)을 강하게 하고 곁가지(상업)를 약하게 하는 것인데 이렇게 하여야 나라가 안정되고 근본이 튼튼해 진다고 합니다. 때문에 임금은 제후들을 분봉하고 제후 아래에 경을 분봉하며 경의 아래에 측실관을 설치하고 대부 아래에 이종관을 설치합니다. 지방 관료 아래에는 복예자제(仆隷子弟)가 있고 농, 공, 상인들은 각자 멀고 가까운 분별이 있으니 각자 존비 등급이 있습니다"[621] 등이 이를 설명해 준다. 유학사회는 근본적으로 사회의 정체성과 사람의 평등을 부정한다. 분별하는 것이 필요한데 분별하는 것은 사회질서의 전제이다. 소위 '천하에 진리가 없다'라는 말은 곧바로 '천하가 평등하다'는 말이다. 공자는 '(극기)복례'를 주장한다. 기실 예의 중요한 작용은 바로

---

620) 『左傳 昭公七年』
621) 『左傳 桓公二年』

사람들로 하여금 각자 자기 분수를 지키라는 말이다. 순자는 더욱 사회학의 관점에 접근했다. "(사람은) 힘은 소만큼 세지 못하고 달리는 것은 말보다 빠르지 못하지만, 소와 말을 부릴 수 있는 것은 무엇 때문인가? 사람은 여럿이 모여 살며 그 힘을 합칠 수 있지만 소와 말은 그것을 할 줄 모르기 때문이다. 사람은 어떻게 여럿이 모여 살며 힘을 합칠 수 있는가? 그것은 분별이 있기 때문이다. 그 분별은 어째서 존재할 수 있는가? 의로움이 있기 때문이다. 의로움을 가지고 사람들을 분별하면 화합하게 되고 화합하면 하나로 뭉쳐지고 뭉쳐지면 힘이 많아지고 힘이 많아지면 강해진다.

강해지면 만물을 이겨 낼 수 있기 때문이다."[622] 사람은 상호 합작하여 사회군체를 이루는데, 군체가 바로 하나의 질서가 있는 사회이다. 분별은 이런 질서가 있는 사회의 전제이다. 의로움은 통하는 규칙으로 특수한 윤리규범이다. 화합은 사회질서의 이상적인 상태이다.

둘째, 사회 분공의 종류는 각양각색이지만 분공의 성질을 놓고 보면 유학사회의 사회분공은 '노심자(勞心者)'와 '노력자(勞力者)'의 구분과 군자와 소인의 구별밖에 없다. 서주 춘추전국시기의 사회 분공은 이미 매우 명확했고 이론적인 반성을 했다. 맹자는 이렇게 말했다. "나라를 다스리는 것이 한쪽에서 밭을 갈고 한쪽에서 다스리면 되는 것인가? 관리는 관리의 일이 있고 백성은 백성의 할 일이 있다. 하물며 사람마다 필요로 하는 생활 재료도 여러 장인들의 노동을 거쳐야 전해지는데, 만약 모두 자기가

---

622) 『荀子 王制』

직접 만들어야 쓴다면 천하의 사람들을 이끌고 죽기 살기로 뛰어야 하지 않겠는가?"[623] 이는 사실 춘추전국 이래의 사회가 형성한 사회 분공의 이론적 종합으로 사회분공의 필요성을 인정한 것이다. "한사람이 필요로 하는 용품은 수많은 장인들의 노력으로 이루어지는 것으로 반드시 스스로 만들어 사용해야 한다면 천하를 이끌고 가는 길이 되는 것"이라는 말처럼 사회분공 유형을 '대인의 일'과 '소인의 일'로 구분했다. 이어 맹자는 두 가지 개념 즉 '노심'과 '노력'을 제기했는데, "노심자는 사람을 지배하고 노력자는 다른 사람의 지배를 받는다. 지배를 받는 자는 지배자의 밥을 먹고 지배자는 지배 받는 자의 밥을 먹는다. 천하에 통하는 의로움이다."[624] 이 주장은 '대인의 일'과 '소인의 일'의 속성과 상호관계를 더욱 명확히 하였다. '노심자'는 임금, 제후, 대부, 관료 등을 포함하는데, 경제상의 의존관계로 말하면 '다른 사람의 것'을 먹는 자들로서 타인이 제공하는 생활 재료에 의거하는 사람들이며 정치상의 의존관계로 말하면 그들은 바로 '통치자', 즉 정치상의 관리계층이다. '노심자'는 서민, 공인, 상인, 백성, 노예 등을 포함하는데, 경제상의 의존관계로 말하면 그들은 '다른 사람을 먹이는 자', 다시 말하면 타인에게 생활 재료를 제공하는 사람이고 정치상의 의존관계로 말하면 그들은 지배를 받는 자들로 정치상으로 관리를 받는 계층이다. 사회분공에 관계되는 이 해석은 사회분층의 해석이며 유학사회의 전체 발전과정에 영향을 주었다.

---

(623) 『孟子 滕文公上』
(624) 『孟子 滕文公上』

‘노심자’, ‘노력자’의 사회분공과 관련이 있는 것은 ‘군자’와 ‘소인’의 대립이다. 예를 들면 문헌에 있는 "군자는 큰 일(정치)에 종사하고 소인은 힘든 체력노동에 종사한다"[625], "군자는 예의에 힘을 쓰고 소인은 육체노동(가업)에 힘을 쓴다"[626], "군자는 정신을, 소인은 육체를 수고롭게 한다"[627], "군자는 윗사람을 존중하고 아랫사람에게 양보할 줄 알고 소인은 힘든 일을 열심히 하여 윗사람에게 잘 보인다"[628]와 같은 구절들이다. ‘군자’와 ‘소인’ 이 두 개념은 유가경전문헌에서 늘 제기되지만 주로 일종의 인격과 수양의 경계에서 말했다.

셋째, 유학사회의 사회분층체계를 가장 잘 보여주는 윤리통제의 특징인 ‘천지, 군, 신, 부모, 스승’의 지위 확정은 제6장 ‘유학사회의 질서 구성’의 ‘유학사회의 현실 질서’ 부분을 참고하면 된다. 전통의 천부적인 인물들의 신분체계에 대한 지배정도를 고찰하면 전통사회 사회분층의 윤리통제의 특징을 이해할 수 있다. 유학사회는 신분등급의 사회이지만 신분은 윤리적이고 선천적인 것이다. 3강5상의 윤리통제형 사회에서 ‘3강’, ‘5상’은 사회의 등급 구분이고 사회분층의 표준이다. 『효경』에 이렇게 적혀있다. "성인이 사람들에게 효의 도리를 가르치는 것은 천하의 모든 부모들이 존경을 받게 하기 위함이요, 사람들에게 윗사람을 존경하도록 가르치는

---

625) 『國語 周語』
626) 『左傳 成公十三年』
627) 『左傳 襄公九年』
628) 『左傳 襄公九年』

것은 천사의 형장들이 모두 존경을 받게 하기 위함이고, 사람들에게 신의 도리를 가르치는 것은 천하의 모든 군주들이 모두 존경을 받게 하기 위함이다." 공자는 '군군, 신신, 부부, 자자'를 제창했는데 그중 두 번째 군, 신, 부, 자는 응당 하나의 지위와 하나의 계층을 뜻한다고 봐야 한다. 유학사회에서 천지는 그 사회구성에 없어서는 안 되는 부분이다. '천지', '군', '신하', '부모', '스승'은 유학 사회질서를 구성하는 기초이며 유학사회의 5가지 선천적인 윤리적 사회분층의 등급이다. '천지', '군', '신하', '부모', '스승'은 매 하나의 지위, 신분, 표지를 나타내며 매 분층을 이룬다. 그들은 공동으로 유가사회의 비교적 공고하고 지구적인 사회분층체계를 이룬다.

넷째, '예의를 법에 넣은' 윤리법은 사회분층의 보장이다. 유학사회의 사회분층이 윤리통제를 받는 것은 주로 '예의를 법에 넣은' 윤리법이 사회분층의 보장이라는 것으로 체현된다. 예를 들면 "죄가 너무 커서 용서할 수 없다"가 바로 유학사회의 분층 체계를 파괴하는 징벌이다. 예를 제도화한 것이 바로 예제이다. 예제는 사람들의 생활, 행위, 인간관계를 규범화하는 구체적인 조치이다. 역대 왕조는 '회전', '율례', '전장' 혹은 '거복제', '여복제', '상복제' 등 여러 가지 조문을 반포하여 예제의 조목으로 삼았는데, 이는 사회등급의 분별을 엄격히 하였다. 예제는 다른 등급에 다른 제사범위, 복식, 건축, 가마, 상장예의, 칭호 등을 규정하였다. 제사범위에 대한 규정을 보면 "천자는 모든 신과 산천에 제를 지낼 수 있고 제후는 자기 땅에서 천지삼신에 제를 지낼 수 있으며 경과 대부는 신에 예를 올릴 수 있으며 서민은 조상에 대한 예만 올린다."[629] 『예기』에는 이렇게 규정했다. "천자는 천지에 제를 지내고 제후는 사직에 제를 지내며 대부는 5사(5신에 지내는 제)를 지낸다. 천자는 천하의 명산대천에 제를 지낼 수 있으며 3공은 5악(태산, 형산, 숭산, 항산, 화산)에, 제후는 4독(장강, 황하, 회하, 제수)에 제를 지낼 수 있으나 자기 분봉지에 있는 명산대천에만 제를 지낼 수 있다."[630] 비록 공자가 '인애'를 제창했지만 사랑에도 분별이 있다. 공자는 이렇게 말했다. "예법에 천자는 천하를 아끼고 제후는 자기 땅을 아끼고 대부는 관직을 아끼고 벼슬아치는 자기 집을 아끼라 했고 이를 어기면 월권이라 말했다." 반드시 같은 죽음을 두고도 등급이 다름에 따라 전문용어가 따로 있다. "천자의 죽음은 붕(崩), 제후의 죽음은 홍(薨), 대부의 죽음은 졸(卒, 벼슬아치의 죽음은 불록(不祿), 서민의 죽음은 사(死)라고 한다."[631] 예는 생활 속의 절, 꿇는 순서, 좌석방위 등도 상세하게 규정하였다. 예의 본질은 등급제이다.

예는 유학사회 사회분층의 윤리통제의 본질적 특징을 반영하였다. 한고조 유방이 처음으로 천하를 얻자 그를 따라 동정서벌했던 일부 장군들이 대전에서 술을 마시며 즐기다가 검을 뽑아 전 내의 기둥을 찍는 일도 있었다. (고조가 이맛살을 찌푸리자) 숙손통(叔孫通)이 노나라의 서생 30명을 이끌고 예제를 만들었는데, 진나라의 제도와 비슷하면서도 더 상세하게 만들었다. 고조 7년 10월 장락궁(長樂宮)이 건설된 후 제후군신이

629) 『國語 초어하』
630) 『禮記 王制』
631) 『禮記 曲禮』

경축하러 왔는데 모든 순서를 예제에 따라 엄격히 진행하였다. 제후 왕 이하가 엄숙하게 공경의 마음을 표하였고 예가 끝날 때까지 큰소리로 떠들며 실례하는 자가 없었다. 그러자 유방이 크게 깨달은 듯 "짐이 오늘에야 황제의 귀중함을 알았도다"[632]라고 말했다. 이로부터 예가 사회분층체계에서 발휘한 특이한 기능을 알 수 있다.

3. 유학사회 속 세계질서의 윤리적 통제

유학사회에서 벌어진 하나의 중요한 대사가 바로 '유원인(柔遠人)', '회제후(懷諸侯)'이다. 유가경전인 『중용』은 "무릇 천하에 나라를 다스림에는 아홉 개의 규칙이 있으니 바로 수양을 제고하고 현자를 존경하고 친인을 아끼고 대신을 경중하고 군신을 보살피고 백성을 자식같이 여기고 백업을 번창시키고 사방을 회유하며 먼 곳에서 온 사람을 품어주며… 그러면 사방이 그대에 귀순하고 제후들을 품어주면 천하의 사람들이 그대를 공대할 것이다. 오가는 사람을 반갑게 맞고 좋은 일은 칭찬하고 슬픈 일은 동정하며 이렇게 주변민족을 안위하고 봉록을 받던 대가의 봉록을 이어주며 피폐해진 인방의 부흥을 도와주고 궁하고 위급한 재난을 도와주며 정기적으로 제후들을 조정에 불러들여 두터운 예로 대하고 공물을 적게 받는 것으로 제후를 안심시킨다"고 적고 있다. 사회통제 방식을 놓고 보면 유학사회는 윤리통제형 사회이다. 이런 윤리통제의

---

(632) 『漢書 숙손통전』

특징은 이 사회의 내부가 윤리통제를 사회통제의 주요 수단으로 삼았다는 것을 나타낼 뿐만 아니라, 이런 윤리통제수단을 주변 환경에까지 확대하여 일종의 윤리통제를 수단으로 하는 '천조예치체계' 혹은 화하질서를 건립하려 시도하였음을 보여주었다.

19세기 이전, 즉 서방문화와 서방국가가 동방에 오기 전 식민주의 세계체계와 냉전체계가 세계를 통제하기 전 아시아대륙 혹은 서태평양지구에는 하나의 돌출한 지역질서체계가 있었다. 이 체계가 중국과 중국의 주변국가(지구) 간에, 주변국가 간의 쌍변관계와 다변관계에서 유지와 온정의 작용을 발휘했다. 이 체계가 바로 천조 혹은 중국 역대왕조를 중심으로 하는 윤리통제 혹은 예의(禮儀), 예의(禮義), 예치(禮治) 및 예치주의를 그 운영형식으로 하고 조공과 책봉을 보조형식으로 하는 천조예치체계 혹은 화하질서 체계이다. 윤리통제를 특징으로 하는 천조예치체계 혹은 화하질서 체계와 식민주의체계, 냉전시대의 동아시아체계는 그 구성 동력, 통제 방식 및 세계문명에 대한 영향 등 제 방면에서 모두 본질적인 차이를 나타낸다 . (표 10을 참고)

표 10) 천조예치체계와 기타유형의 국제관계체계의 비교

	동력	방식	결과
천조예치체계	개체, 사회, 천하만방 등은 모두 자각적인 선을 추구하는 능력이 있다	예치	조화롭게 공존하고 화목하다
식민주의체계	영토, 재부	폭력	폭력으로 정복, 식민착취 및 불평등의 정치경제질서
냉전체계	의식형태	폭력	공포, 평형 및 불평등의 정치경제질서
현재의 국제질서 추세	평화, 발전	참여	전지구화, 다양화

천조예치체계의 관념 및 그 현실화는 하나의 역사적이고 힘든 발전과정을 겪었다. 서주시기의 '봉건방국'의 체제하에서 '천조의식'의 조기형태가 형성되기 시작하여 춘추전국, 한, 위진을 지나 당나라 중엽에 들어서 확립된 '사대의례'의 천조예치체계 혹은 화하질서, 중국 역대왕조가 주도한 지역질서의 기본 형태와 양식이 명 청시기에 와서야 완전히 유학사회 중의 '천조예치체계'로 확립되었다.

우선 천조예치체계의 조기형태는 '이하지방(소수민족에 대한 방비, 夷夏之防)'에 존재하였다. 춘추 이전에 이미 이적(夷狄)과 제하(諸夏)의 구별이 있었다. 『사기 오제본기』에 이렇게 기록되어 있다. "공공(共工)을 유릉(幽陵)에 배치하여 북적으로 변하게 하고 환두(歡兜)를 숭산(崇山)에

493

배치하여 남만(南蠻)으로 변하게 하였으며, 삼묘(三苗)를 세 개의 큰 산 너머로 배치하여 서융으로 변하게 하였고, 극(殛)을 우산(羽山)에 배치하여 동이(東夷)로 변하게 하였다." 여기에서 북적, 남만, 서융, 동이는 모두 중국의 미개화 민족과 구별되며 이적(夷狄)이라 통칭하였다. 이하는 각각 다른 종족을 대표한다. 『예기·왕제』에도 제하 이외의 소수민족의 생활습성, 사회질서 등이 기록되어 있다. "중국(중원), 융이를 비롯한 4방에 사는 사람들은 모두 개성이 다른데 쉽게 고쳐지지 않는다. 동방의 사는 사람들은 이라고 부르는데 머리를 풀어헤치고 몸에 문신을 하며 날 것을 먹는 자도 있다. 남방에 사는 사람들은 만이라고 부르는데 그들은 이마에 단청을 그리고 발가락이 붙었으며 날 것을 먹는 자도 있다. 서방에 사는 사람들은 융이라고 부르는데 그들은 머리를 풀어헤치고 가죽옷을 입으며 곡식을 먹지 않는 자도 있다. 북방에 사는 사람들은 적이라고 부르는데 그들은 털옷을 입고 동굴에 살며 곡식을 먹지 않는 자도 있다. 중국(중원), 동이, 서융, 남만, 북적이 다 자기들 나름대로 편히 살면서 맛있는 음식과 보기 좋은 의복을 갖추었으며 도구를 사용한다. 5방의 백성들은 서로 말이 통하지 않으며 기호와 욕망이 서로 같지 않다…"[633]

춘추시기에는 전쟁이 빈번하였고 민족융합이 부단히 확대되었다. 서주 왕실은 주변 소수민족들로부터 공격을 받았다. 일부 제후들은 '존왕양이(尊王攘夷)'의 기치를 들고 '패주'로 등장했으며 '춘추패정'의 국면이 출현했다. 이른바 '존왕'은 바로 천하 공통의 임금인 주왕을 존경하는 것을

---

633) 『禮記 王制』

가리키는 것이고 '양이'는 이적을 몰아내고 이적에 저항하는 것을 말했다. 다음으로 문명정도와 개화정도를 '이하지변(夷夏之辨)'에 대한 연구방향으로 한 것은 유학사회의 천조예치체계 건립의 방향을 확립한 것이다. 춘추전국 이후 어떻게 이적과 제하를 구별하는가의 문제가 역사의 과정에 떠올랐다.

소위 이하지변은 바로 주위 미개화민족과 먼저 문명사회에 진입한 국가 간의 차별이다. 이하지변은 『좌전』, 『국어』, 『논어』 등 경전들에 매우 많이 언급되었다. 한 방면으로 우리는 유학사회의 문화선행자 혹은 연구자들이 화하문화를 연구하였음을 알 수 있고 매우 강렬한 문화우월의식으로 중국문화 의식을 보존했음을 알 수 있다. 『논어』에서 공자는 이렇게 말했다. "도덕, 예의가 없는 이적에 임금이 있다 해도 도덕, 예의가 있는 화하에 임금이 없는 것보다 못하다", "화하 이외의 사람들은 중원을 도모하지 말아야 하며 화하의 질서를 파괴하지 말아야 한다."[634] 그의 후계자 맹자는 이렇게 말했다. "나는 중원의 문명으로 만이를 변화시켰다는 말은 들었어도 중원이 만이에 의해 변화되었다는 말은 듣지 못했다." 다른 한 방면으로 우리는 유학사회의 문화선구자들의 연구가 종족지변의 '이하지방(夷夏之防)'이 출현하여서부터 문명에 대한 변론인 '이하지변(夷夏之辨)'으로 방향을 바꾸었음을 알 수 있다. 춘추전국 몇 백 년의 여러 민족 간의 상호거래를 통하여 '만이가 화하지역을 수탈'하는 문화경각성은 더 이상 지식인들의 연구중심이 아니었다. 사람들은 비교적 개방된 심태로 민족의 차이를 바라보았으며 피차 상호 배우고 학습하는

---

(634) 『左傳 定公十年』

데로 나갔다. 맹자가 말한 "순(舜)은 제풍(諸馮)에서 탄생하여 부하(부하에서 살았고 명조[鳴條]에서 죽었으니 동방사람이다. 문왕은 주나라의 기산(岐山)에서 태어나 필영(畢郢)에서 죽었으니 서방인이다.

두 지역은 거리가 천리가 되고 두 시대의 차이도 천여 년이다. 그러나 그들이 뜻을 이루었을 당시 중국의 태도는 그렇듯 계속 같았으니 고대의 성인과 후대의 성인의 준칙은 다름이 없다."[635] 여기서 알 수 있듯이 맹자는 과거의 성인이나 후세의 성인은 시공간을 뛰어넘는 존재이며 이하는 서로 대립된 존재가 아니라고 인정했다. '하'와 '중국'은 마치 현재의 '문명' 두 글자와 같으며 '이(夷)'는 '하(夏)'로 변할 수 있다. 화하는 여기에서 주로 선진문화를 대표하며 만이는 주로 낙후한 습속을 가리킨다. "춘추 이전에 '양이'가 종족 구별의 성질을 가졌지만 공자가 『춘추』를 내놓은 후 종족의의에서의 이하의 변론은 도덕의의에서의 이하의 변론으로 되었다.

도덕이 공자가 이하를 분별하는 근본적인 표준이 되었다", "공자는 고대의 종족으로 이하를 구분하는 전통을 초월하여 도덕문화의 입장에서 이하를 분별하였다. 이는 중국인문정신의 한차례 각성으로 중국의 민족주의에 매우 독특한 성질을 띠게 하였다."[636] 후에 유가학설에 공양학파가 공자의 이하론을 계승하였으며 중국사회의 이후 2천여 년의 발전에서 극히 깊은 영향을 미쳤고 최종적으로 동아시아와 동남아시아에 중국 왕조를 중심으로 하는 천조예치체계를 형성시켰다. 공양학자들은 이하지변의

---

635) 『孟子 離婁下』
636) 장경, 『송양학인론』, 223쪽.

표준을 문명정도의 다름에 두었다. 즉, 문명정도가 낮고 예의교육이 없는 자를 가리켜 이적이라 하였고, 반대로 문명정도가 높고 예의교육이 있는 자를 가리켜 제하라 불렀다. 천조예치체계의 핵심 혹은 이하지변의 중요한 표준은 실제상 바로 유학사회의 윤리(통제)표준이다. 이 표준을 받아들이고 국제무대에서 화하문화의 생존과 발전을 책임지며 상국(임금)에 '이소사대'원칙을 봉행하면 가히 문명계열로 보았다. 이하지변 표준의 실제는 그것이 윤리통제의 군주질서 위에서 건립되었는가의 여부에 있는 것이다.

그 다음으로 서주의 '봉건방국(封建邦國)'의 정치체제는 미래 유학사회 세계질서의 윤리통제에 이상적 유형을 제공하였다. 『우공(禹貢)』은 천하를 '9주'로 나누었고 천자와의 거리 원근에 따라 '5복(服)'으로 나누었다.

『사기』는 우평수토(禹平水土)를 기록한 후 "우임금은 영을 내려 천자의 국도에서의 거리가 5백리 되는 지역을 전복(甸服)이라 규정하고 천자를 위해 밭일을 하고 납곡, 납세를 하게 하였다. 왕성과 백리 이내의 지역에서는 수확한 곡식을 납부하고, 백리~2백리 사이 지역에서는 곡식 이삭을 납부하고, 2백리~3백리 사이 지역에서는 낟알을 납부하고, 3백리~4백리 사이 지역에서는 조를 납부하고, 4백리~5백리 사이 지역에서는 쌀을 납부한다. 전복 이외의 5백리 지역을 후복(侯服)이라 하였는데, 이는 천자가 귀순과 반역을 살피는 왕명에 따르는 지역이다. 전복과 백리 이내를 경대부의 채읍(采邑)이라 하고, 백리~2백리 사이를 소봉국이라 하였으며, 2백리~3백리 사이를 제후 봉지라 하였다. 후복 이외의 지역 5백리는 수복(綏服)이라 하였는데, 천자가 주시하고 교화를 추진하는 지역이다.

후복과 3백리 이내의 지역에서는 정황을 보아가며 예악법도와 문장교화를 추진하여, 그 밖의 2백리 경내는 무위를 진흥시켜 천자를 보위하게 한다. 수복이외 5백리 지역을 요복(要服)이라 하는데, 천자의 약속을 받아들이고 천자에 복종하는 지역이다. 수복과 3백리 이내의 지역은 교화를 준수하고 평화 공존해야 하며 그 밖의 2백리 경내는 왕법을 준수해야 한다. 요복 이외 5백리 지역을 황복(荒服)이라 하였는데 천자를 위해 변방을 지키는 황량하고 먼 지역이다. 요복과 3백리 되는 지역은 황량하고 낙후한데, 이 지역 사람들은 출행에 제한을 받지 않으며 그 밖의 2백리 지역은 자기 마음대로 거처를 정할 수 있으며 아무런 제한을 받지 않는다." 주목왕이 견융을 정벌하려고 하자 제공 모부가 간언하였다. "불가하옵니다. 선왕은 방내는 전복이라고 하고 방외는 후복이라 이름하였습니다. 후위는 빈복이라 하고 만이는 요복이라 하며 융적을 황복이라 하였나이다. 전복에서 제를 지내고 후복에서 사를 지내며 빈복은 시향을 바치고 요복은 공을 바치며 황복은 천자를 왕으로 섬깁니다. 날마다 제를 올리고 달마다 사를 지내며 때마다 향을 태우며 해마다 조공을 바쳤습니다. 선왕은 제를 올리지 않으면 자기를 고치라 하였으며, 사를 하지 않을 말을 수정하였으며, 공을 바치지 않으면 이름을 수정했으며, 왕으로 인정하지 않으면 덕을 수정했으며, 순서를 지키나 오지 않으면 형벌로 고쳤습니다. 이에 제를 올리지 않으면 형벌을 내리고 사를 올리지 않으면 치고 공을 바치지 않으면 견책하며 왕으로 대하지 않으면 경고했습니다."

세계질서에서 윤리통제를 하는 천조예치체계의 형성은 주로 아래와 같은 몇 가지 방면에서 나타난다.

첫째, 유가학설에서 국가관념, 초민족관념을 초월하는 세계 혹은 '천하'관념이 생성되었다. 지금 말하는 '세계'는 곧 유가에서 말하는 '천하'이다. 유가사상은 '천하귀공(天下歸公)', '천하귀인(天下歸仁)', '천하대동(天下大同)'을 창도한다. '천하'관념과 중국 고대사회의 국가관념은 함께 흥성하였다. 서주는 '봉건방국'의 정치체제를 건립하였는데, 이런 체제하에서 『시경』에서 말한 "천하에 왕의 땅이 아닌 곳이 없고 이 땅에서 사는 사람은 왕의 신민이 아닌 자 없다"와 같은 '천하관념'이 형성되었다.

맹자는 "어질고 의롭지 못해도 나라의 대권을 얻은 사람은 있었으나, 어질고 의롭지 못한 사람이 천하를 얻고 백성의 마음을 얻은 자는 지금까지 없었다"[637]고 말했고, 순자는 한술 더 떠서 "그렇기 때문에 다른 사람의 나라를 빼앗을 수 있으나 다른 사람의 천하를 빼앗을 수 없고 나라의 정권을 갈취할 수 있으나 천하의 통치권을 갈취할 수 없다"고 말했다. 여사면(呂思勉)은 "옛사람이 말한 천하는 오늘 말하는 세계가 아니라 중국의 정치교육이 미치는 구역"[638]이라고 생각하였다. 유학사회에서의 '천하'관념은 땅과 영역의 의미도 있지만 심각하게는 인민, 민심, 왕도의 도덕의미까지 포함되어 있다.

둘째, 유가학설에서 '천하'를 관리하는 천조예치체계가 생성하였다.

천조는 일반적인 '왕조'를 가리키는 것이 아니라, '천하'통일을 자기

---

(637) 『孟子 盡心下』
(638) 『여사면독사찰기(갑질 선진)』

책임으로 하여 왕도를 건립하고 유학사회 질서를 계승하는 정통의 '왕조'를 가리킨다. 유학사회에서의 역대 임금, 특히 성군과 명주는 모두 '천조상국의식'이 있었다. 이른바 천조상국의식이란 중국의 통치자, 즉 중화대지의 성인 혹은 황제가 자각적으로 하늘이 부여한 천명 혹은 사명을 짊어지고 천하를 통솔하여 천하통일을 이룩하며 일반 백성들도 각자 설 자리가 있게 하는 것을 가리킨다. 이 '정통'은 요, 순, 우, 탕, 문, 무로 줄곧 이어졌으며 그 어느 조대의 성주나 시간의 제약이 없이 일맥상통하였으며 공간적으로는 '천하'를 자기 것으로 생각할 만큼 극히 광활하였는데 가로세로 소유의 번방(番邦), 사이(四夷), 만방천국(万邦千國)을 호령하였다. 천조가 건립하려는 것은 "만개의 나라에서 조공을 바치고 사이가 손님으로 오는" 세계적인 질서였다.

셋째, 천조예치체계의 관리 핵심은 '예'의 제도화가 된 천하로, 결국은 하나의 윤리통제에 속한다. 왕도정치를 핵심으로 하는 천조예치체계 혹은 화하질서의 윤리통제 기본원칙은 예이다. 예는 이 질서의 중심이라고 말할 수 있는데, 모두 예를 둘러싸고 돌아간다. 천조예치체계의 중심 국가는 천조상국이고 주변은 천조상국을 앙모하는 여러 번속국, 이를테면 조선, 일본, 류큐 및 동남아시아의 여러 국가들이다. 천조예치체계의 예를 따르는 주요한 원칙은 아래 몇 가지이다.[639]

---

639) 황기련, 『천조예치체계연구』 상권, 96쪽.

1) '예법', '예교', 즉 '나라를 지키는 데는 인도가 첫째다'라는 국제활동을 처리하는 주요 원칙과 방식이다.

2) 중국에서 사람마다 '존례수법'하여 '바른 인심과 후더운 풍속'을 만들고 기타 국가 혹은 지역들에서 이것을 가져다 나라를 다스리고 정사를 돌봐 중외 인민들이 모두 '비례'를 범하지 않고 각자 이득을 얻게 한다.

3) 중국의 황제는 '군림천하'로 '천하의 왕'이며 '천사(天使)를 다스리고', '세상 사람을 똑 같이 어루만지는' 사명을 짊어진다. 이 사명은 '천지가 만든 것'으로 '천하의 민심에 부응하는' 것이다. 그렇기 때문에 중국에 중대한 정치사건이 발생하면 반드시 '천사'를 여러 나라에 파견하여 조서를 내리거나 칙서를 내린다.

4) 여러 나라들이 예로 왕래하며 작은 나라의 신분으로 상국을 대하며 조서나 칙서를 받은 후 반응을 보여야 하며 본국에서 정치대사가 발생할 때에는 (국왕이 붕어했거나 새 왕이 등극하는 등) 중국 조정에 주청하여 하사받거나 책봉을 받게 한다. 그 외 정기적으로 조공을 바쳐 '존경을 표시한다.'

5) 천조예치체계를 유지하는 주요 책임은 중국이 담당한다. 이런 체계 하에서 쌍방의 관계는 기본적으로 예의의 형식을 틀로 구성하는데, 소위 "백성과 사직을 보호하고 습봉제(襲封制)를 실시하며 의식에 따라 자손만대로 전해가게 하는 것"으로 군사침략이거나 정치통제, 경제약탈 혹은 문화침투 등을 하지 않는다.

6) 천조예치체계 하에서 각국은 '예로 대하며', '서로 침범하지 않는다'. 그들 간의 분쟁은 '천조'가 조정한다. 침략자에 대해서 천조는 "법령과

도리를 물어 변경을 확보하고 상호선린하여 백성들이 태평을 누리게
한다."

7) 천조예치체계 하에서 상품교역과 국제무역은 중시되거나 장려되지
않았다.

'합례(合礼)'는 천조예치체계를 운영하는 기초이고 결례는 천조예치체계
하에서 마찰을 발생시키는 중요한 근원이다. 한무제는 일찍이 '죄인들을
모아 조선을 공격하였고', '조선을 4개 군으로 정했다.' 3국시기 위나라
장수 관구검(毌丘儉)도 고려를 정벌했다. 수문제는 고려를 "멀리서 우리를
따른다고 하지만 정성과 절개가 부족하다"고 질책한 후 "아마 짐이 가르치는
바가 분명치 않아 그러했을 것이다. 왕이 저지른 잘못은 이미 한번 용서한 바
있다. 오늘 이후로는 반드시 잘못을 고쳐 멀리 있는 신하로서 충절을 다하고
조정의 법도를 받들라"고 말했다. 수문제, 수양제가 고려 등을 네 번 정벌한
것은 '번의 예절이 없기 때문'이었다. 수양제는 일본에서 보내온 '국서' 중의
'해가 뜨는 곳의 천자가 해가 지는 곳의 천자에게 보내는 글'이라는 글귀에
대하여 일본을 꾸짖어 "만이서에 무례한 자가 있다"라고 말했다. 당나라
초에는 조선의 '결례'를 이유로 조선에 대해 크고 작은 정벌전쟁을 13차례나
하였다. 명태조도 일본인의 '결례'에 노해 일본인을 꾸짖어 "이적도 중국을
받들어 예의로 왕래하고 상국으로 모심에 변함이 없거늘"이라고 말했다.
윤리통제의 한 요체는 천지간의 일체 사물은 모두 높고 낮음이 있고 존비의
위치가 있다는 것이다. 그렇기 때문에 모든 관계에서 모두 등급의 구별이
있는데 상급이 하급을 통솔하고 하급은 상급에 복종하는 관계가 실제적으로

존재하는 상존하비의 의식체계가 만들어졌다. 이를테면 읍(揖), 궤(跪, 꿇다), 부복(俯伏), 배(拜), 고수(叩首, 머리를 조아리다), 선도(前導) 및 옆으로 비켜서서(靠邊站) 있는 것과 같은 것이다.

윤리통제를 일종 구체적인 심태로 볼 수 있는데, 비록 현실속의 모종의 제약(물질적인 유혹)을 받지만 특정된 시공간의 조건하에서(유학사회) 소유의 개체행위 혹은 사회행위의 방향은 특정된 시공간 조건하의 경제, 정치, 문화를 운영하는 경향을 나타내었다. 천조예치주의체계를 제일 충분하게 받아들인 나라는 한반도의 '조선왕조', 즉 이성계가 1392년 불교를 숭배하고 몽골과 원나라에 의존하던 고려왕조를 뒤엎고 건립한 조선왕조이다. '천조예치체계 혹은 화하질서'를 받아들인 중조관계가 일단 외래의 도전을 받으면 도전에 응하는 방식 역시 이 체계의 제약을 받았다. 그렇기에 혹자는 도전에 응하는 방식도 이 체계의 구성부분이라고 말했다. 중조는 임진왜란 때 윤리통제의 방식을 통해 세계(구역)에 대한 질서통제에 도달하였다. 1592년~1598년간 자신밖에 없다고 자처하는 도요토미 히데요시(丰臣秀吉)의 일본 '소천조(小天朝)'가 천조예치체계를 대표하는 명왕조의 번속국인 조선에 대한 침략전쟁을 발동하였는데 이를 임진왜란이라고 한다. 조선왕조는 중조관계를 처리할 때, 시종 "소국이 상국을 모시듯 신하의 예절을 다하는 것"을 총체적인 틀로 삼았으며, 명왕조가 조선왕조와 임진왜란을 처리할 때의 수단도 시종 "천조예치체계 혹은 화하질서"의 윤리통제 특색을 보여주었다. 천조예치체계가 임진왜란을 처리할 때 세계질서에 대한 윤리통제는 주로 아래의 몇 개 방면으로 표현되었다.

1) 조선의 군신들이 "자고로 번방에서 신의 도리를 다하였다"는 이유로 '부모의 나라에서 속히 구제'해 줄 것을 울음으로 애원했다. 울음은 윤리통제에서 정감의 일종 표현방식과 소통방식이다. 조선의 군신들은 '부모의 나라'에 호소할 때, 항상 무리울음이나 슬픈 울음으로 표현하였다. "통곡하여 아뢰옵니다. 백관이 모두 실성하고 칙사는 더없이 비감하오이다." 2) 조선왕조는 자기를 효자에 비유하고 일본을 도둑놈이라 꾸짖었다. "자그마한 저의 나라는 조상의 나라에서 만들어주었고 어린 이 아들은 부모가 주었으니, 강적에게 유린을 당해 돌아갈 길이 없는 아들은 부모에게 구원을 호소하나이다", "구원해주면 그 은혜 백골난망"과 같은 말들이 이를 증명해 준다. 3) 명왕조는 조선왕조의 공손한 요청에 강개하게 협조하여 군사를 풀어 구원해 주고 세세대대로 물려온 조종의 기업을 회복시켜준다. 4) 군사수단이 좌절할 때, 명 왕조는 '봉공(奉貢)'의 방식으로 일본인의 군사공세를 와해시키려고 하였다. 종합적으로 임진왜란으로 일어난 원조전쟁은 예의와 공순(恭順)의 이름하에 진행된 것이다. 쌍방은 국제관계를 윤리 관계의 한 범주로 생각하였는데, 마치 가정 관계와 같았다. '삼강오상'을 사회내부의 가정관계, 가족관계 및 각 방면 사회관계의 지도원칙으로 보았으며 마찬가지로 국제관계의 지도원칙으로 삼았다. 조선왕조는 520여 년의 대외관계에서 시종 명청에 대해 '번속국'을 자처하고 신의 도리를 다하였다. 중국의 유학사회에서 그 어떤 왕조도 그만큼 오래 가지 못하였다. 당조는 289년, 명조는 276년, 청나라는 근근이 267년을 유지했다. 중국에 대한 번속은 조선왕조가 오랫동안 존재한 중요한

원인의 하나이다. 천조예치체계 혹은 화하질서는 조선왕조의 생존에 유리한 국제적으로 평화환경을 제공하였으며 제국주의 식민체계가 형성되기 전까지 유효하게 외래의 침략을 막아주었다.

넷째, 천조예치체계 혹은 화하질서를 추진하고 확립하는 것은 주로 제사, 책봉, 조공 등 준 윤리의 방식으로 완성하였는데, 그로부터 "의로 군신의 관계를 맺은 즐거운 부자관계"의 목적에 도달하였다.

제사는 천조예치체계의 가장 중요한 내용이다. 명을 받은 '성군명주'가 방대한 우주체계 앞에서 하는 제사는 '예'를 유지하기 위함이고 그 예를 유지하기 위한 제일 중요한 활동이 바로 계열적인 제사활동이다. 그들은 자신의 화하 대지에서 제사를 지낼 뿐만 아니라 사방의 오랑캐를 평정시키기 위하여 자신들의 대표인 지방의 관리들을 동원하여 경상적으로 자기 나라의 산천의 신사에 따로 제사를 지내게 하였다. 그리고 그 제사를 기록한 사전을 통해 각 속국들이 본분을 지키게 하고 속국의 평화를 추진하였다. 책봉 역시 천조예치체계를 유지하는 중요한 정치활동이었다. 조선, 안남(安南), 류큐와 같은 주변의 작은 나라들은 국왕이 붕어하면 부고를 전하는 사절을 남경이나 북경에 파견한다. 이에 중국 황제는 조상하는 사절을 파견하여 제를 올리게 하고 새로 즉위한 국왕의 신분은 겨우 권지국사(權知國事)였다. 중국에 사절을 파견하여 봉인을 요구한다. 만약 정권 이전이 조리정연하다면 황제는 책봉사를 파견하여 봉인을 내려 새로운 군주를 책봉하는데, 이렇게 해야만 그는 명실상부한 국왕이 된다. 책봉을 받은 후 매년 양력설과 황제의 생일 혹은 황태자의 생일 혹은 선황제가 붕어하고 새 황제가 등극하는 날이면 왕조는 특사를 파견하여 축하나 조상을 한다. 예를 들면 고려는 북위 효문제와 남조 양무제의 책봉을 동시에 받았고 고려 태조는 당명종의 책봉을 받았던 등이다. 1404년부터 1866년까지 명 청시기 중국황제의 책봉을 받은 류큐의 왕은 23명이었다. 1875년 일본이 중국을 침범하면서 류큐와 중국 간에 500여 년 간 지속된 우호왕래가 끊겼다.

책봉이 강조하고 진행하는 것은 일련의 예와 상관된 의식으로 책봉은 예에 대한 한차례의 연습이었다. 여기에서 예치의 천조예치체계 혹은 화하질서는 아래와 같은 의의가 있다. 그것은 일련의 도덕윤리와 규칙, 계율이며 사회제도이다. 예는 일종의 자연활동과 사회활동에 대해 규범화, 합리화하는 과정이며 번속국의 군신 및 백성들의 사상의식, 정감욕망, 상호행위 등을 안배하고 규범화하는 데 사용되었다. 합례의 정감 및 행위는 일종의 '건곤청, 우주녕, 육합정, 사유정(乾坤淸, 宇宙宁, 六合淨, 四維正)'의 조화상태이다. 당연히 책봉하는 '황제고명(皇帝誥命)'에 사용된 것은 거의 모두가 유가학설의 개념으로 유가학설이 정치에 사용된 또 다른 하나의 구체적 표현이며 유학의 국제관계 이론이다.

조공의 정치적 의의는 신하임을 인정하는 것이다. 조공식의 국가관계 형태는 춘추전국시대에 이미 확립되었다. 제환공은 '불공포모(不貢苞茅)'를 이유로 초나라를 정벌하였다. 동한 말년에 중국과 조선은 점차 책봉과 세시조공, 사계절 조알의 국제관계를 확립하기 시작하였다. 북위 효문제가 통치한 20여 년 동안 고려에서 조공을 바친 것만 41차례나 된다. 명태조는

"외국인을 어루만져 예로 대하고 외국인에 선을 가르치는" 국제관계의 틀을 만드는데 주력한 중요한 황제이다. 황위에 오른 후 명태조는 즉각 사절을 파견하여 교지, 점성, 고려, 운남, 서역, 서양쇄리, 자바, 위그루, 일본 등지에 파견하여 여러 나라들에게 조공하고 신하임을 아뢰라고 요구하였다.

청 왕조는 더욱 상세한 조통제도가 있었다. "청왕조의 조통제도가 규정한 각 조공국의 조공기한을 분석하면 조선은 매년, 류큐는 2년에 한번씩, 안남은 매 3년 혹은 6년 혹은 4년, 솔로몬은 매 5년, 라오스와 버마는 매 10년, 네덜란드 매는 8년(후에 5년으로 고침), 서양(포르투갈) 등은 비정기적이다."[640] 홍무5년(1372년)부터 류큐가 명 왕조에 처음으로 조공한 후 1872년 일본이 류큐의 중국에 대한 조공을 금지시키기까지 500년 사이에 류큐는 명조에 182차례의 조공을 하고 청조에 100~110차의 조공을 하였다.

다섯째, 천조예치체계의 세계질서관의 핵심은 하나(一), 통(統), 화(和), 화(化)의 관념이었다. '대일통(大一統)'은 중국고대사회의 기본가치 관념의 하나이다. 주조는 협화만방(協和萬邦)의 다민족 통일국가이다. '천하의 땅이 모두 황제의 땅'이라는 말은 대일통 사상의 최초 표현으로 볼 수 있다. 춘추전국시기 제후들이 각자 집정하면서 '천하' 일통의 국면이 파괴되자, 공자는 관중이 제환공을 보좌하는 것을 "천하를 바로 잡는다"고 매우 칭찬하였다. 양왕이 맹자에게 "천하는 어떻게 해야 안정되는가?"고 묻자, 맹자는 "하나로 통일되어야 안정된다"[641]고 대답하였다. 순자는 "고대의

---

(640) 시노부 세이자부로(信夫清三郎) 『일본외교사』 상권 29, 북경, 상무인서관, 1980.
(641) 『孟子 梁惠王上』

성명제왕을 따라서 배워 예의를 강령으로 하고 제도를 통일하고 적은 지식으로 매우 많은 지식을 파악하고 고대의 정황으로 현재의 정화를 비추어 보면 한 가지 사물로 수만 개의 사물을 비추어보고"[642], "천하를 통일하고 제후를 신하로 하며… 고로 천자가 나타나면 천하는 통일되는데 순서에 따라 다스리고 덕으로 그 차례를 정한다"[643]고 말했다.

사마천은 5제본기, 하본기, 은본기, 주본기 및 진시황본기 등을 통해 대일통에 대한 숭배를 표현하였다. 유가의 '대일통' 사상이 최종적으로 형성하고 이 개념을 명확히 제시한 것은 『춘추송양전』에서 시작된다.

공양학파는 공자가 노사(魯史)를 삭제하고 『춘추』를 썼다고 인정하고, 첫 글인 '원년춘왕정월'이 바로 공양학가들이 말하는 '심오한 대의'로 "일체의 존재는 모두 그 근원이 있고 일체의 존재는 모두 그 선의 시작이 있다"는 것이다. 공양학가들의 『춘추』에 대한 해석에 따르면, 『춘추』가 기록한 242년간은 "실제는 통일되지 않았고 문장이 통일되었다." 실제로 춘추시기에 역사적 현실은 통일되지 않았지만 『춘추』에 근거하면 응당 천하가 통일되었다는 말이다. 동중서도 『춘추번로』와 『현량삼책』에서 대일통사상을 강력하게 발양하고 완전화하였다. 동중서는 특별히 정치상의 통일을 강조하였다. "『춘추』가 말하는 대일통은 천지간의 영원한 원칙으로 고금에 공동으로 통하는 도리이다."[644] 동중서는 '원년춘왕정월'을 해석

(642) 『荀子 儒效』
(643) 『荀子 正論』
(644) 『漢書 董仲舒傳』

할 때, '원'이 천지의 전에 있으며 우주의 종극적인 본원이라고 인정했다. 동중서는 정치상의 통일은 원칙, 종지라고 생각했으며, 정책상에서 기타 민족에 대해 응당 "고정불변한 조치가 아니라 사정의 변화에 따라 변화하는 정책을 실시해야 한다"[645]고 주장했다. 통일을 실현하기 위하여 구체적인 대상에 대해 "인정으로 작은 과실은 눈감아 주어야 한다"고 주장했다.[646] 종합적으로 대일통사상은 '협화만방'의 이념에서 싹트기 시작하여 공자의 『춘추』에서 시작하였으나 춘추로부터 한나라까지 근 700년 동안의 한세대 또 한세대의 사상가, 특히 공양학가들이 공동으로 창조한 정신적 재산이며 무수한 유가 등 백가인물들의 집체지혜의 산물이다. (통일을 갈망하는 것은 춘추전국시기 백가사상의 주요 내용이었다) 형이상학의 의의에서 놓고 보면, '1'의 토대는 '원'이며 '원'은 인류생명 심처의 영원과 절대적인 갈구로 체현된다. 『춘추』의 "일체 존재는 모두 그 근원이 있고 일체 존재는 모두 그 선의 시작이 있다"는 형이상학적 통일관의 목적은 그가 처한 사회의 정치통치의 합법성을 해결하는 것인데, 그것이 점차 유학사회에서 왕조정치통치의 합법성의 토대가 되었으며, 미래 천조예치체계 혹은 화하질서의 합법적인 토대가 되었다. 원의 현실적인 모양은 '하나'이다. 하나는 많은 것과 4해와 팔방과 상대적으로 대립된다. 이 '하나'가 바로 화하이며 이 '많은 것'은 사이 등이다. 이 '하나'가 바로 요순·우·탕 으로 전승해 내려온 불변의 화하 '정통'이며 이 '많은 것'이 바로

---

645) 『春秋繁露 竹林』
646) 『春秋繁露 유서』

만국사이의 풍속이다. '하나'의 현실적인 의미는 왕도정치를 건립하고 왕을 통해 천하를 다스려 육합동풍과 구주공관의 통일국면을 실현하는 것이다. '통일'은 바로 황하문명의 '하나'로 팔방과 사이 등 많은 것을 '통합'한다는 말이다.

'하나'와 '통합'의 관념에서 생성하여 나타난 것이 바로 '화(和)' 와 '화(化)'의 이념이다. 귀중한 것은 유학사회의 천조예치체계가 창도한 천하통일의 국제질서의 건립은 폭력으로 실현하는 것이 아니라, 왕도정치와 도덕의 역량(왕화)을 통해 주위의 다른 민족을 감동시키고 최종 대소 원근을 하나로 만드는 왕도 이상이다.

첫째는 '화(和)'이다. 중국의 선철들은 매우 일찍이 화합(和合)사상을 제시하였다. 『국어·정어』에서는 "상설(商契)은 부모형제 자식과 화목하게 보내니 백성들도 근심걱정 없이 조화롭게 살게 하는 사람이라"고 기록하였다. 『정어』에는 또 사백이 화동지이(和同之異)에 관한 논술도 기술되어 있다. "음양이 조화로워야 만물이 번성하고 똑같은 사물은 새로운 사물을 만들 수 없다… 서로 같은 사물이면 발전할 수 없으니 취할 바가 아니다."『노자』는 "만물은 음을 등져야 양을 마주하며 음양 두 가지 기는 상호 격렬한 부딪침을 거쳐 새로운 조화체를 생성한다"고 주장했고 공자 역시 "군자는 다른 사람과 조화롭고 우호적인 관계를 유지하나 구체적인 문제에서는 상대방의 말을 듣지 않는다", "예의 작용이 고귀한 점은 다른 사람과의 관계를 조화롭게 한다는 것"이라고 강조했으며, 『역경(주역)』에서는 "세상만물이 모두 자기의 가장 조화로운 기로 운행한

다면 빗나가는 일이 없이 화목의 절정에 도달할 것"이라고 말했다. 유가의
민족관의 주도관념은 "은혜로 덕에 보답하고 정직으로 원망에 보답하며",
"내가 싫은 물건을 다른 사람에게 억지로 주지 않으며", "이웃과 가깝고 이웃
나라에 우호적이며", "화목이 귀중하다" 등의 기본원칙이다.

일찍이 춘추시기에 이미 유가는 위강의 민족화목, 즉 '화융'의 '5리'를
기록했다. "유목민족들의 토지를 소홀히 하고 재물을 중시하는 습속을
이용하여 융적의 무역을 발전시키는 것이 첫째요, 전쟁이 없이 백성이
안거낙업하면 농업생산발전에 유리한 것이 둘째요, 융적이 진나라를 위해
일하면 사방을 놀라게 하여 제후들의 패권싸움에 위력을 과시하는 것이
셋째요, 평화국면을 유지하면 군대는 휴식을 취할 수 있고 군수물자는
소모되지 않으니 진나라의 실력을 보존할 수 있는 것이 넷째요, 역사의
경험에 따라 덕으로 사람을 감화시키는 방법을 채용하여야만 지구적인
안녕과 화목한 국면을 유지 할 수 있는데 이것이 다섯째다."[647]

다음은 '화(化)'이다. '화'는 봄비가 만물을 적셔주지만 소리가 없는 것처럼
비폭력을 말하며, 자각적으로 주고 흔쾌히 받는 것을 가리킨다. 이런 '화'의
정신은 유학사회의 문명이 대외로 전파되는 방식에서 집중적으로 체현된다.
자기 스스로 문명하고 고상하다고 생각하고 '통일'과 '화합'을 강조하는데,
주위의 낙후한 민족을 어떻게 안치할 것인가? 그들에게 이런 고상한 문화를
받아들이게 하는 방법밖에 없다.

바로 낙후한 민족에 대한 도움이라고 볼 수 있다. 그렇기 때문에

---

647) 『左傳 襄公四年』

잇따라 나타난 것이 바로 '왕화와 천지유통'의 대국의식이다. 다른 민족을 왕화(王化), 화화(華化) 혹은 한화(漢化)시키는 것도 중국의 성인, 천자들이 짊어진 우주 사명으로 일종의 문화자각이다. 유학사회의 문명이 주변 소수민족이거나 동아시아국가 그리고 동남아시아국가들에게 미친 영향을 보면 주로 폭력을 통해 실현한 것은 아니었다.

물론 여러 가지 특수한 역사적 원인으로 유학사회의 일부 왕조들은 주위의 국가들에 크고 작은 전쟁을 일으키기도 하였으나, 이것과 유가학설이 창도한 예치질서의 천하정신은 서로 위배된다. "중화문명이 주변 지역에 미친 영향과 유가사상이 동아시아 일부 지구에 광범위하게 받아들여졌다는 것은 기본적으로 일종의 평화적 변화과정을 보여주는 것이다. 중국 사람은 지금까지 군사 정복의 수단으로 문화 확장을 진행하지 않았으며, 종교적 성전의 개념은 전통적인 중국 사람에게는 생소한 것이다."[648] '무황제' 때부터 당대 중국의 변경전쟁에 이르기까지 기본상 모두 방어성 전쟁이었다. 무황제가 전쟁을 일으킬 당시에도 한무제는 자기의 죄를 참회하는 조서를 내렸다.

일종의 사회형태로서의 유학사회가 제일 처음 흥기한 것은 한나라 시기였다. 2천여 년 전 한무제의 주변 소수민족에 대한 통일은 동중서가 말한 것처럼 "고집적인 천하통일"로서 정치적인 통일만을 중시하고 기타의 교화, 습속, 사회조직, 경제형태 등에 대해서는 "모두 옛 것을 따르게 하였다." 한무제 시기 투항한 흉노인들은 농서, 북지, 상군, 숙방, 운중

---

648) 조사림, 「지구화와 종교문제」, 『전략과 관리』, 2002(4).

512 유학사회통론

등지에 배치하여 '자기의 풍속습관을 따르는 속국'이 되게 하였다. '속국'이 제도화 된 것은 바로 한무제 때부터 확립된 것이다. 이른바 '속국'은 바로 각자 자기 나라의 풍속습관을 따르지만 한나라에 귀속된 나라로 속국 지역의 풍속은 변하지 않고 여전히 원래의 민족 수령이 계속 관리하며 한나라가 속국에 도위를 설치하여 속국의 안전을 보위해 주는 것을 가리킨다. 사마상여(司馬相如)가 일찍 명을 받고 서남이에 사절로 갔다가 '난촉중부로(難蜀中父老)'를 써 한무제의 민족정책을 찬송한 적이 있다.

　유학사회의 문명이 '외화(外化)'한 제일 중요한 시기는 당 왕조였다. 당 문화가 한반도(신라가 675년에 한반도를 통일함)에 미친 영향은 다방면적이고 거대한 것이었다. 당조의 외국 유학생중 신라인이 가장 많았다. 840년(개성5년), 학업을 마치고 귀국한 신라학생이 한 번에 백여 명에 달했다. 신라 유학생 중 적지 않은 학생들이 당조의 진사과거시험에 참가하였는데 어떤 사람은 급제한 후 당조에 남아 벼슬을 하기도 하였다.

　675년부터 신라는 당조의 역법을 채용하기 시작하였다. 조선은 원래 문자가 없었다. 7세기말 신라학자 설총이 '이두'법을 만들어 한자를 음부로 조선어의 조사, 조동사 등을 표기하여 한문 해석을 도와 문화의 보급에 대해 촉진작용을 하게 했다. 8세기 중엽 신라는 당조의 정치제도를 모방하여 그 행정조직을 재건하였고 788년에는 신라도 과거제도를 채용하여 관리를 선발하였다. 당시 신라사신이 차나무 종자를 가지고 귀국하였는데 그로부터 조선에서는 차를 심기 시작하였다. 당말 5대 시기에는 목판인쇄술도 조선에 전파되었다.

　천조예치체계질서가 당나라 때 '외화'한 다른 중요한 표현은 유가문명이 자각적으로 일본열도에 이식된 것이다. 631년(정관5년), 일본은 유학생과 학자승으로 구성된 제1차 '견당사'를 파견했다. 838년(개성3년)까지 일본은 견당사를 총 13차례 파견하였으며 당조의 사절을 맞이하고 사절단을 3차례 파견하였다. 당나라 초기 일본이 파견한 견당사절단은 일반적으로 200명을 초과하지 않았지만 8세기 초부터는 인수가 급증했다. 예를 들면 717년, 733년과 838년에 파견한 3차례의 견당사는 인수가 평균 550명 이상에 달했다. 정치방면에서 645년(정관19년) 일본은 수당의 균전제와 조용조제를 참고하여 반전수수법(한데슈슈노호)과 조용조제를 실시하였고 수당의 관제를 모방하여 중앙에서부터 지방에 이르는 관제를 개혁하였으며 수당의 율령을 참고하여, 『대보율령(大宝律令, 다이호우리쯔료우)』을 제정하였다. 교육방면에서 덴지덴노(天智天皇)시기에 교토에 대학을 설립하고 학제를 점차 완비하였는데, 각 과목 학습 내용이 기본상 당조와 비슷했다.

언어문자의 방면에서 8세기 이전에 일본은 한자를 기술의 도구로 사용하였다. 유학생 기비노마키비(吉備眞備)와 학자승 구가이(空海)는 일본인들이 중국한자의 표음과 뜻을 기초로 하여 일본 가나자모를 창조하였다. 기비노마키비는 한자 해서체의 부수를 이용하여 가다가나를 만들고 우카이는 한자의 초서체의 부수를 이용하여 히라가나를 만들었다. 이러한 새로운 문자의 발명은 대대적으로 일본문화의 발전을 이끌었다.

과학기술방면에서 당조의 선진적인 생산기술, 천문역법, 의학, 수학, 건축, 목판인쇄술 등은 연이어 일본에 전파되었다. 중국식의 쟁기와 대형 호미는 일본에 전파된 후 보편적으로 사용되기 시작하였다. 일본은 당나라의 수차를 모방하여 손으로 밀거나 소로 당기고 발로 밟는 등 다른 유형의 수차를 만들어 냈다. 당조의 『대연력(大衍歷)』과 『선명력』도 일본에 의해 채용되었다. 중국의 유명한 의학저작 『소문』, 『난경』, 『맥경』, 『장중경방』, 『신농본초』와 『제병원후론』, 『천금방』 등의 책들도 연이어 일본에 전파되었다. 일본의 의사들은 자신의 의료경험과 결부시켜 '한방의학'을 만들어냈다. 7세기 이전의 일본은 고정된 도읍이 없었으나 694년(연재원년)에 첫 도읍인 후지와라교(藤原京)를 건설하고 710년(경운원년)에는 헤이조교(平城京)를, 794년(정원10년)에는 헤이안교(平安京)를 건설하였다. 이러한 도시들의 설계, 구도는 모두 당나라의 장안성을 모방한 것이다. 건축에 사용된 기와와 벽돌의 무늬와 양식도 당조와 비슷하였다. 생활습관 방면에서 당나라 사람들은 마구(馬毬), 씨름, 바둑 등의 체육활동을 즐겼는데 이러한 것들은 모두 일본에 전파되었다. 찻잎은 나라(奈良)시기에 일본에 전파되었는데, 헤이안(平安)시기에는 차를 마시는 사람이 매우 많았다. 당나라 복장도 일본에서 사랑을 받았다. 단오절에 창포주를 마시거나 7월 15일 우란분회, 9월 9일 중양절 등은 모두 당나라 때 일본으로 전파되었다.

명나라도 천조예치체계를 적극적으로 대외에 주장한 왕조이다. 명 왕조는 '천조상국'의식 건설에 힘을 기울였는데, 그의 '연식악장(宴食樂章)'에서도 찾아 볼 수 있다. 예를 들면 '무사이지곡(撫四夷之曲)', '무안사이무곡(安撫四夷舞曲)', '만국래조대무(万國來朝隊舞)', '구이진보대무(九夷進宝隊舞)'와 같은 것이다.

대외관계를 발전시키기 위하여 명성조는 특별히 정화를 서양에 파견하여 아세아·아프리카의 여러 나라들과 무역과 방문을 진행하였다.

1405년(영락3년)부터 1433년(선덕8년)까지 정화는 연속으로 7차례 서양에 갔는데 이는 세계에 널리 알려진 성대한 행사였다. 그는 규모가 방대한 함대를 인솔하여 중국 남해제도를 지나 아시아와 아프리카 두 개의 주를 넘나들며 수십 개 나라와 지역에 대해 우호방문을 진행하였다.

이런 나라와 지역들로는 점성(베트남 남부), 진랍(캄보디아), 섬라(태국), 만츠쟈(마류까), 파항(말레이시아), 수마트라, 쥬강, 자와(인도네시아), 빵거츠(벵갈), 구리(인도서남해안 카리쿠트), 커지, 쉬리, 쟈이러(인도반도), 시란산(스리랑카), 류산(말띠브), 홀루머스(페르샤만입구), 주바얼, 아단(아랍반도), 무구두수, 보쯔와, 주부(소말리아), 마린(케니아의 마린띠) 등이다. 정화가 아시아, 아프리카 여러 나라들을 방문한 것은 정치, 경제와 과학문화방면에서 모두 깊은 영향을 미쳤다.

1423년(영락21년) 구리 등 16개 나라의 사신들과 상인들이 남경에 왔는데 1,200여 명에 달했고 버니(인도네시아 깔리만딴도)와 만츠쟈 두 나라의 국왕과 왕후도 남경에까지 와서 명성조가 연회를 열어 초대하였다.

술루술탄국의 사절단은 동, 서, 동굴 등 3명의 왕이 340여 명을 거느리고 중국을 방문했는데 융숭한 국빈의 대우를 받았다. 동아프리카의 마린왕 와라두번은 친히 방문단을 이끌고 중국을 방문했는데, 불행하게도 복주에서 병사했다. 무구두수와 보쯔와에서도 수차례 사절을 파견하여 중국에 우호방문을 진행하였다.

정화가 남하하여 가지국에 도착하자 명성조는 명하여 비문을 세우게 하여 그 업적을 치하하였다. 또 명 왕조 시기 '중화를 흠모하고 덕에 감화'하여 '바다를 건너 명나라를 찾은' 버니왕국의 국왕 마나누가나는 아내, 형제,

친척, 대신들을 거느리고 남경에 와서 황제를 배알하였는데 명성조의 국빈대우를 받았다. 얼마 지나지 않아 남경에서 병사하자 장중한 애도를 받았다.

종합적으로 조공체계와 책봉체계를 확립한 것은 천조예치체계거나 화하질서의 제일 중요한 특색의 하나로서 하나, 통, 화, 화는 천조예치체계 세계관의 핵심이며, 이로써 기타의 국제관계 형태와 구별된다. 식민주의체계, 냉전체계가 아시아동부 및 서태평양지구에 오기 전에 천조예치체계는 이 지역질서가 기본적 틀이었다. 천조예치체계와 식민주의체계, 냉전체계는 그 구성의 동력, 유지방식 및 그가 가져온 구역질서나 세계질서 등 방면에서 모두 현저하게 차이가 난다.

간단하게 말하면 천조예치체계 구성의 동력은 천하 왕도질서에 대한 추구이고 체계를 유지하는 방식은 일련의 국제 왕래과정에서 '예'의 규범과 그것의 실제적인 조작으로 실현한다. 식민주의 체계는 적나라한 영토의 점령과 재부의 약탈이며 주요방식은 폭력과 식민지의 군사 정복으로 실현한다. 냉전체계는 제2차 세계대전 후에 건립된 패권에 의탁한 체계로서 그 건립의 동력은 영토나 재부에 대한 적나라한 추구가 아니라 의식형태에 대한 공포, 선전이고 그 구성 방식은 일종의 준 군사폭력이다. 질서구성과 동력, 통제의 방식이 다르기에 그가 가져오는 결과도 다르다. 화하 예치질서가 추구하는 것은 번국, 만방들이 경모하는 마음으로 상국을 대하며 그들과 상국이 조화롭게 공존하는 것이다. 상국 입장에서 보면 문화수출, 문화전파이고 번국 입장에서 보면 문화수입과 문화동화이다.

식민주의체계의 결과는 자본의 수출과 수직형 국제 분공으로 건립된

517

일종의 불평등한 국제정치경제질서이다. 냉전체계의 결과는 공포로 인한 평형과 준군사적인 폭력으로 구성되는 일종의 핵심과 변연이 상호 의존하는 것으로 불평등한 국제정치경제질서였다.

제9장
유학사회의 운영상태

제9장
유학사회의 운영상태

유가학설은 한무제가 '백가를 배척하고 유가만을 중시하는' 동중서의 건의(기원전134년)를 받아들이면서 시작되어 '중화민국임시조약'(서기1912년)이 반포되어 끝나기까지 2,046년 동안 중국을 지배했다.

유학사회는 2,046년의 여정에서 크고 작은 시대와 왕조 약 57개를 거쳤다. 왕조는 유학사회를 운영하는 과정의 연결고리였다.

1. 유학사회 속의 왕조 및 그 역할

유학사회의 각 시대에서 문명적 통일이 끊임없이 이루어졌는데, 유학사회에 존재하는 여러 왕조를 초월하는 이런 역할을 한 것은 어찌 보면 왕조의 역할이라 할 수 있다. 사회학 역할 이론, 역할 혹은 사회역할은 인민의 사회적 지위와 신분과 일치하는 하나의 권리, 의무의 규범과 행위양식을 가리키며, 이는 특정 신분을 가진 사람들의 행위에 대한 인민의 기대를 가지고 있는 동시에 사회 군체 혹은 조직의 기초가 된다고 본다.

조직을 놓고 보면 그 지위와 신분에 알맞은 모종의 행위요구가 존재하는 동시에 일종의 역할 요구도 존재한다. 조직은 항상 모종의 역할을 담당하면 모종의 기능을 발휘한다. 이른바 왕조의 역할은 유학사회에 존재하는 왕조의 흥기, 교체와 관계되는 모종의 기대를 가리킨다. 왕조의 흥기는 이런 역할에 대한 기대를 실현하기 위한 것으로 왕조의 운영은 이런 역할만을 할 뿐이다. 왕조가 교체되는 것은 자신의 역할을 감당할 능력을 잃었기 때문이다. 종합적으로 왕조의 흥기와 교체는 유학사회의 모종의 역할에 대한 기대의 도구일 뿐이다.

유학사회의 왕조에 대한 역할은 두 가지 내용이 포함되는데, 하나는 '천명'의 합법적 전이에 대한 모종의 역사적인 책임을 감당하는 것이고, 둘째는 유학사회의 정치질서와 사회질서에 대한 내재적인 요구를 포함한 왕도질서를 건립하는 요구를 만족시키는 것이다. 매 왕조는 이런 역할에 대한 기대로 흥기하였고 또 이런 역할에 대한 기대로 교체되었다. 엥겔스는 "정치통치는 모종의 사회기능을 집행하는 모든 기초이며 이런 사회기능을 잘 수행해야 만 정치 통치가 지속된다"[649]고 말했다. 유학사회의 왕조정치도 모종의 기능을 수행했으며 그러하였기 때문에 이렇게 오랫동안 존재했다고 보아야 할 것이다.

---

649) 『마르크스엥겔스선집』 2판, 제3권, 북경, 인민출판사, 1995, 523쪽

2. 유학사회 속의 왕조 존속의 합법성

왕조는 유학사회가 자아 운영을 실현하는 수단이었다. 유학사회 속의 매 왕조는 모두 자각적으로 그 흥기가 일종의 역사적 사명, 즉 '천명'을 짊어졌음을 알고 있다. 그러나 유학사회 속의 구 왕조는 또 불가피하게 후왕조에 의해 교체되었다. 신 왕조는 또 구 왕조의 흥기, 쇠락, 멸망의 운명을 다시 걷게 된다. 유학사회는 2,046년의 생명 여정에서 크고 작은 57개의 왕조를 경과했다. 왕조의 역할에 대한 공동인식 및 그의 역할에 대해 말하면 모종의 의의에서 다른 왕조는 모두 비슷한 운명을 경험했다고 말할 수 있다.

파슨스는 그 어떤 행동계통이나 사회계통이던지 그 건립이나 운영과정에서 필요한 네 가지 필요성이 반드시 만족을 해야 한다고 지적했다. 바로 환경적응, 목표달성, 기능통합과 잠재양식의 유지이다.[650]

환경적응이란 그 어떤 행동계통이던지 모두 환경과 연관되어 발생하는데 계통은 반드시 환경을 통제하는 능력을 구비하여야 한다는 말이다. 환경은 계통이 존재하는 일종의 배경 상태라고 이해할 수 있다. 목표달성이란 그 어떤 행동계통이던지 모두 목표에 대한 안내가 있는데, 계통이 환경에 적응하거나 환경을 통제하는 과정 중에 확정한 행동목표와 행동목표의 순위를 배열하는 능력을 말했다. 기능통합이란 어떤 행동계통이던지 모두 제도화된 구조가 있는데 제도화된 구조의 각 부분은 모두 자기 스스로 계통에 대해 효과를 발휘하며 각 부분 간에도 반드시 일치하여 협조해야

---

650) 조나단 H. 터너, 『사회학이론의 결구』, 항주, 절강인민출판사, 1987, 82~85쪽

한다는 말이다. 잠재유형유지란 계통의 운영과정에 늘 정상운영상태가 일시 중단하는데 계통이 갖고 있는 모종의 특정된 시스템(잠재적), 즉 계통의 정상운영과 원래 존재하는 계통 구조를 회복하는 재작동 시스템-기능관계를 가리킨다. 한 계통을 놓고 말하면 목표달성, 기능통합, 잠재유형유지는 계통내부에서 발생한 각종 구조의 기능관계이지만 환경적응은 계통과 외재적 환경 간의 관계이다. 모든 계통은 모두 목표달성, 기능통합, 잠재유형유지로 환경적응의 목표에 도달한다. 사회행동계통의 유학사회에서 왕조는 그 운영에 똑같이 네 가지 기능이 선결조건으로 존재한다.

유학사회 속의 왕조가 존속하는 환경은 주로 왕조와 주변 민족이 건립한 정권 간에 상호 교류하는 상태를 말했다. 춘추 이전에 이미 이적과 제하의 구별이 존재했다. 이하는 각기 다른 종족을 대표한다. '이'는 북적, 남만, 서융, 동이를 가리키는데, 모두 중국의 미개화 민족과 구별된다.

『예기·왕제』도 제하 이외 소수민족의 생활습성과 사회질서 등을 기록했다. 서주 말년에 서주 왕실이 주변 소수민족의 소란과 공격을 받자 일부 제후들은 '존왕양이'의 기치를 내걸고 '패주'가 되었다. '존왕'은 천하의 주인인 주왕을 가리키고 '양이'는 이적을 제거하거나 이적에 저항하는 것을 가리킨다. 『논어』에서 공자는 "도덕예의가 없는 이적에 임금이 있다고 해도 도덕예의가 있는 화하에 임금이 없는 것보다 못하다", "화하 이외의 사람들은 중원을 도모하지 말아야 하며 화하의 질서를 파괴하지 말아야 한다"[651]고 말했다. 그의 후계자인 맹자는 "나는 중원의 문명으로 만이를 변화시켰다는 말은 들었어도 중원이 만이에 의해 변화되었다는 말은 듣지 못했다"[652]고 말했다. 유학사회의 변천과정에서 줄곧 중앙 왕조와 주변 민족 간의 관계문제가 존재했다. 중앙 왕조가 강성할 때면 주변의 정권은 일반적으로 중앙 왕조에 번속이 되었고, 중앙 왕조가 쇠락할 때면 항상 중앙 왕조의 지위를 호시탐탐 노렸다. 이로부터 유학사회에서 왕조의 환경적응은 그가 구비한 환경통제능력을 가리킨다는 것을 알 수 있다. 유학사회 왕조의 환경통제능력은 두 가지 등급이 있다. 최하층은 요, 순, 우, 탕, 문, 무로부터 전해 내려온 천명이라는 '정통'이 공자가 희망한 '소수민족에 중원을 내주지 않으며', 맹자가 방지한 '이적화되지 말며'를 실현해야 한다는 것으로 정통의 중앙 왕조가 일정한 정도에서 주변 민족이 중앙왕조의 위치를 차지하는 것을 억제시키며 화하문명이나 문화를 보위해야 한다. 최고 등급은 '천하'를 자신의 책임으로 간주하고 "만국에서 조공을 바치고, 사이에서 손님이 오는" 중앙 왕조를 핵심으로 하는 세계질서를 건립하고 천하통일을 이룩하여 백성들이 각자 취할 바가 있게 하는 것이다.

유학사회 속 왕조의 목표는 왕조의 역할을 잘 발휘하여 유학사회가 왕조에 기대한 역할을 실현하는 것이다. 유학사회 왕조의 현실적 측면에서의 목표는 바로 '군군, 신신, 부부, 자자'의 군주질서를 건립하고 보호하여 유학사회가 말한 "사직을 지키고 백성의 목소리에 귀를

---

651) 『左傳 定公十年』
652) 『孟子 滕文公』

기울이는" 요구를 만족시켜야 한다. 목표달성은. 바로 유학사회 속의 왕조통치자와 피통치자지간에 목표를 확정하고 실현하는 과정에서 일정한 정도의 일치성을 달성하여 목표실현에 방식과 수단을 제공한다는 것을 가리킨다.(관리가 청렴결백하고 황제로부터 서민에 이르기까지 모두 수신제가를 근본으로 하는 등)

기능은 유학사회의 내재적 발전에서 나온 각 구성부분, 즉 정치상의 황제군현제도, 경제상의 중농억상(농업을 중시하고 상업을 억제), 의식형태상의 유가만을 숭상하는 등은 모두 행동계통인 왕조의 수요를 만족 시킬 때, 각자 발휘하는 작용들이다. 기능통합은 유학사회의 왕조의 양성운영 혹은 목표달성에 반드시 구비해야 할 모종의 정치, 경제, 의식형태 등 방면에서 기능의 상호결합과 적응을 가리킨다.

양식유지는 유학사회 속의 왕조가 그 운영과정에서 발전시킨 내재적 시스템을 가리키며 이런 시스템은 위기상황에서 왕조가 계속 운영하거나 존속하는 것을 보장한다. 예를 들면 농민전쟁 상황에서의 천명의식과 소수민족 정권이 중앙왕조의 위치를 차지한 상황에서의 강산사직(江山社稷)의식, 환관이 독재정치를 하는 상황에서 군주 주변의 간신들을 제거하는 의식 등이다. 양식유지는 왕왕 한 왕조로 하여금 위기를 안전하게 넘기고 중흥을 실현하게 한다. 예를 들면 왕망정권이 무너지고 동한정권이 건립된 것과 주무정권이 끝나고 개원성세가 나타난 것 등은 왕조의 위기상황에서 양식유지 시스템의 천명의식의 결과이며 서진정권이 강남에 피난가고 남송정권이 일시적인 안일을 위해 타협한 것 등은 주변 민족이 중앙 왕조의 위치를 차지한 상황에서의 강산사직의식의 결과이며,

동한 왕조와 명 왕조 말년에 그 영향과 범위가 비교적 큰 환관의 독재정치, 난세 현상이 출현했다가 겨우 바로 잡은 일 등은 모두 왕조 유형유지 시스템의 작용으로 볼 수 있다.

사회행동계통인 유학사회 속의 왕조는 그 운영 상태에서 기능의 선결조건을 만족시키는 차이에 따라, 그 운영 상태를 양성운영, 중성 운영과 악성 운영으로 나눌 수 있다. (도표 11) 왕조의 양성운영은 주로 왕조가 그 운영과정에서 네 가지 기능의 선결조건을 모두 만족시키는 것, 즉 그 운영과정에서 환경적응, 목표달성, 기능통합 및 유형유지 등 각 기능의 수요를 만족시키는 것을 말했다. 이런 정황은 왕왕 왕조가 가장 흥성하는 시기에 출현한다. 유학사회 속의 소위 '성세', '중흥지세' 등인데 전자는 '문경통치', '정관통치', '강건성세' 등이고 후자는 '한무 중흥', '개원성세' 등이다. 왕조의 중성 운영은 왕조가 그 운영과정에서 환경적응, 목표달성, 유형유지 등의 기능 수요를 기본상 만족시키거나 기능통합의 수요는 만족시키지 못하는 것을 가리킨다.

일반적으로 왕조의 중기에 이런 정황이 출현하는데, 주로 경제상 토지가 고도로 집중되고 정치상 외척이 권력을 독점하거나 붕당의 싸움, 환관의 집권 등의 현상이다. 왕조의 양성운영이 반드시 구비해야 할 네 가지 기능 선결조건 가운데 그 어느 한 가지가 충분히 만족스럽지 못하면 모두 왕조의 악성 운영을 초래하게 된다. 왕조의 악성 운영은 주변 민족이 중앙왕조의 위치를 차지하고, 농민전쟁이 일어나고 외척과 환관이 집권하고, 하늘에서 명을 내린 왕조로 교체된다는 소문이 도처에서 일어나는 등 네 가지 전형적인 악성 상황 혹은 네 가지 전형적인 왕조위기로 표현된다.(표 12)

표 11) 왕조 양성운영의 기능 선결조건 및 세 가지 운영상황

	왕조의 세 가지 운영상태					
	양성 운영	중성 운영	악성 운영			
환경적응	만족	만족	안 됨			
목표달성	만족	만족		안 됨		
기능통합	만족	불만족			안 됨	
유형유지	만족	만족				안 됨

표 12) 왕조의 악성 운영상황에서 네 가지 전형적인 위기

	주변 민족이 중앙왕조 위치 차지	농민전쟁	외척(환관)집권	하늘이 새 임금 내린다는 요언
환경적응	안 됨			
목표달성		안 됨		
기능통합			안 됨	
양식유지				안 됨

유학사회 속의 왕조위기의 첫 번째 전형은 환경적응위기로서 왕조의 교체를 유발할 수 있다. 왕조환경의 적응위기는 주로 왕조가 환경에 대한 도전을 통제할 능력이 없는 것을 가리키는데 이렇게 되면 조종의 사직을 보호 할 수 없고 더욱이는 "만국에서 조공을 바치고, 사이에서 손님이 모여오는" 왕조에치체계를 건설할 수 없으며 엄중하게는 가정이 파괴되고 목숨을 잃거나 강산의 주인이 바뀌게 된다. 사료의 기록에 의하면 유학사회 왕조 심지어는 '전 유학사회' 왕조 혹은 중앙 왕조 입장에서 말하면, 환경이나

주변 민족의 중앙왕조에 대한 도전을 어떻게 대하는가 하는 문제는 줄곧 유학사회 왕조가 해결해야 할 중요한 문제가 되었다. 춘추전국시기의 '존왕양이'로부터 진시황의 장성을 쌓고, 한무제가 오랑캐를 치고, 송휘종이 천서를 받아 북방 소수민족을 겁주는 것 등과 청 왕조가 서방을 공격한 것은 모두 한 가지 문제, 즉 왕조의 환경적응문제를 해결하기 위한 것이었다.

일반적으로 왕조는 초기에는 환경적응 문제를 비교적 잘 해결하나 왕조의 중기 혹은 말기에 와서는 그러하지 못하거나 그럴 능력이 없어진다. 어떤 왕조는 아예 첫 시작부터 유사한 문제를 해결하지 못하기도 한다. 많은 왕조가 모두 이 문제를 해결하지 못하여 침입한 소수민족에게 정복되었다. 전형적인 예는 남송왕조가 몽골족에 정복되고 명왕조가 만족에게 정복된 것 등이고 청 왕조는 아예 서방의 침략으로 멸망에 이르렀다.

유학사회왕조의 위기의 두 번째 전형은 목표달성위기인데 마찬가지로 이 또한 왕조의 교체를 유발할 수 있다. 유학사회의 목표달성은 '천하의 진리'거나 '왕도'를 건립하는 것인데 실현하는 과정에 '천하의 진리'는 '천하의 한 집안'인 군주질서로 나타난다. 유학사회에서 왕조의 역할에 대한 기대는 현실적 측면에서 '군군, 신신, 부부, 자자'의 군주질서를 건립하고 보호하며 유학사회가 말한 "사직을 지키고 백성의 목소리에 귀를 기울이는" 것으로 주로 표현된다. 하나의 사회행동계통인 유학사회 왕조의 양성 운영은 여전히 "하늘의 뜻을" 받은 '가정천하'가 군주질서를 실현하는 사회 각 부분의 기능통합을 통하여 '천하의 진리'의 예치질서를 건립한다. 살아 움직이는 왕조의 네 가지 기능 수요에서 목표달성은 제일 기초적이고 제일 중요한 것이다. 왕조의 환경적응, 기능통합은 모두 군주질서를 기초로 하며 잠재적인 양식유지의 목적은 군주질서의 양성 운영을 회복하기 위함이기 때문이다. '집천하' 혹은 한 성씨의 왕조가 '천하의 진리'거나 '왕도'를 실현하지 못하면 유학사회의 왕조는 위기에 직면하게 된다. 이런 의의상에서 유학사회 왕조질서는 통치자의 왕조질서일 뿐만 아니라 피통치자의 왕조질서가 된다. 하나의 양성 운영은 왕조질서를 통치자의 이익에 부합되게 할 뿐만 아니라 피통치자의 이익에도 부합되게 하기 때문이다. 목표달성위기는 주로 통치계층 혹은 왕조가 사직을 지키고 백성을 편하게 하는 목적을 달성하지 못하여 통치자와 피통치자지간의 목표가 일치하지 않을 때 나타난다. 목표달성위기의 제일 위험한 결과는 농민전쟁이 일어나는 것이다. 대부분의 왕조 말기에는 모두 크고 작은 규모의 농민전쟁이 일어났는데, 농민전쟁은 왕조의 위기를 더욱 심화시켜 왕조를 교체시켰거나 혹은 원말 농민전쟁처럼 직접 왕권을 탈취하기도 하였다.

목표달성의 위기는 주로 왕조 말기에 토지겸병으로 인한 토지가 고도로 집중되는 것에서 기인한다. 토지겸병은 국가가 통제하는 호적민, 즉 자작농, 반자작농을 소작인으로 만들어 토지가 점차 소수인의 수중에 장악되는 과정을 가리킨다. 유학사회의 정치형태는 황제관료제도이고 경제 형태는 자작농-지주경제이다. 유학사회 왕조의 번영은 주로 자작농-지주경제 위에 건립된 것이고, 자작농-지주경제 번영의 중요한 전제는 국가가 적당량의 자작농 혹은 반자작농의 존재를 보장하는 것이다. 자작농 혹은 반자작농이 국가에 세금을 납부하고 요역을 부담하는 것은 국가 혹은 왕조의 행정 권력과 모든 기구의 생활원천이며 한 왕조의 안정과 번영의 물질적 기초가 된다. 그렇기 때문에 유학사회에서의 강대한 국가정권은 일반적으로 농민의 지주에 대한 의탁관계 발전을 제한하고 토지겸병을 억제시켜 자작농과 반자작농의 존재를 보장한다.

황제관료제도가 정치상에서 지방토호를 억제하고 경제상에서 자작농-지주경제에 의거하기에 토지정책은 본질적으로 토지겸병과 서로 대립된다. 일반적으로 매 왕조 초기에는 자작농과 반자작농의 비율이 비교적 크고 국가에서는 또 대량의 주인이 없는 황무지를 농민들에게 분배한다. 왕조 중기에도 국가는 일부 토지겸병을 막는 조치를 취한다. 그러나 유학사회의 토지겸병은 일종의 자발적인 추세다. 자작농-지주경제는 비교적 발달한 상품경제의 충격으로 일정한 정도의 토지매매를 허락하게 되는데, 가난한 사람은 토지를 팔고 부유한 사람은 토지를 구매하여 이른바 '천년전, 팔백주(千年田, 八百主)'와 같은 현상이 나타난다. 왕조가 전성기를 지나면 방대한 왕실, 관료계층이 형성되는데 이들은 정치세력과 경제역량을 빌려 토지를 겸병하여 대량의 자작농과 반자작농으로 하여금 파산에 이르게 한다. 왕조 말기의 토지겸병 현상은 더욱 엄중하다. 토지가 고도로 겸병되면 두 가지 중요한 나쁜 결과를 초래하게 된다. 하나는 국가 혹은 왕조가 세금 내원을 잃게 되어 존재하는 물질 기초를 잃는 것이며, 둘째는 국가가 대량의 호적민을 잃게 되고 대량의 자작농과 반자작농이 토지를 잃고 소작농이나 유랑민으로 전락하는 것이다. 유랑민은 왕조 말기의 농민전쟁에 제일 직접적인 물질적 영향을 제공한다.

유학사회의 세 번째 전형적인 왕조위기는 왕조운영과정에서 발생하는 기능위기다. 그 어떤 행동계통이든지 모두 제도화된 구조를 가지고 있다.

제도화된 구조의 여러 부문 모두 또 계통에 대해 자신의 능력을 발휘한다. 행동계통의 목표를 실현하기 위하여 구조화된 여러 부문은 계통에 대한 능력을 효과적으로 발휘하여 각 부문 간의 협조가 반드시 일치해야 한다. 하나의 행동계통인 유학사회 왕조는 반드시 이렇게 해야 하며 그렇지 않으면 기능문란이 나타나 왕조위기의 세 번째 유형, 즉 왕조의 기능위기가 출현하게 된다. 유학사회 왕조의 운영과정에 나타나는 기능위기는 주로 외척의 화와 환관의 권력독점 두 가지 형식으로 나타난다.

외척의 화는 외척이 권력을 독점하면서 초래하는 우환이다. 일반적으로 외척은 나라를 다스리는 재간이 없으며 그들은 늘 황제와의 인척관계를 이용하여 국가권력을 절취하고 소집단의 이익을 유지하고 보호한다. 참고할 만한 역사자료에 의하면 중국 고대에 제일 처음 외척이 정치에 관여한 것은 전국시기 진나라의 외척 위염으로부터 시작된다.[653] 외척의 권력독점의 결과는 늘 한 왕조에 거대한 손해를 입히는데 가벼우면 정치가 어두워 성세로부터 쇠락으로 나가며 무거우면 국세가 기울고 왕조가 바뀌며 천하의 화가 되어 역사로는 '외척의 화'라고 부른다. 서한 말기에는 외척의 세력이 팽창하여 황권을 침탈하였는데 최종적으로 왕망의 찬탈로 이어졌고, 동한 말기에는 외척이 권력을 독점하여 당고지화를 초래하였으며, 서진시기에도 후비의 외적이 권력을 독점하여 '8왕의 난'이 일어났다. 수 왕조 황제 양건은 외척에 의해 임금의 자리에 올랐다. 성세를 누리던 당 왕조도 외척의 권력독점으로 '안사의 난'을 겪었다. 성군이나 개국황제 혹은 중흥황제는

---

(653) 서련달, 주자언, 『중국황제제도』

종종 자각적으로 외척의 권력독점에 대해 경각심을 높였고 방지하였는데 일부 왕조는 이에 대해 엄격한 규정을 세우기도 하였다. 한무제 시기와 북위 왕조는 '입자살모(立子殺母)'를 실행하였다.

황제가 죽은 후 어린 황제 대신 황후가 임정하고 외척이 권력을 독점하는 현상이 발생하는 것을 방지하기 위하여 잔인하게 태자의 어머니와 기타 황자의 어머니를 처형하는 방식이다. 명조는 후궁의 외척들이 정치에 관여하는 것을 금지하는 조치를 제도화, 법률화 하였다. 주원장은 공부에 명령하여 금지 조목을 철제 홍패에 주조하여 매 궁문에 걸어놓게 하여 외척들이 조정을 혼란하게 하는 것을 근절시켰다. '외척의 화'의 위해는 주로 친신을 총애하고, 인재등용이 막히고, 토지를 약탈하고, 사치가 극에 달하고, 대신을 도륙하고, 백성을 학대하고, 궁궐에 핏자국이 낭자하고, 천하가 어지러운 것으로 표현된다. 유학사회의 역사변천 가운데 외척이 정치에 개입한 것은 왕왕 왕조가 멸망하는 중요한 원인 중 하나가 되었다.

환관의 권력독점은 왕조운영과정에서 출현한 기능위기의 또 다른 하나의 표현 형식이었다. 외척집단과 투쟁하는 과정에서 환관들은 늘 고립 무원한 황제가 유일하게 신임할 수 있는 사람이 된다. 황제와 연합하여 외척을 반대하는 투쟁에서 환관의 세력은 왕왕 급속히 팽창하여 잇따라 왕조의 생존을 위협하게 된다. 그 사례들이 끊임없이 속출하였는데 그중 동한, 당, 명 세 왕조에 환관의 화가 가장 처절했다. 진나라가 중국을 통일하고 급기야 멸망한 것은 환관 조고가 황제의 총애를 받아 권력을 독점한 것과 매우 큰 관련이 있다. 동한 장제가 죽은 후 두태후가 조정을 쥐고 흔들자 외척 두헌이 권력을 독점하였다. 서기 92년에 한화제와 환관 정숭이 밀모하여 두헌을 살해하자 환관이 득세하여 권력을 독점하게 되고 일을 크게 불려 유생들을 살해하고 '당고의 화'를 일으켰다. 후에 외척과 환관들이 번갈아 권력을 장악하면서 서로 죽이기를 하였는데 결국 동한이 멸망되었다. 당조 초기 환관의 세력이 압제를 받았으나 당현종 때에 와서 환관 고력사가 권력을 장악하면서 조정을 휘둘러 안사의 난을 일으켰다.

　그 후 환관들의 세력이 점차 커졌는데, 서기 820년부터 903년까지 헌종, 경종이 환관들에 의해 죽임을 당했다. 그중 경종의 태자가 즉위한 것 외에 나머지 7명의 황제는 모두 환관들이 자신들의 필요에 따라 옹립한 황제들이었다. 결국 907년 당 왕조는 후량(後梁) 주온(朱溫)에 의해 멸망하였다. 환관의 화는 명조에 와서 새로운 지경에 도달했다. 명 초기 주원장은 환관들의 세력을 약화시키는 일련의 조치들을 취했고 사고를 미연에 방지하기 위하여 궁중에 "내신은 정치에 관여하지 못한다. 위반하면 목을 친다"라는 철패를 세워 영원한 계칙으로 삼게 하였으며 환관은 문무관직에 오르지 못하고 여러 관리들과 서신거래를 못하며 관위는 4품을 초과하지 못하며 글을 읽어서는 안 된다고 명문으로 규정하였다. 그러나 주원장이 죽은 후 일체 규정은 모두 무용지물이 되었다. 명성조부터 환관을 중요시하기 시작하여 동창을 설립하였고 헌종은 서창(西廠)을 설립했다. 명대만 해도 왕진(王振), 왕직(汪直), 유근(劉謹), 위충현(魏忠賢) 등 권세가 하늘을 찌르는 환관들이 생겨났다. 환관 세력의 확장으로 환관의 수도 날마다 늘었는데 홍무 초년에 백 명에 지나지 않던 것에서부터 명조가 멸망할 때에는 궁중에 있는 내시만 하여도 7만이 되었고 거기에 각지에 분산되어 있는 환관까지 합하면 10여 만 명이나 되었다. 환관세력을 중심으로 형성된 환관도당은 동림당인을 대량 학살하였으며 결국 명 왕조로 하여금 '기강이 해이해지고 상하가 해체'되게 하였다.

유학사회 왕조위기의 네 번째 전형은 양식유지 위기이다. 양식유지는 체계의 정상적인 운영을 다시 가동하는 것을 가리키는데 정상적인 운영상태가 잠시 중단할 때 체계가 가지고 있는 특정된 시스템(잠재적)이 능히 체계의 정상적인 운행을 다시 가동하고 원래 존재하는 체계의 구조를 다시 회복하는 기능관계를 말했다. 일반적으로 양식유지는 체제에 위기가 발생할 때 최후 억제 역량이다.

주변 소수민족이 중앙 왕조의 위치를 차지하거나 농민전쟁, 외척(환관)의 권력독점 등 세 가지 위기의 정황하에서 왕조의 양식유지시스템은 여전히 작용을 발휘하였는데, 이런 정황 하에서 왕조의 교체가 일어날 수 있고 혹은 양식유지의 작용으로 왕조의 교체 현상이 발생하지 않을 수도 있다. 그러나 양식유지시스템이 충분히 작용을 발휘하지 못하거나 모델유지시스템에 위기가 발생하면 유학사회의 왕조는 수시로 교체되거나 한 왕조의 종말을 초래한다. 양식유지위기의 제일 전형적인 표현은 바로 왕조의 명이 다했다는 민간 여론의 발생이다. 새로운 왕조가 앞의 낡은 왕조를 대체하는 것은 아무런 근거가 없는 것이 아니다.

매 신 왕조는 어떤 방식으로 탄생하던지 반드시 합법성을 가진다. 왕조가 존속할 모든 실질적인 합법성이 모두 상실되면 잇따라 그 존속 형식의 합법성도 하나하나 사라진다. 유학사회 왕조의 형식적인 합법성은 동중서의 "천자는 하늘이 점지"한 국가정치학설에서 왔는데 천자가 "악덕하여 백성에게 해를 끼치면 하늘이 빼앗는다"고 밝혔다. 왕조 말기에 여러 가지

사회모순이 집중되어 한꺼번에 나타나 불만이 끊이지 않으면 왕조의 천명이 다하고 기수가 다한다는 여러 가지 민간여론이 출현한다. 이런 민간여론이 권력을 독점한 외척집단의 천명에 대한 자각적인 의식이거나 혹은 뜻을 잃은 사대부나, 군대가 있고 지위를 가진 군벌과 유랑민 등 여러 사회계층의 일종의 자각적이고 보편적인 사회의식이 될 때, 왕조는 그 통치의 합리성과 합법성을 상실하게 된다. 그렇게 되면 '진나라를 멸망시킨 자는 흉노(혹은 호해)이니라', '왕후장상은 씨가 따로 있나?', '창천(蒼天)이 다하니 황천이 서리라' 등과 같은 민간여론이 나타나고 왕조의 교체는 곧 발생하게 된다.

유학사회 왕조의 운영은 세 가지 상태로 표현되며 그 악성 상태는 또 네 가지 위기로 나타난다. 왕조는 단지 유학사회 운영의 수단일 뿐이고, 또 유학사회의 총체적인 운영과정에 왕조는 모종의 특정적인 배역만을 맡았기에 근대 이전의 유학사회가 해체하기 전의 유학사회 왕조가 부딪쳤던 위기를 모두 하나의 역할위기 혹은 왕조의 역할위기로 귀결시켰다.

3. 유학사회의 운영상태 및 그 위기

유학사회의 운영 상태와 유학사회에서의 왕조의 운영 상태는 분리할 수 없다. 먼저, 유학사회의 흥기, 변천, 해체는 모두 왕조의 운명과 밀접히 관련되어 있기 때문이다. 유학사회는 한무제의 '독존유술'시기에 발생하여 역대 왕조와 군주의 통치계층 및 유가학자 등의 부단한 노력을 거치고 한나라부터 청조에 이르는 모든 왕조의 흥기와 복멸을 지나면서 그 문명은 더욱 광활한 시공영역으로 확장되었으나, 그 분열과 해체는 청 왕조의 쇠망과 더불어 실현되었다. 종합적으로 유학사회의 운영은 바로 한 왕조가 또 다른 한 왕조에로의 부단한 교체로 인해 실현되었다. 다음, 유학사회의 운영 상태는 왕조의 실제운영으로 실현되었으며, 유학사회 왕조의 운영 상태는 사실상 유학사회의 운영상태의 상징이 되었다.

다시 말하면 왕조 운영상태의 악성은 바로 유학사회의 운영상태의 악성이고 왕조의 운영상태의 양성은 바로 유학사회 운영상태의 양성이었다. 만약 유학사회의 왕조를 유학사회 운영을 실현하는 수단으로 보고 거기에 앞에서 말한 바와 같이 유학사회 왕조의 운영 상태를 양성 운행, 중성 운행, 악성 운행 세 가지 상태로 나눈다면 거기에서 우리는 유학사회 운영의 두 가지 상태, 즉 가지속 운영과 불가지속 운영을 알아낼 수 있다. (표 13)

표 13) 유학사회(왕조의 흥쇠로부터 나타난) 두 가지 운영상태

유학사회의 두 가지 운영상태			
유학사회의 가지속 운영(왕조역할의 위기)			유학사회의 불가지속운영
왕조운영의 세 가지 상태			왕조정치 종결
양성 운영(왕조성세)	중성 운영(왕조중기)	악성 운영(왕조교체)	
왕조가 형식상 합법성과 실질적인 합법성을 구비	왕조가 형식상 합법성을 구비하였으나 실질적인 합법성은 부분적으로 결여	왕조가 간단한 형식상 합법성을 구비하였으나 이미 실질적인 합법성을 상실	왕조 형식상 합법성과 실질적인 합법성을 구비하지 못함
유학사회가 양성 상태에 처함①	유학사회가 중성 상태에 처함②	유학사회가 악성 상태에 처함③	유학사회가 해체 상태에 처함(규범위기)④

도표 13)에서 아래와 같은 몇 가지 결론을 얻을 수 있다.

첫째, 유학사회 운영상태의 구체표현을 가지속 운영상태(①②③)와 불가지속 운영상태(혹은 해체상태) (④) 이렇게 두 가지 유형으로 나눌 수 있다. 그중 유학사회의 가지속 운영은 또 양성 운영, 중성 운영, 악성 운영 등 세 가지 상태로 나눌 수 있다. 유학사회의 운영은 왕조의 실제운영으로 실현되며 유학사회 왕조의 운영 상태는 실제상 유학사회 운영상태의 상징이다. 이로부터 유학사회의 가지속 운영의 세 가지 상태와 왕조의 세 가지 운영상태는 어느 정도 일치성을 가지고 있다는 것을 알 수 있다.

둘째, 왕조의 양성 운영은 바로 유학사회의 양성 운영의 상징이고

왕조의 중성 운영은 바로 유학사회의 중성 운영의 상징이며 왕조의 악성 운영은 바로 유학사회의 악성 운영의 상징이다. 유학사회의 양성 운영은 행동계통인 왕조가 양성 운영 상태에 있음을 가리키고 양성 운영 상태에 있는 왕조는 왕조의 역할에 대한 유학사회의 기대를 만족시키며, 왕조의 존속은 형식상 합법성도 구비하고 실질적인 합법성도 구비한다. 왕조의 양성 운영은 항상 왕조가 가장 흥성한 시기에 나타나는데 유학사회의 소위 '성세', '중흥지세' 등은 모두 유학사회가 양성 운영의 과정에 처한 것이라고 볼 수 있다. 예를 들면 '문경(文景)의 통치', '정관(貞觀의 통치)', '강건(康乾)성세' 등과 '한무(漢武)중흥', '개원(開元)성세' 등이다. 유학사회의 중성 운동은 행동계통인 왕조가 중성 운영 상태에 처해 있음을 가리키고 중성 운영 상태에 있는 왕조는 부분적으로 왕조역할에 대한 유학사회의 기대를 만족시키며 왕조의 존속은 형식상 합법성을 구비하고 부분적으로 실질적인 합법성을 구비한다. 유학사회의 악성 운영은 행동계통인 왕조가 악성 운영 상태에 처해 있음을 가리키고 악성 운영상태에 있는 왕조는 왕조역할에 대한 유학사회의 기대를 만족시키지 못하고 왕조의 존속은 단지 형식상의 합법성만 구비하고 실질적 합법성은 어느 정도 계층적으로 놓고 말하면 완전히 없어진다.

셋째, 유학사회가 사회해체상태에 처하면 행동계통인 왕조(그 어떤 형식의 왕조, 예를 들면 원세개의 홍헌제(洪憲帝의 꿈, 장훈[張勛]의 변자군복벽[辮子軍復辟]의 꿈)는 그 실질적인 합법성과 형식적인 합법성을 잃게 된다. 유학사회 왕조의 형식적 합법성의 근원인 '천명관'이 점차 소실되고 새로운 사회생활방식이 이로부터 점차 생겨나게 된다.

하나의 구조화된 계통인 유학사회는 하나의 역할이 된 규범체계이다. 그것은 매 하나의 왕조가 책임져야 할 역할을 규정했을 뿐만 아니라, 그 속에서 생활하는 모든 개체와 단체의 역할도 규정했으며 일정한 규범체계와 서로 대응되게 하였다. 규범체계와 일치하는 역할분담은 구조화된 유학사회계통의 내재적인 요구이지만, 현실 속 왕조 혹은 개체의 역할분담, 배역연기와 규범체계의 요구가 일치하는 것만은 아니며, 늘 여러 가지 위기가 발생한다. 이로부터 유학사회의 위기는 다른 세 가지에서, 즉 개체 차원, 왕조 차원과 유학사회 차원에서 발생함을 알 수 있다.(도표 13) 개체 차원에서의 역할위기는 유학사회의 사회 행동자가 배역의 이상 유형에 대한 위배로 표현되며, 그 결과는 다른 유학사회 속의 왕조 역할을 맡은 자(개체)의 교체 혹은 개체의 생명위험, 심지어는 왕조의 교체까지 초래할 수 있다. 왕조 차원의 위기는 왕조 역할의 담당위기로 나타나며 왕조의 교체를 초래할 수 있다. 유학사회 차원의 위기는 유학사회의 규범위기로 나타나며 최종적으로 유학사회의 해체를 초래할 수 있다.(그림5)

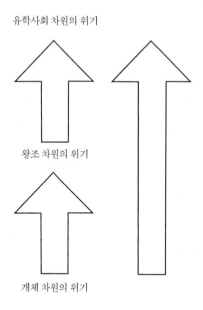

유학사회 차원의 위기

왕조 차원의 위기

개체 차원의 위기

그림 5) 유학사회의 위기의 세 차원도

　　유학사회 차원에서의 위기와 왕조 차원에서의 위기는 다른 사회운영
차원에서 발생한다. 비록 유학사회의 운영과 왕조의 운영이 매우 큰 관련이
있지만, 유학사회의 운영과 왕조의 운영은 다른 차원의 사회운영으로 양자
간에는 중요한 구별이 있다. 왕조운영과 유학사회운영의 관계를 보면
전자는 수단이고 후자는 목적이다. 왕조는 유학사회가 자아운영을 실현하는
수단이다. 왕조의 위기는 왕조운영의 차원에서 발생하지만 유학사회의
위기는 유학사회 운영의 차원에서 발생한다. (표 14)

표 14) 왕조 차원과 유학사회 차원의 위기 유형비교

	위기 유형	위기 표현	위기 폭	위기 강도	양식유지의 대상
왕조차원	왕조역할 담당자의 위기	농민전쟁, 외척(환관)의 정권독점, 소수민족정권이 중앙왕조의 위치를 차지	유학사회의 자아조절은 왕조에는 전면적이나 유학사회에는 국부적으로 진행된다	왕조붕괴(왕조교체), 새로운 왕조역할 대체자는 출현(사회분층체에는 불변)	왕조의 운영을 유지
유학사회차원	유학사회의 규범위기(역할-규범체계의 위기)	너무 높은 차원의 사회생활유형이 나타나고 새로운 사회분층이 나타나며 사회의 엘리트들이 통치계층으로 이동하지 않는다	유학사회에 전면적이고 정체성을 가진다	유학사회의 내재혁명(가치위기), 유학사회(연관) 해체, 유학사회분층체계 와해, 새로운 사회규범 재구성	유학사회의 운영을 유지

두 가지 위기의 수단을 통해 보면 다른 잠재적 유지양식의 시스템이 존재한다. 유학사회의 정상적인 운영을 가동하거나 회복하는 잠재양식은 주로 소농경제형태, 유가의식형태, 국가와 가정이 연결된 조직형태 등 몇 개의 방면에서 공동으로 구성된다. 그러나 유학사회 왕조의 정상적인 운영을 가동하거나 회복하는 잠재양식은 주로 천명의식, 존왕충군의식, 강산사직의식 등으로 구성된다. 바로 그 잠재양식의 유지가 다르기에 왕조운영의 악성상태에 대해 다른 태도가 나타난다. 왕조의 잠재양식이 유지하는 것은 구왕조의 계속적 운영이다. 그렇지 않으면 구왕조의 붕괴를 초래한다. 유학사회의 잠재양식이 유지하는 것은 구왕조의 대체자를 찾아 왕조 교체를 실현하여 유학사회의 정상적인 운영을 유지하는 것이다.

그렇지 않으면 유학사회가 해체되게 된다. 유학사회 운영의 잠재양식의 유지시스템은 유학사회 운영과정에서 질적인 통일성을 제한한다. 두 가지 차원의 위기가 가져온 사회의 결과 역시 다르다. 왕조의 각종 유형의 위기는 왕조 내부의 자아조절을 야기 시키나 유학사회는 가지 속 운영을 야기 시키며 유학사회의 규범위기(가치위기)는 유학사회 윤리질서의 해체를 유발하여 최종 유학사회의 종결을 초래한다.(표 15)

표 15) 두 가지 유형의 잠재유형 유지의 비교

	유지 대상	유지 기능	유지 수단	유지 결과
왕조운영의 잠재양식 유지	왕조의 운영	왕조운영과정에서 나타난 각종 형식의 위기	천명의식, 충군의식, 강산사직의식	왕조의 교체를 막고 왕조의 가지속운영을 돕는다
유학사회운영의 잠재양식 유지	유학사회의 운영	유학사회 조직구조구의 부단한 완결성과 유학사회의 질적인 통일성을 촉진한다	경제상의 소농경제형태, 조직상의 국가와 가족구조, 의식형태의 유가화(나라에 하루라도 임금이 없으면 안 된다는 등의 의식)	왕조가 교체되고 유학사회가 가지속운영된다

설명, 유학사회 운영의 잠재유지 유형은 동서방문명의 제일 기본적인 충돌이 되며 유학사회의 종결은 유학사회 운영 잠재유지 유형의 해소를 의미한다.

　　유학사회 왕조는 늘 있는 힘을 다해 왕조의 악성 운영 상태를 배제하려 하지만 유학사회는 그 운영과정에서 본능적이거나 절대적으로 왕조의 악성 운영 상태를 배제하려 하지 않는다. 왕조의 악성 운영상태는 유학사회가 내재적인 변천을 실현하는 일종의 방식이다. 구 왕조의 위기 과정은 새 왕조의 생명이 잉태되는 과정이며 농민전쟁과 소수민족정권이 중앙 왕조의 위치를 차지한 결과는 하나의 새로운 역할 담당자를 찾는 것일 뿐이다. 엥겔스는 『가정, 사유제와 국가의 기원』에서 이렇게 말했다. "야만적인 사람만이 하나의 죽어가는 문명 중에서 몸부림치는 세계를 젊어지게 한다."[654] '난(亂)' 혹은 왕조의 악성 운영은 왕조운영의 대적이고 대악이다. 그러나 군주질서에 대한 자아갱신이나 유학사회의 지속운영을 놓고 보면 '역사적인 악'은 아니다. 유학사회의 변천은 부분적으로 하나하나의 구체적 왕조의 '악'으로 실현된다.

왕조의 교체는 하나의 구 왕조의 역사적 사명의 종결을 의미한다. 그러나 유학사회에 대해 말하면 왕조의 교체는 하나의 새로운 왕조의 시작을 의미할 뿐이며 유학사회는 계속 운영된다. 왕조 말기의 각종 위기는 상호 연계되고 상호 격화하며, 왕조의 역할 담당의 실패를 유발하여 최종 왕조의 붕괴를 초래하는데, 이로써 유학사회의 변천, 즉 왕조의 교체를 실현한다.

왕조교체는 유학사회 발전과정에서 한 왕조가 다른 한 왕조를 대체하는 현상을 가리킨다. 왕조교체는 유학사회 변천 과정에서 일종의 왕조 역할의 담당자를 대체하는 것을 말했다. 유학사회에는 왕조의 역할설치와 역할기대가 있는데 왕조는 다만 기대하는 역할의 공구로서 배역을 담당할 뿐이며, 일단 배역 연기가 실패하면 역사는 무정하게 그를 포기한다.

매 왕조 교체는 유학사회 사회변천의 하나의 연결고리로서 혹자는 왕조 혹은 가족천하는 유학사회질서의 한 배역에 지나지 않는다고 말했다. 유학사회의 발전 과정으로 볼 때, 유학사회에서 왕조의 교체(어떤 왕조는 병존한다. 예를 들면 3국시기, 남북조시기 등)방식은 네 가지 경로로 표현된다. 첫째는 농민봉기 영수가 수도를 세우고 황제로 자칭한 서한, 명 왕조 등이고, 둘째는 농민봉기 성과를 갈취한 명문세가가 새 왕조를

---

654) 『마르크스엥겔스선집』 2판, 제4권, 북경, 인민출판사, 1995, 57쪽.

건립한 동한, 당 왕조 등이며, 셋째는 소수민족이 중원에 들어와 건립한 원조, 청조 등이며, 넷째는 궁정정변으로 건립한 왕망대한(王莽代漢), 서진대위(西晉代魏), 북송이 후주(後周)를 대체한 것 등이다.

종합적으로 유학사회는 한무제가 기원전 134년에 실시한 '백가배척(罷黜百家), 유가독존(獨尊儒術)' 정책을 채용한 시기부터 시작하여 1912년의 '중화민국임시약법'의 반포로 끝나게 되었는데, 2,046년 동안 존속했다. 유학사회의 2,046년의 여정에서 크고 작은 57개의 왕조를 거쳤다. 절대다수의 왕조가 모두 자신의 흥기와 쇠퇴, 흥성과 위기를 겪었다. 왕조의 흥성과 위기는 유학사회 운영의 총체적인 상태를 구성한다. 왕조의 흥성과 위기의 역사는 유학사회의 치란흥쇠(治亂興衰)의 역사이다. 치란흥쇠는 유학사회 군주질서 운영에 나타나는 표면적 특징이다.

치(治)는 중국역사에서 왕조의 통일로 표현되는데, 최대의 치는 '성세', 즉 문경성세, 정관의 통치 등이다. 이때의 사회질서는 정치안정, 경제번영, 인구증가 등으로 표현되었다. 사서의 기록에 의하면 한나라가 흥기하여 50~60년이 지나자 농민들은 원기를 회복했고 사회는 안정되었으며 경제가 번영하였다. 한경제 말년에 이르러 지방 관부의 창고에는 양식이 넘쳐났고 금고에는 동전이 넘쳐났는데 조정에서 저장한 양식은 묵은 쌀과 햅쌀을 합쳐 노천에까지 쌓여 썩어버렸다. 유학사회의 총체를 놓고 말하면 치는 주로 두 가지 형식으로 표현되는데, 바로 왕조의 양성 운영과 중성 운영이다.

왕조의 양성 운영 상태에서 정령은 임금으로부터 나오고 행동계통인 왕조 운영의 기능에 필요한 모든 선결조건은 기본적으로 만족을 얻으며, 왕조는 형식상 합법성을 가질 뿐만 아니라 실질적 합법성도 가진다. 이

시기의 외부형식은 천하통일 왕조성세의 사회국면을 가진다. 왕조의 중성 운영 상태에서 행동계통인 왕조는 환경적응, 목표달성, 양식유지 등 방면의 수요를 만족시키나, 기능통합방면에 위기현상이 나타나며 왕조 통치의 실질적 합법성에 부분적인 결함이 나타난다.

매 왕조가 군주질서를 건립하고 나라가 태평해지면 사회질서에 어느 정도 난이 발생한다.(일부 중흥의 군주도 있으나 모두 불가피하게 쇠락한다) 근대사학자 하증우(夏曾佑)는 『중국고대사』에서 이렇게 결론지었다. "중국역사에는 하나의 일반적인 규율이 있는데 태평지세는 반드시 혁명이 일어난 후 40, 50년 후에 나타난다. 그 후 창성하여 백년까지 간다. 백년이 지나면 또 난이 생기고 그것이 안정되어 수십 년이 지나면 대란이 나타나 혁명이 일어난다. 한, 당, 송, 명이 그 일례다. 역사 가운데 일부 들쭉날쭉한 점이 있었지만 특별한 원인이 있었던 것으로 이러한 일반적인 규율을 어긴 왕조는 없었다." 유학사회 왕조의 난은 주로 황권이 주변 사람에게 장악되고 간신이 득세하거나 벼슬아치들이 어둡고 전란(농민봉기)이 일어나고 질서가 어지러운 것 등으로 표현된다. 예를 들면 동한의 당고의 화, 서진의 팔왕의 난, 당조의 안사의 난, 명조의 환관도당의 화 및 역대 왕조 말기의 농민봉기 등은 모두 대란에 속한다. 유학사회의 난은 주로 왕조의 악성 운영 상태에서 나타난다. 이때 행동 체계인 왕조의 어느 한 가지 기능이 만족스럽지 못하거나 여러 가지 기능이 동시에 만족스럽지 못하여 왕조가 실질적 합법성에 의심을 받고 형식상에서만 그 합법성을 가지게 되었다. 유학사회의 난은 항상 천하의 분열, 남북대치 등의 국면으로 나타났다. 삼국시기, 남북조시기, 오대십국시기, 송, 요, 금의 분열국면(춘추전국시기는 '전 유학사회'시기) 외에 유학사회 대부분의 시간이 천하일통의 시기였다. 예를 들면 서한, 동한, 서진, 수, 당, 원, 명, 청(하, 상, 주, 진 등은 '전 유학사회') 등이었다.

종합적으로 군주질서의 운영은 천하의 난을 다스리는 것으로 완성되며, 유학사회의 생명주기는 왕조로 계산한다. 그러나 역대의 정사는 후하게 황제의 공과를 기록하고 한 왕조 발전수준의 척도로 치란(治亂)의 두 글자를 사용하기도 하였다. 구체적인 왕조를 떠나면 유학사회는 알아볼 수 없는 빈껍데기로 변한다. 당연히 만약 왕조의 교체만 보고 유학사회의 총체적인 역사를 보지 않으면 매 왕조는 그 존재의 역사적 근거를 잃게 되는 것이다.

제10장
유학사회의 종결

제10장
유학사회의 종결

1840년부터 1842년에 발생한 중영 아편전쟁은 중국의 역사를 근대사회로 들어서게 하였다. 아편전쟁 후 중국인들이 직접 눈으로 가장 먼저 본 것은 서양인들의 화기(火器)와 공업기술이었다. 일찍이 위원(魏源)은 "서양인의 기술을 배워 서양인을 제압한다(師夷長技以制夷)"는 인식과 관점을 제기하였다. '양무운동(洋務運動)'의 지도자 이홍장(李鴻章)은 강남 제조국을 설립하기 위하여 공친왕(恭親王)에게 올린 글에서 이렇게 말했다. "중국의 문무제도는 모든 면에서 서양인보다 선진적이지만 유독 화기만은 따라가지 못하고 있습니다." "서양의 기술을 배워 중국의 기술로 만들어야 합니다." 양무자강(洋務自强) 운동은 1861년에 시작되어 1894년에 끝났다. 그 중점은 광물을 채굴하고 산업을 육성하고 신식 해군을 구축하는 것이었다. 1895년의 갑오해전에서 '작은 섬나라'인 일본에게 패하자 당시의 선지자들은 더욱 깨닫게 되었으며 "기술을 배워 나라의 생존을 도모(謀器圖存)"하던 것에서 "법제도를 개혁하여 나라의 생존을 강구(謀法圖存)"하는 방향으로 변화하는 가운데, 강유위(康有爲) 등의 '공차상서(公車上書)', '무술변법(戊戌變法)'이 일어났다. 백일유신(百日維新)을 하고 법제를 고쳐 강성해지기를 희망하고, 통치계급 내부에서 '신병봉기(新兵起義)'가 일어났다. 중국인들의 근대적인 각성과정을 말할 때, 진독수(陳獨秀)는 『우리 최후의 각오(吾人最后之覺悟)』(1916년2월)에서 이렇게 밝혔다. "유럽에서 수입해 온 문화는 우리 중화의 고유문화와 성질이 극단적으로 정반대이다. 수백 년 동안 우리나라는 줄곧 동란 상태에 빠져 있는데, 두 가지 문화가 서로 접촉하면 십중팔구는 충돌한다. 한번 충돌을 겪으면 국민은 각오하게 마련이다. 처음에 우리를 각성시킨 것은 학술이다('서양의 종교와 서양의 기술', '화기역법', '무기제조와 병사훈련' 등을 말했다). 서양과 비교해 보니 부족함이 드러나서 전국이 알게 되었다. 그 다음은 정치이다('행정제도 문제'와 '정치의 근본문제'를 말했다). 근래에 와서 국가정세는 더 이상 보수적이지 않다는 것을 알았다. 그 후 국민이 가장 곤혹스럽고 기준을 세우기 어려운 것이 윤리문제이다(주, '자유, 평등, 독립'을 말했다).

지금 각성하지 못하고 시비를 분명히 구분하지 못한다면, 전에 있었던 이른바 각성자란 진정으로 철저한 각성자가 아니며 단지 불분명한 것일 뿐이다. 윤리의 각성은 우리 국민의 가장 최후의 각성이라고 나는 단언한다." 여기에서 진독수는 동서문명의 충돌을 세 단계, 즉 학술적인 것, 정치적인 것, 윤리적인 것으로 귀납하였으며, 단계마다 그 앞 단계보다 더욱 심각하다. 기실 무술변법 전야에 호남(湖南)의 보수파 증렴(曾廉)이 요약해서 이렇게 말했다. "양을 따라 배운 것은 양무운동에서 시작하였으며 무술변법으로 이어지고 더 나아가 신문화운동으로 발전하였으나 군신,

부자, 부부의 강은 완전히 무너지고 사라졌다."[655] 하지만 이것은 단지 유학사회의 정통 지식인의 각성이고 우려일 뿐이었다. 후에 중국 근대 역사발전에 관한 연구저술들이 매우 많았지만 거의 다 진독수가 내린 결과를 넘어서지 못하였다. 그들은 중국 근대사의 발전을 문화구조의 논리적 전개로 간주하였다.

문화구조는 대개 세 가지 층이 있었다. 외층은 물질적인 부분이고 중간층은 물질부분에 숨겨진 인간의 사상, 감정, 의지와 비물질적인 추상적인 이론과 각종 제도이다. 내층 또는 심층은 문화의 가치관념, 사고방식 등이다. 일반적으로 아편전쟁부터 양무자강운동, 1895년의 갑오전쟁까지를 첫 번째 층면의 문화충돌로, 갑오전쟁부터 무술변법, 신해혁명(辛亥革命)까지를 두 번째 층면의 문화충돌로, 신해혁명부터 5.4신문화운동까지를 세 번째 층면의 문화충돌로 본다. 또 다른 견해는 서양의 학술사상이 중국으로 전파된 과정은 과학기술, 정치, 문화 3단계(그림6)를 겪었다고 본다. 즉 양무운동—무술, 신해—'5.4운동' 세 시기로 보는 것이다. 이러한 관점은 대개 문화변화론자 오그번(Ogburn)의 관점과 일치한다.

오그번의 '문화지체'이론의 관점으로는 각 부분으로 구성된 문화체계가 변화를 일으킬 때, 도달순서와 변화속도 등이 같지 않으므로 결과적으로 각 부분 사이의 불평형, 차이, 착란을 일으킨다. 문화체계는 물질문화와 비물질문화로 구성되는데 변화를 일으킬 때 물질부분의 문화가

---

655) 장립문 책임편집, 『전통문화와 현대화』, 북경, 중국인민대학출판사, 1987, 61쪽.

비물질부분의 문화보다 먼저 변화한다. 일반적으로 물질적인 부분은 변화가 빠르고 비물질적인 부분은 변화가 느리며 비물질문화를 구성한 각 부분의 변화의 순서와 속도도 일치하지 않는다.

이를테면 제도가 먼저 변화하고 그 다음은 풍속과 민심이 변화하며 마지막에 가치관념이 변화한다. 종합적으로 말하면 과거에 중국근대사회의 변화에 관한 연구는 흔히 문화적 시각에서 진행되었으며 중국의 근현대화의 변화를 기물의 도입, 정치체제의 변혁, 윤리 관념의 갱신 등 세 단계라고 결론지었다. 이러한 관점은 복잡한 사회변화를 간단화하고 직선화하였다.

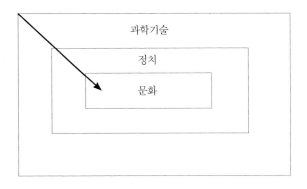

그림 6) 근대사회발전과정 해석도

아편전쟁으로 인한 유학사회의 위기는 전면적이며 총체적이다. 이러한 위기는 유가학설이 서양문명과 충돌을 일으킬 때 반드시 일어나게 되어 있다. 물론 외재적인 위기가 심해지거나 반식민지화되면서 점차적으로 위기에 대해 인식하게 된 것이다. 마치 범주는 인식망의 매듭처럼 중국

근현대 역사에 발생한 중대한 사건은 유학사회의 위기가 더욱 심각해진 것을 나타낸 것이며 유학사회 인식의 자체적 위기 하나하나에 대한 감탄부호이기도 하다. 유학사회의 위기는 전면적이며 총체적이라는 것을 인식함과 동시에 그러한 위기 변화의 단계성과 위기가 발생했을 때의 마지막 핵심문제를 주목해야 한다.

유학사회의 해체나 종말을 연구할 때 역사와 논리가 서로 일치해야 한다. 물론 논리가 역사를 반영한다고 해서 역사의 흐름에 따라 끌려가는 것이 아니다. 논리라는 것은 "역사의 형식과 교란작용을 하는 우연성을 벗어난 것이다." 논리의 역사에 대한 반영은 "수정된 것이며 현실의 역사과정 자체의 규칙에 따라 수정한 것이다. 이때 매 요소는 그것이 완전히 성숙되어 전형성을 띤 발전 시점에서 고찰하여야 한다."[656] 이로부터 볼 때 사회변화를 동태적인 복잡한 과정으로 보아야 한다. 후 단계에 그 앞 단계의 성과가 포용되었으나 앞 단계의 일부 과정이 중복될 수도 있다. 이론의 비판이나 사상의 변화 심지어 사회생활이나 사회질서의 변화 등은 모두 매우 큰 상승 또는 하락의 공간이 있다. 이것은 사상의 진화와 현실변화의 우회성을 나타낸다. 다른 한편으로는 이러한 사회변화를 단계적이며 성과가 있는 것으로 보아야 한다. 모든 성과는 특정 단계에서 유학사회질서에 대한 해체이다. 보는 바와 같이 유학사회의 논리질서의 위기 및 그 해체의 구체적 과정을 분석할 때 총체성과 단계성을 결부시키고 단계성과 그것이 받은 최후의 일격을 결부시켜야 한다. 유학사회의 정치제도는

---

656) 『마르크스엥겔스선집』 2판, 제2권, 북경, 인민출판사, 1995, 43쪽.

황제 관료제도 또는 황제 군현제도이며 사회질서는 '하늘, 땅, 군주, 부모, 스승(天地君親師)'으로 구성된 사회계층체계이다. 유학사회의 주도적 정신은 유교정신이다. 유교정신의 내재적인 규정성은 윤리이성이다. 윤리이성은 유학사회의 사회생활에서 윤리적 연관으로 나타난다.

윤리적 연관을 보호하고 회복하는 것은 윤리통제에 의존한다. 윤리통제가 최고로 체현된 법은 유가윤리를 핵심으로 한 유가윤리법이다. 그러므로 유학사회의 질서와 구조의 해체는 본질적으로 유학사회의 계층체계가 붕괴되고 유학사회의 윤리법이 사라졌음을 의미한다. 유학사회의 해체는 다음과 같은 몇 개의 단계를 거쳤거나 아래의 몇 개의 중요한 역사사건을 겪었다. 즉, 신해혁명(『중화민국임시헌법』의 반포), 신문화운동, 지식인 개조운동, '문화대혁명'이다. 신해혁명은 윤리사회 질서의 정치적 기초(천지군)가 종료되었음을 상징하며 신문화운동은 윤리사회질서의 사회적 기초(친)가 와해되었음을 상징하고 지식인 개조운동과 '문화대혁명'은 윤리사회질서의 권위(사)가 해체되었음을 상징한다. 유가법이 전복당하고 『중화민국임시헌법』을 반포한 것은 유학사회를 사회 생활방식으로 하던 사회형태가 이미 사라졌거나 곧 바람을 따라 사라진다는 것을 상징한다('유학사회'와 '유학'은 개념이 다름을 주의해야 한다). 그림7를 참조.

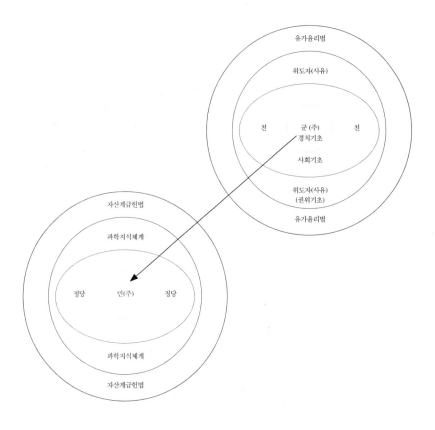

그림 7) 유학사회 운행기초 및 그 구조의 해체과정

1. 윤리질서의 정치적 권위(천지군)의 전복

　군주질서는 유학사회의 정치적 기반이다. 군주질서는 천지와 군주로 구성되어 있다. 천지는 유학사회의 궁극적인 배려이며 피안의 세계이다.

또한 유학사회의 질서 및 변화 동력의 근원이다. 군주는 유학사회 정치질서의 상징이다. 또 유학사회의 정치적 기반은 군주질서라고 할 수 있다. 군주가 없는 유학사회는 마치 머리가 없는 육체와 같다.

유학사회 입장에서 말하면 하루라도 두 명의 군주가 있어서는 안 되며 마찬가지로 하루도 군주가 없어서는 안 된다. 군주질서의 현실 차원의 최고 통치자인 군주는 천명을 받든 '천자(天子)'로 자칭한다. 그 뜻인즉 하늘의 질서와 일반 백성의 매개자로서 하늘과 천도(天道)의 명의로 국가를 통치한다는 것이다. 군주질서에서 황제는 군중을 자민(子民)으로 여겼다. 황제에 대한 충성, 즉 충군(忠君)을 군주 본인도 당연한 철칙으로 생각하였으며, 그의 자민들도 절대적 진리로 여겼다. 군주질서의 정치내용은 천명을 존중하고 군주에게 충성하는 것이라고 설명할 수 있다.

천명을 존중하는 것은 군주질서의 표방이다. 마치 자산계급이 민주를 표방하는 것과 같다. 천명이란 하늘의 뜻을 받든다는 것을 의미한다. 앞에서 서술한 바와 같이 왕조마다 전 왕조를 대체할 때 '천명귀환(天命有歸)'이라고 여긴다. 상나라의 『상서·탕서(尙書 湯誓)』에는 이렇게 적혀있다. "저 하나라의 죄가 가득하니 하늘이 명해 그들을 처벌하게 됐다. (有夏多罪, 天命殛之)", "하나라의 임금이 죄가 있거늘 나는 상제가 두렵기에 감히 바로잡지 않을 수가 없다(夏氏有罪, 予畏上帝, 不敢不正)." 주나라(周)의 『대고(大誥)』에는 이렇게 말했다. "나 소자는 상제의 명을 폐하지 못하나니 하늘은 영왕에게 은혜를 베풀어 우리의 작은 나라인 주나라를 일으켰으며 영왕은 거북점을 쳐서 이 명을 받으셨다." 비록 '천명귀환'이라고 하나 "왕은 친족이 없지만 덕스러움이 그를 돕는다."

임금은 인민을 사랑하며 임금은 인민의 소망을 자신의 소망으로 여긴다.

『태서(泰誓)』에서 이렇게 말했다. "하늘은 민중을 사랑한다", "하늘은 백성을 가엾게 여기며 백성이 바라는 바를 하늘은 반드시 따른다", "내가 사람들을 보듯 하늘이 나를 보며 내가 사람들의 말을 듣듯이 하늘이 내말을 듣는다." 통치계급은 '천명귀환'을 표방한다. 천명에 불경을 범하는 것은 자연스럽게 매 왕조 말기의 공통 현상이다. 천명불경은 천명이 이미 떠나가서 다른 곳에 정착하였음을 믿기 때문이다.

천명 전이의 신앙은 왕조 말기의 천명불경사조에 넓은 공간을 남겼다. 진나라 말기의 진승(陳胜), 오광 (吳广이 말했다. "왕후장상이 어찌 씨가 따로 있겠는가?" 한나라 말기 장각은 이렇게 말했다. "한 왕조는 곧 멸망하고 우리 황건군이 나라를 세워야 한다." 이런 말이 모두가 그러하다.

다르다면 천명불경의 사조가 청나라 말기에 더욱 심하였으며 특히 천명불경은 자산계급에게 새로운 의미를 부여하였다는 것이다. 예전에 '천명귀환'이었다면 지금은 '천명무귀(天命无歸)'이다. 이전에 천명이 하나의 가정, 하나의 성씨에 귀속되었다면 지금은 천명이 그 귀속이 없으며 천하 인민에게 있다는 것이다.

양무운동을 겪은 후 점차 성장한 민족자산계급의 사회 개량주의자들은 나라와 국민을 구하는 길을 사색하기 시작하였다. 그들은 서방이 강대한 것은 그들의 정치체제가 우수하기 때문이며, 중국이 나약한 것은 정치적으로 군주전제를 따랐기 때문이라는 것을 인식하였다. 그들은 전국 각지에 학교, 신문사, 학회, 사단을 세우고 서양학문, 서양정치를 토론하였으며 민권과 민주를 제창하였다. 자산계급은 민주라는 무쇠주먹으로 천명이라는 감옥의 자물쇠를 때려 부수었으며 자산계급의 이상을 위해 기세 높게 일어났다. 엄복(嚴復)은 대담하게 "민주정치는 자유의 외적 표현형식이며 자유는 민주정치의 내재적 본질이다"라는 자산계급의 이상을 말했다.[657] 양계초(梁啓超)는 "자유, 평등, 권리, 독립, 진취"를 "가장 숭고한 주의"[658]라고 찬양하며 "군은 근본이며 실천이 가장 중요하다"는 주장을 제기하였다. 그의 '실천'은 과학적인 실천이며 그의 '군'은 서방 사회학 중의 사단, 정당을 말했다. "민권을 분발시키면 국가는 절대로 망할 이유가 없다"고 그는 생각했다. 강유위는 유신파의 주요 인물이며 입헌군주파의 수뇌이다. 그러나 정통파의 옹동화(翁同龢)는 그가 선전하는 '민권', '평등'의 이상한 낌새를 알아차리고 그의 '평등 민권설'을 질책하면서 "앞장서서 천하를 혼란에 빠뜨린다"고 했다. 강유위는 『신학위경고(新學僞經考)』와 『공자개제고(孔子改制考)』를 써서 옛 성인의 도에 의탁해 현실의 제도를 개혁하려 했으며, 현재의 문화와 경학(經學)의 공양(公羊)학자가 말한 '거난세, 승평세, 태평세(据亂世, 升平世, 太平世)' 이 3가지 세상설을 군주전제, 입헌시대, 민주공화 3개의 역사단계의 진화발전과정으로 해석하였다.

하늘에서 부여한 인권, 민주, 자유는 강유위의 『대동서(大同書)』의 핵심사상이다. 그는 "우리가 전 세계 동포를 헤아리고 그들을 고통에서

---

657) 『엄부시문선택주해』, 남경, 강소인민출판사, 1975, 42쪽.
658) 양계초, 「신민설」, 『음빙실합집』 제6책.

구하려면 오직 하늘이 인권과 평등 독립을 부여하여야 한다."[659] 인권을 흠모하는 심정이 말과 행동에 드러나야 한다고 호소했다. 민주의식의 각성으로 인하여 낡은 제도를 개혁하고 서방민주정치를 실행하는 것에 선비들의 마음이 쏠리고 심지어 민심이 집중되었다. 그리하여 정치적으로 군주전제제도를 폐지하고 헌정을 시행하고 의회를 설립하자는 목소리가 커졌으며 이로부터 자산계급의 사회 개량주의자들이 역사발전의 선두에 섰다. 사회 개량주의자들의 추동 하에 광서황제(光緖皇帝)는 '명정국사조(明定國事詔)'를 내려 혁신을 힘써 강구하려 하였으나 집권파들의 저지와 자희태후의 완강한 진압에 의해 실패로 끝났으며 유신파 인물들은 도망가거나 살해당하였다. 하지만 유신파가 '입헌, 민주, 민권'의 관념을 선전하였기에 청나라 말기에 통치자들은 세계 역사발전의 큰 흐름을 직시하지 않을 수 없게 되었다. 8개국 연합군이 북경에 침입한 후 자희태후는 핍박에 의해 새로운 정치를 실시한다고 선포하였다.

예를 들면 학교를 설립하고 과거(科擧)를 폐지하고 유학생을 파견하였으며, 필요 없는 인원과 관공서를 줄이고 상부(商部)를 설립하고 조항을 반포하여 민족공업을 보호하였다. 입헌을 준비하였으며 대신을 파견하여 서양헌정을 고찰하고 자정원(資政院)과 문의국(咨議局) 등을 기획 설립하였다. 무술변법은 실패하였으나 무술유신운동 후 자산계급이 얻은 중요한 성과가 바로 각 지방에 문의국을 세운 것이다. 1910년 8월 9일 북경에 각 성의 문의국연합회를 설립하고 국회를 개최하여 책임내각을 세우는

---

659) 강유위, 「대동서」, 상해, 중화서국, 1935, 390쪽.

운동을 추진하려 하였지만 이때는 이미 신해혁명의 발발이 멀지 않았을 때였다.

사회 개량주의자들이 개혁을 선전하고 문의국연합회를 준비함과 동시에 손중산을 핵심으로 한 민주혁명파들은 민주, 민생, 민권의 혁명이론을 제시하면서 "청정부의 통치를 뒤엎고 중화를 회복하자"고 호소하였으며 민주혁명의 방식으로 청나라 정부를 무너뜨리고 민주공화국을 창건하자고 주장하였다. 다년간의 투쟁을 거쳐 1911년 10월 10일에 신해혁명의 첫 총소리가 울려 퍼졌다. 무창봉기(武昌起義) 후 잇따라 각지에서 분분히 독립을 선포하였다. 1911년 11월 말까지 전국의 22개 성 가운데서 14개 성이 독립을 선포하였다. 11월 30일에 독립을 선포한 10개성의 대표가 한구(漢口)에서 회의를 개최하였으며 12월 3일에 『중화민국임시정부조직대강』 21조를 통과시켰다. 12월 29일에 17개 성 대표회의가 남경에서 열렸으며, 손중산은 중화민국 임시대통령(각성 1표, 손중산은 16표를 획득)으로 선출되었다. 1912년 1월 1일에 손중산이 남경에서 취임하여 중화민국이 성립되었음을 선포하였다. 세찬 불길처럼 활활 타오르는 혁명세력 앞에서 청나라 조정은 결국 해체되고 1912년 2월 12일에 마지막 황제 부의(溥儀)가 옥좌에서 물러난다고 선포하였다. 2천여 년 동안 이어져왔던 군주전제제도가 끝내 역사의 무대에서 퇴장하였다. 신해혁명은 유신운동 후, 유학사회의 새로운 생존방식을 모색하는 어진 지사들의 이상(군주 입헌운동)에 대해 무력적 비판을 하였다.

자산계급 민주혁명을 철저하게 진행하지 못함으로 인해 신해혁명의 성과는 얼마 못 가서 원세개(袁世凱)가 독차지하였으며 민국역사에서 공화체제를 폐기하고 군주제가 부활되는 두 차례의 황당한 정치극이 공연되었다. 첫 번째 극은 1914년 원세개가 『중화민국임시헌법』, 책임내각과 국무원을 폐지하여, 1915년에 '주안회(籌安會)'를 세우고 군주제를 부활시킨 것이다. 같은 해 12월 12일 원세개는 중화제국의 성립을 선포하고 황제로 자칭하였으며 연호를 '홍헌(洪憲)'으로 바꾸었다. 원세개가 시대의 흐름을 역행하여 민심과 민의를 완전히 어겼기 때문에 전국 각지, 각 계층이 일어나 원세개를 토벌하고 반대하는 '호법운동(護法運動)'을 일으켰으며 전국적으로 번져나갔다. 원세개는 상황이 심상치 않자 이듬해 봄에 부득이 군주제를 취소한다고 선포하고 울분에 쌓여 죽고 말았다.

두 번째 극은 1917년에 장훈(張勳)이 또 군주제를 부활시키려 한 역사적 웃음거리이다. 장훈은 서주(徐州)에서 '변발군(辮子軍)'을 이끌고 북경으로 쳐들어가 대통령 여원홍(黎元洪)을 협박하여 국회를 해산시키고 황위에서 이미 물러난 부의를 옹립하여 부활시켰으며, 민국 6년을 선통(宣統) 9년으로 바꾸었다. 이 황당한 일은 원세개의 백일몽보다 더 짧았다.

단 12일 만에 연기처럼 먼지처럼 사라지고 말았다. 신해혁명의 성과가 비록 원세개에게 삼켜졌으나 신해혁명으로 인하여 군주제를 부활시키려는 시도는 모두 우담화처럼 잠깐 나타났다 사라지는 추악한 사건이 되고 말았다. 군주질서의 전복은 단지 '시간문제'일 뿐인 것으로, 전제를 폐기하고 민주공화를 시행하는 것은 민심의 지향이며 역사발전의 추세였다. 그 누구든 역사의 조류를 거슬러 가면 반드시 역사의 버림을 받게 된다.

종합적으로 말하면 아편전쟁이 야기한 유학사회 위기의 첫 번째 결과는 군주질서가 전복된 것이다. 신해혁명은 유학사회 윤리질서의 정치적 기반이 끝났음을 선포하였다. 농민전쟁, 외족의 침입, 외척의 권력독점은 왕조에 위기를 조성했을 뿐만 아니라 그가 뒤엎은 것도 왕조이고 세운 것도 역시 왕조였다. 위기의 해결은 역할을 바꿨을 뿐이다. 자산계급혁명은 근본적으로 다른 것으로 자유, 민주, 박애(博愛)의 기치를 휘날리며 민치(民治), 민유(民有), 민향(民享)의 공화정부를 세우려 했다. 신해혁명은 청 왕조의 합법성을 철저히 부정하였으며 따라서 모든 군주제의 합법성도 철저히 부정하였다. 다시 말해 유학사회의 정치적 기반을 철저하게 부정하였던 것이다.

2. 윤리질서의 사회적 권위(친)의 와해

천지를 공경하는 것이 유학사회의 신념이었다면 군주는 군주질서의 선결 조건이고 가정(家)과 부모(親)는 군주질서의 가장 튼튼한 기반이다. 오륜(五倫)으로 사회, 국가 일체를 구성하는 것은 유학사회의 특색이다.

군주질서의 최종적인 현실 근원은 친인, 즉 가정에 있다. 유학사회에서 군주질서는 자신을 소농사회에서 사람들이 도피할 수 없는 귀착점, 즉 '가정'과 '부모' 위에 튼튼하게 세운다. "심신의 수양을 닦고 가정을 정리한 다음 나라를 다스리고 천하를 평정"하는 것은 유학사회 군자의 이상이다. '치국'의 핵심 내용은 '충군'이다. 충군, 즉 군주에 충성하려면 먼저 '가정을 정리해야' 하며 가정을 정리하려면 '심신의 수양'을 닦아야 한다. 심신 수양의 핵심 내용은 '부모를 모시는 것(事親)'이다. 이처럼 '치국'은 '가정의 정리'를 기반으로 하고 '충군'은 '부모 공경'을 기반으로 한다. "충신은 효자에서 나온다"라는 것은 바로 '부모 모시기'를 잘 한 사람이 '효자'이며 군주가 가장 믿을 수 있는 '충신'이기도 하다. "군주에 충성하고 부모를 모시는 것"은 유학사회에서 인재에 대한 요구이다.

신해혁명 후 군주제를 부활시키는 일이 두 번 발생해서 두 번 다 추악한 사건으로 끝났지만 군주제 사상은 신해혁명과 함께 사라지지 않았다는 것을 보여준다. 이 두 차례의 군주제는 모두 유가의 효친윤리와 긴밀한 관계가 있다. 민국이 설립되었지만 국민의 관념과 습관은 옛날과 여전하였다. 대중의 민주의식은 극히 취약하였다. 여전히 황권과 부권(父權)을 신봉하며 마치 혁명이 발생하지 않은 것 같았다. 유학사회의 윤리도덕관을 철저히 비판하는 것을 이미 의사일정에 올려놓았다. 유교학설의 효친윤리관에 대해 비판을 진행해야 신해혁명의 성과를 진정으로 지켜낼 수 있었다. 신해혁명이 군권(君權)을 무너뜨렸다면 신문화운동은 부권(父權)과 부권(夫權)을 쓸어버렸다(그것은 무의식의 집단적인 아버지와 남성의 권리에 대한 부정이라고 할 수도 있다). 신해혁명이 유학사회의 정치기반을 뒤집어 엎어버렸다면 신문화운동은 유학사회의 사회기반을 해체하였다.

군주의 권위에서 해방된 느낌이 깊은 사람들에게는 추상적이며 아득히 먼 것이라면(중앙정부의 법률과 제도가 미치지 않는 곳의 느낌), 가정에서 해방된 느낌은 구체적이며 진실한 것이다.

유학사회의 사회기반은 주로 아래 몇 가지 방면을 통해 와해되었다.

첫째, 유학사회의 효친관(孝親觀)을 철저히 비판하였다. 일찍이 무술변법전에 담사동(譚嗣同)은 "겹겹이 쌓인 기강의 올가미를 타파하자"라는 구호를 주장했으며 "변법만 떠들어대면서 오륜이 변하지 않으면 아무리 지극한 진리와 도리일지라도 실시될 수가 없다"고 했다. 5.4신문화운동시기까지 효친관에 대한 비판은 더욱 치열하였다. 진독수는 충효절개의 도덕은 모두 노예의 도덕이라고 했다. 이대소(李大釗)는 효도는 사람의 개성을 잃게 한다면서 이렇게 말했다. "공자의 이른바 수신은 사람으로 하여금 자신의 개성을 완성하게 하는 것이 아니라 자신의 개성을 희생하게 한다. 개성을 희생시키는 첫 시작이 바로 '효'이다. 군신관계의 '충'은 완전히 부자관계 '효'의 확장체이다. 그것은 군주전제제도는 완전히 부권 중심의 대가족제도의 발달체이기 때문이다."[660] 오우(吳虞)는 가족제도를 독제의 대등체로 간주하였다. 가정 전제제도가 와해되면 군주의 전제제도도 사라진다. "공자의 학설을 자세히 고찰해 보면 …모든 것이 다 효로부터 시작된다. 그래서 교(敎)자도 효(孝)자로 시작된다. …충신을 구할 때도 반드시 효자의 가문에서 구한다. 군주와 아버지는 다를 바가 없다. …효의 범위에 포함하지 않은 것이 없다. 가족제도와 독제정치는 하나로 갈라놓을 수 없다. …효의 정신을 수립하지 못한다면 충의 학설도 부착할 곳이 없다. 가정의 전제제도가 와해되면 군주의 전제제도도 따라서 사라지게 된다."[661]

『신청년』을 중심으로 효도의 개성을 상실하게 하였으며 심신을 속박하고 현대생활에 적합하지 못한 것에 대해 다각도로 비판하였다. "부모가 계시면

---

660) 『이대조문집』 하권, 북경, 인민출판사, 1984, 178쪽.
661) 오우, 「가족전제제도는 전제주의의 근거론」 『신청년』, 제2권, 제6기.

먼 곳에 가지 않는다"고 한다면 아메리카대륙도 발견할 사람이 없을 것이다. "신체의 모발과 피부는 부모님으로부터 받은 것이니 감히 훼손할 수 없다"면 조선에는 그 누구도 독립에 가담할 사람이 없었을 것이다. "높은 곳에 오르지 않고 깊은 물에 가지 않는다"면 남북극을 탐험할 사람이 없으며 비행기, 잠수함도 시험 비행할 사람이 없을 것이다.

둘째, 각종 신민설(新民說)을 주장하였다. 유신파가 일찍이 '도덕혁명'을 진행해야 한다고 호소하였지만 그 세력이 금방 일어서고 목소리가 작았을 뿐이다. 도덕혁명이란 윤리 관계의 혁명이다. "우리가 이러한 무리에서 태어나서 오늘날까지 왔으니 천하 세상의 대세를 살펴보고 우리 민족에게 유익한 것을 살펴보고 새로운 도덕을 발명하여 우리 무리를 튼튼하게 하고 우리 무리들을 보완하여 우리는 올바른 길에 들어서게 해야 한다."[662]

『소년중국』을 만들기 위해 『대학』에 나오는 신민의 의미를 빌려 양계초는 '신민설'을 주장하였다. 그가 현대국가의 국민을 위해 설계한 새로운 덕성, 즉 자유, 자치, 진보, 자존, 단합, 상무(尙武), 진취적 모험, 권리사상, 국가사상, 의무사상 등은 당대 미국사회학자 잉겔스(Ingels)의 『인간의 현대화』라는 책에 열거한 현대인의 특징과 비교하면 일치하는 부분이 많이 있다.

진독수가 1915년 여름에 상해에서 창간한 『청년잡지』는 제6기 후 발행을 정지하였다. 제1기에 중·영문으로 된 「청년론」을 실었다.

---

(662) 『신해혁명전10년동안시론선집』 제1권상, 131쪽.

제2기에 「공화국가와 청년의 자각」, 제3기에 「청년론」,「독일청년단」, 제5기에 「청년과 나라의 앞날」「영국소년단규율」,「청년과 성욕」 제6기에 「전운은 청년을 재배한다」,「청년의 적」,「영국소년단」, 「미국소년단 순시 기행」 등의 문장을 실었다. 1년 후 『청년잡지』 는 『신청년』 으로 이름을 바꾸었다. '신청년'이 어떻게 새로운가? 그것은 새로운 세대의 국민을 양성 한다는 것이다. 진독수는 『신청년』에서 현대인의 특징을 낱낱이 드러냈다. 즉 "자주적, 비노예적, 진보적, 비보수적, 진취적, 비은퇴적, 세계적, 비쇄국적, 실리적, 비형식적, 과학적, 비상상적"[663]이다. 이대소는 "우리는 청춘의 모습으로 청춘의 가정을 꾸리고 청춘의 나라를 창조하며, 청춘의 민족, 청춘의 인류, 청춘의 지구, 청춘의 우주를 만들자"[664]고 열정적으로 호소하였다. 호적(胡適)은 '신민설'에서 새로운 세상을 열었다고 말했다. 마오쩌둥은 자신이 제일 먼저 건립한 조직을 '신민학회' 라고 불렀다.

　셋째, 사회를 해방시키려면 먼저 가정부터터 해방되어야 한다. 신문화운동의 선구자들은 자신의 무기를 가정으로 돌려 조금도 거리낌 없이 가정의 제도를 바꾸어 놓았다. 진독수는 "서양민족은 개인을 본위(本位)로 하지만 동양민족은 가족을 본위로 한다"고 지적하면서 가족을 본위의 나쁜

---

(663)　진독수, 「청년에게 아뢰다」 『청년잡지』 제1권, 제1기.
(664)　『이대소 문집』 상권, 76쪽.

결과 4가지를 다음과 같이 열거하였다. 첫째로 개인의 독립 자존적 인격을 훼손한다. 둘째로 개인 의지의 자유를 가로 막는다. 셋째로 개인의 법률적 평등권리를 박탈한다. 넷째로 개인의 의존성을 양성하여 그의 생산력을 해친다. "윤리, 도덕, 정치, 법률, 사회의 지향, 나라의 희망 등 모든 것으로 개인의 자유 권리와 행복을 지지할 뿐이다. 사상 언론의 자유, 개성의 발전을 도모하며 법률 앞에서 누구나 평등하다.

개인의 자유 권리는 헌장에 기록되어 있으며 국법은 그것을 박탈할 수 없다. 그것이 바로 인권이라는 것이다. …그것은 순수한 개인주의의 거대한 정신이다. … 선행으로 전환하려면 개인 집단이기주의로 가족 집단이기주의를 교체해야 한다."[665] 부사년(傅斯年)은 북경대학 학생의 『신조(新潮)』 창간호에서 중국의 가정은 "모든 죄악의 근원이다"라고 말했다. 반년 후 이대소도 『무주평론』에서 "현재의 중국사회에서 모든 죄의 근원은 가정 제도에 있다"고 밝혔다. 웅십력(熊十力)도 "가정은 모든 죄악의 근원이며 쇠락해지는 근본 원인이다"라고 언급하였다. 자유주의자 부사년, 마르크스주의자 이대소, 새로운 유가 웅십력이 동시에 똑같은 견해를 갖게 되었으니 가정은 당시에 확실히 뭇사람들의 공격 대상이 되었다. 사상가 노신은 백화문(白話文)식의 문학으로 가정제도에 폭탄을 던졌으며 광인(狂人)의 입을 빌어 이렇게 말했다. "내가 역사를 펼쳐보니 이 역사는 연대가 없고 비뚤비뚤하게 페이지마다 '인의도덕(仁義道德)'이란 몇 글자뿐이다. 나는 어차피 잠이 오지 않아 자세히 한 밤중까지

---

665) 진독수, 「동서민족근본사상의 차이」, 『신청년』에 게재, 제1권, 제4기

보았는데, 그제서야 글자 틈새로 글을 보게 되었는데 책 한권 전체에 온통 '식인(吃人)'이라는 두 글자뿐이었다!"[666]

넷째, 가정부터 해방시키려면 먼저 혼인에서 해방되어야 한다. 강유위는 『대동서(大同書)』를 구상할 때 이미 개인이 가족제도에서 해방되어야 한다고 인식했지만 선진적인 관념이 실제 행동으로 변하는 것을 매우 두려워해 비밀에 붙이고 말을 입 밖으로 내지 않았다.[667] 호적(胡適)과 노신은 이지적으로 가족제도와 전통적인 가정에 대해 철저한 비판을 하였으나 그들의 행동은 여전히 전통가정사상의 제약을 받았다. 5.4운동을 거친 젊은 세대들이 새로운 사회행동양식을 창조하기 시작하였다. 신해혁명을 '혁명'이라고 한다면 그들의 행동은 사회학적인 전문용어로 말하면 '탈선'을 한 것이다. 5.4 이후의 청년들은 전통 관념으로 볼 때, 용인할 수 없는 행동으로 윤리사회의 질서 기반인 가정을 와해시키고 있었다. 혼인 자주(자유연애), 강압적인 결혼에 맞서 자살하고 가출했다는 소식이 신문과 문학의 주제가 되었다. 많은 열혈청년들이 이를 적극적으로 본받아 선전하였다. 중국 근현대사에서 적지 않은 지식인들이 봉건사회를 반대하는 첫 행위가 바로 가정에서 탈출하는 것이었다. 윤리도덕에 반항하던 것에서부터 사회제도를 반대하게 되었다. 파금(巴金)의 유명한 소설 『집(家)』, 『봄』, 『가을』 은 사랑의 비극으로 가정 전제주의의 인성에

---

666) 『광인일기』, 『노신전집』 1판, 제1권, 북경, 인민문학출판사, 1981, 425쪽.
667) 이택후(李澤厚), 『중국근대사상사론』 참조, 북경, 인민출판사, 1986.

대한 위반을 날카롭게 규탄하였다.

다섯째, 혼인으로부터 해방되려면 먼저 여성을 해방시켜야 했다. 여성해방은 이미 시대의 목소리가 되었다.

태평천국의 '천조전지제도(天朝田畝制度)'는 부녀자들의 전족(纏足), 창기, 남자들이 첩을 들이는 것을 금지한다고 명령하였다. 강유위는 『대동서』에서 여성들의 불행을 일일이 열거하였다. "남자는 힘으로 여자를 부려먹으며 또한 남자의 성씨에 따라 대를 이어가니 남자는 군주가 되고 여자는 종속된다. 대세가 이러하니 낡은 풍속이 쌓여 여자는 독립적인 인권을 완전히 상실하고 남자의 개인적인 부속이 되었다" 또한 "남녀 모두 인간이며 천생에 속하는데 여자를 억압하여 그들이 벼슬을 못하게 하고 과거도 볼 수 없게 하고, 의원도 공민도 될 수 없을 뿐만 아니라 학자도 되지 못한다. 심지어 자주, 자유도 없으며 함부로 출입할 수도 없고 교제하지도 못하며 연회 참석이나 관광도 할 수 없다. 더욱 가혹한 것은 그들을 가두어 놓고 형벌을 주고 노예로 부려먹고 사리사욕을 채우며 노리개로 삼는다. 현실이 이 정도로 불공평하니 이 사회는 이미 썩을 대로 썩어빠졌다"[668] 양계초는 『변법통론(變法通論)』에서 전족은 "사람의 몸을 훼손하고 사람의 피와 살을 물러터지게 하는데 단지 남자들의 귀와 눈의 즐거움을 위한 것"이며 '나쁜 놈', '악업'이라고 신랄하게 규탄했다. 계몽주의의 호소를 받들어 많은 지방에 여자학당과 불전족협회 등을 설립하였다. 진독수는

---

668) 강유위, 『대동서』, 236쪽.

"아들은 아버지와 같지 않아도 되며 부인은 남편과 같지 않아도 된다"는 관점을 주장했다. 『신청년』 2권 6기부터 「여자문제」라는 칼럼을 개설하여 전문적으로 여성해방에 관한 문제를 탐구하고 토론하였다. 1918년에 도맹화(陶孟和)는 1월호에 「여자문제」라는 글을 발표하여 여성의 해방은 세계 대세의 흐름이라고 힘주어 말했다.

5월 호에 주작인(周作人)은 『정조관(貞操觀)』을 번역 발표하여 일방적으로 여성이 정조를 지킬 것을 요구하는 것은 합리적이지 못하며 정조는 도덕과 무관하며 "그것은 단지 취미이며 신앙이자 일종의 결벽"이라고 강조하였다. 7월호에서 호적의 「정조관」은 주작인의 견해를 지지하였다. 곧 이어 노신은 「나의 절개관」을 발표하여 절개관의 허위적인 본질을 낱낱이 폭로했다. 유반농(劉半農)은 매우 투철하게 중국 여성의 고통스러운 생활상을 그렸다. 이른바 "'여자는 학식과 재주가 없는 것이 덕이다'라는 것은 바로 '인간돼지(人彘)'와 같다. 이른바 '삼종(三從)'은 키워주는 주인(豢主)을 3명 바꾸었을 뿐이다. 이른바 '현처양모'란 단지 '장기적인 매음'의 고급스러운 평어일 뿐이다."[669] 이어서 호적은 『미국 여성』과 『종신대사』라는 익살극을 발표하여 중국의 여성도 독립적인 생활을 할 수 있도록 격려해주었다. 1928년 호적의 지지 하에 진동원(陳東原)은 『중국부녀생활사』라는 역작을 발표하여 "새로운 생활을 추구하는 여성은 용감하게 나아가는 방침을 얻기 바란다", "사회상에서 낡은 풍속습관에 얽매인 모든 남녀들은, 옛 도덕이 매우 깊다고 자신하는

---

669) 진동원, 『중국부녀생활사』, 377쪽.

사람들은 이른바 옛 도덕이 어떻게 안 좋은지를 깨닫기 바란다"[670]라고 했다.

니상의 내용에서 우리는 유학사회의 사회기반, 즉 '집'(친인윤리 '親親倫理')의 사회구조가 어떻게 점차 해체되는 운명을 겪었는지를 볼 수 있었다. 효친관(孝親觀)에 대한 비판으로부터 신민설의 홍기, 신민에서 가정에 대한 불신, 가정해방에서 혼인자주 또 혼인자주에서 여성해방에 이르렀다.

3. 윤리질서의 도통적(道統) 권위(스승)의 해체

유학사회의 '스승'은 도통의 감당자이자 발전의 자이기도 하다. 유학사회에 두 가지 서로 의지하고 받쳐주는 이른 바 '통(統)'이 존재하였다. 하나는 '정통(政統)'이고 다른 하나는 '도통'이다. 정통은 요, 순, 우, 문왕, 무왕으로 이어 내려왔으며 유학사회의 역대 왕조와 군주가 계속해서 전해 온 '천명'의 '통'으로서 변하지 않는 '군군(君君)'의 '통' 또는 '치통(治統)'이라고 한다. '도통'은 주공(周公), 공자, 맹자 등 지덕이 가장 높은 스승들이 전파하였으며, 역대 유학자들이 헌신한 정신적 '통'으로서 변하지 않는 '스승'의 '통' 또는 '교통(敎統)'이라고 한다. 유학사회에서 '도통'은 '정통'의 구축자, 해석자, 순화자(馴化者), 수호자, 교정자(校正者)이다.

어느 정도의 의미에서는 유학사회의 '스승'이 담당한 기능에는 서방사회의

---

670) 진동원, 『중국부녀생활사』

성직자가 담당한 일부 기능이 있다고 말할 수 있다. 유학사회의 천지, 군주, 부모의 권위는 스승이나 도통의 해석을 받아야만 권위성을 얻는다.

권세(威權)는 권위(權威)의 내원이지만 권위는 아니다. 권위는 받아들여진 권세이다. 유학사회에서는 '스승'만이 진정으로 '권세'와 권위의 통일성을 갖고 있으며 진정한 '권위'이다. 그럼으로써 유학사회에서 '스승'에게 매우 높은 정치적 지위와 사회적 지위를 부여하였다. 『예기』에 "군주가 신하를 신하로 대하지 않는 경우가 두 가지가 있다. 신하가 제주(祭主)일 때, 그를 신하로 대하지 않고, 신하가 군주의 스승일 때 신하로 대하지 않는다"라는 말이 있다. 유학사회에서 군주일지라도 자신의 선생님에게는 "스승에 대한 예의를 갖춰야 한다." 여기에서 스승의 존엄을 알 수 있다. 유학사회에서 스승은 군주, 부친과 신성한 동맹을 맺었다. 강희(康熙)가 말한 바와 같이 "대대로 도통이 전해지는 것은 대대로 이어지는 치통과 연관이 된다." 그러므로 '정통'을 철저히 폐기하면 '도통'에 피해를 주며 '도통'을 철저히 비판하면 '스승'의 '통'에 피해를 준다. 중국 근대사회의 현대화 과정에서 '도통', '스승'의 '통'에 피해를 주는 것은 일관적이다. 단지 정도가 같지 않을 따름이다. 서풍이 동쪽으로 불어 온 후부터 천지, 군주, 부모의 권위는 더욱 와해되었다. 천지, 군주, 부모의 권위가 해체된 후, 유학사회에는 환상적인 영혼인 스승(師)만 남았다. 마치 사람이 죽은 후, (유학사회의 해체) 영혼이 의존할 곳이 없는 것과 마찬가지이다. 유학사회에서의 스승의 권위가 해체된 과정은 형식상에서 다음의 세 가지로 볼 수 있다. '교(敎)'로서의 유교 자체에 대한 비판, 유학(儒學)의 지덕이 가장 높은 공자, 맹자 등에 대한 비판, '도통'을 담당한 일반적인 '유학자'나 지식인에 대한 비판이다. 단계적으로 볼 때, 역시 세단계로 나눌 수 있다. 첫 단계는 아편전쟁부터 무술변법시기까지, 두 번째 단계는 신해혁명부터 5.4신문화운동시기까지, 세 번째 단계는 신중국 건립 초기의 지식인 개조운동부터 '문화대혁명'의 종료시기까지이다.

유학사회의 '도통' 또는 '스승'의 권위를 부정하는 첫 표현형식은 태평천국의 수령 홍수전(洪秀全)이 창립한 '배상제회(拜上帝會)'이다. 홍수전은 7세에 서당에 들어가 공부하였으며 5~6년 사이에 『사서』, 『오경』,『효경』을 탐독하였다. 여러 번 광주에 가서 향시(鄕試)에 참가하였으나 낙방하였다. 전하는 바에 의하면 홍수전은 일찍이 『권세양언(勸世良言)』이라는 기독교 서적을 읽게 되었다고 한다.

『권세양언』이 찬양하는 것은 주로 우주에 진정한 신이 단 한분 있는데, 그분이 바로 여호와라는 것이다. 사람은 모두 '원죄(原罪)'가 있으므로 속죄를 해야 한다. 예수는 신의 아들이며 인간은 신부와 신의 아들을 존경하고 믿어야 구원 받을 수 있다고 하며 중국인의 우상 숭배와 요술을 비평하였다. 천당지옥설로써 사람들에게 권고하여 기독교를 신봉케 함으로써 화를 피하고 복을 구하도록 해야 한다는 것이었다. 홍수전은 그 서적을 다 읽은 다음 하느님이 자신에게 계시를 주었다고 생각했으며, 그가 귀의한 새로운 종교신앙을 사회를 치유할 수 있는 '복음'이라고 여겼다.

그는 먼저 두 친한 친구 풍운산(馮雲山)과 홍인간(洪仁玕)을 설득하여 함께 기독교에 가입하였으며 그 두 사람과 함께 인근의 작은 강에서 세례를 받았다. 세 사람은 마을 서당에 가서 신봉하던 우상을 모두 없애고 시 한수를 써서 "많은 사람들을 일깨웠으며", "하느님 외에 다른 신은 없다. 어찌 그토록 우매하여 가짜를 진짜로 믿는가. 그것은 단지 본심을 잃고 혼란에 빠졌으니 어찌 세속에서 벗어나겠는가"라고 했다. 홍인간이 화답시를 썼다. "전능하신 하느님이 신이거늘 목각흙덩이를 헛되게 모셨구나. 다행히 예수님이 세상을 구제하니 우리 모두 하루빨리 세속에서 벗어나자."[671] 홍수전은 선교활동을 시작하였다. 홍수전과 그의 동조자 풍운산은 마을 서당에서 공자의 위패를 철거하였다. 하지만 그들의 행동이 너무 과격하여 고향 사람들이 반대하였으며 훈장의 직위를 잃어 생계를 유지해 나갈 방도도 없었다. 『성경』에서 "지금까지 그 어느 선지자도 본 고향이나 가정에서 존중 받은 적이 없었다"는 글을 보고 홍인간과 팽운산 두 친구와 함께 고향을 떠나고자 결심하였다. 다른 성의 마을과 진에 가서 '진정한 도(道)를 선전'하고자 떠나갔다. 몇 년간의 노력을 거쳐 신자가 날로 많아졌다. 심지어 온 가족, 전체 마을 사람들이 종교에 가입하였다. 풍운산은 자신의 선교지 자형(紫荊)산 광산구역에서 '배상제회'를 창설하였다. 배상제회의 교의는 주로 기독교 교의를 개조하고 맞춘 것으로, 주로 '하느님'만이 진짜 신이라고 선전하였다. 기타 모든 인간이 숭배하는 것은 모두 요마이며 지상의 모든 사람은 하느님의 자녀이고 모두 평등하며 교주 홍수전은 예수의 동생이자 인간 세상에 강림한 구세주라는 것이다. 홍수전이 일으킨 태평천국운동의 사회기반도 역시 '배상제회'이다.

태평천국이 남경에 수도를 세운 후 '배상제'의 교의만을 존중하기 위해 유가를 비롯한 중국전통문화를 사정없이 파괴하였다.

---

671) 진보기(秦宝琦), 『배상제회와 태평천국의 신권통제』, 중화문사넷, 2004.09.07.

『태평천일(太平天日)』에서 "요귀들이 판치는 원인을 캐어 보면 언제나 공자가 사람들을 가르치던 책에 오류가 많은 것과 관계되었다"[672]라고 했다. 신하들이 쓴 『조서개새반행론(詔書蓋璽頒行論)』에서 부승상 황재흥(黃再興)은 "현시대에 진정한 도를 쓴 책은 세 가지이며 다른 것은 없다. 그것은 『구유조성서(舊遺詔聖書)』, 『신유조성서(新遺詔聖書)』, 『진천명조서(眞天命詔書)』이다. 무릇 공맹, 제자백가의 요사스러운 책이나 사설은 전부 태워버려야 하며 매매하거나 감춰두고 읽어서도 안 된다.

그렇게 하지 않으면 죄를 묻는다"[673]라고 했다. 그가 신청한 유통하여 읽을 수 있다는 책은 단지 28가지뿐이다. 그 가운데에 『성경』 중의 『신약』과 『구약』 외에 전부 홍수전, 양수청 등의 언론집과 관련된 전장제도 및 어린이 교재이다. 그중에 『천부상제언제황조(天父上帝言題皇詔)』, 『천부하범조서(天父下凡詔書)』, 『천명조의록(天命詔旨錄)』, 『구유조성서(舊遺詔聖書)』, 『신유조성서(新遺詔聖書)』, 『천조서(天條書)』, 『태평조서(太平詔書)』, 『태평예제(太平禮制)』, 『태평군목(太平軍目)』, 『태평조규(太平條規)』, 『반행조서(頒行詔書)』, 『반행역서(頒行曆書)』, 『삼자경(三字經)』, 『유학시(幼學詩)』 등이 있다. 이와 동시에 제자백가의 서적을 철저히 훼손하였다. "소장도서를 수색하여 멜대로 져서 변소를 가는 김에 버리고 버리지 못하면 불로 태워버리고 태우지 못하면 물로 적셔버렸다. 읽는 자는 참수당하고 소장하는 자도 참수당하며 사는 자도 파는 자도 함께

672) 김육불(金毓黻), 전여경 등 편찬, 『태평천국사료』, 북경, 중화서국, 1955, 10쪽.
673) 중국근대사자료총서, 『태평천국』(1), 상해, 상해인민출판사, 1957, 312쪽.

참수당한다.[674] 태평군의 금지령에는 더욱 심하게 규정하였다. "모든 요서를 감히 읽거나 가르치는 자는 모조리 참수한다."[675] 교육분야에도 기독교의 색채가 충만하였다. 어린이 교재인 『삼자경』에도 거리낌 없이 말했다. "하나님이 천지를 만들고 산과 바다를 만드니 만물이 갖추어졌다.

6일 동안에 다 만들었다." 어린이들이 하나님을 믿도록 요구하면서 "어린이는 하나님에게 예배하고 하늘의 법칙을 지켜야 하며 방자하지 말아야 한다"[676]고 했다. 『유학시(幼學詩)』에서는 "진정한 신이신 하나님을 만국이 우러러 존경한다. 세상에 이처럼 많은 남녀 모두 아침, 저녁으로 함께 예배드려야 한다"[677]고 찬양하였으며 중국의 전통적인 세속문화에 대해서는 대대적으로 파괴하였다. 홍수전이 준허하여 옥새를 찍은 조서 『개새반행론』이 반포된 후 천경(天京)에서 공맹과 제자백가의 서적을 대량으로 소각하였는데, 천경은 마치 유럽 중세기 천주교회가 통치하는 도시와 같이 변했다.[678]

마르크스는 태평천국운동은 "왕조의 연대를 바꾼 외에 그들은 별 임무를 수행하지 않았다. 그들은 아무런 구호도 제출하지 않았으며 그들이 민중에게 준 두려움은 옛 집권자에게 준 것보다 더 심하다. 그들의 모든 사명은 마치 괴상한 파괴에만 정력을 들인 것 같다. 건설적인 사업 맹아가

674) 중국근대사자료총서, 『태평천국』 (4) 735쪽.
675) 중국근대사자료총서, 『태평천국』 (3) 283쪽.
676) 중국근대사자료총서, 『태평천국』 (1) 225쪽.
677) 중국근대사자료총서, 『태평천국』 231쪽.
678) 진보기, 『배상제회와 태평천국의 신권통치』 중화문사넷, 2004.09.07.

없는 파괴로 보수파의 타락과 대립했다"[679]고 했으며 또 이렇게 말했다. "공포를 일으키는 것이 태평군의 모든 전술이다."[680] 배상제회의 조직방식은 비밀회사에 가깝다. 그들이 숭배하는 대상은 기독교와도 거리가 멀다. 그러나 배상제회의 성립 및 그것을 기반으로 한 태평천국운동은 유학사회가 곧 맞이하게 될 위기를 선고한 것이다.

무술변법시기 유학에 대한 비판은 담사동의 일부 논술에서 나타난다. 이를테면 담사동은 『인학(仁學)』에서 이렇게 말했다. "2천년 동안의 정치는 진나라식의 정치인데 전부 큰 도둑이다. 2천년 동안의 문학은 순학(荀學)인데 전부 마을의 위선자이다. 큰 도둑이 위선자를 이용하였으며 위선자는 큰 도둑을 위해 헌신하였다. 양자는 서로 도우면서 공자를 내세워 이용하였다." 변법의 지도자 강유위는 최대한 공자를 이용하였으며 "공자의 힘을 빌려 제도개혁을 진행하였다."

유학사회에서 '스승'의 '위엄'이 다시 해체된 것은 신해혁명 후에 『신청년』을 핵심으로 한 신문화운동 때문이다. 신해혁명이 일어나고 민국이 성립되었다. 1912년에 『중화민국 임시헌법』을 반포 시행하여 유학정신을 지도 원칙으로 하는 유가윤리법이 역사의 무대에서 퇴출하였다. 당시 교육 총장 채원배(蔡元培)는 충군은 공화정체와 부합되지 않으며 공자를 존중하는 것은 신앙자유와 부합되지 않는다고 생각하였기에 교육의 취지와 관련해 청학부(淸學部)에서 규정한 '충군, 존공(尊孔)'의 종목을

골라 빼버렸다. 하지만 원세개는 군주제 부활 활동을 진행하기 위해 1914년 9월에 공자에게 제사를 드리라고 령을 내렸으며 공교(孔敎)를 국교(國敎)로 결정하였다. 당시 공교를 지지하는 계층은 대개 군벌, 옛 관료와 부활파 인사들이었다. 그중 군주입헌론자 강유위가 가장 열심히 앞장섰다.

원세개가 무너진 후 강유위는 1916년 가을에 여원홍과 단기서 (段祺瑞)에게 상서하여 공교를 국교로 결정하고 헌법에 넣을 것을 요구하 였다. 원세개, 강유위 등이 군주제를 부활시키고 공교를 증설하려 한 것은 세계 민주의 조류와 위배되는 행위이므로 진독수 등의 인사들이 반격에 나섰다. 공교는 헌정과 공존할 수 없으며 공자지도(孔子之道)는 현대 생활과 위배된다고 진독수가 결론을 내렸다. 진독수의 공자에 대한 비판과 결론은 많은 청년 및 군주제를 혐오하는 지식인들의 강한 반향을 일으켰으며 지식인들은 유학전통에 대해 전면적인 공격을 진행하였다. 이로부터 근대의 중국역사에서 규모가 가장 크고 영향력이 가장 큰 반 전통, 반 유학, 반 공자사회의 사상운동이 벌어졌다.

『신청년』을 핵심으로 한 반 전통, 반 유학, 반 공자 운동에는 3가지 내용이 있다.

첫째, 들여온 서양문화와 전통적인 중국문화, 서학과 유학을 '새 것'과 '낡은 것'의 방식으로 완전히 대립시켰다. 유가전통을 전면적으로 공격하고 서양화로 전환하기 시작했다. "새 것이란 다른 것이 아니라 외래의 서양문화이다. 낡은 것이란 다른 것이 아니라 중국의 고유문화이다. … 양자는 근본적으로 서로 위배되며 절대로 조화와 절충의 여지가 없다."[681] 오우가 말했다. "유교를 혁명하지 않고 유학을 바꾸지 않고는 우리나라에 새로운 사상, 새로운 학술이 없는데 어찌 새로운 국민을 만들 수 있겠는가?"[682] 진독수는 이렇게 말했다. "유럽에서 들어온 문화는 우리 중화에 고유한 문화와 근본적으로 그 성질이 반대이다.

수백 년 동안 우리나라의 소란스럽고 불안한 상태는 십중팔구 바로 이 두 가지 문화의 충돌로 인한 것이다."[683] 그는 또 말했다. "우리가 새로 들어온 유럽문화를 진리로 여긴다면 옛 공자의 가르침은 틀린 것이 된다. 공자의 가르침을 진리로 여긴다면 들어 온 유럽문화가 틀린 것이 될 수밖에 없다. 새 것과 낡은 것 사이에는 두 가지가 조화롭게 존재할 여지가 없다."[684] 그 당시 '전부 받아들인다'고 하는 북경대학에서도 일시적으로 그 누구도 국학을 강의하는 것을 영광스럽게 생각하지 않았다. "오늘날 중국에서 서학을 제창하는 사람이 있고 불학을 제창하는 사람도 있지만 유독 공자에 대해서 이야기하려면 부끄러워 입을 열 수가 없다…"[685]

둘째, 공자와 군주전제를 한데 묶어 '공가점(孔家店)'을 타도하자는 구호를 외쳤다. 한나라 시기에 유교가 유독 관심을 받은 이후에 공자를 정면으로 공격하기 시작한 것은 『신청년』 이다. 『신청년』 전에 오치휘(吳稚暉) 등이 파리에서 창간한 『신세기』 (1907)에서 공자의 이론을 비난했지만 맹렬한

---

(681) 왕숙잠(汪叔潛), 「신구문제」, 『신청년』, 제1권, 제1호.
(682) 오우, 「유가가 주장한 계급제도의 위해성」, 『신청년』, 제3권, 제4호.
(683) 진독수, 「우리의 최후의 각성」, 『신청년』, 제6호.
(684) 진독수, 「사브르청년에게」, 『신청년』 제3권, 제1호.
(685) 양수밍(梁漱溟), 『동서문화및철학,자서』 북경, 상무인서관, 1999.

정도는 『신청년』과 비교할 수 없었으며 국내에 거의 아무런 영향을 주지 못했다.[686] 역백사(易白沙)는 공자를 공격하는 데 일인자로 불렸다. 그가 주로 비난한 것은 공자만을 존대하는 역사적 현상이다. "한무제(漢武帝) 이후 2천여 년이 지났으나 소위 학술을 다스리는 자들 대부분이 공자 만능의 사상을 갖고 있다", "공자학은 단지 유가 일가의 학설일 뿐 중국 일국의 학설이 될 수는 없다. 공학(孔學)은 국학(國學)과는 절대로 완전히 다르다. 그것은 공학이 작아서가 아니라 국학이라는 범위가 너무 크기 때문이다." 이대소도 말했다. "나는 늘 중국의 성인과 황제 사이에 무엇인가 관계가 있다는 느낌이 든다. 홍헌(洪憲) 황제가 나타나기 전에 먼저 공자를 받들어 하늘에 제사를 지내는 일이 있었다.

남해성인(南海聖人)과 변발장군(辮子大帥)이 동시에 북경에 들어와 황제를 맡아하는 일이 발생하였다. 지금은 또 누군가 성인에 관해 공을 들이고 있으니 나는 매우 두렵다. 우리 중화민국이 걱정된다."[687] 그는 담사동의 '대도(大盜)'설에 이어 다음과 같이 밝혔다. "중국의 역사는 향원과 대도가 결합한 기록이다. 대도는 향원과 결합하지 않으면 황제가 될 수 없고 향원은 대도와 결합하지 않으면 성인이 될 수 없다. 그래서 나는 이렇게 말하고 싶다. 황제는 대도의 대표이고 성인은 향원의 대표이다.

현재까지 그 많은 황제와 성인의 영혼이 특별히 공자를 받들려는 수작만 꾸미려 한다는 것이 불 보듯 뻔하다. 날뛰고 설쳐대는 군인과 하찮은 정객들

---

686) 위정통(韋政通), 『유가와 현대중국』, 161쪽.
687) 『이대소문집』 하권, 95쪽.

그 어느 것이 대도와 향원의 화신이 아니었던가?"[688] 채원배, 오치휘는 모두 『신청년』의 반 공교 주장에 적극적으로 호응하였다. 국학을 제창하며 국학회에서 강연을 맡은 장태염(章太炎)도 이미 공교회에 가입한 자로서 국학회에도 가입하고자 하는 자는 반드시 먼저 공교회에서 탈퇴해야 한다고 공개적으로 선포하였다. 공교운동이 지식인들의 버림을 받게 되면서 그로 인해 공자 본인까지 연좌된 것은 불행한 변화가 아닐 수 없다.

셋째, 『신청년』의 영향력이 급증하면서 백화(白話)운동이 중요한 성공을 이루었으며 백화운동의 성공은 또 『신청년』이 선전한 반전통, 반유학, 반공자 사회사상의 전파를 촉진시켰다. 청나라 말기에 혁명당 사람들이 선전의 수요에 의해 일찍이 여러 가지 백화신문을 꾸렸으나 그 영향력이 크지 못했다. 하지만 반유가의 사상해방운동이 전개되면서 처음엔 문체혁신으로만 진행되던 백화운동, 즉 신문화운동이 중요한 성공을 거두었다. 『신청년』의 영향으로 1918년에 나가륜(羅家倫), 부사년 등 북경대학의 학생들이 '신조사(新潮社)'를 조직하였으며 이듬해 1월에 『신조(新潮)』를 창간하였다. 이와 동시에 왕통조(王統照), 서언지(徐彦之), 정진탁(鄭振鐸) 등이 발기한 문예간행물, 『서광』 구추백(瞿秋白), 허지산(許地山), 경제지(耿濟之) 등이 발기한 『신사회』 등 '5.4시기' 전국에는 천여가지의 새로 창간한 간행물이 있었는데 이러한 간행물은 계몽운동의 영향을 전국의 대도시로 퍼뜨렸다. 5.4운동은

---

688) 『이대소문집』 하권, 125쪽.

각성한 청년들의 각성된 행동이다. 이것이 '6.3'으로 변화되어 전국 각 대도시의 상인, 노동자, 학생들이 연합한 사회행동으로 번지면서 전에 없던 전 국민적으로 대 각성을 하는 운동이 되었다. 5.4운동 후 얼마 안돼서 1923년에 또 다시 사상계층의 엘리트들이 큰 논쟁을 벌였는데, 그것이 바로 과학과 현학(玄學)의 논쟁이다. 호적, 오치휘 등이 과학파이고 양계초, 장군매(張君勸) 등이 현학파이다. 이 대결에서 과학파가 약간 우세를 보였다. 이 논쟁은 중국 지식인 거장들의 과학의식 향상에 매우 큰 촉진작용을 하였다. 『신청년』의 반 유학운동의 여파가 출렁거리며 연쇄반응을 하는 가운데 고대사를 뒤엎자는 국학정리운동이 나타났다. 처음 제창한 사람이 장태염이며 구체적으로 기획한 사람이 호적이고 가장 유력하게 집행한 사람이 구제강(顧頡剛)이다. 고대사에 대한 토론을 거쳐 상고 제왕의 권위가 전복되었으며, 그로 인하여 도통의 관념도 역사적 근거를 잃게 되었고 그로 인하여 도통의 위에 세워진 숭고한 가치 취향도 자연적으로 그 버팀목을 잃어 붕괴될 운명에 직면하였다.[689]

공자는 이미 오래전부터 중국문화의 상징이고 민족 자신감의 원천이며 유학은 중국전통사회의 주도적 의식형태라는 것은 의심할 여지가 없다. 신해혁명부터 신중국 건립 전에 특히 『신청년』을 중심으로 한 신문화운동에서 유학이 선도한 지성이자 스승인 공자의 권위가 침범당하고 유학의 전통이 받은 비판으로 그때 당시 여전히 대다수를 차지하는 구식의 사대부들이 심리적으로 받은 좌절과 상처는 매우 심각하였다. 하지만

---

[689] 위정통, 『유가와 현대중국』, 179쪽.

유학사회의 '스승'의 권위와 권세의 해체는 최종적으로 신중국 건립 초기의 지식인 개조운동과 '문화대혁명'이 완성하였다.

첫째, 『무훈전(武訓傳)』에 대한 비판을 통해 유학사회의 왕조 교체시기에 '교관'이 역사적 역할을 한 이른바 '말 위(馬上)'와 '말 아래(馬下)'의 관계문제를 해결했다. 이른바 '말 위의 문제'와 '말 아래의 문제'란 천하를 빼앗으려면 무엇에 의지하며 천하를 다스리려면 또 무엇에 의지하는가 하는 문제이다. 다시 말해 왕조를 세우는 과정에서의 이른바 문과 무의 관계문제이다. 유방(劉邦)은 자신의 앞에서 입만 열면 『시』, 『서(書)』를 끄집어내는 유생 육가(陸賈)를 꾸짖어 천하란 "말 위에서 얻는 것(馬上得之)"으로, 시와 서하고는 아무런 관계가 없다고 했다. 육가는 적당한 시기를 봐서 이렇게 설명했다. 천하를 "말 위에서 얻을 수 있지만" 천하를 다스리려면 반드시 유가의 학술을 채택해야 한다. 이것이 바로 "문무를 병행하는 장기적인 대책이다."[690] 영화 『무훈전』이 1950년 말에 완성되어 첫 방영을 하자 온통 찬양소리로 들끓었다.

그 주제는 문화교육의 사회개조에 대한 막대한 추진 작용을 선전한 것이지만 그중에 학교를 세우는 무훈과 농민봉기에 참가한 주대(周大) 사이에 있은 '문'(의학, 義學)과 '무'(살, 殺)에 대한 대화가 고위층 간부의 민감한 신경을 건드렸다. 신중국이 성립된 초기에 민주당파와 민주인사

---

690) 『사기 력생육가열전』

가운데 "함께 천하를 다스린다"는 관점이 유행했다고 한다.[691] 민주당파와 민주인사들은 공산당이 신민주주의 혁명에서 영도적 역할을 했다고 인정하였으며 또한 국민당의 실패는 군사상의 실패로 특히 여론상의 실패, 도의상의 실패, 정치상의 실패라고 여겼다. 다시 말해 '문'과 '무'에서 모두 실패한 것이다. 『무훈전』에 대한 비판이 있은 공신으로 자칭하던 국민당 통치구역의 자유지식인들은 정치상에서 다분히 파락호로 전락하였다.

'문'과 '무'의 논쟁을 해결하는 것이 주요 임무인 『무훈전』에 대한 비판은 그 당시 국민당통치구역의 자유 지식인들이 새로운 사회에서 갖게 될 운명을 결정했다.

둘째, '낡은 나'를 파내고 '낡은 나'를 전면 부정하고 '낡은 나'와 단호하게 결별하는 지식인의 3단계식 자아비판과 '새로운 나'를 만드는 방식을 통해, 유학사회에서 천년 동안 이어져 온 '사도존엄(師道尊嚴)'을 철저히 무너뜨렸다. 자유 지식인은 반드시 죄를 인정하고 참회하고 입장과 관념을 완전히 바꿔야 새로운 사회에서 양해하고 받아들인다. 진일보한 사상개조운동은 북경대학에서 처음 일어났으며 발기인은 북경대학의 마인초(馬寅初) 총장이다. 1951년 9월 29일에 주은래는 북경대학에 가서 북경, 천진 지역의 1,700여 명의 대학 교사와 학생들에게 『지식인 개조문제』라는 제목으로 연설을 하였다.

지식인은 왜 개조해야 하며 어떻게 개조하는가를 자세히 설명하였으며

---

(691) 소촉(笑蜀), 『천마의 종말―지식인 사상개조운동설』

지식인은 개조를 통해 점차 "민족의 입장에서 인민의 입장으로 가고 또 공인계급의 입장에 들어서야 하며"[692] "공인계급의 입장에서 모든 문제를 대하고 모든 문제를 해결해야 한다"[693]고 명확하게 요구하였다. 10월 23일에 마오쩌둥은 공개적인 태도를 표시하였다. 전국정협 1기 3차 회의의 개막사에서 마오쩌둥은 대학의 지식인 사상개조학습운동은 "우리나라에서 축하할 만한 새로운 기상이다"라고 하면서 "사상개조는 먼저 모든 지식인의 사상개조이며 우리나라가 각 분야에서 민주개혁과 공업화를 점차 실현할 수 있는 중요한 조건의 한 가지이다"[694]라고 강조하여 말했다.

마오쩌둥의 이 말은 모든 지식인에게 동원령을 내린 것과 같다. 운동은 즉시, 대학교 범위를 벗어나 모든 지식계층으로 확장되었으며 지식인을 주체로 한 민주당파가 적극적으로 참여하였다. 11월 2일에 민건 상무위원 확대회의에서는 절차적으로 회원의 사상개조를 진행한다고 결의하였다. 11월 13일부터 27일까지 중국민주동맹은 북경에서 전국조직선전사업회의를 개최하였다. 중국민주동맹 심균유(沈鈞儒) 부주석이 전국정협 1기 3차 회의에서 한 보고에서는 민맹회원은 정협회의의 문건과 마오쩌둥 사상을 학습해야 한다고 요구하였으며, 항미원조, 증산 절약, 사상개조 등 3대 운동을 민주동맹의 핵심 사업으로 정하였다. 국민당 혁명위원회 책임자 담평산(譚平山), 치공당(致公黨)의 책임자 진기우(陳其尤) 등은 모두 "먼저

---

692) 『주은래선집』 하권, 북경, 인민출판사, 1984, 68쪽.
693) 『주은래선집』 하권, 61쪽.
694) 『마오쩌둥선집』 제6권, 북경, 인민출판사, 1999, 184쪽.

이러한 사상개조 학습의 대세에 뛰어들겠다"고 입장을 밝혔다. 11월17일에 전국 문련 상무위원회는 확대회의를 개최하고 북경 문예계에서 정풍학습을 한다고 결정하였다.

학술계도 뒤지지 않기 위해 1951년 12월 8일에 중국과학원에서 사상개조학습에 관한 동원대회를 열었다. 남쪽에 있든 북쪽에 있든, 나이가 많든 적든 지식인이라면 누구나 이 운동에 참여하지 않을 수 없었다.[695]

지식인 사상개조운동에서 추진한 자아비판, 자아부정은 사실상 중국 지식인, 특히 고급 지식인과 원래 국민당통치구역의 고급지식인들의 집단적인 참회와 집단적인 속죄였다. 1949년 11월 27일 『인민일보』에 미학가 주광잠(朱光潛)이 글을 발표하였다. 제목은 「자아검토」이다. 이 글은 학술계에서 아마 가장 빠른 글일 것이다. 1950년 1월 3일과 2월 2일에 『인민일보』는 또 사회학자 비효통(費孝通)의 자아검토인 「나의 금년 1년(我這壹年)」,「해방이래」를 발표했다. 철학자 풍우란(馮友蘭)은 1950년 1월 22일의 『인민일보』와 같은해 10월 8일 『광명일보』에 「1년학습총화」,「〈새로운 이학〉의 자아검토」를 발표하였다.

문예계에서 가장 먼저 자아검토를 한 사람은 극작가 조우(曹禺)였다. 1950년 10월에 조우는 『문예보』에 「나의 금후 창작에 대한 초보적인 인식」을 발표하였다. 1951년 12월부터 『인민일보』에 「비평과 자아비평의 방법으로 사상개조운동을 전개하자」라는 전문란을 개설하여 지속적으로 지식인 계층의 유명 인사들의 검토문장을 실었다. 자아검토는

---

695))) 소촉(笑蜀), 『천마의 종말—지식인 사상개조운동설』

모두 천편일률이었다. 모두 다 '3단식'이다. '낡은 나'를 파내고 '낡은 나'를 전면 부정하고 '낡은 나'와 결렬하고 '새로운 나'를 만드는 것이다.

그때 당시의 중국인의 입장에서 말하면 지식인의 사상개조운동은 옛날부터 지금까지 보지 못했던 기이한 광경이었다. 학술대가, 문학대가, 예술대가들이 사회에서 성망이 얼마나 높았던가! 사람들은 정치를 욕하고 금전을 욕했지만 지식계층을 욕한 적은 없었으며 지식계층의 순결성을 의심한 적도 없었다. 지식과 지식인에 대한 강한 경외심은 중국에서 수천 년 동안 누적되어 온 것이다.

국민당 통치시기의 지식인은 진정으로 사회의 양심적 역할을 하여 사회에서 성망이 매우 높았다. 그런데 지금은 거의 모든 덕망 높은 인재들이 나서서 '바지를 벗고' '꼬리를 잘랐다.' 한 계층의 뛰어난 인재라는 사람들이 이처럼 '추악'하고 '비열'하고 대중의 평가와 정반대인 '본 모습'을 갖고 있었던 것이다. 이것은 지식인의 전통 이미지와 지식인의 자신감과 자존심에 대한 매우 큰 타개이었다.

셋째, 지식인에 대한 개조를 통해 유학사회에서 지식인이 존재할 수 있었던 "사회를 위해 정신적 가치를 세우고 민중을 위해 생명의 의의를 수립하며 세상을 위해 태평대계를 개척한다"는 도덕적 역할을 거두어갔다. 지식인 사상개조운동에서 지식인의 정치적 성격을 '자고자대'로 귀결하였다. 1951년 10월 23일 『인민일보』의 평론 「대학교 교사의 사상개조학습운동을 참답게 전개하자」에서 직설적으로 밝히면서, 대학교 교사의 사상개조학습운동의 첫 번째 임무는 지식인의 자만과 자부심 및 오만한 태도를 개조하는 것이라고 했다. 범문란(范文瀾)은 이렇게 말했다.

'자고자대'의 결함을 고치지 않은 지식인이 마르크스 레닌의 서적을 읽는 것은 입이 비뚤어진 중이 경을 읽는 것과 같다. 지식인의 정신적 자고자대에 대해 주로 지식인의 문화혈통을 청산하는 것이다. 1962년에 주은래는 『지식인 문제에 관하여』에서 지식인은 아래의 3가지 문제가 존재한다고 지적했다. 첫째, 제국주의, 반동통치계급의 영향을 받았다. 둘째, 구 사회를 위해 복무한 적이 있다. 셋째, 자산계급의 교육을 받았으며 일부는 봉건교육을 받았다. "이 3가지는 구사회에서 온 지식인의 '뿌리'이며 이 '뿌리'를 부인할 수 없다."[696] 문화혈통으로 볼 때, 지식인 출신이기만 하면 다 '반동사상'의 유전을 갖고 있으며, '반동사상' 유전의 정도는 지식수준의 높고 낮음과 정비례 된다. 고급지식인일수록 '반동사상'의 유전자가 더 농후하다.

사상개조운동을 거친 후 지식인은 '원죄'가 있다고 확인되었으며, 지식인은 반드시 속죄에 각고의 노력을 해야 한다는 것이 정론으로 되었다. 하지만 그 후 한 동안 지식인에 대한 대우가 좋았다.

고급지식인은 높은 급여를 받으며 승용차를 타고 다니고 양옥에 살며 극을 볼 때도 앞자리에 앉았다. 사상개조운동은 지식인을 체제의 밖에서 체제의 안으로 전환시켰다. 지식인은 각 '직장'에 들어가 국가의 고용인이 되었으며 국가 체제의 일부분이 되었다. 하지만 마오쩌둥은 시종 일관되게 지식인을 여전히 체제 밖의 역량으로 간주하고 정치상의 이단, 적어도 잠재적인 이단으로 생각했다. 마오쩌둥은 지식인을 농촌, 공장에 내려 보내

---

696) 『주은래선집』 하권, 356쪽.

지식인의 공농화(工農化)를 실현하였다.

마오쩌둥이 보기에 비록 농민교육 문제가 심각하지만 정규적인 교육을 제대로 받지 못했거나 전혀 교육을 받지 못한 농민이 그래도 지식인보다 훨씬 더 사랑스러웠다. "개조를 하지 않은 지식인을 노동자, 농민과 비교하면 그래도 지식인이 깨끗하지 못한 것 같다. 가장 깨끗한 것은 여전히 노동자와 농민이다. 그들은 손이 검고 발에는 소똥이 묻었더라도 역시 자산계급과 소자산계급의 지식인보다 깨끗하다."[697] 감정적으로 노동자와 농민이 더욱 사랑스러우며 지식정도에서도 노동자와 농민이 '이른바 지식인들'보다 낫다는 것이다.

지식인 개조운동과 '문화대혁명'은 어느 정도 신문화운동이 유학사회를 해체하던 '사업'을 계속 진행했다고 할 수 있다. 이 사업은 유학사회에 있는 '스승'의 권위를 제거한 것이다. 아래의 몇 가지로 지식인 개조운동, '문화대혁명' 등 일련의 운동과 문화운동이 유학사회를 제거하는 과정에서 다른 점과 같은 점을 이해할 수 있다.

첫째, 지식인 개조운동, '문화대혁명' 등 일련의 운동은 '형식상' 신문화운동의 '문화운동' 전통을 계승하였다. 마오쩌둥은 개인적 매력을 이용해 유학사회의 '사유전통(師儒傳統)'을 직접 계승받은 현대 지식인집단에 대하여 조직적으로, 체계적으로 비판을 전개하였다. 마오쩌둥은 '5.4' 문화운동 정신의 세례를 받았으며, 신문화운동과 5.4운동의

---

697) 『마오쩌둥선집』 2판, 제3권, 북경, 인민출판사, 1991, 851쪽.

적극적, 소극적인 모든 성과를 계승하여 유학사회의 철저한 해체를 계속 진행하였다. 그는 자신이 창설한 학회를 '신민학회'로 불렀으며 진독수를 5.4운동의 총사령관이라고 불렀다. 후에 '문화'의 '대혁명' 운동을 일으켰다. 신문화운동 및 5.4운동이 그의 영혼 깊숙하게 얼마나 큰 영향을 미쳤는가를 알 수 있다. 신문화운동 및 5.4운동은 기실 문화의 혁명운동 또는 문화의 계몽운동이다. 그 혁명과 계몽은 급속도로 다가온 내우외환에 의해 중단되었으며 더 이상 계속 진행할 기회가 없었다. 하지만 5.4시기 지사들의 이상 '신민'은 줄곧 마오쩌둥의 영혼 속에 잠재해 있었다. 그의 "개인 이기주의와 투쟁하고 수정주의 사상을 비판하자(斗私批修)", "사람마다 요순이다(人人堯舜)"라는 이상이 바로 그의 '신민학회'의 '여음(余音)'이 아니겠는가? 그가 일으킨 지식인에 대한 개조가 바로 그의 '신민'이상 중 하나의 사례가 아니겠는가?

둘째, 신문화운동, '문화대혁명' 등은 유학 가운데 합리적인 정신자원을 현대사회 발전의 동력으로 합리적으로 전환시키지 못했다. 문화현상을 이론차원(불교 교리), 행동차원(불교 교의를 실행하는 승려), 물체 또는 운반체 차원(불상, 불당, 경전)과 심리차원(불교 신도의 자비로운 마음) 등 4가지로 나눈다면, 유학이 문화전통으로서 중국 전통사회에서 맡은 역할에는 사실상 상기 4가지 차원이 모두 있다. 유학의 이론차원이란 유학이 논증한 인(仁), 의(義), 심(心), 성(性) 등을 말했다. 유학의 행동차원이란 유학정신의 담당자인 유학 사대부, 황제, 일반 백성 등 그들의 실제 행동을 말했다. 유학의 물체차원이란 각지의 공묘, 정절문과 같은 것들을 말했다.

유학의 심리차원이란 주로 유학 담당자가 갖고 있는 정치, 사회생활에서 유학정신을 실현하는 경향성을 말했다. 신문화운동, 지식인 개조운동을 막론하고 '문화대혁명'도 유학 또는 '도통'에 대한 비판에서 유학의 이론차원, 이를테면 인, 의, 심, 성 등 문제에 대해 드물게 설명하였으며 전통에 대한 합리적인 창조성 전환을 언급하지 못했다.

"중국이 『신청년』을 중심으로 전개한 신문화운동을 성숙하지 못한 운동이라고 한다면 그것은 중국의 현대화의 밑거름이 되지 못했기 때문이다."[698] 그렇다면 지식인 개조운동과 '문화대혁명'은 더더욱 그러하다. (표 16을 참조)

---

698) 위정통의 『유가와 현대중국』, 174쪽.

표 16) 신문화운동 및 '문화대혁명'에서 유학 또는 도통에 대한 비판차원

	이론 차원	행동 차원	물체 차원	심리 차원
	인, 의, 심, 성 등 문제	유학 사대부, 황제, 일반 백성 등의 실제 행동	유학경전, 각지의 공묘, 정절문.	정치, 사회생활에서 유학정신을 실현하는 경향
신문화운동	없음	부분적	부분적	부분적
'문화대혁명'	없음	부분적	부분적	부분적

셋째, 지식인 개조운동과 '문화대혁명'운동은 신문화운동의 우수한 성과나 계몽의 뜻을 진정으로 계승하지 못하였다.

그것은 비록 유학사회의 낡은 권위를 타파하였으나 현대적 새로운 권위를 수립하지 못하였으며, 윤리형 권위를 지식형 권위로 합리적으로 전환시키지 못하였다. 『신청년』을 핵심으로 한 반전통, 반유학, 반공자의 사회비판은 '지식'의 선진성을 이론적 무기로 삼았다. 그들은 과학, 민주의 기치를 높이 들고 미신과 전제를 투쟁하였으나 지식인개조 등 일련의 운동에서 '지식'은 반동권위의 상징으로 인식되었다.

"지식이 많을수록 더 반동적이다"[699]라는 말은 '문화대혁명' 때의 유행어다. "지식이 많을수록 더 반동적이다"에서 말하는 지식은 당연히 일반적인 지식이나 모든 지식이 아니고 구체적인 지식이며 '제국주의 문화와

---

[699] "지식이 많을수록 더 반동이다"와 "여자는 재능이 없는 것이 덕이다"는 구조상에서 유사하다.

반봉건적인' 문화지식을 말했다. 그것은 혁명의 문화, 신생의 무산계급 문화로 말하면 반동적일 수 있다. "지식이 많을수록 더 반동적이다"의 뜻을 또 이렇게 생각할 수 있다. 중국역사상 교육을 받지 못한 사람의 90%가 농민이지만 그들은 역사적으로 혁명의 주력이다. 문화가 있고 지식이 있는 지주 및 그들의 대표인 지식인은 혁명을 반대한다. 그래서 "지식이 많을수록 더 반동적이다"라고 하는 것이다. "지식이 많을수록 더 반동적이다"라는 뜻은 또 시와 책을 많이 읽고 뛰어난 학식과 경륜을 지닌 사람들이 현행 정책에 대해 가장 의심하고 비판하거나 "수정주의로 변할 수 있다는 것이다." 그러므로 "지식이 많을수록 더 반동적이다"라는 것은 구체적이고 역사적이며 추상적이 아니고 비역사적이 아니다.

하지만 무산계급대중을 분석하는 과정에서 '제국주의 문화와 반봉건적'인 문화지식이 추상적이며 일반적인 지식으로 변하고 지식이 '반동'의 동의어가 되었다. 지식인에게 '우파', '더러운 아홉째(臭老九)'라는 모자를 씌웠으며 그것이 또 몽둥이, 채찍으로 변하여 제멋대로 지식인들의 영혼을 후려쳤다. 그들은 지식인들로 하여금 하늘을 볼 면목이 없게 만들었으며 혁명의 권리를 박탈하였다. 본래 '지식이 곧 권위'이고 지식이 있으면 권위를 갖게 되지만, 지식인 개조과정에서, '문화대혁명'이라는 거역할 수 없는 시대적 흐름 속에서 지식은 반동적인 것이 되어 무시당하였다. 웨버(Weber)는 지식인은 "문화의 가치를 장악하고 문화사회구역을 주도하는 집단"이라고 주장하였다. 파슨스(帕森斯)는 지식인을 문화전문가라고 하였다. 하지만 유학사회의 '스승'의 권위를 해체하는 과정에서도 이처럼 사회생활에서 보편적인 사회 공감대를 형성한 적은 없었다. 게다가 '지식' 앞에

'반동'이라는 접두사가 붙었다. 이로부터 알 수 있는 바는 유학사회의 최후 해체과정에 유학사회에서 현대적 자원으로 전환이 가장 가능했던 지식전통이 그렇게 쉽게 유실되고 결국 윤리형 권위가 지식형 권위로 합리적으로 전환하지 못하여 현대화건설 과정에 정신적 전통이 없는 찢어진 사회가 나타났다.

넷째, 지식인 개조운동과 '문화대혁명'운동은 졸렬하게 형식상에서 전통사회 또는 유학사회 고유의 심리기반인 '스승의 존엄'을 무너뜨렸다. 『신청년』을 중심으로 한 반전통, 반유학, 반공자의 사회비판은 유학사회의 학자들이 대표하는 권위성 및 그 스승의 존엄을 비판한 것이 아니다. 주로 '스승'의 '체계'과 군주의 권력, 가장권, 부권의 관계를 비판한 것이다. 『신청년』의 반유학 이론의 중점은 공교의 파괴, 예법의 파괴, 낡은 윤리(충, 효, 절(節))의 파괴, 국수(國粹)의 파괴이다. 주로 유학의 물질차원과 행동차원과 연관되며 행동차원에서는 단지 황제, 관료 사대부와 유학과의 관계와 관련이 있다. 지식인개조운동과 '문화대혁명'의 반전통, 전통사회를 제거하는 것의 중점은 '도통' 중의 물질차원, 심리차원의 전통에 대한 반동이다. 그것은 지식을 소유하고 있는 집단에 의해 전통을 비판 개조하지 않았을 뿐만 아니라 오히려 계몽운동이 성장하는, 비판정신을 소유한 지식인집단을 타도하였다.

수천 년의 두터운 문화 토양과 사상 연원으로 인하여 현대의 지식인 집단과 전통은 언제나 매우 긴밀한 관계를 갖는다. 유학사회에서 '도통'은 '사통'을 통해, 현실생활 중의 '유학자'의 실천을 통해 실현된다. 의심할 바

없이 '유학자'는 왕조의 홍망성쇠와 매우 깊은 관련이 있다. 유학사회에서 스승은 어느 특정 왕조에 속하지 않는다. 어느 왕조에 위기가 다가올 때면, 유생계층이나 지식인계층 또는 '스승'의 계층은 늘 치열한 분열을 하는데 대체로 3가지 부류이다. 하나는 보수파와 보황파인데 이들은 적극적으로 왕조의 멸망을 구하려 한다. 두 번째는 적극적인 혁명파이다. 즉 낡은 명을 자르고 새로운 명을 수립하는 파벌이다. 이들은 흔히 새로운 왕조를 건립하는 중요한 기획자이며 참여자이다. 세 번째는 관망파이다.

　이들은 흔히 낡은 왕조의 '천명' 또는 '운명'이 끝났음을 알지만 잠시 낡은 왕조의 배반자가 되기를 싫어한다. 새로운 왕조가 세워질 때, 그전 왕조 말기의 유생계층이나 지식인 또는 '스승' 계층에서 두 가지 부류의 사람들에게서 중요한 분열이 발생한다. 보수파나 보황파 가운데의 지식인들이 두 가지 유형으로 갈라진다. 그중의 절대 다수는 왕조에 달라붙어 통치자의 행열에 가담한다. 다른 일부 사람들은 낡은 왕조에 충성을 하는 고집쟁이들이다. 이들은 새 왕조의 '봉천승운(奉天承運)'을 무시하며 낡은 왕조의 '성은이 망극함'만을 인정하면서, 새 왕조에게 비협조적인 태도를 보여주거나 은거하거나 그렇지 않으면 살해당한다.

　왕조 위기 시기의 관망파는 흔히 새 왕조를 세울 때 새 왕조가 미리 데려온 사람들로서 새 왕조의 건설에 참여한다. 그리하여 새 왕조가 낡은 왕조를 대체할 때, 절대 다수의 지식인 또는 '스승' 계층의 유학자들은 모두 합리적으로 새 왕조의 건설자로 전환된다. 신생 사회가 구질서의 구축자, 해석자, 호위자들을 다시 '사회화' 하거나 개조하는 것을 크게 비난할 수 있는 것은 아니다. 스탈린이 이르기를 "지식인은 지금까지 계급화 된 적이 없으며 계급화 될 수도 없다. 과거에 그랬거니와 지금도 사회 각 계급 출신의 사람으로 구성된 하나의 계층이다."[700]

하지만 지식인 개조과정에서 너무 심한 형식을 취하였다. 지식인의 개성과 독특성을 '잡귀신', '독초'로 취급하였다. 개조과정에 거의 모든 덕망이 높은 인재들이 일어서서 '바지를 벗고', '꼬리를 잘렸으며' 전국 인민들 앞에서 집단적으로 창피를 당했다. 이것은 존엄에 대한 인성 요구에 부합되지 않으며 지식 자아갱신의 전통에도 부합되지 않는다.

지식인 개조운동과 '문화대혁명'에서 많은 지식인들이 정신적으로 엄청난 고통을 받았을 뿐만 아니라, 많은 지식인들이 '우파'라는 모자를 썼으며 적지 않은 사람들이 옥살이를 하였다. 위잉스(余英時)는 선비(士)는 중국 문화전통 중에서 상대적으로 '미정항(未定項)'이다. 이른바 '미정항'이라고 하는 것은 '선비'가 사회속성이 있다는 것을 인정하나 사회속성에 의해 완전히 결정되지 않으면서 절대로 초월하지 않는 자를 말했다. 그러므로 '선비'는 '관료'일 수는 있지만, 그 기능은 '관료'에 국한되지 않는다. 이를테면 한나라의 순리(循吏)가 '삼척지법을 수행(奉行三尺之法)'하면 당연히 '관리(官吏)'이다. 하지만 '교화(敎化)'를 실시할 때, 이미 문화임무를 담당한 '스승'이 되었다. '선비(士)'는 어느 한 사회계층의 이익을 위해 발언할 수 있으나 그의 발언 입장은 때로는 그 사회계층을 초월할 수 있다. 상대적인 '미정항'이란 상대적인 자유이다. 중국문화가 거듭 자아제한을 초월할 수 있었던 것은 바로 이러한 '미정항'에 의한 것이다. 분명 지식인 개조운동은

---

700) 풍우란의 『중국철학사신편』 제1책, 95쪽.

유학중의 간의(諫議)정신이나 비판정신의 발전을 합리적으로 인도하지 못하였으며 오히려 그것을 반드시 개조해야 하는 '결정된 사항(定項)'으로 간주하였다. 전통사회나 유학사회의 해체를 놓고 말하면 신문화운동, 지식인개조운동과 '문화대혁명'은 내재적으로 일치하는 점이 있다. 단지 앞의 것은 과학적, 민주적인 의식이 있으며, 뒤의 것은 해체과정에 단지 전통사회나 유학사회 고유의 심리기반, 즉 '스승의 존엄'을 파괴했을 뿐이다. 이때에 이르러 유학사회를 구성하는 모든 기반이 제거되었다고 할 수 있다. 결론적으로 말하자면 지식인개조운동과 '문화대혁명'은 형식상에서 신문화운동을 계승하여 유학사회의 '사업'을 제거하였으며, 유학사회가 남긴 최후의 환상적인 영혼─권위─교관들이 실천했던 '도통'에 대해 '무력적' 비판을 하였다.

지식인개조운동과 '문화대혁명' 등 일련의 운동은 유학사회 군주질서의 운행기반(천지군친사로 구성됨)에 최후의 일격을 가했으며 유학사회의 윤리질서의 구조에도 최후의 일격을 가하여 유학사회구조의 최종 해체를 완성하였다.(표 17를 참조) 유학사회의 권위는 허망하게 사라지고 말았으며 현대사회의 정신적 원천으로 전환되지 못했다. '문화대혁명'을 그럴듯하게 '문화'의 '혁명'으로 부를 수 있는 것은 그 잠재적, 역사적 원인이 신문화운동에서 전통을 비판하는 전통을 계승하였기 때문인지도 모른다. 비록 최악의 계승이기는 하지만. 만약 역사가 규율이 있고 이해할 수 있는 것이라면 '문화대혁명'은 유학사회의 최후 종결자, 전통사회의 최후 종결자라고 할 수 있다.

표 17) 유학사회의 '도통'에 대한 시기별 같지 않은 태도

	공자에 대한 태도	유학에 대한 태도	지식인에 대한 태도	지식인의 자아인식	주요 발생 원인
유교사회시기 — 역대왕조	지성으로 추앙하고 역대왕조가 최고 칭호를 내렸고 '문선왕'으로 추가하였다	하나만 추앙하거나 아니면 불교와 도를 함께 추앙한다. 그러나 정치, 법률 등 영역에서는 하나만 추앙한다.	과거제도 등을 통해 유하자는 제가, 치국, 평천하의 정신적 포부를 실현	도의 담당자	'세세대대로 도통이 전해지는 것은 세세대대로 이어지는 치통과 연관이 있다'
유교사회시기 — 농민전쟁	추앙	이용	출사		
유교사회해체기 — 『신청년』을 해심으로 한 반유학운동	'공가점' 타도	유학은 민주 조기의 군주제 부활운동과 깊은 연관성이 있다	동성성 비판	계몽자로 자부한다	군주제부활, '진짜황제는 매도의 대표이며 성인은 황원의 대표이다' (이대소 어록)
유교사회해체기 — '문화대혁명'	공자 비판	부정	개조, 배척	원죄가 있다, 자아부정	전통과 결렬(유행어)

4. 윤리질서의 법(儒家法)적 해소

유학사회를 윤리 통제형사회라고 말하는 것은 주로 유학사회의 법이 도덕의 향상이기 때문이다. 유학사회의 법은 유가법이며 유가법의 실체는 윤리법이다. 유학사회가 종결된 가장 중요한 표현의 하나이다.

즉, 통치계급 의지의 최고 체현인 유가법의 종료이다. 앞에서 말한 바와 같이 농민전쟁이나 외적의 침입으로 인한 위기는 단지 왕조의 위기로서 그들은 왕조를 뒤엎고 왕조를 세운 것이다. 그리하여 배역의 교체로써 위기를 해결한 것이다. 자산계급혁명은 이와는 근본적으로 다르다. 그것의 기치에는 자유, 민주, 박애(博愛)가 휘날리고 있으며 그들은 민치(民治), 민유(民有), 민향(民享)의 공화정부를 세우려고 했다.

입헌운동은 자산계급의 혁명적 성질을 뚜렷하게 나타냈다. 입헌운동이란 군주입헌에서 시작하여 첫 자산계급헌법의 제정까지의 이러한 유학사회 윤리질서의 정치기반을 전복시키는 과정을 말했다. 유가법의 전복과 입헌운동은 같은 과정을 겪었다. 유가법의 전복 또는 입헌운동은 아래의 몇 개 단계를 거쳤다.

첫 단계, 중체서용(中体西用, 중국적인 것을 기초로 하고 서양의 것을 활용한다), 선진기술로 법(유가법)을 수호하였다.

1840년에 서양 오랑캐는 견고한 배와 위력이 강한 대포로 동방 천조제국의 꿈을 깨뜨렸다. 청나라 말기에 새로운 기풍을 일으킨 인물은 공자진(龔自珍, 1792~1841)과 위원(魏源, 1794~1857)이라고 할 수 있다. 공자진은 자신이 처해 있는 시대에서 가장 강한 수준에서 전제제도에 대해

가차 없이 조롱하고 폭로하였으며 신시대의 한 가닥 기운을 보여주었다. 그러나 그는 아편전쟁 이듬해에 한을 품고 죽었으며, 더 이상 천조제국의 커다란 변화를 알 수 없었다. 위원은 아편전쟁의 전 과정을 겪었다. 그는 신시대의 문턱에 서서 가장 근대 문화적인 의미를 가진 사상을 제시하였는데, 그것이 바로 "서양의 기술을 배워 서양을 제압한다"는 원칙이다.[701]

양무운동은 위원의 사상에 대해 실천적 차원의 움직이었다. 중서 충돌에서 태평천국운동을 진압하는 과정에 실력이 있는 양무파(洋務派)들은 대포와 기선의 역할을 보았고, 견고한 배와 위력이 센 대포로 '만세불변의 법(萬世不變之法)'을 호위하고자 하였다. 이홍장이 말했다. "중국이 대포와 기선만 있으면 서양 사람은 손을 거둘 것이다." 중국번(曾國藩), 이홍장, 좌종당(左宗棠), 정여창(丁汝昌) 등 양무파는 '안경병기소(安慶軍械所)', '소주서양포국(蘇州洋炮局)', '강남제조 총국', '마미조선국(馬尾造船局)' 등을 건조하여 양무운동의 활발히 일으켰다. 보

수파와의 투쟁에서 양무파는 '중체서용'이라는 근대화 구호를 제기하였다. 그들은 중국 학설의 근본체인 '삼강오륜과 봉건예교(綱常名敎)'는 변하지 않는다고 여기면서 이렇게 말했다. "만세불변의 진리는 공자의 도이다"[702]

---

701) "서양의 기술을 배워 서양을 제압한다"는 원칙은 '그 후의 중국근대문화의 변량'을 포용하였으며 '장기'는 양무파 수중의 병기이지만, 근대지식인에게는 '군민공주(君民共主)'이며, 무술유신 인사에게는 '군주입헌'이고, 손중산 등 혁명자에게는 '민주공화'이며, 공산주의자에게는 '사회주의'이다. 위원의 "서양의 기술을 배워 서양을 제압한다"는 원칙은 근대 중국문화의 발전에 내재적인 동력을 제공하였다.

702) 왕도(王韜), 「이언(易言). 서문」, 『정관응(鄭觀應)집』 상권, 북경, 북경대학출판사,

"서양기술을 배워 우리의 요, 순, 우, 탕, 문, 무, 주, 공의 도를 호위한다"[703], "정치제도는 근본이고 기술은 차후의 일이며 기술은 변하지만 정치제도는 변하지 않는다. 변하는 것은 부강의 권술이지 공맹의 영원한 원칙이 아니라는 것을 백성들은 알고 있다."[704] 서양의 공예과학기술 심지어 정법제도를 배울 수는 있지만, 그것은 단지 말단의 것을 가져다 사용할 뿐이다. 그때 그 시대의 용어로 말하자면 "중국의 것을 근본으로 하고 서양의 과학기술을 배워 활용한다(中學爲體 西學爲用)"는 것이다.

장지동(張之洞)은 『권학편(勸學篇)』에서 이렇게 개괄했다. "변할 수 없는 것은 윤상기강(倫常綱紀)이지 법제가 아니며, 성현의 도이지 기계가 아니며, 계략이지 공법이 아니다. 법은 적절하게 변하며 다 꼭 같을 수는 없다. 도덕은 사람이 사회에서 출세할 수 있는 근본이므로 바꿀 수 없는 것이다. 이른바 도덕과 근본이란 바로 삼강사유(三綱四維)를 말했다." 우리는 시대의 제한을 받는 지식인에게 가혹하게 요구하지 말아야 한다. 본말관(本末觀)이든 체용관(體用觀)이든 그 시대의 깨여있는 지식인이 서양을 따라 배움에 있어 이탈할 수 없었던 합법적 근거이다.

양무운동시기의 일부분 선각자 지식인들은 심지어 제도적 차원에서 중국이 자강할 수 있는 길을 찾고자 하였다. 그들은 '삼대지치(三代之治)'의 '중민(重民)'의 민본사상(民本思想)을 서방의 신형 군민(君民)관계와

1990, 167쪽.
703) 설복성(薛福成), 『서양기획소견. 변법』
704) 정관응, 『위언신편(危言新編). 범례』

연결시켜 중국의 전제정치를 개혁하고자 하였다. 그들은 '군주와 백성이 이탈함'으로써 초래되는 사회적 위기를 알고 서방의 의회정치가 서방이 강대한 원인이라고 생각했다. 왕도(王韜), 정관응(鄭觀應), 진치(陳熾), 진규(陳虯)를 비롯한 그들 중의 일부분 인사들은 '군민공주제(君民共主制)' 실행을 요구하였다. "'중민이론'은 이 시대의 지식인에 있어 중국이 자강할 수 있는 새로운 길을 모색하는 소홀히 할 수 없는 앞선 관점으로서 그것은 문화적 의미에서 무술유신 인사들에게 엄청난 영향을 주었다. 백성을 중히 여기고 백성을 다스리던 것에서 백성이 권리를 가지고 백성이 다스리기에 이르기까지 그것은 중국헌정문화의 논리적 전달이며 심지어 근대 중국헌정문화의 기본 품격을 결정하였다."[705] 그들은 여전히 중국문화의 옛 안경을 쓰고 서방의 헌정문화를 보았으나 헌정문화가 중국에서 뿌리를 내리는 데 적합한 성장점을 찾아냈다. 물론 그들에게 이미 헌정사상이 있다는 것은 아니며, 그들이 이미 근대 헌정문화의 길을 열었다고 하는 것도 아니다. 그러나 필경 역사의 흐름 속에서 새로운 목소리가 들려온 것만은 사실이다.

두 번째 단계, 법(유가법)은 변하면 통하고 통하면 오래 간다.

법제제도를 새롭게 고쳤다. 갑오전쟁은 총과 대포로 옛 문명만 고수하던 책략이 깨졌음을 선고한 것이다. 갑오(청일)전쟁에서 중국은 실패하였다. 겉으로는 국방력의 부족으로 보이지만 실제로는 체제가 혼란하여 현대

---

705) 왕인박(王人博), 『헌정문화와 근대 중국』, 북경, 법률출판사, 1997, 35쪽.

전쟁을 지원할 수 없었던 것이다. 중국의 체제문제를 이미 일부 선각자 지식인(상기 '군민공주제론'자)들이 알아냈지만 그냥 입으로만 말 했을 뿐이다. 갑오전쟁의 교훈은 정확한 일침이 아닐 수 없었다. 1895년 4월 말에 북경으로 과거를 보러 온 18개 성의 거인들은 양계초의 발기로 '송균암(松筠庵)'에 모여 집회를 가졌다. 강유위가 주최하여 18,000자의 글을 작성하고 1,300여 명을 집합시켰다. 5월 2일(광서 21년 4월 8일)에 도찰원(都察院)문 앞에 집결하여 탄원서를 제출하고 공개적으로 조정의 화의를 거부하였으며, 수도를 옮기고 제도를 고치라고 정치적 요구를 하였는데, 이를 역사적으로 '공차상서(公車上書)'라고 한다. '공차상서'는 자산계급 민주의 싹이 트는 성질을 가지고 있으며, 근대 중국 자산계급 지식인 계층이 형성되어 정치적 무대에 등장하였음을 상징한다.

역사는 자산계급을 무대 앞에 내세웠다. 자산계급 개량파의 대표적 인물인 강유위는 제도개혁은 천하를 다스리는 근본이며 나라를 건설하여 스스로 강대해지는 방법이라고 주장했다. 강유위는 연이어 청 황제에게 상서를 올려 황제에게 알리려 하였지만 보수파의 극단적인 방해로 달성하지 못하였다. 강유위는 그것을 포기하고 신문을 만들기 시작했으며 학회를 조직하였다. 1895년 7월에 『중외기문(中外紀聞)』을 창간하였다.

8월에 북경에서 '강학회(强學會)'를, 11월에 상해에서 분회를 조직하였다. 1898년 4월에 북경에서 '보국회(保國會)'를 설립하였다. 이때부터 신문을 만들고 학회를 설립하는 바람이 전국적으로 유행하여, 『시무보(時務報)』, 『지신보(知新報)』, 『상학신보(湘學新報)』, 『국문보(國聞報)』, 『상보(湘報)』 등이 연이어 창간되었다. "1895년부터 1897년까지 유신파는 전국에서 학회를 적어도 33개, 학당 17곳, 신문사 9개, 서국 2곳을 설립하였다." 1897년에 강유위는 『공자개제고(孔子改制考)』를 출판하였으며 책에서 '탁고개제(托古改制)'의 공자를 허구적으로 지어냈다. 양계초는 『변법통의(變法通議)』, 『변법통의계속(續變法通議)』에서 진화론으로 변법의 필연성과 필요성을 상세히 논술하였다. 변법유신은 강대한 사회적 여론을 형성하였다. 1897년 11월에 교주만(膠州灣)사건이 발생한 후, 강유위는 '청나라 황제에게 다섯 번째 상서'를 올렸으며 12월에 광서제는 '자강조령(自强詔)'을 내렸다. 1898년 1월 27일에 경제특과를 설치하고 유신인재를 등용하였다. 강유위는 또 '청나라 황제에게 여섯 번째 상서'를 올려 전반적으로 계획된 변법유신정강을 제시하고 원래의 전반적인 관료체제에 일련의 개혁방안을 제시하였다. 1898년 6월 11일에 광서황제는 『명정국시서(明定國是詔)』를 내렸다. 이때부터 역사에서 말하는 '백일유신'이 시작되었다. 한때 유림은 서양문을 강조하고 관리들은 신법(新法)을 강조하였다. 하지만 나랍씨(那拉氏, 황태후의 신분으로 '수렴청정'하고 있던 융유태후[隆裕太后])를 우두머리로 하는 보수파가 쿠테타를 일으켜 광서황제를 구금시키고 '무술7군자(戊戌七君子)'를 학살하자 '백일유신'은 실패하였다.

세 번째 단계는 군주입헌운동의 활발한 전개였다.

역사는 유신파에게 진정한 정치개혁의 기회를 주지 않았지만, 유신파가 진행한 변법유신, 신민계몽 등 선전은 미래의 입헌운동, 정치개혁을 위한 씨앗을 뿌려놓았다. 엄복이 말한 바와 같이 "현재의 세계 형세에서 개혁을 하고 싶어도 해야 하고 하기 싫어도 해야 한다. 주동적으로 개혁하면 개혁권이 자신의 손에 있을 것이며 피동적으로 개혁하면 개혁권을 남이 가져간다." 1901년 1월 29일에 서안으로 망명한 나랍씨가 변법조서를 발포하였다. 조서에서 다음과 같이 말했다. "세상에는 만고에 변하지 않는 불변의 법칙이 있으나 변하지 않는 법제는 하나도 없다.

궁하면 변하게 되고, 변하게 되면 두루두루 통해서 오래간다는 것은 『역(易)』에서 나타났다. 손익을 알 수 있다는 것은 『논어』에 기록되어있다. 변하지 않는 것은 삼강오륜이며 마치 해와 달이 세상을 비춰주는 것과 같다. 변할 수 있는 것은 갑이나 을에게 명을 내려 거문고와 비파의 줄을 바꾸는 것과 같다. 자고로 대대로 혁신은 있었다. 우리 조정의 역대 조상도 시대에 따라 제도를 세웠는데 다른 점도 있고 같은 점도 있었다.

대체로 법제가 너무 오래 되면 폐단이 생기고 법제가 피폐해지면 갱신해야 하는데 그것은 나라를 강성하게 하고 국민에게 이롭게 하고자 하는 것이다."[706] 혁명 형세의 핍박으로 청나라 조정도 '예비입헌'을 준비하였다. 1906년에 나랍씨는 '예비입헌'을 정식으로 선포하고 심가본(沈家本), 오정방(伍廷芳)을 '법률수정대신'으로 지정하였다.

군주입헌운동은 무술변법이 새로운 형세에서 더욱 발전한 산물이다. 입헌정치는 강유위의 이상이며 보황회를 구축하는 것은 강유위의 입헌구국사상의 중요한 구성부분이다. 청나라 조정에서 예비입헌에 관한 조서를 공포한 후, 강유위는 숙원이 곧 현실로 되는 것 같아 보황회를 즉시

---

706) 『광서실록』 권 476쪽, 북경, 중화서국, 1987.

'국민헌정회'로 바꾸고 1907년~1910년 사이에 여러 번 조정에 청원서를 올려 조속히 국회를 개최하여 입헌할 것을 요구하였다. 비록 강씨가 서방의회에 대해 갖고 있는 인식이 왕도, 정관응 등 지식인과 조금도 다르지 않지만, 그의 노력 하에 군주입헌의 사상이 보급되기 시작하였다. 1907년에 헌법강습회는 청원을 하여 국회를 개최할 것을 요구하였다.

1908년에 강유위와 양계초가 이끄는 정문사(政聞社)와 제국헌정회, 장건(張謇) 등이 이끄는 예비입헌공회 등은 적극적으로 각종 활동을 전개하였다. 1909년 10월에 각성에 자의국(諮議局)이 설립되었으며 자의국은 입헌파의 활동기지가 되었다. 1910년 8월 9일에 북경에서 각성 자의국연합회를 설립하였으며 국회를 개최하여 책임내각을 설립하고자 시도하였다. 조정과 재야에서 군주입헌운동이 거세게 일어났다. 혁명과 폭력을 방지하고 중국이 무질서에 빠지는 것을 막기 위해 입헌당의 사람들은 진심으로 중국의 헌정을 위해 최선을 다했다. 국회청원운동은 실패하였으나 운동을 통해 "처음으로 헌정 이념이 거의 모든 지식인 계층까지 확장되었다. 그로 인한 사회분위기는 '청원' 자체를 넘어섰으며 헌정은 중국에서 이미 막을 수 없는 역사적 발전 추세가 되었다."[707]

청나라가 형법을 수정하는 과정에 청나라 조정이 "무릇 낡은 법률의 윤상(倫常)과 연관되는 모든 조항을 먼저 변혁해서는 안 된다"고 여러 번 훈계하였다. 하지만 심가본 등은 여전히 점진주의, 옛 법을 본받기, 인정(仁政) 등 유가법사상의 사고방식과 가치관에 따라 유가법적

---

707) 왕인박, 『헌정문화와 근대 중국』, 250쪽.

수정사업을 정성껏 실행하였다.

심가본의 설명에 따라 1910년에 헌정편집조사관(憲政編査館)은 조정에 『대청신형법』을 상주하였으며 신 형법의 요지를 4가지로 귀납하였다. 즉 '외교에 도움이 된다.' 청나라 말기의 법률 수정은 유가변법 패턴의 마지막 시도라고 할 수 있다. 청나라 조정의 예비입헌은 3가지 성과를 가져왔다. 첫째로 '헌정편성조사관'을 세웠다. 둘째로 자정원(資政院)과 자의국을 설립하였다. 셋째로 『흠정헌법대강』을 반포하였다. 그것은 중국의 헌정문화가 관념의 계몽차원에서 제도차원에 이르는 초보적인 시도임을 상징한다. 『흠정헌법대강』은 중국역사상 최초의 헌법 문건이며 아편전쟁 후, 약 70년 동안 중국인민이 외래 열강과 맞서 싸우며 안으로는 독제와 싸운 결정체이다. 『헌법대강』은 '군주의 대권' 14개 조항, '신민(臣民)의 권리의무' 9개 조항이 있는 것 외에 부속법 '의회법 요령(議院法要領)', '선거법 요령'이 있다. 이때부터 황제 본인도 헌법을 지켜야 했는데, 헌정편성조사관에서 이렇게 말했다. "헌법이란 국가의 근본 대법으로서 군민이 함께 준수해야 한다. 황제에서 백성에 이르기까지 다 솔선수범하여 따라야 하며 초월해서는 안 된다." 신하의 권리에 관해 『헌법대강』에 이렇게 규정하였다. "신하들 가운데 법률규정에 부합되는 자는 문무관리 및 의원이 될 수 있다", "신하는 법률범위 내에서 언론, 저작, 출판, 단체를 조직할 자유가 있다", "법률 규정을 어기면서 신하를 체포, 감금, 처벌을 할 수 없다", "신하는 법관을 청해 그가 소송을 제출한 안건을 판결하게 할 권리가 있다", "신하는 법률에 규정한 관아의 전문적 심판을 받는다", "신하의 재산 및 거주를 이유 없이 침범해서는 안 된다."

역사는 늘 힘겹게 전진한다. 그밖에 1900년부터 청나라 조정은 여러 가지 개혁을 단행하였다. 이를테면 팔고문(八股文)을 폐지하고 현대 학당을 광범위하게 설치하였으며, 사람을 파견하여 외국에 가서 고찰하고 유학하도록 했으며 필요 없는 인원을 줄이고 관직 수여를 멈추고 군정을 정돈하고 상부 학부(商部學部)를 설립하고 '총리각국사무아문'을 외무부로 고치는 등이다. 신축변법(辛醜變法)은 유가변법의 마지막 시도가 된다.

네 번째 단계, 유가법의 종말 : 『중화민국 임시 약법』의 공포 및 폐지 무술변법이 실패한 후 유신파의 일부는 보황파, 즉 군주입헌파로 전락하고 다른 일부는 계속 발전하여 혁명파가 되었다. 형세의 발전은 통치자에게 왕조로서 생존할 시간을 많이 주지 않았다. 1894년에 손중산이 이홍장에게 상서하였으나 결과가 없었으며 같은 해에 흥중회(興中會)를 설립하였다. 그 후 황흥(黃興)이 '화흥회(華興會)'를, 채원배가 '광복회'를 설립하였다.

1905년에 혁명단체는 일본 동경에서 공동으로 '동맹회'를 구성하고 손중산을 총리로 추대하였으며, 『민보』를 발행하여 민족, 민권, 민생 3대 주의를 천명하였다. 『민보』는 혁명, 입헌과 논쟁을 일으켜 혁명 분위기를 조성하였다. 1906년부터 혁명사건이 여기저기서 끊임없이 일어나다가 마침내 1911년 10월 10일에 무창(武昌)에서 반란을 일으켜 성공하였다. 각 성에서 잇달아 호응하였으며 신해혁명이 성공하였다.

혁명 후의 첫 헌법 문건인 『중화민국 임시정부 조직대강』이 1911년 12월에 탄생하였다. 『대강』은 총 4장 21조인데, 주로 대통령, 의회, 행정 각 부와 같이 국가권력을 구성하는 중요한 기관에 대해 원칙적인 규정을 하고 헌정의 대략적인 윤곽을 그려냈다. 1912년 11월에 손중산은 남경에서 임시대통령의 명의로 『중화민국 임시 약법』을 공포하였다. 『약법』은 총칙, 인민, 참의원, 임시 대통령, 부대통령, 국무위원, 법원, 부칙 등의 장절로 구성되었으며 총 56조이다. 약법에는 다음과 같이 규정하였다.

국가의 주권은 인민에게 속하며 주권은 국회, 대통령, 내각 및 사법부문에서 행사한다. "중화민국 인민은 모두 평등하다." 인민은 인신, 언론, 저작, 집회, 단체 설립, 서신 비밀, 거주지 전이, 재산 보유의 자유가 있으며 청원, 소송, 문관시험 응시, 선거와 피선거 등 권리가 있다. 『중화민국 임시 약법』의 가장 중요한 역사적 성과는 유학사회의 법률질서, 즉 군주질서를 종결시킨 것이다.

『중화민국 임시 약법』은 유가법의 종결을 상징한다. 그러나 헌정이 중화대지에 뿌리를 내린 것은 아니다. "황제가 거꾸러지고 머리채를 잘랐다"고 하지만 민국은 헌정의 서광을 맞이하지 못했다. 신해혁명의 성과를 원세개에게 빼앗겼으며 1912년 3월 10일에 원세개는 북경에서 임시대통령에 취임하였다. 그때부터 민국은 '요절'의 시기에 들어섰다. 먼저 원세개의 '홍헌제제(洪憲帝制)'가 있었으며 후에 북양군벌(北洋軍閥)의 통치가 있었다. '요절'의 비참한 국면에 직면하여 손중산은 분노하여 군벌정치의 암흑을 질책했다. "만주의 독재가 사라지자 무수한 강도들의 독재가 나타났으니 그들의 혹독함은 지난 왕조보다 더 심하다."[708]

"혁명은 아직 성공하지 못했다." 새로운 공화, 헌정국가를 세우기 위해

---

708) 『손중산선집』 상책, 북경, 인민출판사, 1956, 116쪽.

손중산은 앞을 향해 전진하면서 모색하고 있다. 손중산은 늘 이렇게 말했다. 민국을 세우려면 많을 일을 해야 하지만 "가장 중요한 일은 좋은 헌법을 연구하는 것이다." 좋은 헌법이 있어야 "나라는 전도가 있고 발전한다. 그렇지 않으면 나라는 위험에 빠지게 된다."[709] 손중산의 헌정방안에는 민권주의의 모든 정화가 들어 있었다. 그 내용으로는 주로 권능 구분, 오권헌법(五權憲法), 혁명 절차, 지방자치, 중앙과 지방의 권력 균등 등의 학설이 있다. '오권헌법'은 비판적으로 서방의 '삼권분립'학설을 계승하였다. 행정권에서 시험권을 분류해 내고 의회의 입법권에서 검찰권을 독립적으로 분리해 놓았다. '오권헌법'은 중국 특색의 혁명민주주의 법사상 체계이다. 이에 대해 손중산은 사람들에게 이렇게 말했다. "오권헌법은 형제가 창조한 것이며 동서고금 어느 나라에도 지금까지 없었다." 이것은 "천지개벽의 정체이다", "학설에도 별로 없다"고 했다.[710] 혁명이 배신을 당한 고통을 피부로 느낀 손중산은 혁명의 절차를 '군정', '훈정', '헌정' 3단계로 최종 확정지었다.

　　5.4신문화운동을 겪은 신세대가 중국헌정건설의 위대한 사업을 계속 진행했다. 하지만 다른 점이라면 그들은 시선을 활발히 진행되는 사회주의운동과 공산주의 운동으로 돌린 것이다. "5.4신문화운동이 '신윤리' 구조에서 중국의 헌정을 위해 새로운 길을 탐구하여 마침내 국가의 부강문제를 해결하였다면, '과학과 민주'를 대체하여 발흥된 공산주의운동은

---

709) 『손중산전집』 제3권, 북경 중화서국, 1981, 5쪽.
710) 『손중산전집』 제1권, 북경, 중화서국, 1981, 331쪽.

중국의 헌정문화가 지난 '서양화' 양식을 돌파하고 새로운 길을 개척했음을 상징한다."[711] 종합적으로 유가법의 전복 과정과 자산계급의 입헌운동 과정은 일치하는 것이다. 유술(儒術)의 '독존(獨尊)'으로 유학사회가 발흥하였듯이 자산계급의 입헌운동으로 인하여 유학사회가 해체되었다. 헌정, 헌법은 현대 국가의 상징으로 간주되었으며 그 어떤 통치도 더 이상 "하늘로부터 천명을 받든다"고 자칭할 수 없게 되었다.

오직 '헌법'이란 간판을 내걸어야 통치의 합법성을 찾을 수 있다. 원세개, 장훈이 역사의 조류를 거슬러 행동하고 사람들의 버림을 받게 된 것은 그들이 신해혁명이 군주전제의 파산을 선고했다는 것을 무시하고, 『중화민국 임시약법』은 유가법의 종결이라는 역사적 사실을 무시하였기 때문이었다. 『중화민국 임시약법』은 유학사회 해체의 법적인 성과였다.

---

711) 왕인박, 『헌정문화와 근대 중국』, 433쪽.

제11장
유학사회의 제한

제11장
유학사회의 제한

유학사회의 합리성은 두 가지 측면으로 고찰할 수 있다. 하나는 고대 중국사회의 진행 과정에서 유학사회의 위치로부터 고찰한다. 두 번째는 유학사회 자체의 변화가운데서 고찰한다.

1. 유학사회의 합리성 및 그 두 가지 한도

중국 고대사회에 관한 논술을 간략하게 종합하여 표18에 열거하여 참고로 제공한다. 유학사회가 중국 고대사회에서 차지하는 위치를 말하자면 표 18에서 볼 수 있는 바와 같이 유교 이전의 사회와 유교 이후의 사회 사이에 끼인 사회유형에 속한다. 유교 이전의 사회부터 유학사회까지, 다시 유교 이후의 사회까지의 변화는 중국 고대 문명이 순차적으로 진화 발전한 사회형태이다. 유학사회 이전이 약 2천여 년의 역사를 거쳤으며 유학사회는 왕조 교체의 형식으로 진화 발전하여, 서한제국, 동한제국……청 제국까지 전체 2,046년의 역사가 있다.

표 18) 중국사회 역사진화발전의 약해(略解)표

	상고 시기	하, 상, 주(서주)	주 말기 (춘추 / 전국)	진제국	한제 국조기	한제국(한무제부터)…정제국	중화민국
통치 원칙	제도(아무 짓을 하지 않고도 천하를 잘 다스리다)	왕도(內聖外王, 성인의 제덕을 갖추고 왕도를 실행)	패도(힘으로 사람을 인다)			유학과 법을 병용(덕 위주, 형별 보조)	헌제
정치 체제	선양제(禪讓制)	분봉제(分封制)			군현제		공화제
사회 연관 연관 주도 형식	신성(神生)관련 (무술(巫術)관련 위주	서주(西周)를 주요한 구축기	약운리 관련 — 춘추전국, 진제국을 교란기 / 한제국 초기를 복원기			(강운리 관계)	제아관련
사회 반성 반성 능력	알 수 없음	정치기, 제사 및 종법윤리정신의 조기 각성	각종 사회 반성의 흥기 / 법의식의 맹아, 열국법제개혁으로 강성시작 / 한나라가 진나라의 법제를 계승	국가의식 형태의 각숙	유학정신의 정전화, 범률화 및 행의상하화	유가운리범	데사이정신(DESAY spirit)의 인입
문명 분기		새기로 매듭을 지어 기록하는 사회	유교 이전의 사회			유하사회	유교 이후의 사회
묵은 시간		약500년(기원전26세기 ~기원전22세기)	약2000년 (기원전21세기~기원전134년)			약2046년	알 수 없음

615

통치의 원칙으로 볼 때, 중국 고대사회는 상고시기의 황제, 요, 순, 우 등의 '아무것도 하지 않고 천하를 잘 다스린' 제도(帝道)시기, 하상주(夏商周)의 '성인의 재덕을 갖추고 왕도를 실행'한 내성외왕(內聖外王)의 왕도(王道)시기, 주나라 말기(또는 춘추전국) 및 진제국(秦帝國)의 '힘으로 사람을 얻는다'는 포악한 시기 및 한제국의 유학과 법을 병용한 '덕주형보(德主刑輔)'의 시기를 거쳤다. 유학사회의 통치원칙은 유학과 법을 병용하는 것이다.

정치체제로 보면 중국 고대사회는 선양제, 분봉제, 군현제 3가지 형식을 겪었다. 유학사회의 정치체제는 황제군현제이다.

사회 관련의 형식을 보면 중국의 고대사회는 신성관련시기, 약윤리 관계(구축, 교란 및 복원)시기, (강)윤리 관계시기를 거쳤다. 유학사회는 윤리 관계의 사회에 속한다.

사회반성의 능력으로 보면, 중국의 고대사회는 점괘와 제사 등 종법윤리정신의 조기 각성시기, 사회반성의 흥기시기, 국가의식형태의 각축시기, 유학정신, 즉 경전화, 법률화 및 형의상학화가 의식형태구조에서 주도적 지위를 차지하는 시기를 거쳤다. 그중 주나라 말기 한무제까지는 기본상 '진나라의 법률을 계승'하였으며 한무제부터 유가윤리법의 형성, 완성 및 해체의 시기에 진입하였다. 유학사회를 대표하는 반성능력의 주요 지능 형태는 유학정신 및 법률의 체현으로서의 유가법이다.

유학사회로 진화 발전하는데 결정적 역할을 한 것은 생산력의 발전이다. 생산력의 발전은 주로 생산 도구의 개선으로 표현된다. 사람들은 몽둥이, 돌멩이 대신 칼, 도끼를 만들어 썼으며 활과 화살, 어망, 도자기를 발명하고 원시적인 농업공구인 쟁기를 발명하였다. 사회에 최초로 큰 분업, 즉 원시 목축업이 원시농업에서 분리되어 나왔다.

그후 원시수공업이 원시농업에서 분리되는 제2차 사회적 분업이 나타났다. 상나라(商代)에 기술이 숙련된 청동제조업이 나타났는데, 이를테면 사모무정(司母戊鼎)이다. 춘추시기 철제농구와 우경(牛耕)을 사용하면서 사회의 생산력이 획기적으로 진보하였다. 기원전 594년에 이르러 노국(魯國)에서 정전제(井田制)를 폐지하고 초세무(初稅畝) 제도를 실행하였다. 생산력의 발전은 생산관계의 개선을 촉진하였다. 사람이 자연계의 속박을 받는 정도가 경감되고 인간의 지력도 점차 진보하였다. 유학사회 이전에서 유학사회로 진입한 것은 실제로는 사회관리방식 또는 사회통제방식의 진화 발전이라고 할 수 있다. 즉, 점복과 제사의 통제로부터 취약한 윤리의 통제로, 다시 윤리의 통제로 진화 발전하였다.

이러한 통제의 변화과정에서 인간 지력의 진보는 사회 통제와 진화 발전의 전제 조건이다. 영매술 또는 주술의 통제에서 윤리의 통제에로 진화하는 과정에 인간의 지력의 진보는 주로 주공이 종교의식과 역사의식에 근거해서 실현한 종교개혁, 예악 규범의 형성, 백가쟁명의 소동, 『역전(易傳)』의 출현, '법의식'의 각성 등으로 표현된다. 영매술 또는 주술과 제사체계의 출현, 거북점(龜占)과 『역경』의 출현, 예악규범과 '법의식'의 각성, 관학과 민간사회 반성의 흥기 등은 모두 인간의 지력의 진보, 행위중의 이성(理性) 요소의 점진적인 성장을 보여준다. 종합하여 말하자면 유학사회 이전에서 유학사회로의 진화 발전은 생산력 진보의 결과이자 인간의 지력이 끊임없이 진보한 결과이다.

하지만 유학사회의 출현은 일부 우연히 발생한 사건의 덕분이다. 그 우연한 사건들의 합쳐저 결과적으로 유학사회의 흥기를 형성하였다. 유교 이전 사회의 초기, 즉 춘추전국 이전에 국가를 다스리는 이론이나 사회질서의 이론은 조서, 점복에서 일부 나타났을 뿐이다. "국가를 어떻게 다스리는가", "사회질서를 어떻게 세우는가"와 관련된 토론과 변론은 전혀 없었다. 춘추시대의 '백가쟁명'은 중국 고대사회의 한차례 보편적인 이성적 각성으로서 그 각성은 중국 고대 문명의 발전방향을 결정하였으며 그 후의 진보는 모두 그 역사과정을 회고하고 반성하지 않을 수 없었다(현학의 반성, 이학의 반성, 5.4의 반성 등). 유학은 이 이성 각성을 분명하게 대표한다.

유학이 단지 '백가쟁명' 중의 '일가지언(一家之言)'이라고 할 때, 사회반성의 각도에서 유학과 중국 전통사회의 통치 의식형태 사이의 관계는 결합과 친화관계라고 할 수 밖에 없다. 한무제가 동중서의 "백가를 배척하고 유가만을 중시한다"는 유교 제일주의 정책을 받아들이기 전에 통일된 제국 이를테면 진제국의 통치자들은 법가(法家)의 의식형태를 운용하였으며, 한제국 초기의 통치자들은 황로도가(黃老道家)의 학설을 운용하였다. 하지만 유학의 사회 반성은 한무제부터 시작하여 1912년 전까지의 중국 고대사회 통치의 의식형태가 되었으며, 이러한 연결성과 친화성은 역사 과정에서 현실성, 필연성, 각종 우연성의 결합한 것이다. 유학사회의 흥기를 추진한 주요 우연적 조건은 아래와 같다.

(1) 우연한 사건은 진시황으로 하여금 격렬한 수단으로 유가학설을 신봉하는 '박사'들을 대하게 하였다.

(2) 우연한 사건은 진제국이 매우 짧은 시간 내에 해체하게 하였다.

(3) 한무제가 동중서의 '백가를 배척하고 유가만을 중시한다'는 유교 제일주의 정책을 받아들이기 전에 현실적 의미를 가진 법가와 마음을 비우고 순리를 따라야 한다고 주장하는 도가는 모두 실천적 검증을 받았다.

(4) 한무제는 한제국을 외척의 전횡에서 무사하게 만든 첫 황제이며 유학수양이 매우 깊고 공로가 큰 황제이다.

(5) 유학을 신봉하는 사람들 즉 황제, 관료사대부 등 모든 신봉자는 유학을 신봉하면서 좋은 점을 얻었으며, 이러한 좋은 점이 있기에 후에 따르는 자들이 모방하고 따르게 되었다.

(6) 유교 이전 사회의 조서, 점복, 역사 서술 중의 유학의 경향이 있는 요소나 내용에 대하여 유학은 그 경향성을 심화시켰을 뿐이다. 다시 말해 유학정신은 유교 이전의 사회중의 조서, 점복 및 역사 서술 중의 그 어떤 심리적 암시나 잠재의식, 심리 또는 집단 무의식의 추상이며 표현이다.

(7) 유학은 자아를 개방하는 능력이 있으며 유학은 법학, 도학, 불학 등 기타 학설과 본질적으로 충돌이 존재하지 않는다.

(8) 유학의 경전을 '판결(決獄)'의 근거로 사용하면서부터 유학법률화가 시작되었다.

(9) 유학은 형이상학적으로 이끄는 능력이 있다.

이러한 요소들이 하나로 결합되어 유학이 중국 고대 황제의 군현제사회를 통치하는 의식형태가 된 이후 다시는 법학과 도학이 겪었던 역사적 곤경에 처하기가 매우 어렵게 되었다. 그리하여 그것은 자연히 한무제 후의 중국 고대황제 군현제사회의 주도적 정신력이 되었다. 이것은 연결성이자 현실성으로서 결국 필연성으로 변했다. 현실성은 그것이 필연성이 있기 때문이며 필연성은 이러한 현실성의 내재적인 근거이자 각종 우연성의 기회 또는 결합이다.

유학사회 자체의 변화를 보면 유학사회도 점진적으로 내적 요구를 합리화하는 과정을 거쳤다. 이를테면 인재선발을 함에 있어서 효자와 청렴한 자를 선택하는 제도를 실시하던 것에서부터 과거제도로 변화한 것이 그것의 분명한 체현이다. 유학사회 자체 변화의 합리적 요구를 가장 잘 체현한 것은 주도적 정신, 즉 유학정신의 점진적인 합리화이다. (제5장 '유학사회의 주도적 정신'의 '유학정신의 합리화 및 그 경로'를 참조) 유학정신의 합리화는 유학사회의 중요한 구성부분이다. 그것이 차지한 시간으로 볼 때, 유학사회는 왕조 교체의 방식으로 2,046년의 역사를 이어 왔으며 지금까지 역사가 가장 류큐한 사회생활형식이다. 공간 확장으로 볼 때, 유학사회는 문명한 생활방식으로서 왕조 내부의 소수민족에게 끊임없이 흡수되고 이용되었으며 주변 번속국에도 흡수되고 이용되었다. 식민주의체계가 동방에 오기 전에 그것은 가장 영향력 있는 지역성 예치체계를 수립하였다.

유학사회는 왕조교체방식을 통해 2046년 동안 운행되었지만 동서방 문명의 충돌로 유학사회는 결국 생활방식으로서의 결함과 제한성을 드러냈다. 일정한 목표와 목표를 실현하는 수단을 갖고 있는 사회행동시스템으로 볼 때, 그 한계는 두 가지 측면에서 온다. 첫째는 사회행동시스템 자체의 수단과 목표의 관계에서 수단이 예정한 목표에 도달하지 못하면 수단의 한계성이 나타난다는 것이다.

둘째는 사회행동시스템의 목표 자체로 말하자면 만약 더 고급적인 목표체계가 존재하며 또한 자체 목표 체계의 한계성으로 인하여 보다 새로운 시스템으로 진화 발전하지 못하게 되면 목표차원의 한계성이 나타나게 된다는 것이다. 사회행동시스템으로서의 유학사회는 그것을 운행하는 설정 목표가 있을 뿐만 아니라 그 목표를 실현하는데 대한 상응하는 수단도 있다. 간단하게 말해서 유학사회의 목표는 "천하에 도가 있는(天下有道)" 군주질서를 수립하는 것이며 목표를 실현하는 수단은 이른바 윤리통제에 의존하는 것이다. 그러므로 유학사회를 볼 때 그 한계성은 두 가지 차원으로 표현된다. 즉 수단차원의 한계성과 목표차원의 한계성이다. 이른바 수단차원의 한계성이란, 비록 유학사회의 목표와 그것을 실현하는 수단 사이가 총체적으로 일관성이 있지만 동시에 수단이 목표를 충족시키지 못하는 모순도 존재하는 것을 말했다.

현실생활에서 유학사회의 목표와 수단 사이의 모순 또는 유학사회의 한계성은 유학사회에서 상응하는 각종 위기로 나타나며 윤리통제와 유학사회의 왕조교체, 치란흥쇠(治亂興衰) 사이의 관련성으로 나타난다. 목표차원의 한계성이란 자원을 얻는 수단을 볼 때, 유학문명은 농업문명의 극한이며 이것과 비교할 때 공업문명은 분명 더 고급 서열의 문명이라 하지 않을 수 없다. 유학문명은 시종일관 농경문명의 문턱 안에서 배회하였는데 그 원인은 자신이 설정한 목표의 한계 때문이다. 그것은 자발적으로 목표에 대한 자아 갱신을 할 수 없었다. 이러한 의미로 볼 때 유학사회의 한계성은 농업문명의 한계성이며 이것과 상응하는 한계성은 유학사회에서의 과학, 민주정신의 결여 등으로 표현되었다. (표 19참조)

표 19) 유학사회의 한계의 차원 및 표현

	유학사회의 한계적 표현	상응한 위기 유형
수단 차원	개체행위에 대한 도덕제약성의 한계 세계질서에 대한 도덕제약성의 한계	왕조 위기(역할 위기)
목표 차원	과학정신, 민주이념의 결함	유학사회의 위기(규범위기)

2. 유학사회 속 윤리(윤리통제)적 통제의 한도

유학사회에서 사회 관련 주도형식은 윤리의 연관성이다. 윤리 연관성이 일상생활에서 유지되고 복원되는 것은 윤리통제에 의존한다. 유학사회의 윤리연관성 및 윤리통제의 한계는 두 가지 측면에서 나타난다. 즉, 개체행위의 도덕제약성의 한계와 세계질서의 도덕제약성의 한계이다.

1. 개체행위의 도덕 제약성의 한계

유학은 자신이 구축하고자 하는 사회 가운데의 개체에 대하여 군인(君仁), 신충(臣忠), 부자(父慈), 자효(子孝), 부종(婦從), 유순(幼順) 등과 같이 적당한 사회적 역할을 규정하고 '군주는 군주답고 신하는 신하다우며 부친은 부친답고 아들은 아들다운' 이상적인 사회를 건설하려고 했다. 유학사회의 역할담당자들이 만약 각자 자신의 역할에 충실하면 유학사회의 운행은 양호할 것이며 질서는 조화로울 것이다. 유학이 구축한 사회질서는 최종 기반이 "임금에서 백성에 이르기까지 모두 수신을 근본으로 하는 것"이다. 유학은 인류의 사회질서를 "사람은 누구나 지극히 선한 경지에 이를 수 있다"는 가정 위에 세웠던 것이다. 유학사회는 윤리통제 수단을 통해 현실속의 '천하유도(天下有道)'의 '가천하(家天下)' 또는 왕조를 하나씩 세웠지만 사회의 변화발전 과정에 '빠르게 부흥하고 순식간에 멸망' 하는 역사적 운명을 반복하였다. 이로부터 우리는 유학사회에서 이상적인 목표를 수립하는 것과 이상적인 질서를 실현하는 수단 사이에서 내재적인 모순이 존재한다는 것을 알 수 있다.

유학사회는 왕조 교체의 방식으로 자체 변화를 실현하였다. 왕조의 교체에서 우리는 유학사회 가운데의 개체행위에 대한 윤리통제의 한계성을 알 수 있다. 개체행위에 대한 윤리통제의 한계성은 주로 유학사회에서 사회 행동자가 군주질서의 양호한 운행에 요구되는 역할을 담당하지 못하고 위배되는 것으로 표현된다. 이러한 위배나 표현으로는 군주가 '성왕(聖王)'의 역할에 대한 위배, 관료가 충신의 역할에 대한 위배, '도(道)'의 담당자 즉 '스승 (士) '의 '도'에 대한 위배, 아들의 부친에 대한 불효, 부인의 남편에 대한 정조를 지키지 않는 등 현상이 있다. (표 20)

표 20) 유학사회의 개체차원의 역할 위기

		이상적인 역할유형	역할위기의 구체적인 표현	역할위기의 가능한 결과
사회행동자유형	황제	(내)성(외)왕	잔인, 간언을 거절하고 비방함. 황음무도, 황권이 타인에게 있음	왕조의 존재를 위협한다 개체의 생명을 위협한다
	관료	충군, 효렴 등	토지합병, 외척전횡, 환관도당의 권력행사, 붕당지쟁(朋党之爭)	개체의 생명을 위협한다 왕조의 존재를 위협한다
	스승 (師)	도통의 담당자	올바른 길을 버리고 세력에 따르다. 명성을 위해 배우고 세속에 영합되다	도통의 쇠락
	백성 (民)	양민(효친,수신하여 출세에 대비)	나쁜 백성, 간악한 사람, 폭도	개체의 생명을 위협한다

1) 군주가 '성왕'의 역할을 위배

유학 이상화의 고대 황제의 주요 품성으로는 내성외왕, 예악 실행, 기물 발명, 역법 수정, 상현(尙賢), 상검(尙儉), 백성에게 농사 가르치기, 5교(五敎) 수립, 효친 등 특유의 성질이 있다. 맹자는 덕성으로 왕을 정하고 순자는 왕을 성인으로 정하도록 했다. '내성외왕'은 군주에 대한 유학의 총체적 요구이다. 하지만 현실생활에서 현실원칙을 실행하는 군주가 실천한 것은 '외왕내성'의 길이다. 때때로 표현되는 '내성'도 폭행, 황음과 어리석음을 허위로 꾸민 것이다.

상대적으로 유학 이상 중에 '성왕' 유형의 군주들은 역사적으로 군주의 역할이 대부분 실패로 끝났다. 군주의 역할에 대한 윤리통제의 한계성은 주로 아래 몇 가지로 나타난다.

첫째, 잔혹함과 전제가 역사적으로 황제의 기본 인격을 구성하였다. 진나라의 법률에서 "비방한 자는 구족까지 연좌시키고 우연히 말한 자는 처형하여 거리에 방치한다"[712]고 했다. '비방'이란 황제를 의논하고 중상하는 것을 말하며 '우연한 말'이란 쑥덕거리거나 의논하는 것을 말하지만 이 두 가지 다 허용하지 않았다. 그것을 지키지 않으면 '족(族)'형, 즉 온 집안이 처형당하거나, '거리에 방치'되는 형벌, 즉 사람을 죽인 후 시체를 거리에 버리는 잔혹한 형벌을 받는다. 황제의 안전을 수호하기 위해 한나라의 법률에는 허가 없이 입궁한 자는 '거리에 방치'하며 길에서 황제의 수레를 보고 회피하지 않은 자도 엄벌에 처한다고 규정했다. 황실의 종묘와 능침도 신성불가침의 금지구역이다.

한무제 시기 '복비(腹誹, 마음속으로 비방하다)'라고 하는 형법이 있었다. 기록에 따르면 한무제 때 새로운 화폐를 발행하였는데, 대사농(大司農) 안이(顏異)가 손님과 담화하던 중 손님이 신화폐가 사용하기 불편하다고 하자 안이는 아무런 말을 하지 않고 단지 입술을 약간 움직였을 뿐이었다. 그런데 이 일을 어사대부 장탕(張湯)이 신고하여 '복비(腹誹 마음속으로 비난하는 것 역자 주)'로 고발 받았다. 즉 마음속에서 비난하였다고 하여 결국 안이를 사형에 처했다. 그때부터 마음속에서나 생각 속에서 조정과

---

712) 『史記 高祖本紀』

군주에게 불만을 품은 것까지 황권을 침범한 죄로 덮어씌웠다. 일부 황제는 걸핏하면 함부로 사람을 죽였으나 아무런 법률조항의 제약을 받지 않았다.

가장 사람들을 두렵게 한 것은 진나라의 법률인 '대불경(大不敬)'죄인데 『당률소의(唐律疏議)』에 '십악'중의 한 가지로 청나라 말까지 중죄로 이어졌다. 이른바 '대불경'이란 황제에 대한 불경을 말하며 황제에 대한 모든 언행이 다 포함된다. 하지만 구체적으로 어떤 언행이 '대불경'에 속하는지는 명확하게 규정하지 않았다. 황제가 혐오하는 모든 사람을 전부 '대불경'을 인용하여 죄를 다스렸기에 황제가 마음대로 할 수 있는 권력이 있었다. 전통사회에서 아무리 '영명'하고 '현성(賢聖)'한 군주일지라도 '대불경'을 보배로 간주하였다. 황권통치에서 삼족을 멸하는 것보다 더 잔혹한 형벌은 없었다. '주멸삼족'은 유학사회에서 윤리통제의 극단적인 표현형식이다.

'삼족'에 관해 두 가지 해석이 있다. 하나는 부모, 형제, 처자 아들딸을 말하며, 다른 하나는 부족(父族), 모족(母族), 처족(妻族)을 말했다. 두 가지 설이 다르지만 '삼족'에 포함된 성원은 거의 비슷하다. 삼족을 멸하던 것부터 7족(七族) 심지어 9족, 10족까지 확장되었다.[713] 황제의 권력과 통치를 강화하기 위해 군주전제는 또 특무통치를 실시하였다.

한나라에 '조옥(詔獄)'과 '대수하(大誰何)', 조위(曹魏)와 손오(孫吳)에 교사(校事), 북위(北魏)에 내외후관(內外侯官), 당나라에 '여경문(麗景門)'과 '불량인(不良人)', 송나라에 황성사(皇城司)와 '내군순원(內軍巡院)' 등 특무활동을 집행하는 기구가 있었다. 특무조직을 국가 정권기구의

---

713) 서련달(徐連達), 주자언(朱子彦)의 『중국의 황제 제도』, 248쪽.

구성부분으로 명확히 정하고 황제가 직접 지도하는 방대한 조직체계를 세운 것은 명나라에서 시작되었다.[714]

종합하여 말하면 황제가 잔혹할 수 있었던 것을 뒷받침해 주는 제도가 있었기 때문이다. 등극하기 전에 임금을 시해하고 아버지를 죽이거나 등극 후 형과 동생을 죽이고 대신을 살해하는 황제가 있었다. 대다수의 황제는 폭군이라는 별명이 붙지 않았다고 해서 잔혹하지 않은 것은 절대 아니다. 잔혹함은 유학사회 군주의 속성이다. 영명한 임금일지라도, 성과를 이룬 군주일지라도 잔혹함은 마찬가지다. 이를테면 한무제는 려(戾)태자를 살해했고 당태종은 쿠데타를 일으켜 형을 죽였으며 명태조는 공신(功臣)을 살해하고 옹정, 건륭(雍正, 乾隆)은 문자옥(文字獄)으로 많은 사람을 죽였으니 일일이 다 열거할 수 없다.

둘째, 황음과 부패는 제 역할을 실패한 황제 인격의 또 다른 중요한 표현이다. 황음은 황제의 후비 수를 놓고 말하는 것이 아니다. 예제에 "옛날부터 임금은 황후에 이어 6궁, 3부인, 9빈(九嬪), 27세부(世婦), 81어처(御妻)"[715]를 둔다고 규정하였다. 황음이란 황제의 생활 또는 욕망과 개인 만족이 천하 백성, 국가에 위험이 미치는 것을 말하는 것이다. 유학의 '선정(仁政)'학설은 황제 전제에서 황음무도를 극복할 수 없다. 유학은 황제에게 황음무도의 기회와 권력을 주었다. 권력은 부패를 초래했으며

---

714) 『중국의 황제 제도』, 250쪽.
715) 『禮記 昏義』

절대적인 권력은 절대적인 부패를 야기하였다. 황음부패는 유학사회에서 왕조마다 흥성에서 부패해지고 부패로부터 망국으로 가는데 반드시 거치는 길이다. 하나라의 걸왕(夏桀), 은주(殷紂), 주유왕(周幽王)은 유명한 3대 황음군주였는데 그로 인해 나라가 멸망했다. 유학사회에서는 그들의 뒤를 따른 황제들이 너무 많았다. 이를테면 한성제(漢成帝), 한영제(漢靈帝), 진무제(晉武帝), 송폐제(宋廢帝), 제동혼후(齊東昏侯), 진후주(陳後主), 북주선제(北周宣帝), 수양제(隋煬帝), 당현종(唐玄宗), 송미종(宋微宗), 금해릉왕(金海陵王), 원순제(元順帝), 명무종(明武宗), 명신종(明神宗), 청목종(淸穆宗)은 모두 황음무도하여 나라를 위태롭게 하였다.

셋째, 능력이 없고 무지한 자가 임금의 보좌에 등극하였다. 유학사회는 황제가 천하의 안위와 나라의 흥망과 밀접히 관계되는 중요한 역할을 한다고 생각한다. 무조건 적장자가 황위를 계승하기에 무능한 자, 미성년자, 환자, 장애자가 황제의 보좌에 앉게 된다. 서진(西晉)과 동진의 15명 황제 중 2명은 완연한 바보였다. "혜제(惠帝)와 안제(安帝)는 모두 산 송장마냥 입은 맛을 모르고 귀는 소리를 알아듣지 못하였다"[716] 어떤 왕조의 말기에는 대신이 권력을 휘두르고 환관이 화를 일으켜 황실에서 어리고 무지한 황자, 황손을 골라서 대통을 계승하게 하였다. 그런 사람이 황제의 자리를 맡았으니 유학에서 요구하는 '성군명군'의 역할을 할 수가 없었다. 그들은 '선정'을 실행할 수 없었으며 더욱 한심한 것은 그들은 간신들의 협박과

---

716) 왕부지, 『독통감론』, 14권.

농락에 시달리며 심지어 생명까지 스스로 지킬 수 없었던 것이다.

유학정신의 내재적인 요구는 천하가 태평한 왕도의 질서를 건립하는 것이다. 유학이 요구하는 것은 군인(君仁), 신충(臣忠)의 사회질서이다. 유학은 심지어 왕조 교체에서 '선양(禪讓)'이라는 이상적인 방식을 꿈꾸었다. 유학은 '선정'을 요구하지만 선정을 실현하는 체제가 없었다. 오히려 군주의 독제와 잔혹함은 제도적이다. 황제의 잔혹함은 정치투쟁의 잔혹성을 반영하였으며 인간 본성 가운데의 악의 일면을 반영하였다. 군주독제의 제도에서 황제의 말은 성지(聖旨)로서 거역 불가한 것이다. 공허한 '선정'하에 군주질서는 수많은 무고한 생명을 희생시켰다. 이것이 바로 선정과 군주독제의 내재적인 모순이며 극복할 수 없는 모순이다.

사회질서를 인간 도덕의 자각으로 규범짓는 방면에서 맹자는 공자의 "인덕(仁德)을 실행하는 것은 완전히 자신에게 달려 있다"를 최고로 끌어올렸다. 사회질서를 구축하는 선정의 기반을 군주가 갖춰야 하는 '불인인지심(不忍人之心, 차마 남에게 잔인하게 하지 못하는 마음)'으로 귀결시켰다. 왕도의 정치를 황제의 '불인인지심'에 기탁하는 것은 큰 빌딩을 모래사장에 건축하는 것과 다르지 않다. 이러한 의미로 볼 때 유학의 '성왕' 이상은 역사의 현실에서 진정으로 실현된 적이 없었다.

2) 관료가 '충군'역할에서 벗어났다.

군주가 '성왕'의 역할에서 벗어난 것과 유사한 것은 관료가 '충군'의 역할에서 벗어난 것이다. 공자는 "충서지도(忠恕之道, 나 자신에게 충실하고 그것을 바탕으로 다른 사람에게도 성실히 대한다)"를 강조하면서

"임금이 예의로 신하를 대하면 신하는 임금에게 충성을 다한다"[717] 신하가 군주를 대하는 태도는 군주가 신하를 대하는 태도에 의해 결정된다고 맹자는 강조하는 것 같다. "임금이 신하 보기를 자기의 손이나 발과 같이 하면 신하는 임금 대하기를 자기의 심복같이 하고 임금이 신하 보기를 개나 말나 같이 하면 신하는 임금 대하기를 일반백성 같이 여기고 임금이 신하 보기를 흙이나 풀과 같이 여긴다면 신하는 임금 대하기를 원수같이 하게 됩니다", "군주가 무고한 선비를 죽이면 대부는 그 나라를 떠날 수 있으며 군주가 무고한 백성을 학살하면 선비는 다른 곳으로 갈 수 있다"[718]

귀족의 경(卿)은 크게 잘 못한 군주에게 간언과 역위(易位) 권리가 있으며 이성의 경은 간언과 타국으로 떠나살 수 있는 권리가 있다. 관료 역할에 대한 윤리통제의 한계는 몇 가지 기본적인 유형으로 나타난다. 이를테면 왕망 등 '탈취하여 임금을 대체'하는 자, 조조 등 '임금을 끼고 제후들에게 호령'하는 자, 위충현(魏忠賢) 등 '도당을 이루어 사리를 도모'하는 자 등이 있다. 신유학의 견해로 유학은 '위기지학(爲己之學)', '군자지학(君子之學)', '내성지학(內聖之學)' 등이 있다고 본다. 어떤 의미에서 이것은 도리가 있지만, 이러한 역할적 통제력을 잃은 대신들은 또 어찌 시와 책을 많이 읽지 않았겠는가?

---

717) 『論語 八佾』
718) 『孟子 離婁下』

3) '도통'이 차츰 쇠퇴되었다.

유학사회에서 개인 행위에 대한 윤리통제의 한계는 그 표현을 보면 군주전제가 날로 강화되면서 유학사회의 유학 지식인들이 열망하던 '도가 위(位 : 계급, 등급)보다 높은' 도통이 날로 쇠락되었다. 유학사회의 '도통'은 여러 세대의 유학정신을 가진 자들에 의해 구축된 것이다. '도'는 3대 시기(한, 당, 청)에 하나의 총체로 여겨졌는데 요, 순, 우, 문왕, 주공이 일맥상통하였다. 이때 '도통'과 '정통', '도'와 '계급'은 하나로 합쳐진 것이며 분열되지 않았다. 후에 "도는 천하가 분열되면서 갈라졌다(道爲天下裂)", '도통'은 '정통'과 분리되기 시작하였다(기실 사회 분업의 결과이다). '도통'과 '정통'이 서로 분열한 후 '사(士)', '사(師)'가 '도통'의 담당자가 되었으며 '군주'가 '정통'의 담당자가 되었다.

정통과 도통은 서로 관계되면서도 분립된 체계이다. '정통'을 놓고 말하면 임금과 제후가 주체이며 '도통'을 놓고 말하면 사유(士儒)[719)가 주체이다. '도통' 및 '정통'과 관련된 두 개념은 '덕(德)'과 '계급'이다. '덕'은 '도통'의 보유자이며 표현자이다. '계급'은 '정통'의 제도적 배치이다. 유학으로 볼 때, 이론적으로 '도통'과 '정통'은 일치하며 '덕'과 '계급'이 일치하다. 『중용(中庸)』에서 말했다. "계급이 있더라도 덕이 없으면 예악(禮樂)을 할 수 없다. 덕을 구비하였더라도 계급이 없으면 여전히 예악을 할 수 없다."

---

719) '사'의 유래에 여러 가지 설이 있는데, 주나라 때는 관명이다. 중국에서 사는 무사였다. 사는 무사에서 문사, 즉 선비로 전환되었다. 사가 선진시기에는 '유사(游士,정치활동을 하는 사람)'였으며 진한 후에는 '사대부'였다.

하지만 실제로 '도통'과 '정통', '덕'과 '계급'은 분리되었다. 그리하여 '도통'과 '정통' 사이, '덕'과 '계급' 사이에 모종의 평형을 이루어야 '정통'이 모종의 역사적 합법성을 얻게 되며 '도통'이 유행될 수 있다.

'도'가 분열되는 과정에서 공자는 유가 '도통'의 진정한 개척자라고 할 수 있다. 요, 순, 우, 문왕, 주공 시기에 '도'와 '계급'이 일치하였기에 '정통'과 분열된 '도통'이 존재하지 않았다. 맹자는 그 '도통'의 계승자이며 더욱 발전시킨 사람이다. 그때부터 '정통'은 '도통'을 실현할 수 있는 도구로, '정통'의 합법적 근거는 '도통'에 있다고 여겨졌다. 그리하여 '도통'은 현실에서 '정통'의 선과 악의 표준이 되었다. 이러한 의미로 볼 때 '도통'과 '정통'은 단합(요, 순, 우시기 도와 계급은 일치함)과 분리(공자시기 도와 계급은 분리되었음), 단합을 추구하는 과정을 거쳤다.

'정통'과 분리된 후의 '도통'이 더욱 발전되려면 3가지 조건을 충족시켜야 했다. 첫째, 군주가 '도통'의 담당자를 존중하며 스승과 벗으로 지내야 한다. 둘째, '도통'의 담당자는 '도'로 시국을 비평하고 바로잡을 수 있는 능력이 있어야 한다. 셋째, 상기 2가지 조건을 충족시키지 못한다면 '도통'의 담당자는 몸으로 도를 따라야 한다. '도통'의 담당자는 '타존(他尊)'과 '자존'을 할 수 있어야 한다. '스승과 벗으로 지내는 것'은 '타존'이며 '몸이 도를 따르는 것'은 '자존'이다. '시국을 규탄하는 것'은 '도통'이 존재할 수 있는 근거이다. 공자, 맹자 후의 유학사회에서 '정통'이 '도통'을 추구하는 역사과정이 시작되었다. 그 과정에 '도통'은 두 부류의 사람이 담당하였는데, 한 부류는 순수한 '사(師)'이며 다른 한 부류는 '학식이 있고 우수하여 벼슬을 한' 관료 사대부이다. 순수한 '사'는 유학사회에서 '전도, 수업, 의혹 해소' 역할을 담당하는 것으로 인정을 받았다. '학식이 있고 우수하여 벼슬을 한' 관료 사대부를 '정통' 중의 '도통'의 담당자로 보았다. 이른바 "대신이란 도로써 군주를 섬기며 안 되면 그만 둔다"[720]는 것이다. 이러한 현실에서 '정통'과 '도통'의 관계는 일부분이 '군주'와 '대신', '사대부'의 관계로 발전하였다. 유학사회에서 도통의 두 가지 부류의 담당자에게 각기 다른 운명이 나타났다. 허황한 '도통'을 맡은 '사'의 체계는 전제제도의 강화와 더불어 지위가 점점 높아진 한편 현실적인 '도통'을 맡은 '배워서 벼슬을 한' 관료 사대부'의 체계는 전제제도의 강화와 더불어 그 세력이 점점 쇠락되었다.

'도통'의 담당자, 즉 '배워서 벼슬을 한' '사대부'의 지위가 '정통'의 전제제도의 강화로 날로 약화된 것은 유학사회에서 '도통'이 쇠락되는 중요한 표현이다. 전국시기에 나타난 일반적인 관념에 따라 사(士)와 군주의 관계를 3가지 부류로 나눌 수 있다. 즉 사(師), 우(友), 신(臣)이다. 『맹자』에서 비혜공(費惠公)의 말을 인용하여 이렇게 말했다. "나는 자사(子思)를 스승으로 보며 안반(顔般)을 친구로 여긴다. 왕순(王順)과 장식(長息)은 나를 위해 일하는 사람일 뿐이다." 맹자의 말에 따르면 정통에는 왕, 후(侯), 경, 대부(大夫) 등 '작위(爵位)'의 등급이 있다. 도통에도 '치(齒)'와 '덕(德)'의 높고 낮음의 차이가 있다.

순자는 '대유(大儒)'는 임금, 삼공(三公)과 같으며 '소유(小儒)'는 제후(諸侯), 대부, 사(士)에 해당한다고 여겼다. 『전국책(戰國策) 연책(燕策)』에서 곽외(郭隗)는 "제왕의 업적을 이루는 사람은 스승과 함께

---

720) 『論語 先進』

하며 왕업을 이루는 사람은 친구와 함께 지내며 패업(霸業)을 이루는 사람은 신하와 함께 지내며 망국의 임금은 하인과 지낸다"는 관점을 제기했다. 이러한 언론은, '도통'이 '자아의식'을 형성하는 초기에 자각적으로 '정통'과 일종의 장력(張力)을 유지하면서 '정통'보다 상대적으로 우세한 지위를 얻고자 했다는 것을 설명한다. 이러한 자각 의식도 '정통'의 일부분으로 인정을 받았다. 위잉스는 "철학에 혁신적인 진전이 있은 후에 지식인은 신분의 자각이 생겨서" 정신적인 기탁을 찾기 시작 하였으며 "지식인이 도통의 관념을 대표하여 적어도 기원전 4세기 후에 점차 정통의 인정을 받았다"고 주장했다.[721] 백가쟁명의 시대에 '지식인'은 자신의 재능을 마음껏 펼쳤으며 사상가들은 여러 나라를 두루 돌아다녔으며 책략가들은 '이쪽저쪽에 빌붙었다.' 『전국책』 에 제선왕(齊宣王)이 안촉(顔斶)을 접견한 이야기가 있는데 이를 증명한다. 제선왕이 안촉을 보자 이르기를 "안촉은 내 앞으로 오시오!" 그러자 안촉도 역시 말하였다.

"임금님께서 내 앞으로 오십시오"라고 했다. 선왕이 매우 불쾌하게 여겼다. 그러자 옆의 대신이 말했다. "임금님께서는 군주이시고 그대 안촉은 신하입니다. 임금님께서 당신을 앞으로 오라고 하시는데 당신도 임금님을 앞으로 오라고 했으니 도대체 이게 되는 말입니까?" 이에 안촉이 대답했다. "제가 임금님 앞으로 가게 되면 제가 왕의 권세를 사모한다는 것을 나타내며 임금님께서 저의 앞으로 오신다면 그것은 임금님이 현명한 선비를 구하시는 것을 나타냅니다"라고 했다. 치열한 설전 끝에 안촉이 우위를

---

721) 『위잉스신유학론저집요』 , 161쪽.

차지하였다. 제선왕은 선비들의 마음을 얻기 위해 어쩔 수 없이 안촉의 오만함을 용인하였다. 춘추전국시기의 지식인들이나 사상가들이 책을 저술하여 이론을 정립하는 것은 '군주와 접촉'하기 위한 것이지만 그보다도 자기의 학설로 군주를 개조시키려는 것이며 단지 군주에게 아첨하고 환심을 얻으려는 것이 아니었다.

진한(秦漢) 통일제국이 성립됨에 따라 유사(游士)의 시대가 끝나는 단계에 진입하였다. 진나라가 통일 전야에 진나라는 외래의 유사를 엄격히 통제하였으며, 본국의 지식인이 외지를 떠도는 것을 엄금하였다. 한나라 초기에 부분적인 '봉건제'를 실시하여 유사는 한동안 지난날로 돌아간 듯 활발했는데 한나라도 지식인에 대해 무제한적인 자유유동을 허용하지 않았다. 무제원삭(武帝元朔) 2년 (기원전 128년)에 추은령(推恩令)을 하달하여 지방 제후들의 권력을 축소시키는 '삭번(削藩)'을 실시한 후 유사(游士)는 여러 독립왕국과 함께 사라졌고 '유사'의 시대가 다시는 돌아오지 않았다.[722] 종합하면 통일제국이 형성되고 전제제도가 강화되면서 전제제도에서 군주는 더는 선진시기(先秦時期)의 제후가 '유사'를 대하듯 '도통'의 담당자 '사대부'와 스승, 벗처럼 지낼 수 없게 되었다. 선진시기에는 '유사'가 '사(士)'의 대표이며 선진 후에는 '사대부'가 '사(士)'의 대표였다.

'사'를 유학사회에서는 정치체제에 포함시켰다(과거제의 창립에 따라 '사'는 더욱 체제에 속하였다). 양한시기(兩漢時期)에는 재상이 황제를 만날 때 읍배(揖拜)만 하면 되었다. 문제(文帝)는 심지어 가의(賈誼)와 한

---

722) 위잉스의 『사(士)와 중국문화』 69~83쪽.

석상에 마주 앉아 밤중까지 귀신이야기를 하였다. 『주자어류(朱子語類)』 91권에서 말했다. "옛날에 조정에서는 군신 모두가 일어서는 것이 예의이다.

한나라 때에 이르러 이른바 '황제가 재상이 일어나는 것을 본다'는 예법이 있었는데 후에 어찌하여 폐지되었는지 모른다. 3대의 군왕은 서서 대신을 만났으며 차를 탈 때에도 서 있었다. 한나라 초기에 서서 대신을 만나는 것을 찬미하여 이르기를 '임금님이 재상을 위해 일어서신다'고 했다.

옛날에는 임금이 군신을 접견할 때 예의를 갖추어서 먼저 삼공(三公)에게 읍한 다음 구경(九卿)에게 읍하고 그다음 좌우에 읍하고 모든 관료에게도 읍하였다." 한나라 때 재상이 죄를 범하면 감옥에 보내지 않고 황제가 '반수가검(盤水加劍)'으로 자진을 명하였다. 이것은 유학사회 조기에 있었던 대신의 인격에 대한 존중이며 '도통'의 담당자가 '정통(政統)', '타존(他尊)'을 얻는 방식이기도 하였다. 명나라의 주원장(朱元璋)이 처음으로 정장(廷杖)형을 도입하여 궁전에서 관원을 때렸다. 심지어 정장형을 받은 관원은 족쇄를 찬 상태에서 좌당(坐堂)하여 사무를 봐야 했다. 유학사회의 역사에서 윤리통제는 형식이며 독제제도가 실질적인 것이다. 유학사회의 역사에서 황제 독제제도가 점점 강화되었으며 황제 개인의 사회행동에 대한 윤리통제는 약화되었다.

유학사회에서 '필화(文禍)'가 빈번하게 발생하고 직간(諫諍)이 불가능한 것은 '도통'이 쇠락했음을 나타낸다. 필화란 각종 언어 문자의 화(禍)를 말하는데 주로 평상시에 흔히 말하는 문자옥(文字獄) 또는 상소간언으로 인한 화 및 과거시험장 안건 등이다. 전통 중국사회에서는 중대한 '필화'사건이 수백 건 있었는데, 하나라부터 시작하여 청나라 말까지 약

3,000년 동안 이어졌다. 필화의 형식은 다양하며 주로 아래의 두 가지 유형이 있었다. 첫째로 황제나 조정에 대해 '원망, 풍자'를 한 혐의자는 사형을 당하였다. 이를테면 청나라의 옹정(雍正) 왕조의 '유지안(維止案)', 전명세(錢名世)의 '명교죄인(名敎罪人)'안, 건륭(乾隆) 왕조의 '건삼효는 용과 같지 않다(乾三爻不像龍)' 등이 있다. 둘째로 군주에게 간언하여 사형을 당하였다. 하걸(夏桀)이 관용봉(關龍逢)을 죽인 것은 역사상 가장 빠른 간언화(諫禍)이다.

『한시외전(韓詩外傳)』에 따르면 하걸의 술 연못은 5km나 되며 술 찌꺼기산은 3,000마리의 소를 키울 정도여서 관용봉이 간언하였으나 듣지 않고 감옥에 가뒀다가 죽인 것이다. 『사기, 은본기(殷本紀)』의 기록에 따르면 주왕(紂王)은 주지육림(酒池肉林)을 설치하였으며 남녀가 나체로 마음껏 즐기고 정욕을 방종하였다. 악후(鄂侯)가 논쟁을 벌이다 죽음을 당하고 육포로 만들어졌다. 비간(比干)이 강력히 간언하자 결국 그의 심장을 파냈다. 주려왕(周厲王)이 비방을 금지케 했던 것은 역사적으로 유명하다. 심지어 국민은 '도로이목(道路以目)'하여 사람들은 길에서 마주칠 때 입을 열지 않고 눈짓으로만 불만을 주고받았다. 이것으로도 그 당시의 필화(文禍)가 얼마나 잔혹하였는지를 알 수 있다. 필화는 전제 군주제의 잔혹성을 보여주며 동시에 유학사회의 충의관(忠義觀) 또는 정의와 질서를 체현하였다. 윤리통제의 유학사회는 사람들에게 충성과 효도를 요구하며 그 가운데서 직간(諫諍)은 필연적이며 정상적이고 합리적인 것이다.

다른 한편으로 윤리통제의 유학사회에서 사회행동자로서 홀로 국왕의 강대한 권위에 직면할 때, 자구할 힘이 없으니 필화는 유학사회의 군주질서에서 마찬가지로 필연적이며 정상적이고 합리적인 것이었다.

필화는 유학사회 윤리통제의 내적인 모순을 심각하게 반영하였다. 군주질서의 내적인 요구, 즉 사회질서의 장기적인 안정과 평화를 유지하려면 사람을 임용함에 있어서 반드시 현명한 사람을 등용하고 간언을 받아들여야 한다. 그러므로 진언을 구하고 비방을 받아들이는 것은 군주질서의 내적인 요구이다. 그것은 유학사회에서 시대의 병폐나 악습을 바로잡는 일종의 체제이다. 하지만 유학사회의 사회통제는 본질적으로 일종의 윤리통제이다.

윤리통제에서 본질적으로 진언과 비방을 받아들일 수 있는 체제가 없으며 생길 수도 없다. 전설중의 요, 순, 우는 간언을 구하고 비방을 받아들였다고 미덕으로 전해진다. 이를테면 『관자 환공문(管子 桓公問)』에 따르면 "순(舜)나라에는 진언할 수 있는 깃발이 있었으며 군주도 피하지 않았다. 우(禹)는 조정에 진언북을 설치하여 질문에 대답하였다. 탕(湯)나라는 거리에 민의를 청취하는 곳을 설치하여 비방을 접수하였다. 무왕은 영대(靈台)궁을 설치하여 현인들이 들어갈 수 있었다." 진언을 받아들이고 비방을 허용하는 것이 옛날에 매우 성행하였다.

이것은 역사학자가 꾸며낸 것이 아니며, 상고시대의 사회상황과 부합한다. 상고시대에 현인과 능력자가 집권하여 정치구조상 귀족정치를 실행하였기에 충언을 받아들이는 정치적 기풍을 형성하였다. 후에 진시황이 천하를 통일하고 군현제를 실시하여 황제 전제의 정치가 시작되었다.

최고 통치자(황제)의 사회행동도 어느 정도 윤리통제의 제약을 받았지만 전제제도의 제도성, 물질성과 비교할 때, 군주의 사회행동에 대한 윤리적 통제는 비제도성과 비물질적 힘의 제약이다. 군주의 사회행동을 윤리적으로 통제하던 제도체제의 규제가 없어졌으며 충언을 받아들이고 비방을 허용하는 제도체제도 보장되지 않았다. 충언을 받아들이고 비방을 허용하는 것은 단지 정치질서에 대한 유학자들의 갈망이 되었다. 상고시대에 충언을 받아들이고 비방을 허용하는 유풍은 대부분의 세월 동안 군주정치가 시비를 은폐하려는 표방이 되었을 뿐이다.

윤리로 통제하는 사회에서 군주의 개인적 호불호에 따라 정상적인 진언에 불충불효의 죄명을 덮어씌우기도 하였다. 유학사회의 군주질서는 왕조단위로 자신의 진화단계를 구성한다. 어느 왕조이든지 "번창하면 그 힘찬 기세를 막을 수 없으며 멸망 또한 순식간에 들이닥친다." 왕조의 흥망은 흔히 개인적 호불호와 크게 관련이 있다. 개국의 군은 나라의 정세가 존망에 처했을 때 집권 조기에 흔히 진언을 받아들이는 기풍을 유지하여 제왕의 대업을 이룬다. 하지만 큰일을 하거나 공을 세우기 좋아하는 품성은 그 공이 성사되는 날부터 진언을 거절하고 비방을 용납하지 못한다. 국왕의 보좌를 계승한 국왕이나 망국의 국왕은 더욱 개인적 호불호에 따라 진언을 받아들이지 못한다.

도통을 수호할 수 있는 마지막 제방은 도통을 담당한 사대부의 사회적 양심밖에 없다. "배우고 익히면 관료로 나가야 한다." 선비 또는 벼슬의 임무는 이미 배운 고상한 정신을 현실 정치에 옮기는 것이다. 이른바 "심신을 잘 닦아 도덕성을 함양하고(修身), 가정을 평화롭고 화목하게 꾸리며(齊家), 나라를 다스리고(治國), 또 천하를 평안케 한다(平天下)"는 것이다. 그러나 유학사회의 왕조정치 즉 '정통(政統)'에서 자리를 자주 옮기는, '도통'을 맡은 '사대부'들은 현실생활에서 흔히 도를 어기고 국왕의 뜻에 따르고 자신의 양심을 속이고 욕망을 따르는데 이것은 유학 '도통'이 미약하다는 또 다른 중요한 표현이다. 일찍이 공자, 맹자의 초기 유학에서 '사(士)'의 품격에 대해 일련의 요구를 제창하였다. 도통의 형식은 반드시 공자 및 그의 계승자에게서 실천되어야 한다. 도의 존엄은 그의 담당자인 사(士)에게서 나타나야 한다. 『논어』와 『맹자』 등의 '홍도(弘道)'의 '사(士)' 정신에 대한 서술은 도통 항쟁의 가장 중요한 힘의 원천이다. 예를 들면

"불의의 부귀는 뜬 구름과도 같다." (『논어 술이』)

"인의 실천은 자신이 해야지 남에게 의지해서는 안 된다."

(『논어 안연』)

"인을 행함에 있어서는 스승에게도 사양하지 않는다." (『논어 위령공』)

"높은 뜻을 지닌 선비와 어진 사람은 삶을 추구하고자 '인'을 저버리지 않으며 스스로 몸을 죽여서 '인'을 이룬다." (『논어 위령공』)

"군자는 밥 먹는 순간에도 인을 어기지 말아야 하며 아무리 다급한 순간이라도 인을 잊어서는 안 되며 위태로운 순간에도 반드시 인에 근거해야 한다." (『논어 이인』)

"인이 멀리에 있단 말인가? 내가 인을 얻고 싶어 하면 온다." (『논어 술이』)

"인을 구하여 인을 얻었는데 무슨 원망이 있겠느냐?" (『논어 술이』)

"대군의 장수를 빼앗을 수 있어도 사람의 뜻은 빼앗을 수는 없다."

(『논어 자한』)

"나라의 정책이 대도(大道)에 부합되면 나서고 부패하면 나서지 않는다."

(『논어 태백』)

"대장부는 천하에서 가장 큰 곳에서 살아야 하며 천하에서 가장 정확한 위치에 서야 하고 천하에서 가장 밝은 길에서 걸어야 하며 뜻을 이루면 백성과 함께 앞을 향하고 뜻을 이루지 못하면 홀로 자신의 원칙을 견지하여야 하며 부귀하더라도 자신을 교만, 사치, 방탕, 태만하게 할 수 없으며 가난하고 천하더라도 절개를 잃지 않으며 권세와 무력에도 의지를 굴복시키지 않는다. 그래야 대장부라 하겠다."(『맹자 등문공하』)

"뜻을 이루면 천하의 백성이 모두 좋은 점을 얻게 하여야 하며 뜻을 이루지 못하면 자신의 도덕수양을 닦아야 한다."(『맹자 진심상』)

"하늘이 장차 그 사람에게 큰 사명을 맡기려 할 때는 반드시 먼저 그의 마음을 괴롭히고 뼈마디가 꺾어지는 고난을 당하게 하고 몸을 굶주리게 하고 생활을 빈궁에 빠뜨려 하는 일마다 어지럽게 하느니라. 이는 그의 마음을 두들겨 참을성을 길러주어 지금까지 할 수 없었던 어떤 사명도 감당할 수 있게 하기 위함이다."(『맹자 고자하』)

"고위층의 관리와 말을 할 때 그를 경시해야 한다. 그의 대단한 지위와 권세를 안중에 두지 말아야 한다."(『맹자 진심하』)

"나는 호연지기를 잘 기른다. 그 기가 지극히 크고 강하며 곧게 길러 해됨이 없으면 곧 하늘과 땅 사이에 가득 차게 된다."(『맹자 공손추상』)

도를 도모하는 것과 먹을 것을 도모하는 일에 대하여 공자가 말했다. 군자는 "도를 도모하지 먹을 것을 도모하지 않는다", "군자는 도를 걱정하지 가난을 걱정하지 않는다", "옛날에 군자가 어떻게 벼슬을 하였는가" 하는 문제에 대해 맹자가 대답하였다. "벼슬자리로 나아가는 데는 세 가지가 있고 떠나는 것에도 세 가지가 있다. 첫째로 나를 초빙하는 사람이 공손하게 예를 갖추어서 맞이하고 또한 내 생각을 실천할 의지가 있으면 주저 없이 나아가 벼슬을 한다. 그러나 나를 쓴 후에 내 의견을 충분히 들어주지 않고 그저 봉급과 예우만 해 준다면 가차 없이 박차고 나와야 한다. 둘째로, 내 말과 의견을 실천해 줄 의지는 없어도 공경을 다하여 예를 갖추고 나를 맞이해 준다면 벼슬자리에 오르나 예우가 부족하면 그만 두어야 한다.

셋째로, 가난하여 아침, 저녁을 먹지 못하고 굶주려 밖을 나설 수 없는 것을 군주가 알고 "나는 크게는 그의 도를 실천할 수도 없고 그의 말을 따를 수도 없지만 나의 땅에서 굶주리는 것은 부끄러운 일이다"라고 하면서 벼슬자리를 주면 그 벼슬은 받아도 되지만 죽음을 면하는 수준에 그쳐야 한다.[723] 순자(荀子)는 심지어 "도를 따르며 군주를 따르지 않는다"는 도통의 책임 정신을 제시하였다. 하지만 현실 생활에서 고급 지식인 가운데 많은 사람들이 도의 기본 방어선을 지키지 못하였다. 맹자는 공손연(公孫衍), 장의(張儀)를 질책하여 "순종만을 행위 준칙으로 하는 자는 여인네들의 방법에 불과하다"[724]고 하였다. 순자는 당시의 많은 '사사(仕士, 벼슬을 한 관리)'와 '처사(處士, 재능이 있으나 은거하여 벼슬하지 않은 사람)'들의 추행을 폭로하였다.

바른 도를 어기고 세력에 따르거나 자신의 학설을 외곡하며 세속의 비위를 맞추는 자들이 무척 많다. 도덕적 규제나 윤리적 통제는

---

723) 『孟子 告子下』
724) 『孟子 滕文公下』

그의 허구성을 드러냈다. 선진제자(先秦諸子)들은 선왕을 제외하고 현실생활에서는 성인 아니면 군주이다. 진시황 시기에 상황이 변하기 시작하여 황제와 성인이 하나가 되었다. 시황각석(始皇刻石) 및 당시 대신의 상소에 '성(聖)'관을 황제의 머리 위에 씌웠다. "제께서 몸소 정사를 베푸시어 천하를 평정하고 천하를 다스림에 게을리 하지 않으시니 아침 일찍 일어나시고 밤늦게 주무시면서 백성들을 위하여 항상 이익이 되도록 하시며 백성들에 대한 가르침과 깨우침에 전념하셨다.

경전을 두루 가르치시니 원근이 모두 다스려지고 백성들이 모두 황제의 뜻을 받들었다."[725] 기원 85년에 공자의 후예 공희(孔僖)는 공묘에서 제사를 지내는 한장제(漢章帝)를 무시하며 전대의 스승에게 예를 다하면 성덕에 영광을 더 할 수 있다고 말했다. 하지만 강희(康熙)가 공묘의 고적을 방문할 때 공자의 후손 공상임(孔尙任)은 쩔쩔 매면서 반대로 "성은이 광림하시어 조상의 묘에 빛을 더 하게 되었나이다"[726]라고 말하였다. 도통이 공자 후예의 마음속에서 점점 약해졌다는 것을 이것으로 알 수 있다. 나날이 전제적인 현실에 직면하여 정통(政統)속을 오가는 사대부들은 흔히 명예와 지위를 간절히 추구하여 역대 군주에게 제멋대로 '성왕'이라는 관(冠)을 만들어 주었다. 유학의 도통은 개체에 대한 교화의 성분이 포함되어 있지만 일반 의미의 이른바 종교가 아니며 종교의 조직형식을 구비하지 않았다. 유학사회에는 서방사회에 나타났던 '국가'와 '교회'가 대치되는 국면이

725) 『史記 秦始皇本紀』
726) 나후립(羅厚立), 『도통과 치통사이』, 1998.

나타난 적이 없다. '도통'과 '정통'사이의 관계는 선천적이며 구조적인 불평형을 갖고 있다. 그러므로 유학의 '도통'은 필연적으로 쇠락되는 역사적 결과를 가져오게 되었다.

첫째, '도통'의 쇠락은 중국 최초의 지식인, 도통의 선지자가 '유사(游士)'의 신분으로 역사무대에 나타난 것과 관련이 있다. 중국에서 가장 빠른 지식인, 도통의 선지자가 '유사'의 신분으로 역사무대에 나타나면서 미래에 지식인이 역사무대에서 그 역할을 발휘할 수 있는 여지가 생겼다. 이것은 아래의 몇 가지로 이해할 수 있다. 첫째는 공자, 맹자 등이 모두 '유사'[727]였다. 둘째는 '유학(游學)'이 진행한 당시의 정치상황에 대한 비평과 전제군주제(군주질서의 공모(共謀))에 대한 진정(訴求)은 일치한다. 셋째는 '유학'은 '유사'의 멸망에 따라 멸망하였다. 진한(秦漢) 통일제국이 세워지면서 지식인의 자유 이동이 금지되었다. 지식인은 '체제' 안에 귀속되었다. 넷째는 유학(儒學)은 단지 통치지위 의식형태의 '유학(游學)'을 쟁취하였을 뿐이다. 다섯째는 유학(儒學)의 "'도통'은 '유학(游學)' 가운데의 다른 학파들의 멸망에 따라 (잠재적) 조직의 힘을 잃었다."[728] 여섯째는 유학(儒學) 도통의 선지자들은 '도'를 찬양하는 것과 '군주를 존중'하는 것 사이에서 모순적 심리를 가졌다. 공자는 "지사와 어진 사람이 살기 위해서

---

727) 중국고대의 지식인은 '봉건'질서의 '사(士)'계층에서 파생된 것이다. 그들은 서방국가에서 전문적으로 성직에 종사하는 선교사처럼 세속의 일을 안 할 수 없었다. '사(士)'는 사회질서의 구성부분이다.
728) 춘추전국시기 '사(士)'는 각 제후국에서 자유스럽게 유동하였다. 정치적 수요에 의해 '사'를 모시는 것이 사회적 기풍이 되었다.

인(仁)을 해치는 경우는 없지만, 자신을 죽여서 인을 완성하는 경우는 있다"[729], "위험한 고비에서 망설임 없이 목숨을 바친다"[730]라고 주장하는 한편, 다른 한편으론 "멸망할 것 같은 나라에는 들어가지 않으며, 정치와 풍속이 어지러운 나라에는 머무르지 않는다"[731], "나라에 도가 있으면 벼슬을 하고 도가 없으면 자신의 주장을 거두고 세상을 피해 숨어서 산다"[732], "써주면 도를 행하고 버리면 은둔한다"[733], "천하에 도가 있으면 나타나고 도가 없으면 은둔한다"[734]라고 주장했다. 이러한 모순성은 그가 주장한 '예(礼)', '정명(正名)'사상과 관계된다. 공자는 군신상대론을 주장하면서 "임금은 신하를 예로 부리고 신하는 임금을 충성으로 섬겨야 한다"[735]고 하면서 진언을 주장하는 한편 억지로 진언할 필요는 없다, 진언하여 듣지 않으면 적당한 선에서 정지하되 절대로 위에 대들지 말고 군주를 배반하지 말아야 하며 "소위 대신으로서 군주를 섬기면서 들으려 하지 않으면 더 이상 말하지 말아야 한다"[736]고 여겼다. 맹자도 이러한 모순된 심리를 드러냈다. "뜻을 이루면 천하의 백성이 모두 좋은 점을 얻게 하여야 하며 뜻을 이루지 못하면 자신의 도덕수양을 닦아야 한다." "대장부는 천하에서 가장 큰 주택에서 살아야 하며 천하에서 가장 정확한 위치에 서야 하고 천하에서

---

729) 『論語 衛靈公』
730) 『論語 憲問』
731) 『論語 泰伯』
732) 『論語 衛靈公』
733) 『論語 述而』
734) 『論語 八佾』
735) 『論語 先進』
736) 『孟子 滕文公下』

가장 밝은 길을 걸어야 하며 뜻을 이루면 백성들과 함께 앞을 향하고 뜻을 이루지 못하면 홀로 자신의 원칙을 견지하여야 한다."[737]

둘째, '도통'의 쇠락은 '도통'에 대한 유학의 가설과 관계가 있다. 첫 번째는 '도통'의 선지자들은 '도통'이 '정통'(또는 군통 '君統')과 선천적인 동질성, 일치성이 있다고 가정하였다. 이러한 동질성과 일치성은 요, 순, 우, 문왕과 주공시대에 존재하였으나 후에 분리되었다는 것이다. 두 번째는 '도통'의 발전을 '임금'의 '선호'와 성현의 도를 즐기는 '선비'에게 의존하였다. '도'의 '완전무결'과 '사람의 욕망'과의 심각한 대립 및 조직적으로 이러한 '악'을 극복할 수 있는 가능성을 깊이 탐구하지 않았다. 그러므로 유학이 제창하는 '도통'은 다만 '마음'과 '개체'의 자각성으로 천명할 수밖에 없다. '선심'이 '악심'을 만나고 '개체'가 '조직(군주질서의 사회조직, 법률)'과 부딪치면 '도통'은 쇠락의 필연적인 '숙명'('도통'은 '꽃이 지니 봄이 지나가네')에 직면할 수밖에 없다.

현대 사회학의 시각으로 볼 때, 유학은 사람, 사회에 관한 학문이라기보다 어떻게 처세해야 하며 어떻게 사회질서를 건립할지에 관한 이론이다. 유학사회는 윤리와 연관된 사회이며 사회질서의 유지는 유가 윤리법을 주체로 한 윤리통제이다. 유학은 사회질서를 "임금과 백성들 누구나 자신의 수양을 근본으로" 하는 기반 위에 세웠다. '왕도'의 질서를, '선'에 대한 개체의 높은 자각, 즉 이른바 '성심과 바른 뜻'으로 귀납하였는데, 이것은 사회질서의 기초를 사람의 심리에 세운 것이며, 정치학의 문제를 심리학 문제로 귀결한

---

737) 『孟子 滕文公下』

것이다. 유학은 천하 대본을 '정군심(正君心)'으로 귀결하였으며 "임금의 마음은 나라를 진흥시킬 수 있으며 나라를 잃을 수도 있다"[738]고 생각한다. 하지만 유학의 도통은 조직적 역량이 부족하기에 정통사상 옹호자들의 내심적인 자아 투쟁의 도움을 받을 수밖에 없었다.

많은 사람들, 즉 군주, 관료 및 유학 지식인들이 실패하였다. 유학정신의 역사발전에서 통치지위가 차지한 이론은 심성지학(心性之學)이지만 유학의 심성지학은 인성선(人性善)의 관념을 바탕으로 하였다. 전통 유학에 순자의 성악(性惡)설도 있지만 주로 유행한 것은 성선(性善)설이다. 유학은 그 역사발전 과정에서 사람의 욕망에 대해 합리적 해석을 하지 못하고 사람의 욕망을 악으로 귀결하였으며 악의 역량이 역사에 대하여 추동작용을 한다는 것을 인정하지 않았다. 유학은 사람의 선을 지향하는 능력을 강조한다.

사회 이상의 실현을 지나치게 사람의 선량한 의지에 의존하고 윤리규범의 유도작용을 지나치게 강조하면서 사람이 갖고 있는 악(남과 사회에 대한 상해)에 대한 제도화된 규제를 소홀히 하였다. 특히 황제 권위에 대한 규제는 더욱 그러했다. 도통의 쇠락은 군권(君權)의 확대를 의미하며 유학의 윤리통제 패턴에서 군주질서에 극복할 수 없는 내재적 모순이 있음을 보여준다. 유학의 '도통관'은 '도는 보좌보다 높다'고 주장하면서 또한 '군존신비(君尊臣卑)'를 주장한다. 이 자체가 극복할 수 없는 이론적 모순이다. 실천에서 그 모순은 더욱 분명하다. '군존신비'는 현실적이고 제도적인 반면, '도는 직위보다 높다'는 것은 이론적이며 마음속에 있을

---

738) 『論語集注 子路』

뿐이다. 군주의 독재가 극복할 수 없을 정도로 강대해지면 도통은 마음속에서 사라지거나 이신순도(以身殉道, 도로써 몸을 따르다)하거나 "도를 굽히고 권세에 따른다." 그래서 윤리통제의 제도는 자신의 반대편으로 갈 수밖에 없으며 생명의 활력이 말살되는 위험한 지경에 빠지게 된다.

(유학이 설계한 윤리통제의 사회는 등급의 차이가 있는 질서와 예약을 더한 사회이다.) 유학정신이 설계한 윤리통제의 패턴 자체에 포함된 극복할 수 없는 모순은 유학사회에서 개체의 사회행동에 대한 윤리통제의 한계성을 뚜렷하게 드러냈다.

2. 세계질서의 도덕 제약성의 한계

식민주의 체계, 냉전 체계가 동아시아 및 서태평양 지역에 오기 전에 유학사회는 자신의 역사진행과정에 '예'를 세계질서 또는 지역질서의 통제수단으로 하는 천조예치(天朝礼治)체계 또는 중화질서를 발전시켰다. 천조예치체계 또는 중화질서는 그 지역질서의 기본적인 틀이다. 그런데 왜 중화예치질서가 세계적 영향력이 있는 국제질서로 발전하지 못하고 지역질서로만 남았을까? 그리고 19세기 중엽부터 이러한 지역질서의 통제권은 핍박에 의해 서방의 식민주의 체계에 왜 자리를 내주었을까?

첫째, 천조예치체계는 글로벌 확장에 있어 경제적 동력이 부족하다. 체계 중앙의 천조가 볼 때, 주변 국가의 무역행위는 반경제적 행위이다. 유학사회

경제 윤리의 총체적 원칙에는 주로 군자는 도를 도모하지 먹을 것을 도모하지 않으며 재산 누적에 소극적인 태도를 가진다는 내용이 있다.

유학사회의 경제윤리는 맹자와 양혜왕(梁惠王) 사이의 대화와 『대학』에서 드러났다. 양혜왕이 말했다. "선생께서 천리 길도 마다않고 찾아왔으니 우리나라에 유익한 견해라도 있습니까?" 맹자가 대답하여 말했다. "왕께서는 하필이면 '이(利)'를 말씀하십니까? 오직 인과 의만 있을 뿐입니다.

왕께서 '어떻게 내 나라를 이롭게 할까?'라고 하시면 그 밑의 대부는 '어떻게 내 일가(一家)를 이롭게 할까?'라고 하고, 그 밑의 사(士)와 서인(庶人)은 '어떻게 내 한 몸을 이롭게 할까?'라고 말합니다. 위, 아래 모두 서로가 이익을 쫓으면 나라가 위태롭습니다. 전차용 수레 일 만 대를 보유한 나라의 임금을 죽이는 놈은 반드시 전차용 수레 1천 대를 가진 대부의 집안이고, 전투용 수레를 일 천 대나 보유한 나라의 임금을 죽이는 놈은 반드시 전차용 수레 1백 대를 거느린 가로(家老)입니다. 진실로 의(義)를 뒤로 하고 이익을 먼저라고 한다면, 모든 것을 다 빼앗지 않고서는 만족하지 못할 것입니다. 예로부터 인애하면서 그 어버이를 버리는 자는 있어 본 적이 없고, 의로우면서 그 임금을 저버리는 자는 있어 본 적이 없습니다.

왕께서는 역시 인(仁)과 의(義)를 말씀하실 뿐인데, 하필이면 이익을 말씀하십니까?"[739] 맹자의 의리관(義利觀)은 『대학』에도 나와 있는데, "집에 얼음 창고가 있어 얼음을 써서 제사하는 자는 소와 양으로부터의 이익을 바라지 아니하며 수레 백대를 가진 집에서는 백성의 재물을 거두는

---

739) 『孟子 梁惠王上』

신하를 기르지 않는 법이니, 재물을 거두는 신하를 두기 보다는 차라리 도둑질하는 신하를 두는 편이 낫다"고 했다. 이는 나라는 재물이 아닌 의(義)로써 이익을 삼아야 함을 말한 것이다. 나라의 우두머리가 재물을 모으기에 힘쓰는 자라면 반드시 소인을 임용할 것인즉 저 소인은 재물 거두는 일을 좋아하기 때문이다. 소인들에게 나라 일을 하도록 한다면 천재(天災)와 인해(人害)가 함께 따른다. 이때 비록 잘 하는 자가 있더라도 만회할 수가 없을 것이니 이것을 일러 "나라는 재물을 이익으로 삼을 것이 아니며 의(義)를 이익으로 삼아야 한다"는 것이다.[740] 유학사회의 경제윤리관은 기본적인 글로벌한 경제적 충동이 부족하다.

그것의 대외무역은 조공(朝貢)무역과 책봉(册封)무역이며 일정한 의미에서 관상합영(官商合營)의 국제무역이다. 위에서 말한 결핍증이 뚜렷하게 나타난다. 공물(貢品) 자체가 상품이며 교환 대상은 중국의 조정이며 조정의 후한 하사에서 얻고자 하는 것을 얻는다. 책봉선(册封船)의 임무는 책봉이지만 수행인원이 승선하면서 작은 장사를 해도 무방하다. 천조예치체계의 대외무역은 기본상 국가가 주도하는 조공무역과 책봉무역이다. 이러한 의미에서 천조예치체계의 구성은 막대한 경제기반이 필요하다. 이러한 체계의 중앙국과 번속국(藩屬國) 사이의 무역관계를 보면 그것은 중앙국의 '국위(國威)'를 보여주는 베푸는 식의 무역이지 평등하게 교환하는 자유무역이 아니며 약탈성 식민지 무역은 더욱 아니다. 조공과 책봉에 따른 경제활동, 즉 조공무역과 책봉무역은 윤리통제를 특징으로 한

---

740) 『禮記 大學』

천조예치체계 또는 중화질서가 순 이익추구를 목적으로 하는 경제활동을 무시하였음을 나타낸다.

조공무역에서 조공은 천조예치체계의 구축자나 수호자에게는 체면문제 또는 정치문제였으나 무역은 실질적인 경제적 내용과 관련이 있다. 중국의 조정은 흔히 땅이 넓고 생산물이 풍부하다고 행세를 부리며 조공의 형식만 중시하고 조공의 내용, 즉 무역을 중시하지 않았다. 무역에서 얼마나 많은 실제적인 경제이익을 얻을 수 있는지를 중요시하지 않았다. 류큐가 중국과 진행한 조공무역에서 조공무역 또는 책봉무역의 일부 문제를 짐작할 수 있다. 조공선(貢船) 자체가 상선(商船)이다. 공물을 바치는 가운데 중국의 조정은 흔히 천조대국의 의식과 태도로 충만하였으며 류큐사람들은 조공의 명목으로 중국에서 크게 장사를 하여 13세기 말부터 16세기 초까지 서태평양지역에서 가장 활발한 상인이 되었다.

조공활동은 중국의 정치적 압력과 군사적 위협에서 진행한 굴욕적인 활동이 아니며, 오히려 '2년에 1회 조공'을 '1년에 1회 조공'으로, 심지어 '1년에 3회 조공', '4회 조공', '5회 조공'으로 바꾼 번속국이 바로 류큐(琉球)였다. 천조예치체계의 정상적인 운행을 수호하는 조공무역은 막대한 경제적 기초가 필요하였으며 조공무역이 종주국에게는 그 비용이 엄청 컸으므로 각종 사회문제를 야기 시켰다. 중국의 역대 조정은 단지 정치가 안정되고 백성이 평화롭고 경제가 번영할 때만 매우 중요시하였다.

오랜 세월 중국은 자급자족의 소농경제의 국가이면서 해상금지 정책을 실시하여 상품교환을 중시하지 않았으며 국제무역에 대한 지지는 더 말할 나위가 없었다. 그리하여 합리적이고 실행 가능한 관세, 시장, 가격 및 관리 체계가 부족하였다. 총체적으로 말하면 조공무역은 천조예치체계의 부속품이다. 천조예치체계 하에 상품무역과 국제무역은 중시도 격려도 받지 못하였으며 경제활동도 이러한 체계의 총체적 틀을 설계하는 자의 안중에는 단지 부속적인 역할로 보였을 뿐이다. 천조예치체계 또는 중화질서가 식민제국주의 체계로 발전하지 못한 중요한 원인은 경제상에서 자급자족의 소농국가였기 때문일 것이다. 소농경제는 상품경제에 대해 매우 큰 배척성과 억제성이 있다.

소농경제 위에 세워진 종주국은 해외 무역으로 자신을 강화할 필요성이 없었다. 식민주의가 그의 식민지에 대해 착취와 약탈을 진행하는 것처럼 번속국에 대해서 착취와 약탈을 진행할 필요가 없었다. 또는 공맹의 도로 구축한 왕도정치는 경제활동에 대해 깊은 관심을 갖지 못했을 수도 있다. 소농경제의 기반 위에 세워진 정치체계와 사회문화가 사대부는 예의를 숭상하고 백성은 부지런히 농사짓고 방직할 것을 요구했을 뿐이다. 명태조는 정화(鄭和)를 7차례나 서양(西洋)에 파견하여 해외에 조서를 보내 번속국으로서 조공을 바칠 것을 요구하는 한편 지속적으로 명령을 내려 중국인이 해외에 가서 발전하는 것을 금지하였으며 심지어 사람들로 하여금 외국제품을 사용하지 못하게 하였다.

둘째, 천조예치 체계에는 세계질서를 세울 수 있는 폭력적 충동과 폭력적 이론이 부족하다. 유학사회의 주도적 정신인 유학은 폭력을 찬양하지 않으며 폭력으로 '천하'질서를 세우는 관점에 대해 부정적인 태도를 가졌다. 양혜왕이 맹자에게 물었다. "천하를 어떻게 하여야 안정시킬 수 있는가?"

맹자가 대답했다. "통일되어야 안정됩니다." "누가 천하를 통일할 수 있는가?"라고 묻자 대답하였다. "살인을 좋아하지 않는 사람만이 천하를 통일할 수 있습니다."[741] 또 말했다. "어질지 못한 사람이 나라의 대권을 가진 사례가 있지만 천하를 가진 사람은 없습니다."[742] 순자가 한층 더 나아가 말했다. "그러므로 남의 나라를 빼앗을 수는 있지만 천하를 뺏을 수는 없습니다. 나라를 탈취할 수는 있으나 천하를 탈취할 수는 없습니다." 또 "천하의 사람들이 그에게 귀순하면 왕이라 할 수 있고 천하의 사람들이 그를 포기하면 멸망이라 합니다."[743] 고염무(顧炎武)가 말했다.

"망국이 있고 망천하가 있다. 망국과 망천하가 어떻게 다른가? 성씨와 국호를 바꾼 것은 망국이다. 도덕과 정의가 막히고 짐승을 몰아 사람을 해치고 사람끼리 서로 해치는 것이 망천하다."[744] 폭력은 유학의 '천하질서관'에서는 관심을 받지 못하였다. '천하'의 관념은 유학사회의 '왕조'로 하여금 한 가정, 한 나라의 영토 경계선을 초월하여 도덕영역과 서로 관통되게 하였다. 천하의 개념은 유학사상, 유학의 사회질서관이 더욱 넓고 더욱 높은 차원으로 개방되도록 하였다. 그러므로 유학사회의 세계질서관은 처음부터 문화를 기반으로 하였으며 이로 인하여 그 후의 유학사회의 세계질서가 비폭력적 구조의 경향을 갖게 되었다.

유학이 주장한 '비폭력'적 천하 통일의 관념은 역대 조정의 민족정책,

---

741) 『孟子 梁惠王上』
742) 『孟子 盡心下』
743) 『荀子 正論』
744) 고염무, 『일지록 정시(日知录 正始)』

대외정책에 깊은 영향을 미쳤다. 민족관계를 처리할 때, 유학은 "덕으로 사람을 복종시키고", "먼 곳의 사람들이 복종하지 않으면 국가의 정치적 덕망과 개인의 덕업 수양인 문덕을 닦아서 그들을 따라오게 하고 그들이 따라온 뒤에는 그들을 편안케 해주는 것이다."[745] 중국 역대 왕조와 시대의 총체적 대외정책은 "미덕을 내세우며 병력을 과시하지 않는다"는 것을 주장하여 무력만 믿는 것을 반대하였다. "무력은 불과 같아서 단속하지 않으면 장차 자신이 그 불속에서 타게 된다"[746], "전쟁은 나라의 속임수다"라고 여겼다. 이웃나라가 변강의 안정을 파괴하지 않으면 대외로 전쟁을 일으키지 않으며, 중국의 강대함에 다른 나라들이 감화되어 굴복하여 신하라고 자칭하도록 하는 것이다. '한무제(漢武帝)는 변경을 개척'할 때 자신이 벌인 전쟁이 너무 잔혹하여 "죄를 이미 고하였다"라고 반성하는 조서를 내렸다. 명태조 주원장(朱元璋)은 "중국을 해치는 자를 토벌하지 않을 수 없다. 중국을 해치지 않으면 함부로 파병할 수 없다", "먼 곳의 사람을 회유한다", "덕성과 교화로 끌어들인다"는 원칙을 주장하였다.

명나라 초기에 국력이 강성하고 경제, 문화의 발전 정도가 높았지만 정화는 외국에서 '제왕의 위엄'을 등에 업고 약소국을 괴롭히지 않았다. 자바섬(爪哇島)에서 정화의 부하 170명이 피살당하였으나 정화는 무력으로 보복을 하지 않았다. 정화는 구항(舊港)과 석란(錫蘭)에서 두 차례 군사를 풀어 싸웠지만 모두 자위적인 싸움이었다.

---

745) 『論語 季氏)』
746) 『左傳 隱公四年』

정화는 약 3만 명의 무장을 거느리고 남의 나라를 조금도 점령하지 않았으며 물건 하나 약탈하지 않았으며 해외에 군사를 단 한 명도 주둔시키지 않았다. 정화가 서양에 항해하던 기간에 시종일관 "먼 곳의 사람을 회유하고", "만방을 평화롭게 하였으며", "천하태평을 함께 향유한다"는 취지에 따라 '왕도'를 제창하고 '패도(霸道)'를 반대하였다. 이것은 반세기 후에 바다를 건너 동양으로 온 서방의 식민지 개척자들의 강도와 같은 이미지와는 선명한 대조를 이루었다. 종합적으로 유학은 왕도를 통해 예치 천하의 조화로운 질서를 세울 것을 주장하였다. 왕도 정치를 통해 천하가 일치하는 질서, 사회질서를 세우고 도덕의 힘(임금의 덕화)으로 감화시키고 주변의 기타 민족을 교화시켜 크거나 작거나, 멀거나 가깝거나 하나가 된 듯한 왕도의 이상을 이루고자 하였다.

천조예치체계라 하더라도 때로는 어느 정도의 폭력으로 자신을 지탱하고 보급하지 않을 수가 없다는 것을 역사적 실천에서 볼 수 있다. 적당한 정의적 폭력은 천조예치체계와 중화질서의 존엄을 수호하는 데 필수적이다. 한나라 초기의 '화친(和親)'정책의 실패 및 한무제가 시작한 북방 흉노에 대한 출전 등은 이에 대하여 충분이 설명해 준다. '화친'정책은 혈연으로 소수민족을 속박하는 정책을 반영한 것이다. 서한 왕조의 개국 황제 유방(劉邦)은 북방 흉노의 침범을 더 이상 참을 수 없어 기원전 200년에 항우(項羽)를 패배시키고 중국을 통일한 데 이어 그 위력으로 대군을 이끌고 흉노를 공격하였으나 백등(白登, 산서성 대동시 동쪽)에서 겹겹으로 포위당하여 생포를 당할 뻔했다. 유방은 대신 루경(婁敬)의 의견을 받아들여 화친정책을 실시하였으며 중앙정권과 주변 민족과의 관계를 새롭게 열었다.

루경은 중국의 공주를 선우(單于)에게 시집보내자고 주장하였다. 중국은 매우 어려운 상황이었다. 흉노 묵돌(冒頓)을 항복시키는 유일한 방법은 중국의 공주를 그에게 시집보내는 것으로 혼수가 반드시 풍부해야 했다. 묵돌이 빼앗지 않고도 그렇게 많은 금은보물을 얻을 수 있으며 또한 그가 중국의 사위가 되면 사위는 자연히 장인과 싸우지 않을 것이며, 미래에 공주가 낳은 아들이 선우의 보좌를 계승하면 그것은 중국의 외조카가 외손이며 중국의 황제는 그의 삼촌이고 외조부이다. 외조카나 외손자는 더욱 삼촌이나 외조부와 싸우지 않을 것이라는 것이었다. 유방은 그의 말을 듣고 매우 기뻐하며 황족의 여자아이를 선택하여 공주로 책봉하여 흉노 칸국(匈奴汗國)으로 보냈다. 후에 공주의 이름으로 흉노와 서역의 몇 십 명과 '화친'을 하였으나 한흉(漢匈) 사이의 문제를 진정으로 해결하지는 못했다. 한무제 시대에 들어서면서 흉노에 대한 '큰 복수'가 시작되고 서기 89년에 동한대장(東漢大將) 두헌(竇憲)의 추격으로 북 흉노는 서쪽으로 도망칠 수 밖에 없었다. 현실적인 (국제)거시적 질서는 반드시 일정한 정의적 폭력과 폭력에 가까운 군사역량으이 뒷받침해야 만이 그 기능을 발휘하여 목적을 실현할 수 있었다.

유학의 '비폭력론'의 경향으로 인해 또 천조예치체계가 세계질서를 구축할 수 있는 폭력적 충동이 부족하여 최종적으로 두 가지 결과를 초래하였다. 하나는 '먼 곳의 사람을 회유하고' '만방을 평화롭게 하고', '천하태평을 함께 향유한다'를 주장하는 천조예치체계에서는 현실적인 글로벌질서를 구축할 수 있는 동력이 생길 수 없었다는 것이다. 다른 하나는 국제관계가 경쟁에 들어서고 적자생존하는 배경(공업혁명 후 민족국가의 홍기)에서 유학윤리의

'천하'질서의 비폭력론은 다시 한 번 그 이론이 춘추전국시기에 나타났던 허약성을 보여주었다. ('학살하지 않는다'는 주장은 춘추전국 시기에 진나라가 유학이 '나라에 쓸모없다'고 여긴 중요한 이유의 하나이다. 결국 '학살자' 진시황의 '업적'이 되었다. 학자들의 통계에 따르면 진 왕조를 세울 때까지 약 100년 동안 진나라가 죽인 사람의 수는 120만 명이 넘고 170만 명보다는 많지 않은 것으로 기록되었다[747])

자강의 폭력수단이 부족하였기에 결국 천조예치체계 또는 중화질서가 근대에 들어서 붕괴되었음을 역사적 사실이 증명하였다. 16세기부터 유럽자본주의의 발전에 따라 포르투갈, 스페인, 네덜란드 등 국가의 식민지 개척자들이 잇따라 동방에 찾아와서 식민지를 다투어 점령하면서 천조예치체계의 중심, 즉 중국에 대한 체계적이며 지속적인 침략이 시작되었다. 1511년(정덕6년)에 포르투갈 식민지 개척자가 만척가(滿剌加, 오늘의 말라카)를 점령한 후 바로 중국의 연해지역에서 소란을 피우며 여행객을 강탈하고 금지품을 운송하며 장사를 하였다. 1517년(정덕12년) 9월 포르투갈 함대가 광주를 포격하였다.

1521년(정덕16년)에 명나라 군인이 광주근처의 툰문섬(屯門島)에서 포르투갈의 식민지 개척자를 쫓아냈다. 1553년(가정 32년)에 포르투갈 사람이 명나라 관리를 뇌물로 매수하여 마카오육지에서 물에 잠긴 물품을 말린다는 핑계를 대고 해마다 은화 2만 냥을 납부하는 조건으로 육지에 상륙하여 거주할 것을 요구하였다. 목적을 달성한 후 마카오에서 거주

---

747) 임검명(林劍鳴), 『진사고(秦史稿)』

지역을 확대하여 성벽, 포대(炮台)를 건축하고 스스로 관리를 두어 마카오를 서방 식민지 개척자의 중국 침략 거점으로 삼았다. 1626년(천계6년)에 스페인 식민지 개척자들이 타이완 북부의 지룽(基隆)과 담수(淡水)를 침략하여 점령하였다. 1642년(숭정(崇禎)15년)에 네덜란드가 스페인을 물리치고 타이완을 점령하였다. 서방 식민지 개척자들이 동방에 집결할 때, 천조제국은 여전히 자신이 엮은 역사의 춘몽에 자아도취하고 있었다.

1840년에 영국 식민주의자들이 함포로 제국의 문호를 열고자 준비할 때, 그제야 동방의 역사는 자아 이해, 자아 해체의 어려운 역사 과정을 찾기 시작하였다. 아편전쟁, 갑오중일전쟁 등 일련의 실패는, 충분한 폭력수단이 부족하면 천조예치체계 또는 중화질서의 정상적인 운행을 수호할 수 없다는 것을 증명하였다.

천조예치 질서에는 두 가지 기본 설정이 있다. 하나는 사회뿐만 아니라 우주를 하나의 조화로운 통일 체계로 가정하고, 이 질서속의 개체, 사회 및 천하는 모두 선을 지향하는 능력이 있으며 예(禮)는 이 체계운행의 최우선의 가장 중요한 원칙이라는 것이다. 다른 하나는 중국 또는 중화를 이처럼 조화로운 체계의 중심이자 체현자로 가정한다. 그러므로 천조예치체계의 존재는 반드시 두 가지 조건을 충족시켜야 한다.

하나는 체계의 참여자나 후발자가 자각적으로 선을 지향하거나 정면화 할 수 있어야 한다. 두 번째는 천조예치체계의 중심, 즉 중국의 문명은 반드시 가장 고상하고 가장 선진적인 문명이어야 하며 모종의 수단으로 심지어 폭력적인 수단으로 체계의 존엄을 수호하여야 한다. 서방 식민주의 체계가 다가온 후, 천조예치체계 운행에 필요한 두 가지 조건이 충족되지 못하였다.

전자는 일본이 실행한 '탈아입구(脫亞入歐)' 및 영국 사절이 감히 청나라 통치자에게 '삼궤구고(三跪九叩)'의 예를 지키지 않은 것으로 표현되었다. 후자는 유학사회의 문명은 단지 농업문명의 제일 대표이며 공업문명과 비교하면 그것은 더 이상 선진적인 문명이라 할 수 없다는 점으로 표현되었다. 천조 예치질서 이념의 내재적인 모순이 결국 드러났으며 그 모순은 유학이 '천하'질서를 세우는 이념의 모순이었다.

그 모순은 통일과 조화 사이의 모순이며(서방의 나라들에서 조정에 와야 한다고 요구하는 한편 무력을 사용하지 않을 것을 주장한다), 목적과 수단 사이의 모순이며 정치, 문화의 이상적 추구와 경제 군사의 실현 수단 사이의 모순이다. 이러한 모순이 반영하는 것은 글로벌 확장과 식민으로 나아가는, 함포를 외재적 특징으로 한 공업문명에 직면한 소농경제는 대항이 격렬한 세계 체계를 지지할 수 없다는 것이다(오늘날 세계의 '글로벌화' 추세를 어떤 유형의 '하나'로 이해한다면 모험가의 총소리, 식민주의 체계에서의 폭력, 냉전체계에서의 준 폭력은 이러한 '하나'를 구축하는 중요한 요소의 하나이다). 황지연(黃枝連)이 말한 바와 같이 "유가와 전통적인 중국의 대외 정책과의 모순은 '천하가 한 집안이다'를 추구하는 한편 '서방의 나라들이 조정으로 와야 한다'고 요구하며, 그 예치체계를 추진하는 한편 무력을 적게 사용하거나 사용하지 않고 귀순을 얻어내려고 주장한 것에 있다. '힘으로 굴복시키는' 것이 아니라 '예로 사람을 복종'하게 한다."[748]

천조예치체계의 한계가 여기서 표현된 것은 주로 다음과 같다. 아직

---

748) 황지련, 『천조예치체계연구』 상권, 296쪽.

완전히 문명화되지 못한 세계와 문명을 지향하는 세계에서, 폭력이 여전히 국제 질서를 구축하는 과정에 없어서는 안 되는 요소가 될 때 유학과 천조1예치체계는 너무 일찍 우주와 사회 심지어 내재적인 조화로운 체계, 개체, 사회, 천하 만방이 모두 자각적으로 선을 지향하는 능력이 있다고 믿었으며 '악'과 '폭력'에 대해 충분한 주의와 반성을 하지 못했다(이 부분은 기독교 문명과 정반대이다). 그러므로 유학정신에 의해 구축된 천조 예치체계는 결국 세계역사의 한 단계일 뿐이다(단지 지역 질서가 될 뿐 글로벌화 사회의 탄생을 인도할 수 없다). 유학사회의 지역질서 천조 예치체계의 와해는 공업문명이 발생한 후 소농경제가 지탱해 오던 지역질서가 이미 현실성과 합리성을 상실하였다는 것을 반영하였다(세계 역사가 세계사에 들어간 것은 더 이상 지역사의 시대가 아니다). 천조 예치체계가 19세기 말의 일본의 공격을 막지 못하고 번속국인 조선을 보호하지 못할 때 그 존재의 합리성이 사라지고 있었다.

셋째, 천조 예치체계에는 과학적인 지구관(地球觀), 우주관 및 관련 해양 정책이 부족하였다. 천조 예치체계의 지역질서와 상응하는 것은 유학사회에서의 생존공간, 즉 지구 또는 우주에 대한 추측이다.

유학사회에서 우주에 대한 관찰에는 주로 개천설(盖天說)과 혼천설(渾天說)[749]이 있다. 18세기에 와서야 태양중심설이 중국에 전파되었다. 비록 중국이 서방세계가 지구를 인식하는데 지남침과 나침반을 제공하였고

---

749) 우주의 구조에 대해 중국 고대에 하늘은 둥글고 땅은 네모나다는 설이 있었다.

정화의 원양 항행의 규모나 시간이 콜럼버스보다 훨씬 이르지만 천조예치체계의 중심, 즉 천조제국은 시종 대륙국가로서 해양의 중요성에 대한 정확한 인식이 부족하였으며 해금(海禁)정책을 실시했다.

명나라 전기, 연해 도시에 시박사(市舶司)를 설립하여 외국 상선의 무역을 허용하였다. 후에 조정은 대외 무역을 독점하기 위하여, 해상으로 도망간 원말(元末) 농민봉기군이 왜적과 결탁하여 내륙에서 소란을 피우는 것을 방지하기 위하여 홍무(洪武) 시기부터 금해(禁海)정책을 실시하였다. 왜적문제가 날로 심각해지자 더욱 엄격한 금해정책을 실시하였다.

청나라 군사가 산해관을 건너 관내(關內)로 진입한 후, 정성공(鄭成功)의 반청(反淸)활동 때문에 순치(順治) 13년(서기1656년)에 청나라 정부는 『신엄해금칙유(申嚴海禁敕諭)』를 발포하였다. 순치18년 (서기1661년)에 연해 주민을 강제로 이주시키고, 연해 개인주택과 물자 및 배를 전부 훼손하였다. 이른바 '입계이민(立界移民)' 또는 '천계(遷界)'라는 것이다.

강희(康熙) 초기에 해금령을 계속 실시하였다. 강희 22년(1683년)에 정극상(鄭克塽)이 대만 정씨정권을 이끌고 투항한 후, 강희는 같은 해 10월에 명령을 내려 해금을 개방하고 해외무역을 적극적으로 주장하였다. 해적이 창궐한 상황에서 반청(反淸) 인사들은 농남 연해지방(여송, 자바, 말라카)으로 도망을 갔다. 바다를 개방한 후 선교사의 활동이 날로 빈번해지는 상황에서 강희 55년(1716년)에 강희는 또 다시 금해령을 내렸다. 그때부터 청나라의 정책은 문호를 봉쇄하는 쇄국정책을 실시하였다.

천조예치의 중심에서 '해금' 쇄국정책을 한창 실행할 때와 동시에 15세기부터 19세기 중반까지 서방세계는 지리상의대발견에서 글로벌

식민지체계를 건립하는 과정을 겪었다. 그때 해양강국을 해양은 각 대륙으로 통하는 가장 중요한 통로이며 해양을 통해 무역과 식민지 약탈을 진행하는 것이 가장 좋은 방법이라는 것을 알게 되었다.

서방의 해양강국은 방대한 해군함대를 이용하여 세계를 일주하는 원양 항해를 하였으며 새로운 항로를 탐색하고 신대륙을 발견하였으며 해외무역을 진행하여 식민지를 건립하였다. 근대 해군의 발전과 더불어 300여 년 동안 세계 해양의 패권을 쟁탈하기 위해 영국, 프랑스, 독일, 이탈리아, 스페인, 포르투갈, 벨기에, 네덜란드 이렇게 8개 유럽국가 사이에 일련의 대해전이 일어났다. 그 가운데 영국과 네덜란드 간 3회의 해상전쟁과 영국해군이 스페인의 '무적함대'를 섬멸한 것이 가장 유명하다. 대해전은 현측포(舷側炮)로 횡대 진영을 포격하는 조기의 해전전술을 보완했으며 '해권론(海權論)'의 사상을 싹트게 하였다. (표 21을 참조)

표 21) 천조예치체계와 식민주의체계—체계 확장의 두 가지 방식

		함대 성질	경비 내원	항해 목적	함대 성원	역할
천조방식	정부측 (정화)	황제가 함대를 파견	국고 지출	국위를 선양	관리, 병사, 선원, 장인	외교 사절단
	민간	개인이 위험을 무릅쓴 배	스스로 조달	생계를 위함	살 곳을 찾아 떠나는 농민	노동자
서양방식	관민연합	개인 항해 탐험대	왕실협찬, 주식회사와 개인이 자금을 모으는 것을 위주로	탐험, 새로운 육지, 황금과 향료를 찾고자 함	모험가, 투기상, 선원, 장인	식민지 개척자, 통상자(通商者) 해적

넷째, 천조예치체계에는 '예'의 선교(포레, '布禮')자가 부족하였다. 세계의 일부 고등 종교, 즉 불교, 기독교, 이슬람교를 비롯한 종교 조직은 모두 신성한 사명을 갖고 있다. 그것은 선교이다. 선교는 기독교, 이슬람교, 불교 등 종교 신도들의 생명선이 되었으며 유럽역사에는 심지어 신앙을 이름으로 한 십자군이 있었다. 기독교회의 조직성, 근본주의(原敎旨主義)의 특징에 의해 기독교의 선교운동은 중국에서 여러 번 끊길 뻔하면서도 실같이 끊기지 않고 전파되었다. 처음은 서기 3~5세기에 기독교 신도가 중국 내륙에 깊이 들어가서 당나라 때에 이르러 정식으로 경교(景敎)로 불렀다. 10세기에 이르러 경교는 정부의 압박으로 거의 자취를 감추었다. 두 번째는 11~14세기에 요통치자(遼統治者)와 원통치자(元統治者)들이

허용하여 기독교의 일부 교파(원나라에서 예리커원교(也裏可溫敎)로 총칭하였음)들이 잇따라 중국에 들어와서 선교를 하였다. 원나라가 멸망한 후, 예리커원교도 따라서 멸망하였다. 세 번째는 포르투갈 식민세력이 외부로 확장함에 따라 기독교 중의 천주교 각 유파, 이를테면 예수회, 오스틴회, 도미니코회, 프란체스코회 등이 마카오를 거점으로 하여 중국 내륙에서 선교를 하였다.

그중 가장 유명한 것은 이탈리아 사람 나명견(Michele Ruggleri)과 마테오 리치였다. 그들은 조경(肇慶)에 성당을 세워 선교의 거점으로 삼았다. 중국에서 선교의 저항을 줄이기 위해, 그들은 중국어를 배우고 유학자의 복장을 입었으며 사대부들과 교외로 소풍을 가기도 했다. 1601년(萬歷 29년)에 그들은 경성에 올라가 명신종(神宗)을 알현하면서 자명종(自鳴鐘), 만국도(萬國圖)등 방물(方物)을 바치고 북경에서 선교의 권리를 얻었다. 그때부터 중국에 오는 선교사들이 날로 늘어났다. 그들은 종교를 전파하는 것 외에 암암리에 지도를 그리고 중국의 물산을 조사하는 활동을 함과 동시에 서방의 역산(歷算), 수리, 측량 등 방면의 지식을 소개하여 중국이 서방과학기술을 더 많이 이해하게 되었다. 네 번째는 아편전쟁 전후에 기독교의 신교차회(新敎差會)들이 연이어 중국에 선교사를 파견하여 중국에서 기독교를 전파하는 새로운 물결을 일으켰다. 만청시기(晩淸時期) 중국에 와서 기독교를 전파한 신교는 본국 상인의 지원에 힘입어 직접 상업의 확장을 위해 힘을 썼다. 아편전쟁 후 기독교는 중국에서 전파하는데 편리하게 되었다. 이를테면 1842년에 체결한 『중영남경조약』에 "이제부터 후에 선교사가 중국에 오면 모두 보호한다"고 규정하였다. 1844년의

『중미망하조약(中美望廈條約)』에는 "선교사는 오구(五口, 광주, 하문, 복주, 영파, 상해)에서 무역을 할 수 있는 것 외에 성당을 세울 수도 있다"고 규정하였다. 같은 해에 체결한 『중불황포조약』에 "중국사람이 불란서(佛蘭西) 예배당 및 묘지를 훼손하면 지방정부는 그들을 체포하고 엄하게 처벌한다"고 규정하였다. 기독교의 신교는 의료행위, 학교설립, 책과 신문인쇄출판, 선전문구 편집과 성경번역 등을 구실로 문화의 소통, 사상의 접근, 관념의 융합을 도모하였다. 기독교의 신교가 중국에서 전파됨에 따라 서방식 교육, 서방식 문화, 서방식 문명이 광범위하게 전파되었다.

유학은 '예'로 천하를 다스릴 것을 주장하였으며, 비록 종교로 간주되었지만 유학은 결코 종교가 아니며 통일적인 종교조직도 형성되지 않았으며 더구나 '예'를 종교 교리로 삼아 보급시키지 않았다. 단지 '예'를 사람들이 인간으로서 생활하는 준칙으로 간주하였으며 사회가 '무리'를 이룰 수 있는 규범이며 천하에 도가 있을 수 있는 기반이었던 것이다. 하지만 기독교는 다르다. 기독교는 엄밀한 조직시스템이 있으며 기독교의 교회조직은 하나님이 땅 위에 세운 왕국이며 대리인이다. 중세의 기독교 통치를 거친 후 기독교는 세속의 '왕권'과 대적할 수 있는 정치적 역량이 되었다. 조직성으로 볼 때 유학은 기독교를 따라잡을 수 없었으며 근본주의의 전파와 비교해도 유학은 기독교와 비교할 수 없었다.

다섯째, 천조예치체계가 구축한 담당자는 단지 '천하'를 자신의 책임으로 여기는 성군으로서 민간의 자발적인 동력이 부족했다. 천조예치체계에서 국제질서를 세울 수 있는지는 주로 중국의 '성군'이 과연 그러한 체계를 구축할 능력이 있는지에 달려 있었다. 천조 예치체계는 우주의 존비질서를 기반으로 하여 세워진 천조상국(天朝上國)을 중심으로 한 세계질서 또는 세계체계를 말했다. 유학사회에서 역대 군주, 특히 현명한 임금은 '천조상국의식'을 갖고 있었다. 이른바 천조상국의식이란 중국의 통치자, 즉 중화대지의 천성적인 성인(天生聖人) 또는 황제가 자각적으로 하늘이 부여한 천명(天命) 또는 사명—— 세계통솔을 책임지고 천하를 통일하여 백성들을 각자 능력이나 적성에 따라 적절히 배치하여 맡은 바를 다하게 하는 것이다. 이러한 '정통(正統)'은 요, 순, 우, 탕, 문, 무로 이어졌으며 당대의 현명한 군주에 이르기까지 시간적으로 세월을 초월하여 하나로 이어져 내려왔다. 공간적으로는 '천하'를 자신의 책임으로 하고 광활한 모든 민족, 사방의 여러 나라, 만방천국을 휩쓸었다. 천조가 세우고자 하는 것은 "만국이 조공을 바치고 사방에서 손님이 모여드는 세계질서"이다. 하지만 역사의 발전과정에서 혼군(昏君)은 늘 있었고 요, 순, 우 같은 명군은 흔하지 않았다. 그리하여 천조예치체계의 충동은 있었으나, 체계 자체가 안정적이지는 못했다. 예치체계의 구축은 흔히 황제 개인의 기여 또는 왕조의 강성과 밀접한 관련이 있다.

다음으로 예치체계를 개척하는 민간에서의 충동은 거의 없었다. 명나라 때 강소, 절강, 복건, 광동 등의 성에서 지표(地表)합병이 치열하였으며 토지세와 각종 세금이 너무 많아 토지를 잃은 농민들은 고향을 등지고 바다를 건너 해외로 살길을 찾아갔다. 농민 외에 일부 상인과 수공업자들도 남양으로 많이 갔다. 동남아 일대에 자리 잡은 중국인들은 선진적인 농업과 수공업기술을 가져다가 각종 노동에 종사하였다. 어떤 사람은 광산을 개발하여 황산을 보물창고로 만들었으며 어떤 사람은 사탕수수를 재배하였으며 어떤 사람은 황무지를 개간하여 밭을 일구고 벼와 곡식을 심었다. 동남아의 중국 사람들은 서방의 식민지 개척자들처럼 함포로 정복하는 수단으로 현지의 원재료를 약탈하거나 해외시장을 개척하지 않고 자신의 부지런한 노동으로 현지 사람들과 함께 동남아를 개발했었다.

종합적으로 말하면 천조예치체계는 극복할 수 없는 자체적 한계가 있다. 식민주의 체계가 들이닥친 후, 유학사회가 구축한 예치를 핵심으로 한 세계질서도 자체적 한계성을 드러냄으로써 유학사회의 한계를 보여주었다.

3. 유학사회 속 윤리적 연관 및 윤리이성의 기능

윤리이성은 윤리와 관련된 평가와 판단이다. 유학사회에서 윤리이성의 이론적인 추상이 바로 유학정신이다. 윤리이성은 일상생활에서 윤리관계로 부각되었다. 유학사회는 윤리적 관련이 주도가 된 사회이다. 유학사회의 윤리 관련의 가장 주요한 특징은 아래의 몇 가지에서 나타난다. 첫째, 유학사회는 '윤(倫)'을 특히 강조한다. 유학사회에서 개체의 존재는 '윤'속에 존재한다. 둘째, '윤'의 존재를 국가, 사회의 조직 원칙으로 끌어올렸다.

셋째, 유학사회의 주도적 정신, 즉 유학정신의 핵심 또는 내재적인 규정이 윤리이성이다. 넷째, 유학사회의 법은 윤리법이다. 윤리 관련의 유지 및 복원방식은 윤리통제이다. 윤리 관련, 윤리 통제, 윤리 이성은 유학사회의 구조성 특징으로서 유학사회의 운행에서 대체 불가한 기능을 발휘하였으며 유학사회의 치란과 흥망성쇠와 깊이 관련되어 있다. 종합하면 그것이 유학사회에서 실현한 긍정적 기능과 출현한 기능은 '치란과 흥망성쇠' 중의 다스리고 흥기하는 기능에 해당한다. 유학사회에서 실현한 부정적 기능과 잠재적 기능은 '치란과 흥망성쇠'의 혼란에 빠지게 하고 쇠락으로 밀어 버리는 기능과 비슷하다.

긍정적 기능 또는 보이는 기능을 간략하게 말하면 다음 몇 가지가 있다.

첫째, 중국 전통문화와 맥을 같이 하여 주로 윤리관계, 윤리통제를 핵심으로 하는 군주질서를 세웠다. 서방학자들은, 중국은 기실 나라가 아니라 하나의 문화체 또는 문화사회라고 생각했다. 이러한 문화사회에 어떤 특징이 있을까? 황제 — 관료제도, 혈연조직의 특징, 향촌사회, 천하의식, 이하지변(夷夏之辨) 등은 모두 이러한 문화사회의 중요한 표상(表象)이며 이러한 특징들이 모두 윤리통제를 떠난다는 것은 이해할 수 없는 것이다. 유학사회는 윤리통제를 특징으로 한 중화질서를 세우려고 하였다. 중화질서관의 가장 기본적인 내용은 그것의 문화우월관이다. 중화질서의 이념에는 오래 전부터 문화자각이 있었으며 이러한 문화자각에는 자연적으로 생겨난 문명우월관과 이러한 문화를 담당하는 자각이 포함된다. 중화질서의 문화자각의 최초 형태는 이하지변 관념의 형성으로 표현되었다. 이른바 이하지변이란 소수민족(미개화 민족)과 중국의 차이점을 말했다. 기실 이하지변의 중요한 표준은 중화민족의식의 윤리통제이다. 이 표준을 받아들이고 국제무대에서 중화문화의 생존과 발전을 담당한 상국(上國)을 섬기면 문명 계열에 귀납시킨다. 이하지변의 표준은 그 나라가 윤리통제의 군주질서를 세우느냐 아니냐에 실질적인 요인이 있다.

이하지변관은 근대 중국 현대화의 문제에 관한 논쟁에까지 영향을 미쳤다. 중국현대화사상 운동의 특색으로 그것은 줄곧 문화적 차원에서 중국의 출구문제를 연구 토론하였다. 유학의 중국관은 중국문화와 문명의 연속과 통일에 가장 관심을 가졌다. 서양의 바람이 일기 시작하여 중국 원래의 사대부계층에 반영되었는데 그것은 먼저 중국문화의 위기였다. 청나라 말기의 논쟁은 문화를 보호함으로써 나라를 보호한다는 것이다. 5.4운동 후 중국의 출구에 관한 논쟁은 장기적으로 동서문화의 논쟁이었으며 경제발전에 관한 문제는 매우 적게 논의되었다.

나영거(羅榮渠)가 말한 바와 같이 "40년대 초 마오쩌둥의 『신민주주의론』도 중국의 정치와 중국문화의 동향문제를 설명하려고 주장한 것이다. 매우 많은 분량을 할애하여 중국의 문화혁명문제를 논술하였으나 상대적으로 중국의 경제문제를 적게 제기하였다. 건국 후에도 이러한 사상 패턴의 영향에서 벗어나지 못하였으며 사상문화영역에서의 투쟁이 연속으로 이어져 어디로 발전해야 하는가 하는 심각한 문제로 떠올랐다. 가장 심각한 것은 마오쩌둥이 발동한 최대 정치운동인 이른바 '문화대혁명'이다.[750]

둘째, 윤리관계, 윤리통제의 원칙은 유학사회의 조직원칙이다. 유학사회의 주도적 정신은 유학정신이며 유학정신의 본질적 특징은

---

750) 나영거, 『서양화에서 현대화로』, 북경, 북경대학출판사, 1990, 30쪽.

윤리통제이다. 유학사회의 사회관계 형식은 윤리 관계다. 유학사회의 정치 또는 조직생활의 원칙을 개괄할 수 있는 원칙은 대체적으로 '삼강오상(三綱五常)'이다. '오상' 또는 '오륜'이라고 하는데 그것은 다섯 쌍의 일반적인 역할을 말했다. 즉, 군신, 부자, 형제, 부부, 친구이다. '오상'은 유학사회의 다섯 가지 인간관계이며 유학사회의 기반이다. '오상'은 각각 자신의 의무가 있다.

『대학』에서는 다음과 같이 말했다. "임금이면 인의를 실행해야 하고 자식이면 효도해야 하며 아버지면 자애로워야 하며 남과 교제할 때는 반드시 신용을 지켜야 한다." 유학사회는 '오륜(五倫)'으로 사회생활을 조직하였다. 오륜에서 부자와 형제는 천륜이고 군신과 친구는 인간관계(人倫)이며 부부는 이 두 가지 윤(倫) 사이에 있다. 5가지 윤리 관계는 등급의 존비관계이며 그중의 부자형제는 혈연관계와 종법관계이며 군신은 정치 또는 국가생활의 관계이다. 5륜에서 군신관계는 친자관계의 연장이며 친구관계는 형제관계의 연장이다. 그러므로 5륜 관계는 혈연, 종법, 등급을 결합하여 가정과 국가를 결합시켰다. 오륜은 유학사회의 단결원리 또는 사회관계의 구조 원리이다. 양수밍(梁漱溟)은 중국의 전통사회는 윤리본위(倫理本位)의 사회라고 했다. 그는 전통사회의 인간 또는 사회의 관련형식을 이렇게 서술하였다. "사람은 태어나자마자 자신과 관계되는 사람(부모 형제)이 있다.

인생은 시종 인간과의 관계 속에서 생활한다(사회를 떠날 수 없다). 인생은 사실 각종 관계 위에 존재하는 것이다. 이러한 여러 가지 관계는 여러 가지 윤리 관계이다. 윤이란 윤리적 짝을 이루는 것이다. 인간이 서로 사귀는 것이다. 사귀는 사이에 관계가 생긴다. 가족 부자 사이는 천연적인 기본 관계이다. 그러므로 윤리에서는 가장 먼저 가정을 중히 여긴다. 부모는 늘 첫자리에 있으며 그 다음이 형제자매이다. 성장하면 부부를 맺어야 하고 자녀가 생기게 된다. 종족과 처가 쪽의 가족도 이로부터 생기게 된다.

이것이 연장되어 사회에 이르기까지 교학이 있으면 사제가 있고 경제에 파트너가 있고 정치에는 군신과 관민이 있다. 평상시에 많이 거래하고 어떤 일에 봉착하여 서로 도우면 이웃과 친구가 된다. 사람이 나이를 먹고 생활이 벌어지면서 사면팔방 멀고 가까운 관계가 형성된다. 관계란 또한 윤리이다. 윤리는 가정에서 시작하여 가정에서 끝나지 않는다."[751] "모든 사회의 사람은 돌고 돌아 자기도 모르게 서로 연결되면서 보이지 않는 가운데 일종의 조직을 이룬다 ─ '중국 사람들이 가정 관계를 보급하고 발휘하여 윤리로 사회를 조직한다'는 것은 이것을 말했다."[752]

셋째, 윤리 관계, 윤리통제는 군주질서의 운행에 가장 중요한 조건과 체제를 제공하였다. 그것은 도덕, 즉 윤리이며 인간관계를 규범하는 체계이다. 군주질서에서 사람들의 행위에 대한 가장 강대한 구속력은 도덕에서 온다. 도덕은 모든 생활을 평가하고 심사 판정하는 지렛대이다. 사회규범의 핵심은 도덕이다. 풍속습관은 도덕을 에워싸고 도덕을 위해 봉사한다. 법률은 도덕규범의 향상이다. 유학사회의 도덕원칙을 간단하게

751) 양수밍, 『중국문화요의』, 79쪽.
752) 양수밍, 『중국문화요의』, 80쪽.

말하면 '삼강오상'이다. '삼강'이란 "3가지 견지"를 말하는데, '신하는 군주에게 복종하고', '자식은 부모에게 복종하며', '부인은 남편에게 복종해야 한다.' '오상'은 다섯 가지 일반적인 관계를 말한다. 즉 군신, 부자, 부부, 형제, 친구 등 다섯 계층이 서로를 대하는 관계이다. '삼강'에서 군주는 신하의 정신적 지주이다. "임금이 신하에게러 죽으라고 하면 신하는 죽지 않을 수 없다." 그리하여 '신하의 충성'을 표현한다. 부모는 자식의 정신적 지주이다. "부모가 자식더러 사라지라고 하면 자식은 사라지지 않을 수 없다." 그리하여 '자식의 효'를 보여준다. 남편은 부인의 정신적 지주이다. "남편이 부인을 버리면 부인은 떠날 수밖에 없다." 그리하여 '부인의 순종'을 보여준다.

넷째, 윤리관계, 윤리통제는 유학사회를 통합하는 기반이 되었다. 『예기』에 "우주만물은 하느님이 창조하며 인간은 조상에게서 온다"고 했다. 서방의 전통사회를 통합한 기반은 종교이다. 양수밍은 중국이 도덕으로 종교를 대체한 것은 부득이한 것이며 '윤리교'라 할 수밖에 없다고 인정했다. 조상에 대한 숭배는 전통 중국사람의 생활 핵심관념이며 조상은 한 가정을 유지하는 명맥이다. 유학사회의 국가제도는 가족제도의 확대이다. 국가와 가정의 일체화가 유학사회의 구조적 특징이 되었다. 그리하여 가정 및 그것에서 파생된 윤리통제는 유학사회를 통합하는 기반이 되었다. Miiller lyer의 저작 『사회진화사』는 다음과 같이 밝혔다. 중국이라는 나라는 수천만 명의 성실하고 만족을 느끼는 백성들에 의해 유지되지만 유럽의 나라들은 무력에 의해 유지하지 않는 나라가 없다.

고홍명(辜鴻銘)도 서양의 국가를 풍자하였다. 옛날에는 교회, 승려들이 하나님을 빌려 백성에게 으름장을 놓았으며 근대에는 국가의 군대와 경찰이 법률로 백성을 다스린다. 이 두 가지를 떠나면 형제와 이웃 모두가 편안할 수 없다. 이러한 논술은 모두 중국의 전통사회 윤리통제의 사회 통합기능을 말하는 것이다.

유학사회 군주질서의 실제 구성은 하늘, 땅, 황제, 가족, 스승이다. 천지는 유학사회의 궁극적인 배려이며 건너편의 세계이자 유학사회의 질서 및 변천의 동력 근원이다. 군주는 유학사회의 정치질서의 상징 또는 유학사회의 정치적 기반이며 군주질서이다. 부모는 유학사회의 현실적 기반이다. 유학사회는 자신의 정치원칙을 혈육의 정의원칙으로 귀결시켰으며 임금을 아버지로 간주하고 충성을 효로 귀결시켰다. 스승은 유학사회 질서의 해석자이며 군주질서의 도덕적 역량이다. 윤리관계, 윤리통제는 유학사회를 통합하는 기반이며 하늘, 땅, 황제, 가족, 스승은 그 사회 통합의 틀이다.

다섯째, 윤리관계, 윤리통제는 유학사회에서 각 왕조시대가 재생시키는 체제가 되었다. 매 왕조의 말기에 피할 수 없는 대규모의 사회 혼란이 발생하여 낡은 왕조가 사라지고 새 왕조가 건립된다. 그 과정에서 윤리통제는 중요한 역할을 한다. 역사책을 살펴보면 이런 사례가 매우 많다. 한 지방의 수령이 가족을 이끌고 군벌들과 함께 천하를 누비거나 가족을 이끌고 심산에 들어가 자신들을 보호한다. 연구에 따르면 유방이 천하를 호령할 때 그를 따르던 장량, 한신, 역이기 등은 모두 독신자로서 뒤에 혈연적 역량이 없었다. 소하(蕭何)만이 고조의 의심이 두려워 "잘 싸우는 자제 병을 파견하여 그들을 이끌고 전선에 가서 싸웠다", "동한(東漢)정권을 창조한 주요 사람들… 그들의 뒤에는 거의 전체 종족이 따라 다녔다."[753]

전통사회(봉건사회)가 어찌하여 장기적으로 정체되었는가 하는 문제의 토론에 여러 가지 관점이 있다. 자급자족의 소농경제로(경제발전수준의 시각에서) 인한 것, 봉건착취 관계의 잔혹성으로(생산관계의 시각에서) 인한 것, 강대한 중앙집권제로(상층 건축의 경제기초에 대한 반작용 시각에서) 인한 것, 중국이 처한 지리적 환경으로 인한 것, '초안정적인 구조'(전통사회에 있는 의식형태구조의 조기능력, 즉 통일된 신앙과 국가학설, 정치구조 중의 조직역량, 즉 관료기구가 결합되어 소통하는 슈퍼급 조직역량)로 인한 것이라는 관점이다. 기실 윤리 관계, 윤리통제는 유학사회가 장기적으로 존재하는 비밀이다. 윤리 관계, 윤리통제는 유학사회로 하여금 군부동체(君父同体), 가국동구(家國同構)가 되게 하였다. 원시적 혈족관계의 가정이나 가족은 유학사회의 모든 정보를 갖고 있다.

유학사회가 어찌하여 장기적으로 존재하였으며 낡은 왕조가 대혼란을 겪은 후 어찌하여 매우 빠르게 새로운 왕조를 복제해냈는지, 이런 문제의 주요 답안은 거의 다 유학사회의 세포, 즉 가정에서 찾을 수 있다. 가정은 나라를 구성하는 기본 단원이며 국가는 단지 가정의 동구체(同构体)이며 확대일 뿐이다. 유학사회의 윤리통제는 역대 왕조의 재건과 제국의 복구에 유전자와 틀을 제공하였다.

---

753) 위잉스, 『사(士)와 중국문화』, 258쪽.

여섯째, 윤리관계, 윤리통제는 유학사회의 사회계층과 사회유동의 평형기구가 되었다. 윤리는 전통경제에서 재산에 관해 공유재산, 재산 변통, 재물 베풀기 정책을 실시하는 것으로 표현되었다.

한 가족의 안정을 유지하기 위해서 많은 가족이 수량이 각기 다른 가족 재산, 가족의 토지들을 가지고 있는데, 그 주요한 기능은 제사, 노인 구제, 교육, 가난 구제 등의 지출에 사용하는 것이다. 유학사회가 그토록 오랫동안 존재하고 또 극히 안정성을 갖게 된 주요 원인이 바로 사회계층 분리의 일관성에 있다. 사회계층 분리를 윤리로 통제하는 특성에서 그 일관성이 체현된다. 유학사회에서 사회계층 분리제도는 예제가 되어 계층이 다른 사람들의 생활, 행위, 인간관계를 엄격히 규범하고 각기 다른 등급의 각기 다른 제사범위, 복장장식, 건축, 차량, 제사예의, 호칭 등을 규정하였다. 예의 본질적 특징은 그의 등급성에 있지만 윤리통제의 유학사회는 창조적으로 자신을 조절(사회계층 분리)하는 사회를 구축하였는데 그것이 바로 과거제(科擧制)이다. 과거제는 윤리통제의 유학사회의 사회유동제도이며 군주질서에 인재를 수송하는 한편, 등급 사회에서 원한과 불만을 해소함으로써 유학사회의 압력을 해소하는 밸브가 되었다. 종합적으로 말하면 윤리 관계, 윤리통제는 유학사회에서 사회자원의 유동을 지배하고 사회계층을 엄격히 분리하고 사회의 변천을 좌지우지 하는 등의 사회의 여러 가지 기능을 발휘하였다.

일곱째, 윤리관계, 윤리통제는 유학사회의 세속적 생활을 이론화, 시스템화하여 신성한 의미를 갖게 하였으며, 중화문명을 예의대국의 상징이 되게 하였다. 선지자의 예언과 계율은 원시적 종교, 민간 종교를 타파하는 신비한 요술적인 전통을 갖고 있으며 사람들은 그중에서 새롭고 체계적인 인간과 자연, 인간과 인간, 인간과 초자연 사이의 관계에 대한 해석을 얻을 수 있다. 그리하여 세계는 이성화의 방향으로 발전하며(무당과 정령을 제거) 신앙자들은 그 중에서 생활과 행동의 의미를 얻게 된다.

동서방문화가 각기 다른 길을 가게 된 것은 동서방문화의 선지자(先知)의 유형이 다르기 때문이다. 선지자란 예언과 계율을 발표하여 사람들의 사회행위에 규범적 교의를 제공하는 사상가를 말했다. 주공, 공자가 이러한 선지자이며 카리스마형의 사람이다. 주나라의 창시자인 주공은 강한 역사감과 현실감으로 일련의 포고문에서 은(殷)의 자연종교관에 대해 개혁을 하고 윤리의 성격에 천명과 천의(天命和天意)를 부여하여 규범화 되지 않은 군주정치에 명확한 규범원칙이 있게 하였으며, 그때부터 종교 사고방식과 윤리원칙이 결합하여 무신(巫信)제사와 다른 예악사회를 형성하였다. 사회의 통제방식은 무신제사 통제에서 윤리통제로 전환되기 시작하였다. 축심시대(軸心時代)에 공자는 주공의 사상을 계승하고 주례(周禮)를 증감하여 미래 사회에 정통적이며 주도적인 사상인 유교사상을 제시하였으며 그것이 확정되게 하였다.

유교사상의 실제는 "자애로운 마음은 원칙, 군주질서는 목적, 윤리통제는 수단' 이 3가지 명제이다. 주공은 은상(殷商)의 종교사유와 윤리원칙을 결합시켰으며 공자는 더 한층 예악정신으로 하여금 새로운 의미를 갖게 하였다. 주공과 공자가 시작한 이성화 방향은 중국사회의 유교화와 예의화를 예언한 것이 된다. 그 실제는 신성한 가치를 구비한 생활방식

— 인의예지신, 내성외왕, 수신제가치국평천하를 제시한 것이다. 그것은 일상생활의 방식을 이론화, 체계화하는 역할을 하였다. 한 사람이 선지자의 예언과 계율을 받아들일 때, 그는 이미 그 종교식의 가치관과 생활이상을 받아들인 것이다. 그리하여 성실한 태도로 윤리통제의 요구에 따라 자신의 일상생활을 배치하고 일상적인 세속생활에 의미를 부여하여 한 결 같이 이어진다. 이러한 뜻에서 중국의 문명은 유교의 문명이라고 말할 수 있다.

여덟째, 윤리관계, 윤리통제는 유학사회의 합리적인 과정을 추진하였다. 유학사회의 합리화 과정은 두 가지로 나타난다. 하나는 유학사회의 주도적 사상, 즉 유교정신의 합리적 발전으로 표현되었다. 다른 하나는 유교 이전 사회의 유학사회로의 진화로 표현되었다. 유학정신의 합리화는 유학의 법률화와 형이상학화로 반영되었다. 유학의 윤리정신의 법률화와 형이상학화는 유학의 세속화 과정 그리고 더 높은 차원의 개방적 자아 추구를 반영하였으며 유학사회의 합리적 진행과정을 반영하였다. 유학은 철판도 아니고 경직되어 활기가 없는 것도 아니다. 유학은 자체적으로 발전의 단계마다 그 생명의 향상에서 매번 새로 얻는 것이 있었다. 원시적 유학에서 송나라, 명나라의 이학(理學)으로 성장하는 과정에서 유학문제에 관한 연구가 심화되었으며, 특수한 정경에서 추상개화(抽象槪化)로, 개별 깨달음에서 체계화로, 세속의 영역에서 경계를 초월하면서 지력과 심령이 점차 성숙되었다.

사회통제수단의 진화는 신성관련(神性關聯)에서 윤리관계, 윤리관계에서 계약관련에 이르기까지 중국 고대사회의 진화과정을 반영하였다. 즉, 유교

677

이전의 사회에서 유학사회로 진입하고 유교 이후의 사회에서 현대사회로의 진화를 말했다. 중국사회의 실제 역사진행 과정으로 볼 때, 하상 시기는 무술통제 시기였으며, 서주는 윤리통제형의 초기형태에 속하며, 춘추전국의 진나라는 윤리통제의 소동(扰動)시기이며, (진나라는 군주 — 법제의 강력한 통제형 시기에 속한다) 한나라 초기는 윤리통제의 부활기에 속하고, 한무제 후의 중국사회는 윤리통제형 사회로 진입하여 신해혁명과 신문화운동에 이르러서야 이러한 윤리통제형 사회가 형식적인 면을 뛰어넘었다. 무술제사통제에서 윤리통제로 진화된 것은 중화문명의 진화를 뜻한다. 서방의 유명한 법학자 Maine은 지금까지 유럽 역사의 모든 운동은 신분상 계약의 운동이라고 주장했다. 무술통제에서 윤리통제, 윤리통제에서 계약(법)통제까지 그 모든 것은 인간이 자신의 쇠사슬을 계속해서 끊은 과정이며 인간이 계속 해방되는 과정이다.

아홉째, 유학사회의 윤리통제 양식은 동아시아 문명권을 조성하는데, 매우 좋은 모범적 유형이 되었다. 황지련(黃枝連)은 "아시아 — 태평양은 '대영제국식 평화'와 '대동아 공영권' 및 '미국식 평화' 등 지역질서의 구성을 겪었으며 그 지역질서 구성을 형성하기 전에 넓은 아시아태평양 지역은 오랜 세월 동안 중국을 주도로 한 '천조예치체계'를 받아들였다"고 말했다. 신유학의 대표자 두유명(杜維明)은 이렇게 말했다. "진정으로 유학문명을 대표하는 사회는 중국역사의 역대 왕조가 아니라 한반도의 이씨왕조이다. 일본 메이지유신(明治維新) 후, 이른바 '탈아입구(脫亞入歐)'의 '아(亞)'는 유교 문명권을 말한 것이다. 동아시아 문명권에 속하는 한반도, 일본, 류큐,

베트남 등 동남아 국가와 지역에서 유교문명의 은택을 받지 않은 나라가 없으며 유교문명은 하나하나의 민족을 낙후하고 미개화의 생존 상태에서 선진적인 문명의 질서로 이끌었다.

유학사회의 윤리관계, 윤리통제, 윤리이성은 앞에서 서술한 바와 같이 한계가 있으며 마찬가지로 마이너스 기능과 잠재적 기능을 갖고 있었다. 총체적으로 말하면 혼란에 빠지게 하고 쇠락으로 이끄는 기능인데('윤리관계의 한계'와 '윤리이성의 한계'를 참조) 간략하게 설명하면 아래의 몇 가지가 있다.

첫째, 윤리관계를 기반으로 한 세속생활의 윤리통제가 철저하지 못했다. 베버(韋伯)는 다음과 같이 인정했다. 선지자는 카리스마형의 사람 또는 신이 총애하는 사람에 속하는데 윤리선지자와 모범선지자 두 가지 유형이 있다. 윤리선지자는 자신을 하느님의 뜻을 전달하는 도구로 여긴다. 설교자는 하느님의 명령을 받고 사람들에게 그 명령을 윤리책임으로 간주하여 복종할 것을 요구한다. 모범선지자는 이와 반대로 자신 개인의 모범적인 역량으로 사람들에게 종교적 구원의 길을 보여준다. 이러한 선지자는 사람들에게 반드시 복종해야 할 신성한 명령과 윤리적 책임을 말하지 않으며, 사람들 자신이 구원을 받는 이익을 설교한다. 윤리선지자는 논리적 추리를 인용하여 초월주의 실제, 절대적인 존재자, 윤리적 품격을 갖춘 하느님을 미리 설치하고, 신성한 세계와 세속세계의 완전 대립을 강조하며 세계를 통제하는 방향으로 나아간다. 모범선지자는 비논리적 명상을 운용하여 구세주를 숭배하고 인간관계의 적용을 주장하며 인생의 수양을 통해

신과 인간, 천인합일의 상태에 도달한다. 베버는 동방문화의 선지자는 모범선지자에 속하며 서방문화의 선지자는 윤리선지자에 속한다고 했다. 유학사회의 선지자는 모범선지자에 속한다.

　　모범스런 선지자는 늘 자신의 인격과 경력을 본보기로 한다. 공자가 말했다. "나는 15세에 학문에 뜻을 두었고 30세에 뜻을 세웠으며 40세에 미혹되지 않았고 50세에 하늘의 뜻을 알았고 60세에 듣는 것이 거슬리지 않아졌으며 70세에 마음이 하고자 하는 바를 쫓아해도 법도를 넘지 않았다"[754] 이것이 모범선지자의 전형이다. 공자는 인간과 세속생활의 대립을 강조하지 않았으며 학(學), 입(立), 불혹(不惑), 지천명(知天命), 이순(耳順), 법을 어기지 않는 내재적인 초월의 길을 강조하였다. 공자는 자신을 은거자와 비교하여 말한 적이 있다. 백이(伯夷), 숙제(叔齊)는 "자신의 뜻을 굽히지 않고 자신의 지체를 욕되게 하지 않았다." 유하혜(柳下惠), 소련(少連)은 "자신의 뜻을 굽히고 자체를 욕되게 하였다." 하지만 여전히 "말은 윤리에 부합되며 행동은 이치에 부합된다." 우중(虞仲), 이일(夷逸)은 "숨어 살며 기탄없이 말했지만 몸가짐이 깨끗하였고 세상을 버리는 것이 권도에 맞았다." 이 3가지 부류의 사람은 높고 낮음이 있지만 각자 자신의 행동철학이 있다. 공자는 이들을 존경하였지만 자신의 행동원칙이 있다. 그것이 바로 '어느 쪽이든 좋다'[755]는 것이다.

　　귀신에 대한 태도에서 두 가지로 표현되었다. 한편으로 "군자는 기괴하고

---

754)　『論語 爲政』
755)　『論語 微子』

이상한 이야기를 입에 담지 않는다"[756]고 하였다. "계로(季路)가 귀신을 섬기는 것을 묻자 공자가 말했다. '산 사람도 못 섬기는데 어찌 신령을 섬길 수 있으랴', 다른 한편으로 '감히 죽음에 대해서 여쭙고 싶습니다'라고 하자 공자가 말했다. '삶도 모르는데 어찌 죽음을 알랴.'"[757] 다른 한편으로 번지(樊遲)가 "어떻게 해야 지혜로운 것입니까?"라고 물었을 때 공자가 말했다. "사람으로서 마땅히 해야 할 일에 힘쓰고 귀신을 공경하되 멀리하면 지혜롭다 할 수 있다."[758] 제사를 지낼 때는 조상이 있는 듯이 하였고, 신에게 제사지낼 때는 신이 계신 듯이 하였다. 공자가 말했다. "내가 제사에 참여하지 않으면 제사를 지내지 않은 것과 같다"[759] '도(道)'를 선양함에 있어서 공자는 한편으로는 "뜻이 있는 선비와 덕을 이룬 이는 삶보다 정의가 더 소중함을 알아 구차하게 살기를 바라면서 본심의 덕인을 해치는 일은 없으며 자기의 삶을 희생하여 인을 이룬다"[760], "위험한 고비에서 서슴없이 목숨을 바쳐야 한다"[761]고 주장하면서 다른 한편으로는 "위태로운 나라에는 들어가지 말고 어지러운 나라에서는 살지 마라"[762], "나라에 도가 있으면 벼슬을 하고 나라에 도가 없으면 자신의 주장을 거두고 세상을 피해 숨어

---

756) 『論語 述而』
757) 『論語 先進』
758) 『論語 雍也』
759) 『論語 八佾』
760) 『論語 衛靈公』
761) 『論語 憲問』
762) 『論語 泰伯』

산다"[763], "써주면 도를 행하고 버리면 은둔한다"[764], "천하에 도가 있으면 벼슬을 하고 도가 없으면 은둔한다"[765]고 하였다. 군주의 진언에 대해 공자는 군신의 상대론을 주장하여 이른바 "임금은 신하를 예로써 부리며 신하는 충성으로 임금을 섬긴다"[766]고 하면서 진언을 주장하는 한편, 강력하게 간언을 할 필요가 없으며 진언하여 듣지 않으면 적당한 선에서 멈춰야 하며, "대신은 바른 도로써 임금을 섬기고 그렇지 못하면 그친다"[767]고 주장하였다. 종합적으로 말하면 공자는 역사주의, 현실주의의 '중감' 태도를 갖고 있었다. 공자의 "어느 쪽이든 좋다"에 대한 행동원칙의 묵인, 귀신에 대해 단언하지 않는 것, 도를 찬양함에서의 소극적인 태도 등은 다음 문제를 반영한다. 모범선지자가 자아의 행동을 통해 세상 사람들에게 명시한 도덕적 율령(律令)은 흔히 특수성, 체계성이 결핍된 특징을 드러내며 '신의 절대적 명령'이라는 숭고성과 조금도 두려워하지 않는 경지에 이르지 못하였다. 그러므로 사회생활에서 각 계층에 대한 충분한 통제력이 부족한 것이다.

공자 등 모범선지자의 본보기적 역량으로 구축한 유학사회는 사회생활에 대한 윤리통제에 강제성과 철저함을 갖추지 않았다. 모범이란 모범선지자가 예언한 사회질서의 제한이다. 모범선지자는 자신을 본보기로 삼아 사람들에게 이상에 부합되는 생활을 보여줄 뿐이다. 그러므로

---

763) 『論語 衛靈公』
764) 『論語 述而』
765) 『論語 泰伯』
766) 『論語 八佾』
767) 『論語 先進』

인간질서에 대한 영향력은 그들 자신의 인격에서 올 수밖에 없으며 그들은 인격으로 사람들에게 이상적인 생활의 합리성을 보장한다. 그들은 비록 사람에 입각하였지만 인간의 질서를 초월할 수 없었다.(스스로 꺼지거나 적응하지만 강력하게 통제할 수는 없다) 유학사회 질서의 합리성은 유학의 실제 행동자의 인격으로 담보할 수밖에 없다.

충분히 강대하고 합리적인 사회질서로 인격의 실제적인 지위를 보장하기 전에는 그 어떤 강대한 인격의 힘으로도 이상적인 사회질서의 합법성과 현실성을 효과적으로 감당할 수 없다. 유학의 이상은 내성외왕이다. 왕은 성의 외화이며 인간 최고 질서의 체현이다. 그러므로 유가의 성인은 부처, 도교의 도, 하나님과는 다르다. 성인으로서의 왕은 전제군주제의 유학사회에서 아무런 현실성이 없다. 오히려 역대의 군주들은 다른 길을 걸었는데 왕이 성인이 되었거나 패권으로 성인이 되었다. 군주가 성인의 재능과 품덕을 갖추지 못하고 왕도를 실시한다면(성인의 품덕을 갖추는 것은 도덕의 최고 경지이다) 어찌하여 왕이면서 성인의 품덕을 갖출 수 없겠는가? 여기서 유학정신의 한계가 뚜렷하게 드러난다. 유학의 사상은 절대적인 초월성과 독립성이 없으며(현실 질서를 초월하여 존재) 오히려 세속성과 기생성(현실질서에 의해 존재)이 있다. 유학정신의 책임자들은 늘 즉흥적으로 일어난 왕조를 위해 급하게 길조와 천명의 어울림을 조성하여 겉치레를 한다(본 장의 '개체행위의 도덕제약성에 대한 제한'을 참조).

둘째, 윤리관계, 윤리통제는 사회발전에 필요한 보편주의, 일원주의의 형성을 막았다. '인자는 타인을 사랑한다'는 공자가 마지막에 사회질서에 세운 개인주의 원칙, 즉 '극기(克己)'와 '추기(推己)'의 원칙을 보편주의 원칙보다 높이 격상시켰으며, 인(仁)은 보편적인 사회질서의 기초가 되었다.

그러나 유학의 인(仁)은 시종일관 '친인 사랑'과 '부모 사랑'의 울타리를 벗어나지 못하였다. 『중용』에서 말했다. "인(仁)이란 타인을 사랑하는 것이며 친족을 사랑하는 것이 가장 큰 인(仁)이다." "그러므로 군자는 자신을 수양하지 않을 수 없으며 자신을 수양하려면 친족을 봉양하지 않을 수 없다. 친족을 봉양하려면 남을 이해하지 않을 수 없다. 남을 이해하려면 천지자연의 이치를 알지 않을 수 없다." 유학은 줄곧 인류공동체를 3개의 동심권(同心圈), 즉 자신, 가정, 집단 또는 나라나 천하로 나눈다. 유학사회는 오륜으로 생활을 조직하며 그중의 '나라'도 인륜관계의 하나로 간주되어 가장 중요한 1윤으로 발전하였다. 유학사회의 생활가치의 원천은 사람의 마음속, 즉 자신 또는 수신(修身)에 존재한다. 그 후 밖으로 비치는데 가까운 곳에서 먼 곳으로 가정에서부터 국가로 친척(스승과 친구를 사랑) 및 외부 사람 등으로 향한다. 유학사회의 개체 행위는 '윤'을 지향하며 '륜'을 지향한 역할관계는 본질이 개인적이며 구체적이며 특수 지향적인 것으로서 특수주의 및 다원주의 원칙을 주장한다.

사회행위에 다원주의원칙과 특수주의원칙을 신봉하면 사회발전에 필요한 보편주의와 일원주의 형성을 방해할 수 있다. 다원주의, 특수주의 원칙은 실제생활에서 흔히 능력에 따라 그에 맞는 일을 시키거나 사람에 따라 일이 망쳐질 수도 있다. 윤리관계, 윤리통제의 유학사회에서 특수주의가 보편적으로 성행하는데, 황제의 하사 또는 관리의 속죄 등 아주 많다. 물론 유학사회도 특수주의를 극복하기 위해 예방조치를 취하였다.

이를테면 현지 사람이 지방관리를 맡지 않거나 몇 년에 한 번씩 지방을 바꾼다. 황제는 늘 당파를 타파하지만 특수주의는 예제사회의 필연적인 산물로 근절이 불가했다.

셋째, 윤리관계, 윤리통제는 (하급이 상급에 대한, 비천이 존귀에 대한) 의무를 특히 좋아하고 권리를 무시하며, 민주관념이 뿌리를 내린 적이 없다. 기독교 교리는 사람마다 원죄가 있고 사람마다 평등하다고 여긴다. 이러한 교리관은 오히려 서방사회가 먼저 현대사회에 진입하는 결과를 초래하였다. 유학사회는 인간은 인륜관계 속에 있다고 여긴다. 유학사회의 윤리는 개인의 "신체와 머리카락과 피부는 모두 부모에게서 물려받은 것이다." "모든 형벌 중 불효가 가장 큰 죄이다"라고 여긴다. '삼강오상'은 유학사회 인륜의 대도이며 가장 큰 법이다.

수당(隋唐)에 이르러 '불충불효'를 가장 큰 악으로 규정하였다. 유학사회는 입법시 비천의 존귀에 대해 반드시 부담해야 하는 의무를 입법원칙으로 하였는데 이러한 입법원칙은 단지 하급의 상급에 대한 것과 비천의 존귀에 대한 의무만 중시하고 그들의 권리를 소홀히 하였다. 이처럼 의무만 강조하고 권리를 중시하지 않는 윤리통제는 개인의 권리, 민주 관념이 생존할 수 없게 하였으며 사람의 개성도 충분한 발전과 보완을 받을 수 없으며 창조력을 질식시켜 결국 사회의 발전을 가로막았다.

의무를 윤리 배려의 중심으로 간주하는 것은 틀리지 않았다. 서방의 도덕철학가(이를테면 칸트)도 '의무'를 윤리학의 중심관념으로 하였다. 하지만 윤리와 정치는 현대생활에서 각자 상대적으로 독립적인 영역이 있고 서로 연관되며 감추지 않는다. 신유가학자(新儒家)인 여영시(余英時)가 말했다. "중국 사람이 민주제도를 세우려면 반드시 정치를 인륜질서에서 구분해내야 한다. 이것은 '갈라지면 둘 다 아름답고 합치면 둘 다 상처 입는' 것이다."[768]

넷째, 윤리관계, 윤리통제의 유학사회는 지나치게 안정의 의미를 중시하며, 진보적 동력에 대한 깊은 인식이 부족하다. 중국 고대 사상가들은 일종의 잠재의식이 있는데 그것은 질서 잠재의식, 즉 동란에 대한 잠재의식이다. 질서를 추구하며 동란을 피하는 것은 중국문화의 취향이다.[769] 질서에 대한 관심은 확실히 군주질서에서 가치내면화이며 일종의 심리적 염원이다. 『춘추』, 『사기』, 『자치통감(資治通鑑)』을 보면 유학사회 사상의 궁극적인 관심은 질서이며, 특히 군주질서이다. 치란의 상호 요인은 사상가의 사상이나 잠재의식뿐만이 아니며 특히 역사의 경험이다. 나라를 안정시키고 백성의 질서를 도모하는 것은 줄곧 유학의 이상이었다. 인류는 3대 문제, 즉 양육문제, 보호문제, 안전문제가 있다. 생존하기 위해 자연에 생산력을 요구하는 것은 양육문제이다.

인간이 집단적으로 생존하며 다른 집단을 대항하기 위해 스스로 보호하는 것은 보호문제이다. 동시에 집단은 수시로 내부를 조정하여 안정되어야 하는데 그것은 안전문제다. 중국문화의 특색은 안전문제 해결을 중시하며 보호와 양육 두 문제를 지나치게 안전문제로 삼아 해결하였다.[770]

---

768) 『위잉스의 신유학저작 요점』, 41쪽.
769) 장득승(張德胜), 『유가윤리와 질서콤플렉스』, 157~189쪽.
770) 양수밍(梁漱溟), 『중국문화요지』, 237쪽.

다스림과 혼란은 어떠한 정치질서든지 가장 먼저 직면하게 되는 문제이다. 즉 어떠한 정치질서든지 최종 관심사는 "다스림을 원하고 전란을 피하는 것"이다. 그러나 군주질서는 전통형 통치이며 그 질서의 합법성과 통치의 신성함은 결국 전통에서 유래된다. 그리하여 군주질서는 더 강렬하게 "다스림을 원하고 전란을 피하는" 사회적 요구를 한다. 전통에 대한 파괴는 질서에 대한 파괴이며 질서의 회복이란 바로 예전의 신성한 전통을 회복하는 것이다.

왕조가 교체되는 것은 천년 전통에 대한 또 한 차례의 복습이지 전복이 아니다. "다스림을 원하고 전란을 피하려는" 강한 잠재의식, 전통파괴를 금지하는 모든 합리적 요구, 매번 가장 작은 규모의 혁신일지라도 전통적인 경전에서 그 합리성과 합법성을 찾아야 하니 전통의 자아 폐쇄로 나타난다.

다섯째, 윤리관계, 윤리통제는 왕조말기 사회의 혼란을 일으키는 잠재적 요소이다. 군주질서는 공통된 계획이다. 유학이 계획한 것은 윤리통제를 수단으로 하는 군주질서의 사회이다. 유학사회에서 군주질서의 운행은 다스림과 혼란이 서로의 요소가 되는 현상으로 나타난다. 다스림과 혼란의 상호 요소는 유학이 건립한 윤리통제 사회양식의 필연적인 결과이다. 매 왕조는 군주질서를 세우고 크게 다스린 후에 사회질서는 곧 일정한 정도의 혼란이 나타난다(일부 중흥의 군주도 있지만 쇠락을 피하지 못했다).

혼란은 중국에서 역사적으로 간신이 정권을 장악하고 황권이 다른 사람의 손에 넘어가고 대규모의 농민봉기가 일어나는 등으로 나타난다. 예를 들어 동한(東漢)의 당고지화(黨錮之禍), 서진(西晉)의 8왕의 난(八王之亂), 당나라의 안사의 난(安史之亂), 명나라의 환관도당의 난(閹黨之禍) 및 역대 말기의 농민봉기 등이 그렇다. 유학사회의 각 왕조에 나타난 '집안싸움' 또는 '당파싸움'은 유학사회에서 왕조가 쇠망하게 되는 중요한 원인 중 하나이다.

그것들은 모두 윤리관계, 윤리통제와 밀접히 연관되어 있다. 윤리관계, 윤리통제의 유학사회에서 사람들의 집단의식은 친족, 사제, 동문, 동본, 동료, 동갑 등과 같은 표준에 따라 이루어진다. 이러한 표준은 집단 공감의 기초, 공동 신앙의 기초가 된다. 이러한 귀속 특징에 의해 관료사대부는 관료제도 체계에서 관계를 맺는다. 파벌을 형성하는 것은 관료사대부의 생활에서의 사회 공정이며 정치생활에서의 당파싸움의 근본적인 원인이다. 왕부지(王夫之)가 역대 봉건 왕조가 멸망한 원인을 종합할 때 한 마디로 정곡을 찌르듯 말했다. "나라에 당화(党禍)가 없으면 멸망하지 않는다."

왕조의 당파 싸움은 통치계급의 만성적 자살이다. 왕조의 당파 싸움은 사회구조의 안정을 심각하게 파괴하고 통치계급 내부역량에 막대한 내적 소모를 일으켜 나라는 기진맥진하여 멸망한다. 진 왕조로부터 청 왕조의 멸망에 이르기까지 당파싸움이 줄곧 이어졌다는 것을 알 수 있다. 다스림과 혼란의 상호 요소는 유학사회 군주질서 운행의 특징이다. 다스림에서 혼란으로, 다시 혼란에서 다스림에 이르고 큰 다스림에서 큰 혼란으로, 다시 큰 혼란에서 큰 다스림을 달성하여, 역사의 누적과 침전을 겪어 전통 중국사회의 보편적 심리가 되었다.

유학사회의 치란과 관련해 하나의 관점에 주목할 필요가 있다. 그것은 유학사회의 통일과 분열대치의 국면은 기후요소와 관련이 있다는 관점이다. 유명한 과학자 주커전(竺可楨)은 중국의 약 5,000년 동안의 기후변화를 연구하였다. 그 연구에 따르면 5,000년 동안 중국기후의 일반적 추세는 점차 추워졌으며 중간에 몇 차례 춥고 더움의 큰 파동이 있었다. 온난기는 은상, 진한, 수당, 원나라 시기이며 한냉기(寒冷期)는 주나라 초기, 동한부터 6조(六朝), 남송, 명나라 말기 청나라 초기이다. 그 외의 시간대는 온난기와 한랭기의 과도 단계에 있었다. 이에 근거해 온난기의 왕조는 모두 성세였으며 한냉기의 왕조는 난세(亂世)였다고 생각하는 연구자도 있다.

난세 시 남북이 대치하고 북방의 소수민족이 특별히 활약하였으며 빈번히 중원까지 남침하였다. 그리하여 중국 고대사회의 성세와 난세는 기후가 결정하였다는 결론이 나왔다. 기후가 추워지자 북방의 초원이 대대적으로 사막화되면서 북방의 생존조건이 악화되자 초원에 대한 의존성이 매우 강한 북방 소수민족은 남쪽으로 진출할 수밖에 없었다.

불가항력의 모래바람은 그처럼 억세고 사나운 소수민족을 내몰아 끊임없이 남쪽으로 향하게 하였다. 그리하여 그들은 연이어 한족들을 회하(淮河) 남쪽으로 내몰고 장강을 넘게 하였으며 더 먼 곳까지 몰아갔다. 그리하여 남경은 몇 번이고 망국의 수도가 되었다. 기후 요소는 북방 소수민족의 생존의식을 촉진시키는데 매우 큰 역할을 하였을 수도 있다.

여섯째, 식민주의 체계와 비교하면 윤리관계, 윤리통제를 기반으로 한 유학사회의 천조예치체계에는 자신을 보급시킬 수 있는 충분한 동기, 의지와 물질적 역량이 없었다. 중화질서의 심층 관념은 춘추전국 시기에 이미 형성되었으며 미래 유학사회가 세계질서를 세우는 기본 동력의 원천이 되었다. 이러한 질서에는 몇 가지 기본 이념이 있다. 즉, 일(一), 통(統), 화(和), 화(化)이다. 화(和), 화(化)는 수단이며, 일(一), 통(統)은 즉 통일은 목적이다. 왕도정치를 통해 통일하여 세상과 사회를 유지하며 도덕의 힘(왕화)으로 주변의 다양한 민족을 감화시키고 교화 양육하여 크고 작고 멀고 가까운 한결같은 왕도의 이상을 실현하는 것이다. 합리적이고 현실적인 국제 거시질서에는 완벽한 형이상의 이념이 있어야 할 뿐만 아니라, 형이하의 체제와 형식도 있어야 한다.

식민주의 체계와 비교하면 윤리통제를 특징으로 하는 천조예제체계가 자신을 더욱 발전시키지 못한 주요 원인은 아래와 같다. 유학의 이상사회는 왕도사회이며 힘을 중시하지 않는 정신이다. 유학사회는 생존 지역이 광활하여 생존공간에 대해 간절한 요구가 없었다. 유학사회는 농업을 중시하고 상업을 소홀히 한 사회였으며 순수한 경제이익의 추구에 대해 자극이 부족하였다. 유교문명은 농업문명에 속하며 날씨와 기후조건에 의해 사는 유학사회는 방대한 군사대국을 지탱할 수 없었다. 유학사회의 문명은 기술을 사악하고 음험한 기교로 간주하여 과학적인 정신으로 발전할 수 없었다. 종합적으로 말하면 유학사회에서는 이성적 윤리가 매우 발달하였으며, 이성적 윤리의 이론적 추상은 유학의 정신이다. 이성적 윤리는 사회생활에서 윤리관계로 표현되었다. 윤리 관련의 유지와 복구는 윤리통제에 의존한다. 유학사회의 군주질서 운행은 치란의 상호 요소, 성쇠 교체로 그 특징이 나타난다. 그 운행의 기초는 '천지군친사(天地君親師)'이다. 윤리이성, 유학정신, 윤리관계, 윤리통제는 유학사회의 운행과정에서 충분하게 다스리고 흥기하는 기능을 발휘하였으며, 또한 구조 자체의 내재적 제약을 받았다.

즉, 혼란에 빠지게 하고 쇠락을 촉진하는 기능을 발휘하였던 것이다.

결론
'후 유학사회'
– 글로벌사회에서의 유교문명 –

결론 "후 유학사회"
– 글로벌사회에서의 유교문명 –

유교 이후의 사회와 글로벌 사회가 기약도 없이 만났다. 덕분에 우리는 글로벌문명 또는 글로벌사회의 글로벌화를 구축하는 과정에 처하게 되었고, 또한 이전의 찬란한 문명의 연장선상에 놓이게 되었다.

1. '후 유학사회'의 도래

개념은 우리가 사물을 인식하는 도구이다. 미래의 사회가 어떤 성질의 사회인지에 대해서는 여러 가지 개념이 있다. 미래의 시대는 자동화시대, 원자시대, 우주시대, 전자시대, 태양에너지시대라고 여기는가 하면, 미래의 사회는 지식사회, 정보사회, 네트워크 사회, 디지털화사회라고 여기기도 한다. 그러한 가운데서 '후(后)'를 접두사로 하여 어느 한 시대의 단층을 드러내는 '후 단계 현대사회', '후 단계 현대주의 사회', '후 단계 자본주의 사회', '후 단계 공업주의 사회', '후 단계 현대화사회' 등이 출현하게 될 것이다. 각각의 표식에는 자신만의 특수한 의미가 있을 것이다.

그것은 각자가 어느 한 측면에서 곧 다가올 시대 또는 사회의 특징을 그려내게 될 것이다. 유학사회는 개념의 도구다. 유교 이후의 사회도 개념의 도구다. 유교 이후의 사회는 유학이 통치의식형태의 지위를 잃은 사회상황 또는 사회상태를 말했다. 여기에서의 '후 단계'는 단지 그가 처한 사회단계의 시간상의 계승을 말하며, 그것의 가장 기본적이며 원시적인 의미는 단지 시간상에서 유학사회의 종결과 유학사회와 다른 국가의 새로운 정치생활 및 개체 사회생활의 시작을 말해준다. 그러므로 '유교 이후의 사회'가 분명히 보여주는 것은 무엇인가의 종결, 즉 유학사회의 종결을 표명하는 것이다.

유교 이후 사회의 도래 또는 유학사회의 종결은 숙명적인 것이다. 유학사회는 농업문명의 걸작이다. 그러나 공업문명이 나타나면서 유교 이후 사회의 도래는 이미 운명적으로 정해진 것이다. 유교 이후 사회의 도래가 표현하려는 진실한 내용은 유학사회의 종결이다. 그 의미는 두 가지다. 하나는 역사상 또는 사실상 이미 발생하였다. 둘째는 아편전쟁이 청 왕조의 승리로 끝났더라도 유학사회는 여전히 공업화, 민주화 또는 현대화의 운명에서 벗어나지 못했을 것이다.

공업문명은 유학사회의 종결자이며 그것은 유학사회가 자신의 존재방식을 바꾸도록 압박하였다. 유학사회의 기반인 농업문명과 비교하면 공업문명은 확장되고 침략적이며 주동적이며 적극적이다. 마르크스는 『공산당 선언』에서 다음과 같이 밝혔다. "자산계급은 생산도구의 신속한 개선으로 교통이 매우 편리해졌으며, 그로 인해 모든 민족 심지어 가장 야만적인 민족들도 문명 속으로 끌어들였다. 그들 상품의 저렴한 가격은 모든 만리장성을 무너뜨리고 야만족이 외국을 적대시하는 가장 완곡한

심리를 정복하는 무기로 이용되었다. 그것은 모든 민족들로 하여금 ─ 그들이 멸망하기 싫다면 ─ 자산계급의 생산방식을 사용하게 하였으며 그들로 하여금 자신들이 있는 그곳에서 소위 문명을 보급하도록 하였다. 한마디로 말해서 그것은 자신의 면모로써 자신을 위해 새로운 세계를 창조하였던 것이다."[771] 공업문명의 협박으로 유학사회는 현대화의 진행을 시작하였다. 그러나 "중국의 현대화를 단순히 중국의 부강을 위한 것이라고만 보아서는 안 될 것이다. 그것은 기본적으로 중국이 새로운 문명질서를 모색하는 역사적인 과정이다. 중국이 '저주받듯 현대화를 하였지만' 원시적 동기는 억울함이 없는 것은 아니다. 하지만 중국의 '현대로의 전환'은 '숙명적'이며 반드시 선택해야만 하는 것이다."[772] 아편전쟁은 유학사회로 하여금 공업문명의 물결에 말려들 수밖에 없도록 핍박하였다. 그때부터 중국인의 전통적인 사회 생활방식 또는 유학사회의 기존 존재방식이 완전히 파괴될 위험에 직면하게 되었다. 백여 년의 고통스러운 몸부림을 통해 유학사회는 애틋함을 버리고 어렵게 유교 이후의 사회로 진입하였다.

유교 이후 사회의 개념적 의미는 그것과 유학사회의 상대적 대응에서 생긴다. 유학정신이 주도하는 유학사회의 이상은 왕도질서를 세우는 것이며 현실생활에서 그것은 군주질서로 체현된다. 군주질서의 운행 기반은 '하늘, 땅, 군주, 부모, 스승'이며 그 사회의 조직방식은 '오륜', '가정과 나라의 일체'이다. 유학사회의 관계는 윤리관계이며 유학사회의 실질은 윤리관계를

---

771) 『마르크스엥겔스선집』 2판, 제1권, 북경, 인민출판사, 1995, 276쪽.
772) 김요기(金耀基), 『경제민주와 경제자유』, 북경, 삼련서점(三聯書店), 1997, 53쪽.

등급표준으로 한 사회, 윤리통제형 사회이다. 유학사회는 마지막 왕조, 즉 청 왕조의 쇠망과 더불어 자신이 존재하는 합리적 기반을 잃었다. 유학사회 윤리질서의 기반은 그 기반이 해체됨과 함께 탕진되어, 결국 어렵게 유교 이후 사회의 문턱에 들어섰다. 자신의 사회신앙을 천지, 군주의 기반 위에 세운 사회형태로서의 유학사회는 신해혁명 및 그 후의 입헌운동에 의해 종결되었다. 자신의 사회기반을 '가족사랑' 위에 세운 사회생활방식으로서의 유학사회는 신문화운동에 의해 종결되었다. 자신의 사회적 연장을 스승과 성인의 기반 위에 세운 권위적인 사회로서의 유학사회는 '문화대혁명'에 의해 종결됐다. 유교 이후의 사회에 대해 적어도 아래와 같이 부정적 결론을 내릴 수 있다. 즉, 유교 이후의 사회는 더는 군주질서의 사회가 아니며, 윤리관계로써 주도하는 사회가 아니며, 윤리통제를 사회생활의 주요 통제형식으로 하는 사회가 아니며, 이른바 '도통'이란 더 이상 없으며 윤리정신을 핵심으로 한 법률제정도 더는 없다.

유교 이후 사회의 특징은 유학사회의 해체과정에서 이미 부분적으로 드러났다. 사회관계의 형식으로 볼 때, 계약관련은 불가피하게 유교 이후 사회관계의 주도형식이 되었다. 유학사회의 이성적 윤리와 대응하여 유교 이후 사회의 중요한 정신의 하나는 계약정신이다. 계약정신의 실질 또는 내재적인 규정성은 계약이성이다. 그러므로 유교 이후 사회의 사회관계는 계약관련이다. 마치 윤리관계가 유학사회에서의 개체생활, 단체생활, 국가의지 등 3개의 차원에서 부각된 것과 마찬가지로 유교 이후의 사회에서 계약관련도 이 3가지 차원에서 부각된다.

유교 이후의 사회는 계약화의 사회이다. 현대인은 조직에 배치되어 생활하고 성장하며 일하는 사람이다. 그들의 생활형식은 조직화의 사회다. 그 조직으로는 유치원, 학교, 공장, 회사, 정부, 당파, 국가 등이 있다. 조직의 사람들은 헌법, 법규, 장정 등 일련의 규칙 속에서 생활한다. 각종 유형의 규칙은 사람과 사람 사이의 상호 계약이며, 헌법은 단지 최고 형식의 절대 다수의 최대 계약이다. 유교 이후 사회의 사람들은 자신과 타인 사이의 계약 속에서 생활하며, 유교 이후 사회의 사람은 계약자이다. 유학사회가 윤리 관계 주체의 사회라고 한다면 유교 이후의 사회의 사회관계 형식은 계약이 주체이다. 유학사회가 신분 등급의 사회라면 유교 이후의 사회는 계약이 공평한 사회이다. 유학사회에서 유교 이후 사회로의 전환은 본질적으로 윤리신분이 계약으로 바뀐 것이다. 계약이성은 민주(박애 '博愛')와 법제의 구축에서 충분히 체현되었으며 사회의 총체적 생활은 민주화와 법치화의 추세로 나타난다.

'후 유학사회' 사회관계의 특유한 성질에 의해 그 사회통제의 존재양식이 결정된다. 즉 법률통제를 주도 형식으로 한 양식이다. 유교 이후의 사회는 법통제형 사회이다. 법통제형 사회의 최고 원칙은 "법 앞에서 모든 사람이 평등하다"는 것이다. "중서 문화형태의 이러한 비교에서 볼 수 있는 바와 같이 인간의 본성은 선하다는 이론 기초를 갖고 있는 유가공맹의 윤리주의가 이제는 계약 특징의 근대사회의 정법체제에 전혀 적응하지 못한다. 현대사회는 도덕에 의존할 수 없으며 법률로 개체의 행위를 요구하고 규범화하여야 한다."[773] 역사의 발전 과정에서도 보여주듯이

---

773) 이택후(李澤厚), 『중국고대사상사론』, 북경, 인민출판사, 1979, 47쪽.

유학사회의 목적은 '등급질서(差等有序)'로 '천하유도(天下有道)'의 군주질서 사회를 세우는 것이다. 유교 이후 사회의 목적은 '사람마다 평등'하며 '충분히 발전'할 수 있는 민주질서의 사회를 세우는 것이다. 자산계급혁명의 첫 성과는 『중화민국임시약법』이다. 『약법』에는 국가 주권은 인민에게 속하며 주권은 국회, 대통령, 내각 및 사법부문에서 집행하며, "중화민국의 인민은 모두 평등하다"고 규정하였다. 인민은 인신, 언론, 저작, 집회, 단체결성, 서신비밀, 거주 이사, 재산보유 등 자유가 있으며, 청원, 소송, 문관시험 응시자격, 선거와 피선거 등의 권리를 갖고 있다.

우리나라의 현행 헌법도 중화인민공화국의 모든 권리는 인민에게 속하며 인민은 인신, 언론, 저작, 집회, 단체결성, 서신비밀, 거주이사, 재산보유 등의 자유가 있다고 명백히 규정하였다. "법에 따라 나라를 다스리는 것"은 중국 현 단계의 기본 국책이다. "법에 따라 나라를 다스린다"는 것은 법 앞에서 누구나 평등하며 법에 의거해야 하고 법을 반드시 지켜야 하며 법 집행을 엄격하게 하고 법을 어기면 반드시 조사해야 한다는 원칙을 고수하는 것이다. 윤리통제 주도의 유학사회가 법통제 주도의 사회로 전환한 것은 유학사회 종결의 필연적인 선택이며 인간의 해방이기도 하다.

종합적으로 말하면 유학사회는 임금 주도의 군주질서 사회이고 유교 이후의 사회는 인민 주도의 민주질서 사회이다. 임금 위주의 사회는 먼저 역할을 부여한 사회이며 신분등급이 고정된 사회이다. 인민 위주의 사회는 각자 역할을 얻는 사회이며 신분이 계약에 의존하는 사회이다. 우리가 처해 있는 시대는 반드시 나날이 민주화, 법제화로 나아가는 시대, '끝없는 세속화'하는 시대라고 말할 수 있다. 이 시대의 운명은 모든 사람 또는 집단의 숭배, 야만 등의 습관은 모두 공중생활에서 은퇴하거나 제거되어 산속에 은둔하거나 계약에 귀속된다.

계약사회에는 계약윤리가 요구된다. 계약이란 권리를 의미하며 책임을 뜻한다. 계약이란 의무이기도 하다. 계약자의 윤리적 요구는 책임, 권리, 의무의 통일이다. 기업조직은 현대 사회생활의 중요한 장치이다. 현대사회의 기업행위는 계약자에 대한 윤리적 요구를 분명하게 대표한다. 시장경제는 본질적으로 말하면 계약경제다. 사회주의 시장경제의 기본 요소와 틀에 대해서는 1986년에 공포한 『민법통칙』에 서술하고 있다. 즉 '주체체제, 권리체제, 행위 기능과 책임체제'[774]이다. 첫째로 계약은 권리를 의미한다. 주체체제의 핵심은 기업이며 기업은 자치와 권리자주의 원칙을 실행하며 기업자치의 기본적인 전제는 주체의 독립과 평등이다. 시장경제의 행위 메커니즘은 거래시스템이다. 현대의 거래시스템을 세우는 것이며 "현대거래제도의 핵심은 거래의 자유다." 거래자유의 첫 번째 원칙은 계약자유의 원칙을 세우는 것이다(세계 각국은 계약자유 원칙이라고 통칭). 둘째로 계약은 의무를 뜻한다. 시장경제의 행위메커니즘, 즉 거래시스템의 다른 중요한 요구는 시장의 공평이다. 경쟁이 공평한 시장체계를 수호하는 것은 거래인과 계약자의 의무이다. 시장 공평경쟁에 관한 법률은 금지성 법률이다. 공평경쟁에 관한 법률제도가 금지하는 행위는 대개 4가지로 분류된다. 첫 번째, 사기행위다. 예를 들어 수량, 품질, 광고, 설명서 등의 사기성을 말했다. 두 번째, 시장 조작행위다. 경제적 우세와 권력을

---

774) 강평(江平), 『시장경제법률제도의 기본적인 틀에 관한 간략한 논술』, 1995.08.07.

이용해 거래를 통제, 독점, 봉쇄, 덤핑, 제한하는 행위이다. 세 번째, 내부자 거래행위다. 이를테면 구매 측 또는 판매측 시장의 우세를 이용하여 리베이트, 커미션, 수고비 등을 요구하는 편법 비리행위를 말했다. 네 번째, 경쟁상대의 신용과 권리를 헐뜯고 침범하는 행위다. 셋째로 계약은 책임을 뜻한다. 시장경제에는 책임체제가 필요하다. 엄격한 법률 책임제도만이 진정으로 법률이 문자에서 현실이 될 수 있다. 책임체제는 자신이 책임을 지는 원칙이며 이것은 누구든 법을 위반하거나 타인의 권리를 침범한 행위는 모두 그가 책임져야 하는 법적책임(형사책임, 행정책임과 민사책임)을 조사해야 함을 가리킨다. 자유는 한계가 있다. 경기규칙이 없는 '무한 자유'의 경기는 위험하고 두려운 것이며, 그것은 반드시 경기자의 생명을 위협하는 게임이다. 종합적으로 '계약자'의 윤리는 권리, 의무, 책임 삼위일체의 윤리이다.

개념으로서의 '유교 이후의 사회'는 형식상 유학사회를 계승한 후의 사회형태의 본질적 속성을 완벽하게 개괄하지 못하였다. 우리가 신해혁명을 유교 이후의 사회가 시작되는 정치적 상징으로 보고, 신문화운동을 모종의 유교 이후 사회의 사회생활의 맹아로 보며 '문화대혁명'의 종결을 유교 이후의 사회가 도래하는 그 어떤 문화 또는 지식의 상징으로 본다면 유교 이후의 사회는 끊임없이 진화하는 과정이라고 단정할 수 있다. 많은 전문용어나 개념적 명사로 유교 이후 사회의 특징을 묘사할 수 있으며, 각기 다른 각도에서 미래 유학사회의 특징을 내다 볼 수도 있다. 현재의 인지와 관리의 한계로 볼 때, 유교 이후의 사회는 점차 공업화를 실현하는 사회, 전자화 사회, 정보화 사회, 네트워크화 사회, 글로벌화 사회일 수 있다. 그 개념의 실질적 내용에는 특정성이 없다. 이로부터 볼 때 유교 이후의 사회는 현재 아직 빈껍데기로서 그 성질을 확정하지 않았으며 표준화되지 않았다. 유교 이후 사회의 풍부한 내용은 우리가 창조하고 채워 넣어야 한다.

공업화는 유교 이후의 사회가 추구하는 하나의 목표다. 공업사회는 19세기에 이미 그 실마리를 드러냈다. 공업사회의 주요 특징은 공업화, 과학화, 조직화, 자유화이다. 간단하게 말해서, 첫째로 과학은 공업사회의 초석이다. 과학적인 인류는 자연자원을 대량 개발하여 잠자고 있던 재부를 창조하였다. 둘째로 생산은 풍속에 따라 조직하는 것이 아니며 최대 이익을 목적으로 과학적으로 조직한다. 그러므로 공업화는 필연적으로 사회생산과 사회생활의 표준화와 전문화를 초래한다.

기술이 일단 생산 영역에 들어가면 반드시 표준화의 요구가 있어야 한다. 공업제품, 상품의 작업 절차 및 제품에 대한 관리는 표준화를 실현해야만 생산의 최고 효율에 도달할 수 있으며, 생산원가를 대폭 줄이고 제품의 가격을 낮춰야만 일반 대중들이 공업제품을 편리하게 사용할 수가 있다. 전문화는 사회노동 분업 및 생산 표준화의 필연적인 결과다. 셋째로 공업생산은 공장과 도시에 노동자가 집결할 것을 요구한다. 도시화는 공업문명의 중요한 상징이다. 넷째로 정치제도, 경제제도의 개인 자유 및 계약 자유에 대한 보호이다. 다섯째로 공업화는 속세화를 불가피하게 초래한다. 과학정신이 발휘되고 기술이 빨리 진보하고 물질제품이 더없이 풍부해지면서 농업문명이 창조한 신성한 것들이 광채를 잃었다.

공업문명의 주요 수단은 기술의 진보에 의존하며 기술의 진보는 경제의 성장을 추진한다. 그러므로 사회는 끊임없이 앞으로 발전한다. 컴퓨터가 나타나면서 공업문명에 또 새로운 공업혁명이 나타났다. 누군가 현대의 마이크로 전자기술은 새로운 공업혁명을 일으킬 것이라고 말했다. 이러한 혁명이 사회에 가져다 줄 충격은 제1차 공업혁명이 가져다 준 것보다 더 클 것이다. 컴퓨터는 공장의 자동화와 사무자동화를 실현하였다. 프롬(Fromm)이 『인류의 새 희망』에서 말했다. 현대 사회는 철저히 기계화된 사회로서 가장 많은 물질생산 및 소비에 헌신하며, 컴퓨터는 그것의 지도자가 될 것이다. 마이크로 전자 기술과 관계있는 것이 현대사회 통신기술의 비약적인 발전이다. 정보기술은 대중매체뿐만 아니라 전화나 컴퓨터 네트워크, 통신 네트워크 등 인터렉티브 미디어를 포함한다. 정보기술의 발전은 세계를 '지구촌'으로 축소하였다. 유럽사상의 세속화는 인쇄술의 전파와 서로 밀접한 관련이 있다. 정보기술의 발전은 세속화의 추세를 더욱 거세게 추진할 것이다.

현대화는 유교 이후 사회의 지속적인 꿈이었다. 현대화는 서유럽에서 발원하였으며 서방사회가 먼저 현대사회로 진입하였다. 사회적 현대화는 세계적 의미를 가진 역사적 조류이며 3차 물결을 겪었다. 제1차는 16세기에 시작하여 18세기에 유럽과 북미를 휩쓸었다. 제2차는 19세기 말부터 20세기 중반에 서유럽에서 발원한 현대화의 물결이 확산되어 일본과 소련을 비롯한 나라들에서 고조되었다. 제3차는 제2차 세계대전 후 많은 아시아, 아프리카, 아메리카의 국가들이 제국주의의 식민통치에서 벗어나려고 일으킨 물결이었다. 1970년대 이후 선진국의 공업경제가 쇠락하고 지식산업의 비중이 50%를 초과하였다.

지식경제의 흥기는 현대화의 내용에 중대한 변화를 가져왔다.

선진국의 공업이 비공업화(공업 전이+공업 업그레이드), 비도시화(도시 확산+정보화), 지식화와 글로벌화 특징의 새로운 현대화 궤도로 진입하였다. 이러한 추세에 적응하여 현대화 이론연구에 일부 새로운 추세가 나타났다.

한 번의 노고로 영원한 현대화는 없다. 과학기술 발전이 이끌어 가는 사회 현대화는 경제발전을 중심으로 하는 사회의 전체 과정으로서 그것은 연속적인 과정이다. 오늘날 세계에서 그 어느 나라도 현대화의 발전을 완성하였다고 말할 수는 없다. 1970년대에 프랑스, 미국의 학자에 의해서 탈 근대화 이론이 나타났다. 80년대에 독일의 학자가 생태 현대화와 성찰적 근대화 이론을 제시하였다. 서방사상가들이 현대화에 대해 다시 의논하고 수정하여 우리에게 약간의 분명한 유교 이후 사회의 일부 전망을 해줄 수도 있다. 탈 근대화는 현대화 연구의 영역이며 선진국의 사회발전에 관한 연구다. 1950년대에 미국의 사회학자 다니엘 벨이 먼저 후기 산업사회 사상을 제시하였으며 1973년에 『후기 산업사회의 도래』라는 책을 출판하였다. 벨은 인류사회의 발전을 전기 산업사회, 산업사회, 후기 산업사회 3단계로 나누었다. 금후 30년~50년 사이에 선진 산업국가는 후기 산업사회로 진입할 것이다. 독일 학자 후버(胡伯) 교수는 1985년에 생태현대화이론을 제시하였다. 후버는 생태현대화는 인류의 지혜를 이용하여 경제발전과 생태진보를 조화롭게 하는 이론이라고 주장했다. 생태 현대화의 기본 관점은 다음과 같다. 첫째, 현대 과학기술은 생태개혁의 핵심 체제이며 시장경제가 지지하고 정부가 추진하는 산업혁신은 환경보호를 촉진할 수 있다는 것이다. 둘째, 각종 충돌과 이익을 초월하여 자원과 위험에 대한 관리패턴을 세우고 새로운 환경의 과정을 통해 경제성장과 상응하는 환경관리의 일반적인 갈등을 해결할 것을 주장한다는 것이다. 셋째, 오염 감소를 경제 경쟁력의 도구로 삼으며 귀중한 마지막 처리기술을 추가적으로 증가하거나 유지할 것을 요구하는 것이 아니라, 깨끗한 환경과 경제성장이 더는 모순되지 않게 한다는 것이다. 넷째, 환경의 도전을 위기로 볼 뿐만 아니라 기회로도 보고 환경에 관한 민감한 기술의 기회로 볼 수 있다는 것이다. 다섯째, 예방원리를 이용하여 전망있는 예방차원의 환경정책을 운용하여 생산과 소비패턴을 설계하는 것이다. 여섯째, 공업생태학 원리와 지속적인 발전전략을 채택하는 것이다. 독일 학자 베이커 교수는 1986년에 출판한 『위험사회』에서 위험사회와 성찰적 근대화(반성 근대화)라는 두 가지 개념을 제창하여 국제 학술계에서 빠르게 전파되었으며 사람들이 과학기술의 이중성에 대해 주목하게 되었다. 과학기술은 현대사회의 진보를 추진하는 한편, 많은 추측 불가한 부작용—기술과 생태위험을 발생시켰으며 위험한 정도는 현대 사회의 관리능력을 초과하였고, 그것은 이미 보편적인 사회 특징이 되었다. 베이커는 다음과 같이 주장했다. 우리가 살고 있는 현대 세계는 전환 과정에 있다.

즉, 산업사회에서 위험사회로 전환되고 있다. 19세기에 현대화는 농업사회의 구조를 분해시키고 공업사회를 세웠다. 이와 비슷하게 오늘의 현대화나 성찰적 근대화(reflexive modernization)는 현재의 공업사회를 분해시키고 또 다른 현대화를 만들어내고 있다. 이처럼 새로 나타난 현대성이 바로 '위험사회'이다. 위험사회의 출현은 새로운 시대가 다가옴을 의미한다. 성찰적 근대화란 공업사회의 창조적 파괴의 시대를 말했다.

창조적 파괴 행위의 주체는 혁명도 위기도 아니며 서방현대화의 승리이다. 만약 일반 현대화(정통 현대화)를 공업사회 형태의 전통 사회형태에 대한 해체와 재구성이라고 한다면, 성찰적 근대화는 또 다른 현대성의 공업 사회형태에 대한 해체와 재구성이다. 일반 현대화는 전통사회가 공업사회로 전환된 것이며 성찰적 근대화는 공업사회에서 위험사회로 전환된 것이다. 일반 현대화는 현대 공업사회를 건립하였으며 성찰적 근대화는 현대 공업사회를 해소하는 것으로서 현대화의 현대화다.

1997년 미국 미시간 대학의 교수 잉글하트(Inglehart)는 『현대화와 탈근대화』라는 책에서 개발도상국에서 발생한 변화를 현대화라 하였고, 1970년 이후 선진국에서 발생한 변화를 탈근대화라고 했다. 탈근대화이론은 전통사회에서 현대사회로(농업사회에서 산업사회에로)의 전환은 현대화이며, 현대사회에서 탈근대사회로(산업사회에서 탈근대사회에로)의 전환은 탈 근대화라는 것이다. 현대화에서 탈근대화로의 전환은 정치, 경제, 성과 가정, 종교적 관념 등의 심각한 변화를 포함한다. 예를 들면 물질주의에서 탈물질주의, 현대가치에서 탈현대가치, 생존가치에서 행복가치 등이다. 현대화의 핵심 목표는 경제성장이며 공업화와 시스템의 기술응용을 통해 유형의 제품을 확대하는 것이다. 탈현대화의 핵심 사회목표는 경제성장을 가속화하는 것이 아니라 인류의 행복을 증가시키고 생활의 질을 높이는 것이다. 전문화, 세속화, 개성화 측면에서 탈현대화는 현대화의 계속이다.

이와 동시에 중국의 학자들도 이에 상응하여 자신의 현대화에 관한 이론적 해석을 제출하였는데 그중 독특한 것은 1990년대 후기의 2차례의 현대화 이론이다.[775] 2차례 현대화이론은 다음과 같았다. 제1차 현대화의 주요 특징은 공업화, 전문화, 도시화, 복지화, 유동화, 민주화, 법치화, 세속화, 정보 전파와 초등교육 보급 등이다. 제2차 현대화의 주요 특징은 지식화, 분산화, 네트워크화, 글로벌화, 혁신화, 개성화, 다양화, 생태화, 정보화와 고등교육의 보급 등이다. 제1차 현대화 과정에서 경제발전이 가장 먼저이며 물질생산은 물질생활의 공간을 확대하여 인류의 물질 추구와 경제적 안전을 충족시킨다. 제2차 현대화 과정에서는 생활의 품질이 가장 먼저이며, 지식과 정보생산은 정신적 생활공간을 확대하여 인류의 행복 추구와 자아 표현에 충족시켜 물질생활은 같은 쪽으로 발전하지만 정신생활과 문화생활은 고도로 다양해진다. 두 차례의 현대화이론에 따르면 현재 중국사회의 현대화는 아래와 같은 특징이 있다. 첫 번째는 사회구조가 날로 분화되고 일체화되는 것인데, 주로 개인의 역할, 지위의 분화 및 사회조직의 분화로 나타난다. 두 번째는 과학기술의 비약적인 발전이 사회의 전면적인 발전을 이끄는 것인데, 현 단계에서는 주로 경제가 지속적으로 성장하고 생산 생활영역의 컴퓨터화, 정보 전파의 네트워크화, 정신문명 정도의 급속한 향상으로 나타난다. 세 번째는 도시화로서 주로 도시인구의 증가, 도시규모의 확대, 농촌인구의 도시로의 이동 및 농촌에서 도시 특유의 성격이 증가하는 것으로 나타난다.

---

775) 1998년 중국의 학자 하전계(何傳啓)가 『지식경제와 제2차 현대화』라는 문장을 발표하였다. 그 후 출판한 『제2차 현대화—인류문명의 진행과정의 계시』라는 책에서 '제2차 현대화이론'을 전면적으로 주장하였다.

2. 글로벌사회의 도래

유학사회는 그것이 해체되는 과정과 현대화를 추구하는 과정에서 불가피하게 또 다른 소용돌이, 즉 글로벌화의 소용돌이에 말려들었다. 글로벌화가 각 영역에서 전개되면서 민족과 국가를 초월하여 전 지구를 무대로 한 인류활동이 또 다른 운명적인 공동체, 즉 글로벌사회를 형성하고 있다. 유교 이후의 사회가 글로벌사회와 기약 없이 만난 것이다.

글로벌사회의 도래는 틀림없이 글로벌화의 세계적 흐름에서 시작되었다. 글로벌화가 어느 때부터 시작되었는지에 대해 사상계의 인식이 일치하지는 않는다. 일반적으로 글로벌화의 시점은 1450~1500년의 유럽이라고 한다. 로브슨(Robson)은 글로벌화를 5단계로 구분하여 우리가 글로벌화의 발전과정을 이해하는데 도움을 주었다.[776] 1단계—초기단계, 15세기 초부터 18세기 중반까지 유럽에서 발생하였다. 이 단계에서는 민족국가 공동체가 형성되기 시작하였으며 중세 '다민족' 체계의 역할이 약해지기 시작하였다.

천주교의 범위가 날로 확장되고 개인의 개념과 인도(人道)사상이 강화되었다. 지구, 태양중심설과 근대 지리학도 나타나기 시작하였으며 양력을 더 큰 범위에서 사람들이 사용하였다. 제2단계—시작 단계, 18세기 중반부터 1970년대까지 주로 유럽에서 발생하였다. 이 단계는 단일한 동질의 국가 관념이 빠르게 나타났으며, 공민개념이 형성되고 국제적 및 다국적 조절의 법률공약과 기구가 나타나기 시작하였으며 국제 전시회가

---

776) 정광천(程光泉) 주필, 『글로벌화이론계통』, 장사, 호남인민출판사, 2002, 120~122쪽.

열리기 시작하였다. '국제 사회'가 비유럽사회를 접수하기 시작하였다. 제3단계—급성장 단계, 1970년대부터 20세기 중반기까지 이어갔다.

이 단계에 민족국가의 관념이 세계에서 받아들여졌으며 많은 비유럽사회가 '국제 사회'에 들어섰다. 이민을 세계적으로 규제하였다. 글로벌 교류 형식이 빨라졌으며 급증하였다. 최초의 '국제소설'이 나타났으며 세계적인 올림픽운동회와 노벨상도 일정한 규모를 갖추었다. 국제적 시간을 시행하기 시작하였으며, 거의 전 세계에서 양력을 사용하였다. 제1차 세계대전이 폭발하였다. 제4단계—발전단계, 1920년대 중반부터 1960년대 후기까지 이어졌다. 이 단계에서는 급성장단계가 끝날 무렵에 확정된 주도형 글로벌화 과정의 취약한 조건을 둘러싸고 논쟁과 전쟁을 벌였다. 국제연맹과 유엔이 설립되고 민족독립원칙이 확립되었다. 현대적 관념이 동맹국과 추축된 국가 사이에서 충돌을 일으키면서 그로 인한 심각한 냉전이 나타났다. 사람들은 대학살과 원자탄의 사용으로 인해 인류의 본성과 앞날을 중요시하게 되었다.

제3세계가 형성되기 시작하였다. 제5단계는 불확실한 단계인데 1960년대 후기부터 지금까지다. 이 단계에서 글로벌의식이 더욱 강화되었다. 인류가 달에 올랐다. 이때부터 '탈물질주의' 가치를 중시하기 시작하였다. 수소폭탄과 원자탄의 활동범위가 계속해서 확대되었고, 세계적인 기구와 운동이 대폭 증가하였으며, 글로벌 교제수단이 빠르게 발전하였다. 각 사회는 날로 뚜렷한 다문화와 다종족 사회의 문제에 직면하게 되었다. 인권이 세계적인 문제가 되었다. 양극 대립이 끝나고 국제체계는 더욱 안정적이지 못했다. 하나의 공통체인 인류에 대한 관심이 강화되고 사람들의 세계 공민사회와 세계 공민에 대한 흥미가 갈수록 높아졌다. 이슬람 세계에서는 '역 글로벌화(새로운 글로벌화)' 운동이 나타났다. 리우데자네이루 지역 환경 수뇌회담이 개최되었다. 글로벌화와 현대화 사이의 관계에 대하여 베이커, 기든스(Giddens)등 일부 사상가는 글로벌화는 현대화(성)의 연속이라고 강조하였다. 글로벌화는 현대성에 내재한 고유의 세계 범위를 향한 더 큰 상호 연결관계의 연장이라고 기든스는 주장했다.

　글로벌화는 인류가 정치, 경제, 문화, 사회 등 각 계층의 지역 분리에서 세계로 나아가는 과정이라고 할 수 있다. 오늘날의 글로벌화는 이미 거대한 시대적 흐름이며 그것은 생산, 유통, 금융 및 각 종 서비스업에 침투되고 더 나아가 개인의 취미와 애호, 관광, 체육, 보건 등 모든 영역에 침투되었다. 글로벌화는 눈에 보이고 손에 만져지는 경험적 과정이다. 현재 세계적인 글로벌화의 추세는 마찬가지로 정치, 경제, 문화, 사회 등 모든 계층에서 연달아 나타나고 있다. 정치상에서 어떤 문제는 한 나라가 단독으로 해결할 수 없게 되었으며, 특히 세계적인 문제는 더욱 그러하다. 그러므로 반드시 대량의 정부 간 국제기구를 설립하여 세계사무, 국제교류와 합작을 규범화해야 한다. 그리하여 정부 간 국제기구가 날로 증가되는 초국가적 행동이 점점 많아진다. 정부 간 국제기구는 일찍이 19세기부터 표준화된 다국 행위 규칙과 절차의 필요가 끊임없이 증가함에 따라 그 효과를 발휘하고 있다. 그중 가장 유명한 정부 간 국제기구가 바로 국제연맹과 유엔이다. 스콧(Scott)의 통계[777]에 따르면 1980년대 초까지 세계에 정부 간 국제기구가 총 700개 있었는데 해마다 약 5,000회의 회의를 개최하였다. 이러한 기구가 정부를 위해 감당하는 각기 다른 기능은 그 기구의 명칭에서 나타난다. 이를테면 세계기후조직(WMO), 국제연합 난민고등판무관 사무소(UNHCR), 유엔식량농업조직(UNFAO), 세계보건기구(WHO) 등이다. 정부 간 국제기구의 보조기구인 비정부간 국제기구는 정부에 책임지지 않는 자치조직이다. 그들은 때로는 함께 일을 할 수도 있다.

1950년대 후에 국제 비정부간기구의 수가 놀라운 속도로 증가하고 오늘날 그러한 조직의 활동범위가 극히 광범위하여 종교, 상업, 직업, 노동자, 정치, 환경보호, 여성의 권리, 체육과 레저저 등 셀 수 없을 정도로 많다. 이를테면 그린피스, 적십자회, 옥스퍼드 사면위원회 등 수천 개가 된다. 스콧의 통계에 따르면 1980년대 중반까지 세계에 17,000개의 국제 비정부간 기구가 있었으며, 그 활동이 모두 세계적 범위에서 진행된 것은 아니지만 국제사무에서 그들의 활동은 종종 매우 중요한 역할을 하였다. 이를테면 19세기에 평화, 반노예와 노동자 조직은 국경을 넘어 광범위하게 협력하였다. 1992년 여름에 유엔이 브라질 리우데자네이루에서 환경문제에 관해 '지구정상회담(Earth Summit)'을 개최할 때, 기타 국제 비정부간 기구에서 온 대표 약 20,000명이 '그린 페스티벌(green festival)'을 거행하였으며, 무국적 인사와 토착민족의 인사들과 연맹을 구성하였다. 전 세계 매체에 따르면 이러한 비공식 대회가 정부 수뇌와 전문가가

---

777) [미] 로빈 코헨, 폴 케네디, 『글로벌 사회학』, 북경, 사회과학문헌출판사, 2001, 44~45쪽.

출석한 정부 측의 칼럼보다 더 흡인력이 있다는 것을 발견하였다. 갈수록 많아진 국제 비정부 기구의 활동은 정치, 도덕과 관계되는 문제에 대한 세계적 여론을 불러일으키면서 진행하여 그들의 활동은 때로는 세계적인 사회운동과 서로 협력하였다.

경제 영역에서 세계적인 연계가 더욱 밀접해 졌다. 글로벌화가 갖고 있는 갖가지 국경제거효과(boundary-dismantling effects)가 경제영역에서 더욱 뚜렷하게 나타났다. 경제영역에서의 글로벌화는 경제가 국민경제의 범위를 넘어 전 세계적으로 활동을 조직한다는 것을 의미한다. 다국적 기업의 영향력이 갈수록 더 중요하다. 세계적 역량과 범위를 놓고 볼 때 세계에서 가장 큰 경제실체의 절반이 다국적 기업이지 국가가 아니었다. 세계 경제의 상호 의존을 촉진하는 측면에서도 다국적 기업이 매우 중요한 역할을 하고 있다. 각 다국적 기업이 지니고 있는 글로벌화의 목표는 그들 자신의 수요에 따라 국가를 넘어 지역을 초월한 생산라인의 배치와 투자활동을 진행한다. 그들은 기업의 글로벌 전략에 의해 문제를 고려하며 행동한다.

그러므로 다국적기업의 이익은 특정 국가의 이익에만 한정된 것이 아니다. 때로는 기업의 이익이 특정 국가의 국가이익과 모순될 수도 있다. 세계 금융시스템과의 연계상황을 보면 다국적기업은 즉각적이며 컴퓨터화한 그런 외화시장이 포함된다.

매일 드나드는 무국적 화폐만 해도 1.2조 달러에 달한다. 해외에 직접 투자하는 추세와 그것을 기반으로 한 기업의 다국적 활동은 글로벌화의 전형적인 표현이다. 상호 투자하는 글로벌화 시대에 특히 개발도상국은 외자를 제한하는 것이 아니라 외자를 끌어들이기 위해 많은 우대 조치를 내놓으며 앞 다투어 투자환경을 개선하고 법률과 행정제도를 완벽하게 갖추고 있다. 결국 국가의 역할과 기능에 변화가 발생하여 '대외적으로 경쟁하는 국가'로 변하고 있는 것이다.

글로벌화는 문화 표현방식의 무한 갱신성과 무한 다양성을 촉진하였으며 '시공간의 압축', '지구촌'이라는 개념은 문화의 무국경적인 면을 부각시켰다. 하비(Harvey)는 다음과 같이 밝혔다. 전기 현대사회에서 시공간에 대한 이해를 구체적인 지점과 연관시켰다. 전쟁, 역병과 기근으로 인해 사회생활을 예측할 수 없게 되었으며 이동의 어려움과 위험성을 증가시켰다. 그래서 많은 사람들은 자신과 가족이 좋아하며 고정불변의 권리와 의무가 있는 곳에 남아있는 것이 더욱 안전하다고 생각했다.

마찬가지로 재해에 대한 기억과 계절의 교체 및 농업노동의 순환에 따라 시간에 대해 이해를 하였다. 현재 지역은 이미 지난날의 특색을 잃었다. 경제변화와 관련된 기술지식의 급속한 변혁으로 인해 세계의 시공거리는 이제는 잴 수 있는 정도이며, 보편적, 표준적, 예상 가능한 단위로 구분할 수 있게 되었다. 지구 경위도의 구분, 시간대의 구분 등이 그렇다. 사람들은 특수한 장소와 사건의 구속을 점점 적게 받으며 시간과 공간도 점점 쉽게 조작하고 통제할 수 있게 되었고, 더 이상 그 누구도 어느 한 곳에서 국한되어 살지 않게 되었다. 사람들은 규정된 시간 단위 내에 먼 거리의 일을 완성할 수가 있으며, 이러한 일은 또 전에 없는 속도로 사람들 앞에 나타났다. 생활 주기가 빨라지면서 거리도 초월하였다. 하버는 이러한 현상을 '시공의 압축'이라 했다.[778] 시공압축 관념의 또 다른 뜻은 우리가 사회를 보는 시야도 무한히 확장되었으며, 사람들은 일부 특별한 인물과 고정적인 사회관계에 대한 의존이 점점 줄어들었다는 것이다. 대중적 관광을 통해 많은 사람들은 기타 문화를 체험하게 되었다. 1950년대 이후에 TV와 위성전파의 결합이 점점 가까워지면서 사람들은 "거의 동시에 다른 곳에서 오는 많은 영상을 볼 수 있게 되었으며, 세계 공간을 TV스크린에서 일련의 영상으로 분해하였다." 효과적이고 빠른 전화, 팩스, 전자 이메일, 실시간 통신번역, 대중 전자매체 등은 문화 전파의 속도와 범위를 순식간에 무국경으로 만들어 놓았다.

전자매체의 추동으로 시공거리가 압축되어 세계 각지의 많은 주민들을 하나의 무대에 올려놓았으며, 그들로 하여금 처음으로 진정으로 함께 생활하게 하였으며 서로 알지는 못하지만 사람들은 이러한 범위 내에서 의미 있게 서로에게 영향을 주고 있다. 글로벌 연관성이 강화되면서 문화의 상호작용으로 인하여 모든 사람들은 기타 사회의 지식과 문화에서 오는 충격에 직면하게 되었다. 지금은 지난 그 어느 때보다도 근원이 다른 각종 문화에 접촉하는 방법이 많이 있다. 특히 TV와 영화로 전송한 영상을 통해 각기 다른 생활방식의 영상을 대량으로 얻을 수 있으며, 그로 인해 우리는 다문화의 세계에서 산다는 것을 의식하게 되었다. 효과적이고 신속한 대중 전자 통신매체는 그 속에 사는 모든 사람에게 영향을 주고 그들을 단일한 집단으로 결합시켜 그들로 하여금 맥루언(McLuhan)이 말한 '지구촌'에서

---

778) 미국의 로빈 코헨, 폴 케네디, 『글로벌 사회학』, 35~36쪽.

생활하고 있다는 것을 느끼게 한다. 완전히 낯선 사람들이 한데 모여 환경보호운동을 벌이고 오염을 방출하는 회사에 반대할 수 있으며 그들은 공통적으로 열정을 나눌 수 있게 되었다. 비즈니스 활동을 기획하거나 위성 TV를 통해 세계적인 매체 활동에 참여할 수 있으며 이 모든 것을 원거리에서 동시에 실현할 수 있게 되었다. 시간과 거리의 중요성이 축소되어 인류의 활동을 다시 구성하지 않으면 안 되게 되었다. 종합적으로 세계가 마치 수축된 것 같을 뿐만 아니라 어느 정도 확실히 수축되었다고 할 수도 있다. 글로벌화가 나타나면서 인근성(proximity)이 다시 회복되었다. 세계에는 현재 새로운 형태의 관련성이 나타나고 있다. 이러한 연계에 의해 제공되는 장소가 바로 총체적인 글로벌이다. 오늘날 말하는 글로벌화는 주로 1990년대부터 시작된 경제글로벌화, 시장글로벌화를 말한다. 기타 현재 진행 중에 있는 글로벌화는 인권글로벌화, 민주글로벌화, 마약의 글로벌화 심지어 테러리즘의 글로벌화 등이 있다. 반글로벌화의 운동이라 하더라도 글로벌화의 사회에서 진행할 수밖에 없다. 그렇게 해서 글로벌화의 과정을 더욱 추진하는 것이다. 글로벌화 또는 세계적인 사회의 변화는 인류활동의 새로운 틀이 나타나는 것이며 인류의 새로운 생존조건이 도래한 것이다.

글로벌화의 심화는 반드시 글로벌사회 또는 세계사회의 탄생을 촉진한다. 프랑스의 사회학자 모란(莫蘭)은 다중다원적인 글로벌화는 '사회세계'의 흥성을 촉발시킬 것이라고 했다. 그럼 '무엇이 사회세계인가?' "먼저 사회를 세우는데 어떠한 요소들이 필요한지를 살펴봐야 한다.

그 어떤 지역이 필요한데 그것을 우리는 이미 갖고 있다. 그것이 바로 지구이다. 전파 네트워크가 필요한데 우리는 이미 전에 없던 가장 선진적인 전파네트워크를 갖고 있다. 경제체계가 필요한데 그것도 이미 있다. 그런데 애석하게도 현재의 세계경제체계에 대한 통제와 조정이 부족하다. 특히 발전 방향이 부족하다. 다시 말해 경제의 발전이 인류의 필요방향으로 나아가지 않는다는 것이다. 즉 우리는 통제시스템과 지도시스템이 부족하다. 우리는 어느 정도 법치시스템을 갖추기 시작하여 헤이그 국제사법재판소가 생겼지만 이것은 단지 시작에 불과하다.

우리는 공통의 제도체계를 갖춘 유엔이 있지만 아직 매우 취약하다. 아직 배아단계의 시도로 교토 환경보호협정이 있는데, 그 취지는 인류의 생존상황이 계속 악화되는 것을 방지하려는 것이다. 이것들은 현재의 사회세계를 형성할 수 있는 일부 요소들이다."779) 글로벌리즘의 의식형태가 이미 조용히 시작되었을 수도 있다. 사람들이 세계를 하나의 일체로 보아 세계에 대해 책임을 지는 곳이라면, 사람들이 "지구를 자신의 환경 또는 참조의 지점으로 대한다"는 가치관을 믿는 곳이라면 거기에서는 글로벌리즘을 담론할 수 있다. 글로벌리즘이 신봉하는 가치관은 세계를 참조물로 삼아 세계적 범위에서 이해를 형성하고 의견이 같다고 인정하는 것을 말했다. 글로벌리즘의 운동은 각종 부호성적인 성명과 행동을 통해 진행되며 간단하게는 배지와 휘장을 달고 행동하거나 남과 전혀 다른 생활방식을 선택하기도 한다. 글로벌리즘은 점차 미래 글로벌사회의 글로벌 공민을 만들어낼 것이다. 세계적인 관리자계급이 나타나고 있다. 그들은 국제 공무관원, 다국적기업의 관리자, 분석가와 예측요원, 대사급(大師級)

---

779) 모란, 「유업운명공동체에서 글로벌운명공동체에 이르기 까지」, 『21세기』, 2002(10).

인물이다. 다국적 행동가가 날로 증가되어 부의 추구자, 여행가, 세계 어느 곳을 모두 자신의 집처럼 여기는 세계주의 태도를 가진 전문 기술자, 매체 또는 유행음악이나 체육계의 유명인사나 취미가 각각 다른 기타 사람들로 다양하다.

글로벌사회는 두 가지 기본적인 뜻이 있다. 하나는 글로벌화가 조성한 글로벌정치, 글로벌경제, 글로벌문화의 상호 의존과 상호 침투 또는 융합을 말한다. '지구촌'은 이러한 의미에서의 글로벌사회의 가장 합당한 비유이다. 다른 하나의 의미는 글로벌화에 의해 조성된 현시대를 대체할 수 있는 민족국가사회적인 정치, 경제, 문화의 의미가 있는 사회를 말했다. 이러한 글로벌사회에는 글로벌사회를 지도하는 헌법, 경제운행체제, 글로벌 공유 가치관 등이 나타나게 된다. 유럽공동체와 유럽연맹은 유럽헌법[780]을 통해 글로벌사회의 출현에 서광이 비출 것을 암시하였다. 글로벌사회는 아래와 같은 몇 가지 의미가 있다.

첫째, 글로벌사회는 지구상에 거주하는 모든 사람은 같은 부류, 즉 같은 인간(생물성)이여야 한다. 1978년 유엔대회의 1호 문건에 모든 사람은 하나의 종에 속하며 모두 같은 조상의 후대라고 밝혔다.[781] 존엄, 권리, 인성

---

780) EU의 전신은 유럽공동체다. 2004년 10월 29일 유럽연맹의 25개 국가의 정상들이 이탈리아 수도 로마에서 『유럽연맹헌법』을 체결하여 유럽일체화를 실현하였다.
781) "인류의 조상이 아프리카에서 나왔다"는 이론은 약 7만 년 전에 인류의 조상이 아프리카를 떠나 유럽, 아시아, 대양주와 미주 각지에 흩어졌다고 한다. 인간의 유전자 차이가 그토록 작은 것도 수만 년 전의 조상으로부터 번식한 것이라고 한다.

모든 측면에서 인간은 태어나서부터 평등하다. 1990년에 시작한 국제 인간 게놈 프로젝트[782]는 생명과학의 '달 착륙계획'이라고 불린다. 그것은 중국, 미국, 영국, 일본, 프랑스, 독일과학자들이 13년 동안 노력하여 완성하였다. 그 전에 인간게놈지도의 '작업의 틀'을 이미 2000년 6월에 완성하였다. 과학자들은 인간의 유전자 수가 약 3.4만~3.5만 개라는 것을 발견하였는데, 이전에 예상한 것보다 10만개가 적었다. 2003년 4월 16일에 중국 총리 원자바오(溫家寶)와 미국, 영국, 일본, 독일, 프랑스의 정부 정상들이 공동으로 서명하여 『인간게놈지도 완성에 관한 6개국 수뇌 연합성명』을 발표하였다. 게놈서열지도는 최초로 분자 층면에서 인류에게 생명에 관한 '설명서'를 제공하였으며, 인류가 자신을 인식하게 되는 초석을 마련했을 뿐만 아니라, 생명과 의학의 혁명적 진전을 가져왔으며, 전 인류의 건강에 복음을 전했다.

지구 밖의 고급생명의 존재형식에 대해 과학자들은 줄곧 탐색하고 있다. 천문학자들은 우주에 태양과 유사한 행성이 있을 것이며, 인류가 아직 발견하지 못한 지구와 유사한 행성과 고급생명체가 있을 것이라고 보았다. 2003년 7월 6일부터 TeamEncounter이라는 우주임무협력업체가 미항공우주국 등 권위 있는 부문의 지지하에 '우주호출'의 업무를 전개하였다. '우주호출'계획은 우주에 정보를 발사하여 천문학자들의 이 과학적인 추측을 입증하고자 하는 것이다. 세계 52개 국가의 9만개

---

782) 1990년에 인간게놈프로젝트를 미국에서 정식으로 시작하였다. 그 핵심 내용은 DNA분자를 구성한 기본 성분인 염기서열의 배열 순서를 서열도로 그려내는 것이다.

'전자메시지'가 지구에서 우주에 있는 지구와 유사한 5개 항성을 향해 날아갔다. 태양계 밖에 있는 지혜를 갖춘 생명체가 그 메시지를 받고 지구의 인간에게 응답하기를 바라는 것이다. '우주호출'이라는 과학연구는 인간은 같은 종에 속한다는 가설을 전제로 한 것이다.

둘째, 글로벌사회는 인간은 하나의 지구(환경성)에 속함을 표명한다. 우주에서 지구의 위치 및 지구에서 인간의 위치에 따라 인간이 생존하는 궁극적인 환경이 결정된다. 글로벌화는 실체적인 글로벌 성질을 가지고 지구 및 지구 위 자원의 물질성 한도를 분명하게 드러낸다. 글로벌사회의 존재를 나타내는 현상은 두 가지 특징이 있다. 하나는 지구의 자연적인 표현을 기반으로 한다. 예를 들어 대기 환류, 지구의 온난화, 오존층의 파괴 등이다. 이러한 것은 지구의 자연생태가 나타난 것이며, 인간의 특정 시기의 경제활동으로 인한 글로벌규모의 환경변화이다. 두 번째는 인간의 행위를 기반으로 한 것이다. 예를 들어 사람, 자금, 물자, 정보 등 다국적 유동으로 인한 글로벌 정치, 경제, 문화의 상호 의존과 상호 영향을 말했다.

글로벌화의 적극적인 효과와 소극적인 효과로 볼 때, 글로벌사회의 현상은 적극적인 글로벌사회 현상과 소극적인 글로벌사회의 현상으로 구분할 수 있다. 적극적인 글로벌사회 현상이란 글로벌사회의 사람과 사람 사이, 민족과 민족 사이, 국가와 국가 사이, 지역과 지역 사이의 상호 이해와 소통을 추진하는, 즉 글로벌 일체화를 추진하는 현상을 말했다. 소극적인 글로벌사회 현상은 정 반대로 나타나는 현상을 말했다. 글로벌사회의 현상은 모두가 '지구촌'처럼 사람들의 마음을 이끄는 것이 아니다.

글로벌사회에도 여전히 사람들을 불쾌하게 하거나 조화롭지 못하게 하는 소극적인 현상이 존재한다. 소극적인 글로벌사회 현상을 글로벌사회의 문제현상이라고도 한다. 주로 환경문제, 핵문제, 복제문제, 난민문제, 종교문제, 인구문제, 테러문제 및 빈부문제 등이 있다.

　글로벌문제는 글로벌사회에 중요한 방향을 제시해 준다. 어느 사회에든 문제가 존재하지 않을 수 없는 것과 마찬가지로 글로벌사회도 마찬가지이다. 글로벌사회 현상은 글로벌사회의 필연적인 현상이다. 글로벌사회에 문제나 모순이 없는 것이 아니다. 문제, 경쟁, 충돌이 바로 사회가 형성되는 것을 나타낸다. 베이커의 '위험사회(risk society)'의 개념은 인류사회가 공존하는 지구의 상태를 개괄하였다. 핵폭발과 화학물질의 사용으로 환경의 질의 악화로 초래되는 각종 재앙성 결과를 열거한 후 베이커는 단언했다. "글로벌에서 위험한 공동체가 나타났다. 그것은 국경을 무의미한 것으로 만들고 세계사회를 필요로 하는 유토피아가 되게 한다. 현대성이 갖고 있는 위험은 글로벌화로 나가는 내재적인 추세를 뜻한다."[783] "가장 광범위한 의미에서 지구에 분포되어 있는 모든 인류의 활동이 양적으로 많다는 것을 가리킴과 동시에 같은 지구표면에 함께 생활하는 인류가 서로에게 존재하는 모든 구분을 버리기 위해 '글로벌'이란 비유는 없어서는 안 되는 중요한 의미를 갖고 있다. 이러한 관점으로 볼 때 민족국가의 국경에 대한 초월은 글로벌화가 갖고 있는 가장 중요한

---

783) [영] 마르틴 알포로, 『글로벌시대』, 북경 상무인서관, 2001, 210~211쪽.

의미이다."[784] 알포르의 주장에 따르면 현대의 시작을 선포하는데, 가장 결정적인 사건은 1492년 미주대륙의 발견이다. 이와 비슷한 것은 획기적인 시대적 의미를 가진 사건 즉 1945년에 미국이 원자탄을 일본에 투하한 것이다. 이 사건은 현대의 종결과 글로벌시대의 시작을 상징한다.

셋째, 글로벌사회의 인류사회는 현재 새롭게 지구를 기반으로 한 (비지역적인) 문명공동체(문명의 미래 지향성)를 창조하고 있거나 앞으로 창조할 것임을 표명한다. 지금까지 나타난 모든 문명의 형식은 현존 또는 이미 소멸된 문명을 포함해 모두 지역유형의 문명이다. 지리적 분할과 교통의 불편으로 인해 인간은 각기 다른 서로 분리된 지역에서 다른 문명형식을 창조하였다. 각종 문명이 최초로 나타난 후 3,000년 동안 개별적인 것 외에 그들 사이에 교류가 존재하지 않거나 제한을 받거나 끊기거나 긴장관계가 되었다. 문명은 시간과 공간에 의해 격리되었다. 이른바 글로벌화란 총체적으로 말하면 인간이 각 지역과 민족과 국가 사이에 서로 분할되고 원시적으로 문호를 봉쇄한 상태에서 세계적 사회로 변화하는 과정을 말했다. 글로벌화는 글로벌 범위의 가치 충돌을 일으키지만 동시에 글로벌 범위의 문명공유, 특히 기술문명의 글로벌 전파는 인류의 물질생활수준을 크게 향상시켰다.

지역, 국경에 비해 상대적으로 인류는 지역이 없고 국경이 없는 글로벌문명을 창조할 것이다. 글로벌의 성질은 일종의 새로운 연관성이다.

---

784) [영] 마르틴 알포로, 『글로벌시대』, 북경 상무인서관, 2001, 143쪽.

그 가운데 일어나는 다양한 사건은 동시에 세계의 구석구석에 영향을 미칠수 있다. 거리의 원근에 관계없이 소식을 발송하면 즉시 받을 수 있다. 제품과 서비스는 글로벌 노동 분업의 결과이다. 세계의 어느 곳에서든 같은 모델과 표준으로 된 제품과 서비스를 받을 수 있다. 각종 전형과 우상은 세계적 범위에서 인정받을 수 있다. 세계가 이처럼 서로 연결되어 오늘날 세계의 어느 곳에서든 개인 범위에서 발생한 변화가 받는 각종 영향을 글로벌 범위에 속하는 그러한 과정의 역할에서 찾아볼 수 있는 것이다.

글로벌사회의 형성은 결국 글로벌 관련 요소의 성장을 촉진하는 것에 의해서 결정된다. 현재는 글로벌사회의 형성을 촉진하는 주요 동력은 정치상 글로벌 공동 관리의 흥기, 경제상 글로벌시장의 형성, 문화상 글로벌 문화소비의 공유, 사회상 글로벌 민간사회의 흥기 및 이것과 관련된 글로벌의식 또는 글로벌리즘의 흥기로 표현된다. 글로벌정치(글로벌 공동 관리)의 전체 활동에서 지리적으로 산천이나 바다호수를 경계로 제한한 국가는 역사의 전체 내용이 부족하거나 그 내용을 구성할 수가 없다. 글로벌정치는 반드시 글로벌, 지역 또는 소지역에 안전, 안정, 질서, 발전환경 등 극히 중요하고 급박한 공공이익과 공공물품을 제공하여야 한다. 시장의 본질적 특징은 천성적으로 글로벌 확장성의 경향과 전체적으로 세계 창조의 추세를 갖고 있는 것이다. 이것은 국가의 정치기구, 경제통제기구와 세계 경제역량 사이의 근본적인 분리를 조성할 수도 있다. 문화적 측면에서 각종 문화형식, 예를 들어 소비자의 소망, 유행음악 또는 록 음악, 종교, 도덕과 윤리가치관 또는 민주적인 정치의식형태는 글로벌화의 가장 강력한 표현형식이 될 것이다. 끊임없이 확장되는 시장경제의 참여자가운데에는 다국적기업의 직원, 글로벌경제의 관찰자, 글로벌 카드소비자, 관광여행자 등이 있다. 그들은 전자매체, 정보기술혁명과 함께 세계 범위에서 문화교류의 거대한 확장을 가져올 것이다.

글로벌의식이 있는 개인과 집단은 자신의 사무를 관리하려는 소망에 의해 점차 인위적인 경계선에서 벗어나 글로벌 범위에서 더 많이 글로벌사무에 참여하게 된다. 특히 정부의 역량이 없거나 정부가 간섭하기 싫어하는 영역에서 행동을 하며 글로벌관리를 추진하여 글로벌문제를 해결하려는 목적을 이룬다. 그들의 다국적 행동, 조작 규범, 자아 관리와 자아 조직성은 국가와 다른, 국가에서 독립된, 동시에 국가의 밖에 존재하는 비 정치영역 — 글로벌 민간사회를 육성할 것이다.[785] 글로벌민간사회는 먼저 집단으로서 최종적으로 전체 인류의 이익을 대표하는 행동을 한다. 글로벌민간사회의 행동은 결국 진정한 글로벌사회의 단결을 요구하게 된다. 종합적으로 글로벌화 관련, 글로벌 규모의 사회조직의 확장과 글로벌 의식의 증가 등으로 인해 반드시 글로벌 사회는 응집을 실현하게 될 것이다.

3. 유학문명의 존속 가능성

유교문명은 아주 오랜 동안 유학사회(기원전 134년부터 1912년까지)에

---

785) 유정량(兪正樑), 「글로벌정치의 새로운 본보기를 구축」, 『신화문적(新華文摘)』, 2003(2).

의존하여 존재하였으며, 유학사회의 운행은 왕조의 운행에 의해 자신을 실현하였다. 왕조의 위기를 유학사회의 위기와 동일시 할 수 없는 것과 마찬가지로 유학사회의 해체를 유교문명의 해체로 볼 수 없다. 사회가 운행되려면 반드시 일부 조건에 충족해야 한다. 문명의 존속도 반드시 가장 기본적인 요소, 즉 토지, 인구, 담당자 등을 갖추어야 한다. 헌팅턴의 계산에 따르면 유교문명 또는 중화문명의 관할 영토는 1993년에 약 392.3만 평방마일로서 몇 개의 큰 문명 중 6위를 차지하며 세계 영토 면적의 7.5%를 차지하였다. 세계 총 인구 중 현대 중국의 표준어를 말하는 사람 수가 가장 많다. 1992년에 세계 총 인구의 15.2%를 차지하였다. 앞으로 2010년 및 2025년에도 중화문명은 여전히 세계 총 인구 비례에서 1위를 차지할 것이며, 각기 22.3%와 21.0%(표 22, 23, 24, 25, 26을 참조)를 차지할 것이다.

표 22) 각종 문명정치통제하의 영토(1900~1993)786)　　　　　　　　(단위, 만 평방마일)

연도	서방 문명	이슬람 문명	라틴아메 리카문명	정교 문명	아프리카 문명	중화 문명	인도 문명	일본 문명	기타
1900	2029	359.2	772.1	873.3	16.4	431.7	5.4	16.1	746.8
1920	2544.7	181.1	809.8	1025.8	40	391.3	5.4	26.1	225.8
1971	1280.6	918.3	783.3	1034.6	463.6	393.6	131.6	14.2	230.2
1993	1271.1	1150.4	781.9	716.9	568.2	392.3	127.9	14.2	271.8

자료출처, 표 22, 23, 24, 25, 26, 미국의 헝틴턴 『문명의 충돌과 세계질서의 재건』 79~80쪽,
북경, 신화출판사, 1999.

표 23) 각 문명이 세계영토를 점하는 백분율　　　　　　　　(단위, %)

연도	서방 문명	이슬람 문명	라틴아메 리카문명	정교 문명	아프리카 문명	중화 문명	인도 문명	일본 문명	기타
1900	38.7	6.8	14.7	16.6	0.3	8.2	0.1	0.3	14.3
120	48.5	3.5	15.4	19.5	0.8	7.5	0.1	0.5	4.3
1971	24.4	17.5	14.9	19.7	8.8	7.5	2.5	0.3	4.4
1993	24.2	21.1	14.9	13.7	10.8	7.5	2.4	0.3	5.2

786) 세계영토는 약5250만평방마일인데 남극주는 포함되지 않는다.

표 24) 주요언어를 말하는 사람이 세계인구에서 점하는 백분율　　　　　　　(단위, %)

연도	1958	1970	1980	1992
중국 표준어	15.6	16.6	15.8	15.2
영어	9.8	9.1	8.7	7.6
인도어	5.2	5.3	5.3	6.4
스페인어	5.0	5.2	5.5	6.1
러시아어	5.5	5.6	6.0	4.9
아라비아 언어	2.7	2.9	3.3	3.5
벵갈어	2.7	2.9	3.2	3.2

표 25) 세계의 주요 문명 소속국가의 인구(1993년)　　　　　　　(단위, 만)

중화문명	이슬람교 문명	인도 문명	서방 문명	라틴아메 리카문명	아프리카 문명	정교 문명	일본 문명
134,090	92,760	91,850	80,540	50,750	39,210	26,130	12,740

표 26) 미래 각 문명이 점하는 세계인구에서의 백분율　　　　　　　(단위, %)

	중화 문명	이슬람교 문명	인도 문명	서방 문명	라틴아메 리카문명	아프리카 문명	정교 문명	일본 문명
2010	22.3	17.9	17.1	11.7	11.5	10.3	5.4	1.8
2025	21.0	19.2	16.9	14.4	10.1	9.2	4.9	1.5

문명은 구차하게 존재해서는 안 된다. 문명은 반드시 자신의 적응능력과 생존능력을 끊임없이 높여야 한다. 더 많은 사람들에게 더욱 강한 생존능력을 제공해야 문명 존재의 합리적 이유가 있게 된다. 유교문명의 존속은 일부 조건의 충족 여부에 의해 결정된다. 문명생존의 적응능력을 끊임없이 높이고 유교문명에 존재하는 현대문명에 부합되는 합리적인 요소를 발굴하면서 기타 문명과 공존하고 공유해야 한다. 부흥하고 있는 민족국가는 유교문명의 출연 무대가 될 것이다.

첫째, 문명 생존의 적응능력을 꾸준히 향상시켜야 한다.

제국주의가 중국에 강요한 불평등조약을 보면 제국주의가 중국에서 감행한 약탈은 중국이 근대에 가난하고 낙후하고 유교문명이 쇠락하게 된 주요 원인이다. 하지만 현대화의 각도로 보면 서방의 근대문명은 오래된 중국사회 또는 유교문명에 새로운 문명적 요소를 가져다주었다. 세계의 현대화 진행은 먼저 서유럽에서 시작하여 유럽의 기타 지역과 북미에 전파되었다. 현대화에 대한 인식은 다양하다. 현대화는 중세의 새로운 가치제도와 구별되는 점진적인 우세를 대표한다고 여기거나, 현대화란 사회가 전통사회에서 현대화사회로 전환되는 과정을 말했다고 여기거나, 현대화란 농업사회에서 공업사회로 변하는 과정이라고 여기는가 하면, 현대화란 인간의 소질이 전통주의에서 개인 현대성으로 변화되는 것을 가리킨다고 여기기도 한다. 20세기부터 아시아, 아프리카, 라틴아메리카의 국가들도 잇달아 현대화의 진행을 시작하였다. 그러므로 최초의 현대화이론 연구는 일반적으로 현대화를 "서유럽과 북미에서 생긴 제도와 가치관이

17세기 이후 유럽 및 기타 지역에 전파된 과정이며, 18세기에 세계의 기타 지역으로 전파된 과정이다"라고 정의를 내렸다. 서방문명의 침입은 오래된 동방문명, 즉 유교문명에 산업문명의 서광을 가져왔다. 구라파 자본주의의 침입은 간접적으로 중국사회를 자극하여 현대화에 대한 갈망을 일으키게 했으며 중국 사람과 사회에 정치 생존 및 경제발전에 참고할 양식을 제공하여 새로운 문명제도가 나타나게 하였다. 그중에서 가장 기본적인 것은 과학적인 정신과 민주적인 체제였다.

유교문명의 앞길에는 현대화의 운명이 놓여 있다. 역사적인 각도에서 보면 현대화란 세계적인 역사과정으로서 인류사회가 산업혁명 후에 겪은 급격한 변혁을 말했다. 이 변혁은 공업화를 추진력으로 하여 전통적인 농업사회가 현대 공업사회로 세계적 변화를 하는 과정을 초래하였으며, 공업주의가 경제, 정치, 문화, 사상 등 모든 영역에 침투하여 심각한 변화를 일으켰다. 유교문명이 곤경에 처한 것은 전쟁의 실패 또는 낙후한 경제로 인한 것이 아니라 유교문명이 곤경에 빠진 것은 본질적으로 일종의 문명이 곤경에 빠진 것이라 할 수 있다. 인간이 자연에서 물질자료를 구하는 수단에서 볼 때, 지금까지의 인류문명은 두 가지 형식 즉 농업문명과 공업문명을 겪었다. 유교문명은 인류의 역사상 농업문명의 절정에 이르렀을 때 번창했다. 하지만 자체적 한계성으로 인하여 자원의 취득방식과 사회의 조직형식 등 측면에서 더욱 고급적인 문명형식, 즉 공업문명 및 관련된 제도문명을 발전시키지 못하였다. 위정통(韋政通)은 이렇게 말했다.

"공업문명이 전개한 신세기는 역사적인 대 경쟁시기이다. 모든 낙후된 나라는 반드시 공업문명의 나라가 되어야 한다. 그렇지 않으면 이러한 대

경쟁에서 불가피하게 도태되어 비극적으로 공업대국의 일부분이 될 수밖에 없다."[787] 아편전쟁 후의 반세기는 유교문명이 자신의 생존능력을 부단히 향상시킨 역사이며 농업문명이 공업문명을 찾은 역사이다.

유교문명의 어려운 처지는 근대화가 심화되면서 날로 심각해졌다. 하지만 유교문명은 지금까지 갖은 고난을 다 겪으면서 유일하게 굳세게 남아 있는 문명이다. 중국사회의 근대화 과정은 서방문명이 강요한 정치, 경제 및 문화적 처지에서 벗어나려고 유교문명이 노력한 과정이다. 유교문명이 근대 서방문명을 만났을 때, 자신의 처지를 되도록 극복하면서 필사적으로 벗어나려고 하였다. 유학사회의 해체과정은 유교문명이 자신의 곤경을 극복하는 과정이다. 곤경을 극복하려면 반드시 3가지 조건을 충족시켜야 한다. 하나는 어려운 처지와 상태다. 둘째는 반성하는 노력이다. 셋째는 처지를 극복하고자 하는 욕망, 노력과 의지 또는 행동이다. 이미 사망한 사람에게는 이른바 어려운 처지란 없다. 심신이 모두 건강한 사람은 그의 몸과 마음에 이른바 곤경이란 존재하지 않는다. 그러나 사람이 심신이 병약한 상태에서 건강을 바란다면 그는 곤경에 처해 있는 것이다. 사회도 마찬가지이다. 아무튼 현재와 미래에 대해 사고능력과 자아 구제능력을 잃은 사람 또는 사회는 곤경이 없다. 유교문명이 튼튼한 배와 강력한 함포를 외재적인 특징으로 하는 서방문명과 만났을 때, 유교문명은 곧바로 곤경에 빠졌다. 영토와 주권의 불완전, 불평등한 조약의 강제 체결, 경제기초의 와해, 재정의 위기 등은 유교문명이 서방문명의 침입을 받은 후에 빠진

787) 위정통, 『윤리사상의 돌파』, 성도, 사천인민출판사, 1988, 77쪽.

곤경이다. 유학사회에서 일어난 그것의 주도적 의식형태, 즉 유학에 대한 비판은 유교문명의 자아 반성이다. 유학사회가 겪은 여러 차례의 현대화 물결은 유교문명이 자신의 처지를 극복하기 위한 노력이며 행동이다.

지금까지 중국사회의 근현대화 과정은 몇 차례의 고조를 겪었다. 일반적으로 아편전쟁을 중국사회의 근현대화가 시작된 계기라고 생각한다. 아편전쟁에서 시작하여 양무자강운동까지 제1차 고조기에 이르렀다. 1895년의 갑오전쟁부터 무술변법을 거쳐 신해혁명까지 중국사회의 근현대화에 제2차 고조기가 일어났다. 신문화운동이 시작되면서 제2차 국내 혁명전쟁이 폭발하기 전까지 중국사회 근현대화의 제3차 고조기를 형성하였다. 신중국이 성립된 후부터 '문화대혁명' 전까지 중국사회 근현대화의 제4차 고조기를 형성하였다. 1978년에 개혁개방이 시작되어 지금까지 중국사회 현대화의 제5차 고조기를 형성하였다. 중국사회 근현대화의 몇 차례 고조기는 유학사회의 해체와 함께 진행되었다.

제1차, 제2차 현대화 고조기에는 유학사회 운행의 정치적 기반, 즉 하늘, 땅, 군주를 제거하였다. 제3차 현대화 고조기에는 유학사회 운행의 사회적 기반, 즉 가족 윤리를 해체하였다. 제4차 현대화 고조기에는 유학사회 운행의 권위 기반, 즉 스승의 존엄을 타파하였다. 제5차 현대화 고조기에는 유교문명의 부흥을 더욱 깊이 글로벌화의 과정에 융합시킬 것이라고 예건된다.

둘째, 유교문명에 존재하는 것을 현시대 문명에 부합되는 합리적 요소를 발굴해야 한다. 지금까지 인류의 역사는 문명의 역사이다. 다시 말해 문명의 시각으로 볼 때만이 인류의 역사를 이해할 수 있다. 이탈리아 남부의 부락문화는 이탈리아 북부의 부락문화와 다를 수 있다. 그러나 그들은 자신들을 독일의 부락과 구분시키는 이탈리아 문화를 갖고 있다. 유럽의 사회구역에도 자신들을 중국의 사회구역 또는 인도의 사회구역과 구분시키는 문화 특징이 있다. 하지만 중국사람, 인도사람, 서방사람 모두가 그 어떤 더욱 큰 문명실체의 일부분은 아니다. 그들은 일부 문명을 구성하였다.[788] 역사상 존재했던 문명의 총 수에 대해 변론하는 사람들은 각기 자신의 말만 고집한다. 퀴글리(Quigley)는 역사상 16개의 확실한 문명의 사례가 있었으며 그 외에 8개가 더 있었을 가능성이 있다고 생각한다. 토인비(Toynbee)는 먼저 20개 문명을 열거한 후 23개로 늘렸다. 스펭글러는 8개의 주요 문화를 자세히 설명하였다. 맥닐(McNeal)은 역사상의 9개 문명을 분석하였다. 바그비(Bugbee)도 9개 또는 11개 문명이라고 생각했는데 일본문명과 정교문명을 중국문명과 서방문명에서 분리시키면 그렇다고 했다. 브로델(Braudel)은 9개 문명으로 식별하였다.

로스토완희(Ross Towan Hei)는 7개 당대 문명을 밝혔다. 헌팅턴은 문명 유형을 정교문명, 서방기독교문명, 라틴아메리카문명, 아프리카문명, 중국문명, 일본문명, 인도문명, 이슬람문명 등 8가지로 나누었다. 문명 유형에 대한 인식에는 차이가 있지만 주요 문명의 신분에는 논쟁이 없었다. 멜크(梅爾克)가 문헌을 고찰한 후 얻은 결론과 같이 사람들은 아래의 견해에 합리적인 공통된 인식이 존재한다. 적어도 12개의 주요한 문명이 있다.

---

788) 사무엘 헌팅턴의 『문명의 충돌과 세계질서의 재건』, 23~29쪽.

그 가운데의 7개 문명은 사라졌다(메소포타미아문명, 이집트문명, 크레타문명, 고전문명, 비잔티움문명, 중앙아메리카문명, 안데스문명). 그밖에 5개 문명은 여전히 존재한다(중국문명, 일본문명, 인도문명, 이슬람문명, 서방문명). 어떻게 하든 중국문명과 중화문명[789]은 문명론자들이 피해갈 수 없는 문명이다. 유학사회가 해체되기 전 중국문명의 주요 특징은 유학사회의 주도정신, 즉 유학의 정신과 밀접한 관계가 있었다. 그리하여 중국의 몇 천 년의 역사가 창조한 문명은 흔히 문명론자들에 의해 유교문명이라 불린다. 유학의 정신이 확산된 지역을 유교문명권 또는 중화문명권이라고 부른다. 심지어 역사적인 연고로 이러한 지역은 지금까지 늘 두리뭉실하게 유교문명권으로 불렸다.

저명한 역사학자, 사회학자, 인류학자로 믹스 베버, 에밀 뒤르켐, 오스왈드 슈펭글러, 피티림 소로킨, 아놀드 토인비, 알프레드 베버, 크로버, 필립 바그비, 캐롤 퀴글리, 러시턴 컬본, 크리스토퍼 도슨, 아이젠슈타트, 페르난 브로델, 윌리엄 맥닐, 에이더 보즈먼, 엠마누엘 월러스테일, 펠리페 페르난데스 아무스퉈 및 기타 일부 사람들이 있는데, 그들은 줄곧 문명의 기원, 형성, 흥기, 상호작용, 성과, 쇠락과 쇠망을 탐구하였다. 만약 상호 분리된 상태에서 상호 관련되는 상태로 가는 과정이 바로 글로벌화의 과정이라면 인류 각 지역의 문명, 각 민족의 역사 창조는 오늘날의 글로벌화, 글로벌사회의 형성을 위해 각자의 노력을 하였다고 말할 수 있다. 그 가운데

---

789) 헌팅턴은 유교문명이란 개념을 사용하였는데 후에 중화문명이란 개념으로 바꾸고 중국문명라고 불렀다.

어느 한 단계에 일부 문명이 강세적 지위에 있고 다른 일부 문명은 약세에 있을 수 있다. 일부 문명은 외부로 전파하거나 확장하는 지위에 있고 다른 문명은 받아들이고 수축되는 지위에 있을 수 있다. 문명을 전파하거나 확장하는 과정에 강제적 인정 또는 폭력적 정복을 할 수 있으며 유인성 인정, 즉 종교의 융통성을 전파를 할 수도 있다. 현재까지 글로벌화의 과정에서 유교문명은 글로화를 위해 원초적인 동력을 제공하였다.

이를테면 유교문명의 지역화, 유교문명 중의 기술문명이 외부로의 전파는 유럽이 중세기의 속박에서 벗어나도록 추진하였다. 예상컨대 유교문명은 재난을 겪고 재생한 후에 여전히 글로벌문명의 창건 속에서 자신의 문명적 요소를 증가시킬 것이다. 그 표현은 두 가지로 나타난다. 첫째, 현대화는 유교문명의 끊임없는 자각적인 추구가 된다. 둘째, 글로벌화는 유교문명의 연기에 더욱 광활한 무대를 제공한다.

고증에 따르면 "실제로 중국 현대화운동은 자신의 실천에서 현대화의 개념과 관점을 제시하였는데 서방의 현대화이론보다 약 20년 앞서 제기하였다."[790] 틀림없이 현대화는 서유럽에서 발원하여 서방사회가 먼저 현대에 진입하였다. 서방국가들이 언제부터 현대에 들어갔는지는 각기 다른 견해가 있다. 18세기 말에서 19세기 초라고 하는 사람이 있는가 하면 19세기 말이라고 하는 사람도 있다. 아예 15세기 르네상스까지 거슬러 올라가는 사람도 있다. "현대화의 '글로벌화'는 서방의 현대문명 패턴이 세계로 확산되는 과정이다. 그러므로 글로벌화의 문명표준은 의외로

---

790) 나영거(羅榮渠), 『서양화에서 현대화에로』, 22쪽.

서방의 '특수주의의 보세화(普世化)'이다. 이것은 '세계시간'과 그레고리력의 제도화에서 그 실마리를 찾아 볼 수 있다."[791] 중국사회의 근현대화는 어려운 우여곡절의 과정을 겪었으며 바로 그 과정에서 중국의 지식인들은 중국식 현대화에 대해 몽롱하게 공통된 인식을 갖게 되었다. 최초에는 유학으로 천하를 통일시킨 천조 전통이 타파되고 '중체서용론(中體西用論)'을 제기하였다. 5.4운동 전후 '공자화'와 '서양화'에 대한 대 토론이 일어났다.

따라서 서양파는 곧 둘로 분열되고 '서양화'와 '러시아화' 이렇게 두 가지 파의 투쟁이 형성되었다. 공자화파 중에서도 현대화의 신유학이 분리되었다. 1930년대에 이르러 '중체서용론'에서 '중국본위(本位)'가 파생되고 '서양화'가 '전반적인 서양화'로 발전하여 새로운 논쟁을 불러일으켰다. 이러한 대립 투쟁 가운데 초보적으로 '현대화'라는 개념과 새로운 '중국화(化)'의 개념이 형성되었다. 항일전쟁이 폭발한 후, 중국은 어디로 가야 하는가에 관한 이론 투쟁의 초점이 신민주주의혁명을 어떻게 완성하겠는가라는 새로운 문제로 전환되었다. 고증에 따르면 '현대화'라는 단어는 '5.4'운동 이후 동서문화관의 논쟁 중에 가끔 나타났었다. 예를 들어 엄기징(嚴旣澄)의 문장에서 '근대화의 공자사상'이라는 논조가 나타났다. 유극술(柳克述)의 저작 『신터키』 (1927)라는 책에서 '현대화'와 '서양화'를 동시에 제기하였다. 1929년에 호적(胡適)은 "신문화운동의 근본 의미는 중국의 낡은 문화가 현대의 새로운 환경에 적합하지 않다는 것을 인정하고 세계의 신문명을 충분히 받아들여야 한다고 제창하는 것이다"라고

791) 김요기(金耀基), 『경제민주와 경제자유』, 45쪽.

밝혔다. 여기에서 신문화운동이 바로 현대화운동사상이며 그것은 부르면 곧바로 걸어 나올 태세였다. 같은 해에 그는 영문 『기독교연감』에 쓴 「문화의 충돌」이라는 문장에서 '한마음 한뜻으로 현대화'라는 논법을 사용하였다. 하지만 '현대화'라는 단어를 새로운 사회과학의 어휘로 신문잡지에 사용한 것은 30년대였다. 지금까지 알려진데 바에 의하면 1933년 7월 『신보월간』은 창간기념으로 '중국현대화 문제호'라는 특집을 발행하였는데, 아마도 이 신 개념이 보급되고 운용된 시작일 것이다.[792]

현재 개발도상국의 현대화 과정의 좌절이 두드러지고 선진국의 현대화 패턴이 세계경제, 환경에 파괴적 영향을 주는 것과 함께 1980년대의 전통적인 현대화이론이 변화하기 시작하였다. 생태현대화이론은 환경보호의 산업혁신과 기술혁신을 격려하고 추진할 것을 주장하였다.

환경적인 도전을 위기로 보았을 뿐만 아니라 기회로도 간주하였다. 오염 감소를 경제 경쟁력을 높이는 도구로 간주하였다. 경제발전과 생태진보를 조화시켜 지속적으로 발전하도록 해야 한다. 위험사회와 성찰적 현대화 이론의 관점은 19세기 현대화는 농업사회의 구조를 분해하고 산업사회를 건립하였으며 이와 비슷하게 오늘의 현대화는 산업사회를 분해하여 또 다른 현대성, 즉 '위험'을 낳고 있으며 위험은 이미 현대사회의 관리능력을 초월하여 보편적인 사회특징이 되었다고 본다.

현대 세계는 변화하는 과정에 있다. 즉 전통 현대화에서 성찰적 현대화로, 산업사회에서 위험사회로 전환하고 있다. 만약 전통 현대화(정통

---

792) 나영거, 『서양화에서 현대화로』, 14쪽.

현대화)가 공업사회형태의 전통사회형태를 해체하고 재구성하는 것이라고 한다면 성찰적 현대화는 다른 현대성이 공업사회형태를 해체하고 재구성하는 것이다. 전통현대화는 전통사회에서 공업사회로 전환되는 것이며 성찰적 현대화는 공업사회에서 위험사회로 전환되는 것이다. 전통현대화는 현대공업사회를 세우며, 성찰적 현대화는 현대공업사회를 해소한다. 성찰적 현대화는 공업사회의 창조적 파괴의 시대이며 현대화의 현대화 또는 반성의 현대화이다. 현대화 이론의 발전과정이 밝히는 바와 같이 현대화는 간단한 서양화가 아니며 다른 문명이 창조한 지나간 것을 완전히 폐기하는 것은 더욱 아니다.

전통 현대화이론에 대하여 반성하고 더욱 깊은 차원의 글로벌추세가 폭풍처럼 다가옴으로 인하여 한 때, 현대화로 간주되었던 폐기물의 문명은 재생의 이론적 근거와 실천의 무대가 있게 되었다.(표 27참조)

표 27) 두 가지 현대화의 분해 대상과 사회 재구축

	전통현대화	성찰적 현대화
분해대상	전통사회	공업사회
사회재구성	공업사회	위험사회

셋째, 기타 문명과 공존하고 공유한다.

서방문명은 지난 오랜 세월 동안 글로벌 전파에서 폭력을 기반으로 한 강제적 확장을 해왔다. 제프리 파커(杰弗里 帕克)가 관찰한 것과 같이

"'서방의 흥기'는 대부분 무력에 의존했으며 아래와 같은 사실에 의존했다. 유럽인과 해외 적수의 군사역량 비례가 안정적으로 유럽인에 유리한 쪽으로 기울었다. … 서방사람들은 1500~1750년 사이에 성공적으로 최초의 글로벌 제국의 비결을 창조하였는데, 그것은 마침 전쟁을 일으키는 능력을 개선케 했으며 줄곧 '군사혁명'으로 불렀다.[793) 서방 군대의 조직, 규율과 훈련의 우세 및 그 후에 공업혁명으로 얻은 무기, 교통, 물자조달과 의료서비스의 우세는 역시 서방의 확장을 추진케 하였다. 서방은 그들의 사상, 가치, 종교의 우월성(다른 문명에서 거의 몇 사람 밖에 귀의하지 않았다)을 통해서 세계를 얻은 것이 아니며 그것을 통해 조직적인 폭력적 우세를 통해서 얻은 것이다. 서방문명의 전파방식과 달리 유교문명은 강대한 전성기에 기타 문명과 조화롭게 공존하면서 역사적 실천을 했다. 지금까지 살아있는 문명유형(중국문명, 일본문명, 인도문명, 이슬람문명, 서방문명, 아프리카문명, 라틴아메리카문명) 가운데 라틴아메리카문명이 중국문명 또는 유교문명과 만나지 않은 것 외에 기타 문명유형은 거의 다 중국문명 또는 유교문명의 영향을 받았다(유교문명의 중요한 수입자). 인도문명의 분파, 즉 불교문명은 일찍이 2~3세기에 이미 중국에서 전파되었으며 송 명시기에 신유교의 탄생에 이르러 불교문명의 성과가 유학에 완전히 흡수되었다. 이슬람 문명도 중국에 전파된 후 일부 중국인의 일상생활에 융합되었다.

아편전쟁 전의 유교문명은 여러 번 평화적인 비폭력 방식으로 근현대

---

793) [미]헌팅턴, 『문명의 충돌과 세계질서의 재건』, 37쪽.

서방문명[794] 및 그의 전신인 기독교문명과 만났다. 유교문명과 기독교문명의 세 번째 만남에서 마테오 리치는 중국에서 선교방식을 매우 명확하게 하여 유교문명에 종교문명 전파를 대하는 태도를 보여주었다. 마테오리치는 1552년에 이탈리아의 메체라타(Macerata)에서 태어났다. 1582년에 중국의 마카오에서 선교생활을 시작하였다. 이듬해에 그는 광주 조경(肇慶)시를 거쳐 소주(韶州), 남경, 남창 등의 지역에서 선교하였다. 상층사회에 대한 영향을 강화하기 위해 마테오 리치는 정부와 민간의 유명 인사들과 폭넓게 교제하면서 서방의 과학기술을 적극적으로 선전하고 서양의 진귀한 기물을 전시하고 증정하였다. 그는 교묘하게 수학, 천문, 지리에 정통한 학식이 넓고 심오한 학자의 의미지로 문인 사대부 앞에 나서서 많은 상층 사회 인사들의 호감을 얻었다. 그는 명나라의 학자 서광계(徐光啓), 이지조(李之藻)와 합작하여 『기하원본(幾何原本)』, 『동문산지(同文算指)』 등 중요한 과학저작을 번역하였다.

그가 만년에 쓴 『기인십편(畸人十篇)』은 유가학설로 천주교 교리를 해석한 문답식 저작이다. 이지조 등이 서론을 쓰고 책속 문답에 거론된 유명한 사대부로는 서광계, 이재(李載), 오가달(吳可達), 공삼익(龔三益)이 있었다. 그는 일을 매우 잘했기 때문에 1596년에 중국예수회 회장에 임명되었다. 1601년에 마테오 리치는 상경하여 명신종(明神宗)을 알현하고

---

794) 기독교문명과 서방문명을 구별하여 인식해야 한다. 헌팅턴은 유럽의 기독교문명은 독특한 문명으로서 가장 일찍이 나타난 것은 8세기와 9세기였지만, 몇 백년 동안 문명정도에서 기타 문명보다 낙후하다고 했다.

천주 성상, 성모상, 춘주경전과 사명종, 만국지도 등의 선물을 바친 후 경성에서 거주할 수 있는 특별한 영광을 얻었다. 마테오 리치는 중국에서 28년 거주하였으며 시종일관 중국의 문화를 존중하면서 서방의 자연과학 소개와 천주교 교리의 선전을 양호하게 결합시켰다. 일상생활에서 중국 복장을 하고 중국어로 말을 하였으며 유가경전을 전문적으로 연구하면서 천주교와 전통 유학의 접합점과 유사점을 찾으면서 '거불보유(去佛補儒, 불교를 제거하고 유교를 보충하다)'와 중국의 국정에 적합한 선교방식으로 천주교 교리를 전파하여 후세 사람들은 그를 중서문화 교류사의 '본보기'라고 칭찬하였다. 하지만 아편전쟁이 발발하여 유교문명 앞에는 더는 기독교의 교리뿐만 아니라 강한 배와 위력적인 포가 나타났으며 유교문명과 기독교문명 사이에 두 번째 방식, 즉 폭력적인 대항방식이 시작되었다. 종합적으로 유교문명은 평화적 전파방식을 갖고 있으며, 기타 문명과 조화롭게 공존하는 경험을 갖고 있다. 서방문명의 '폭력경향'과 달리 유교문명에는 매우 중요한 정신이 있는데 그것이 바로 '화(和)'의 정신이다. 유교문명은 '화해(和諧)'를 제창하는 문명으로서 화이부동(和而不同)을 주장한다. 글로벌화의 본질은 '화목과 감화(和, 化)'이며 본질적으로 '폭력을 제거'하는 것이다. '화이부동'은 글로벌화 물결 속의 '글로벌화한 사고와 본토화한 참여'와 내재적인 소통이 있다.

  넷째, 부흥하고 있는 민족국가는 유교문명이 출연하는 무대가 되어야 한다. 문명은 인간 최고의 문화유형이며 문화공동체의 가장 넓은 범위이다. 인류는 이것으로 기타 종과 구별된다. 각 유형의 문명은 각각 자신만의 특색과 역사 및 핵심적인 나라가 있다.[795] 근현대 전에 유교문명의 핵심은 중국 역대왕조를 중심으로 하고 동아시아와 동남아 각지의 속국들을 예속국으로 한 천조예치체계이다. 미래에 예상되는 글로벌사회에서 유교문명은 여전히 '우리'를 구분하는 가장 큰 표식이 될 것이다. 중화민족(국가)의 부흥은 유교문명 부흥의 중요한 내용을 구성할 것이며 마찬가지로 유교문명의 부흥도 중화민족(국가) 부흥의 중요한 내용을 구성할 것이다. 유독 중화민족과 국가의 부흥만이 유교문명의 존속에 가장 좋은 출연 무대를 제공할 수 있는 것이다.

먼저 민족국가의 부흥은 반드시 유교문명 부흥의 핵심 내용이 된다. 글로벌화의 최초 형식은 서방 민족국가의 현대화로 나타났으며 세계성은 먼저 현대성으로 나타났다. 어떤 측면에서 현대화는 현대성의 중요한 체현이다. 현대성의 중요한 내용이 바로 경계를 확정하고 공간을 확정하는 것이며 민족국가는 영토적 측면의 한계이다. 현대화란 민족국가 측면에서의 현대성의 충동이라고 말할 수 있다. 현대화운동은 서방 민족국가에서 시작하였다. 민족국가의 대외 폭력을 수단으로 하여 영토 확장을 실현하는 것은 현대 서방민족국가가 그들의 현대화를 실현하는 중요한 내용이다. 19세기 말에 사회 다원주의가 성행할 때 강권이 곧 진리였다.

대국은 소국에 대해, 강국은 약소국가에 대해 마음대로 하였다. 당시에는 사회 민주주의자도 식민정책을 반대하지 않았다. 그들은 인자한 식민통치자들이 원주민의 생활을 개선하고 원주민을 도와 우매함에서

---

795) [미]사무엘 헌팅턴, 『문명의 충돌과 세계질서의 재건』, 129~195쪽.

벗어나게 하기를 희망했다. 이로부터 알 수 있는 바는 글로벌화는 인류 역사가 지역분리에서 전 세계로 나아가는 과정이지만 식민주의, 제국주의의 성행은 인류 글로벌화 과정의 객관적인 역사이다. 글로벌화가 서방 민족국가의 현대화 초기 과정에 나타나서 유교문명은 심각한 압력을 받았는데, 이는 심각한 재난이었다. 글로벌화의 초기 단계에 나타난 유학사회의 해체는 유럽 식민주의의 확장과 야만과 피비린내를 간증하였다. 이로부터 유교문명은 깊은 곤경에 빠졌다. 유교문명의 곤경은 주로 다음과 같이 표현되었다. 유교문명의 환경에서 생존하던 청 왕조는 영토를 할양하고 배상하며 재정위기에 빠지고 백성들의 정상적인 생활 질서를 보호하지 못했고 소농경제 기반이 그 존재적 합리성을 잃고 생명의 의미와 개인 실천과 관련해 충족한 해결책을 제공할 수 없었다.

20세기에 식민주의와 제국주의는 종말에 이르렀다. 제1차, 제2차 세계대전이 끝나고 서방 제국주의가 세계에서 강제적으로 실시한 식민주의체계가 붕괴되기 시작하였다. 세계의 많은 곳에서 민족국가가 분분히 건립되었다. 일부 옛 문명이 부흥되었다. 유엔 헌장과 기타 일부 국제조약에 따르면 모든 민족은 자결권을 갖고 있으며 크고 작은 나라의 주권은 모두 평등하며 주권과 영토보전을 서로 존중하며 무력사용과 무력위협을 금지한다. 평화공존은 미래 세계의 주류 의식이다. 글로벌화가 깊어지고 식민주의가 파산됨에 따라 글로벌화는 유교문명이 생존차원을 향상시키는데 더욱 유리한 조건을 제공하였다. 자신의 어려운 처지를 극복하면서 중서문명의 충돌 과정에서 유교문명은 최종적으로 살아남았다.

유교문명은 유럽 근현대 민족국가의 식민주의 물결 속에서 쓰러졌다.

그러므로 유교문명의 부흥이 설명하는 것은, 민족국가로 구성된 국제무대에서 자신의 국가 대리인 또는 자신의 적당한 위치를 찾았다고 말할 수 있다(그 위치는 정치, 경제, 문화 등 전면적인 위치 심지어 군사적인 것과 국제안전체계의 위치를 포함한다). 이로부터 중국은 글로벌사회에 참여하는 과정에서 한편으로는 글로벌화의 정도가 날로 깊어지며, 다른 한 편으로는 민족국가의 목표를 추구한다. 민족국가의 부흥은 민족국가의 약화에 대한 상대적인 말이다.

한 나라의 주체인 중화민족의 부흥은 내재적으로 다양한 측면이 포함된다. 이를테면 국가 영토 및 주권의 보전, 인민의 물질생활수준의 보편적인 향상, 자아관리, 즉 민주 수준의 향상 등을 말했다. 민족국가의 부흥은 유교문명을 보장하는 가장 중요한 지지이다.

다음으로 유교문명의 부흥은 마찬가지로 민족국가 부흥의 최종 내용을 구성한다. 민족국가는 공인된 특정적인 영토와 공민 범위에서 법정 및 도덕적 권리를 갖고 최종 판결을 단독으로 실시하며, 국내외의 각종 사무를 관리하는 정부를 구성하는 실체이다. 민족국가는 특정 영토 인민들의 충성과 복종을 얻기 위해 공민권의 개념을 창조하였다. '공민권'이란 한 국가 그룹의 성원이 되는 자격을 말했다. 공민권은 공민에게 일련의 권리를 부여한다. 예를 들어 민권, 정치권, 사회권(생존권, 보장권, 발전권) 등이다. 동시에 공민은 민족국가에 자신의 충성과 복종을 표시해야 하며 국가와 사회의 일부 의무를 이행해야 한다. 예를 들어 병역복무, 납세 등이다.

이러한 사회 규제 형식은 외국 사람을 제외하고 '본토주민'에 대한 국가의 규제를 강화한다. 글로벌화의 대세에서 화폐연맹, CNN, 인터넷 및 비정부간

기구의 충격으로 국가의 기능이 충격을 받는다.

어떤 관점은 국가는 날로 쇠락할 것이며, 미래의 사회는 '속이 빈 국가', '국경선 없는 나라'가 될 것이라고 생각한다. 또 다른 관점은 글로벌화로 인하여 나라가 사라지지 않으며 심지어 국가의 일부 기능은 여전히 강화될 것이라고 생각한다. 현재의 글로벌화의 정도를 보면 글로벌화가 날로 심화되지만 현재의 민족국가와 비슷한 초대국을 형성한다는 것은 아직 현실성이 없다. 투발루, 키리바시공화국, 나우루, 통가, 스위스, 동티모르 등이 회원국으로 가입한 후 유엔은 현재 191개 회원국이 있다. 민족국가는 여전히 글로벌화의 선도자이다. 나라가 일상생활에까지 연장되었기에 공민권은 여전히 향후 오랫동안 국가가 인가하는 수단과 개인이 추구하는 목표로 될 것이다. 제2차 세계대전 후의 경제 글로벌화와 전자정보기술의 획기적인 발전은 국가의 일부 권한과 역할을 다듬고 약화하였지만 그렇다고 해서 나라가 단독적인 실체로서 세계에서의 운행 수단을 상실하였거나 상실할 수 있다는 것을 의미하지 않는다. 기술혁명과 이른바 '보편적인 자유시장 민주제'의 동향도 '나라 대신 세계 정치의 기본 단위를 창조'하려는 조짐을 보이지 않았다. 글로벌사회의 공동 관리는 민족국가의 존재를 전제로 하며 글로벌사회는 민족국가 배경에서 각종 문명이 출연하는 무대가 될 것이다.

글로벌화의 사회에서 민족국가의 각종 한계는 각종 글로벌 역량의 충격을 받고 있다. 그러므로 극단적인 민족주의, 극단적인 국가주의는 글로벌화를 이미 형성한 글로벌리즘을 거슬러 올라가는 것으로서 시대의 흐름에 부합되지 않는다. 그러나 현재 및 예견 가능한 미래의 민족국가는 여전히 각종 문명의 출연에 가장 유력한 지지자로서 문명의 출연에 역사적 동력, 도구, 개체, 무대, 경제적 지지를 제공한다. 국가의 주체로서 중화민족의 부흥은 반드시 글로벌화의 흐름에 적응하여야 한다.

자각적으로 민족국가의 부흥을 역사상 가장 중요한 문명형식의 하나, 즉 유교문명의 연장선의 사업으로 간주하는 것은 우리가 글로벌화 물결과 융합하는 가장 좋은 계합점이다. 우리는 중화민족의 국가 부흥을 글로벌사회가 형성되는 과정에서의 유교문명의 자아 표현으로 볼 수밖에 없다. 그러므로 민족국가의 부흥은 문명 부흥의 형식일 뿐 문명의 부흥이야말로 민족국가 부흥의 진실한 내용이다. 각 민족국가는 현대화를 국가 건설과 부흥의 목표로 간주한다. 현대화를 실현하는 것은 중국인민이 백여 년 동안 추구해 온 꿈이다. 아편전쟁부터 지금까지 중국사회는 여러 번 현대화의 고조를 겪었다. 1954년 제1기 전국인민대표대회에서 처음으로 '4가지 현대화'라는 목표를 제기하였다. 후에 제3기, 제4기 전국인민대표대회에서 모두 이 웅대한 청사진을 고수하였다. 1978년에 시작한 개혁개방은 지금까지 중국사회 현대화의 제5차 고조기를 형성하였다. 이번 현대화의 역사사명을 중화민족의 위대한 부흥기로 확정하였다. 개혁개방 후 등소평은 중국의 객관적 현실에 근거하여 '3단계 발전(三步走)' 전략을 제기하였다. 국민경제를 배로 늘려 점차 첫 단계 목표를 달성하였다. 즉, 1990년에 먹고 입는 문제를 해결했던 것이다.

두 번째 단계는 20세기 말에 중류사회의 수준을 실현한다는 것이었는데, 이 또한 완수하였다. 세 번째 단계는 21세기 중엽에 중진국의 발전수준에 도달한다는 것인데. 이미 우리는 현재 찬란한 문명의 연장선상에 있다고 할 수 있다. 인간이 생물성이며 사회성인 것과 마찬가지로 미래의 국가는 민족적이면서 글로벌하다. 사람의 일생은 어떻게 사회인으로 표현되며 국가는 미래의 교류에서 어떻게 글로벌사회의 일원으로 표현될 것인가? 사회성을 갖춘 사람은 생물적 특징을 방해하지 않는다. 이미 글로벌화 되었거나 현재 글로벌화로 나아가는 국가는 민족 국가적 특징을 방해하지 않고 있기 때문이다.

유교문명은 우리 문명의 역사적 특징일 뿐만 아니라 글로벌사회에서 문명의 '타인'이 동방문명을 인식하는 표식이다. 유교문명은 자체적인 막대한 영향력으로 동아시아, 동남아 등 지역에 뿌리를 깊이 내렸으며, 동아시아 문명을 형성한 중요한 창조자이다. 유교문명이 과거에 제창한 가치관, 행위방식, 생활태도는 여전히 이러한 지역에서 깊은 뿌리를 갖고 있다. 유교문명은 국가주의, 민족주의 등 의식형태보다 더욱 역사적인 기억을 불러일으킬 수가 있다. 물론 이것은 유교문명이 지역의 일체화를 촉진시키는 가장 효과적인 도구라는 말은 아니다. 유교문명은 여전히 글로벌사회에서 일종의 신분의 정체성을 표하는 일부이다. 인류의 존재는 글로벌사회를 형성할 수 있는 생물학기초이며, 지구의 경계는 글로벌사회의 지역별 경계라고 할 수 있다. 글로벌화가 점차 심화됨에 따라 세계를 서로 다른 민족, 다른 국가, 다른 문명이 연기하는 무대로 간주할 수 있을 것이라고 기대할 수도 있다.

글로벌화의 최종 결과는 일정한 정도에서 세계의 일체화를 가져오게 할 것이다. 그러나 글로벌사회의 출현이 세계대동, 조화통일을 의미하지는 않는다. 글로벌화는 민족국가의 천적도 아니며 문명의 종결자도 아니다.

그런 점에서 글로벌화는 현대화보다 더욱 각종 유형의 문명이 연기할 수 있는 넓은 공간을 제공할 수 있을 것이므로 지구는 무대이며 문명은 배우로써 각자 출연하게 될 것이다. (표 28참조)

표 28) 유교문명의 공연무대

유교 이전의 사회	유학사회	유교 이후의 사회
지역사회		글로벌사회